Juristischer Studienkurs

Rimmelspacher/Stürner
Kreditsicherungsrecht

Kreditsicherungsrecht

begründet von

Dr. Bruno Rimmelspacher
em. Professor an der Universität München

fortgeführt von

Dr. Michael Stürner, M. Jur. (Oxford)
Professor an der Universität Konstanz
Richter am OLG Karlsruhe

3., völlig überarbeitete Auflage, 2017

C.H.BECK

Hinweis: Alle Paragrafen ohne Gesetzesangabe in diesem Buch sind solche des BGB.

www.beck.de

ISBN 978 3 406 50183 8

© 2017 Verlag C. H. Beck oHG
Wilhelmstraße 9, 80801 München
Druck: Nomos Verlagsgesellschaft mbH & Co. KG/Druckhaus Nomos
In den Lissen 12, 76547 Sinzheim

Satz: Uhl + Massopust GmbH, Aalen
Umschlaggestaltung: Ralph Zimmermann – Bureau Parapluie

Gedruckt auf säurefreiem, alterungsbeständigem Papier
(hergestellt aus chlorfrei gebleichtem Zellstoff)

Vorwort

Seit dem Erscheinen der Vorauflage sind mittlerweile 30 Jahre vergangen. Dies hat eine vollständige Überarbeitung des Werkes erforderlich gemacht. Das Kreditsicherungsrecht hat sich weiterhin dynamisch entwickelt, auch wenn grundstürzende strukturelle Veränderungen vielfach ausgeblieben sind. Einschneidende Neuerungen betreffen insbesondere das Inkrafttreten der InsO 1999, die Reform der Sicherungsgrundschuld durch das Risikobegrenzungsgesetz 2008, grundlegende Entscheidungen des BGH zum Freigabeanspruch bei Globalsicherheiten, die Rechtsprechung zur Sittenwidrigkeit von Bürgschaften sowie das Aufkommen verbraucherschützender Vorschriften in europäischen Richtlinien.

Gleichwohl wurden das didaktische Konzept und damit auch die Struktur des Werkes im Grundsatz beibehalten. Das im Vorwort zur Vorauflage dazu Geäußerte gilt unverändert fort. Eingeflossen sind Erkenntnisse und Erfahrungen aus meinen Vorlesungen zum Kreditsicherungsrecht, zum Sachenrecht und auch zum Europäischen Privatrecht. Alle Fälle wurden in diesem Rahmen einem (erneuten) Praxistext unterzogen. Nach wie vor soll das Buch zum methodisch sauberen Lösen anspruchsvoller Fälle anleiten. Dabei steht das exemplarische Lernen im Vordergrund, weniger die umfassende Darstellung von Streitständen. Daher erscheint es gerechtfertigt, auch solche Materien intensiv zu behandeln, die – wie etwa die Garantie oder die Patronatserklärung – weniger häufig in Examensklausuren eine Rolle spielen als die Bürgschaft oder der Eigentumsvorbehalt. Da die Rechtsprechung das Kreditsicherungsrecht in besonderem Maße geprägt hat und weiter prägt, werden wichtige Entscheidungen auszugsweise wiedergegeben. Auch wenn heute selbst untergerichtliche Judikatur praktisch lückenlos im Volltext verfügbar ist, so besteht die Hoffnung, dass sich die Nacharbeit dadurch gezielter und effektiver gestalten lässt.

Herrn *Prof. Dr. Bruno Rimmelspacher* danke ich herzlich für das in mich gesetzte Vertrauen. Es ist mir eine besondere Ehre, dieses Werk, das mir selbst während der Examensvorbereitung eine wertvolle Hilfe war, weiterführen zu dürfen. Dem Verlag C.H. Beck, insbesondere Herrn *Gerhard Peter*, danke ich für die Geduld und die vertrauensvolle Zusammenarbeit.

Die Neuauflage wäre nicht möglich gewesen ohne die tatkräftige Unterstützung meiner Mitarbeiterinnen und Mitarbeiter, namentlich *Katharina Senst, Friederike Pförtner, Philipp Hartmann, Mario Urbiks, Nathalie Kibler, Theresa Hepp, Sophie Reblin, Juliane Syrnik* und *Jana Abt.* Besonders hervorzuheben ist das Engagement von *Elena Eckert, D. C. L. (Cork),* die in vielen Zweifelsfragen eine kompetente Gesprächspartnerin war und sich darüber hinaus auch bei der Drucklegung, insbesondere der Anfertigung des Sachregisters, große Verdienste erworben hat.

Für Anregungen und Kritik bin ich dankbar. Sie erreichen mich am besten unter *michael.stuerner@uni-konstanz.de.*

Konstanz, im August 2017 *Michael Stürner*

Vorwort

Aus dem Vorwort zur 2. Auflage (1987)

Das Kreditsicherungsrecht bleibt eine dynamische Rechtsmaterie: Rechtsprechung, Wissenschaft und Kautelarjurisprudenz halten es in Bewegung, die Reformdiskussion läßt weitere Veränderungen erwarten. All das spiegelt sich in der Neuauflage dieses Bandes. Dessen Grundkonzeption blieb freilich unangetastet.

Der Band umfaßt daher die für Studium, Examen und Praxis wichtigsten Formen der Kreditsicherung des Bürgerlichen Rechts. Neben den Personalsicherheiten der Bürgschaft, der Garantie und dem Schuldbeitritt erörtert die Neuauflage nunmehr auch die Patronatserklärung. Breiter Raum ist den Realsicherheiten gewidmet. Entsprechend ihrer hervorragenden praktischen Bedeutung werden bei den Mobiliarsicherheiten Eigentumsvorbehalt, Sicherungsübereignung und Sicherungsabtretung in den Vordergrund gerückt, während das Mobiliarpfandrecht des BGB nur am Rande behandelt ist. [...] Der Blick auf die Praxis der Immobiliarsicherheiten hat auch den Ausschlag dafür gegeben, die Probleme der Grundpfandrechte anhand der Grundschuld (und nicht anhand der praktisch sich auf dem Rückzug befindlichen Hypothek) zu erörtern. Berücksichtigt ist hier neben den Grundpfandrechten die Vormerkung, die heute vielfach der Sicherung des vorleistenden Grundstückserwerbers dient.

Die Darstellung ist nicht auf das materielle Recht beschränkt, sondern bezieht die grundlegenden vollstreckungs- und konkursrechtlichen Probleme der Kreditsicherung mit ein; denn der wahre Wert einer Sicherung zeigt sich erst in der „Krise" des Schuldners, in der Konkurrenz des Sicherungsnehmers mit anderen Gläubigern des Sicherungsgebers in Einzelzwangsvollstreckung und Konkurs.

Methodisch verbindet der Band induktive mit deduktiven Elementen. Eingebettet in einen systematischen Aufriß werden die Schwerpunkte der Problemfelder anhand von [...] Fällen erörtert. Sie sind zu einem guten Teil in Übungen, Examensklausuren-Kursen oder im Referendarexamen „erprobt". Ihre Sachverhalte sind vielfach höchstrichterlichen Entscheidungen entnommen. Die Fallösungen sind in der Form von Gutachten abgefaßt, ohne dabei einem Purismus zu huldigen. Eingestreut in die Lösungen (und in der Regel durch Kleindruck abgehoben) sind sachlich ergänzende und vertiefende Hinweise oder systematische Bemerkungen, soweit dies ohne stärkere Unterbrechung des Gedankenganges der Fallösung möglich war. [...]

Das Buch will in erster Linie dem fortgeschrittenen Studenten und dem Examenskandidaten bei der Vorbereitung auf die Referendarprüfung dienen. In ihr soll der Bewerber zeigen, daß er das Recht mit Verständnis erfassen und anwenden kann und über die hierzu erforderlichen Kenntnisse verfügt. Dazu gehört mehr als bloßes Detail- und Ergebniswissen. Besonderes Augenmerk ist daher darauf gerichtet, exemplarisch Probleme, Fragestellungen und Lösungswege zu entwickeln und nicht nur platte Lösungsresultate mitzuteilen. Ergänzt und zusammengefaßt wird die Darstellung durch eine Reihe von Schaubildern. [...]

Inhaltsverzeichnis

Abkürzungsverzeichnis XV
Allgemeines Literaturverzeichnis XIX

Teil 1. Einführung

§ 1. Grundlagen 1
   A. Kredit 1
      I. Wirtschaftliche Bedeutung 1
      II. Rechtliche Erscheinungsformen 2
   B. Kreditsicherung 2
      I. Minimierung des Ausfallrisikos 2
      II. Verschiedene Formen der Sicherung 2
      III. Praktische Bedeutung 3

Teil 2. Personalsicherheiten

§ 2. Bürgschaft 5
   A. Überlick 5
      I. Die Funktion der Bürgschaft 5
      II. Die wirtschaftliche Bedeutung der Bürgschaft 6
      III. Die gesicherten Forderungen 6
      IV. Das Rechtsverhältnis zwischen Gläubiger und Bürgen 7
      V. Das Rechtsverhältnis zwischen Bürgen und Hauptschuldner 11
   B. Begründung der Bürgschaft – Akzessorietät 12
      Fall: Schwindel bei der Kioskübernahme 12
      I. Begründung des Bürgschaftsanspruchs 13
      II. Erlöschen der Hauptverbindlichkeit durch Aufrechnung? 14
      III. Einreden gegen die Bürgschaft 17
   C. Bürgschaftsverpflichtung und Verbraucherschutz 22
      Fall: „Nur für die Akten…" I 22
      I. Begründung des Bürgschaftsanspruchs 22
      II. Erlöschen durch Widerruf 24
   D. Knebelungsbürgschaft 28
      Fall: „Nur für die Akten…" II 28
      I. Begründung des Bürgschaftsanspruchs 29
      II. Nichtigkeit des Bürgschaftsvertrages 29
      III. Schutz des Bürgen unterhalb der Schwelle der Sittenwidrigkeit . . . 31
   E. Subsidiarität der Bürgschaft 32
      I. Einrede der Vorausklage 32
      II. Ausschluss der Einrede der Vorausklage 32

Inhaltsverzeichnis

F. Sonderformen der Bürgschaft	33
I. Ausfallbürgschaft	33
II. Höchstbetragsbürgschaft	33
III. Nachbürgschaft	34
IV. Rückbürgschaft	34
V. Bürgschaft auf erstes Anfordern	35
G. Regress des Bürgen	35
I. Gegenüber dem Hauptschuldner	35
II. Regress des Bürgen gegenüber Mitbürgen	36
§ 3. Garantievertrag	**37**
A. Überblick	37
I. Zweck der Garantie	37
II. Gesicherte Interessen	37
III. Nicht-Akzessorietät der Garantie	38
IV. Rechtsgrundlage	39
V. Einwendungen und Einreden des Garanten	39
B. Abgrenzung zwischen Garantie und Bürgschaft, Schuldübernahme, Schuldversprechen – Formbedürftigkeit – Regress des Garanten	39
Fall: Probleme garantiert	39
(Falllösung Teil 1: Das Zahlungsbegehren der Bank)	40
I. Die möglichen Anspruchsgrundlagen	40
II. Formbedürftigkeit des Garantievertrages?	42
(Falllösung Teil 2: Gegenrechte des G)	45
I. Regress gegenüber dem Hauptschuldner	45
II. Regress gegenüber anderen Nebenschuldnern	46
III. Folgerungen	48
§ 4. Patronatserklärung	**51**
A. Grundsätze	51
I. Begriff	51
II. Abgrenzung der Liquiditätszusage von der Schenkung	52
Fall: Hilfe für das Sportportal	52
B. Vertragliche Grundlagen und Verwirklichung des Anspruchs	54
Fall: Schöne neue Heimat	54
I. Begründung des Anspruchs	54
II. Verwirklichung des Anspruchs	56
§ 5. Schuldübernahme und Schuldbeitritt	**59**
A. Befreiende und kumulative Schuldübernahme	59
B. Abgrenzung zu Garantie und Bürgschaft	60
C. Formbedürftigkeit der Schuldübernahme	60
D. Schuldbeitritt und Fernabsatzrecht	60
Anhang zu Teil 2	
Übersicht 1 – Schuldrechtliche Kreditsicherungsmittel	63

Teil 3. Mobiliarsicherheiten

§ 6. Charakteristika, insbesondere Pfandrecht 67
    A. Begriff 67
    B. Pfandrecht 68
        I. Dogmatische Einordnung 68
        II. Tatsächliches Vorkommen 68
        III. Exkurs: das „Flaschenpfand" 69
    C. Eigentumsvorbehalt, Sicherungsübereignung, Sicherungsabtretung 69

§ 7. Eigentumsvorbehalt 71
    A. Überblick 71
        I. Wirtschaftliche Bedeutung 71
        II. Rechtliche Regelung 71
    B. Einfacher Eigentumsvorbehalt – Ermächtigung zur Weiterveräußerung –
        verlängerter Eigentumsvorbehalt (Vorausabtretung) contra Abtretungsverbot –
        Verarbeitungsklausel 74
        Fall: Wem gehören die Garagentore? 74
        I. Ansprüche der V gegen D 76
        II. Ansprüche der V gegen die Stadt M 79
        III. Ansprüche der V gegen K 85
    C. Schwächen des (einfachen) Eigentumsvorbehalts 89
    D. Modifizierte Formen des Eigentumsvorbehalts 89
        I. Verlängerter Eigentumsvorbehalt 89
        II. Nachgeschalteter Eigentumsvorbehalt 90
        III. Weitergeleiteter Eigentumsvorbehalt 91
        IV. Kontokorrent- und Konzernvorbehalt 91
    E. Eigentumsvorbehalt und Verjährung 93
        I. Herausgabeanspruch des Verkäufers 93
        II. Rückzahlungsanspruch des Käufers 93
    F. Exkurs: Eigentumslage bei Werkvertrag und Werklieferungsvertrag 94

§ 8. Anwartschaftsrecht aus bedingtem Rechtserwerb 97
    A. Begründung – Übertragung – Pfändung – gesetzliche Pfandrechte 97
        Fall: Ebbe in der Gefriertruhe 97
        (Falllösung Teil 1: Die Rechtslage im Verhältnis zwischen G und D) 98
        I. Überblick 98
        II. Lösung aufgrund der gemischt privatrechtlich-öffentlich-rechtlichen Theorie ... 100
        III. Lösung aufgrund der öffentlich-rechtlichen Theorie 106
        (Falllösung Teil 2: Die Rechtslage im Verhältnis zwischen V und D) 107
        I. Entstehung des Vermieterpfandrechts 107
        II. Erlöschen des Vermieterpfandrechts? 111
        III. Ergebnis 111
    B. Gutgläubiger Erwerb des Anwartschaftsrechts 112
    C. Beeinträchtigung des Anwartschaftsrechts nach Übertragung 113
        I. Nachträgliche Erweiterung des Eigentumsvorbehalts? 113
        II. Erlöschen des Anwartschaftsrechts durch Aufhebung des Kaufvertrages? 114

Inhaltsverzeichnis

    III. Vertragliche Aufhebung des Anwartschaftsrechts durch Käufer und Verkäufer? 115
    IV. Schutz bei Einwirkungen auf das Vorbehaltsgut 116

§ 9. Sicherungsübereignung 117
  A. Überblick 117
    I. Abgrenzung: Darlehensvertrag, Sicherungsvertrag, Sicherungsübereignung ... 117
    II. Sicherungsübereignung und Allgemeine Geschäftsbedingungen 121
  B. Sicherungsübertragung von Eigentum und Anwartschaften an beweglichen Sachen – Verfallklauseln – Verwertung von Sicherungseigentum 122
    Fall: Die übereigneten Landmaschinen 122
  (Falllösung Teil 1: Die Entwicklung der Rechtslage) 124
    I. Die Rechtslage nach Abschluss des Finanzierungsvertrages 124
    II. Die Rechtslage nach Veränderung des Lagerbestandes im Monat Juni 129
    III. Die Rechtslage nach Einstellung der Tilgung im November 132
    IV. Begleichung von Restkaufpreisraten durch die Sparkasse 134
  (Falllösung Teil 2: Ansprüche der Sparkasse und Möglichkeiten der Verwertung) 135
    I. Anspruch auf Herausgabe der sicherungsübereigneten Gegenstände 135
    II. Hilfsüberlegung: Die Verwertung von Sicherungseigentum 135
  C. Raumsicherungsvertrag – Bassinvertrag – Mantelsicherungsübereignung 138
    I. Raumsicherungsvertrag 138
    II. Bassinvertrag 138
    III. Mantelsicherungsübereignung 138
  D. Sicherungsübereignung eines Warenlagers 138
    I. Übereignung von im Eigentum des Sicherungsgebers stehenden Sachen 138
    II. Offene Übereignung auch unter Eigentumsvorbehalt erworbener Sachen 139
    III. Verdeckte Übereignung auch unter Eigentumsvorbehalt erworbener Sachen ... 139
    IV. Verdeckte Übereignung fremder Sachen 140
  E. Gutgläubiger Erwerb von Sicherungseigentum 140
    I. Nachforschungspflicht? 140
    II. Praktische Bedeutung 141
  F. Rückübertragung des Sicherungseigentums 141
    I. Nichtigkeit des Sicherungsvertrages 141
    II. Nichtvalutierung 141
    III. Erlöschen des Sicherungszwecks 142

§ 10. Sicherungsabtretung 143
  A. Überblick 143
    I. Anwendungsbereich 143
    II. Rechtsstellung von Zessionar und Zedent 143
    III. Weitere Erscheinungsformen 144
  B. Vorausabtretung – Kollision zwischen verlängertem Eigentumsvorbehalt und Sicherungsglobalzession – Vertragsbruchtheorie – Verzichtsklauseln 144
    Fall: Der Baulöwe 144
  (Falllösung Teil 1: Verlängerter Eigentumsvorbehalt [Vorausabtretung] zugunsten des L) 146
    I. Zulässigkeit der Vorausabtretung 146

II. Bedingungen zulässiger Vorausabtretung	148
III. Folgerungen	151
(Falllösung Teil 2: Sicherungsabtretung zugunsten der B)	151
I. Summarische Abtretung	151
II. „Widerruf" der Abtretung?	151
III. Übersicherung der B?	151
(Falllösung Teil 3: Kollision zwischen verlängertem Eigentumsvorbehalt und Sicherungsabtretung)	157
I. Die Vertragsbruchtheorie des BGH	158
II. Dingliche und schuldrechtliche Verzichtsklauseln	161
III. Ergebnis	164
C. Grenzen der Vertragsbruchtheorie	164
I. Kenntnis der Globalabtretung	165
II. Keine Kenntnis der Globalabtretung	165
III. Die Bankenpraxis	165
IV. Rechtshandlungen gegenüber dem bisherigen Gläubiger	166

§ 11. Factoring . . . 167

A. Überblick	167
I. Wirtschaftliche Ziele, Vertragscharakteristika	167
II. Rechtsnatur des Factorings	168
B. Globalzession beim „echten" Factoring contra verlängerten Eigentumsvorbehalt	169
Fall: Glasbau, riskant ausgeführt	169
I. Die Lösung des BGH	171
II. Differenzierende Betrachtung	172
III. Ergebnis	173
C. Weitere Kollisionsfälle	174
I. Globalzession beim „unechten" Factoring contra verlängerten Eigentumsvorbehalt	174
II. Verlängerter Eigentumsvorbehalt contra Factoring-Globalzession	175
III. Factoring-Globalzession contra Sicherungsglobalzession	176

§ 12. Mobiliarsicherheiten in Insolvenz und Zwangsvollstreckung . . . 179

A. Sicherungsübereignung und Eigentumsvorbehalt in der Insolvenz	179
Fall: Der Elektrohändler	179
I. Anspruch der B auf Herausgabe des Pkw	180
II. Anspruch des S auf „Freigabe" des Segelbootes	183
III. I gegen G: Rückzahlung der Kaufpreisraten oder Restzahlung?	184
IV. Rückgabe der Whiteboards vom Schulträger?	188
B. Sicherungsübereignung und Eigentumsvorbehalt in der Zwangsvollstreckung	189
I. Sicherungsübereignung	189
II. Eigentumsvorbehalt	190
C. Sicherungsabtretung in der Insolvenz und Zwangsvollstreckung	191
I. Vorauszession in der Insolvenz des Sicherungsgebers	191
II. Pfändung durch Gläubiger des Sicherungsgebers	192
D. Sicherheitenpool	192
I. Bürgerlich-rechtliche Gesellschaft?	192

II. Vermischung? 193
  III. Erfüllungswahl bzw. Erfüllungsablehnung 193
  IV. Verlängerter Eigentumsvorbehalt und Weiterverkauf durch G 194

Anhang zu Teil 3
  Übersicht 2 – Mobiliarsicherheiten 195

Teil 4. Immobiliarsicherheiten

§ 13. Grundlagen 197
  A. Begriff und wirtschaftliche Bedeutung 197
  B. Arten 198
    I. Die einzelnen Arten 198
    II. Praktische Bewährung 198
    III. Einflüsse des EU-Rechts 199
  C. Erwerb 200
    I. Einigung 200
    II. Eintragung 200
    III. Verfügungsbefugnis des verfügenden Teils 202
    IV. Gutgläubiger Erwerb 202
  D. Erwerbsgrund 203

§ 14. Vormerkung 207
  A. Überblick 207
    I. Zwecke der Vormerkung 207
    II. Sicherbare Ansprüche 208
    III. Der gesicherte Gläubiger 210
    IV. Der betroffene Schuldner 211
    V. Entstehungsvoraussetzungen 211
  B. Sicherung künftiger Ansprüche – gutgläubiger Erwerb der Vormerkung –
     „Übertragung" – Wirkungen – Durchsetzung des gesicherten Anspruchs 212
    Fall: Tod am Neptunsee 212
    I. Anspruch des D gegen S auf Übereignung des Grundstücks 214
    II. Die Durchsetzung des Übereignungsanspruches 215
    III. Anspruch auf Zahlung des Kaufpreises 224
  C. Gutgläubiger Erwerb (Zusammenfassung) 225
    I. Bestellung durch den buchberechtigten Schuldner für einen bestehenden
       Anspruch (sog. Ersterwerb) 225
    II. Übertragung eines Anspruchs, für den eine (bloße) Buchvormerkung
        eingetragen ist (sog. Zweiterwerb) 226
    III. Bestellung und Übertragung einer Vormerkung zur Sicherung einer nicht
         bestehenden Forderung 226
  D. Erlöschen 226
    I. Wegfall der Forderung 226
    II. Aufhebung (nur) der Vormerkung 227

§ 15. Grundpfandrechte: Arten, Begründung, Haftungsumfang ... 229
A. Arten ... 229
I. Akzessorietät ... 229
II. Verkehrsfähigkeit ... 230
III. Inhaber ... 231
B. Bestellung einer (Gesamt-)Grundschuld – Umfang der Grundpfandhaftung – Sicherungs- und Verwaltungstreuhand bei der Grundschuld ... 233
Fall: Der Konsortialkredit ... 233
(Falllösung Teil 1: Verteidigung der GKB gegen die Pfändung) ... 235
I. Überblick ... 235
II. Begründung der Gesamtgrundschuld ... 235
III. Mietzinsforderungen: Gegenstand der Grundschuldhaftung? ... 238
(Falllösung Teil 2: Die Rechte der Mitkonsorten gegenüber Gläubigern und in der Insolvenz der GKB) ... 239
I. Drittwiderspruchsklage und Aussonderung bei Verwaltungstreuhand ... 239
II. Folgerungen ... 242
C. Grundpfandrechte bei nichtigem Darlehensvertrag ... 242
I. Rechtslage bei der Hypothek ... 242
II. Rechtslage bei der Grundschuld ... 244

§ 16. Grundpfandrechte: Übertragung ... 245
A. Übertragung einer Sicherungsgrundschuld – Einwendungen des Eigentümers gegen die Grundschuld – gutgläubiger Erwerb der Einredefreiheit – Rückgewähr der Grundschuld ... 245
Fall: Die gescheiterte Refinanzierung ... 245
(Falllösung Teil 1: Zur Klage) ... 246
I. Einführung ... 246
II. Erwerb und Bestand der Grundschuld ... 247
III. Einwendungen gegen die Grundschuld ... 248
(Falllösung Teil 2: Zur Widerklage) ... 257
I. Löschungsanspruch ... 258
II. Anspruch auf Herausgabe des Grundschuldbriefes ... 259
B. Vertiefung: Vorzüge der Grundschuld gegenüber der Hypothek ... 259
I. Parallelen zwischen Hypothek und Grundschuld ... 259
II. Die Vorzüge der Grundschuld ... 261

§ 17. Grundpfandrechte: Rechtsfolgen der Kredittilgung ... 267
A. Ablösung – Unterwerfungserklärung – Haftungszusage – Vollstreckung in Teileigentümergrundschuld ... 267
Fall: Die ersehnte Ablösung ... 267
(Falllösung Teil 1: Rechte der Bank gegen K) ... 269
I. Schuldrechtliche Ansprüche ... 269
II. Rechte aus der Grundschuld ... 269
(Falllösung Teil 2: Rechte der Bank gegen V) ... 276
I. Darlehensanspruch ... 276
II. Anspruch aus der Haftungszusage ... 277

Inhaltsverzeichnis

(Falllösung Teil 3: Rechte des G gegen K) 280
    I. Das Grundstück als Vollstreckungsobjekt 280
    II. Regressansprüche des K gegen V als Vollstreckungsobjekte? 280
    III. Pfändung der Teileigentümergrundschuld 280
B. Der Rückgewähranspruch des Eigentümers gegen den Grundschuldgläubiger 282
    I. Rechtsgrundlage 282
    II. Anspruchsinhalt 283
    III. Der Rückgewähranspruch in der Insolvenz des Gläubigers 284
    IV. Rückgewähranspruch und Drittwiderspruchsklage 285
    V. Der Rückübertragungsanspruch bei Zwangsversteigerung des Grundstücks 286

Anhang zu Teil 4
Übersicht 3 – Umfang der Grundpfandrechtshaftung 289
Übersicht 4 – Abwehrrechte des Grundpfandgläubigers gegen rechtliche und tatsächliche Eingriffe in den Haftungsverband seines Grundpfandrechts (vor Fälligkeit) 290
Übersicht 5 – Gutgläubiger Erwerb bei der Übertragung von Grundpfandrechten 292
Übersicht 6 – Einwendungen und Einreden des Eigentümers gegen das Grundpfandrecht 293
Übersicht 7 – Folgen der Kredittilgung für Forderung und Grundpfandrecht 294

Sachregister 297

Abkürzungsverzeichnis

a. A.	andere(r) Ansicht
ABAF	Allgemeine Bedingungen für die Abtretung von Forderungen
abl.	ablehnend
ABl.	Amtsblatt
Abs.	Absatz
AbzG	Abzahlungsgesetz (a. K.)
AcP	Archiv für die civilistische Praxis (Zeitschrift)
a. E.	am Ende
AEUV	Vertrag über die Arbeitsweise der Europäischen Union
a. F.	alte Fassung
AG	Aktiengesellschaft
AGB	Allgemeine Geschäftsbedingungen
AGBG	AGB-Gesetz (a. K.)
a. K.	außer Kraft
AktG	Aktiengesetz
allg. A.	allgemeine Ansicht
allg. M.	allgemeine Meinung
Alt.	Alternative
Anh.	Anhang
Anl.	Anlage
Anm.	Anmerkung
AO	Abgabenordnung
arg.	argumentum
Art.	Artikel
Aufl.	Auflage
BAG	Bundesarbeitsgericht
BAGE	Entscheidungen des Bundesarbeitsgerichts
BauGB	Baugesetzbuch
BayObLG	Bayerisches Oberstes Landesgericht
BB	Betriebs-Berater (Zeitschrift)
Bd./Bde.	Band/Bände
Bearb.	Bearbeitung
BeckRS	Beck-Rechtsprechung (Datenbank)
begr.	begründet
Beil.	Beilage
Bek.	Bekanntmachung
BelWertV	Beleihungswertermittlungsverordnung
betr.	betreffend
BFH	Bundesfinanzhof
BGB	Bürgerliches Gesetzbuch
BGBl.	Bundesgesetzblatt
BGH	Bundesgerichtshof
BGHZ	Entscheidungen des Bundesgerichtshofs in Zivilsachen
BHO	Bundeshaushaltsordnung
BT-Drs.	Drucksache des Deutschen Bundestages
Buchst.	Buchstabe
BVerfG	Bundesverfassungsgericht
BVerfGE	Entscheidungen des Bundesverfassungsgerichts
BWNotZ	Zeitschrift für das Notariat in Baden Württemberg
bzw.	beziehungsweise
ca.	circa
DB	Der Betrieb (Zeitschrift)
ders.	derselbe

Abkürzungsverzeichnis

DGVZ	Deutsche Gerichtsvollzieher Zeitung
d.h.	das heißt
Die Bank	Die Bank – Zeitschrift für Bankpolitik und Praxis
dies.	dieselbe(n)
Diss.	Dissertation
DJT	Deutscher Juristentag
DJZ	Deutsche Juristen-Zeitung (1896–1936)
DM	Deutsche Mark
DNotZ	Deutsche Notar-Zeitschrift
DÖV	Die Öffentliche Verwaltung (Zeitschrift)
DR	Deutsches Recht (Zeitschrift)
ECLI	European Case Law Identifier
EGBGB	Einführungsgesetz zum Bürgerlichen Gesetzbuche
Einl.	Einleitung
einschr.	einschränkend
EL	Ergänzungslieferung
endg.	endgültig
entspr.	entsprechend
ErbR	Zeitschrift für die gesamte erbrechtliche Praxis
etc.	et cetera
EU	Europäische Union
EuGH	Gerichtshof der Europäischen Union
EUR	Euro
EuZW	Europäische Zeitschrift für Wirtschaftsrecht
e.V.	eingetragener Verein
EWR	Europäischer Wirtschaftsraum
f.	folgende
FamFG	Gesetz über das Verfahren in Familiensachen und in den Angelegenheiten der freiwilligen Gerichtsbarkeit
FamRZ	Zeitschrift für das gesamte Familienrecht
ff.	fortfolgende
FG	Festgabe
Fn.	Fußnote
FS	Festschrift
GBO	Grundbuchordnung
gem.	gemäß
GfK	Gesellschaft für Konsumforschung e.V.
GG	Grundgesetz
ggf.	gegebenenfalls
GmbH	Gesellschaft mit beschränkter Haftung
GmbHG	Gesetz betreffend die Gesellschaften mit beschränkter Haftung
GoA	Geschäftsführung ohne Auftrag
GPR	Zeitschrift für das Privatrecht der Europäischen Union
grds.	grundsätzlich
GrEStG	Grunderwerbsteuergesetz
GrS	Großer Senat
GruchB	Beiträge zur Erläuterung des (bis 15 [1871]: preußischen) Deutschen Rechts, begr. von *Gruchot* (1 [1857]–73 [1933])
GVG	Gerichtsverfassungsgesetz
h.A.	herrschende Ansicht
HaustürWiG	Gesetz über den Widerruf von Haustürgeschäften und ähnlichen Geschäften (a.K.)
HaustürWiRL	Richtlinie 85/577/EWG des Rates vom 20. Dezember 1985 betreffend den Verbraucherschutz im Falle von außerhalb von Geschäftsräumen geschlossenen Verträgen (a.K.)
HGB	Handelsgesetzbuch
h.M.	herrschende Meinung
HRR	Höchstrichterliche Rechtsprechung (Beil. zur Zeitschrift „Juristische Rundschau")

Abkürzungsverzeichnis

hrsgg.	herausgegeben
Hs.	Halbsatz
i.d.F.	in der Fassung
i.d.R.	in der Regel
i.Erg.	im Ergebnis
i.G.	in Gründung
InsO	Insolvenzordnung
IRZ	Zeitschrift für Internationale Rechnungslegung
i.S.d.	im Sinne der/des
i.S.v.	im Sinne von
i.V.m.	in Verbindung mit
JA	Juristische Arbeitsblätter (Zeitschrift)
JFG	Jahrbuch für Entscheidungen in Angelegenheiten der freiwilligen Gerichtsbarkeit und des Grundbuchrechts
JhJb	Jherings Jahrbücher
JR	Juristische Rundschau (Zeitschrift)
JURA (JK)	JURA-Kartei (JK) online (Datenbank)
JURA	Juristische Ausbildung (Zeitschrift)
JuS	Juristische Schulung (Zeitschrift)
JW	Juristische Wochenschrift (Zeitschrift)
JZ	Juristenzeitung
Kfz	Kraftfahrzeug
KG	Kammergericht
KO	Konkursordnung (a.K.)
KOM	Kommissionsdokument
krit.	kritisch
KTS	Zeitschrift für Insolvenzrecht
KWG	Kreditwesengesetz
LG	Landgericht
Lit.	Literatur
Lkw	Lastkraftwagen
LMK	Lindenmaier-Möhring, Kommentierte BGH-Rechtsprechung
Losebl.	Loseblatt
MDR	Monatsschrift für Deutsches Recht
Mio.	Million(en)
MittBayNot	Mitteilungen des Bayerischen Notarvereins, der Notarkasse und der Landesnotarkammer Bayern
m.N.	mit Nachweisen
Mrd.	Milliarde(n)
m.w.N.	mit weiteren Nachweisen
n.F.	neue Fassung
NJW	Neue Juristische Wochenschrift (Zeitschrift)
NJW-RR	NJW-Rechtsprechungs-Report Zivilrecht
Nr(n).	Nummer(n)
n.v.	nicht veröffentlicht
NZG	Neue Zeitschrift für Gesellschaftsrecht
NZI	Neue Zeitschrift für Insolvenz- und Sanierungsrecht
OLG	Oberlandesgericht
OLGR	OLG-Report (Zeitschrift)
OLGZ	Entscheidungen der Oberlandesgerichte in Zivilsachen
p.a.	per annum
PfandBG	Pfandbriefgesetz
Pkw	Personenkraftwagen
RabelsZ	Rabels Zeitschrift für ausländisches und internationales Privatrecht
RG	Reichsgericht
RGZ	Entscheidungen des Reichsgerichts in Zivilsachen

Abkürzungsverzeichnis

RL	Richtlinie
Rn.	Randnummer
Rom I-VO	Verordnung (EG) Nr. 593/2008 des Europäischen Parlaments und des Rates vom 17. Juni 2008 über das auf vertragliche Schuldverhältnisse anzuwendende Recht (Rom I)
Rpfleger	Der Deutsche Rechtspfleger (Zeitschrift)
Rs.	Rechtssache
Rspr.	Rechtsprechung
S.	Seite
ScheckG	Scheckgesetz
Slg.	Sammlung
sog.	sogenannt(e/r/s)
StGB	Strafgesetzbuch
str.	streitig
st.Rspr.	ständige Rechtsprechung
Tab.	Tabelle
Tz.	Textziffer
u. a.	unter anderem
u. U.	unter Umständen
v.	von
VerglO	Vergleichsordnung (a. K.)
vgl.	vergleiche
VRRL	Richtlinie 2011/83/EU des Europäischen Parlaments und des Rates vom 25. Oktober 2011 über die Rechte der Verbraucher, zur Abänderung der Richtlinie 93/13/EWG des Rates und der Richtlinie 1999/44/EG des Europäischen Parlaments und des Rates sowie zur Aufhebung der Richtlinie 85/577/EWG des Rates und der Richtlinie 97/7/EG des Europäischen Parlaments und des Rates
VuR	Verbraucher und Recht (Zeitschrift)
WarnR	Warneyers Rechtsprechung
WG	Wechselgesetz
Wirtschaft konkret	IHK-Magazin „Wirtschaft konkret"
WM	Wertpapier-Mitteilungen (Zeitschrift)
WuB	Wirtschafts- und Bankrecht (Zeitschrift)
z. B.	zum Beispiel
ZBB	Zeitschrift für Bankrecht und Bankwirtschaft
ZEuP	Zeitschrift für Europäisches Privatrecht
ZfIR	Zeitschrift für Immobilienrecht
ZfRV	Zeitschrift für Europarecht, Internationales Privatrecht und Rechtsvergleichung
ZGR	Zeitschrift für Unternehmens- und Gesellschaftsrecht
ZHR	Zeitschrift für das gesamte Handelsrecht und Wirtschaftsrecht
Ziff.	Ziffer
ZInsO	Zeitschrift für das gesamte Insolvenzrecht
ZIP	Zeitschrift für Wirtschaftsrecht
ZJS	Zeitschrift für das Juristische Studium
ZPO	Zivilprozessordnung
ZS	Zivilsenat
zust.	zustimmend
zutr.	zutreffend
ZVG	Gesetz über die Zwangsversteigerung und die Zwangsverwaltung
ZZP	Zeitschrift für Zivilprozess

Allgemeines Literaturverzeichnis

1. Zivilrecht

Baumbach/Hopt/*Bearbeiter*	*Baumbach/Hopt,* Handelsgesetzbuch, Kommentar, 37. Aufl. 2016
Baur/Stürner	*Baur/R. Stürner,* Sachenrecht, 18. Aufl. 2009
BeckOGK/*Bearbeiter*	Beck'scher Online-Großkommentar zum BGB, hrsgg. von *Gsell/Krüger/Lorenz/Mayer,* Edition 1 (Stand: 1.2.2017)
BeckOK BGB/*Bearbeiter*	Beck'scher Online-Kommentar zum BGB, hrsgg. von *Bamberger/Roth,* Edition 42 (Stand: 1.2.2017)
Brinkmann	*Brinkmann,* Kreditsicherheiten an beweglichen Sachen und Forderungen, 2011
Bülow	*Bülow,* Recht der Kreditsicherheiten, 8. Aufl. 2012
Canaris	*Canaris,* Bankvertragsrecht, in: Staub, Handelsgesetzbuch (Bd. 3, Rn. 1–2756, 2. Aufl. 1981; Bd. 5, Teil 1, Rn. 1–1162, 3. Aufl. 1988 [Neudruck als 4. Aufl. 2005])
Ebenroth/Boujong/Joost/Strohn/*Bearbeiter*	*Ebenroth/Boujong/Joost/Strohn,* Handelsgesetzbuch, Kommentar, 2 Bde., 3. Aufl. (Bd. 1: §§ 1–342e, 2014; Bd. 2: §§ 343–475h, 2015)
Erman/*Bearbeiter*	*Erman,* Handkommentar zum Bürgerlichen Gesetzbuch, 14. Aufl. 2014
Fikentscher/Heinemann	*Fikentscher/Heinemann,* Schuldrecht, 11. Aufl. 2017
Flume	*Flume,* Allgemeiner Teil des Bürgerlichen Rechts, Bd. 2: Das Rechtsgeschäft, 4. Aufl. 1992
Gerhardt ImmobiliarsachenR	*Gerhardt,* Immobiliarsachenrecht, 5. Aufl. 2001
Gerhardt MobiliarsachenR	*Gerhardt,* Mobiliarsachenrecht, 5. Aufl. 2000
GroßkommHGB/*Bearbeiter*	Handelsgesetzbuch, Großkommentar, begr. von *Staub,* Bd. 10/2: Bankvertragsrecht, 5. Aufl. 2015
Heck SachenR	*Heck,* Grundriß des Sachenrechts, 1930
Heck SchuldR	*Heck,* Grundriß des Schuldrechts, 1929
Herresthal	*Herresthal,* Das Recht der Kreditsicherung, in: Staudinger-Eckpfeiler 2014/2015, Teil K (S. 701–795)
Jauernig/*Bearbeiter*	*Jauernig,* Bürgerliches Gesetzbuch, Kommentar, hrsgg. von *R. Stürner,* 16. Aufl. 2015
Krüger	*Krüger,* Kreditsicherungsrecht, 2011
Langenbucher/*Bearbeiter*	*Langenbucher,* Europäisches Privat- und Wirtschaftsrecht, 4. Aufl. 2017
Larenz SchuldR I	*Larenz,* Lehrbuch des Schuldrechts, Bd. I: Allgemeiner Teil, 14. Aufl. 1987
Larenz SchuldR II	*Larenz,* Lehrbuch des Schuldrechts, Bd. II: Besonderer Teil, 12. Aufl. 1981
Larenz SchuldR II/1	*Larenz,* Lehrbuch des Schuldrechts, Bd. II Halbbd. 1: Besonderer Teil, 13. Aufl. 1986
Larenz/Canaris SchuldR II/2	*Larenz/Canaris,* Lehrbuch des Schuldrechts, Bd. II Halbbd. 2: Besonderer Teil, 13. Aufl. 1994
Looschelders SchuldR AT	*Looschelders,* Schuldrecht Allgemeiner Teil, 14. Aufl. 2016
Looschelders SchuldR BT	*Looschelders,* Schuldrecht Besonderer Teil, 12. Aufl. 2017
Lüke	*Lüke,* Sachenrecht, 3. Aufl. 2014
Lwowski/Fischer/Langenbucher/*Bearbeiter*	*Lwowski/Fischer/Langenbucher,* Das Recht der Kreditsicherung, 9. Aufl. 2011
Medicus/Lorenz SchuldR II	*Medicus/Lorenz,* Schuldrecht II, Besonderer Teil, 17. Aufl. 2014
Medicus/Petersen AT	*Medicus/Petersen,* Allgemeiner Teil des BGB, 11. Aufl. 2016
Medicus/Petersen BR	*Medicus/Petersen,* Bürgerliches Recht, 25. Aufl. 2015
Mugdan	*Mugdan,* Die gesammten Materialien zum Bürgerlichen Gesetzbuch für das Deutsche Reich, 5 Bde., 1899
Müller/Gruber	*Müller/Gruber,* Sachenrecht, 2016
MünchKommBGB/*Bearbeiter*	Münchener Kommentar zum Bürgerlichen Gesetzbuch, hrsgg. von *Säcker/Rixecker,* 6. Aufl. (Bd. 11: IPR II, Int. Wirtschaftsrecht, Art. 25–248 EGBGB, 2015); 7. Aufl. (Bd. 1: §§ 1–240 BGB, 2015; Bd. 2: §§ 241–432 BGB, 2016; Bd. 3: §§ 433–534 BGB, 2016; Bd. 3a: §§ 491–515 BGB, 2017; Bd. 4: §§ 535–630 BGB, 2016; Bd. 5: §§ 705–853 BGB, 2017; Bd. 6: §§ 854–1296 BGB, 2017)
Neuner	*Neuner,* Sachenrecht, 5. Aufl. 2017

Allgemeines Literaturverzeichnis

NK-BGB/*Bearbeiter*	NomosKommentar zum BGB, Bd. 1 (§§ 1–240 BGB, EGBGB), hrsgg. von *Heidel/Hüßtege/Mansel/Noack*, 3. Aufl. 2016
Palandt/*Bearbeiter*	*Palandt*, Bürgerliches Gesetzbuch, Kommentar, 76. Aufl. 2017
Pottschmidt/Rohr	*Pottschmidt/Rohr*, Kreditsicherungsrecht, 4. Aufl. 1992
Prütting	*Prütting*, Sachenrecht, 36. Aufl. 2017
PWW/*Bearbeiter*	*Prütting/Wegen/Weinreich*, BGB, Kommentar, 12. Aufl. 2017
Reinicke/Tiedtke Bürgschaftsrecht	*Reinicke/Tiedtke*, Bürgschaftsrecht, 3. Aufl. 2008
Reinicke/Tiedtke Kreditsicherung	*Reinicke/Tiedtke*, Kreditsicherung, 5. Aufl. 2006
RGRK/*Bearbeiter*	Das Bürgerliche Gesetzbuch mit besonderer Berücksichtigung der Rechtsprechung des Reichsgerichts und des Bundesgerichtshofes, hrsgg. von den Mitgliedern des Bundesgerichtshofes, 12. Aufl. 1978 ff.
Rieder/Rieder	*Rieder/Rieder*, Recht der Kreditsicherung, 2. Aufl. 2013
Schimansky/Bunte/Lwowski/*Bearbeiter*	*Schimansky/Bunte/Lwowski*, Bankrechts-Handbuch, Bd. II, 5. Aufl. 2017
Serick	*Serick*, Eigentumsvorbehalt und Sicherungsübertragung, 1. Aufl. (Bd. I, 1963; Bd. III, 1970; Bd. IV, 1976; Bd. V, 1982); 2. Aufl. (Bd. II, 1986)
Soergel/*Bearbeiter*	*Soergel*, Bürgerliches Gesetzbuch, Kommentar, 13. Aufl. 1999 ff.
Staudinger/*Bearbeiter*	*Staudinger*, Kommentar zum BGB, 13. Bearb. ff. 1993 ff. (mit Jahresangabe)
A. Teichmann	*Teichmann, Arndt*, Vertragliches Schuldrecht, 4. Aufl. 2008
Ullrich	*Ullrich*, Eigentumsvorbehalt und andere Warenkreditsicherungsmöglichkeiten, 2. Aufl. 2009
Vieweg/Werner	*Vieweg/Werner*, Sachenrecht, 7. Aufl. 2015
Weber/Weber	*Weber/Weber*, Kreditsicherungsrecht, 9. Aufl. 2012
Westermann/Gursky/Eickmann	*Westermann/Gursky/Eickmann*, Sachenrecht, 8. Aufl. 2011
Wilhelm	*Wilhelm*, Sachenrecht, 5. Aufl. 2016
Wolf/Neuner	*Wolf/Neuner*, Allgemeiner Teil des Bürgerlichen Rechts, 11. Aufl. 2016
Wolf/Wellenhofer	*Wolf/Wellenhofer*, Sachenrecht, 31. Aufl. 2016

2. Zivilprozessrecht, Zwangsvollstreckungs- und Insolvenzrecht

Andres/Leithaus/*Bearbeiter*	*Andres/Leithaus*, Insolvenzordnung, Kommentar, 3. Aufl. 2014
Baur/Stürner/Bruns	*Baur/R. Stürner/Bruns*, Zwangsvollstreckungsrecht, 13. Aufl. 2006
BeckOK ZPO/*Bearbeiter*	Beck'scher Online-Kommentar zur ZPO, hrsgg. von *Vorwerk/Wolf*, Edition 24 (Stand: 1.3.2017)
Braun/*Bearbeiter*	*Braun*, Insolvenzordnung, Kommentar, 7. Aufl. 2017
HK-ZV/*Bearbeiter*	Gesamtes Recht der Zwangsvollstreckung, Handkommentar, hrsgg. von *Kindl/Meller-Hannich/Wolf*, 3. Aufl. 2016
Jaeger/*Bearbeiter*	*Jaeger*, Insolvenzordnung, Großkommentar (Bd. 1: §§ 1–55 InsO, 2004; Bd. 2: §§ 56–102 InsO, 2007; Bd. 3: §§ 103–128 InsO, 2014)
Jauernig/Berger	*Jauernig/Berger*, Zwangsvollstreckungs- und Insolvenzrecht, 23. Aufl. 2010
Marotzke	*Marotzke*, Gegenseitige Verträge im neuen Insolvenzrecht, 3. Aufl. 2001
MünchKommInsO/*Bearbeiter*	Münchener Kommentar zur Insolvenzordnung, hrsgg. von *Kirchhof/R. Stürner/Eidenmüller*, 3. Aufl. 2013 (Bd. 1: §§ 1–79 InsO; Bd. 2: §§ 80–216 InsO)
MünchKommZPO/*Bearbeiter*	Münchener Kommentar zur Zivilprozessordnung, hrsgg. von *Krüger/Rauscher*, 5. Aufl. 2016 (Bd. 1: §§ 1–354 ZPO; Bd. 2: §§ 355–1024 ZPO)
Musielak/Voit/*Bearbeiter*	*Musielak/Voit*, Zivilprozessordnung, 14. Aufl. 2017
Nerlich/Römermann/*Bearbeiter*	*Nerlich/Römermann*, Insolvenzordnung, Kommentar, Losebl., 31. EL (Stand: Januar 2017)
Prütting/Gehrlein/*Bearbeiter*	*Prütting/Gehrlein*, ZPO, Kommentar, 9. Aufl. 2017
Stein/Jonas/*Bearbeiter*	*Stein/Jonas*, ZPO, Kommentar, 22. Aufl. 2004 (Bd. 7: §§ 704–827 ZPO; Bd. 8: §§ 828–915h); 23. Aufl. 2017 (Bd. 8: §§ 802a–915h)
Thomas/Putzo/*Bearbeiter*	*Thomas/Putzo*, Zivilprozessordnung, Kommentar, 38. Aufl. 2017
Uhlenbruck/*Bearbeiter*	*Uhlenbruck*, Insolvenzordnung, Kommentar, 14. Aufl. 2015
Zöller/*Bearbeiter*	*Zöller*, Zivilprozessordnung, Kommentar, 31. Aufl. 2016

Siehe im Übrigen die den einzelnen Paragrafen vorangestellten Literaturhinweise.

Teil 1. Einführung

§ 1. Grundlagen

Literatur: *Brinkmann,* Kreditsicherheiten an beweglichen Sachen und Forderungen, 2011, S. 26ff., 50ff.; *Bülow,* Recht der Kreditsicherheiten, 8. Aufl. 2012, Rn. 1–80; *Ganter,* in: Schimansky/Bunte/Lwowski, Bankrechts-Handbuch, Bd. II, 5. Aufl. 2017, § 90; *Herresthal,* Das Recht der Kreditsicherung, in: Staudinger-Eckpfeiler 2014/2015, Teil K (S. 701ff.), Rn. 1ff.; *Lwowski,* in: Lwowski/Fischer/Langenbucher, Das Recht der Kreditsicherung, 9. Aufl. 2011, §§ 1, 2; *Merkel,* Die Negativklausel, 1985; *Paulus,* Grundfragen des Kreditsicherungsrechts, JuS 1995, 185; *Prütting,* Sachenrecht, 36. Aufl. 2017, § 53; *Weber/Weber,* Kreditsicherungsrecht, 9. Aufl. 2012, §§ 1, 2.

A. Kredit

I. Wirtschaftliche Bedeutung

Wirtschaftlich gesehen bedeutet Kredit die **zeitweilige Überlassung von Kaufkraft.**[1] Sie kann einmal darin bestehen, dass der Kreditgeber dem Kreditnehmer ein Wirtschaftsgut zur Nutzung für begrenzte Zeit überträgt (z.B. Darlehen, Diskontkredit) oder ein ihm sofort zustehendes Gut vorübergehend nicht einfordert (z.B. Stundung, Vorleistung). In diesen Fällen spricht man von **Zahlungskredit** (oder Geldleihe). Ein Zahlungskredit kann z.B. als Kontokorrentkredit (Dispositionskredit) oder Ratenzahlungskredit erfolgen. **1**

Die andere Form des Kredits bildet der **Haftungskredit** (z.B. Avalkredit). Diese Form des Kredits ist dadurch gekennzeichnet, dass bei ihr dem Kreditnehmer nicht effektiv Kredit z.B. in Form von barem Geld gewährt, sondern nur seine Kreditbasis durch die Mitübernahme der Haftung erweitert wird (z.B. Bürgschaft). Der Kreditgeber überträgt damit de facto seine eigene Kreditwürdigkeit auf den Kreditnehmer. **2**

Die **volkswirtschaftliche Bedeutung** des Kredits ist nicht zu unterschätzen. So betrugen allein die an inländische Unternehmen und Privatpersonen gewährten Kredite aller **Kreditinstitute** in der Bundesrepublik im Jahr 2016 2.458,524 Mrd. EUR.[2] Das Gesamtvolumen der **Lieferantenkredite** wird auf ca. 300 Mrd. EUR jährlich geschätzt.[3] Eine Studie der GfK-Finanzmarktforschung im Auftrag des Bankenfachverbandes aus dem Jahr 2011 kommt zu dem Ergebnis, dass mehr als jeder vierte Verbraucherhaushalt regelmäßig Ratenkredite in Anspruch nimmt, um Konsumgüter wie Elektronik, Autos oder Möbel zu finanzieren.[4] Das Gesamtvolumen der **durch Grundpfandrechte gesicherten Darlehen** der Banken an inländische Unternehmen und Privatpersonen belief sich 2016 auf über 1.248,2 Mrd. EUR, der größte Anteil davon sind Wohnbaukredite.[5] **3**

---

[1] GroßkommHGB/*Renner* Bankvertragsrecht Rn. 1 m.w.N.
[2] Stand März 2016. Deutsche Bundesbank, Bankenstatistik Juli 2016, Statistisches Beiheft 1 zum Monatsbericht, S. 34, abrufbar unter https://www.bundesbank.de/Redaktion/DE/Downloads/Veroeffentlichungen/Statistische_Beihefte_1/2016/2016_07_bankenstatistik.pdf?__blob=publicationFile [zuletzt abgerufen am 14.1.2017].
[3] Schätzung der Euler Hermes Kreditversicherungs-AG, Wirtschaft konkret Nr. 105, S. 3ff.
[4] Siehe http://www.bfach.de/bankenfachverband.php/cat/6/aid/1191 [zuletzt abgerufen am 8.8.2016].
[5] Stand September 2016; Monatsbericht der Deutschen Bundesbank Dezember 2016, Statistischer Teil, S. 32, abrufbar unter https://www.bundesbank.de/Redaktion/DE/Downloads/Veroeffentlichungen/Monatsberichte/2016/2016_12_monatsbericht.pdf?__blob=publicationFile [zuletzt abgerufen am 15.1.2017].

Teil 1. Einführung

II. Rechtliche Erscheinungsformen

4 **Rechtlich** gibt es keine einheitliche Form des Kredits. Der Zahlungskredit lässt sich meist auf die Grundform des **Darlehensvertrages** (§§ 488 ff.) zurückführen, der Haftungskredit auf eine **Geschäftsbesorgung** (§ 675); daneben kommt noch der **Rechtskauf** (§§ 433 Abs. 1 Satz 2, 453) in Betracht.

B. Kreditsicherung

I. Minimierung des Ausfallrisikos

5 Der Kreditgeber vertraut darauf, dass der Kreditnehmer zu gegebener Zeit seine (Rück-)Leistungspflicht erfüllen wird. Die Leistungspflicht begründet die **allgemeine Vermögenshaftung** des Schuldnervermögens. Der Zugriff auf dieses Vermögen steht aber auch anderen Gläubigern des Kreditnehmers offen. Der Wert der allgemeinen Vermögenshaftung hängt daher vom Umfang des Haftungsvermögens und von der Intensität der Gläubigerkonkurrenz bei Fälligkeit der Leistungspflicht ab. Da sich diese Faktoren im Zeitpunkt der Kreditgewährung nie sicher für den zukünftigen Zeitpunkt der Fälligkeit vorausbestimmen lassen, fordert ein Kreditgeber in aller Regel zur Abdeckung oder wenigstens Verringerung des Leistungsrisikos Sicherheit. Umgekehrt dienen Kreditsicherheiten für den Kreditnehmer der Erleichterung der Kapitalbeschaffung, regelmäßig gleichzeitig auch der Senkung der Kreditkosten.[6]

II. Verschiedene Formen der Sicherung

6 Die Sicherheit kann einmal darin bestehen, dass neben der Haftung des Kreditnehmers durch schuldrechtlichen Vertrag die allgemeine Vermögenshaftung eines Dritten begründet wird (so etwa bei Bürgschaft und Garantie). In diesem Fall haben wir es mit einer **Personalsicherheit** zu tun. Personalsicherheiten bilden aber auch die schuldrechtlichen Verpflichtungen, die der Kreditnehmer selbst neben der Kreditforderung beispielsweise in Form eines Schuldversprechens (§ 780) oder eines Wechselakzepts (Art. 28 WG) begründet. Der Gläubiger kann aufgrund solcher Sicherheiten die allgemeine Vermögenshaftung des Kreditnehmers leichter realisieren als anhand der Kreditforderung. Zu den Personalsicherheiten zählen z. B. Bürgschaft, Schuldbeitritt und der Garantievertrag.

7 Im Gegensatz zur Personalsicherheit steht die **Real-** oder **Sachsicherheit,** die dem Gläubiger in Form eines dinglichen Rechts den Zugriff auf einen bestimmten Vermögensgegenstand (des Kreditnehmers oder eines Dritten) und dessen Verwertung zur Befriedigung seiner Forderung vor den übrigen Gläubigern garantiert. Handelt es sich bei dem haftenden Gegenstand um ein Grundstück oder ein grundstücksgleiches Recht (Erbbaurecht), dann haben wir es mit einer **Immobiliarsicherheit** zu tun. Haftet dagegen eine bewegliche Sache oder ein Recht, spricht man von einer **Mobiliarsicherheit.** Ist das haftende Recht seinerseits eine Forderung, so liegt freilich nur formell eine Sachsicherheit vor. Materiell handelt es sich jedoch um eine Personalsicherheit, weil der Gläubiger damit auf die allgemeine Vermögenshaftung des Drittschuldners angewiesen ist. Zu den Realsicherheiten zählen z. B. die Sicherungsübereignung, die Grundpfandrechte und das Pfandrecht an beweglichen Sachen.

---

[6] Eingehend *Brinkmann* S. 26 ff.

Kein Mittel der Kreditsicherung, sondern eine bloße Kreditsicherungsverpflichtung stellt die sog. **Negativklausel** (Negative Pledge Clause) dar.[7] Bei ihrer reinen Form verpflichtet sich der Kreditnehmer gegenüber dem Kreditgeber, bis zur vollständigen Erfüllung seiner Schuld Dritten keine Sicherheiten zu bestellen. Diese Negativverpflichtung kann allenfalls als Alternative zur Kreditsicherung verstanden werden: Der Gläubiger will verhindern, dass der Schuldner Dritten überhaupt Sicherheiten gewährt, während er selbst darauf verzichtet. Bisweilen wird die Klausel auch mit einem positiven Inhalt angereichert, wenn etwa der Schuldner sich verpflichtet, dem Gläubiger jederzeit bestimmte Sicherheiten (z. B. eine näher bezeichnete Grundschuld) zu bestellen.[8]

8

Der Einteilung der Sicherheiten folgend kann man von **Personalkredit** sprechen, wenn der Kredit von Personalsicherheiten, von **Realkredit**, wenn er von Realsicherheiten gedeckt ist. Die Praxis bezeichnet als Realkredit regelmäßig sogar nur den von Grundpfandrechten gesicherten langfristigen (Anlage-)Kredit, während kurz- und mittelfristige Kredite ohne Rücksicht auf die Art der Sicherung als Personalkredit firmieren.[9]

9

Neben der Unterscheidung von Personal- und Realsicherheiten ist je nach dem Verhältnis zwischen der Sicherheit und der zu sichernden Forderung zwischen akzessorischen und abstrakten bzw. fiduziarischen Sicherheiten zu unterscheiden. Die akzessorische Sicherheit ist vom Bestand und der Höhe der zu sichernden Forderung abhängig (z. B. Hypothek, Pfandrecht und Bürgschaft). Die abstrakten Sicherungsmittel sind hingegen in ihrer Entstehung und ihrem Fortbestand von der Existenz eines gesicherten Anspruchs unabhängig (z. B. Garantie, Schuldbeitritt, Sicherungsübereignung, Sicherungsabtretung und Sicherungsgrundschuld). Eine Verknüpfung zwischen Sicherungsmittel und zugrunde liegender Forderung kann allerdings (schuldrechtlich!) durch einen **Sicherungsvertrag** hergestellt werden.

10

III. Praktische Bedeutung

Was die praktische **Verbreitung** der einzelnen Sicherungsarten betrifft, so steht beim langfristigen Kreditgeschäft sehr deutlich die Grundschuld im Vordergrund; die Hypothek wird als Sicherungsmittel nur noch in besonderen Konstellationen verwendet. Spitzenreiter bei den Sicherheiten für Lieferantenkredite ist naturgemäß der Eigentumsvorbehalt.[10] Der kurz- und mittelfristige Bankkredit wird in der Regel durch Mobiliarsicherheiten, Immobiliarsicherheiten und sonstige Sicherheiten, insbesondere Bürgschaften, gesichert.

11

Die **Kreditvergabe** ist dabei von mehreren Faktoren abhängig.[11] Aus der Sicht der Kreditinstitute steht nämlich bei der Kreditvergabeentscheidung mit weitem Abstand die gute Ertrags- und Liquiditätslage der kreditsuchenden Unternehmen an der Spitze (gewichtete relative Häufigkeit von 34,1 %), danach folgt der Faktor „Fähigkeit der Unternehmensleitung" (24,2 %) und mit nochmals großem Abstand die Stellung von erstrangigen Grundpfandrechten (15,3 %). Die Bereitstellung von Mobiliarsicherheiten folgt erst an sechster Rangstelle (6,6 %).[12]

12

---

[7] *Merkel* S. 2; hierzu auch *Mucke* WM 2006, 1804; Schimansky/Bunte/Lwowski/*Merkel/Richrath* § 98 Rn. 80 ff. Anderer Ansatz bei *Brinkmann* S. 309 ff.
[8] Weitere Fälle bei *Merkel* S. 20 ff.; *Mucke* WM 2006, 1804 ff.
[9] Zur Terminologie *Baur/Stürner* § 36 Rn. 4.
[10] Siehe die Nachweise bei *Brinkmann* S. 43.
[11] Zu den Einflussfaktoren bei Unternehmen z. B. *Winker*, Rationierung auf dem Markt für Unternehmenskredite, 1996, S. 35.
[12] *Drukarczyk/Duttle/Rieger*, Mobiliarsicherheiten – Arten, Verbreitung, Wirksamkeit, 1985, Tab. K 35. Neuere Untersuchungen existieren hierzu offenbar nicht, siehe *Brinkmann* S. 42.

Teil 2. Personalsicherheiten

§ 2. Bürgschaft

Literatur: *Arnold,* Die Bürgschaft auf erstes Anfordern im deutschen und englischen Recht, 2008; *Benedict,* Wi(e)der die Formwirksamkeit der Blankettbürgschaft, JURA 1999, 78; *Brennecke,* Verbraucherbürgschaften als außerhalb von Geschäftsräumen geschlossene Verträge, ZJS 2014, 236; *Coester-Waltjen,* Die Bürgschaft, JURA 2001, 742; *Diederichsen,* Aktuelle Probleme der Bürgschaft, JURA 1999, 229; *Eckardt,* Die Blankettbürgschaft, JURA 1997, 189; *Fischer,* Formnichtigkeit der Blankobürgschaft, JuS 1998, 205; *Fischer,* in: Lwowski/Fischer/Langenbucher, Das Recht der Kreditsicherung, 9. Aufl. 2011, § 9; *Förster,* Die Fusion von Bürgschaft und Garantie, 2010; *Giesen,* Die Bürgschaft, JURA 1997, 64 und 122; *Hadding/Welter,* Zur schuldrechtlichen Qualifizierung bei einer „Bürgschaft auf erstes Anfordern", WM 2015, 1545; *Hasselbach,* Anwendbarkeit des Verbraucherkredit- und des Haustürgeschäftewiderrufsgesetzes auf Bürgschaften, JuS 1999, 329; *Herresthal,* Das Recht der Kreditsicherung, in: Staudinger-Eckpfeiler 2014/2015, Teil K (S. 701 ff.) Rn. 98 ff.; *Kiehnle,* Anforderungen an die historische Auslegung am Beispiel der §§ 771 ff. BGB: Vor-Ausklage oder Voraus-Klage?, JR 2017, 135; *Larenz/Canaris,* Lehrbuch des Schuldrechts, Bd. II, Halbbd. 2, Besonderer Teil, 13. Aufl. 1994, § 60; *Medicus,* Entwicklungen im Bürgschaftsrecht – Gefahren für die Bürgschaft als Mittel der Kreditsicherung, JuS 1999, 833; *Mertens/Schröder,* Der Ausgleich zwischen Bürgen und dinglichen Sicherungsgebern, JuS 1992, 305; *Münster/Lubitz,* Anwendbarkeit des Verbraucherkreditgesetzes auf die Bürgschaft, JA 1999, 289; *Musielak,* Bürgschaft, JA 2015, 161; *Nobbe,* in: Schimansky/Bunte/Lwowski, Bankrechts-Handbuch, Bd. II, 5. Aufl. 2017, § 91; *Pfab,* Die Sittenwidrigkeit von Arbeitnehmerbürgschaften, JURA 2005, 737; *Piekenbrock/Ludwig,* Personalsicherheiten, 2016; *Reinicke/Tiedtke,* Bürgschaftsrecht, 3. Aufl. 2008; *dies.,* Kreditsicherung, 5. Aufl. 2006, Rn. 25–599; *Riehm,* Aktuelle Fälle zum Bürgschaftsrecht, JuS 2000, 138, 241 und 343; *Schinkels,* Verbraucherbürgschaft und Verbraucherverkauf als Außergeschäftsraum- oder Fernabsatzvertrag i. S. d. Verbraucherrechte-Richtlinie?, WM 2017, 113; *Chr. Schmidt,* Die sogenannte Akzessorietät der Bürgschaft, 2001; *Schmolke,* Grundfälle zum Bürgschaftsrecht, JuS 2009, 585, 679 und 784; *C. Schreiber,* Die Verteidigungsmittel des Bürgen, JURA 2007, 730; *Schürnbrand,* Das Recht der Personalsicherheiten im Entwurf des Gemeinsamen Referenzrahmens, WM 2009, 873; *Tiedtke,* Die Rechtsprechung des BGH auf dem Gebiet des Bürgschaftsrechts seit 1997, NJW 2001, 1015; *ders.,* Die Rechtsprechung des BGH auf dem Gebiet des Bürgschaftsrechts in den Jahren 2001 und 2002, NJW 2003, 1359; *ders.,* Die Rechtsprechung des BGH auf dem Gebiet des Bürgschaftsrechts seit 2003, NJW 2005, 2498; *Weber,* Wirksamkeit formularmäßiger Globalbürgschaften – BGHZ 130, 19, JuS 1997, 501; *Weber/Weber,* Kreditsicherungsrecht, 9. Aufl. 2012, §§ 3, 4; *Westermann,* Die Bürgschaft, JURA 1991, 449 und 567.

A. Überblick

I. Die Funktion der Bürgschaft

Die Bürgschaft ist eine Form der **Personalsicherung,** weil der Bürge dem Gläubiger neben dem Hauptschuldner mit seinem Vermögen für die Erfüllung einer Verpflichtung einsteht. Die **Sicherungsfunktion der Bürgschaft zugunsten des Gläubigers** ergibt sich also aus der Zugriffsbefugnis des Gläubigers auf das Gesamtvermögen des Bürgen. **1**

Im Verhältnis zwischen Bürgen und Hauptschuldner erfüllt die Bürgschaft **Kreditierungsfunktion zugunsten des Hauptschuldners:** Der Bürge ermöglicht dem Hauptschuldner mit der Übernahme der Bürgschaft die Aufnahme eines Kredits beim Gläubiger. Dieselbe Funktion kommt auch der Garantie zu (zu dieser und zur Abgrenzung Bürgschaft – Garantie vgl. § 3 Rn. 24 ff.). Garantie und Bürgschaft werden zusammen mit anderen Formen der Haftungsübernahme (insbesondere dem Schuldbeitritt) auch als **Avalkredit** bezeichnet (vgl. auch § 1 Abs. 1 Satz 2 Nr. 8 KWG).[1] Dieser bil- **2**

---
[1] *Heermann,* Geld und Geldgeschäfte, 2003, § 16 IV 2 Rn. 17.

det neben dem **Akzeptkredit,** bei dem ein Kreditinstitut die vom Kunden gezogenen Wechsel akzeptiert und so den „Wert" des Wechsels erhöht, die wichtigste Form des **Haftungskredits.**

II. Die wirtschaftliche Bedeutung der Bürgschaft

3   Nach wie vor spielt die aus **privaten Motiven** übernommene Bürgschaft für Verwandte, Bekannte oder sonstige nahestehende Personen eine gewisse Rolle. Erheblich größere volkswirtschaftliche Bedeutung besitzen heute jedoch **Staatsbürgschaften** und der **gewerbliche Bürgschaftskredit,** insbesondere der Kreditinstitute. Im Jahr 2009 vergaben die Bürgschaftsbanken 45.609 Bürgschaften und Garantien.[2] Das Volumen der sog. Hermes-Bürgschaften im Außenhandel betrug im Jahr 2010 insgesamt 32,5 Mrd. EUR.[3]

III. Die gesicherten Forderungen

1. Das Rechtsverhältnis zwischen Gläubiger und Hauptschuldner

4   Die Bürgschaft soll eine Forderung des Gläubigers gegen den Hauptschuldner (§ 765 Abs. 1 nennt ihn „Dritten") sichern. Im Regelfall besteht die Verpflichtung des Hauptschuldners bereits bei Abschluss des Bürgschaftsvertrages. Allerdings gestattet § 765 Abs. 2 auch die Begründung einer Bürgschaft für eine erst künftige oder bedingte Verbindlichkeit. In der Praxis spielt dies vor allem bei Bürgschaften für (künftige) Bankkredite eine Rolle.

5   Gleichgültig ist, welchen Inhalt der gesicherte Anspruch aufweist. Gleichgültig ist auch die Rechtsqualität der Hauptschuld: Es mag sich um zivilrechtliche oder öffentlich-rechtliche Verpflichtungen handeln, die Bürgschaft selbst folgt allemal den Regeln der §§ 765 ff.;[4] bei Bürgschaften für Steuerforderungen hat § 192 AO dies ausdrücklich klargestellt.

2. Die Art der gesicherten Forderungen

6   Differenziert man nach der Art der gesicherten Verpflichtungen, so sind in erster Linie **Lieferungs-** und **Leistungsverpflichtungen** zu nennen, insbesondere für Unternehmen des Baugewerbes und der Maschinenbauindustrie, aber auch im Militärbereich für Aufträge an die Rüstungsindustrie. Daneben finden sich Bürgschaften im Handels- und Frachtgewerbe. Im Einzelnen lassen sich dabei **Bietungsbürgschaften** (für den Fall, dass der bietende Unternehmer den ihm aufgrund einer Ausschreibung erteilten Auftrag nicht annimmt), **Vertragserfüllungsbürgschaften** (für die ordnungsgemäße Erfüllung vertraglicher Verbindlichkeiten), **Anzahlungsbürgschaften** (für die Rückgabe einer Anzahlung, falls ein Vertrag nicht durchgeführt wird) und **Mängelgewährleistungsbürgschaften** unterscheiden. Die Bedeutung dieser Bürgschaften nimmt – national wie international – ständig zu.

7   Größeres Gewicht besaßen früher auch die **Zoll- und Steuerbürgschaften.** Ihre Bedeutung sinkt jedoch, da die Zahlungsfristen im Abgaberecht in den letzten Jahren erheblich reduziert wurden. Zu erwähnen ist schließlich noch die **Prozessbürgschaft,** die als Mittel der Sicherheitsleistung nach § 108 Abs. 1 Satz 1 ZPO vom Gericht zugelassen werden kann, wenn eine Partei zur Bestellung einer prozessualen Sicherheit verpflichtet ist, insbesondere als Voraussetzung oder zur Abwendung

---

[2] Die Bank 2010, 51.
[3] Vgl. ifo-Bericht, Beschäftigungseffekte der Exportkreditgarantien der Bundesrepublik Deutschland „Hermesdeckungen", erstellt im Oktober 2011 für das Bundesministerium für Wirtschaft und Technologie, S. 6 (abrufbar unter http://www.bmwi.de/BMWi/Redaktion/PDF/Publikationen/hermesdeckung,property=pdf,bereich=bmwi2012,sprache=de,rwb=true.pdf) [zuletzt abgerufen am 15.1.2017].
[4] BGHZ 90, 187, 190 ff.

der Vollstreckung aus einem vorläufig vollstreckbaren Urteil (§§ 709, 711 ZPO) oder auch hinsichtlich solcher Kläger, die ihren gewöhnlichen Aufenthalt außerhalb EU und EWR haben (§ 110 ZPO).

Allgemeine Vorschriften für die Stellung von Sicherheiten finden sich in §§ 232 ff. Nach § 232 Abs. 2 darf die Bürgschaft nur nachrangig angeboten werden; in manchen Fällen genügt sie überhaupt nicht (z. B. §§ 273 Abs. 3 Satz 2, 1218 Abs. 1 Hs. 2). Der Bürge muss nach § 239 (1.) angemessenes Vermögen haben, (2.) seinen allgemeinen Gerichtsstand im Inland haben sowie (3.) auf die Einrede der Vorausklage (§ 771) verzichten. In der Beschränkung auf im Inland ansässige Bürgen liegt eine mittelbare Diskriminierung EU-ausländischer Bürgen, jedenfalls aber eine Beschränkung der Dienstleistungs- und Kapitalverkehrsfreiheit aus Art. 56, 63 AEUV.[5] Die Vorschrift muss primärrechtskonform dahin ausgelegt werden, dass „Inland" i. S. d. § 239 Abs. 1 als „EU-Inland" zu lesen ist.[6]

8

IV. Das Rechtsverhältnis zwischen Gläubiger und Bürgen

1. Bürgschaftsvertrag

Im Mittelpunkt des Bürgschaftsrechts steht das Bürgschaftsverhältnis zwischen Gläubiger und Bürgen. Es wird durch den Bürgschaftsvertrag (§ 765 Abs. 1) begründet. In aller Regel wird dieser zwischen Bürgen und Gläubiger geschlossen. In Ausnahmefällen kann er auch die Form eines Vertrages zugunsten Dritter gem. §§ 328 ff. annehmen, den der Bürge mit dem Hauptschuldner zugunsten des Gläubigers vereinbart.[7] Auch könnte der Bürge den Hauptschuldner in der Form des § 766 Satz 1 gem. § 164 Abs. 1 Satz 1 dazu bevollmächtigen, dass dieser ihn bei der Abgabe des Bürgschaftsversprechens gegenüber dem Gläubiger vertritt. Der Gläubiger von Hauptforderung und Bürgschaft muss grundsätzlich allerdings ein und dieselbe Person sein (arg. § 774 Abs. 1).[8] Bei der Hauptforderung kann es sich im Grunde um jede schuldrechtliche Verbindlichkeit handeln (siehe Rn. 5 ff.).[9]

9

2. Form der Bürgenerklärung

> **Fall 1:** B übernimmt schriftlich individualvertraglich gegenüber der G-Bank die Bürgschaft für „alle gegenwärtigen und künftigen Forderungen, welche der G-Bank aus der bankmäßigen Geschäftsverbindung mit S zustehen oder noch erwachsen werden, bis zu einem Höchstbetrag von 100.000 EUR". Entspricht diese Bürgschaftserklärung dem Formerfordernis des § 766 Satz 1?

10

a) § 766 Satz 1 fordert eine **schriftliche** (Warnfunktion) Bürgenerklärung (nicht Schriftform für den gesamten Bürgschaftsvertrag). Nach § 126 Abs. 1 ist daher die Erklärung des Bürgen schriftlich niederzulegen und von ihm eigenhändig zu unterzeichnen. Die Erklärung muss außerdem zugehen. Andernfalls ist sie nichtig (§ 125). Ein Telefax genügt diesen Anforderungen daher nicht, da es nur

11

---

[5] In diesem Sinne EuGH vom 1.7.1993, Rs. C-20/92 – *Hubbard*, Slg. 1993, I-3777 = NJW 1993, 2431 in Bezug auf § 110 Abs. 1 Satz 1 ZPO a. F., nach dem Angehörige fremder Staaten, die als Kläger vor einem deutschen Gericht auftreten, dem Beklagten auf sein Verlangen wegen der Prozesskosten Sicherheit zu leisten hatten.
[6] Dazu Langenbucher/*Herresthal* § 2 Rn. 43 f.; MünchKommBGB/*Grothe* § 239 BGB Rn. 2; a. A. etwa BeckOK BGB/*Dennhardt* § 239 BGB Rn. 2, der mit Blick auf den klaren Wortlaut auf den Gesetzgeber verweist.
[7] Abgrenzungsbeispiel BGH NJW 1984, 2088 (Avalvertrag ist in der Regel kein Bürgschaftsvertrag zugunsten des Gläubigers); NJW 2003, 2231.
[8] BGH NJW 2003, 2231.
[9] BGH NJW 1989, 1856.

eine Kopie des Originals darstellt und manipulierbar ist. Die Schriftform kann nicht durch die elektronische Form ersetzt werden (§§ 766 Satz 2, 126 Abs. 3). Die Annahme der Erklärung durch den Gläubiger ist dagegen formlos möglich.

12 Formlos gültig ist dagegen die Bürgschaftserklärung eines **Vollkaufmanns,** sofern die Bürgschaft für ihn ein Handelsgeschäft darstellt (§§ 350, 343 HGB). Ein Kaufmann kann sich daher auch mündlich verbürgen.

13 Welchen **Inhalt** die Erklärung aufweisen muss, ergibt sich aus dem **Zweck der Form.** Da diese den Bürgen in erster Linie vor übereilter Eingehung der Bürgschaft schützen soll, muss die Erklärung alle die Bürgschaft wesentlich bestimmenden Elemente umfassen, damit der Bürge sich ein vollständiges Bild der auf ihn zukommenden Haftung machen kann. Diese **wesentlichen Elemente** sind:

- die Person des **Gläubigers,**[10]
- der **Verbürgungswille** (Wille, für eine fremde Schuld einstehen zu wollen),
- der Hauptschuldner sowie
- die **zu sichernde Forderung,** für die gebürgt wird (Zweckerklärung).

14 b) Eine **Blankettbürgschaft** in der Form, dass der Bürge eine Blankounterschrift leistet und einen anderen mündlich dazu ermächtigt, die Urkunde nachträglich zu ergänzen, ist unwirksam.[11] Hier fehlen die Identifikation von Gläubiger und Hauptschuldner sowie die Bestimmung der gesicherten Verbindlichkeit. Zwar sind eine Ausfüllungsermächtigung sowie eine (an sich formlose) Befreiung von § 181 zulässig. Wegen des Schutzes des Bürgen muss aber (in teleologischer Reduktion des § 167 Abs. 2) die Ausfüllungsermächtigung schriftlich erfolgen. Die Blankobürgschaft ist daher formnichtig.[12] Dem Erklärungsempfänger steht bei Gutgläubigkeit aber ggf. ein Anspruch aus dem vom Bürgen durch Unterzeichnung des Blanketts gesetzten Rechtsschein (vgl. § 172 Abs. 2) zu.[13] Das Formerfordernis des § 766 gilt darüber hinaus z. B. auch für Bürgschaftsvorverträge und die Vollmacht, die zur Erteilung einer wirksamen Bürgschaft führt.[14]

15 c) Der erste Punkt **(Gläubiger)** ist durch die Erwähnung der G-Bank in der Bürgschaftsurkunde gedeckt. Der **Verbürgungswille** kann durch die Formulierung, es werde die Bürgschaft übernommen, ausgedrückt sein. Allerdings ist der Gebrauch bestimmter Worte allein nicht ausschlaggebend. Dies gilt insbesondere im Hinblick auf die Abgrenzung zwischen Bürgschaft und Garantie. Indes ergibt sich hier aus der Erklärung des B, dass er nur für (bestehende oder künftige) Verpflichtungen des S gegenüber der G-Bank einstehen will. Damit ist eine bloß akzessorische Haftung, mithin also ein Verbürgungswille ausgedrückt.

16 Zweifel bestehen, ob die **Schuld,** für die gebürgt wird, eindeutig genug in der Urkunde fixiert ist. Die gesicherte Bürgschaftsschuld muss entweder im Bürgschaftsvertrag genau bezeichnet oder zumindest bestimmbar sein.[15] Soweit die Bürgschaft für alle „gegenwärtigen", d. h. schon bestehenden Forderungen der G-Bank gegen B übernommen wurde, ist die Erklärung hinreichend bestimmt. Die Höhe der Hauptschuld kann offen bleiben, wenn es sich um Forderungen aus dem üblichen Geschäftsbetrieb handelt. Eine solche Globalbürgschaft bezieht sich auf alle gegen-

---

[10] Zu unbestimmt und daher unwirksam wäre eine Bürgschaft für alle Verbindlichkeiten eines Hauptschuldners; BGH WM 1978, 1065 = JuS 1979, 215 *(K. Schmidt).*
[11] BGHZ 132, 119.
[12] Zur Möglichkeit der Genehmigung (und deren Form) hat sich der BGH noch nicht geäußert; die Frage wurde ausdrücklich offen gelassen in BGH NJW 2000, 1179, 1180.
[13] BGHZ 132, 119, 125.
[14] BGHZ 132, 119.
[15] BGH NJW 1988, 907.

§ 2. Bürgschaft

wärtigen und zukünftigen Forderungen aus der laufenden Geschäftsbeziehung mit dem Hauptschuldner.

Was die „zukünftigen" Forderungen angeht, so lässt § 765 Abs. 2 zwar eine **Bürgschaft auch für** **künftige Verbindlichkeiten** zu. Ob diese bereits in der Bürgschaftsurkunde nach Art und Umfang bestimmt sein müssen oder ob ihre bloße Bestimmbarkeit genügt, ist fraglich. Die Praxis lässt das letztere genügen;[16] sie zeigt sich dabei recht großzügig und hält eine Bürgschaft für die zukünftigen Forderungen aus einem bestimmten Kreis von Rechtsbeziehungen für zulässig, etwa für „alle zukünftigen Ansprüche einer Bank gegen den Hauptschuldner, die sich aus der bankmäßigen Geschäftsverbindung ergeben".[17] Nach h. M. verstößt eine individualvertragliche Globalbürgschaft daher nicht gegen den Bestimmtheitsgrundsatz.[18] Doch können sich bei formularvertraglich vereinbarten Globalbürgschaften Beschränkungen aus den Vorschriften für AGB (§§ 305 ff.) ergeben, die z. B. auch für Kommanditisten gelten (vgl. § 310). Eine Globalsicherungsvereinbarung ermöglicht es (abweichend von § 767 Abs. 1 Satz 3), die Haftung des Bürgen ohne dessen Beteiligung zu erweitern. Dabei handelt es sich – wenn nicht besonders hervorgehoben – um eine überraschende Klausel i. S. d. § 305c Abs. 1. Allerdings ist die Bürgschaft wirksam in Bezug auf die eingegangene „Anlassverbindlichkeit". Dagegen wird die Erweiterung auf künftige Verbindlichkeiten i. d. R. nicht Vertragsbestandteil. Soweit man gleichwohl bejaht, dass die Globalsicherungsklausel Vertragsbestandteil geworden ist, nimmt man einen Verstoß gegen das Verbot der Fremddisposition an (vgl. § 767 Abs. 1 Satz 3). Darin liegt eine unangemessene Benachteiligung i. S. d. § 307 Abs. 2 Nr. 1 sowie i. S. d. § 307 Abs. 2 Nr. 2. Auch hier lässt die Rechtsprechung die Anlassverbindlichkeit bestehen.[19]

17

d) Die Fixierung eines Höchstbetrags wirft allerdings das neue Problem auf, für welche Forderungen denn die Bürgschaft besteht, wenn der Gesamtwert der Ansprüche aus dem festgelegten Rechtskreis den Höchstbetrag überschreitet. Man wird dann entsprechend dem Rechtsgedanken des § 366 Abs. 2 wohl annehmen müssen, dass sich die Bürgschaft auf die zeitlich älteren Ansprüche, bei gleichem Alter auf jede Schuld verhältnismäßig bezieht. Da die Bürgschaft des B nur für solche Forderungen begründet werden sollte, die der Bank aus der bankmäßigen Geschäftsverbindung des S entstehen und die Bürgschaft gleichzeitig auf 100.000 EUR beschränkt wurde, genügte die Erklärung des B der Formvorschrift des § 766 Satz 1.

18

e) Bei einem Gläubigerwechsel ist der Umfang der Bürgenverpflichtung für neu begründete Forderungen durch Auslegung zu bestimmen.

19

> **Fall 2:** Angenommen, die G-Bank aus Fall 1 stellt zum 31.12. ihre Tätigkeit ein und überträgt die Rechte gegenüber ihren Kunden, darunter auch S, auf die Z-Bank; diese setzt die Geschäftsbeziehungen mit S fort und gewährt ihm weiteren Kredit. Erstreckt sich die Bürgschaft des B gegenüber der G-Bank auch auf diese neuen Kreditforderungen?

20

Die von B übernommene Bürgschaft bezog sich nach ihrem Wortlaut auf Forderungen, „welcher der G-Bank aus der bankmäßigen Geschäftsverbindung mit S" erwachsen. Die neuen Kreditforderungen sind jedoch unmittelbar für die Z-Bank aus deren Kreditgewährung an S entstanden. Der

21

---

[16] Vgl. BGHZ 25, 318, 319, 321.
[17] BGHZ 25, 318, 321 m. N. zur Rspr. des RG; bestätigt etwa von BGH JZ 1986, 448, 449 = NJW 1986, 928, 929.
[18] PWW/*Brödermann* § 765 BGB Rn. 13.
[19] BGHZ 130, 19 = NJW 1995, 2553; dazu *Riehm* JuS 2000, 343; siehe auch BGHZ 143, 95 = BGH NJW 2000, 658.

in der Bürgschaft benannte Gläubiger ist also nicht identisch mit dem Gläubiger der neuen Forderungen. Anhaltspunkte dafür, dass B auch für Kredite einstehen wollte, die die neue Gläubigerin gewährt, sind der Bürgenerklärung aber nicht zu entnehmen. Da diese, um § 766 zu genügen und das übernommene Risiko für den Bürgen überschaubar zu halten, jedoch den gesicherten Gläubiger erkennen lassen muss, liegt bezüglich der neuen Kreditforderungen der Z-Bank keine (wirksame) Bürgschaft vor. – Daran ändert auch § 401 nichts. Die Vorschrift betrifft nur die Bürgschaft für die bereits bei der G-Bank entstandenen und an die Z-Bank abgetretenen Forderungen.[20]

22 Anders sähe die Rechtslage aus, wenn die Z-Bank Gesamtrechtsnachfolgerin der G-Bank wäre. Damit hätte sie auch die Parteistellung im Bürgschaftsvertrag und die Position des „Gläubigers" übernommen, dessen Forderungen aus der mit S bestehenden und fortgesetzten Geschäftsbeziehung von der Bürgschaft gedeckt sind.[21]

3. Inhalt der Bürgschaftsforderung

23 Da es sich in den allermeisten Fällen bei der Hauptschuld um eine Geldforderung handelt, hat auch der Bürge Geld zu leisten. Muss der Hauptschuldner eine andere Leistung erbringen, so haftet der Bürge im Zweifel nur auf das Erfüllungsinteresse, wenn er selbst in Natur nicht zu leisten vermag.[22]

4. Akzessorietät der Bürgschaft

24 Die Bürgschaft verpflichtet den Bürgen, für die Verbindlichkeit des Hauptschuldners einzustehen (§ 765 Abs. 1). Bestand, Inhalt, Umfang und Durchsetzbarkeit der Bürgschaft richten sich gem. §§ 767 f., 770 Abs. 1 nach der Hauptschuld (Grundsatz der **Akzessorietät**).[23]

25 Eine gewisse **Lockerung der Akzessorietät** ergibt sich allerdings, wenn die **Haftung des Hauptschuldnervermögens rechtlich beschränkt** wird, weil es nicht mehr zur vollen Befriedigung aller Gläubiger hinreicht. Das ist der Fall bei der beschränkten Erbenhaftung nach dem Tod des Hauptschuldners (§ 768 Abs. 1 Satz 2), in der Insolvenz (§ 254 Abs. 2 InsO), aber auch dann, wenn der Hauptschuldner eine juristische Person ist (oder wie eine solche behandelt wird) und infolge Vermögensverfalls untergeht.[24] Die Einrede des Notbedarfs des Schenkers (§ 519 Abs. 1) lässt die Bürgenhaftung unberührt. Indes entsprechen diese Lockerungen der Akzessorietät dem Sinn der Bürgschaft: Sie soll gerade bei Insuffizienz des Schuldnervermögens Platz greifen. In diesen Zusammenhang gehört schließlich auch die volle Leistungspflicht des Bürgen trotz **gegenständlich beschränkter Haftung des Hauptschuldners.**

26 Die Abhängigkeit der Bürgschaft von der Hauptschuld kann zwar regelmäßig nicht formularmäßig,[25] wohl aber durch **Individualvereinbarung** zwischen Gläubiger und Bürgen gelockert werden. So mag dem Bürgen die Berufung auf einzelne „Einreden" aus dem Recht des Hauptschuldners abgeschnitten[26] oder bei einer Vereinbarung zur „**Zahlung auf erstes Anfordern**"[27] die Geltendmachung

---

[20] BGHZ 26, 142.
[21] BGHZ 77, 167, 170 f.; ergänzend BGH WM 1981, 553 f. (für den Fall einer Sicherungsgrundschuld).
[22] Vgl. auch RGZ 140, 216, 219.
[23] Allgemein zur Akzessorietät *Medicus* JuS 1971, 497.
[24] Vgl. BGHZ 82, 323; 153, 337.
[25] MünchKommBGB/*Habersack* § 765 BGB Rn. 61 und § 770 BGB Rn. 3; großzügiger wohl Staudinger/*Horn* (2012) § 770 BGB Rn. 17. Für generelle Unwirksamkeit indessen *Förster* WM 2010, 1677, 1680 f. Siehe dazu auch Rn. 158.
[26] Beispiel: BGHZ 95, 350, 357 ff.
[27] Beispiele bieten BGHZ 74, 244; BGH NJW 1984, 923; 1985, 1694; zur Zurückhaltung bei Annahme einer „Bürgschaft auf erstes Anfordern" mahnt BGHZ 95, 380, 387.

§ 2. Bürgschaft

von Einwendungen auf einen „Gegenprozess" des Bürgen verschoben werden, in dem der Bürge seine Leistung wegen fehlender materieller Berechtigung des Gläubigers zurückfordern darf.[28]

5. Subsidiarität der Bürgschaft

Der Gläubiger kann den Bürgen im Normalfall allerdings erst in Anspruch nehmen, wenn er beim Hauptschuldner erfolglos die Erfüllung durchzusetzen versucht hat. Vorher steht dem Bürgen nach § 771 die Einrede der Vorausklage zu (Grundsatz der **Subsidiarität,** siehe näher Rn. 140 ff.; zur Bürgschaft auf erstes Anfordern siehe Rn. 158). Auch die Einrede der Aufrechenbarkeit (§ 770 Abs. 2) wird vielfach hierzu gezählt.[29] Diesbezüglich begründet ein formularmäßiger Ausschluss jedenfalls dann einen Verstoß gegen § 307 Abs. 2 Nr. 1, wenn die Gegenforderung des Hauptschuldners unbestritten oder rechtskräftig festgestellt ist.[30] 27

V. Das Rechtsverhältnis zwischen Bürgen und Hauptschuldner

1. Vertragliche Grundlagen

Es dürfte kaum vorkommen, dass sich jemand aus eigenen Stücken für die Verbindlichkeit eines anderen verbürgt, ohne mit diesem vorher in Kontakt getreten zu sein. In solchen Ausnahmefällen können die Vorschriften über die Geschäftsführung ohne Auftrag (§§ 677 ff.) das Rechtsverhältnis zwischen Bürgen und Hauptschuldner regeln.[31] Im Normalfall geht der Anstoß zur Übernahme einer Bürgschaft jedoch vom Hauptschuldner aus. Dann gilt folgendes: 28

a) Handelt es sich bei dem (zukünftigen) Bürgen um eine **Privatperson,** so konkretisiert sich die Rechtslage zwischen ihr und dem Hauptschuldner üblicherweise in einem Auftrag nach §§ 662 ff. Danach ist der Bürge als Beauftragter gehalten, die Bürgschaft gegenüber dem Gläubiger zu übernehmen, während der Hauptschuldner dem Bürgen insbesondere zum Ersatz der Aufwendungen verpflichtet ist, die dieser in Erfüllung seiner Bürgenpflicht macht. Dieser Auftrag zwischen Bürgen und Hauptschuldner darf nicht mit dem Kreditauftrag des § 778 verwechselt werden, der ein Rechtsverhältnis zwischen Auftraggeber und Gläubiger begründet und jenen inhaltlich wie einen Bürgen für den Kredit haften lässt, den der Gläubiger aufgrund des Auftrags dem Hauptschuldner gewährt. 29

b) Soll sich eine **Bank** für die Verbindlichkeit eines Kunden verbürgen, so liegt meist ein Avalkreditvertrag zugrunde, also ein entgeltlicher Geschäftsbesorgungsvertrag (§§ 675, 631), durch den sich die Bank gegen Zahlung einer Avalprovision (§ 354 HGB) zur Übernahme der Bürgschaft verpflichtet. 30

c) Übernimmt die **öffentliche Hand** eine Bürgschaft zugunsten eines (inländischen) Unternehmens oder einer (inländischen) Privatperson, so kann dies eine Beihilfe (Art. 107, 108 AEUV) für den Hauptschuldner darstellen.[32] Die haushaltsrechtlichen Grundlagen hierfür ergeben sich z. B. für den Bund aus Art. 115 Abs. 1 Satz 1 GG, § 39 BHO. Wie sonst auch geht die staatliche Stelle nach der Zweistufentheorie vor.[33] Auf der ersten Stufe entscheidet sie über das „Ob" der Verbürgung; hier- 31

---

[28] Anspruchsgrundlage hierfür bildet der Bürgschaftsvertrag; vgl. das Parallelproblem bei der Garantie „zur Zahlung auf erstes Anfordern" unter § 3 Rn. 8. – A.A. BGHZ 74, 244, 248: § 812; ebenso *Horn* NJW 1980, 2155.
[29] BGHZ 95, 350, 361; 153, 293 Rn. 18; str., siehe auch Rn. 142.
[30] BGHZ 153, 293 = NJW 2003, 1521 unter Aufgabe von BGHZ 95, 350, 359.
[31] Vgl. die Eingangsworte in § 775 Abs. 1.
[32] Zu den Staatsbürgschaften *Reinicke/Tiedtke* Bürgschaftsrecht Rn. 545 ff.
[33] BGH NJW 1997, 328 m.N. für eine Hermes-Bürgschaft; MünchKommBGB/*Habersack* § 765 BGB Rn. 125.

bei handelt sie öffentlich-rechtlich. Auf der zweiten Stufe geht es um das „Wie"; hier haben die Behörden grundsätzlich die Wahl, ob sie das Geschäft öffentlich-rechtlich (durch Verwaltungsakt oder öffentlich-rechtlichen Vertrag) oder aber zivilrechtlich (in Form eines auftragsähnlichen Vertrages) abwickeln wollen.

2. Gesetzliche Ergänzungsregelungen

32 Das BGB enthält einige Normen, welche die vertragliche Regelung zwischen Bürgen und Hauptschuldner ergänzen. Neben § 775, der dem Bürgen unter bestimmten Voraussetzungen einen Befreiungsanspruch gegen den Hauptschuldner gewährt,[34] ist insbesondere die Regressregelung des § 774 von Bedeutung. Die hier dem Bürgen gewährte Rückgriffsmöglichkeit aus fremdem Recht tritt neben die sich eventuell aus dem Vertrag (siehe Rn. 29 ff.) ergebende aus eigenem Recht.[35]

B. Begründung der Bürgschaft – Akzessorietät

33 **Fall 3: Schwindel bei der Kiosk-Übernahme**[36]

G verkaufte dem S ein Kioskgeschäft zum Preis von 50.000 EUR. Für den Kaufpreis übernahm B schriftlich die Bürgschaft. S zahlte nur 30.000 EUR. Über den Restbetrag erwirkte G ein mittlerweile rechtkräftiges Versäumnisurteil gegen S. Nunmehr erklärt S die Aufrechnung mit einer Schadensersatzforderung in Höhe von 20.000 EUR, die ihm daraus erwachsen sei, dass G ihm durch Vorlage „berichtigter" Bücher der letzten fünf Jahre erheblich höhere Geschäftserträge vorgespiegelt habe als tatsächlich erzielt worden seien.

G bestreitet diesen Einwand und hält ihn angesichts des rechtskräftigen Urteils außerdem für verspätet. Da die Zwangsvollstreckung gegen S aber keinen Erfolg verspricht, nimmt er B aus der Bürgschaft auf den Kaufpreisrest in Höhe von 20.000 EUR in Anspruch.

B weigert sich zu zahlen und beruft sich auf die Aufrechnung des S.

34 Probleme:

Der Fall illustriert in erster Linie das die Bürgschaft prägende Prinzip der Akzessorietät. Seine Bedeutung wird an zwei Problemen verdeutlicht und abgegrenzt.

Einmal geht es darum, wann sich ein Bürge auf eine Aufrechnungslage gem. § 770 Abs. 2 berufen kann. Das hängt insbesondere davon ab, welche Interessenlage in § 770 Abs. 2 ins Auge gefasst und wessen Interessen der Vorrang eingeräumt ist: den Interessen des Gläubigers, denen des Bürgen oder denen des Hauptschuldners.

Zum zweiten stellt sich die Frage, in welcher Weise die Leistungspflicht des Bürgen beeinflusst wird, wenn der Hauptschuldner mit Einwendungen gegen seine eigene Schuld ausgeschlossen ist. Die Lösung dieses Problems ist vom Gesetz schon insoweit vorgezeichnet, als § 768 Abs. 2 dem Bürgen Einreden des Hauptschuldners erhält, auch wenn dieser auf sie verzichtet hat. Die Frage wird sein, ob diese Regel für alle Arten von Einwendungen gilt oder ob ihr Anwendungsbereich reduziert werden muss.

In den Rahmen der materiell-rechtlichen Erwägungen sind zwei Teilprobleme aus dem Verzahnungsbereich von materiellem Recht und Prozessrecht eingebettet: die Bedeutung eines Prozesses und eines rechtskräftigen Urteils für die materiell-rechtlichen Rechtsbeziehungen.

---

[34] Dazu *Rimmelspacher* JR 1976, 89 ff., 183 ff.
[35] Näher zum Verhältnis dieser beiden Regresswege zueinander *Rimmelspacher*, Materiellrechtlicher Anspruch und Streitgegenstandsprobleme im Zivilprozeß, 1970, S. 223 f.
[36] BGHZ 24, 97 = JZ 1957, 508 (*A. Blomeyer*).

§ 2. Bürgschaft

Vorüberlegungen zum Aufbau: 35

Anspruch des G gegen B auf Zahlung von 20.000 EUR

I. Begründung des Bürgschaftsanspruchs
   1. Bürgschaftsvertrag (§§ 765 Abs. 1, 766 Satz 1, 126 Abs. 1)
   2. Hauptverbindlichkeit (§ 433 Abs. 2 – §§ 362 Abs. 1, 266?)

II. Erlöschen der Hauptverbindlichkeit durch Aufrechnung?
   1. Bestand der Gegenforderung (§§ 434 Abs. 1 Satz 1, 440, 280 Abs. 1 bzw. § 823 Abs. 2 i.V.m. § 263 StGB)
   2. Wirksamkeit der Aufrechnungserklärung (§ 387 – Kernproblem: § 767 Abs. 2 ZPO)

III. Einreden gegen die Bürgschaft
   1. Einrede der Aufrechenbarkeit (§ 770 Abs. 2)
   2. Einrede des Zurückbehaltungsrechts (§§ 768 Abs. 1 Satz 1, 273 – Kernproblem: teleologische Reduktion des § 768 Abs. 2)

Lösung:

I. Begründung des Bürgschaftsanspruchs

G kann B als Bürgen auf Zahlung von 20.000 EUR nach §§ 765 Abs. 1, 767 Abs. 1 Satz 1 i.V.m. 36
433 Abs. 2 in Anspruch nehmen, wenn B wirksam eine Bürgschaft eingegangen ist.

1. Bürgschaftsvertrag

Die Bürgschaft kommt durch einen Vertrag zwischen Gläubiger und Bürgen zustande. Dabei muss 37
die Willenserklärung des Bürgen schriftlich (§ 126 Abs. 1) erfolgen (§ 766 Satz 1). Die Erklärung des
Gläubigers kann dagegen formlos (mündlich) abgegeben werden.

B hat die Bürgschaft schriftlich übernommen. Damit ist dem Formerfordernis des § 766 Satz 1 ge- 38
nügt. Dass G die Bürgschaftserklärung des B angenommen hat und dadurch der Vertrag zustande
gekommen ist, kann unterstellt werden.

2. Hauptverbindlichkeit

Bestand und Umfang der Bürgschaft hängen vom Bestand und Umfang der Hauptverbindlichkeit 39
ab (§§ 765 Abs. 1, 767 Abs. 1 Satz 1). Darin kommt das die Bürgschaft beherrschende Akzessorietätsprinzip (siehe Rn. 24 ff.) zum Ausdruck: Der Bürge haftet nur, wenn und soweit die Hauptschuld besteht.

Der durch Bürgschaft gesicherte Anspruch ergibt sich aus dem zwischen G und S geschlossenen 40
Kaufvertrag über das Einzelhandelsgeschäft. Gegenstand eines Kaufvertrages kann auch ein Erwerbsgeschäft sein. Der Verkauf umfasst hierbei in der Regel das Geschäfts- und Betriebsvermögen
sowie das Unternehmen selbst als Inbegriff der zum Geschäft gehörenden immateriellen Werte.

Die ursprüngliche Höhe des Kaufpreises von 50.000 EUR könnte sich durch die Zahlung von 41
30.000 EUR auf 20.000 EUR verringert haben und dementsprechend auch die Forderung gegen
den Bürgen. An sich ist ein Schuldner indessen nach § 266 zu Teilleistungen grundsätzlich nicht berechtigt. Das bedeutet: Der Gläubiger kann die vom Schuldner angebotene Teilleistung ablehnen,
ohne sich damit in Annahmeverzug zu setzen und ohne den Eintritt des Erfüllungsverzuges auf
der Schuldnerseite zu hindern. Ausnahmen von § 266 können sich aus einer rechtsgeschäftlichen
Vereinbarung, aus der funktionalen Besonderheit des Rechtsverhältnisses (Beispiel: Sukzessivliefe-

rungsverträge) oder aus dem Gesetz (Beispiele: § 497 Abs. 3 Satz 2 für den Verbraucherdarlehensvertrag, Art. 39 Abs. 2 WG, Art. 34 Abs. 2 ScheckG, § 187 Abs. 2 InsO, im Grundsatz auch § 757 Abs. 1 ZPO; vgl. auch § 1145 Abs. 1) ergeben. Nimmt der Gläubiger aber eine Teilleistung an, obwohl kein Ausnahmefall vorliegt, so tritt in entsprechendem Umfang nach § 362 Abs. 1 Erfüllungswirkung ein. Das war hier geschehen.

II. Erlöschen der Hauptverbindlichkeit durch Aufrechnung?

42 G stand also noch eine Kaufpreisrestforderung in Höhe von 20.000 EUR zu. Auch dieser Anspruch – und ihm folgend der Anspruch gegen den Bürgen (§ 767 Abs. 1 Satz 1) – könnte durch die von S erklärte Aufrechnung erloschen sein. Das hängt davon ab, ob S Inhaber einer Gegenforderung war und mit dieser gegen die Restforderung des G aufrechnen konnte. Dabei wollen wir davon ausgehen, dass die Gegenforderung, wenn sie ihrem Grunde nach zu bejahen wäre, in Höhe von 20.000 EUR bestünde.

1. Bestand der Gegenforderung

43 Als Anspruchsgrundlage der Gegenforderung bieten sich zunächst die auf den Kauf eines Erwerbsgeschäfts entsprechend anwendbaren Vorschriften über die Haftung wegen fehlender vereinbarter Beschaffenheit nach §§ 434 Abs. 1 Satz 1, 440, 280 Abs. 1 an. Problematisch ist insoweit, ob eine Beschaffenheitsvereinbarung vorliegt. Ob die Höhe der Erträge als vereinbarungsfähige Beschaffenheit anzusehen ist, wird nicht einheitlich beurteilt.[37] Angesichts des von der Rechtsprechung nunmehr vertretenen, weiten Beschaffenheitsbegriffs[38] dürfte dies zu bejahen sein: Als Beschaffenheit einer Kaufsache i.S.v. § 434 Abs. 1 sind sowohl alle Faktoren anzusehen, die der Sache selbst anhaften, als auch alle Beziehungen der Sache zur Umwelt, die nach der Verkehrsauffassung Einfluss auf die Wertschätzung der Sache haben.[39] Jedenfalls lässt sich nach dem Sachverhalt nicht feststellen, dass G bestimmte Geschäftserträge für die Vergangenheit zugesichert hatte; mithin wurde keine ausdrückliche vertragliche Beschaffenheitsvereinbarung getroffen. Zweifelhaft ist, ob eine konkludente Vereinbarung besteht; die einseitige Beschreibung des Verkäufers ohne entsprechende schlüssige Erklärung des Käufers genügt nicht.[40]

44 In Betracht kommt jedenfalls aber ein Anspruch aus culpa in contrahendo (§§ 311 Abs. 2, 241 Abs. 2, 280 Abs. 1), dies jedenfalls dann, wenn der Bereich der Arglist erreicht wird. In diesem Fall ist der Verkäufer nicht schutzwürdig.[41]

45 Daneben ließe sich die Gegenforderung des S auf § 823 Abs. 2 BGB i.V.m. § 263 StGB stützen, wenn G den S über die Ertragsfähigkeit getäuscht hat und davon auszugehen ist, dass die Ertragsfähigkeit des Geschäftes für die Bemessung des Kaufpreises zumindest mitbestimmend gewesen ist. Letztlich kann auch § 826 zur Begründung des Anspruchs herangezogen werden; denn die bewusste Vorlage gefälschter Bücher zur Erzielung eines höheren Preises verletzt das Durchschnittsmaß an Redlichkeit und Anstand in grober Weise und ist daher sittenwidrig.[42]

---

[37] Dafür MünchKommBGB/*Westermann* § 453 BGB Rn. 31 ff.; OLG München BeckRS 2011, 27077 (möglich, wenn sich Angabe über Ertragsfähigkeit auf längeren mehrjährigen Zeitraum erstreckt und zuverlässigen Anhalt für Bewertung der Ertragsfähigkeit bietet); dagegen Erman/*Grunewald* § 434 BGB Rn. 10; *Schellhammer* MDR 2002, 241, 243.
[38] BGH NJW 2011, 1217, 1218.
[39] Siehe BGH NJW 2016, 2874 Rn. 10 m.N.; dazu *Gutzeit* JuS 2016, 1122; *M. Stürner* JURA (JK) 2016, 1453 (§ 434 Abs. 1 BGB).
[40] MünchKommBGB/*Westermann* § 434 BGB Rn. 16.
[41] BGHZ 180, 205.
[42] Staudinger/*Oechsler* (2014) § 826 BGB Rn. 149 f.

§ 2. Bürgschaft

2. Wirksamkeit der Aufrechnungserklärung?

Ob die hiernach mögliche Schadensersatzforderung des S tatsächlich besteht, hängt vom Beweis der von S behaupteten Täuschung ab. Auf diesen Beweis käme es indes nicht an, wenn die Aufrechnungserklärung des S schon aus anderen Gründen unwirksam wäre. **46**

Vom materiellen Recht her bestehen keine Aufrechnungshindernisse; sämtliche Voraussetzungen des § 387 (Gleichartigkeit der Forderungen, Gegenseitigkeit in der Gläubiger-Schuldner-Position, Fälligkeit der Schadensersatzforderung, Erfüllbarkeit der Kaufpreisforderung) wären – Beweis vorausgesetzt – gegeben. **47**

Auch die Tatsache, dass die Forderung des G bereits rechtskräftig bejaht ist, führt nach materiellem Recht zu keinem Aufrechnungsverbot:[43] die rechtskräftige Feststellung eines Anspruchs verändert dessen Qualität nicht. **48**

Zweifel ergeben sich jedoch aus § 767 Abs. 2 ZPO. Die Vorschrift legt unmittelbar nur fest, dass der Schuldner den Vollstreckungstitel des Gläubigers im Wege der Vollstreckungsgegenklage lediglich mit solchen Einwendungen angreifen kann, deren Grund nach dem Schluss der letzten mündlichen Tatsachenverhandlung im Leistungsprozess entstanden ist. Ziel der Vollstreckungsgegenklage ist es, dem Titel seine Vollstreckbarkeit zu nehmen; § 767 Abs. 2 ZPO begrenzt die dem Schuldner hierfür zu Gebote stehenden Einwendungen in zeitlicher Hinsicht. **49**

Aber erschöpft sich der Regelungsgehalt der Norm in dieser auf die Vollstreckungsgegenklage bezogenen und damit prozessualen Bedeutung? Hat sie nicht auch eine materiell-rechtliche Wirkung, kraft derer die titulierte Forderung vor den präkludierten Einwendungen gefeit und der Einwand ausgeschlossen ist, die Forderung bestehe nicht? Und welche materiell-rechtliche Bedeutung kommt § 767 Abs. 2 ZPO speziell bei der Aufrechnung gegen eine titulierte Forderung zu, wenn die Aufrechnungslage bereits im Vorprozess bestanden hatte, der Schuldner aber erst hernach aufrechnet? **50**

Hat der Schuldner die Aufrechnung bereits vor dem Stichzeitpunkt des § 767 Abs. 2 ZPO erklärt und das Gericht die Aufrechnung als unbegründet zurückgewiesen, weil die aufgerechnete Forderung nicht besteht, so ist diese nach § 322 Abs. 2 ZPO rechtskräftig verneint; wurde die Aufrechnung als prozessual unzulässig zurückgewiesen, so muss die Zurückweisung folgerichtig auch für die Vollstreckungsinstanz fortgelten.[44] **51**

a) Zur Lösung des aufgeworfenen Problems werden im Wesentlichen drei Alternativen angeboten. Die eine sieht als den die Einwendung i. S. d. § 767 Abs. 2 ZPO tragenden Grund die Aufrechnungslage selbst an und verneint folgerichtig die Zulässigkeit der Aufrechnung.[45] Im Gegensatz hierzu wird von anderer Seite erst die Gestaltungserklärung selbst als der Grund der Einwendung betrachtet:[46] Wo immer die Erklärung erst nach dem Schluss der mündlichen Verhandlung ab- **52**

---
[43] RG HRR 1935 Nr. 691.
[44] Dass die prozessual unzulässige Aufrechnung auch materiell-rechtlich unwirksam ist, ist heute wohl nicht mehr streitig. Grundsätzlich zu den Rechtsfolgen der im Prozess nicht zum Zug gekommenen Aufrechnung *A. Blomeyer* ZZP 88 (1975), 439 ff.; *Häsemeyer*, FS F. Weber, 1975, S. 215 ff. – Zur Lösung des Falles, dass die Aufrechnungslage erst *nach* der letzten Tatsachenverhandlung im Erstprozess entstanden ist, vgl. *Bötticher* MDR 1963, 933, 935; *ders.* ZZP 77 (1964), 477, 483 f.
[45] So die Rspr., vgl. RGZ 64, 228, 229 f.; BGHZ 34, 274, 279 f.; BAGE 3, 17, 19; BGH NJW 2005, 2926; 2009, 1671; ebenso ein Teil der Lit., vgl. MünchKommZPO/*Schmidt/Brinkmann* § 767 ZPO Rn. 82 m.w.N.
[46] So der wohl überwiegende Teil der Lit., vgl. etwa Baur/Stürner/Bruns Rn. 45.14; *Lüke*, Zivilprozessrecht, 10. Aufl. 2011, Rn. 591 m.w.N.; Brox/Walker, Zwangsvollstreckungsrecht, 10. Aufl. 2014, Rn. 1346; Musielak/Voit/*Lackmann* § 767 ZPO Rn. 34 ff.; *M. Schwab* JZ 2006, 173.

Teil 2. Personalsicherheiten

gegeben werde, sei daher der Grund erst nachträglich entstanden und damit die Einwendung noch zulässig. Einige Autoren billigen in entsprechender Anwendung des § 533 ZPO einer nach dem Schluss der letzten Tatsachenverhandlung erklärten Aufrechnung (generell) oder jedenfalls für den Fall einer Aufrechnungslage, die bereits vor dem Stichzeitpunkt bestanden hat, prozessrechtliche wie materiell-rechtliche Wirkungen nur bei Vorliegen der in § 533 ZPO genannten Voraussetzungen zu.[47]

53 b) Diese dritte Lösung hat den Vorzug, dass sie sich von den Begriffen „Einwendung" und „Grund der Einwendung" löst und eine sachliche Wertung ins Spiel bringt. Denn der Begriff der „Einwendung" ist in der ZPO alles andere als eindeutig. Das gilt gerade im Zusammenhang mit der Aufrechnung.[48] Bestand die Aufrechnungslage also bereits vor dem nach § 767 Abs. 2 ZPO maßgebenden Zeitpunkt, so ist der Aufrechnungseinwand im Rahmen der Vollstreckungsgegenklage dann zulässig, wenn die (nachträglich) aufgerechnete Gegenforderung rechtskräftig bejaht oder unbestritten ist.

54 Indes ist der von S hier zur Aufrechnung gestellte Schadensersatzanspruch gerade nicht in diesem Sinne liquide. Daraus ergibt sich: Eine Vollstreckungsgegenklage hätte S nicht auf den Einwand stützen können, er habe aufgerechnet. Eine solche Einwendung wäre unzulässig.

55 c) Welche Wirkung hat nun aber die unter dem Gesichtspunkt des § 767 ZPO unbeachtliche Aufrechnung für den Bestand der Forderung des G im Übrigen? Schränkt § 767 Abs. 2 ZPO die Erlöschenswirkung einer Aufrechnungserklärung, die ungeachtet der dort gezogenen Zeitgrenzen abgegeben wurde, nur für den Bereich der Vollstreckungsgegenklage ein oder schließt die Vorschrift jede Wirkung überhaupt aus mit der Folge, dass auch die Bürgenhaftung nicht nach § 767 Abs. 1 Satz 1 erloschen ist?

56 Dazu hat das RG bemerkt (HRR 1935 Nr. 691):

„In ihrer Wirkung greift die Vorschrift [des § 767 Abs. 2 ZPO] aber auch auf das Gebiet des materiellen Rechts hinüber. Denn indem diese Vorschrift dem Schuldner gegenüber einem durch Urteil festgestellten und vollstreckbaren Geldanspruch die Berufung auf eine Gegenforderung verwehrt, die er bis zur letzten dem Urteil vorausgegangenen mündlichen Verhandlung hätte aufrechnen können, aber nicht wirksam aufgerechnet hat, nimmt sie der später gleichwohl abgegebenen oder wiederholten Aufrechnungserklärung die ihr sonst zukommende sachliche Bedeutung. Die Aufrechnung ist und bleibt wirkungslos. Der Schuldner muß sich ungeachtet des Bestandes seiner Gegenforderung und der auf sie gestützten Aufrechnungserklärung die Vollstreckung des wider ihn ergangenen Urteils gefallen lassen. Er kann nicht etwa die von ihm beigetriebene Summe unter Hinweis auf die nachträglich abgegebene Aufrechnungserklärung als zu Unrecht in das Vermögen des Gläubigers geflossen von diesem zurückfordern (§ 812 BGB). Was der Gläubiger im Wege der Vollstreckung erhielt, erlangt er vermöge des ergangenen Urteils und deshalb nicht ohne rechtlichen Grund (RG Warn. 1913 Nr. 389). Dem Schuldner verbleibt dafür die ohne Wirkung zur Aufrechnung gestellte Gegenforderung."

57 Das RG leitet zu Recht aus dem prozessrechtlichen Verbot, der Vollstreckung des Gläubigers mit einer unzulässigen Aufrechnung in den Arm zu fallen, die materiell-rechtliche Konsequenz her, dass die beigetriebene – oder u. U. auch „freiwillig" geleistete – Urteilssumme nicht wieder zurückgefordert werden darf, weil der Rechtsgrund qua Aufrechnung entfallen sei. Kann der Rechtsgrund der Leistung aber nicht in Frage gestellt werden, so muss die Kompensation wirkungslos gewesen sein. Die von S abgegebene Aufrechnungserklärung hat daher die Restforderung des G über 20.000 EUR nicht erlöschen lassen: B haftet gem. § 767 Abs. 1 Satz 1 nach wie vor auf diese Summe.

---

[47] *Jauernig/Berger* § 12 Rn. 14; *Böttcher* ZZP 77 (1964), 483.
[48] Näher *Henckel* ZZP 74 (1961), 165, 170 ff.; RGZ 64, 228, 230 f.

III. Einreden gegen die Bürgschaft

1. Einrede der Aufrechenbarkeit

Forderung und Gegenforderung stehen also einander noch immer gegenüber, sofern G den S tatsächlich getäuscht hat. Es ist daher zu überlegen, dem Bürgen wenigstens die **Einrede der Aufrechenbarkeit des § 770 Abs. 2** zuzusprechen.

58

Nach dem Wortlaut des § 770 Abs. 2 ist das nur dann zu bejahen, wenn der **Gläubiger** sich durch Aufrechnung gegen eine fällige Forderung des Hauptschuldners befriedigen kann.[49] Das Risiko, dass dieser die Geltendmachung dieses Gestaltungsrechts unterlässt, soll beim Bürgen verbleiben; der Bürge muss sich dann über §§ 273, 768 Abs. 1 Satz 1 verteidigen.[50] Von manchen wird die buchstabengetreue Anwendung des § 770 für verfehlt gehalten; sie geben dem Bürgen die Einrede der Aufrechenbarkeit, wenn der **Hauptschuldner** die Forderung des Gläubigers durch Aufrechnung zu Fall bringen kann.[51]

59

Diese zweite Auffassung sieht in § 770 Abs. 2 – ebenso wie in der Parallelvorschrift des § 129 Abs. 3 HGB – einen Ausfluss des **Akzessorietätsprinzips:** Danach soll der Gläubiger auf die Haftung des Bürgen nur dann zurückgreifen können, wenn auch die Hauptverbindlichkeit durchsetzbar ist; kann der Hauptschuldner die gegen ihn gerichtete Forderung zu Fall bringen, so soll sich der Bürge darauf berufen dürfen. Bei dieser Betrachtungsweise liegt § 770 Abs. 2 auf einer Ebene mit § 770 Abs. 1 und § 768 Abs. 1 Satz 1.

60

Die am Wortlaut des § 770 Abs. 2 orientierte Lösung schlägt die Vorschrift dagegen zusammen mit §§ 771 f. und insbesondere § 772 Abs. 2 zum Anwendungsbereich des **Subsidiaritätsprinzips:**[52] Der Gläubiger soll sich an den Bürgen erst halten können, wenn aus dem Vermögen des Hauptschuldners Befriedigung nicht zu erlangen ist. Die Chance zur Befriedigung sieht diese Auffassung auch durch die dem Gläubiger mögliche Aufrechnung gegen eine fällige Forderung des Hauptschuldners als gegeben an.

61

Neben den bisher genannten, Akzessorietäts- oder Subsidiaritätsprinzip jeweils rein anwendenden Auffassungen sind zwei weitere Lösungen denkbar: Die eine gibt dem Bürgen die Einrede, wenn entweder der Gläubiger **oder** der Hauptschuldner aufrechnen kann (hier werden **Akzessorietäts- und Subsidiaritätsprinzip alternativ** zugrunde gelegt); die andere gewährt die Einrede nur, wenn **sowohl** Gläubiger **wie** Schuldner aufrechnungsbefugt sind (hier werden **beide Prinzipien kumuliert**).[53]

62

Die Streitfrage kann hier unentschieden bleiben. Selbst wenn dem Hauptschuldner eine fällige Forderung gegen G zustünde, so wäre doch **weder der Hauptschuldner noch der Gläubiger aufrechnungsbefugt:** Der Aufrechnungserklärung des Hauptschuldners steht § 767 Abs. 2 ZPO entgegen; den Gläubiger aber hindert § 393 an der Aufrechnung gegen die (behauptete) Schadensersatzforderung des S; diese leitet S ja aus einer vorsätzlich begangenen unerlaubten Handlung her, wobei

63

---

[49] Palandt/*Sprau* § 770 BGB Rn. 3; Staudinger/*Horn* (2012) § 770 BGB Rn. 9; BeckOK BGB/*Rohe* § 770 BGB Rn. 7; BeckOGK BGB/*Madaus* § 770 BGB Rn. 11.
[50] Auch dazu abl. *Kiehnle* AcP 208 (2008), 635, 651 ff.
[51] PWW/*Brödermann* § 770 BGB Rn. 11 (analoge Anwendung des § 770 Abs. 2 für den Fall des § 393); *Reinicke/Tiedtke* Bürgschaftsrecht Rn. 302; MünchKommBGB/*Habersack* § 770 BGB Rn. 10 (beide für analoge Anwendung von § 770 Abs. 1); abl. hierzu *Kiehnle* AcP 208 (2008), 635, 651 ff.
[52] So BGHZ 153, 293, 299, 302.
[53] Abl. dazu BGHZ 153, 293, 299: „Daß die Hauptschuldnerin selbst nicht mehr aufrechnen kann, hindert die Beklagten als Bürgen nicht, sich auf die Einrede der Aufrechenbarkeit gemäß § 770 Abs. 2 BGB zu berufen." – Wieder anders *Kiehnle* AcP 208 (2008), 635, 655 ff. (Regress des Bürgen über § 670).

Teil 2. Personalsicherheiten

es gleichgültig ist, dass die Forderung zugleich auf eine vertragliche Grundlage gestützt werden kann.[54]

64 Auf die Streitfrage zum Anwendungsbereich des § 770 Abs. 2 bräuchte selbst dann nicht eingegangen zu werden, wenn man oben zu dem Ergebnis gelangt wäre, S sei nicht durch § 767 Abs. 2 ZPO an der Aufrechnung gehindert: Dann hätte nämlich – vorausgesetzt, die Schadensersatzforderung des S bestünde – die Aufrechnung durchgegriffen, die Restforderung des G gegen S und mithin gem. § 767 Abs. 1 Satz 1 auch die Bürgschaftsverpflichtung wären erloschen.

2. Einrede des Zurückbehaltungsrechts

65 a) Kann B ein Leistungsverweigerungsrecht nicht auf § 770 Abs. 2 stützen, so bleibt ihm als letzte Zuflucht **§ 768 Abs. 1 Satz 1**. Darauf verweist in einem vergleichbaren Fall auch der BGH den verklagten Bürgen, nachdem der Hauptschuldner (dort: K) im Vorprozess rechtskräftig zur Zahlung verurteilt worden und damit eine Aufrechnung durch ihn ausgeschlossen war.[55]

66 Dies bedeutet: S hat (sofern seine Sachdarstellung zutrifft) gegen G einen fälligen Schadensersatzanspruch; dieser stammt aus demselben Lebenssachverhalt – dem Verkauf des Kiosks – wie die gesicherte Forderung des G; demnach hatte dem S ursprünglich (neben der Aufrechnungsbefugnis) ein Zurückbehaltungsrecht nach § 273 zugestanden;[56] darauf kann sich B trotz des Versäumnisurteils gegen S berufen.

67 Nun ist nahezu unstreitig, dass ein Zurückbehaltungsrecht des Hauptschuldners nach § 273 dem Bürgen über § 768 Abs. 1 zugutekommt.[57] Macht der Bürge es geltend, so ist er – Begründetheit der Einrede vorausgesetzt – nach §§ 765 Abs. 1, 768 Abs. 1 Satz 1 i.V.m. § 274 Abs. 1 zur Leistung Zug um Zug gegen Leistung des Gläubigers an den Hauptschuldner zu verurteilen. B könnte also seine Inanspruchnahme durch G nicht verhindern, allenfalls eine gewisse Hemmung erreichen (vgl. §§ 274 BGB, 726 ZPO).

68 Aber steht B dieser letzte Rettungsanker tatsächlich zur Verfügung? Soll die Tatsache unberücksichtigt bleiben, dass der **Schuldner selbst nach § 767 Abs. 2 ZPO gehindert ist,** sich der Vollstreckung der Hauptforderung unter Berufung auf seine Gegenforderung entgegenzustellen?

69 b) **Prozessrechtlich** ist dem Problem nicht beizukommen. Denn als prozessuale Brücke, über die sich die Abhängigkeit der Bürgenschuld von der Hauptschuld ergäbe, kommt nur die Rechtskraft des Urteils gegen den Hauptschuldner in Betracht. Schon das RG[58] bemerkte jedoch zu Recht, dass der Bürge nach den Regeln der ZPO über die subjektiven Grenzen der Rechtskraft (§§ 325 ff. ZPO) nicht von der Rechtskraftwirkung des Urteils erfasst wird.

70 c) Indes muss **materiell-rechtlich** der Gedanke der **Akzessorietät** ins Kalkül gezogen werden. Denn Akzessorietät bedeutet ja nicht nur, dass der Bestand der Bürgschaftsforderung vom Bestand der Hauptverbindlichkeit abhängt (§§ 765 Abs. 1, 767 Abs. 1 Satz 1), sondern auch, dass ihre Durchsetzbarkeit mit der Durchsetzbarkeit der Hauptverbindlichkeit gekoppelt ist. Das wird deutlich, wenn man sich die dem Bürgen überhaupt zu Gebote stehenden Einwendungen ansieht. Dies sind:

---

[54] Grundlegend RGZ 167, 257, 259.
[55] BGHZ 24, 97, 99.
[56] Allg.M., die auf RGZ 62, 51, 54 zurückgeht.
[57] Vgl. statt vieler RGZ 137, 34, 37 f.; a.A. *Kiehnle* AcP 208 (2008), 635, 668 ff., 672.
[58] Siehe den Hinweis in BGHZ 24, 97, 99 auf RG JW 1909, 419; ferner RGZ 56, 109, 110 f.; BGH NJW 1980, 1460.

§ 2. Bürgschaft

(1.) **Einwendungen aus eigenem Recht,** d.h. Einwendungen, die der Bürge unmittelbar aus seiner Rechtsbeziehung zum Gläubiger herleitet. Das können sein: *rechtshindernde* (z.B. Geschäftsunfähigkeit bei Abschluss des Bürgschaftsvertrages), *rechtsvernichtende* (z.B. erfolgreiche Anfechtung[59] dieses Vertrages[60]) oder *rechtshemmende*, mögen diese wiederum peremptorische (z.B. Verjährung der Bürgschaftsforderung) oder dilatorische (z.B. deren Stundung) sein. All das versteht sich von selbst. Deshalb brauchte sich das BGB im Bürgschaftstitel darüber nicht eigens auszulassen.

71

(2.) **Einwendungen aus dem Recht des Hauptschuldners,** und zwar *rechtshindernde* (z.B. Geschäftsunfähigkeit bei Abschluss des Hauptschuldvertrages) und *rechtsvernichtende* (z.B. erfolgreiche Anfechtung dieses Vertrages) nach § 767 Abs. 1 Satz 1, *rechtshemmende* dagegen nach § 768 Abs. 1 Satz 1. Eine Ausnahme für letztere bringen § 768 Abs. 1 Satz 2 nur für die Einrede der beschränkten Erbenhaftung sowie § 254 Abs. 2 InsO.

72

(3.) **Gestaltungsrechte** des Hauptschuldners kann der Bürge zwar an dessen Stelle **nicht ausüben,** aber er kann in unmittelbarer oder entsprechender Anwendung von **§ 770 Abs. 1** auf sie gestützt die Leistung verweigern.

73

Die **Einwendungen zu (2.) und (3.)** sind **Ausfluss der Akzessorietät** der Bürgenhaftung. Die Frage, ob **Veränderungen** bei der Hauptschuld auch diese „hauptschuldbezogenen" Einwendungen des Bürgen berühren, beantwortet das Gesetz nicht ganz einheitlich. Zwar wirken Veränderungen der Hauptschuld **grundsätzlich nach § 767 Abs. 1 Satz 1 auch zugunsten und zu Lasten der Bürgenschuld.** § 767 Abs. 1 Satz 2 bestätigt dies ausdrücklich für Veränderungen der Hauptverbindlichkeit, die auf verschuldete Leistungsstörungen des Hauptschuldners zurückzuführen sind. Allerdings lassen **§ 767 Abs. 1 Satz 3 Erweiterungen** der Hauptschuld, die auf Rechtsgeschäft beruhen, und **§ 768 Abs. 2** den **Verzicht** des Schuldners auf Einreden **nicht zu Lasten des Bürgen** wirken.

74

Die entscheidende Frage ist deshalb die, ob die Verschlechterung der Rechtsstellung des Hauptschuldners, die auf seine **Prozessführung** im Verfahren mit dem Gläubiger zurückzuführen ist, nun nach dem **Grundsatz** des § 767 Abs. 1 Satz 1 auf den Bürgen durchschlägt oder aber entsprechend der **Ausnahmeregelung** der §§ 767 Abs. 1 Satz 3, 768 Abs. 2 die Bürgenposition unberührt lässt.

75

Das kann stichhaltig erst beantwortet werden, wenn klargestellt ist, weshalb das Gesetz dem Bürgen nicht zumutet, die rechtsgeschäftliche Verschlechterung der Position des Hauptschuldners, wohl aber die auf verschuldete Leistungsstörungen zurückzuführende Erweiterung der Hauptschuld hinzunehmen.

76

d) Der wohl maßgebende Gesichtspunkt liegt darin, dass der **Haftungsrahmen, den der Bürge übernimmt, überschaubar,** sein **Risiko kalkulierbar** sein muss. Diese Kalkulierbarkeit ist noch (leidlich) vorhanden, wenn Änderungen durch verschuldete **Leistungsstörungen des Hauptschuldners** eintreten, sie ist jedoch meist weniger gewährleistet bei beliebiger – willkürlicher – **Verschlechte-**

77

---

[59] Eine arglistige Täuschung kommt z.B. in Betracht, wenn der Hauptschuldner seine tatsächliche Vermögenslage verschweigt oder aufklärungspflichtige Tatsachen nicht preisgibt, vgl. BGH NJW 2001, 3331. Der Bürge kann sich jedoch nicht auf einen Irrtum über die Kreditwürdigkeit des Schuldners berufen, da dies gerade das vom Bürgen übernommene Risiko darstellt. Der Anfechtung nach § 119 Abs. 2 aufgrund des Irrtums über die verkehrswesentliche Eigenschaft „Vermögensverhältnisse des Hauptschuldners" steht der Sicherungszweck der Bürgschaft entgegen. Die Einstandspflicht des Bürgen bezieht sich gerade auf das Risiko der Insolvenz des Hauptschuldners.
[60] Die Erwartung des Bürgen, nicht aus der Bürgschaft in Anspruch genommen zu werden, stellt auch keine Geschäftsgrundlage dar, die entfallen kann. Der Bürge kann daher nicht die Auflösung des Bürgschaftsverhältnisses mit der Begründung verlangen, mit der Verschlechterung der Vermögensverhältnisse des Hauptschuldners sei die Geschäftsgrundlage entfallen, vgl. BGH NJW 1983, 1850.

rung qua **Rechtsgeschäft** durch den Hauptschuldner. Gewiss gibt es auch im Bereich des § 767 Abs. 1 Satz 2 Fälle vorsätzlicher Leistungsstörungen und damit willkürlicher Haftungsausdehnung, die vom Bürgen hinzunehmen sind. Aber typisch ist diese Art des Verschuldens nicht. Die Regel bilden vielmehr die fahrlässigen Leistungsstörungen, während das typische Kennzeichen des haftungserweiternden Tatbestands der §§ 767 Abs. 1 Satz 3, 768 Abs. 2 eben die im Rechtsgeschäft verkörperte Willensentscheidung darstellt.

78 Fragt man nun, ob sich die Wirkungen eines rechtskräftigen Urteils eher auf Tatbestände zurückführen lassen, die den Fällen des § 767 Abs. 1 Satz 2 oder die denen der §§ 767 Abs. 1 Satz 3, 768 Abs. 2 vergleichbar sind, so muss man entgegen einem frühen Urteil des RG[61] unterscheiden. Das RG hatte sich mit dem lapidaren Satz begnügt, i. S. d. § 767 Abs. 1 Satz 3 sei die **Prozessführung des Hauptschuldners ein Rechtsgeschäft,** weil er durch sie über den sein Rechtsverhältnis zu dem Gläubiger betreffenden Prozessstoff und die ihm zustehenden Rechtsbehelfe verfüge. Dieser Satz gilt **nur, wenn die Prozessführung des Schuldners auf eine Änderung der Rechtslage angelegt** ist oder jedenfalls eine Änderung in Kauf nimmt. Relevant ist eine solche Änderung bei §§ 767 Abs. 1 Satz 3, 768 Abs. 2 aber weiterhin nur, wenn sie sich zuungunsten des Hauptschuldners auswirkt.

79 Daraus folgt: Die Rechtskraftwirkung stattgebender Urteile – und nur sie kommen hier in Betracht, da abweisende Urteile dem Hauptschuldner günstig sind[62] – ist der Wirkung eines Rechtsgeschäfts nur dann gleichzusetzen, wenn das Urteil auf einer willentlichen Entscheidung des Hauptschuldners beruht. Das trifft eindeutig zu beim **Anerkenntnisurteil** und beim **Versäumnisurteil** gegen den Hauptschuldner. Beim Versäumnisurteil ist zwar denkbar, dass der Hauptschuldner nicht absichtlich säumig gewesen war; wenn er aber die Einspruchsfrist verstreichen lässt, so kann in diesen Fällen – von den Situationen der Wiedereinsetzung in den vorigen Stand abgesehen – von einer willentlichen Bestätigung des Versäumnisurteils durch den Hauptschuldner gesprochen werden. **Kontradiktorische Urteile** beruhen dann auf einer Willensentscheidung des Hauptschuldners, wenn sie wesentlich auf ein **Geständnis** des Hauptschuldners gestützt sind.

80 **Im Übrigen** fällt eine eindeutige Beurteilung der Prozessführung des Hauptschuldners danach, ob er den Prozessverlust „gewollt" oder jedenfalls in Kauf genommen hat, schwer. In Betracht kommen hier vor allem die Fälle, in denen der Hauptschuldner sich zwar nach Kräften verteidigt hat, aber den Klagerfolg des Gläubigers nicht hat verhindern können. Man wird diese Fälle nicht der Regel der §§ 767 Abs. 1 Satz 3, 768 Abs. 2, sondern der des § 767 Abs. 1 Satz 2 unterstellen müssen. Die rechtskräftige Feststellung der Hauptverbindlichkeit stellt zwar eine Veränderung dieser Schuld dar, insofern sie vom Hauptschuldner wirksam nicht mehr bestritten werden kann, aber diese Veränderung ist nicht auf eine Willensentscheidung des Hauptschuldners, sondern auf seine einer fahrlässigen Leistungsstörung vergleichbare (möglicherweise) unzureichende Prozessführung zurückzuführen, und die Veränderung überschreitet auch nicht den quantitativen Rahmen der anfänglichen Hauptverbindlichkeit.

81 Misst man den hier gegebenen Sachverhalt an diesen differenzierenden Kriterien, so ergibt sich folgendes **Zwischenresultat:** Da S sein Zurückbehaltungsrecht aufgrund des gegen ihn ergangenen Versäumnisurteils verloren hat, wäre B nicht gehindert, es nach § 768 Abs. 1 Satz 1 dem S entgegenzuhalten.

---

[61] RGZ 56, 109, 111. Zu undifferenziert, aber i. Erg. zutr. BGHZ 76, 222, 229 ff. Dazu nun klarstellend BGH NJW 2016, 3158, 3160 f.; hierzu *Mayer* JZ 2017, 317; *Maier* VuR 2016, 469.
[62] Hat der Schuldner allerdings negative Feststellungsklage erhoben mit dem Ziel festzustellen, dass er nicht schulde, so kehren sich die Vorzeichen der obigen Aussagen gerade um.

§ 2. Bürgschaft

e) Indes ist dies tatsächlich nur ein Zwischenresultat: Zweifel an seiner Endgültigkeit weckt nämlich eine Besinnung auf die **Funktion des Zurückbehaltungsrechts** aus § 273. 82

Es wird verstanden als ein Sicherungsrecht für den Anspruch des Schuldners und zugleich als ein mittelbares Zwangsmittel zu dessen Durchsetzung, kurzum: Das Zurückbehaltungsrecht bildet als sog. **unselbstständige Einrede** einen passiven Rechtsbehelf zugunsten der Forderung des Schuldners. Dass die Einrede zugleich die Durchsetzung des Gläubigeranspruchs hemmt, ist Mittel zu jenem Zweck. Darin unterscheiden sich die unselbstständigen von den **selbstständigen Einreden**, deren einzige Funktion es ist, die Durchsetzung der gegnerischen Forderung zu hindern (z. B. Einrede der Verjährung oder der Stundung). 83

Nun gewährt § 768 Abs. 1 Satz 1 seinem Wortlaut nach das Recht, der Bürgschaftsforderung **sämtliche** dem Hauptschuldner zustehenden Einreden entgegenzusetzen ohne Rücksicht darauf, ob es sich um selbstständige oder unselbstständige Einreden handelt. Das ist unbedenklich, **solange sie dem Hauptschuldner selbst noch zu Gebote stehen.** Für die selbstständigen Einreden liegt das auf der Hand nach dem Grundsatz, der Gläubiger solle den Bürgen nicht in Anspruch nehmen können, wenn er die Forderung gegen den Hauptschuldner aus Rechtsgründen nicht durchzusetzen vermag. Aber auch bei unselbstständigen Einreden, die primär der Durchsetzung einer Forderung des Schuldners dienen, lässt sich die Reflexwirkung der Hemmung der Gläubigerforderung zugunsten des Bürgen vertreten, weil eben der Schuldner die Verknüpfung von Recht und Gegenrecht herbeiführen kann. 84

Verändert sich die Sachlage, sobald der **Schuldner selbst die Einreden** qua Rechtsgeschäft oder ein dem gleich zu achtendes Verhalten **verliert?** Der Text des § 768 Abs. 2 verneint dies, ohne zwischen selbstständigen und unselbstständigen Einreden zu unterscheiden. 85

Für die **selbstständigen Einreden** ist die Verneinung auch gerechtfertigt. Diese sind ausschließlich auf die Hemmung der Gläubigerforderung gerichtet. Auf den (Fort-)Bestand dieser institutionellen Wirkung soll der Bürge sich verlassen können. 86

Anders bei den **unselbstständigen Einreden.** Hier besteht eine eher zufällige Verknüpfung mit der Hauptschuld. Ihr Zweck ist, Mittel zur Durchsetzung der Forderung des Schuldners zu sein. Sie hemmen die Verwirklichung des Gläubigeranspruchs nur insofern, als der Gläubiger gehalten ist, die Schuldnerforderung zu erfüllen, wenn er seinen eigenen Anspruch durchsetzen will. Hat der Hauptschuldner aber die unselbstständige Einrede als Mittel zur Durchsetzung seiner eigenen Forderung eingebüßt, dann sollte es auch dem Bürgen versagt sein, sich auf sie zu berufen, da er andernfalls die Leistung des Gläubigers an den Schuldner doch (mittelbar) erzwingen würde, obwohl die Rechtsordnung dem Schuldner als dem Inhaber der Gegenforderung das Druckmittel bereits aus der Hand genommen hat. Der Bürge sollte sich in diesem Fall nicht zum „Geschäftsführer ohne Auftrag" zugunsten der Erfüllung der Schuldnerforderung aufspielen können. 87

Diese Überlegung rechtfertigt eine **teleologische Reduktion des § 768 Abs. 2 auf die Fälle der selbstständigen Einreden.** 88

f) Das bedeutet im **Ergebnis:** B kann sich selbst bei Bestehen des von S behaupteten Schadensersatzanspruchs gegen die Inanspruchnahme durch G in Höhe von 20.000 EUR nicht gem. § 768 Abs. 1 Satz 1 mit dem Einwand verteidigen, dem S habe ein Zurückbehaltungsrecht gegen die Forderung des G nach § 273 zugestanden; dieses Gegenrecht hat S mit Rechtskraft des gegen ihn ergangenen Versäumnisurteils eingebüßt (§ 767 Abs. 2 ZPO); § 768 Abs. 2 erhält dem Bürgen zwar Einwendungen, die dem S durch dieses Urteil abgeschnitten werden; das gilt jedoch nicht für unselbstständige Einreden wie das Zurückbehaltungsrecht aus § 273. 89

Teil 2. Personalsicherheiten

3. Einrede der Anfechtbarkeit

90 Ergibt sich aus dem Sachverhalt, dass G den S arglistig über die Beschaffenheit des Kiosks getäuscht hat, so könnte daraus eine Anfechtungsmöglichkeit des S nach § 123 entstehen. Indessen hat S die Anfechtung nicht erklärt (§ 143 Abs. 1), sodass B allenfalls die Einrede der Anfechtbarkeit nach § 770 Abs. 1 zustehen könnte.

C. Bürgschaftsverpflichtung und Verbraucherschutz[63]

91 **Fall 4: „Nur für die Akten...!"[63]**

Kreditnehmer K, der ein Bauunternehmen betreibt, benötigte ein Darlehen und wurde mit einem entsprechenden Anliegen bei der B-Bank vorstellig. Diese war bereit, ihm einen Kontokorrentkredit einzuräumen, verlangte jedoch entsprechende Sicherheiten. Daraufhin erklärte S, der volljährige und bereits vermögende Sohn des K gegenüber der B-Bank schriftlich, er werde für die Zahlungsverbindlichkeit seines Vaters aus dem Darlehensvertrag mit der B-Bank bis zum Höchstbetrag von 100.000 EUR einstehen. Zur Abgabe der Erklärung war es im Hause der Eltern des S gekommen, die der Prokurist P der B-Bank nach telefonischer Absprache mit K kurzfristig aufgesucht hatte. Dem S hatte P erklärt, die Bürgschaft sei eine Formsache, die man bei der B-Bank nur „für die Akten" benötige. Der von dem Besuch des P überraschte S hatte daraufhin die genannte Erklärung abgegeben. Über ein Widerrufsrecht war er dabei nicht belehrt worden. Bereits ein halbes Jahr darauf verschlechtert sich die wirtschaftliche Situation für K drastisch. Daraufhin kündigt die B-Bank alle dem K eingeräumten Kredite mit sofortiger Wirkung und nimmt S auf Zahlung von 100.000 EUR in Anspruch. Dieser möchte seine Bürgschaftserklärung mit der Begründung widerrufen, er sei geschäftsunerfahren und von dem Besuch des P völlig überrumpelt worden.

92 **Probleme:**

Der Fall illustriert den Einfluss des Verbraucherschutzes auf das Bürgschaftsrecht sowie – in der Abwandlung (siehe Fall 5 Rn. 123) die Einflüsse des Verfassungsrechts. Gleichzeitig macht er deutlich, vor welche Schwierigkeiten die Privatrechtsanwendung im europäischen Mehrebenensystem gestellt wird.

93 **Vorüberlegungen zum Aufbau:**

I. Begründung des Bürgschaftsanspruchs

   1 Bürgschaftsvertrag

   2. Hauptverbindlichkeit

III. Bestehen des Anspruchs

   1. Bestehen eines Widerrufsrechts

   2. Widerrufserklärung

   3. Widerrufsfrist

Lösung:

I. Begründung des Bürgschaftsanspruchs

94 B könnte S auf Zahlung von 100.000 EUR gem. §§ 765 Abs. 1, 767 Abs. 1 Satz 1 i.V.m. § 488 Abs. 1 Satz 2 in Anspruch nehmen, wenn S wirksam eine Bürgschaft eingegangen ist.

---

[63] Nach EuGH vom 17.3.1998, Rs. C-45/96 – *Dietzinger*, Slg. 1998, I-1199 = NJW 1998, 1295.

§ 2. Bürgschaft

1. Bürgschaftsvertrag

a) Die Bürgschaft kommt durch einen Vertrag zwischen Gläubiger und Bürgen zustande. S hat schriftlich gegenüber dem Prokuristen P der B erklärt, dass er für die Zahlungsverbindlichkeit seines Vaters aus dem Darlehensvertrag mit der B-Bank bis zum Höchstbetrag von 100.000 EUR einstehen werde. Fraglich ist zunächst, ob S damit tatsächlich eine Bürgschaftserklärung abgeben wollte. 95

Neben einer Bürgschaft gem. § 765 Abs. 1 kommen auch die Abgabe eines abstrakten Schuldversprechens oder Schuldanerkenntnisses gem. §§ 780, 781, eine Erfüllungsübernahme gem. § 329, eine befreiende Schuldübernahme gem. § 414, der Abschluss eines selbstständigen Garantievertrages oder aber ein vertraglicher Schuldbeitritt in Betracht. Die zwischen S und B getroffene Vereinbarung ist somit nach den §§ 133, 157 auszulegen. 96

Ein abstraktes Schuldanerkenntnis gem. §§ 780, 781 als einseitig verpflichtender Vertrag dahingehend, dass eine selbstständige, vom Schuldgrund losgelöste und unabhängige Verbindlichkeit entstehen soll, ist nicht gegeben. Auch eine Erfüllungsübernahme gem. § 329 ist vorliegend nicht ersichtlich. Voraussetzung dafür wäre ein Vertragsschluss zwischen Übernehmendem und Schuldner, wonach sich der Übernehmende verpflichtet, den Gläubiger zu befriedigen. Der Gläubiger selbst erwirbt aber kein Forderungsrecht. Hier soll die B aber gerade selbst ein Recht auf Erfüllung gegenüber S erhalten. Weiter scheidet eine befreiende Schuldübernahme gem. § 414 aus. Eine solche setzt einen Vertrag zwischen Übernehmendem und Gläubiger oder aber zwischen Übernehmendem und Schuldner mit Zustimmung des Gläubigers gem. § 415 voraus, durch den sich der Dritte verpflichtet, die Schuld des bisherigen Schuldners an dessen Stelle zu übernehmen. Der ursprüngliche Schuldner wird frei. Dem Gläubiger ist einzig der Übernehmende verpflichtet. S soll hier nicht grundsätzlich die Schuld seines Vaters K übernehmen, sondern nur, wenn dieser seiner Verpflichtung nicht nachkommt. In Betracht kommen daher noch der **Garantievertrag**, der **Schuldbeitritt** und die **Bürgschaft.** 97

Bei einem selbstständigen Garantievertrag gem. §§ 311, 241 handelt es sich um einen einseitig verpflichtenden Vertrag (siehe näher § 3 Rn. 11). Der Dritte will gegenüber dem Gläubiger schlechthin für die Verbindlichkeit des Schuldners einstehen, also für einen Erfolg haften. Er haftet daher stärker als ein Bürge oder Schuldbeitretender.[64] Auf die Möglichkeit der Erhebung von Einwendungen verzichtet er und übernimmt ggf. auch die Gefahr eines künftigen Schadens, wobei er auch für nicht typische Zufälle haftet. Je nach Vereinbarung kann die Haftung völlig unabhängig von der Entstehung und Entwicklung der Hauptschuld bestehen. Ein Garantievertrag ist daher nur ausnahmsweise anzunehmen. S wollte vorliegend nicht einen bestimmten Erfolg des Schuldners garantieren, sondern nur für die geschuldete Leistung im Falle der Nichterfüllung durch K einstehen. Ein Garantievertrag scheidet im vorliegenden Fall aus. Es ist nicht erkennbar, warum S hätte weiter haften wollen als K. 98

Fraglich ist daher, ob ein **Schuldbeitritt** oder eine Bürgschaft vorliegen. Der Schuldbeitritt ist (außerhalb von §§ 25, 28, 130 HGB) nicht ausdrücklich gesetzlich geregelt, aber in Rückgriff auf §§ 311, 241 möglich (siehe § 5 Rn. 1).[65] Der Beitretende tritt neben den bisherigen Schuldner in das Schuldverhältnis ein; hierdurch wird eine Gesamtschuld (§§ 421 ff.) begründet und damit eine selbstständige Schuld des Beitretenden. Der Schuldbeitritt bedarf nach h. M. – außerhalb des Beitritts eines Verbrauchers zu einem Kreditvertrag[66] – nicht der Schriftform (zu der hier vertretenen Ausnahme für einseitige Verpflichtungsgeschäfte siehe § 5 Rn. 7). Zurückhaltung bei der Annahme 99

---

[64] *Medicus/Lorenz* SchuldR II Rn. 1011.
[65] Palandt/*Grüneberg* Vor § 414 BGB Rn. 2; *Grigoleit/Herresthal* JURA 2002, 825.
[66] Form des § 492, vgl. BGH NJW 2000, 3133.

eines Schuldbeitritts gegenüber der Bürgschaft ist daher schon wegen der Formvorschrift des § 766 geboten. Bei der Abgrenzung der Bürgschaft vom Schuldbeitritt ist entscheidend, ob der Dritte eine eigene Schuld oder nur eine „angelehnte" Schuld übernehmen möchte.[67] Verbleiben bei der Auslegung Zweifel, ist eine Bürgschaft anzunehmen.[68] Als ein Indiz für seine Annahme in Abgrenzung zur Bürgschaft wird vielfach angesehen, wenn der Beitretende ein unmittelbares **wirtschaftliches Eigeninteresse** hinsichtlich des Bestands der Hauptschuld hat.[69]

100 Bei der **Bürgschaft** haftet der Bürge akzessorisch gem. §§ 765, 767 für eine fremde Schuld. Sie ist dadurch gekennzeichnet, dass er für die Schuld des Hauptschuldners einstehen will.[70] Er kann daher gem. §§ 767 Abs. 1 Satz 1, 768, 770 Einwendungen bzw. Gestaltungsmöglichkeiten aus dem Verhältnis zwischen Hauptschuldner und Gläubiger auch im Rahmen der eigenen Bürgschaftsverpflichtung geltend machen. S hat hier kein ersichtliches eigenes wirtschaftliches Interesse an der Begründung der Verbindlichkeit aus dem Darlehensvertrag zwischen K und B. Er handelt vielmehr ausschließlich altruistisch.

101 Dass der Angestellte der B die Bürgschaftserklärung des S stellvertretend für die B angenommen hat und dadurch der Vertrag zustande gekommen ist, kann unterstellt werden.

102 b) Dabei muss die **Willenserklärung des Bürgen schriftlich** (§ 126 Abs. 1) erfolgen (§ 766 Satz 1). Die Erklärung des Gläubigers kann dagegen formlos (mündlich) abgegeben werden (siehe Rn. 11).

2. Hauptverbindlichkeit

103 Bestand und Umfang der Bürgschaft hängen von Bestand und Umfang der Hauptverbindlichkeit ab (§§ 765 Abs. 1, 767 Abs. 1 Satz 1). Darin kommt das die Bürgschaft beherrschende **Akzessorietätsprinzip** zum Ausdruck: Der Bürge haftet nur, wenn und soweit die Hauptschuld besteht.

104 Der durch Bürgschaft gesicherte **Anspruch** ergibt sich aus dem zwischen K und B geschlossenen Darlehensvertrag gem. § 488 Abs. 1. Ein Bürgschaftsvertrag i. S. d. § 765 wurde daher zwischen B und S geschlossen.

II. Erlöschen durch Widerruf

105 Ein Anspruch der B gegen S auf Zahlung von 100.000 EUR aus Bürgschaft könnte jedoch untergegangen sein, wenn S wirksam ein Widerrufsrecht ausgeübt hat.

1. Bestehen eines Widerrufsrechts

106 a) Zunächst kommt ein Widerrufsrecht nach §§ 495 Abs. 1, 355 nicht in Betracht. Die Bürgschaft ist nach der Rechtsprechung als eine Form der Kreditsicherung **kein Verbraucherkredit,** daher fehle es am Merkmal der Entgeltlichkeit.[71] Der EuGH hielt dies europarechtlich im Ergebnis für unbedenklich: Die Bürgschaft unterfalle nicht der (mindestharmonisierenden) VerbrKrRL,[72] da diese vornehmlich den Hauptschuldner über den Umfang seiner Verpflichtung informieren wolle, aber kaum

---

[67] Palandt/*Grüneberg* Vor § 414 BGB Rn. 4.
[68] BGH NJW 1986, 580.
[69] Palandt/*Grüneberg* Vor § 414 BGB Rn. 4. Dazu, dass dieses Indiz weder notwendig noch hinreichend ist, siehe näher § 5 Rn. 4.
[70] *Medicus/Lorenz* SchuldR II Rn. 1012.
[71] BGHZ 138, 321, 326.
[72] Richtlinie 87/102/EWG des Rates vom 22. Dezember 1986 zur Angleichung der Rechts- und Verwaltungsvorschriften der Mitgliedstaaten über den Verbraucherkredit (ABl. [EG] 1987 L 42/48).

§ 2. Bürgschaft

Vorschriften enthalte, die den Bürgen schützen könnten.[73] In der Literatur wurde diesbezüglich Kritik geäußert: Die Vergleichbarkeit mit dem Schuldbeitritt, für den das Bestehen eines Widerrufsrechts vom BGH bejaht wird,[74] führe zu einer analogen Anwendbarkeit; ein Widerrufsrecht solle dann bestehen, wenn der geschützte Vertrag ein Kreditvertrag ist.[75] Die neue, nunmehr vollharmonisierende Verbraucherkredit-RL[76] enthält zwar insoweit keine Regelung und dürfte damit keine Sperrwirkung entfalten.[77] Allerdings scheint es angesichts des unterschiedlichen Schutzbedürfnisses von Sicherungsgeber und Darlehensnehmer im deutschen Recht an den Voraussetzungen einer Analogie zu fehlen.[78] Indessen kann die Streitfrage dann offen bleiben, wenn ein Widerrufsrecht aus anderer Grundlage heraus gegeben ist.

b) Das Widerrufsrecht könnte sich aber vorliegend daraus ergeben, dass S die Bürgschaftserklärung außerhalb von Geschäftsräumen abgegeben hat (§§ 312, 312b, 312g, 355). Fraglich ist dabei, ob das **Widerrufsrecht bei außerhalb von Geschäftsräumen geschlossenen Verträgen** (§ 312b)[79] auch auf Bürgschaften Anwendung findet. **107**

aa) An der Verbrauchereigenschaft des S (§ 13) bestehen ebenso wenig Zweifel wie an der Unternehmereigenschaft der B (§ 14). Ein **Verbrauchervertrag** (§§ 312 Abs. 1, 310 Abs. 3) ist damit gegeben;[80] Bereichsausnahmen nach § 312 Abs. 2 und Abs. 3 liegen nicht vor. **108**

bb) Weiter müsste eine **entgeltliche Leistung** vorliegen (§ 312 Abs. 1). Erforderlich ist der Vertrieb von Waren oder Dienstleistungen gegen ein Entgelt.[81] Die ältere Rechtsprechung des BGH sah in der Bürgschaft keinen entgeltlichen Vertrag. Es handele sich um einen einseitig verpflichtenden Vertrag, durch den der Bürge seinerseits keine Gegenleistung erhalte.[82] Nur gegenseitige Verträge i. S. d. §§ 320 ff. seien Verträge über „entgeltliche Leistungen". Dafür spreche auch die historische Auslegung: In den Gesetzesmaterialien (zum alten § 1 Abs. 1 HaustürWiG, jetzt: § 312 Abs. 1) seien nur Verträge über Dienstleistungen und Warenbestellungen an der Haustür erwähnt. Kreditsicherungsverträge wie die Bürgschaft seien damit jedoch nicht vergleichbar. **109**

Dieser Ansicht trat der EuGH entgegen: Die damals geltende Haustür-RL[83] erfasse nach ihrem Art. 1 „Verträge, die zwischen einem Gewerbetreibenden, der Waren liefert oder Dienstleistungen erbringt, und einem Verbraucher" außerhalb der Geschäftsräume des Gewerbetreibenden geschlossen werden. Eine Entgeltlichkeit wird nicht vorausgesetzt. Der EuGH (NJW 1998, 1295, 1296 Tz. 18 f.) führte aus:[84] **110**

---

[73] EuGH vom 23.3.2000, Rs. C-208/98 – *Berliner Kindl*, Slg. 2000, I-1741, Rn. 25 ff.
[74] BGHZ 129, 371, 380; weitere Nachweise bei MünchKommBGB/*Schürnbrand* § 491 BGB Rn. 56.
[75] Dafür etwa *Bülow/Artz*, Verbraucherprivatrecht, 5. Aufl. 2016, Rn. 325; *Holznagel* JURA 2000, 582; *Tiedtke* NJW 2001, 1027; *Zahn* ZIP 2006, 1069.
[76] Richtlinie 2008/48/EG des Europäischen Parlaments und des Rates vom 23. April 2008 über Verbraucherkreditverträge und zur Aufhebung der Richtlinie 87/102/EWG des Rates (ABl. [EG] 2008 L 133/66).
[77] BeckOK BGB/*Möller* § 491 BGB Rn. 49.
[78] Krit. zur diesbezüglichen Unterscheidung, i. Erg. aber ebenso gegen ein Widerrufsrecht des Bürgen bei Verbraucherkreditverträgen *Schürnbrand*, Examens-Repetitorium Verbraucherschutzrecht, 2. Aufl. 2014, Rn. 144.
[79] Früher auch als „Haustürgeschäft" bezeichnet. Siehe zu dieser Vertriebsform *M. Stürner* JURA 2015, 341.
[80] Siehe zum Verbrauchervertrag auch *M. Stürner* JURA 2015, 30.
[81] Palandt/*Grüneberg* § 312 BGB Rn. 3.
[82] BGHZ 113, 287.
[83] Richtlinie 85/577/EWG des Rates vom 20. Dezember 1985 betreffend den Verbraucherschutz im Falle von außerhalb von Geschäftsräumen geschlossenen Verträgen (ABl. [EG] Nr. L 372/31), mittlerweile ersetzt durch die Richtlinie 2011/83/EU des Europäischen Parlaments und des Rates vom 25. Oktober 2011 über die Rechte der Verbraucher, zur Abänderung der Richtlinie 93/13/EWG des Rates und der Richtlinie 1999/44/EG des Europäischen Parlaments und des Rates sowie zur Aufhebung der Richtlinie 85/577/EWG des Rates und der Richtlinie 97/7/EG des Europäischen Parlaments und des Rates (ABl. EU Nr. L 304/64).
[84] EuGH vom 17.3.1998, Rs. C-45/96 – *Dietzinger*, Slg. 1998, 1199 = NJW 1998, 1295.

> „Für die Frage, ob ein Bürgschaftsvertrag zur Absicherung der Erfüllung eines Kreditvertrages durch den Hauptschuldner unter die Richtlinie 85/577 fallen kann, ist von Belang, daß der Geltungsbereich der Richtlinie, von den Ausnahmen in Artikel 3 Absatz 2 abgesehen, nicht nach der Art der Waren oder Dienstleistungen beschränkt ist, die Gegenstand des Vertrages sind, sofern diese Waren oder Dienstleistungen zum privaten Verbrauch bestimmt sind. Die Gewährung eines Kredits stellt eine Dienstleistung dar; der Bürgschaftsvertrag ist nur akzessorisch und in der Praxis sehr oft Voraussetzung des Hauptvertrags.
>
> Überdies findet sich im Wortlaut der Richtlinie kein Hinweis darauf, daß derjenige, der den Vertrag geschlossen hat, aufgrund dessen Waren zu liefern oder Dienstleistungen zu erbringen sind, der Empfänger dieser Waren oder Dienstleistungen sein müßte. Die Richtlinie 85/577 soll nämlich die Verbraucher schützen, indem sie es ihnen ermöglicht, einen Vertrag zu widerrufen, der nicht auf Initiative des Kunden, sondern auf die des Gewerbetreibenden geschlossen wurde, so daß der Kunde möglicherweise nicht alle Folgen seines Handelns überblicken konnte. Daher kann ein Vertrag, der einem Dritten zugutekommt, nicht allein deshalb vom Geltungsbereich der Richtlinie ausgeschlossen werden, weil die erworbenen Waren oder Dienstleistungen für diesen Dritten bestimmt sind, der nicht Partei des betreffenden Vertragsverhältnisses ist."

111 Im Rahmen richtlinienkonformer Auslegung des Begriffs „Entgelt" ergibt sich daher, dass auch Bürgschaften von § 312 Abs. 1 erfasst sind.[85]

112 cc) Problematisch könnte außerdem der Begriff der **„Leistung"** gem. § 312 Abs. 1 sein. Denn diese erfolgt vorliegend ja nicht an den Bürgen S, sondern zwischen B und K. Aus Sicht des Bürgen stellt sie sich daher als eine Leistung an einen Dritten dar. Eine solche Drittleistung soll jedoch bei engem Zusammenhang zwischen Bürgschaft und Hauptschuld unschädlich sein, der hier wegen der Akzessorietät der Bürgschaft gegeben sei. Der EuGH (NJW 1998, 1295, 1296 Tz. 20f.) hierzu:[86]

> „Zwischen dem Kreditvertrag und der seine Erfüllung absichernden Bürgschaft besteht ein enger Zusammenhang, wobei derjenige, der sich verpflichtet, für die Rückzahlung einer Schuld einzustehen, Selbstschuldner oder Ausfallbürge sein kann. Daher kann die Bürgschaft grundsätzlich unter die Richtlinie fallen.
>
> Außerdem ist ein Wegfall einer Bürgschaft, die im Rahmen eines Haustürgeschäfts im Sinne der Richtlinie 85/577 vereinbart wurde, nur einer der Fälle, für die sich die Frage der Auswirkung der etwaigen Ungültigkeit eines akzessorischen Vertrages auf die Hauptverbindlichkeit stellt. Daher kann allein aus dem Umstand, daß die Richtlinie nicht regelt, was mit dem Hauptvertrag geschieht, wenn der Bürge gemäß Artikel 5 widerruft, nicht geschlossen werden, daß die Richtlinie für Bürgschaften nicht gilt."

113 Der sachliche Anwendungsbereich ist daher eröffnet. Die Bürgschaft stellt einen Vertrag über eine entgeltliche Leistung i.S.v. § 312 Abs. 1 dar.[87]

114 b) Weiterhin wurde der Vertrag auch **außerhalb der Geschäftsräume** (§ 312 Abs. 2) der B-Bank abgeschlossen (§ 312 Abs. 1 Nr. 1). Das Vertreterhandeln des P wird der Bank zugerechnet (§ 312 Abs. 1 Satz 2).[88]

115 c) Der EuGH hat den verlangten **akzessorietätsbedingten engen Zusammenhang** zwischen Bürgschaft und Hauptschuld in der Dietzinger-Entscheidung[89] allerdings so interpretiert, dass dem Bürgen nur dann ein Widerrufsrecht zusteht, wenn nicht nur er, sondern auch der Hauptschuldner die Verbrauchereigenschaft erfüllt und damit auch die Hauptschuld in einer Haustürsituation begründet worden ist. Ein Bürgschaftsvertrag, der eine im Rahmen der Erwerbstätigkeit des Hauptschuld-

---

[85] Jauernig/*Stadler* § 312 BGB Rn. 7; MünchKommBGB/*Wendehorst* § 312 BGB Rn. 22; Palandt/*Grüneberg* § 312 BGB Rn. 5; PWW/*Stürner* § 312 BGB Rn. 7; Staudinger/*Thüsing* (2012) § 312 BGB Rn. 23; Erman/*R. Koch* § 312 BGB Rn. 19.
[86] EuGH vom 17.3.1998, Rs. C-45/96 – *Dietzinger*, Slg. 1998, I-1199 = NJW 1998, 1295.
[87] EuGH vom 17.3.1998, Rs. C-45/96 – *Dietzinger*, Slg. 1998, I-1199 = NJW 1998, 1295; BGH NJW 1993, 1595; 1998, 2356.
[88] Im Einzelnen dazu PWW/*Stürner* § 312b BGB Rn. 10ff.
[89] EuGH vom 17.3.1998, Rs. C-45/96 – *Dietzinger*, Slg. 1998, I-1199 = NJW 1998, 1295.

§ 2. Bürgschaft

ners begründete Verbindlichkeit sichert, soll nach Ansicht des EuGH daher nicht in den Geltungsbereich der Richtlinie fallen.[90] Der EuGH (NJW 1998, 1295, 1296 Tz. 22) führte aus:

„Aus dem Wortlaut von Artikel 1 der Richtlinie und dem akzessorischen Charakter der Bürgschaft folgt jedoch, daß unter die Richtlinie nur eine Bürgschaft für eine Verbindlichkeit fallen kann, die ein Verbraucher im Rahmen eines Haustürgeschäfts gegenüber einem Gewerbetreibenden als Gegenleistung für Waren oder Dienstleistungen eingegangen ist. Da die Richtlinie außerdem nur die Verbraucher schützen soll, kann sie nur einen Bürgen erfassen, der sich gemäß Artikel 2 erster Gedankenstrich der Richtlinie zu einem Zweck verpflichtet hat, der nicht seiner beruflichen oder gewerblichen Tätigkeit zugerechnet werden kann."

Auf dieser Grundlage musste nach der früheren Rechtsprechung des BGH[91] daher ein **„doppeltes" Verbrauchergeschäft** vorliegen, also auch der Hauptvertrag hätte zwischen einem Unternehmer und einem Verbraucher geschlossen worden sein müssen. Danach stellte ein Bürgschaftsvertrag, der zur Absicherung eines gewerblichen Kredits geschlossen wurde kein Geschäft i. S. d. § 1 Abs. 1 HaustürWiG dar.[92]

116

Überdies hätte eine **zweifache Haustürsituation** vorliegen müssen. K hat seine Bank jedoch ausdrücklich um einen Kredit gebeten und den Darlehensvertrag als Bauunternehmer geschäftlich abgeschlossen. Folglich läge keine Haustürsituation bei ihm vor.

117

Diese Ansicht hat der BGH jedoch rasch wieder aufgegeben.[93] Ausreichend ist es nach nunmehr ständiger Rechtsprechung, wenn bei isolierter Betrachtung des Hauptvertrages und der Bürgschaft allein die Bürgschaft ein Verbrauchergeschäft darstellt.[94] § 312 Abs. 1 Satz 1 Nr. 1 dient dem Schutz des Verbrauchers vor der Gefahr, bei der Anbahnung eines Vertrages in einer ungewöhnlichen räumlichen Situation überrumpelt und zu einem unüberlegten Geschäftsabschluss veranlasst zu werden. Diese Gefahr droht einem Bürgen immer, wenn er sich selbst in einer sog. **Haustürsituation** befindet. Sie besteht unabhängig davon, ob die Hauptschuld ein Verbraucherdarlehen oder ein gewerblicher Kredit ist und ob der Hauptschuldner ebenfalls durch eine Haustürsituation zum Vertragsschluss bestimmt worden ist. Die Akzessorietät der Bürgschaft rechtfertigt keine andere Beurteilung. Sie eröffnet dem Bürgen zwar die Möglichkeit, sich analog § 770 auf ein etwaiges Widerrufsrecht des Hauptschuldners zu berufen, macht aber die Begründung eines eigenen Widerrufsrechts des Bürgen nicht von der Verbrauchereigenschaft des Hauptschuldners oder einer auf diesen bezogenen Haustürsituation abhängig. Der Bürge, der sich in einer Haustürsituation für einen gewerblichen Zwecken dienenden Kredit verbürgt, darf nicht schlechter stehen als derjenige, der in einer solchen Situation den Kreditvertrag als Mithaftender unterzeichnet. Der Bürgschaftsvertrag begründet ein eigenes Schuldverhältnis und unter den Voraussetzungen des § 312 ein eigenes Widerrufsrecht des Bürgen.[95]

118

Die Argumentation des EuGH im Fall Dietzinger ändert hieran nichts. Artikel 8 der mindestharmonisierenden HaustürWiRL gestattet den Mitgliedstaaten günstigere Verbraucherschutzbestimmungen. In der Rechtsprechung des BGH liegt eine solche überschießende Umsetzung, da sie dem Bürgen auch dann den Widerruf gestattet, wenn die Voraussetzungen des „Haustürgeschäfts" beim Hauptschuldner nicht vorliegen. Aus der nunmehr vollharmonisierenden VRRL könnte indessen geschlossen werden, dass die Rechtsprechung des BGH nicht mehr haltbar ist, sofern die Dietzinger-Rechtsprechung auch unter Geltung der VRRL Gültigkeit haben sollte. Denn dann wäre ein über

119

---

[90] EuGH vom 17.3.1998, Rs. C-45/96 – *Dietzinger*, Slg. 1998, I-1199 = NJW 1998, 1295.
[91] BGH WM 1998, 1388.
[92] BGHZ 139, 21, 24 ff. = NJW 1998, 2356.
[93] BGH NJW 2006, 845; 2007, 2106.
[94] Dazu *M. Schwab/Hromek* JZ 2015, 271, 273 f.; Palandt/*Grüneberg* § 312 BGB Rn. 5.
[95] BGH NJW 2006, 845.

die Richtlinienvorgaben hinausgehender Verbraucherschutz unzulässig (Art. 4 VRRL). Nachdem die VRRL jedoch zahlreiche inhaltliche Änderungen gegenüber HaustürWiRL enthält, insbesondere nicht mehr auf Kauf- und Dienstverträge beschränkt ist, sondern nach Art. 3 Abs. 1 VRRL „jegliche Verträge" erfasst, liegt eine relevante Zäsur vor, die gegen eine Fortgeltung der Dietzinger-Rechtsprechung spricht. Es ist mithin davon auszugehen, dass die BGH-Rechtsprechung weiterhin richtlinienkonform ist.[96]

120 d) Der situative, sachliche und persönliche Anwendungsbereich des § 312 ist daher vorliegend eröffnet.

2. Widerrufserklärung

121 Der Widerruf erfolgt nach § 355 Abs. 1 Satz 2 durch Erklärung gegenüber dem Unternehmer. Das Wort Widerruf muss dazu nicht verwendet werden, solange sich durch Auslegung mit hinreichender Deutlichkeit ergibt, dass sich der Verbraucher vom Vertrag lösen möchte (§ 355 Abs. 1 Satz 3). Besondere Formulare wie das Muster-Widerrufsformular nach Anl. 2 zu Art. 246a § 1 Abs. 2 Satz 1 Nr. 1 EGBGB oder eine andere eindeutige Widerrufserklärung, die der Unternehmer zur Verfügung stellt, können zwar, müssen aber nicht verwendet werden.[97]

3. Widerrufsfrist

122 Die Widerrufsfrist gem. § 355 Abs. 1 Satz 1, Abs. 2 Satz 1 müsste eingehalten worden sein. Die vom Gesetz eingeräumte Frist von 14 Tagen beginnt mit Vertragsschluss (§ 355 Abs. 2 Satz 2) und wäre vorliegend bereits abgelaufen. Voraussetzung für den Fristlauf ist jedoch nach § 356 Abs. 3 Satz 1 eine **ordnungsgemäße Belehrung (Art. 246a § 1 Abs. 2 Satz 1 Nr. 1 und Art. 246b § 2 Abs. 1 EGBGB)** über das Widerrufsrecht. Diese ist vorliegend nicht erfolgt. Allerdings setzt § 356 Abs. 3 Satz 2 eine Maximalfrist von zwölf Monaten und 14 Tagen. Damit wird das nach alter Rechtslage mögliche „ewige Widerrufsrecht"[98] obsolet. Hier erfolgte der Widerruf jedoch nur etwas mehr als sechs Monate nach Vertragsschluss. S kann den Bürgschaftsvertrag mithin wirksam widerrufen und ist für diesen Fall gem. **§ 355 Abs. 1 Satz 1** nicht mehr an ihn gebunden. Die B-Bank kann damit gegen S keinen Anspruch gem. §§ 765 Abs. 1 Satz 1, 488 Abs. 1 Satz 2 geltend machen.

D. Knebelungsbürgschaft

123 **Fall 5: „Nur für die Akten…" II**

Wie wäre Fall 4 zu beurteilen, wenn die Bürgschaftserklärung in den Räumlichkeiten der B-Bank abgegeben worden wäre, S jedoch gerade 18 Jahre geworden wäre, vor kurzem seine Lehre abgebrochen hätte und arbeitslos ist und daher über kein eigenes Einkommen und auch über kein nennenswertes Vermögen verfügte.

---

[96] Siehe bereits *M. Stürner* JURA 2015, 341, 345f.; *Janal* WM 2012, 2314, 2315; *Schürnbrand* WM 2014, 1157, 1160; tendenziell auch *Brennecke* ZJS 2014, 236, 239f.; a.A. *v. Loewenich* NJW 2014, 1409, 1411. – Die Frage wäre ggf. erneut dem EuGH vorzulegen (ebenso Palandt/*Grüneberg* § 312 BGB Rn. 5; a.A. *Schürnbrand* WM 2014, 1157, 1161).
[97] Näher zur Ausübung des Widerrufs *M. Stürner* JURA 2016, 26, 31.
[98] Dazu PWW/*Stürner* § 356 BGB Rn. 19ff.

§ 2. Bürgschaft

Vorüberlegungen zum Aufbau: 124

I. Begründung des Bürgschaftsanspruchs

II. Erlöschen der Verpflichtung

    1. Nichtigkeit des Bürgschaftsvertrages gem. § 311b Abs. 2, Abs. 3

    2. Nichtigkeit des Bürgschaftsvertrages nach § 138

Lösung:

I. Begründung des Bürgschaftsanspruchs

B könnte S auf Zahlung von 100.000 EUR gem. §§ 765 Abs. 1, 767 Abs. 1 Satz 1 i.V.m. § 488   125
Abs. 1 Satz 2 in Anspruch nehmen, wenn S wirksam eine Bürgschaft übernommen hat.

S und die B Bank haben sich – wie im Ausgangsfall erörtert (siehe Rn. 95 ff.) – über den Abschluss   126
eines Bürgschaftsvertrages geeinigt. Ein Widerruf kommt vorliegend mangels „Haustürsituation"
nicht in Betracht.

II. Nichtigkeit des Bürgschaftsvertrages

1. Unwirksamkeit nach § 311b Abs. 2 oder 3

Fraglich ist jedoch, ob der Bürgschaftsvertrag gem. § 311b Abs. 2 oder 3 nichtig ist. Dazu müsste   127
sich S verpflichtet haben, sein künftiges oder gegenwärtiges Vermögen zu übertragen. Gegenwärtiges Vermögen besitzt er nicht. Auch hat er nicht ausdrücklich zugestimmt, sein künftiges Vermögen zu übertragen. Er ist allerdings arbeitslos und verfügt über keine abgeschlossene Berufsausbildung. Folglich könnte die Bürgschaft praktisch auf eine Übertragung seines gesamten Vermögens in der Zukunft hinauslaufen. Auf Verträge, die eine Geldschuld oder eine Bürgschaftsverpflichtung begründen, ist die Norm des § 311b allerdings auch dann nicht anwendbar, wenn der Schuldner die eingegangene Verpflichtung nur durch Inanspruchnahme seines gesamten oder zumindest der pfändbaren Teile seines künftigen Lohnes ganz oder teilweise erfüllen kann.[99] Die Vertragsfreiheit umfasst im Rahmen ihrer Beschränkungen auch derartige risikoreiche Geschäfte. Folglich ist § 311b Abs. 2 nicht anwendbar, der Bürgschaftsvertrag ist nicht aus diesem Grund nichtig.

2. Nichtigkeit des Bürgschaftsvertrages nach § 138

Der Bürgschaftsvertrag könnte allerdings gem. § 138 von Anfang an nichtig sein. Die Nichtigkeit   128
könnte sich sowohl aus § 138 Abs. 2 als auch § 138 Abs. 1 ergeben. § 138 Abs. 2 ist lex specialis
zu § 138 Abs. 1 und daher stets vorrangig zu prüfen, weil rechtsgeschäftliches Verhalten, das nicht
die Voraussetzungen des § 138 Abs. 2 erfüllt, bei Hinzutreten weiterer Umstände noch gem. § 138
Abs. 1 nichtig sein kann.[100]

a) Für die Anwendung von § 138 Abs. 2 ist allerdings das Vorliegen eines Austauschvertrages notwendig. Beim Bürgschaftsvertrag gem. § 765 handelt es sich jedoch um einen einseitig verpflichtenden Vertrag. Das von § 138 Abs. 2 vorausgesetzte Missverhältnis zwischen Leistung und Ge-   129

---
[99] BGHZ 107, 92 = NJW 1989, 1276; MünchKommBGB/*Krüger* § 311b BGB Rn. 90; PWW/*Stürner* § 311b BGB Rn. 19 ff.; *Reinicke/Tiedtke* ZIP 1989, 613; *Westermann* JZ 1989, 746.
[100] Palandt/*Ellenberger* § 138 BGB Rn. 65.

genleistung kann bei Verträgen mit einseitiger Leistungspflicht nicht auftreten.[101] § 138 Abs. 2 ist daher nach allgemeiner Meinung nicht auf Bürgschaftsverträge anwendbar.

130 b) In Betracht kommt jedoch eine Sittenwidrigkeit gem. § 138 Abs. 1. Voraussetzung ist, dass der Bürgschaftsvertrag gegen die guten Sitten, also das Anstandsgefühl aller billig und gerecht Denkenden verstößt.[102] In objektiver Hinsicht muss ein Sittenverstoß, in subjektiver Hinsicht die Kenntnis des Handelnden von den Umständen, aus denen sich die Sittenwidrigkeit im Einzelfall ergibt (z. B. das Ausnutzen einer emotionalen Verbundenheit), vorliegen.[103] Es müsste also im Zeitpunkt des Vertragsschlusses[104] zunächst ein objektiver Sittenverstoß vorgelegen haben.

131 aa) Vorliegend könnte ein strukturelles Ungleichgewicht der Verhandlungspositionen gegeben sein, das zu einer außergewöhnlichen Belastung des Bürgen S geführt hat. Ein Sittenverstoß könnte in einer krassen finanziellen Überforderung des Bürgen S liegen. Nach der Rechtsprechung ist eine solche Überforderung des Bürgen bei nicht ganz geringen Bankschulden gegeben, wenn der Bürge voraussichtlich nicht einmal die von den Darlehensvertragsparteien festgelegte Zinslast aus dem pfändbaren Teil seines Einkommens und Vermögens bei Eintritt des Sicherungsfalls dauerhaft bedienen könnte.[105]

132 Mittlerweile wird diskutiert, ob die Möglichkeit der Restschuldbefreiung gem. §§ 286ff. InsO Anlass geben kann, die Grenze für eine finanzielle Überforderung anders festzulegen. Richtigerweise ist dies mit dem BGH[106] wegen der gänzlich unterschiedlichen Zielrichtung von § 138 Abs. 1 (Verwirklichung der materiellen Vertragsfreiheit) und §§ 286ff. InsO (Schutz vor lebenslangem „Schuldturm") jedenfalls so lange abzulehnen, wie dem Insolvenzrecht selbst keine abweichenden Anhaltspunkte zu entnehmen sind (etwa automatische Erstreckung der Restschuldbefreiung auf finanzschwache mithaftende Familienangehörige des Hauptschuldners).[107]

133 S wird einer etwaigen Verpflichtung aus dem Bürgschaftsvertrag in keinem Fall nachkommen können. Aufgrund seiner wirtschaftlichen Situation liegt eine krasse Überforderung vor und damit eine außergewöhnliche Belastung. Ein objektiver Sittenverstoß nach § 138 Abs. 1 ist gegeben.

134 bb) Übernimmt ein krass finanziell überforderter, dem Hauptschuldner persönlich nahe stehender Bürge die Bürgschaft, so kommt dem Bürgen nach der Rechtsprechung die widerlegliche Vermutung zugute, wonach er diese nur aus einer durch die emotionale Verbundenheit mit dem Hauptschuldner bedingten unterlegenen Position heraus übernommen und der Gläubiger dies in verwerflicher Weise ausgenutzt hat.[108]

135 Es ist allgemein bekannt, dass sich Kinder gegenüber Eltern typischerweise in einer Situation der emotionalen Befangenheit und Unterlegenheit befinden. Damit ist die Fähigkeit der Kinder, selbstbestimmte Entscheidungen zu Fragen der wirtschaftlichen Existenz der Eltern zu treffen, einge-

---

[101] MünchKommBGB/*Armbrüster* § 138 BGB Rn. 143 m.w.N.
[102] RGZ 80, 221; BGHZ 10, 232.
[103] Palandt/*Ellenberger* § 138 BGB Rn. 8. Siehe auch BGH WM 2014, 989 (zur Sittenwidrigkeit einer aus emotionaler Verbundenheit erteilten Bürgschaft bei hintereinander geschalteten Bürgschaftsverträgen).
[104] BGHZ 7, 111; 100, 359.
[105] BGHZ 125, 206; 151, 34; BGH NJW 2002, 2705; 2005, 973; ebenso schon *Honsell* JZ 1989, 495; *Reinicke/Tiedtke* ZIP 1989, 613. Prägend für diese Rspr. ist BVerfGE 89, 214 (Bürgschaftsentscheidung).
[106] BGH NJW 2009, 2671, 2673f.
[107] A.A. indessen etwa *Medicus* JuS 1999, 833, 835f.; *Zöllner* WM 2000, 1, 5; MünchKommBGB/*Habersack* § 765 BGB Rn. 20 m.w.N.
[108] BGHZ 151, 34; BGH NJW 2002, 2705; 2005, 973; zur Widerlegung dieser Vermutung BGH WM 2017, 93.

§ 2. Bürgschaft

schränkt.[109] Die elterliche Pflicht zur Rücksichtnahme – die auch gegenüber volljährigen Kindern besteht – verbiete es, dass Eltern ihre Kinder zur Übernahme ruinöser Bürgschaften bewegen. Die Einwirkung der Eltern auf das Kind stellt einen Verstoß der Eltern gegen § 1618a dar. Die Bank – auf deren Verhalten es im Rahmen von § 138 allein ankommt – mache sich diesen Verstoß zu eigen, weil sie das zu missbilligende Verhalten kannte oder kennen musste.[110]

Der Verstoß gegen § 1618a musste sich der Bank hier förmlich aufdrängen. Außerdem hat sie durch ihren Prokuristen, der mit Vertretungsmacht handelte (§ 49 Abs. 1 HGB), auch selber Druck auf S ausgeübt. Folglich ist der Sittenverstoß der Bank zurechenbar (§ 166 Abs. 1). **136**

Daher ist die Bürgschaft des S sittenwidrig und gem. § 138 Abs. 1 nichtig. B hat gegen S keinen Anspruch auf Zahlung von 100.000 EUR gem. §§ 765 Abs. 1 Satz 1, 488 Abs. 1 Satz 2. **137**

III. Schutz des Bürgen unterhalb der Schwelle der Sittenwidrigkeit

§ 138 Abs. 1 verhilft dem Bürgen zur vollständigen Befreiung von der Verbindlichkeit. Ist die Schwelle der Sittenwidrigkeit jedoch nicht erreicht, so haftet der Bürge im Ausgangspunkt in voller Höhe. Hatte der Gläubiger einen Wissens- und Informationsvorsprung gegenüber dem Bürgen, so kommt im Grundsatz ein Anspruch aus culpa in contrahendo (§§ 311 Abs. 2, 280 Abs. 1, 249 Abs. 1) in Betracht, der auf Befreiung des Bürgen von seiner Verbindlichkeit gerichtet ist.[111] Dies setzt wie stets die Verletzung einer entsprechenden Aufklärungspflicht des Gläubigers voraus. Hier werden ein erhebliches Informationsgefälle und große Unerfahrenheit des Bürgen im Rechtsverkehr zu fordern sein.[112] In solchen Fällen kann auch ein Anfechtungsrecht nach § 123 Abs. 1 in Betracht kommen. Liegt in der Person des Bürgen auch Verbrauchereigenschaft vor, so kann ein Widerrufsrecht bestehen (siehe Rn. 106 ff.), das den Anspruch aus culpa in contrahendo indessen nicht verdrängt;[113] jener wird vor allem dann relevant, wenn die kurzen Widerrufsfristen (§§ 355 Abs. 2, 356 Abs. 2, Abs. 3) verstrichen sind. **138**

Besonderheiten gelten auch dann, wenn die Bürgschaft **unter Verwendung von AGB** vereinbart wurde. Hier gilt der Prüfungsmaßstab des § 307. Problematisch sind vor allem Klauseln in Bauverträgen, die den Vertragspartner zur Stellung einer Gewährleistungsbürgschaft bis zum vollständigen Erlöschen sämtlicher Gewährleistungsansprüche verpflichten. Darin kann eine unangemessene Benachteiligung liegen, weil selbst ein Anspruch in ganz geringer Höhe zum Behaltendürfen der Bürgschaftsurkunde berechtigen würde.[114] Rechtsfolge der Unwirksamkeit einer solchen Klausel ist eine Freigabeverpflichtung, die im Wege der ergänzenden Vertragsauslegung (§§ 133, 157) aus dem Bürgschaftsvertrag selbst herzuleiten ist.[115] **139**

---

[109] Ähnliches gilt nach der Rspr. des BGH auch für sog. **Arbeitnehmerbürgschaften,** vgl. BGHZ 156, 302. Auch hier liege ein strukturelles Ungleichgewicht bzw. eine „seelische Zwangslage" vor, wenn die Sorge um den Arbeitsplatz des Bürgen ausgenutzt wurde. Die Vermutung für die Ausnutzung eines solchen Ungleichgewichts kann widerlegt werden, wenn der bürgende Arbeitnehmer an der Firma und deren Erfolg beteiligt ist; vgl. auch BGH NJW 2007, 2110 = ZIP 2007, 1373. Für **Gesellschafterbürgschaften** gilt: Selbst wenn in solchen Fällen ebenfalls eine krasse Überforderung des bürgenden Gesellschafters vorliegt, wird das generelle Ungleichgewicht von der Rspr. verneint, soweit der bürgende Gesellschafter an der Begleichung der Gesellschaftsschuld ein unmittelbares Eigeninteresse hat, vgl. BGH NJW 2003, 967; NJW-RR 2002, 1130.
[110] BGHZ 125, 206, 214; BGH NJW 2004, 3109, 3110.
[111] Dafür etwa *Medicus* JuS 1999, 833, 838; *Zöllner* WM 2000, 1, 10; *Riehm* JuS 2000, 241, 242.
[112] Sehr zurückhaltend insoweit BGH NJW 1989, 1276, 1278; 1991, 2015, 2016.
[113] BGHZ 169, 109.
[114] Siehe BGHZ 204, 346: In casu wurde ein Schadensersatzanspruch aus §§ 280, 286 wegen der an die Bank für die Stellung der Bürgschaft zu zahlenden Avalkosten geltend gemacht.
[115] BGHZ 204, 346 Rn. 46 ff. unter Verweis auf die entsprechende Judikatur zur Sicherungsübereignung in BGHZ 137, 212, 218 (siehe dazu § 9 Rn. 23, § 10 Rn. 44).

E. Subsidiarität der Bürgschaft

I. Einrede der Vorausklage

140 Der Bürge soll nach der Grundvorstellung des BGB erst in Anspruch genommen werden dürfen, wenn das Schuldnervermögen zur Befriedigung des Gläubigers nicht ausreicht **(Subsidiaritätsprinzip)**. Ob dies der Fall ist, erweist sich in der Zwangsvollstreckung des Gläubigers gegen den Hauptschuldner. § 771 gibt daher dem Bürgen die sog. **Einrede der Vorausklage.** Der Ausdruck ist nicht ganz exakt, weil der Bürge den Gläubiger nicht bloß auf eine Klage gegen den Schuldner verweisen kann, sondern auf die Zwangsvollstreckung.[116]

141 Bei Bürgschaften für **Geldforderungen** kommt es nach § 772 nur darauf an, ob der Wert der beweglichen Sachen des Hauptschuldners zur Befriedigung des Gläubigers ausreicht; auf andere Vermögensobjekte des S kann der Gläubiger in diesen Fällen nicht verwiesen werden. Ob der Gläubiger auf die beweglichen Sachen des Hauptschuldners im Wege der Zwangsvollstreckung (§ 772 Abs. 1) zugreifen kann oder sie aufgrund eines Pfandrechts oder Zurückbehaltungsrechts verwerten darf (§ 772 Abs. 2), spielt keine Rolle.

142 Ausfluss des Subsidiaritätsprinzips ist richtiger Ansicht nach auch **§ 770 Abs. 2**: Der aufrechnungsbefugte Gläubiger kann sich durch einfachen Zugriff auf die Gegenforderung des Hauptschuldners im Wege der **Aufrechnung** Befriedigung verschaffen und soll daher nicht den Bürgen in Anspruch nehmen.

II. Ausschluss der Einrede der Vorausklage

143 In einer Reihe von Fällen ist die **Einrede der Vorausklage ausgeschlossen.** Das ist nach § 349 HGB der Fall, wenn der Bürge **Kaufmann** ist und die Bürgschaft für ihn ein Handelsgeschäft darstellt. Der Bürge kann den Gläubiger ferner nicht auf die Befriedigung aus dem Vermögen des Hauptschuldners verweisen, wenn er auf die **Einrede verzichtet** hat (§ 773 Abs. 1 Nr. 1); die **selbstschuldnerische** Bürgschaft enthält einen solchen Verzicht ebenso wie die **Bürgschaft auf erstes Anfordern** (siehe Rn. 158). Verlegt der Schuldner nachträglich seinen **Wohnsitz** oder seine **gewerbliche Niederlassung** und werden dadurch Klage und Vollstreckung gegen ihn erschwert, so ist dem Gläubiger diese von ihm nicht zu vertretende Erschwerung in der Rechtsverfolgung gegen den Schuldner nicht zuzumuten und deshalb die Einrede der Vorausklage gleichfalls ausgeschlossen (§ 773 Abs. 1 Nr. 2). Steht auch ohne Vollstreckungsversuch des Gläubigers fest, dass das **Schuldnervermögen zu seiner Befriedigung nicht hinreicht,** wäre das Beharren auf der Vollstreckung übertriebene Förmelei (§ 773 Abs. 1 Nr. 4). In der Regel unzureichend ist das Vermögen des Hauptschuldners auch, wenn über dieses ein Insolvenzverfahren eröffnet ist (§ 773 Abs. 1 Nr. 3). Allerdings kann der Bürge in den beiden letztgenannten Fällen den Gläubiger auf die Verwertung eines Pfand- oder Zurückbehaltungsrechts an einer beweglichen Sache des Hauptschuldners verweisen (§ 773 Abs. 2) und – so ist hinzuzufügen – auch auf eine ihm nach § 770 Abs. 2 mögliche Aufrechnung.

144 Ebenso wie auf die Einrede der Vorausklage kann der Bürge auch auf die Einrede aus § 770 Abs. 2 **verzichten.** Geschieht dies aufgrund von AGB des Gläubigers, ist jedoch die Grenze des § 307 zu beachten.[117]

---

[116] Dazu jüngst wieder *Kiehnle* JR 2017, 135.
[117] Dazu BGH JZ 1981, 101, 102 f. = NJW 1981, 761, 762; a. A. BGH NJW 1984, 2455 (beschränkt auf einen Sonderfall); NJW 1986, 43, 45 f. (allgemein).

§ 2. Bürgschaft

Die Abdingbarkeit der Vorausklageeinrede ebenso wie ihr Ausschluss bei Vollkaufleuten zeigt, dass die Subsidiarität der Bürgenhaftung anders als das Akzessorietätsprinzip **keinen bündigen Grundsatz** des Bürgschaftsrechts bildet. 145

F. Sonderformen der Bürgschaft

Neben der selbstschuldnerischen Bürgschaft (§ 773 Abs. 1 Nr. 1), der Mitbürgschaft (§§ 769, 774 Abs. 2) und der Zeitbürgschaft (§ 777) haben sich in der Rechtspraxis weitere juristische Sonderformen der Bürgschaft entwickelt. 146

I. Ausfallbürgschaft

Der Ausfallbürge haftet nur für einen **Ausfall des Gläubigers,** also nur, wenn dieser weder vom Hauptschuldner noch durch Verwertung anderer Sicherheiten Befriedigung erlangt; der Bürge wird frei, wenn der Gläubiger den Ausfall durch Verletzung von Sorgfaltspflichten bei der Überwachung und Verwertung von Sicherheiten verschuldet.[118] Die Ausfallbürgschaft ist gleichsam das **Gegenstück zur selbstschuldnerischen Bürgschaft.** Sie hat deshalb eine gewisse praktische Bedeutung im Kreditgeschäft nur zur Sicherung von Kreditprogrammen der öffentlichen Hand erlangt.[119] 147

Trifft eine Ausfallbürgschaft mit einer normalen (Regel-)Bürgschaft zusammen, gilt nicht § 769. Leistet der Regelbürge, kann er beim Ausfallbürgen keinen Rückgriff nehmen, wohl aber der Ausfallbürge beim Regelbürgen nach Leistung an den Gläubiger.[120] 148

II. Höchstbetragsbürgschaft

Der Bürge will hier für die Hauptschuld nicht in vollem Umfang (§§ 765, 767), sondern nur bis zu einem fixierten Höchstbetrag einstehen. Eine solche Bürgschaft kommt insbesondere für einen dem Schuldner vom Gläubiger eröffneten oder zu eröffnenden Kredit in Betracht, häufig Kontokorrentkredit. 149

Besonderheiten ergeben sich, wenn **mehrere** Höchstbetragsbürgschaften für dieselbe Hauptschuld zusammentreffen. Haben sich für eine Schuld von 10.000 EUR A maximal mit 6.000 EUR und B maximal mit 4.000 EUR verbürgt, so kann dies dreierlei bedeuten:[121] (1.) Jede Bürgschaft deckt einen jeweils anderen Teil der Hauptschuld; dann liegen **Teilbürgschaften** vor, für die § 769 nicht gilt. – (2.) Die beiden Bürgschaften sichern „den Kredit von unten herauf gemeinschaftlich";[122] dann sind A und B in Höhe von 4000 EUR „**Mitbürgen auf einen bestimmten Teil**",[123] A ist in Höhe von weiteren 2000 EUR Teilbürge. – (3.) Die beiden Bürgen „haften dem Gläubiger für jeden Teil der Forderung; er kann wählen, in welcher Reihenfolge er sie zur Zahlung heranziehen will, und ist nur darin beschränkt, dass kein Bürge mehr als den zugesagten Höchstbetrag zu leisten braucht".[124] Man kann deshalb von einer „**Mitbürgschaft auf einen beliebigen Teil**" der Haupt- 150

---

[118] BGH JZ 1979, 67, 68 = NJW 1979, 646 m.w.N.
[119] Zu kommunalrechtlichen Problemen *Dietl* DÖV 2015, 693.
[120] BGH NJW 2012, 1946; siehe auch BGH NJW 1986, 3131; *Palzer* JURA 2013, 129.
[121] Vgl. RGZ 81, 414, 419.
[122] RGZ 81, 414, 419.
[123] *Kanka* JhJb 87 (1937/38), 125; *Weitzel* JZ 1985, 824, 826; *Bayer* ZIP 1990, 1523, 1525.
[124] RGZ 81, 414, 419.

schuld sprechen.[125] Im Innenverhältnis vollzieht hier sich der Ausgleich zwischen den Mitbürgern abweichend von §§ 774 Abs. 2, 426 nicht nach der Kopfzahl, sondern nach den Höchstbeträgen.[126]

151 Welche der drei Gestaltungen im Einzelfall gewollt ist, hängt vom Willen der Beteiligten ab. Im Zweifel kommen „Mitbürgschaften auf einen beliebigen Teil" der Hauptschuld zum Zug, weil diese am ehesten dem Zweck der Bürgschaft entsprechen.[127]

III. Nachbürgschaft

152 B bürgt dem Gläubiger dafür, dass ein anderer Bürge (**Vorbürge**) seine Bürgschaftsverpflichtung erfüllt. Die Schuld des Nachbürgen ist akzessorisch im Verhältnis zu der des Vorbürgen (und damit mittelbar auch zu der des Hauptschuldners).

153 Befriedigt der Nachbürge den Gläubiger, geht dessen Forderung gegen den Hauptschuldner analog § 774 Abs. 1 Satz 1 auf den Nachbürgen über,[128] die Forderung gegen den Vorbürgen folgt gem. §§ 412, 401.[129] Ist der Nachbürge dem Hauptschuldner gegenüber jedoch zur Leistung an den Gläubiger verpflichtet, so erlischt die Hauptforderung des Gläubigers und mit ihr dessen Forderung gegen den Vorbürgen. Lebhaft umstritten ist, ob der Hauptschuldner analog § 774 Abs. 1 Satz 3 dem Nachbürgen Einwendungen entgegenhalten kann, die aus dem Verhältnis zum Vorbürgen stammen.[130]

IV. Rückbürgschaft

154 B verbürgt sich dem Bürgen (Hauptbürgen) für dessen (künftige) **Rückgriffsansprüche** gegen den Hauptschuldner (Fall des § 765 Abs. 2). Der Rückbürge kann also erst nach der Leistung des Hauptbürgen an den Gläubiger in Anspruch genommen werden.

155 Erfüllt der Rückbürge seine Schuld, erwirbt er gem. § 774 Abs. 1 Satz 1 die Rückgriffsforderung des Hauptbürgen gegen den Hauptschuldner und die auf den Hauptbürgen zuvor ebenfalls nach § 774 Abs. 1 Satz 1 übergegangene Forderung des Gläubigers gegen den Hauptschuldner.[131]

156 Eine der Rückbürgschaft vergleichbare wirtschaftliche Bedeutung kommt der **Erfüllungsübernahme** (§ 329) gegenüber dem Bürgen zu: Der Schuldner der Erfüllungsübernahme hat die Verpflichtung des Bürgen zu tilgen (§ 267 Abs. 1 Satz 1); wird der Bürge in Anspruch genommen, so kann er bei seinem Schuldner Regress nehmen.

157 Den Fall einer **Rückbürgschaft für einen Nachbürgen** (nicht für den eigentlichen Hauptbürgen) behandelt BGHZ 73, 94: Der Rückbürge haftet hier dem Nachbürgen für dessen Rückgriffsforderung gegen den Vorbürgen.

---

[125] *Kanka* JhJb 87 (1937/38), 125; *Weitzel* JZ 1985, 824, 826; *Bayer* ZIP 1990, 1523, 1525.
[126] *Weitzel* JZ 1985, 824, 828 f.; vgl. auch RGZ 81, 424 einerseits, 423 andererseits. – A.A. BGHZ 88, 185, 190.
[127] RGZ 81, 414, 419; *Weitzel* JZ 1985, 824, 826 f.
[128] BGHZ 73, 94, 96 f.
[129] MünchKommBGB/*Habersack* § 765 BGB Rn. 117; *Weber/Weber* § 4 VIII (S. 97); beide m.w.N.; anders *Larenz/Canaris* SchuldR II/2 § 60 V 3 (Analogie).
[130] Dafür etwa OLG Hamm MDR 1961, 503; Staudinger/*Horn* (2012) Vor § 765 BGB Rn. 61; dagegen OLG Köln MDR 1975, 932; MünchKommBGB/*Habersack* § 765 BGB Rn. 117; Jauernig/*Stadler* Vor § 765 BGB Rn. 7.
[131] MünchKommBGB/*Habersack* § 765 BGB Rn. 122; Staudinger/*Horn* (2012) Vor § 765 BGB Rn. 63; Jauernig/*Stadler* Vor § 765 BGB Rn. 8; implizit auch BGHZ 95, 375, 380 ff. – A.A. RGZ 146, 67, 70; ebenso Palandt/*Sprau* Vor § 765 BGB Rn. 10: Der Rückbürge erwirbt die Gläubigerforderung nur bei Abtretung durch den Hauptbürgen.

§ 2. Bürgschaft

V. Bürgschaft auf erstes Anfordern

Eine für den Bürgen besonders riskante Variante stellt die Bürgschaft auf erstes Anfordern dar.[132] **158**
Sie wird charakterisiert durch eine **unbedingte Verpflichtung des Bürgen zur Leistung,** wenn der Gläubiger die Hauptforderung und deren Fälligkeit unter Einhaltung bestimmter formaler Voraussetzungen behauptet, ohne dass der Nachweis des Sicherungsfalles erbracht werden muss. Dem Bürgen ist mithin die Geltendmachung von Einreden und Einwendungen abgeschnitten;[133] anderes gilt nur dann, wenn der Gläubiger seine formale Rechtsstellung offensichtlich missbraucht. Dies soll dann der Fall sein, wenn auf der Hand liegt oder liquide beweisbar begründet wird, dass der materielle Bürgschaftsfall trotz Vorliegens der formalen Voraussetzungen nicht eingetreten ist.[134] Die Klärung der tatsächlichen Einstandspflicht des Bürgen erfolgt damit grundsätzlich erst im Rückforderungsprozess; Anspruchsgrundlage ist hier Bereicherungsrecht.[135] Die Beweislast für den Bestand der gesicherten Hauptforderung liegt beim Gläubiger.[136] Wegen der für den Bürgen sehr hohen Risiken kann die Bürgschaft auf erstes Anfordern nur durch Individualvereinbarung abgeschlossen werden (Grenze: § 242), ein formularmäßiger Abschluss verstößt dagegen regelmäßig gegen § 307.[137]

G. Regress des Bürgen

I. Gegenüber dem Hauptschuldner

Wird der Bürge vom Gläubiger in Anspruch genommen, so ist damit zunächst nur der Sicherungs- **159**
fall eingetreten. Mit der Leistung des Bürgen erlischt auch die Bürgschaftsverpflichtung, nicht jedoch die Hauptschuld. Das Einstehenmüssen des Bürgen für den Hauptschuldner bedeutet indessen nicht, dass dieser das Haftungsrisiko endgültig zu tragen hat. Vielmehr sieht das Gesetz die Möglichkeit des Regresses vor. Zwar setzt der Bürgschaftsfall in aller Regel voraus, dass der Gläubiger bereits erfolglos gegen den Hauptschuldner vorgegangen ist (siehe Rn. 140). Innerhalb der Verjährungsfrist mögen sich aber Veränderungen in der Vermögenslage des Hauptschuldners ergeben haben, die einen Zugriff des Bürgen erlauben. Der Regress ist in zweierlei Hinsicht möglich; es besteht Anspruchskonkurrenz:[138]

1. Gesetzlicher Forderungsübergang gem. § 774 Abs. 1

Im Wege der cessio legis geht die Forderung des Gläubigers gegen den Hauptschuldner mit des- **160**
sen Leistung auf den Bürgen über (§ 774 Abs. 1). Akzessorische Sicherungsrechte gehen mit über (§§ 412, 401); dies gilt auch dann, wenn sie erst nach Übernahme der Bürgschaft entstanden sind (arg. § 776 Satz 2). Bestehen nicht-akzessorische Sicherungsrechte, so folgen diese zwar nicht automatisch der übergegangenen Hauptschuld. Indessen hat der Gläubiger keinerlei schützenswer-

---

[132] Zur Entwicklung *Arnold* S. 10 ff.
[133] Von einem atypischen Sicherungsvertrag ausgehend daher *Hadding/Welter* WM 2015, 1545, 1548 ff. m. N. auch zu anderen Einordnungen, insbesondere als Garantievertrag.
[134] BGHZ 143, 381, 383; BGH NJW 2003, 2231, 2233 m.w.N. Rechtsprechungsüberblick bei *Fischer* WM 2005, 529. Für einen Klausurfall *A. Teichmann* Rn. 526 ff.
[135] BGH NJW 1989, 1606. Anders *Hadding/Welter* WM 2015, 1545, 1550 (Regressanspruch folge aus Vertrag); ebenso wohl *P. Bydlinski* WM 1990, 1401, 1402 f.; siehe auch BGHZ 152, 246, 252 („originärer Rückforderungsanspruch").
[136] BGH NJW 2003, 2231, 2234.
[137] BGHZ 151, 229; 155, 299.
[138] Jauernig/*Stadler* § 774 BGB Rn. 1.

tes Interesse am Behaltendürfen solcher Sicherheiten. Vielmehr muss er die Sicherheiten freigeben; aus der Wertung der §§ 774, 401 wird zu Recht eine Verpflichtung des Schuldners abgeleitet, solche Sicherheiten auf den Bürgen zu übertragen.[139]

2. Rückgriff aufgrund des Innenverhältnisses

161 Der zweite Regressweg ergibt sich aus dem Innenverhältnis zwischen Bürgen und Hauptschuldner. Je nachdem wie dieses zu qualifizieren ist (siehe Rn. 28 ff.), können sich Aufwendungsersatzansprüche aus Auftrag (§ 670), Geschäftsbesorgung (§§ 675 Abs. 1, 670) oder in Ausnahmefällen auch aus GoA (§§ 683 Satz 1, 670) ergeben. Gegenüber diesen Ansprüchen kann der Hauptschuldner nur Einwendungen aus dem Innenverhältnis erheben (etwa Schadensersatzansprüche, die daraus resultieren, dass der Bürge gegenüber dem Gläubiger Einreden aus §§ 768, 770 nicht erhoben hat), nicht aber Einwendungen, die gegenüber der Hauptschuld bestehen mögen.

II. Regress des Bürgen gegenüber Mitbürgen

162 Zu klären bleibt schließlich der Ausgleich zwischen mehreren Bürgen. Ausgangspunkt ist § 769, wonach mehrere Mitbürgen als Gesamtschuldner haften. Für den Regress enthält § 774 Abs. 2 insoweit eine Einschränkung der in § 774 Abs. 1 angeordneten Legalzession, als die Hauptforderung nur in der Höhe übergeht, in der der leistende Mitbürge den anderen Mitbürgen gegenüber ausgleichsberechtigt ist: Dies bestimmt sich nach dem auf den einzelnen Bürgen entfallenden Kopfteil; bei unterschiedlichen Haftungsbeträgen kommt ein Quoten- oder Stufenmodell zur Anwendung (§ 426 Abs. 1, Abs. 2).[140]

---

[139] Etwa BGHZ 110, 41, 43; 130, 101, 107 (zur Sicherungsgrundschuld).
[140] BGH NJW 2000, 1034, 1035 m.N.; *Glöckner* ZIP 1999, 821; siehe auch Palandt/*Sprau* § 774 BGB Rn. 14.

§ 3. Garantievertrag

Literatur: *Boetius,* Der Garantievertrag, Diss., 1966; *Fischer,* in: Lwowski/Fischer/Langenbucher, Das Recht der Kreditsicherung, 9. Aufl. 2011, § 9 Rn. 213–227; *Förster,* Die Fusion von Bürgschaft und Garantie, 2010; *Herresthal,* Das Recht der Kreditsicherung, in: Staudinger-Eckpfeiler 2014/2015, Teil K (S. 701 ff.) Rn. 145 f.; *Larenz/Canaris,* Lehrbuch des Schuldrechts, Bd. II, Halbbd. 2, Besonderer Teil, 13. Aufl. 1994, § 64; *Nobbe,* in: Schimansky/Bunte/Lwowski, Bankrechts-Handbuch, Bd. II, 5. Aufl. 2017, § 92; *Piekenbrock/Ludwig,* Personalsicherheiten, 2016, Rn. 1337–1381; *Reinicke/Tiedtke,* Kreditsicherung, 5. Aufl. 2006, Rn. 610–621; *A. Teichmann,* Vertragliches Schuldrecht, 4. Aufl. 2008, Rn. 503 ff.; *Weber/Weber,* Kreditsicherungsrecht, 9. Aufl. 2012, § 5.

A. Überblick

I. Zweck der Garantie

Der Zweck der Garantie wird im Allgemeinen dahin umschrieben, der Garant solle für den Eintritt eines bestimmten Erfolgs oder für den Fortbestand eines bestimmten Zustands einstehen, d.h. bei Nichteintritt oder Nichtfortdauer den wirtschaftlichen Ausfall des Gläubigers (sein „Interesse") decken.[1] Bezieht sich die Einstandspflicht auf eine vertragstypische Pflicht, handelt es sich um eine unselbstständige Garantie; bei Einstehen für einen eigenständigen Erfolg liegt dagegen eine selbstständige Garantie vor. Dabei lässt sich zwischen Eigenschafts- und Leistungsgarantie unterscheiden. 1

Bei der **Eigenschaftsgarantie** soll die Erwartung des Garantieempfängers, dass eine gekaufte, zu liefernde oder herzustellende Sache eine bestimmte Eigenschaft habe, gesichert werden; diese Sicherung kann in Garantieform sowohl der Schuldner selbst wie ein Dritter geben.[2] Demgegenüber zeichnet sich die **Leistungsgarantie** dadurch aus, dass immer ein Dritter als Garant für die Erbringung einer Leistung des Schuldners (zumeist eine Geldzahlung) einsteht. 2

Diese „Drittgarantien" (sowohl bei der Eigenschafts- wie bei der Leistungsgarantie) haben daher im Verhältnis zum Garantiebegünstigten **Sicherungsfunktion,** im Verhältnis zu demjenigen, in dessen Auftrag die Garantie übernommen wird – beispielsweise bei einer Bankgarantie – häufig **Kreditierungsfunktion.** In dieser Doppelfunktion decken sie sich mit der Bürgschaft (siehe § 2 Rn. 1 f.). Nur von ihnen soll daher im Folgenden die Rede sein, während die Eigenschaftsgarantien des Schuldners in den Zusammenhang mit Kauf- und Werkvertragsrecht gehören.[3] 3

II. Gesicherte Interessen

Auch im Hinblick auf die **Art** der gesicherten Interessen bestehen zwischen Bürgschaft und (Dritt-) Garantie keine nennenswerten Unterschiede, sodass wir entsprechend der Kategorisierung bei der Bürgschaft von **Bietungsgarantien, Anzahlungsgarantien, Vertragserfüllungs-** und **Gewährleistungsgarantien** sprechen können.[4] 4

Dagegen unterscheiden sich Garantie und Bürgschaft hinsichtlich des **Umfangs** der gesicherten Interessen (siehe § 2 Rn. 24 ff.). Während der Bürge dem Gläubiger nur für das Risiko der Überschuldung oder der Zahlungsunfähigkeit des Hauptschuldners, also für das Insolvenzrisiko einsteht, 5

---

[1] Palandt/*Sprau* Vor § 765 BGB Rn. 16; zu einer Definition auch *Förster* S. 124 ff.
[2] Dazu näher *Boetius* S. 2 ff.
[3] Siehe etwa *A. Teichmann* Rn. 369.
[4] Zu weiteren Arten Staudinger/*Horn* (2012) Vor § 765 BGB Rn. 272 ff., 294 ff.

nimmt der Garant dem Gläubiger auch darüber hinausgehende Gefahren bei der Verwirklichung seines Interesses ab, insbesondere die Gefahr, dass der Hauptschuldner die Forderung des Gläubigers bestreitet oder ihr Einreden entgegensetzt (Risiko des prozessualen Bestreitens).

III. Nicht-Akzessorietät der Garantie

1. Grundlagen

6 Dieser Unterschied im Umfang der gesicherten Interessen wirkt sich im dogmatischen Bereich aus: Die Garantie ist im Gegensatz zur Bürgschaft **nicht akzessorisch.** Während nämlich der Bürge nach dem Leitbild des BGB nur haftet, wenn und soweit die Hauptschuld besteht und einredefrei ist, will der Garant unter allen Umständen für die Erbringung des garantierten Erfolgs einstehen. Zwar soll in erster Linie der Schuldner den Erfolg herbeiführen. Aber die Verpflichtung des Garanten ist unabhängig vom Bestand und Fortbestand der Verpflichtung des Schuldners. Der Gläubiger kann sich in jedem Fall an den Garanten halten, wenn der Schuldner nicht leistet.

2. Nachweis des Garantiefalls

7 Ob er dabei den Eintritt des Garantiefalles (also etwa den Ausfall der Schuldnerleistung) nachweisen muss, hängt von der Ausgestaltung der Garantie im Einzelfall ab. Ein solcher Nachweis ist erforderlich bei einer Garantie mit sog. **Effektivklausel.**[5] Günstiger stellt sich der Gläubiger, wenn er bei der Inanspruchnahme des Garanten lediglich bestimmte (leicht zu beschaffende) Dokumente vorzulegen hat.

8 Hat sich der Garant zur **„Zahlung auf erstes Anfordern"** verpflichtet, so ist der Gläubiger bis zur Grenze des Rechtsmissbrauchs[6] jeden Nachweises, dass und weshalb der Schuldner nicht leistet, enthoben.[7] Hier kommt es also für die Fälligkeit der Garantie nicht auf den Eintritt des „materiellen" Garantiefalles an; es genügt vielmehr der „formelle" Garantiefall, die Anforderung des Gläubigers. Die Klausel „Zahlung auf erstes Anfordern" lässt gleichzeitig die Darlegungs- und Beweislast für das (Nicht-)Vorliegen des „materiellen" Garantiefalles auf den Garanten übergehen. Die Zahlung des Garanten ist in diesem Fall jedoch nur eine „vorläufige"; ihm steht – allerdings erst in einem „Gegenprozess" – der Nachweis offen, dass ein Garantiefall in Wahrheit nicht vorgelegen hat und deshalb die Garantieleistung zurückzugewähren ist. Anspruchsgrundlage ist dabei der Garantievertrag selbst[8] und nicht nur Bereicherungsrecht.[9] Eine derartige nachträgliche Prüfung der „materiellen Berechtigung" des Garantiebegünstigten lässt zwar nicht die Garantie vom Bestand einer Forderung gegen den Hauptschuldner abhängig werden, betont aber doch den Sicherungscharakter der Garantie, ohne deren besonderen Zweck (dem Begünstigten eine leicht und rasch durchsetzbare Sicherung an die Hand zu geben) in Frage zu stellen.

---

[5] A.A. *Horn* NJW 1980, 2156: es genüge Glaubhaftmachung.

[6] BGHZ 90, 287, 292; näher *Canaris* Rn. 1138 f.; *Mülbert* ZIP 1985, 1108 ff. – Ein Beispiel für eine andere Einwendung (Aufrechnung mit liquiden Gegenforderungen bei Zahlungsgarantien) bietet BGHZ 94, 167, 171 ff.

[7] Garantien dieser Art spielen vor allem im Außenhandel eine erhebliche Rolle, dazu Staudinger/*Horn* (2012) Vor § 765 BGB Rn. 249 ff.

[8] BGH WM 1961, 204, 207; *Liesecke* WM 1968, 27; *Mühl*, FS Zajtay, 1982, S. 399 f. (als Alternative zu § 812 Abs. 1 Satz 2). – Daneben steht dem Garanten der Aufwendungsersatzanspruch aus § 670 zu, wenn die Übernahme der Garantie zur Zahlung auf erstes Anfordern einem Geschäftsbesorgungsvertrag zwischen Garanten und Hauptschuldner entspricht; der Garant hat dann bei der Zahlung vertragsgemäß gehandelt, er kann deshalb vom Schuldner nicht auf die primäre Durchsetzung des Anspruchs gegen den Gläubiger verwiesen werden; in diesem Sinne auch *Canaris* Rn. 1124.

[9] So *Horn* NJW 1980, 2159 („spätestens auf der Ebene des Bereicherungsrechts"). – Ganz abl. *v. Caemmerer*, FS Riese, 1964, S. 302 f.; *Canaris* Rn. 1141 ff.

3. Vergleich mit der Bürgschaft

Die Anerkennung einer **„Bürgschaft auf erstes Anfordern"** (siehe § 2 Rn. 158) führt nun freilich auch bei diesem Sicherungsmittel dazu, dass „materieller" und „formeller" Bürgschaftsfall auseinanderklaffen können und damit der Gläubiger seinen Anspruch gegen den Bürgen rascher durchsetzen kann als beim gesetzlichen Normalfall. Auch hier bleibt es dem Nebenschuldner überlassen, seine Leistung mangels „materiellen" Sicherungsfalls vom Gläubiger zurückzufordern (siehe § 2 Rn. 158). Es ist nicht zu verkennen, dass bei dieser Art von Bürgschaft die Akzessorietät gelockert ist.

9

Für den Vergleich von Bürgschaft und Garantie lässt sich daraus die Feststellung ableiten, dass diese beiden Sicherungsmittel die **Endpunkte einer Typenreihe** bilden, zwischen denen es fließende Übergänge gibt, je mehr man auf der Bürgschaftsseite die Akzessorietät lockert und auf der Garantieseite Elemente der Akzessorietät hinzufügt:[10] von der Bürgschaft über die garantienahe Bürgschaft und die bürgschaftsnahe Garantie zur reinen Garantie.

10

IV. Rechtsgrundlage

Der Garantievertrag ist anders als die Bürgschaft **nicht gesetzlich geregelt,** sondern hat sich aufgrund der **Vertragsfreiheit (§ 311 Abs. 1)** in der Praxis entwickelt. Er ist ein Vertrag eigener Art. Das beruht auf der Erwägung, dass die Bürgschaft wegen ihrer Akzessorietät das Interesse eines Gläubigers, der auf rasche und möglichst reibungsfreie Sicherung und Sicherungsverwirklichung bedacht ist, nicht vollständig genug abzudecken vermag. Der Vertrag kommt zwischen dem Garanten und dem begünstigten Gläubiger zustande. Nach wohl herrschender Meinung ist er aufgrund der fehlenden Akzessorietät formfrei; § 766 soll nicht, auch nicht analog anwendbar sein (zur Kritik daran siehe Rn. 35 ff.). Ein Bestehen der Hauptforderung ist daher ebenfalls nicht notwendig.

11

V. Einwendungen und Einreden des Garanten

Der Garant kann lediglich Einwendungen und Einreden aus dem Verhältnis zum Begünstigten erheben; Einwendungen und Einreden aus dem Valutaverhältnis kommen ihm nicht zugute.

12

B. Abgrenzung zwischen Garantie und Bürgschaft, Schuldübernahme, Schuldversprechen – Formbedürftigkeit – Regress des Garanten

> **Fall 1: Probleme garantiert**[11]
>
> P sowie der Beklagte G und H sind Gesellschafter der P-GmbH. Die GmbH und P waren Kunden der klagenden Genossenschaftsbank. Mitte Dezember wurden der Klägerin acht von P auf sein Privatkonto gezogene Schecks im Gesamtbetrag von 38.000 EUR zur Einlösung vorgelegt. Auf dem Konto war keine Deckung vorhanden. Die Schecks sollten deshalb den Einreichern zurückgegeben werden. Um dies zu verhindern, veranlasste P seine Mitgesellschafter, bei der Klägerin zu intervenieren. Dies geschah durch ein persönliches Gespräch zwischen G, H und dem Direktor der Klägerin. Um möglichen rufschädigenden Auswirkungen auf die GmbH vorzubeugen, erklärten G und H dabei nach einigem Hin und Her, sie machten sich stark dafür, dass die Sache nach einer kurzen Überbrückungsfrist bis zum Wochenende klar gehe. Der

13

---

[10] Deutlich in diese Richtung BGH WM 1984, 633.
[11] BGH NJW 1967, 1020.

Teil 2. Personalsicherheiten

> Direktor der Klägerin versicherte daraufhin, unter diesen Umständen werde die Bank die Schecks einlösen. Dies geschah auch.
>
> Da inzwischen eine Deckung jedoch nicht angeschafft, über das Vermögen des P aber ein Insolvenzverfahren eröffnet worden ist, verlangt die Klägerin von G einen Teilbetrag von 10.000 EUR zurück.
>
> Muss G zahlen? Kann er ggf. im Gegenzug Abtretung der Ansprüche gegen P und H verlangen?

14 **Probleme:**

Im Mittelpunkt des Falles steht die Haftung von Personen, die als Bürgen, Garanten oder in anderer Form neben dem eigentlichen Schuldner, dem Hauptschuldner, als „Nebenschuldner" verpflichtet sind.

Die Abgrenzung zwischen den verschiedenen Arten der Nebenschuld spielte in der bisherigen Diskussion vor allem im Hinblick auf die Formfrage eine Rolle. Während die Erklärung des Bürgen nach § 766 Satz 1 schriftlich (§ 126) erfolgen muss (Ausnahme § 350 HGB), hält man die Begründung anderer Arten der Nebenschuld (Garantie, Schuldmitübernahme usw.) formfrei für wirksam. Die nachfolgende Lösung wird diese Auffassung in Frage stellen und aus dem Gesetz selbst ein anderes Kriterium zur Abgrenzung von Formfreiheit und Formbedürftigkeit entwickeln, das sich quer durch die verschiedenen Arten von Nebenschulden zieht.

Dennoch ist die Unterscheidung zwischen den Nebenschuldformen nicht belanglos. Von ihr hängt es nach wie vor ab, unter welchen Voraussetzungen im Einzelnen der Gläubiger einen Nebenschuldner tatsächlich in Anspruch nehmen kann, und welche Regresswege dem leistenden Nebenschuldner gegen den Hauptschuldner und andere Nebenschuldner offenstehen.

15 **Vorüberlegungen zum Aufbau:**

Teil 1: Anspruch der Bank gegen G

I. Schuldübernahme, Schuldversprechen, Bürgschaft oder Garantie

II. Garantievertrag (Kernproblem: Formbedürftigkeit)

Teil 2: Gegenrechte des G gegen die Bank (Kernproblem: Regressmöglichkeiten des Nebenschuldners)

Lösung:

Teil 1: Das Zahlungsbegehren der Bank

I. Die möglichen Anspruchsgrundlagen

16 Als Anspruchsgrundlage für das Begehren der Bank kommen in erster Linie eine Bürgschaft oder ein Garantievertrag in Betracht. Wenigstens kurz zu erwägen sind aber auch Schuldübernahme und Schuldversprechen.

1. Schuldübernahme, Schuldversprechen

17 a) Eine befreiende Schuldübernahme nach § 414 scheidet allerdings von vornherein aus, weil der Beklagte den Scheckaussteller P nicht von dessen Verpflichtung zur Anschaffung der Deckungssumme von 38.000 EUR entlasten wollte.

18 b) Aber auch ein Schuldbeitritt (kumulative Schuldübernahme) ist nur schwer vorstellbar.

19 Bei dieser Form der Schuldübernahme verpflichtet sich ein neuer Schuldner zusätzlich zu dem bisherigen. Es entsteht eine (nachträgliche) Gesamtschuld. Die kumulative Schuldübernahme kann durch einen Vertrag zwischen dem Gläubiger und dem neuen Schuldner, aber auch durch einen Vertrag zwischen Alt- und Neuschuldner zugunsten des Gläubigers (Vertrag zugunsten Dritter,

§ 3. Garantievertrag

§ 328) begründet werden. Inhaltlich entspricht die Verpflichtung des Neuschuldners der bisherigen Schuld. In Zukunft kann sich die Neuschuld jedoch selbstständig weiter entwickeln, insbesondere was Unmöglichkeit, Verzug und prozessuale Durchsetzung angeht (§§ 422–425).[12]

Ein Schuldbeitritt setzt im Normalfall voraus, dass bereits eine Schuld besteht. Daran fehlt es hier, weil bis zu dem Gespräch zwischen G und H einerseits, dem Direktor der Klägerin andererseits eine Schuld des P gegenüber der Bank noch nicht bestanden hat. Eine solche kommt nämlich erst durch die Scheckeinlösung zustande. Dabei ist davon auszugehen, dass der Aussteller (hier: P) durch die Ziehung des ungedeckten Schecks der Bank konkludent ein Angebot auf Abschluss eines Darlehensvertrages macht und die Bank dieses durch die Zahlung der Schecksumme konkludent annimmt.[13] 20

Man kann in den Erklärungen von G, H und dem Direktor auch nicht die Mitübernahme einer künftigen Schuld des P sehen, weil G und H nicht selbst gleichrangig neben P für die Rückzahlung der Schecksumme einstehen wollten, sondern in erster Linie von der Deckung über das Konto des P ausgingen und lediglich bei fehlschlagender Deckung der Bank das Ausfallrisiko abzunehmen bereit waren. 21

c) Aus diesem Grund scheidet auch ein abstraktes Schuldversprechen (§ 781) aus. 22

2. Bürgschaft oder Garantie

Bleibt als mögliche Form der Nebenschuld eine Bürgschaft oder eine Garantie. Dogmatisch hebt sich die Bürgschaft von der Garantie durch ihre Akzessorietät ab (siehe Rn. 6). 23

Ob Bürgschaft oder Garantie vorliegt, lässt sich nicht allein aufgrund der von den Parteien gebrauchten Formulierungen entscheiden. So ist zur Begründung einer Bürgschaft weder der Gebrauch der entsprechenden Worte erforderlich noch umgekehrt die Verwendung der Worte „Bürgschaft, bürgen" oder ähnlichem ausreichendes Indiz für die Annahme einer Bürgschaft. Entsprechendes gilt bezüglich der Worte „Garantie, Garantievertrag, garantieren". 24

Auch formelhafte Abgrenzungshilfen – wie etwa die, der Bürge wolle für fremde Schuld einstehen, sich für den Hauptschuldner verwenden; der Garant aber habe meist ein eigenes Interesse an der Sicherstellung des Gläubigers,[14] wobei ein wirtschaftliches Interesse erforderlich sei, während ein bloß persönliches nicht genüge[15] – helfen nicht sehr viel weiter. Zu Recht hat man[16] die Relevanz des eigenen Interesses des Garanten an der Sicherung der Schuld im Bereich der Bankgarantien bezweifelt: Die Bank hat zwar ein eigenes Interesse, aber es bezieht sich nicht auf die Sicherstellung des Gläubigers, sondern auf das Florieren ihres Geschäftsbetriebs. 25

Dass die Motivforschung nicht fruchtbar ist, liegt daran, dass weder die Art des den Nebenschuldner leitenden Interesses noch dessen Richtung unmittelbar etwas darüber aussagt, in welchem Maße die Sicherung des Gläubigers von der Hauptschuld abhängen soll, der Grad dieser Abhängigkeit aber den Ausschlag zwischen Bürgschaft und Garantie gibt. 26

---

[12] Vgl. BGH NJW 1972, 939 f.
[13] *Canaris* Rn. 697; siehe auch OLG Hamm NJW-RR 1995, 1451.
[14] RGRK/*Mormann* Vor § 765 BGB Rn. 5 (im Anschluss an entsprechende Formeln der Rspr.); *Emmerich*, Schuldrecht BT, 14. Aufl. 2015, § 14 Rn. 6; Palandt/*Sprau* Vor § 765 BGB Rn. 17; Staudinger/*Horn* (2012) Vor § 765 BGB Rn. 234; tendenziell auch *Reinicke/Tiedtke* Bürgschaftsrecht Rn. 43.
[15] *Fikentscher/Heinemann*, Rn. 1358 (versicherungsähnliches Moment).
[16] *Canaris* Rn. 1106, 1124; *Hadding/Häuser/Welter*, in: Gutachten und Vorschläge zur Überarbeitung des Schuldrechts, Bd. III, 1983, S. 702 m.w. N.

27 Das Augenmerk muss sich also zur Entscheidung zwischen diesen beiden Nebenschuldformen auf die Frage richten, ob und in welchem Umfang die Beteiligten die Nebenschuld mit der Hauptschuld verknüpfen wollten.[17] Davon ist auch der BGH ausgegangen, wenn er ausführt (NJW 1967, 1020, 1021):

„Gegenstand der Verhandlung [zwischen den Parteien] war, sieht man auf die Sache selbst und nicht auf ihre banktechnische Form, nicht die Gewährung eines Kredites von vier Tagen, sondern die Frage, ob die Klägerin die Schecks einlösen wollte, obgleich für diese eine Deckung nicht vorhanden war. Es handelte sich mithin darum, ob die Klägerin für ihren Kunden P ein an sich banktibliches Geschäft – Scheckeinlösung – besorgen wollte, das unter den gegebenen Umständen – Fehlen jeder Deckung – für sie mit einem klaren Risiko belastet war, wie es eine Bank üblicherweise für ihren Kunden nicht übernimmt. Bei dem Gespräch zwischen den Parteien ging es nur und gerade darum, daß der Beklagte der Klägerin dieses Risiko abnahm. Hierin und nicht in einem Einstehen für einen kurzfristigen „Überziehungskredit" des P, lag das Charakteristische der Vereinbarung der Parteien. Dies konnte das Berufungsgericht als entscheidend für die Annahme eines Garantieversprechens ansehen.

Diese Annahme erweist sich auch im Hinblick auf die unterschiedlichen Rechtsfolgen als zutreffend, die sich für ein Garantieversprechen und die sich für eine Bürgschaft ergeben. Im Falle einer Bürgschaft könnte der Beklagte gem. § 768 BGB etwaige dem Hauptschuldner P. gegenüber der Klägerin zustehende Einreden geltend machen, und nach § 770 BGB könnte er die Befriedigung der Klägerin verweigern, solange sich die Klägerin durch Aufrechnung gegen eine fällige Forderung des P befriedigen könnte. Wenn aber der Beklagte sich dafür „stark machte", daß bis zum Ende der Woche Deckung für die Schecks angeschafft wurde, so versprach er damit, daß innerhalb der nächsten vier Tage das Konto des P mit 38.000 DM aufgefüllt wurde. *Dafür* mußte er einstehen, und die Klägerin hätte sich deshalb auf etwaige Einwendungen des Beklagten aus dem Recht des P (§§ 768, 770 BGB) nicht einzulassen brauchen. Entsprechendes gilt für den Umfang der vom Beklagten übernommenen Verpflichtung. Der Beklagte hat der Klägerin versprochen, für jeden Schaden einzustehen, der ihr aus der nicht pünktlichen Anschaffung der Deckung erwachsen würde. Dieser Schaden konnte unter Umständen beträchtlich über die Deckungssumme von 38.000 DM hinausgehen. Anders als ein Bürge würde der Beklagte deshalb für einen solchen Schaden schlechthin und ohne Rücksicht darauf haften, ob auch P für ihn einzustehen hatte. Der hier zu beurteilende Fall bildet demnach nicht einen Grenzfall zwischen Bürgschaft und Garantievertrag, sondern ist unbedenklich, wie es das Berufungsgericht getan hat, dem Typ des Garantievertrags zuzuordnen."

3. Zwischenergebnis

28 Danach steht fest, dass die von G und H abgegebenen Erklärungen im Gespräch mit dem Direktor der Klägerin als Angebot zum Abschluss eines Garantievertrages anzusehen sind, welches die Klägerin – vertreten durch den Direktor (§ 164) – dadurch angenommen hat, dass sie sich nunmehr zur Einlösung der Schecks bereit erklärte.

II. Formbedürftigkeit des Garantievertrages?

1. Fragestellung

29 Damit ist jedoch noch nicht entschieden, ob der Vertrag auch formgültig zustande gekommen ist. Zwar gehen die Rechtsprechung und der ganz überwiegende Teil der Literatur von der Formlosigkeit des Garantievertrages aus.[18] Das beruht auf der Erwägung, der Garantievertrag als nicht gesetzlich geregelter, aber zulässiger Vertragstypus unterstehe den allgemeinen Grundsätzen des Vertragsrechts; zu diesen Grundsätzen aber zähle das Prinzip der Formfreiheit der Vertragsschließung.[19]

---

[17] Beispiele aus der Vertragspraxis bei Staudinger/*Horn* (2012) Vor § 765 BGB Rn. 235.
[18] Vgl. statt vieler RGZ 61, 157, 160; BGH WM 1964, 61, 62; Jauernig/*Stadler* Vor § 765 BGB Rn. 16; Lwowski/Fischer/Langenbucher/*Fischer* § 9 Rn. 215; *Boetius* S. 108 ff. m.w.N. – A.A. etwa *Koziol*, Der Garantievertrag, 1981, S. 40 f.; *Rüßmann*, FS Heinrichs, 1998, S. 451, 471 ff.
[19] So etwa schon Planck/*André*, BGB, 1. und 2. Aufl. 1900, Anm. III vor § 765.

§ 3. Garantievertrag

Der Schluss von der fehlenden gesetzlichen Spezialregelung auf die uneingeschränkte Anwendbarkeit des allgemeinen Vertragsrechts muss nicht falsch sein. Dieses enthält Vorschriften zur Lösung allgemeiner, bei Abschluss eines Vertrages auftauchender Probleme. Diese Vorschriften werden für einzelne Vertragstypen im (besonderen) Schuldrecht bei Auftauchen spezifischer Problemlagen zum Teil ergänzt, zum Teil modifiziert. Handelt es sich um einen Garantievertrag, so steht man vor der Frage, ob das zu entscheidende Problem in seiner Interessen- und Konfliktkonstellation eher mit den Lösungstechniken zu bewältigen ist, die das allgemeine Vertragsrecht zur Verfügung stellt, oder näher einer besonderen Problematik verwandt ist, die ihre Ordnung in einer speziellen Regelung gefunden hat. Je nach dem Ausfall der Antwort auf diese Frage ist entweder das allgemeine Vertragsrecht oder die Sonderregelung zur Entscheidung heranzuziehen. **30**

Dieses Verfahren ist beim Garantievertrag umso legitimer, als die Motive zum BGB[20] das weite Feld des Garantievertrages nicht samt und sonders dem allgemeinen Vertragsrecht unterstellen wollten, sondern die von ihnen als Spezialfall der Garantie begriffene Bürgschaft eigens geregelt haben und im Übrigen die Fragen offen ließen. Deshalb ist nicht von vornherein auszuschließen, dass die spezielleren Bürgschaftsnormen zur Lösung von Garantievertragsproblemen besser geeignet sind als die Normen des abstrakteren allgemeinen Vertragsrechts. **31**

2. Formbedürftigkeit der Garantieerklärung

a) Was nun die Formfrage angeht, so schreibt § 766 Satz 1 Schriftlichkeit der Bürgenerklärung vor, während der Gläubiger formlos die Annahme erklären kann. Die Form des § 766 Satz 1 hat eine doppelte Funktion. Sie soll einmal Bestand und Umfang der Bürgenverpflichtung klarstellen **(Beweisfunktion)**. Die Hauptaufgabe der Vorschrift wird aber darin gesehen, den Bürgen zu warnen **(Warnfunktion)**: Häufig rechne der Bürge gar nicht damit, so wird gesagt,[21] in Anspruch genommen zu werden, da er davon ausgehe, der Hauptschuldner werde leisten; die Schriftform solle ihm dann die Bedeutung und Gefährlichkeit seiner Verpflichtung vor Augen führen. **32**

Merkwürdig erscheint es nun, dass die Garantie – ob ihrer Abstraktheit doch gefährlicher als die Bürgschaft – formlos soll übernommen werden können. Müsste hier nicht umgekehrt erst recht eine schriftliche Garantieerklärung gefordert werden? **33**

Man hat hierauf erwidert,[22] der Garant sei sich viel eher als der Bürge bewusst, dass er möglicherweise werde leisten müssen und nicht auf die Leistung des Hauptschuldners vertrauen dürfe. Weil der Garant sich also über die Gefahr im Klaren sei, in die er sich begebe, brauche sie ihm nicht durch das Formerfordernis vor Augen geführt zu werden. **34**

b) Indes wird diese Argumentation fragwürdig, wenn man das Formgebot etwa beim Schenkungsversprechen, beim Schuldversprechen oder beim Schuldanerkenntnis in die Betrachtung einbezieht. Wer zu schenken sich verpflichtet, den Bestand einer Schuld anerkennt oder eine Leistung selbstständig verspricht, ist sich darüber im Klaren, dass Leistung von ihm selbst und nicht von einem anderen erwartet wird. Man müsste also die Formfreiheit solcher Verträge postulieren, wenn es Aufgabe der Form wäre, dem (künftigen) Schuldner die Gefahr bewusst zu machen, er werde leisten müssen. Wenn das Gesetz dennoch notarielle Beurkundung (§ 518 Abs. 1 Satz 1) oder wenigstens schriftliche Erklärung des Schuldners (§§ 780, 781) verlangt, so muss dies also einen anderen Grund haben. **35**

---

[20] *Mugdan* II S. 367. – Zur Begriffsbildung vgl. ferner *Heck* SchuldR § 126, 3 und 9; *v. Caemmerer*, FS Riese, 1964, S. 305; *Marwede* BB 1975, 986 f.
[21] Vgl. statt vieler *Larenz/Canaris* SchuldR II/2 § 60 II.
[22] *Boetius* S. 110 f.

Teil 2. Personalsicherheiten

36 Dass mit dem Gedanken, die Form solle eine bislang unreflektierte Gefahr bewusst machen, der Sinn der Formvorschrift in unserem Zusammenhang nicht voll erfasst ist, zeigt auch die Regelung des Kreditauftrags (§ 778). Das Gesetz lässt hier den Auftraggeber zwar dem Auftragnehmer gegenüber als Bürgen für die aus der Kreditgewährung entstehende Verbindlichkeit des Kreditnehmers haften, aber der Auftrag selbst ist und bleibt formlos. Wie lässt sich erklären, dass die Rechtsfolgen der Bürgschaft im Normalfall von der Beachtung der Schriftform der Bürgenerklärung abhängig sind, beim Kreditauftrag dagegen formlos herbeigeführt werden können? Der Auftraggeber rechnet doch nicht weniger als der Bürge damit, dass der Kreditnehmer den Kredit selbst tilgen wird.

37 Der Widerspruch löst sich auf, wenn man die Tatsache in Rechnung stellt, dass die Bürgschaft ein bloß einseitig (den Bürgen) verpflichtendes Rechtsgeschäft ist, der Kreditauftrag dagegen für beide Seiten Pflichten begründet: den Beauftragten zur Kreditgewährung an den Dritten und den Auftraggeber zum Auslagenersatz in Bürgschaftsform. Damit sind beide Seiten zur Vorsicht beim Vertragsschluss aufgefordert. Anders als bei bloß einseitig verpflichtendem Rechtsgeschäft läuft deshalb keine Partei Gefahr, von der anderen zum Abschluss des Vertrages unbesonnen gedrängt zu werden.

38 Die grundsätzliche Formfreiheit von Verträgen ist also durch die regelmäßig zweiseitige (nicht notwendig gegenseitige) Verpflichtung gerechtfertigt, die eine Art Gleichgewicht der Parteien in der Neigung zum Vertragsschluss herstellt. Fehlt dieses „natürliche" Gleichgewicht, weil der Vertrag nur einseitig Verpflichtungen begründen würde, dann muss der ungehemmten Neigung zum Vertragsschluss auf Seiten der Partei, die bloß Rechte erwerben würde, durch das Formerfordernis zumindest für die Willenserklärung der sich verpflichtenden Partei gegengesteuert werden.

39 Die Richtigkeit dieser Erklärung der prinzipiellen Formfreiheit von Verträgen[23] und des Formerfordernisses bei einseitig verpflichtenden Verträgen bestätigt § 782. Während Schuldversprechen und Schuldanerkenntnis grundsätzlich formbedürftig sind, macht § 782 eine Ausnahme, wenn diese Erklärungen aufgrund einer Abrechnung oder im Wege eines Vergleichs erteilt werden. Hier übernehmen der Vergleich, der ja ein gegenseitiges Nachgeben voraussetzt (§ 779 Abs. 1), und die Abrechnung, die normalerweise ebenfalls beiden Seiten „Einbußen" bringt, die ausgleichende Hemm- und Warnfunktion.[24]

40 c) Nach alldem lässt sich aus den Vorschriften der §§ 766 Satz 1, 780, 781 Satz 1 (i.V.m. § 518 Abs. 1 Satz 1)[25] der Rechtssatz ableiten, dass bei einseitig verpflichtenden Verträgen die Willenserklärung des Schuldners schriftlich abgegeben werden muss. Da der Garantievertrag (ebenso wie andere Mithaftungsverträge) grundsätzlich einen einseitig verpflichtenden Vertrag darstellt, gilt diese Formregel auch für ihn.[26]

---

[23] Ausnahmen wie z. B. bei §§ 311b Abs. 1, 761 sind durch spezielle Gesichtspunkte veranlasst (z. B. Schutz vor besonders schwerwiegenden Verbindlichkeiten oder vor Verbindlichkeiten von unübersehbarer Dauer).

[24] Ob man bei der Auslobung die öffentliche Bekanntmachung als Form betrachten will, mag dahinstehen. Jedenfalls handelt es sich hier um einen besonderen Weg, eine einseitige Verpflichtung einzugehen, der durch den Adressatenkreis der Auslobung bestimmt ist.

[25] Dass § 518 Abs. 1 Satz 1 sich nicht mit einem schriftlichen Schenkungsversprechen begnügt, sondern notarielle Beurkundung fordert, beruht vor allem auf der speziellen Erwägung, die Umgehung der Formvorschriften für Verfügungen von Todes wegen und für Schenkungen auf den Todesfall zu verhindern, siehe *Mugdan* II S. 162 f. (Motive), S. 742 (Protokolle).

[26] Der hier entwickelten Lösung zuneigend *Larenz* SchuldR II § 64 II; *Canaris* Rn. 1124; *Larenz/Canaris* SchuldR II/2, § 64 III 3; i. Erg. auch *Piekenbrock/Ludwig* Rn. 4/1339. Andere sprechen sich zwar i. Erg. für einen Formzwang aus, wählen aber einen anderen dogmatischen Weg, so *Rüßmann*, FS Heinrichs, 1998, S. 451, 479 ff. (Analogie zu §§ 518, 766). Auf die materielle Unentgeltlichkeit als ratio für den Formzwang abstellend *Harke* ZBB 2004, 147, 151 (für den Schuldbeitritt); danach soll es auf die Einseitigkeit der Verpflichtung nicht entscheidend ankommen.

§ 3. Garantievertrag

Begründet der Vertrag dagegen institutionell oder im Einzelfall zugleich eine Verpflichtung der Gegenseite oder erleidet diese institutionell oder im Einzelfall eine Einbuße, dann ist die Erklärung formfrei: Die Warnfunktion der Schriftform erübrigt sich, ihre Beweisfunktion allein aber trägt das Formerfordernis nicht mehr. 41

Deshalb sind beispielsweise formlos wirksam der institutionell zweiseitig verpflichtende Kreditauftrag sowie die im Rahmen eines Vergleichs erklärte Garantie oder Schuldübernahme. Auch eine Bürgschaft, die Teil eines gegenseitigen Vertrages[27] oder etwa eines Vergleichsvertrages zwischen Bürgen und Gläubiger ist, kann formfrei erklärt werden; § 766 unterliegt insoweit einer teleologischen Reduktion.[28] – Umgekehrt gilt § 350 HGB analog auch für die Garantieerklärung.[29] 42

3. Folgerungen

Für die Lösung des Falles bedeutet dies: Zur Wirksamkeit des zwischen G und H einerseits, der klagenden Bank andererseits geschlossenen Garantievertrages hätten an sich die Erklärungen des G und des H schriftlich abgegeben werden müssen. Die Voraussetzungen des auf den Garantievertrag entsprechend anwendbaren § 350 HGB trafen für die beiden Garanten als bloße Gesellschafter der GmbH nicht zu. 43

Indes enthielt die Vereinbarung zwischen G, H und der Klägerin nicht nur die Garantie der ersteren, vielmehr ist in der Versicherung des Bankdirektors, die Schecks einzulösen, zugleich die Verpflichtung der Bank den Garanten gegenüber zur Kreditgewährung an P zu sehen. Die vertragliche Vereinbarung enthielt mithin zweiseitige Verpflichtungen. Das rechtfertigt es, den formlos abgeschlossenen Garantievertrag als wirksam anzuerkennen. 44

G muss danach die Bank dafür schadlos halten, dass der von ihm garantierte Erfolg, kurzfristige Anschaffung der Deckung für die eingelösten Schecks, nicht eintrat. Er hat deshalb die geforderten 10.000 EUR an die Klägerin zu zahlen. 45

Teil 2: Gegenrechte des G

Ob G von der Klägerin Zug um Zug gegen Zahlung der 10.000 EUR Abtretung der Ansprüche gegen P und H verlangen kann (§ 273 Abs. 1), lässt sich dem Gesetz unmittelbar nicht entnehmen. Die Antwort hierauf hängt davon ab, wie die Rückgriffsmöglichkeiten des Nebenschuldners gegenüber dem Hauptschuldner und gegenüber anderen Nebenschuldnern generell ausgestaltet sind. 46

I. Regress gegenüber dem Hauptschuldner

1. Aus eigenem Recht

Eine Rückgriffsbefugnis gegenüber dem Hauptschuldner kann einem Bürgen oder Garanten zunächst aus eigenem Recht zustehen. Als Basis dieser Regressbefugnis kommt einmal der Vertrag in Betracht, aufgrund dessen die Nebenschuld selbst übernommen wurde. Dabei handelt es sich zumeist um einen Auftrag (§ 662) oder Geschäftsbesorgungsvertrag (§ 675). Beauftragt der Hauptschuldner einen anderen, eine Bürgschaft oder eine andere Art von Nebenschuld zu übernehmen, 47

---

[27] Beispiel: RGZ 66, 425.
[28] Anders für den Schuldbeitritt *Harke* ZBB 2004, 147, 151 (es gelte immer das Formerfordernis).
[29] *Canaris* Rn. 1122, nimmt ein Formerfordernis kraft Handelsbrauchs im Sinne eines Formerfordernisses gem. §§ 125 Satz 2, 127 an.

dann haftet er dem anderen nach § 670 auf Aufwendungsersatz, d.h. auf Erstattung der Leistungen, die der andere als Bürge oder Garant etc. erbracht hat (vgl. dazu noch § 775).[30]

48 Fehlt es an einer solchen rechtsgeschäftlichen Beziehung zwischen Haupt- und Nebenschuldner, dann kommt ein gesetzlicher Ausgleichsanspruch nach den Regeln der Geschäftsführung ohne Auftrag (§ 683 oder wenigstens § 684) in Betracht.[31] Entscheidend hierfür ist, ob die Bürgschaft oder die Garantie (auch) im Interesse des Hauptschuldners übernommen wurde. Dagegen kann die Erfüllung der Verpflichtung des Nebenschuldners für sich keinen Ausgleichsanspruch begründen.

2. Cessio legis

49 Ein zweiter Regressweg eröffnet sich dem Bürgen oder Garanten, wenn und soweit die bisher dem Gläubiger gegen den Hauptschuldner zustehenden Ansprüche auf den Nebenschuldner übergeleitet werden.

50 Bei der Bürgschaft ordnet § 774 Abs. 1 den Übergang der Hauptforderung auf den Bürgen in dem Umfang an, in dem der Bürge den Gläubiger befriedigt (das gilt allerdings nicht, wenn der Bürge im Innenverhältnis zum Hauptschuldner zur Leistung an den Gläubiger verpflichtet ist).

51 Die entsprechende Anwendung dieser Vorschrift zugunsten des Garanten wird ganz überwiegend abgelehnt.[32] Da zwischen Garant und Hauptschuldner auch keine Gesamtschuldnerschaft mit dem Ausgleichsmechanismus des § 426 besteht, wird man den Gläubiger in Form der Vorteilsausgleichung (vgl. § 255) aufgrund des Garantievertrages als verpflichtet ansehen müssen, den Anspruch gegen den Hauptschuldner Zug um Zug gegen Leistung durch den Garanten an diesen abzutreten.[33]

II. Regress gegenüber anderen Nebenschuldnern

52 Auch hier ist zwischen dem Rückgriff aus eigenem Recht und dem aus fremdem Recht zu unterscheiden.

1. Ausgleichsanspruch aus § 426 Abs. 1

53 Rückgriffsrechte aus eigenem Recht können sich zunächst aus – praktisch freilich kaum anzutreffenden – rechtsgeschäftlichen Vereinbarungen zwischen den mehreren Nebenschuldnern ergeben.

54 Weitaus größere Bedeutung hat die Ausgleichspflicht nach § 426, wenn die mehreren Nebenschuldner als Gesamtschuldner anzusehen sind. Hierher gehört der Fall mehrerer Bürgen, die für dieselbe Hauptschuld einstehen. Sie sind, auch wenn sie sich nicht gemeinsam verbürgt haben, doch nach §§ 769, 421 Gesamtschuldner: Die sachliche Gleichheit des Risikos rechtfertigt die gleichmäßige Haftung im Außenverhältnis wie die Ausgleichspflicht im Innenverhältnis. Die Entstehung einer Gesamtschuld kann im Außenverhältnis zwischen Gläubiger und Bürgen zwar aus-

---

[30] Der Anspruch besteht neben einem eventuellen Rückerstattungsanspruch gegen den Gläubiger in den Fällen der Verpflichtung zur Zahlung auf erstes Anfordern (siehe Rn. 8).
[31] Vgl. § 775 Abs. 1 Alt. 2.
[32] Jauernig/*Stadler* Vor § 765 BGB Rn. 16; MünchKommBGB/*Habersack* Vor BGB § 765 Rn. 19; *Boetius* S. 116 ff. m.w.N. – A.A. (für analoge Anwendung des § 774) etwa *Baroch Castellví* WM 1995, 868; *Canaris* Rn. 1112; *Marwede* BB 1975, 987 f.
[33] MünchKommBGB/*Habersack* Vor § 765 BGB Rn. 19; *Boetius* S. 69; *Finger* BB 1969, 208.

geschlossen werden; dies lässt jedoch das Gesamtschuldinnenverhältnis zwischen den Bürgen, insbesondere den Ausgleich nach § 426, unberührt.[34] Gegenüber anderen Nebenschuldnern wird der Bürge aus eigenem Recht nur dann nach § 426 Abs. 1 vorgehen können, wenn aus allgemeinen Gründen ein Gesamtschuldverhältnis vorliegt. § 769 kann hierzu jedenfalls nicht herangezogen werden.

Im Verhältnis mehrerer Garanten zueinander passt dagegen wieder der Grundgedanke des § 769; der Ausgleich zwischen ihnen vollzieht sich daher über § 426 Abs. 1.[35]   **55**

2. Regress nach § 426 Abs. 2

Neben dem Ausgleichsanspruch aus § 426 Abs. 1 steht einem Bürgen der nach § 426 Abs. 2 anteilig auf ihn übergegangene Anspruch des Gläubigers gegen Mitbürgen zu.   **56**

Andere akzessorisch haftende Nebenschuldner sind an sich dem vollen Rückgriff des Bürgen ausgesetzt. Denn mit der Hauptforderung (§ 774 Abs. 1 Satz 1) gehen gem. §§ 412, 401 die akzessorischen Sicherheiten, beispielsweise eine Hypothek, auf den Bürgen über. Umgekehrt würde aber auch der zahlende Eigentümer nach § 1143 Abs. 1 Satz 1 die Forderung gegen den Schuldner und dann wiederum nach §§ 412, 401 die Gläubigerforderung gegen den Bürgen erwerben. Nach dem Wortlaut des Gesetzes würden die Sicherungsgeber also zu einem Wettlauf um die bessere Regressposition herausgefordert. Das lässt sich vermeiden, wenn man die für Mitbürgen geltende Regelung des anteiligen Ausgleiches auch hier zur Anwendung bringt.   **57**

Eine andere Lösung[36] gestattet dem zahlenden Bürgen, nicht jedoch dem Eigentümer den Rückgriff. Aber dafür kann man sich weder auf § 776 noch auf die Tatsache berufen, dass der Bürge mit seinem gesamten Vermögen und nicht nur beschränkt wie der Eigentümer hafte. Das letztere ist zwar richtig, besagt aber für die Frage des Regressvorrangs nichts, weil sich die Haftung auch des Bürgen im Falle der Zwangsvollstreckung durch den Gläubiger letzten Endes auf bestimmte Vermögensgegenstände beschränken würde. Und aus § 776 lässt sich, obwohl das Hypothekenrecht eine entsprechende Vorschrift zugunsten des Eigentümers nicht kennt, nichts folgern, weil die Vorschrift dem Bürgen Befreiung nur insoweit gewährt, als er nach § 774 hätte Ersatz erlangen können. Diese Ersatzmöglichkeit bedarf aber erst ihrerseits einer Begründung. Dass nämlich der zahlende Bürge nicht alle Haftungen erwirbt, die dem Gläubiger zur Verfügung gestanden hatten, zeigt § 774 Abs. 2.   **58**

Gegen nicht akzessorisch haftende Nebenschuldner kann der Bürge nur vorgehen, wenn der Gläubiger ihm die entsprechenden Rechte übertragen hat. Ein Anspruch des Bürgen auf diese Übertragung kann sich aus dem Bürgschaftsvertrag ergeben.[37] Stand dem Gläubiger neben der Bürgschaftsforderung eine Sicherungsgrundschuld zu, so kann der Bürge im Regelfall – vergleichbar der Lage bei der Hypothek – die Abtretung der Grundschuld nur in der Höhe der halben Forderung verlangen. Löst umgekehrt der Eigentümer die Grundschuld ab, so muss der Gläubiger ihm aufgrund des Sicherungsvertrages den Anspruch gegen den Hauptschuldner übertragen (siehe § 17 Rn. 49); jedoch erhält der Eigentümer wie bei der Hypothek die Bürgschaftsforderung   **59**

---

[34] BGHZ 88, 185, 188. – Anders, wenn die Bürgschaften nicht gleichstufig sind (Beispiel: BGH NJW 1986, 3131 = WM 1986, 961).
[35] Dazu BeckOGK/*Madaus* § 765 BGB Rn. 546.
[36] Zu den verschiedenen Lösungsversuchen *Hüffer* AcP 171 (1971), 470 ff.; *Klinkhammer/Rancke* JuS 1973, 671 f.; *Pawlowski* JZ 1974, 124 ff.; *Tiedtke* DNotZ 1993, 291, 295; Staudinger/*Horn* (2012) § 774 BGB Rn. 68.
[37] BGHZ 42, 53, 56 f.; 92, 374, 378 m.w.N.

wieder nur anteilig. Die Beschränkung der Regressmöglichkeit können weder Bürge noch Eigentümer dadurch umgehen, dass sie sich die Rechte des Gläubigers gegen Zahlung der Hauptschuld abtreten lassen.[38]

60 Diese Regeln müssten auch im Verhältnis zwischen Bürgen und Garanten gelten, da dieser üblicherweise zu den nicht akzessorisch haftenden Nebenschuldnern gezählt wird und deshalb die Lösung über §§ 774 Abs. 1, 412, 401 ausgeschlossen ist.[39] Dem hat jedoch *Canaris*[40] entgegengehalten, § 401 trage lediglich dem typischen Parteiwillen Rechnung und dieser sei beim Garantieanspruch auf Übertragung (oder Übergang) zusammen mit der Hauptforderung gerichtet. Bestätigt wird diese Erwägung durch *Boetius*.[41] Er geht zwar von der Unanwendbarkeit des § 401 auf den Garantieanspruch aus, kommt aber im Wege der Vertragsauslegung zu einer regelmäßigen Verpflichtung des Gläubigers, den Garantieanspruch auf den Erwerber der Hauptforderung zu übertragen. – Folgerichtiger erscheint es dann jedoch, § 401 analog auf Garantieansprüche anzuwenden und nur im Einzelfall den Übergang auszuschließen (erhebliche praktische Unterschiede dürften sich bei richtiger Handhabung selbst bei Insolvenz des Gläubigers ohnehin nicht ergeben).

61 Ob der Bürge in vollem Umfang oder nur anteilig gegen einen Garanten soll Rückgriff nehmen dürfen, ist damit noch nicht entschieden. Dass der Garant dem Gläubiger gegenüber schärfer haftet als der Bürge, spricht jedoch auch im Verhältnis zwischen Garant und Bürgen für eine subsidiäre Haftung des Bürgen und damit für dessen vollen Regress gegenüber dem Garanten.

62 Für Garanten untereinander gilt – neben § 426 Abs. 1 (siehe Rn. 55) – § 426 Abs. 2. Theoretisch kommt nach der Abtretung der Hauptforderung gegenüber anderen akzessorischen Nebenschuldnern ein Rückgriff nach § 401 in Betracht. Hier wird aber dasselbe gelten wie im Verhältnis zwischen Bürgen und Garanten. Nicht akzessorisch haftende Nebenschuldner kann der Garant nur in Anspruch nehmen, wenn der Gläubiger ihm die Rechte gegen sie abtritt. Aber auch dann bleibt die Frage der Vorrangigkeit der Garantenhaftung im Verhältnis zur Haftung der anderen Nebenschuldner noch zu prüfen.

III. Folgerungen

63 Geht man von diesem System der Regressmöglichkeiten aus, ergibt sich für den Fall folgendes: G hat in Höhe seiner Leistung gegen die Klägerin aus dem Garantievertrag einen Anspruch auf Abtretung des entsprechenden Teils der Forderung, die der Klägerin gegen den Hauptschuldner P zusteht. Dieser (Teil-)Anspruch wird fällig, wenn G die (Teil-)Leistung an die Klägerin erbringt. Er muss daher nach § 273 Abs. 1 nur Zug um Zug gegen Abtretung jener (Teil-)Forderung zahlen. Im Übrigen kann G einen Regressanspruch gegen P auf § 670 stützen.

64 Dagegen braucht sich G nicht um die Abtretung der Garantieansprüche gegen H zu kümmern (kann sie aber auch nicht verlangen), da diese gem. § 426 Abs. 2 nach Maßgabe des § 426 Abs. 1 auf ihn übergehen: G und H sind hier schon nach der Auslegungsregel des § 427 Gesamtschuldner; die Analogie zu § 769 braucht nicht bemüht zu werden.

---

[38] Vgl. zu Parallelproblemen BGHZ 17, 214, 222 (Verhältnis zwischen Gesamtschuldnern). In Sonderfällen (Beispiel: BGH NJW 1982, 2308) können sich jedoch abweichende Regelungen ergeben.
[39] BGH WM 1964, 61, 62 m.w.N. – Dagegen lässt BGH WM 1975, 348, 349 in anderem Zusammenhang die Frage offen, ob § 401 auf Garantieansprüche Anwendung findet.
[40] *Canaris* Rn. 1150 m.w.N.; i. Erg. ebenso *Marwede* BB 1975, 987.
[41] *Boetius* S. 102 ff.

§ 3. Garantievertrag

Geht man davon aus, dass G und H im Innenverhältnis zu gleichen Teilen haften,[42] dann hätte G mit 10.000 EUR noch nicht den halben auf ihn entfallenden Anteil von 19.000 EUR bestritten.[43]

---

[42] Zwischen den Gesellschaftern einer GmbH, die die Bürgschaft für eine Gesellschaftsschuld übernommen haben, bildet das Beteiligungsverhältnis am Gesellschaftsvermögen den geeigneten Maßstab für die Ausgleichspflicht, vgl. RGZ 88, 122, 124 ff.; bestätigt von BGH BB 1973, 1326, 1327.

[43] Zur Frage, ob G dennoch bereits jetzt von H Ausgleich verlangen kann, vgl. BGHZ 23, 362, 363 f. m. N.; der BGH bejaht hier die Ausgleichspflicht zwischen Mitbürgen (!) jedenfalls dann, wenn noch nicht feststeht, in welcher Höhe die Bürgen endgültig in Anspruch genommen werden. Einschränkend BGHZ 83, 206, 209 f.

§ 4. Patronatserklärung

Literatur: *Bülow,* Recht der Kreditsicherheiten, 8. Aufl. 2012, Rn. 1620–1628; *Fischer,* in: Lwowski/Fischer/Langenbucher, Das Recht der Kreditsicherung, 9. Aufl. 2011, § 9 Rn. 235–260; *Fleischer,* Gegenwartsprobleme der Patronatserklärung im deutschen und europäischen Privatrecht, WM 1999, 666; *Fried,* Die weiche Patronatserklärung, 1998; *Habersack,* Patronatserklärungen ad incertas personas, ZIP 1996, 257; *Herresthal,* Das Recht der Kreditsicherung, in: Staudinger-Eckpfeiler 2014/2015, Teil K (S. 701 ff.) Rn. 147; *J. Koch,* Die Patronatserklärung, 2005; *La Corte,* Die harte Patronatserklärung – zugleich ein Plädoyer für eine geänderte Anlassrechtsprechung, 2006; *Maier-Reimer/Etzbach,* Die Patronatserklärung, NJW 2011, 1110; *Merkel/Richrath,* in: Schimansky/Bunte/Lwowski, Bankrechts-Handbuch, Bd. II, 5. Aufl. 2017, § 98; *Reinicke/Tiedtke,* Kreditsicherung, 5. Aufl. 2006, Rn. 600–609; *M. Rüßmann,* Harte Patronatserklärungen und Liquiditätszusagen, 2006; *H. Schmidt,* Der Minderheitsgesellschafter als Patron, NZG 2006, 883; *A. Teichmann,* Vertragliches Schuldrecht, 4. Aufl. 2008, Rn. 508 ff.; *Wittig,* Moderne Patronatserklärungen, WM 2003, 1981; *C. U. Wolf,* Die Patronatserklärung, 2005.

A. Grundsätze

I. Begriff

Die gesetzlich nicht geregelte Patronatserklärung hat sich als Rechtsfigur erst in den letzten Jahrzehnten etabliert.[1] Eine trennscharfe Definition konnte sich nicht etablieren. Man spricht gemeinhin von einer Sammelbezeichnung für Erklärungen, bei denen der „Patron" es übernimmt, auf das Verhalten oder die wirtschaftliche Lage eines anderen, des „Patronierten" (geläufig ist auch die Bezeichnung „Protégé"), Einfluss zu nehmen, um dadurch dessen wirtschaftliche Situation, insbesondere dessen Kreditwürdigkeit zu stärken, zu erhalten oder für eine gewisse Übergangszeit sicherzustellen.[2] Sie kann **extern,** z. B. gegenüber dem Gläubiger des Patronierten erfolgen und das Versprechen der Einwirkung auf diesen beinhalten, welches wiederum die Aussicht auf Vertragserfüllung des Dritten und damit dessen Kreditwürdigkeit verbessert oder erhält,[3] so etwa bei einer Aussage der Konzernmutter gegenüber dem Gläubiger einer Konzerntochter über die Kapitalausstattung der Tochter. Sie kann auch **intern,** also nicht gegenüber Gläubigern, sondern dem Patronierten selbst erfolgen.

1

Zu unterscheiden ist die unverbindliche – ohne Rechtsbindungswillen abgegebene – **„weiche" Patronatserklärung,** z. B. die Erklärung, es gehöre zu den Geschäftsprinzipien, die Konzerntöchter mit den erforderlichen Kapitalmitteln auszustatten, von der **„harten" Patronatserklärung,** bei der eine rechtsverbindliche Verpflichtung zur Ausstattung („Ausstattungsverpflichtung") mit Geldmitteln erfolgt.[4] Die Bandbreite kann von nichts sagenden Mitteilungen und Äußerungen zur Geschäftspolitik ohne rechtsgeschäftlichen Charakter bis hin zu rechtsverbindlichen Zusagen reichen.[5] Auch Liquiditätszusagen des Patrons an das patronierte Unternehmen werden von der Sammelbezeichnung der Patronatserklärung erfasst.[6]

2

---

[1] Zur Entwicklung *J. Koch* S. 11 ff.; *Wittig* WM 2003, 1981; *Fleischer* WM 1999, 666; *Michalski* WM 1994, 1229.
[2] So *Maier-Reimer/Etzbach* NJW 2011, 1110.
[3] Für einen Überblick siehe Palandt/*Sprau* Vor § 765 BGB Rn. 21.
[4] Beispiel (nach BGH DB 2017, 358): „Wir, die alleinige Gesellschafterin der S.-GmbH verpflichten uns hiermit, der S.-GmbH die notwendigen finanziellen Mittel zur Verfügung zu stellen, dass sie ihrerseits den vertraglichen Verpflichtungen gemäß mit ihrem Haus vereinbarten Zahlungsplan einhalten kann." Zu den verschiedenen möglichen Ausformungen der „harten Patronatserklärung" siehe *v. Rosenberg/Kruse* BB 2003, 641.
[5] Zur „weichen" Patronatserklärung siehe *J. Koch* S. 343 ff.; *Saenger/Merkelbach* WM 2007, 2309.
[6] BGHZ 187, 69 „STAR 21"; MünchKommBGB/*Habersack* Vor § 765 BGB Rn. 49; *Tetzlaff* WM 2011, 1016.

Teil 2. Personalsicherheiten

3   Die Parteien der „harten" Patronatserklärung, in der sich eine Patronin entweder intern gegenüber einer Konzerntochtergesellschaft oder extern gegenüber einem Gläubiger dieser Gesellschaft rechtsverbindlich zur finanziellen Absicherung verpflichtet,[7] können in Ausübung der ihnen zustehenden Privatautonomie ein ex nunc wirkendes Kündigungsrecht der Patronin vereinbaren.[8]

II. Abgrenzung der Liquiditätszusage von der Schenkung

4   **Fall 1: Hilfe für das Sportportal**[9]

I ist Insolvenzverwalter über das Vermögen der Sportportal AG, zu deren Gründern auch der ehemalige deutsche Tennisprofi B mit einem Anteil von 5 % des Kapitals gehört. Geschäftszweck der Sportportal AG sollte die Entwicklung eines Internetportals sein, welches verschiedene Sportinformationen ins Netz stellen sollte. Im Jahr 2000, kurz nach Gründung der Sportportal AG, unterzeichnete B in einem Hotel an der Bar die folgende Erklärung:

„An diejenigen, die es angeht:

Ich verpflichte mich hiermit gegenüber der Sportportal AG i. G. sowohl unverzüglich jegliche Verluste, die während des Geschäftsganges eintreten, bis zu einer Summe von 1,5 Millionen EUR mittels geeigneter Maßnahmen auszugleichen, als auch die Versorgung der Gesellschaft in dieser Zeit mit flüssigen Mitteln sicher zu stellen, sodass die Gesellschaft jederzeit ihren finanziellen Verpflichtungen nachkommen kann. Diese Erklärung soll dem Recht der Bundesrepublik Deutschland unterfallen."

Diese Erklärung übergab B dem späteren Aufsichtsratsvorsitzenden der Sportportal AG. Im März 2001 wurde die Sportportal AG ins Handelsregister eingetragen. Wenig später geriet sie in finanzielle Schwierigkeiten und musste schließlich Insolvenz anmelden.

Insolvenzverwalter I ist nun der Ansicht, B sei angesichts der hohen Verbindlichkeiten der Sportportal AG aus dem ersten Teil der Erklärung zur Zahlung von 1,5 Mio. EUR verpflichtet. Er hält die Erklärung für eine Patronatserklärung, hilfsweise für eine Schenkung. B lehnt jegliche Zahlung ab. Er meint, eine Schenkung liege nicht vor, diese wäre im Übrigen formunwirksam. Hat der Insolvenzverwalter Recht?

Lösung:

1. Begründung des Anspruchs

5   Der Anspruch könnte sich aus dem zwischen B und der Sportportal AG i. G. geschlossenen Vertrag ergeben. Der Insolvenzverwalter ist nach § 80 Abs. 1 InsO aktivlegitimiert zu seiner Geltendmachung.

6   Zweifelhaft könnte sein, ob eine vertragliche Verpflichtung überhaupt entstanden ist. Dies könnte sich zunächst aus der Formulierung „An diejenigen, die es angeht" ergeben. Allerdings wird dies durch den weiteren Wortlaut („gegenüber der Sportportal AG i. G.") präzisiert. Auch der Zugang

---

[7] Zur Patronatserklärung ad incertas personas *J. Koch* S. 533 ff.; *Maier-Reimer/Etzbach* NJW 2011, 1110, 1112.
[8] BGHZ 187, 69 „STAR 21"; BGH DB 2017, 358, dort auch zur Frage des Wiederauflebens der Patronatserklärung nach Insolvenzanfechtung (arg. § 144 Abs. 1 InsO).
[9] Angelehnt an BGH ZIP 2006, 1199; dazu u. a. *H. Schmidt* NZG 2006, 883.

der Willenserklärung könnte zweifelhaft sein. Denn die Erklärung wurde nicht dem vertretungsberechtigten Vorstand (§ 78 Abs. 1 AktG) der Sportportal AG i.G., sondern dem späteren Aufsichtsratsvorsitzenden übergeben. Indessen kann dieser jedenfalls als Empfangsbote angesehen werden. Von einem Zugang der Erklärung bei einem vertretungsberechtigten Organ der Sportportal AG i.G. kann jedenfalls deswegen ausgegangen werden, weil diese nunmehr daraus gegen B vorgeht. Ein Zugang der Annahmeerklärung war hier entbehrlich (§ 151).[10] Auch ein Rechtsbindungswille erscheint angesichts der Formulierung („ich verpflichte mich") sowie der Haftungshöchstgrenze unzweifelhaft vorhanden.[11]

2. Inhalt

Fraglich ist zunächst die Rechtsnatur der Finanzierungszusage des B. **7**

a) Bei der Erklärung des B könnte es sich um ein Angebot zum Abschluss eines Schenkungsvertrages gem. § 516 Abs. 1 an die Sportportal AG in Gründung (i.G.) handeln.[12] Das Schenkungsversprechen ist ein einseitig verpflichtender Vertrag, durch den der Schenker einem anderen eine Leistung verspricht, die unentgeltlich erfolgen soll. Der Vertrag kommt dadurch zustande, dass der Beschenkte erklärt, dass er das Versprechen annimmt.[13] Dann hätte die Erklärung des B allerdings der notariellen Form gem. § 518 Abs. 1 Sätze 1 und 2 bedurft. Da diese nicht eingehalten wurde, wäre die Schenkung nichtig (§ 125).[14] **8**

b) B hat die Erklärung jedoch in seiner Eigenschaft als (Gründungs-)Gesellschafter der Sportportal AG i.G. abgegeben. Wird eine Finanzierungszusage in einer solchen Situation abgegeben, so erfolgt sie im Hinblick auf die Mitgliedschaft (causa societatis). Das Bestehen einer solchen causa für das Eingehen einer Verpflichtung schließt die Anwendung der Schenkungsregeln aus. Dem steht nicht entgegen, dass B satzungsmäßig nicht zu solch einer Leistung verpflichtet war.[15] Dies macht sein Versprechen nicht zu einer unentgeltlichen Leistung. Mithin liegt eine („harte") Patronatserklärung vor. Diese wurde intern gegenüber der Sportportal AG i.G. abgegeben, nicht etwa extern an alle Gläubiger.[16] **9**

Allerdings war das Einstehenwollen in der Erklärung mit einer zeitlichen Begrenzung auf die Gründungsphase der Sportportal AG verbunden. Auch ist die Erklärung nur auf Verhinderung der Zahlungsunfähigkeit gerichtet. Daher besteht im Ergebnis nur eine Unterbilanzhaftung, diese aber nicht etwa anteilig beschränkt auf die 5 % des Stammkapitals, die B hält,[17] sondern auf die gesamte Unterbilanz,[18] die die Sportportal AG im Zeitpunkt der Eintragung aufwies.[19] **10**

c) Der Anspruch besteht damit, aber nicht in Höhe der geforderten 1,5 Mio. EUR, sondern nur in Höhe der Unterbilanz im Zeitpunkt der Eintragung. **11**

---

[10] OLG München ZIP 2008, 1635.
[11] Vgl. das Urteil in erster Instanz, LG München I vom 18.12.2003, 12 O 13994/02 (n.v.), S. 20.
[12] So die erste Entscheidung in der Berufungsinstanz, OLG München vom 18.1.2005, 18 U 1887/04 (n.v.).
[13] Palandt/*Weidenkaff* § 518 BGB Rn. 2; PWW/*Stürner* § 518 BGB Rn. 2.
[14] Kollisionsrechtliche Fragen des Originalsachverhaltes (die Erklärung wurde in Washington D.C. unterzeichnet, Art. 11 Abs. 1 Rom I-VO!) bleiben hier außer Betracht.
[15] BGH ZIP 2006, 1199; BGHZ 142, 116.
[16] Zur Einziehung solcher Forderungen wäre der Insolvenzverwalter auch nicht aktivlegitimiert.
[17] So noch die erste Instanz, LG München I vom 18.12.2003, 12 O 13994/02 (n.v.).
[18] Dazu grundlegend BGHZ 80, 129.
[19] Vgl. OLG Celle OLGR 2001, 39. So i. Erg. die zweite Berufungsentscheidung des OLG München ZIP 2008, 1635. Diese stützte die Entscheidung allerdings auf eine im November 2000 zwischen den Parteien getroffene Aufhebungsvereinbarung.

Teil 2. Personalsicherheiten

B. Vertragliche Grundlagen und Verwirklichung des Anspruchs

12 **Fall 2: Schöne neue Heimat**

Die Schöne Heimat AG ist eine 100%-Tochtergesellschaft der Wohnungsbauholding GmbH. Um die Bank B zur Gewährung eines Kredits an ihre Tochtergesellschaft zu veranlassen, hat die Wohnungsbauholding GmbH der Bank gegenüber folgende Erklärung abgegeben: „Wir werden dafür Sorge tragen, dass die Schöne Heimat AG bis zur vollständigen Rückzahlung des ihr zu gewährenden Kredits von 100 Mio. EUR finanziell so ausgestattet wird, dass sie jederzeit in der Lage ist, ihre Verpflichtungen aus dem Kreditverhältnis zu erfüllen."

Die Bank B hat daraufhin den Kredit gewährt. Da die Schöne Heimat AG jedoch bei den inzwischen fälligen Zins- und Tilgungsraten in Rückstand geraten ist, möchte B wissen, welche Ansprüche ihr gegen die GmbH zustehen und wie sie diese durchsetzen kann.

13 Probleme:

Bei der zitierten Erklärung handelt es sich um eine sog. **„harte" Patronatserklärung.** Sie ist neben Bürgschaft und Garantie als weitere **Personalsicherheit** vor allem dort gebräuchlich geworden, wo ein herrschendes Unternehmen (als „Patron") Kredite an beherrschte Unternehmen (als „Protégé") sichern will. Streitig ist dabei zunächst der **Vertragstyp,** dem die Erklärung zuzuordnen ist, insbesondere aber die Frage, wie ein eventueller Anspruch des gesicherten Kreditgebers **durchzusetzen** ist.

14 Vorüberlegungen zum Aufbau:

Anspruch der B gegen die GmbH

I. Begründung des Anspruchs

    1. Inhalt

    2. Vertragliche Grundlage (unechter Vertrag zugunsten Dritter)

II. Verwirklichung des Anspruchs

    1. Freiwillige Erfüllung (insbesondere § 267)

    2. Zwangsweise Durchsetzung (Leistungsklage; Vollstreckung nach § 887 ZPO)

Lösung:

I. Begründung des Anspruchs

1. Inhalt

15 Folgt man dem Text der Erklärung, so kommt ein Anspruch der B gegen die GmbH in Betracht, demzufolge die GmbH zu einer Vermögensausstattung der beherrschten AG verpflichtet ist, die es dem beherrschten Unternehmen ermöglicht, den Kredit planmäßig zurückzuführen.

2. Vertragliche Grundlage

16 a) Fraglich ist, wie die Erklärung der GmbH rechtlich zu werten ist.[20] Es könnte sich um eine sog. „harte" Patronatserklärung handeln, die eine Ausstattungsverpflichtung der GmbH begründet. Entgegen der Bezeichnung „Patronatserklärung" wird eine solche Erklärung im Regelfall nicht auf-

---

[20] Zum Bestimmtheitsgebot LG München I WM 1998, 1285; siehe dazu *Schäfer* WM 1999, 153. Zur rechtlichen Einordnung von Patronatserklärungen ad incertas personas *Habersack* ZIP 1996, 257.

§ 4. Patronatserklärung

grund einseitiger Erklärung bindend, sondern setzt eine vertragliche Grundlage voraus – einen Patronatsvertrag (§ 311 Abs. 1).[21] Das Angebot der GmbH zu dessen Abschluss liegt in der gegenüber der Bank abgegebenen Erklärung. Fraglich ist jedoch, ob es sich dabei nicht bloß um eine unverbindliche Absichtserklärung, die nur das Geschäftsgebaren der Muttergesellschaft umschreiben sollte (sog. „weiche" Patronatserklärung)[22] handelt. Die Formulierung, „dafür Sorge zu tragen", dass die AG finanziell so ausgestattet wird, dass sie jederzeit in der Lage ist, ihre Verpflichtungen aus dem Kreditverhältnis zu erfüllen, begründet nach teilweise vertretener Auffassung keine unbedingte Einstandspflicht, sondern soll lediglich eine Bemühensverpflichtung beinhalten.[23] Die Formulierung „sicherstellen", auf die die Vertragspraxis in der Folge ausgewichen ist, soll demgegenüber eine echte Einstandspflicht nach sich ziehen. Demgegenüber überzeugt eine solche Differenzierung kaum: „Sorge tragen" und „sicherstellen" kann vielmehr als gleichbedeutend angesehen werden.[24] Mithin liegt ein Antrag auf Abschluss eines Patronatsvertrages vor, der von B zumindest stillschweigend durch die Kreditgewährung angenommen worden ist.

Der Patronatsvertrag entspricht keinem der schon länger bekannten Vertragstypen. Insbesondere handelt es sich nicht um eine Vereinbarung, die auf den Abschluss eines Bürgschafts-[25] oder Garantievertrages gerichtet ist oder auf eine Schuldübernahme- oder Forderungskaufverpflichtung[26] abzielt. Vielmehr liegt ein einseitig verpflichtender, **unechter Vertrag zugunsten eines Dritten** (des Patronierten) zwischen Patron und Kreditgeber vor.[27] „Unecht" ist der Vertrag, weil aus ihm nur dem Versprechensempfänger, nicht aber der begünstigten AG ein Anspruch erwachsen soll. Bei der sog. „harten" Patronatserklärung handelt es sich um eine bürgschaftsähnliche Kapitalausstattungspflicht,[28] die sich von der Verpflichtung des Bürgen oder Garanten dadurch unterscheidet, dass der Patron außerhalb der Insolvenz des Schuldners nicht zur Zahlung unmittelbar an den Gläubiger verpflichtet wird.[29] Die Patronatserklärung hat aus der Sicht des Patrons den Vorteil, dass dieser frei entscheiden kann, auf welche Weise er der Pflicht zur Liquiditätsausstattung nachkommt. **17**

Im Verhältnis zwischen Patron und Protégé findet die Zuwendung jenes an diesen ihren Grund in der Konzernbeziehung (vgl. dazu z. B. §§ 302, 303 AktG). Ein Regress des Patrons gegen den Protégé ist daher ausgeschlossen.[30] **18**

b) Was die **Form** der Patronatserklärung angeht, so bedarf sie, da institutionell auf den Abschluss eines einseitig verpflichtenden Vertrages gerichtet, grundsätzlich analog § 766 Satz 1 der Schriftform (siehe dazu bereits § 3 Rn. 40); wegen § 350 HGB kommt dieser Frage allerdings keine praktische Bedeutung zu.[31] Das gilt auch im vorliegenden Fall (vgl. § 6 Abs. 1 HGB, § 13 Abs. 3 GmbHG). **19**

---

[21] *Maier-Reimer/Etzbach* NJW 2011, 1110, 1112.
[22] Beispiel: „Wir bemerken, dass es eines unserer Hauptprinzipien ist, die Bonität jeder Tochtergesellschaft und jedes Mitglieds unserer Gruppe aufrechtzuerhalten."
[23] OLG Celle NJW 1967, 1425.
[24] LG Berlin WM 2000, 1060, 1061; ebenso *Maier-Reimer/Etzbach* NJW 2011, 1110, 1111.
[25] Beispiel: „Für den Fall, dass Sie zu irgendeinem Zeitpunkt eine Absicherung dieses Kredits wünschen, erklären wir uns schon heute bereit, Ihnen gegenüber die selbstschuldnerische Bürgschaft zu übernehmen."
[26] Beispiel: „Wir verpflichten uns, Ihnen jederzeit die Ihnen aus diesem Kredit gegenüber der X-Gesellschaft zustehenden Forderungen einschließlich Zinsen zum jeweiligen Nennwert abzukaufen."
[27] *J. Koch* S. 107 ff., 131 ff. mit umfangreichen Nachweisen, auch zu anderen Einordnungsversuchen.
[28] BGH ZIP 2011, 1111 Rn. 18 ff.; MünchKommBGB/*Habersack* Vor § 765 BGB Rn. 50 m.w.N.
[29] BGHZ 117, 127, 130; BGH DB 2017, 358; MünchKommBGB/*Habersack* Vor § 765 BGB Rn. 50 m.w.N.
[30] *Mosch*, Patronatserklärungen deutscher Konzernmuttergesellschaften und ihre Bedeutung für die Rechnungslegung, 1978, S. 137 f.
[31] *Maier-Reimer/Etzbach* NJW 2011, 1110, 1112.

Erfolgt die Erklärung in der Eigenschaft als Gesellschafter, bzw. steht der Patron zum Patronierten in dem Verhältnis Mutter- zur Tochtergesellschaft, wird eine Finanzierungszusage causa societatis abgegeben und erfolgt nicht schenkungshalber. Die Formvorschrift des § 518 findet daher keine Anwendung.[32]

20 c) Da die Verpflichtung des Patrons nur besteht, wenn auch die Schuld des Patronierten entstanden ist, ist jene dieser gegenüber **akzessorisch**.[33] Zugleich kann in einem gewissen Grad von **Subsidiarität** gesprochen werden, da die Liquiditätsvorsorgepflicht des Patrons sich nur bei Liquiditätsschwierigkeiten des Patronierten aktualisiert. Bei der externen Patronatserklärung kann der Patron dem klagenden Gläubiger gegenüber einwenden, die Forderung gegen den Patronierten sei erloschen oder nicht entstanden. Auch die Einreden gem. §§ 768 Abs. 1 und 770 kann man ihm zugestehen.[34]

II. Verwirklichung des Anspruchs

1. Freiwillige Erfüllung

21 Der Patron kann seine Verpflichtung, die Liquidität des Patronierten zu sichern, auf verschiedene Weise erfüllen. Neben der Barausstattung kommt insbesondere eine Kapitalerhöhung in Betracht. Dabei besteht allerdings die Gefahr, dass der Patronierte die ihm zufließenden Mittel zur Abdeckung sonstiger Verbindlichkeiten verwendet oder andere Gläubiger im Wege der Zwangsvollstreckung auf sie zugreifen und der Patron nunmehr weitere Mittel nachschießen muss. Das wird vermieden, wenn der Patron die Mittel dem Patronierten lediglich treuhänderisch zur Verfügung stellt, sodass dieser darüber nur zur Erfüllung seiner Verbindlichkeit gegenüber der Bank disponieren kann.[35]

22 Daneben steht dem Patron nach § 267 Abs. 1 die Möglichkeit offen, die geschuldete Leistung der Bank direkt zu erbringen. Der Kreditgeber kann die Direktleistung selbst dann nicht nach § 267 Abs. 2 ablehnen, wenn der Patronierte ihr widerspricht.[36] Das wäre mit dem Sinn des Patronatsvertrages nicht zu vereinbaren. Dieser dient dem Sicherungsinteresse der Bank. Dass ihr kein Anspruch auf direkte Leistung zusteht, wie es etwa bei Bürgschaft oder Garantie der Fall wäre, ist jedoch auf das besondere Interesse des Patrons zurückzuführen, sich einen größeren Spielraum in den Modalitäten der Erfüllung zu bewahren. Wenn aber die Bank bei Bürgschaft oder Garantie eine Direktleistung des Patrons ohne Rücksicht auf das Verhalten des Patronierten nicht zurückweisen dürfte, so kann ihr dies im Rahmen einer Patronatserklärung ebenso wenig gestattet werden, da die abweichende Rechtslage bei der Patronatserklärung im Verhältnis zu Bürgschaft und Garantie nicht im Interesse der Bank, sondern des Patrons zustande gekommen ist.

2. Zwangsweise Durchsetzung

23 a) Die **Durchsetzung** des Gläubigeranspruchs folgt, wenn ihm nicht freiwillig genügt wird, grundsätzlich den üblichen Regeln. Die Bank hat gegen den Patron nach § 253 Abs. 2 Nr. 2 ZPO auf eine

---

[32] BGH ZIP 2006, 1199; siehe dazu bereits Rn. 9.
[33] Das ist allerdings str., siehe die Nachweise bei MünchKommBGB/*Habersack* Vor § 765 BGB Rn. 51; offen gelassen von BGH DB 2017, 358.
[34] Eingehend *J. Koch* S. 249 ff. Zweifelhaft erscheint hingegen, ob die Grundsätze zur Inhaltskontrolle von Globalbürgschaften auf die Patronatserklärung übertragbar ist – dazu *Wittig* WM 2003, 1981, 1983 f.; *Maier-Reimer/Etzbach* NJW 2011, 1110, 1113.
[35] *Schröder* ZGR 11 (1982), 552, 556 f.
[36] So aber *Schröder* ZGR 11 (1982), 552, 555.

§ 4. Patronatserklärung

solche Ausstattung des Patronierten zu klagen, die es diesem ermöglicht, die (näher zu bezeichnende) Forderung der Bank zu erfüllen.[37]

Dem wird entgegengehalten, die Verpflichtung des Patrons bei der externen „harten" Patronatserklärung habe vor der Insolvenz des Patronierten keinen Inhalt, der einen Klageantrag konkret ausgestalten würde. Eine Klage auf Erfüllung der Primärpflicht sei daher nicht möglich. Ein Antrag lediglich auf „Ausstattung" des Patronierten wäre zu unbestimmt, ein Antrag auf „Zahlung" an die Tochtergesellschaft hingegen unbegründet, da der Patron seiner Pflicht auch in anderer Weise als durch Zahlung nachkommen könnte.[38] 24

Ein derartiger Antrag ist indessen nicht etwa deshalb unbestimmt, weil er die Modalitäten der Anspruchserfüllung durch den Patron offen lässt. Das verlangt § 253 Abs. 2 Nr. 2 ZPO nämlich nicht. Dem Bestimmtheitserfordernis der Vorschrift ist vielmehr genügt, wenn der Antrag den Umfang des Prozessrisikos für den Beklagten überschaubar fixiert sowie die Art und Weise der Vollstreckung und ihr Ausmaß festlegt.[39] Dem ersten trägt die Angabe der Forderung Rechnung, zu deren Erfüllung die begehrte Ausstattung des Protégé dienen soll. Die Art und Weise der Vollstreckung aber ergibt sich aus der Tatsache, dass es sich bei dem geltend gemachten Anspruch um einen solchen handelt, der – ähnlich wie ein Befreiungsanspruch[40] – auf die Vornahme einer vertretbaren Handlung gerichtet ist. Dafür stellt § 887 ZPO das geeignete Instrumentarium zur Verfügung.[41] Was schließlich das Ausmaß der Vollstreckung angeht, so lässt sich dieses wiederum am Umfang der zu erfüllenden Kreditforderung gegen den Patronierten ablesen. 25

Letztlich wird es auf den konkreten Einzelfall ankommen. Je konkreter die Verpflichtung des Patrons formuliert ist, je weniger Spielraum er bei der Ausstattung des Patronierten hat, desto eher wird eine Klage dem Bestimmtheitserfordernis des § 253 Abs. 2 Nr. 2 ZPO genügen. Ob eine Leistungspflicht vor Insolvenz des Patronierten bestehen soll, ist gleichfalls Auslegungssache. 26

b) An dieser Lösung ändert sich nichts, wenn der Gläubiger den Kredit infolge von **Liquiditätsschwierigkeiten** des Patronierten vorzeitig kündigt oder der Patronierte gar – sofern nicht Gegenteiliges vereinbart wurde – in **Insolvenz** gerät.[42] 27

Die überwiegende Auffassung[43] nimmt hier an, die vertragsgemäße Abwicklung der Kreditverpflichtung und folglich auch die Erfüllung der Patronatsverpflichtung sei unmöglich geworden. Da dies dem Patron zuzurechnen sei, habe die Bank nach §§ 280, 281, 283 einen Schadensersatzanspruch gegen den Patron erworben, dessen Höhe sich mit der Kreditrestschuld decke. Nach der Gegenansicht folgt die Umwandlung der Liquiditätsausstattungspflicht des Patrons in eine Verpflichtung zur Direktzahlung an den Gläubiger aus einer (ergänzenden) Auslegung des Patronatsvertrages.[44] 28

---

[37] *Michalski* WM 1994, 1229, 1238.
[38] *Maier-Reimer/Etzbach* NJW 2011, 1110, 1114.
[39] Dazu MünchKommZPO/*Becker-Eberhard*, § 253 Rn. 88 ff.
[40] Auf diese Parallele weist *Schröder* ZGR 11 (1982), 552, 559 f. mit Recht hin.
[41] Näher *J. Koch* S. 225 ff. – Zum Begriff der vertretbaren Handlung mit Beispielen etwa BeckOK ZPO/*Stürner* § 887 ZPO Rn. 5 ff.
[42] Zur causa societatis eingegangenen Verpflichtung des Gesellschafters vgl. BGH ZIP 2006, 1199.
[43] Vgl. BGHZ 117, 127, 130; BGH DB 2017, 358; Baumbach/Hopt/*Hopt* § 349 HGB Rn. 22; *Stecher*, „Harte" Patronatserklärungen, rechtsdogmatische und praktische Probleme, 1978, S. 111 f., 163 ff., 183 ff.; weitere Nachweise bei *J. Koch* S. 297.
[44] MünchKommBGB/*Habersack* Vor § 765 BGB Rn. 52 m.w.N.

29 Indes machen Liquiditätsschwierigkeiten oder Illiquidität die Erfüllung der Kreditverpflichtung noch nicht unmöglich,[45] sondern aktualisieren in nicht zu übersehender Weise das Risiko, das der Patron mit seiner Erklärung gegenüber dem Gläubiger übernommen hat.[46] Der Patron ist auch ohne weiteres in der Lage, seiner Pflicht zu genügen: indem er entweder direkt an die Bank leistet oder dem Patronierten die Mittel zur Befriedigung der Bank zur Verfügung stellt.

30 Im Falle der **Doppelinsolvenz** soll § 43 InsO entsprechende Anwendung finden, sodass der Gläubiger nicht nur den Betrag des Ausfalls bei dem Schuldner, sondern – bis zu seiner vollen Befriedigung – den Gesamtbetrag seiner Forderung geltend machen kann.[47]

---

[45] *Köhler* WM 1978, 1345 f.; *Schröder* ZGR 11 (1982), 552, 561; eingehend auch *J. Koch* S. 299 ff.

[46] In der Sache übereinstimmend *Köhler* WM 1978, 1346, der hieraus jedoch den Schluss zieht, der Patron habe eine bürgschaftsähnliche Garantie übernommen, die auf die Schadloshaltung des Gläubigers gehe und sich nach den Grundsätzen des Schadensersatzrechts bemesse. Diese Deutung schränkt freilich den Handlungsspielraum gerade ein, den auch *Köhler* dem Patron durch die Patronatserklärung im Vergleich zu den klassischen Sicherheiten der Bürgschaft und Garantie einräumen will.

[47] BGHZ 117, 127, 132 ff.; MünchKommBGB/*Habersack* Vor § 765 BGB Rn. 52 m.w.N.

§ 5. Schuldübernahme und Schuldbeitritt

Literatur: *Fischer*, in: Lwowski/Fischer/Langenbucher, Das Recht der Kreditsicherung, 9. Aufl. 2011, § 9 Rn. 191–212; *Grigoleit/Herresthal*, Der Schuldbeitritt, JURA 2002, 825; *Madaus*, Der Schuldbeitritt als Personalsicherheit, 2001; *Piekenbrock/Ludwig*, Personalsicherheiten, 2016, Rn. 1383–1398d; *Reinicke/Tiedtke*, Kreditsicherung, 5. Aufl. 2006, Rn. 1–84; *Schürnbrand*, Der Schuldbeitritt zwischen Gesamtschuld und Akzessorietät, 2003.

A. Befreiende und kumulative Schuldübernahme

Während bei der **kumulativen Schuldübernahme (Schuldbeitritt),** die ihre Grundlage in § 311 Abs. 1 findet, ein **weiterer Schuldner** neben den ersten Schuldner tritt und so ein **Gesamtschuldverhältnis** (§§ 421 ff.) entsteht, wird bei der **befreienden Schuldübernahme** der bisherige Schuldner (Altschuldner) seiner Verpflichtung ledig und der Gläubiger kann sich in Zukunft **nur noch an den Neuschuldner** halten. 1

Zur befreienden Übernahme einer Schuld stellt das BGB **zwei Wege** zur Verfügung. Nach dem Modell des **§ 414** einigt sich der Gläubiger mit dem Neuschuldner; der bisherige Schuldner ist an diesem Vertrag nicht beteiligt, er kann jedoch analog § 333 der Befreiung widersprechen (arg. § 397), womit die befreiende Schuldübernahme hinfällig wird.[1] Ob sie als kumulative Schuldübernahme dann aufrechterhalten werden kann, ist anhand der Umstände des Einzelfalles zu entscheiden. 2

Nach **§ 415** können auch Alt- und Neuschuldner die Schuldübernahme vereinbaren; die Wirksamkeit des Vertrages hängt jedoch von der Genehmigung des Gläubigers ab. Die konstruktive Erfassung der Übernahme nach § 415 ist umstritten. Nach der sog. **Angebotstheorie** (der Übernahmevertrag kommt hiernach zwischen Alt- und Neuschuldner einerseits, dem Gläubiger andererseits zustande)[2] ist die „Mitteilung" (§ 415 Abs. 1 Satz 2) das Vertragsangebot, die „Genehmigung" des Gläubigers (§ 415 Abs. 1) die Annahme. Die **Verfügungstheorie**[3] sieht in der Vereinbarung zwischen Alt- und Neuschuldner eine Verfügung über das Recht des Gläubigers, welche dieser nach §§ 182 ff. genehmigen kann. Diese Genehmigung soll – im Unterschied zur Annahmeerklärung i. S. d. Angebotstheorie – auf den Vertragsschluss zwischen Alt- und Neuschuldner zurückwirken (§ 184) und stets formfrei sein (§ 182 Abs. 2).[4] Der BGH[5] hat dem Theorienstreit auch Bedeutung im Hinblick auf die Anfechtbarkeit der Übernahmeerklärung des Neuschuldners nach § 123 beigelegt. Dabei werden jedoch die sachlichen Wertungen des § 123 Abs. 2 konstruktiven Erwägungen geopfert.[6] Denkbar ist aber auch ein Vertragsschluss zwischen Gläubiger und Schuldner unter Zustimmung des Übernehmers oder auch ein „dreiseitiger" Vertragsschluss.[7] 3

---

[1] *Hirsch* JR 1960, 292 f.
[2] *Heck* SchuldR § 73.
[3] *Larenz* SchuldR I § 35 I a m. N.; MünchKommBGB/*P. Bydlinski* § 415 BGB Rn. 1 f.
[4] Palandt/*Grüneberg* § 415 BGB Rn. 5, 8; BeckOK BGB/*Rohe* §§ 414, 415 BGB Rn. 9, 11.
[5] BGHZ 31, 321 ff.
[6] Eingehend *Rimmelspacher* JR 1969, 201 ff.
[7] Palandt/*Grüneberg* § 415 BGB Rn. 1.

B. Abgrenzung zu Garantie und Bürgschaft

4   Ähnlich wie bei der Abgrenzung der Garantie von der Bürgschaft (siehe § 3 Rn. 24 ff.) versucht man auch hier dem Problem vor allem durch die Ermittlung der Motive beizukommen, aus denen heraus die zusätzliche Verpflichtung übernommen wird. So hat der BGH das eigene wirtschaftliche oder auch rechtliche Interesse des sich verpflichtenden Vertragspartners daran, dass die Verbindlichkeit des Schuldners getilgt wird, mehrfach als einen wichtigen Anhaltspunkt für das Vorliegen eines Schuldbeitritts bezeichnet.[8] Indes erweist sich die Suche nach solchen Interessen hier wie schon bei der Prüfung einer Garantieverpflichtung (siehe § 2 Rn. 99) als wenig kalkulierbares Unterfangen.

5   Nicht von den Motiven, sondern vom Inhalt her sind die verschiedenen Formen der Nebenschuld zu unterscheiden. Enthält die Verpflichtung des Nebenschuldners keinen Hinweis auf die Akzessorietät der Nebenschuld zur Hauptschuld, scheidet Bürgschaft aus. Im Übrigen kommt es darauf an, ob sich der Nebenschuldner neben dem Hauptschuldner nur verpflichten will, sofern die Hauptschuld tatsächlich besteht, oder ob er unabhängig hiervon für ein Interesse des Gläubigers einstehen will: Im ersten Fall liegt Schuldbeitritt, im zweiten Fall Garantie vor.

C. Formbedürftigkeit der Schuldübernahme

6   Das BGB enthält keine die Schuldübernahme eigens betreffende Formvorschrift. Daraus haben Rechtsprechung und Lehre die grundsätzliche Formfreiheit der Schuldübernahme gefolgert. Nur ausnahmsweise soll der Inhalt der zu übernehmenden Verpflichtung zur Formbedürftigkeit führen, wenn die Verpflichtung ihrerseits (z. B. nach § 311b Abs. 1) nur förmlich begründet werden konnte.[9] Der Schuldbeitritt eines Verbrauchers zu einem Kreditvertrag bedarf der Form des § 492. Dabei ist es gleichgültig, ob es sich um einen gewerblichen Kredit oder ein Verbraucherdarlehen handelt.[10]

7   Gute Gründe sprechen dafür, über diese Ausnahmefälle hinaus eine Schuldübernahme als einseitiges Verpflichtungsgeschäft analog §§ 766 Satz 1, 780, 781 Satz 1 grundsätzlich nur dann als wirksam anzusehen, wenn der Übernehmer seine Erklärung schriftlich abgibt.[11] Dieser grundsätzliche Formzwang entfällt nur, wenn die Schuldübernahme Teil eines zweiseitig verpflichtenden oder belastenden Rechtsgeschäfts ist.[12]

D. Schuldbeitritt und Fernabsatzrecht

8   Nach der Rechtsprechung des BGH unterfällt der Schuldbeitritt nicht § 312c:[13] Die Annahme eines Fernabsatzvertrages setze die Lieferung einer Ware oder die Erbringung einer Dienstleistung durch den Unternehmer voraus. Es genüge danach nicht, wenn nach den getroffenen Vereinbarungen

---

[8] BGH NJW 1981, 47 m.w.N., ferner BGH NJW 1986, 580; *Looschelders* SchuldR AT Rn. 1258; BeckOK BGB/*Rohe* §§ 414, 415 BGB Rn. 30.

[9] Vgl. MünchKommBGB/*P. Bydlinski* § 414 BGB Rn. 4; Lwowski/Fischer/Langenbucher/*Fischer* § 9 Rn. 199.

[10] BGH NJW 1996, 2156; 2000, 3133. Zum Parallelproblem bei der Bürgschaft siehe § 2 Rn. 10 ff.

[11] Für Formerfordernis i. Erg. auch, wenn auch teils krit. gegenüber dem hier vertretenen Ansatz *Rüßmann*, FS Heinrichs, 1998, S. 451, 471 ff., 483 f.; *Madaus* S. 259 ff.; *Grigoleit/Herresthal* JURA 2002, 825, 830 f.; *Harke* ZBB 2004, 147, 151; *Piekenbrock/Ludwig* Rn. 4/1387b; a. A. etwa *Reinicke/Tiedtke* Kreditsicherung Rn. 20.

[12] Vgl. die entsprechenden Überlegungen zur Formbedürftigkeit der Garantie unter § 3 Rn. 32 ff. – Die Formfreiheit der Schuldübernahme leuchtet umso weniger ein, als der BGH (NJW 1986, 580) die Grenzen zwischen Bürgschaft und Schuldbeitritt für „fließend" erklärt.

[13] BGH WM 2016, 968 Rn. 29 ff.; siehe dazu *M. Stürner* JURA (JK) 2016, S. 1337, § 312c BGB; *Schinkels* LMK 2016, 381419.

lediglich ein Verbraucher eine vertragscharakteristische Leistung schulde. Vor diesem Hintergrund komme ein Widerrufsrecht aufgrund eines unter ausschließlicher Verwendung von Fernkommunikationsmitteln abgeschlossenen Schuldbeitritts nicht in Betracht, weil der Schuldbeitretende keinen Anspruch auf die Lieferung einer Ware oder die Erbringung einer Dienstleistung erwerbe, sondern einseitig die Haftung für die Erfüllung einer durch einen Vertrag Dritter begründeten Verbindlichkeit übernehme. Insoweit bestehe keine vergleichbare Lage wie bei außerhalb von Geschäftsräumen geschlossenen Verträgen: Zwar seien die entsprechenden Schutzvorschriften auch auf den Schuldbeitritt anwendbar,[14] dies sei aber der dort vorliegenden Überrumpelungssituation geschuldet, die beim Schuldbeitritt zu einem Fernabsatzgeschäft gerade nicht vorliege.[15] Ob dies auch unter der heute geltenden VRRL so zu entscheiden wäre, erscheint nicht zweifelsfrei.[16]

---

[14] EuGH vom 17.3.1998, Rs. C-45/96 – *Dietzinger,* Slg. 1998, I-1199 = NJW 1998, 1295; BGHZ 131, 1, 4f.; siehe dazu bereits Rn. 7.
[15] BGH WM 2016, 968 Rn. 32.
[16] Insoweit für Vorlage zum EuGH *Schinkels* LMK 2016, 381419.

Anhang zu Teil 2

Übersicht 1 – Schuldrechtliche Kreditsicherungsmittel

Erklärung der Abkürzungen:

D = Dritter

G = Gläubiger

Km = Kommission; Kommissionär

Kt = Kommittent

PE = Patronatserklärung

S = Schuldner

	Rechtsgrundlage	Zweck	Inhalt	Zustandekommen	Form	Akzessorietät	Subsidiarität	Regress gegen „Hauptschuldner"
Bürgschaft[1]	§§ 765 ff.	D nimmt dem G das Risiko der Vermögenslosigkeit des S ab	entspricht der Leistungspflicht des S bei Geldschulden; im Übrigen haftet der Bürge im Zweifel nur auf das Erfüllungsinteresse	Bürgschaftsvertrag, i. d. R. zwischen G und Bürge	schriftliche Bürgenerklärung (§ 766 Satz 1 – Ausnahme: §§ 350, 343 HGB)	ja (§§ 767 f., 770 Abs. 1)	ja (§§ 770 Abs. 2, 771 – aber 773 –, 772	a) cessio legis (§ 774 Abs. 1) b) aus Vertrag Bürge – S (z. B. Auftrag [§ 670], Geschäftsbesorgung [§§ 675 Abs. 1, 670], GoA); dazu: § 775
Delkredere des Kommissionärs[2]	§ 394 HGB	Km nimmt Kt das Risiko ab, dass D vermögenslos ist oder schlecht erfüllt	Verpflichtung des Km entsprechend der des D	Vertrag zwischen Km und Kt (vielfach Teil des Km-Vertrages) oder Handelsbrauch	formfrei[3]	ja (§ 394 Abs. 2 Satz 1 HGB)	nein (§ 394 Abs. 2 Satz 1 HGB)	wenn Forderung Km – D schon an Kt abgetreten, greift § 774 Abs. 1 analog; falls noch keine Abtretung, behält Km die Forderung
Garantievertrag	§§ 311 Abs. 1, 241	Einstehen für den Eintritt eines bestimmten Erfolgs/den Fortbestand eines bestimmten Zustands (vertragstypische Pflicht/Leistung/Eigenschaft)	Schadloshaltung des G bei Nichteintritt des Erfolgs	Vertrag zwischen G und Garant	formfrei[4]	nein, unabhängig vom Bestand, Umfang und Durchsetzbarkeit der Verpflichtung des S	grds. nein	a) ggf. aus Vertrag S – Garant/aus GoA b) aus abgetretenem Recht (nicht aus § 774 Abs. 1)

Teil 2. Personalsicherheiten

	Rechtsgrundlage	Zweck	Inhalt	Zustandekommen	Form	Akzessorietät	Subsidiarität	Regress gegen „Hauptschuldner"
Kreditauftrag	§ 778	[entspr. Bürgschaft]	[entspr. Bürgschaft]	Vertrag zwischen G (Auftragnehmer) und Auftraggeber	formfrei	[entspr. Bürgschaft]	[entspr. Bürgschaft]	a) cessio legis (§ 774 Abs. 1) b) Auftrag (§ 670); dazu § 775
Patronatserklärung	§§ 311 Abs. 1, 241	Sicherung des G durch Liquiditätsvorsorgepflicht des Patrons	Barausstattung des Protégé	Vertrag zwischen Patron und G (externe PE)/Patron und Protégé (interne PE)	formfrei[4]	ja	ja	---
Schuldbeitritt	§§ 311 Abs. 1, 241, § 328	Sicherung des G durch zusätzliche Schuld eines D	zusätzliche Verpflichtung des D entsprechend der bisherigen Leistungspflicht des S	Vertrag zwischen G und D/S und D (§ 328)	grds. formfrei[5]	nein, S und D werden Gesamtschuldner (§§ 421 ff.)	nein, Gesamtschuldner (§ 421)	a) § 426 Abs. 1 oder Sondervereinbarung S – D b) cessio legis (§ 426 Abs. 2)
Schuldversprechen/ -anerkenntnis[6]	§§ 780, 781	Sicherung des G; Vereinfachung der Rechtsverfolgung; Umkehr der Beweislast	neue Verpflichtung entspr. der bisherigen Leistungspflicht des S	Vertrag zwischen G und S	schriftliches Versprechen (§ 780 Satz 1)/ Anerkenntnis (§ 781 Satz 1)	nein, aber mögliche Abstufungen a) bloße Beweislastumkehr[7] b) Beweislastumkehr und Ausschluss von bekannten und unbekannten Einreden c) Umschaffung der ursprünglichen Schuld[8]	nein	---
Vertragsstrafe[9]	§§ 339 ff.	Sicherung der Erfüllung der Hauptverbindlichkeit als Druckmittel[10]; Ersparnis des Schadensbeweises	Verpflichtung zur Zahlung von Geld[11] bei Nichtleistung oder Schlechtleistung	Vertrag zwischen G und S	formfrei	ja (vgl. §§ 339, 344)	nein (vgl. §§ 340, 341)	---
Wechsel[6]	WG	Kredit-, Zahlungs-, Sicherungsmittel (abstrakte Forderung; einfache Rechtsverfolgung; Umkehr der Beweislast)	selbstständiges Zahlungsversprechen	Begebungsvertrag oder gutgläubiger Erwerb eines D	Art. 1, 13, 25, 31, 75 WG	Wechselhaftung unabhängig vom Kausalgeschäft (abstrakt)	nein	wechselmäßig gegen Vormänner, Art. 49 WG

Anhang zu Teil 2

Anmerkungen zu Übersicht 1

[1] Sonderfall: Wechselbürgschaft (Art. 30 ff. WG). Die Wechselbürgschaft ist nicht akzessorisch (sie setzt nur einen formgültigen Wechsel voraus, Art. 32 Abs. 2 WG) und nicht subsidiär (Art. 32 Abs. 1, 47 Abs. 1 WG). Davon zu unterscheiden ist die bürgerlich-rechtliche Bürgschaft für eine Wechselverpflichtung nach §§ 765 ff. – Für die Scheckbürgschaft (Art. 25 ff. ScheckG) gilt Entsprechendes.

[2] Die Delkrederehaftung des Kommissionärs gegenüber dem Kommittenten ähnelt der Bürgschaftshaftung, vgl. Baumbach/Hopt/*Hopt* § 394 HGB Rn. 2. – Ein weiterer Fall eines Delkredere findet sich in § 86b HGB: Haftung des Handelsvertreters gegenüber dem Unternehmer.

[3] Auch für nichtkaufmännische Kleingewerbetreibende (§ 383 Abs. 2 HGB, vgl. Baumbach/Hopt/*Hopt* § 394 HGB Rn. 1).

[4] So Rspr. und h. M. – Nach der hier vertretenen Auffassung ist analog §§ 766 Satz 1, 780, 781 Satz 1 eine schriftliche Erklärung des „Nebenschuldners" erforderlich, soweit nicht der Vertrag auch Pflichten des Gläubigers begründet, siehe § 3 Rn. 40 f.

[5] Der Inhalt der Verpflichtung (z. B. aus § 311b Abs. 1) kann ausnahmsweise Formbedürftigkeit begründen, so h. M. – Indessen gilt dasselbe wie in vorstehender Anm. bezüglich der Garantie, siehe § 5 Rn. 7.

[6] Schuldversprechen, Schuldanerkenntnis und Wechsel bilden insofern ein Mittel der Kreditsicherung, als sie den Zugriff des Gläubigers auf das Schuldnervermögen erleichtern. Zur ersteren siehe § 17 Rn. 54 ff.

[7] Folge: Dem Schuldner bleiben alle Einwendungen gegen die ursprüngliche Schuld erhalten. Er kann Schuldversprechen und -anerkenntnis kondizieren (§ 812 Abs. 2), wenn und soweit er die Einwendungen beweist.

[8] Eine Kondiktion des Schuldversprechens oder -anerkenntnisses kommt dann nur in Betracht, wenn die ursprüngliche Schuld überhaupt nicht bestand.

[9] Die Vertragsstrafe erweitert (potenziell) den Umfang des Gläubigerzugriffs auf das Schuldnervermögen und kann so mittelbar einen Kredit sichern.

[10] Daneben erleichtert oder erübrigt die Vertragsstrafe dem G den Beweis eines Schadens, arg. §§ 340 Abs. 2, 341 Abs. 2 (vgl. BGHZ 85, 305, 313; 130, 288, 295; 153, 311, 324).

[11] Vgl. daneben § 342.

Teil 3. Mobiliarsicherheiten

§ 6. Charakteristika, insbesondere Pfandrecht

Literatur: *Baur/Stürner,* Sachenrecht, 18. Aufl. 2009, §§ 55–62; *Brinkmann,* Kreditsicherheiten an beweglichen Sachen und Forderungen, 2011, S. 4 ff., 50 ff.; *Prütting,* Sachenrecht, 36. Aufl. 2017, §§ 69–74; *Ullrich,* Eigentumsvorbehalt und andere Warenkreditsicherungsmöglichkeiten, 2. Aufl. 2009; *Weber/Weber,* Kreditsicherungsrecht, 9. Aufl. 2012, §§ 6–10, 15–17; *Wolf/Wellenhofer,* Sachenrecht, 31. Aufl. 2016, § 13.

A. Begriff

Mobiliarsicherheiten sind **Realsicherheiten** (siehe § 1 Rn. 7). Sie zeichnen sich dadurch aus, dass dem Kreditgeber ein beschränktes dingliches Recht an einer beweglichen Sache oder an einem Recht (in der Regel einer Forderung) eingeräumt ist, aufgrund dessen er den haftenden Gegenstand im Sicherungsfall zu seiner Befriedigung verwerten darf. Es begründet – ebenso wie die Immobiliarsicherheiten Hypothek und Grundschuld bei Grundstücken – eine **Vorzugshaftung** an dem belasteten Gegenstand. Diese Vorzugshaftung ordnet – ökonomisch gesprochen – dem Gläubiger den Tauschwert des Gegenstands zu, dies vor dem Rechtsinhaber selbst und auch vor anderen, in der Rangfolge nachstehenden Inhabern beschränkter dinglicher Rechte. Die Grundpfandrechte gewähren dem Gläubiger sogar die Befugnis, auf die Grundstücksnutzungen zuzugreifen.[1]

1

Im Gegensatz dazu führen **schuldrechtliche Ansprüche** nur zur **allgemeinen Vermögenshaftung** des Schuldners. Den persönlichen Gläubigern steht zwar das gesamte Vermögen ihres Schuldners zur Befriedigung ihrer Ansprüche zur Verfügung. Aber sie können sich nicht darauf verlassen, mit einem bestimmten Rang auch tatsächlich befriedigt zu werden. In der **Einzelzwangsvollstreckung** gilt für sie vielmehr nach § 804 Abs. 3 ZPO das Prioritätsprinzip: „Wer zuerst kommt, mahlt zuerst."

2

In der **Insolvenz des Schuldners** wirkt sich der Unterschied zwischen der dinglichen Vorzugshaftung und der allgemeinen Vermögenshaftung besonders augenfällig aus: Diese gewährt bloß den Status eines Insolvenzgläubigers (Prinzip der gleichmäßigen Befriedigung, §§ 38, 39 InsO); jene ermöglicht dagegen die abgesonderte Befriedigung nach §§ 49 ff. InsO. Besonders augenfällig ist der Unterschied bei Immobiliarsicherheiten: Da sich die abgesonderte Befriedigung nach § 49 InsO nach den Vorschriften des ZVG richtet,[2] wird die Position der Inhaber einer Vorzugshaftung durch die Insolvenz nicht berührt. Daran ändert auch die dem Insolvenzverwalter in §§ 165 ff. InsO zugestandene Verwertungsbefugnis nichts, weil sie die Rechte der Realgläubiger nicht beeinträchtigen kann.[3] Inhaber von Mobiliarpfandrechten und Sicherungseigentum sind nach §§ 50, 51 Nr. 1 InsO in der Weise zur abgesonderten Befriedigung berechtigt, als der Insolvenzverwalter die Sache zwar verwerten kann, den Inhabern der Sicherungsrechte aber bei der Verteilung des Erlöses eine bevorzugte Stellung eingeräumt wird (§ 170 Abs. 1 InsO).[4]

3

---

[1] Bei Mobiliarsicherheiten besteht ein Nutzungsrecht dagegen nur bei entsprechender vertraglicher Vereinbarung; vgl. für das Pfandrecht § 1213, für das Sicherungseigentum BGH JZ 1980, 32, 33 f.
[2] Näher Uhlenbruck/*Brinkmann* § 49 InsO Rn. 49 ff.
[3] Der Beitritt eines absonderungsberechtigten Grundpfandgläubigers zum Verwertungsverfahren wirkt als Beschlagnahme und bewirkt ein Veräußerungsverbot gegenüber dem Insolvenzverwalter (§§ 27 Abs. 2, 23 Abs. 1 ZVG), vgl. Uhlenbruck/*Brinkmann* § 165 InsO Rn. 19.
[4] Dazu *Reischl,* Insolvenzrecht, 4. Aufl. 2016, Rn. 406 ff.

Teil 3. Mobiliarsicherheiten

4　Der Gläubiger einer durch Realsicherheiten gedeckten Forderung kann sich, um die ihm zustehende Leistung zu erlangen, sowohl auf die allgemeine Vermögenshaftung (qua Forderung) als auch auf die Vorzugshaftung (qua Sicherheit) stützen.[5]

B. Pfandrecht

I. Dogmatische Einordnung

5　Geregelt hat das BGB bei den Mobiliarsicherungen nur das Pfandrecht. Es ist ein **beschränktes dingliches Recht** an einer beweglichen Sache (§ 1204) oder an einem Recht (§ 1273 Abs. 1). Seine Entstehung verdankt es entweder rechtsgeschäftlicher Vereinbarung (§§ 1204 ff.) oder einem gesetzlichen Tatbestand (§§ 562, 583, 592, 647, 704).[6]

6　Das Fahrnispfand (auch Sach- bzw. Mobiliarpfand) ist **streng akzessorisch:** Entstehung (§ 1204 Abs. 1),[7] Übertragung (§ 1250) und Fortbestand (§ 1252) sind untrennbar mit dem Schicksal der Forderung verknüpft, zu deren Sicherung es bestellt wurde. Das Vertragspfandrecht ist außerdem **publizitätsgebunden:** Das Faustpfandprinzip verlangt Besitz oder Mitbesitz des Gläubigers (§§ 1205 Abs. 1, 1206, 1253); die Verpfändung durch Besitzkonstitut ist ausgeschlossen, die Verpfändung durch Abtretung des Herausgabeanspruchs aus einem Besitzmittlungsverhältnis muss dem unmittelbaren Besitzer angezeigt werden (§ 1205 Abs. 2). Eine Lockerung erfahren die Publizitätserfordernisse beim Rechtspfand. Hier ist nur die Verpfändung einer Forderung gegenüber dem Schuldner anzeigepflichtig (§ 1280), im Übrigen wird das Pfandrecht analog den Vorschriften bestellt, die für die Übertragung des Rechts gelten (§ 1274 Abs. 1).

II. Tatsächliches Vorkommen

7　**Wirtschaftliche Bedeutung** hat das Vertragspfand nur in wenigen Bereichen erlangt: bei der **Sicherung von Kleinkrediten** des täglichen Lebens durch gewerbliche Pfandleihanstalten,[8] beim **Pfandrecht der Banken** an Wertpapieren und anderen Wertgegenständen eines Kunden sowie auch im Reparaturgewerbe, insbesondere im Kfz-Handwerk.

---

[5] Anschaulich spricht daher *Heck* SachenR § 78 II 5 (im Hinblick auf das Verhältnis zwischen Forderung und Pfandrecht, jedoch verallgemeinerungsfähig für alle Sicherheiten) von *Zweckgemeinschaft:* „Wenn bei Aufnahme eines Darlehens für die Rückzahlung ein Pfand bestellt wird, so geht der Parteiwille dahin, daß die *Aussicht auf Rückzahlung* des Darlehens doppelt gesichert werden soll. Der Gläubiger soll *zwei Zwangsmittel* haben, um diese Leistung zu erhalten. Natürlich soll er sie nur einmal erhalten. Dieser Zusammenhang, wie er im Leben gewollt ist, kann als *Zweckgemeinschaft* bezeichnet werden, genauer als Zweckgemeinschaft ‚befriedigungshalber'." [Hervorhebungen hinzugefügt] – Es lassen sich in größerem Zusammenhang die „Aussicht auf Rückzahlung" als Rechtsposition, die „Zwangsmittel" als Rechtsbehelfe bezeichnen, so speziell zu den Grundpfandrechten *Rimmelspacher,* Materiellrechtlicher Anspruch und Streitgegenstandsprobleme im Zivilprozeß, 1970, S. 85 ff., 129 ff.

[6] Siehe ferner die handelsrechtlichen Pfandrechte des Kommissionärs (§ 397 HGB), des Spediteurs (§ 410 HGB), des Lagerhalters (§ 421 HGB) und des Frachtführers (§§ 440, 457 HGB) sowie das Pfändungspfandrecht als Folge einer wirksamen Pfändung (§ 804 ZPO).

[7] Gelockert ist die „Entstehungsakzessorietät" (*Medicus* JuS 1971, 498) nur im Sonderfall des § 1204 Abs. 2 bei künftigen oder bedingten Forderungen: Hier entsteht das Pfandrecht bereits mit Bestellung, nicht erst mit Entstehung der Forderung, siehe BGHZ 86, 340, 347 = NJW 1983, 1123, 1125; BGHZ 93, 71, 76 = NJW 1985, 863, 864; BGH WM 1998, 2463; Palandt/*Wicke* § 1204 BGB Rn. 11. – A.A. im Grundsatz *Rüll,* Das Pfandrecht an Fahrnis für künftige oder bedingte Forderungen gem. § 1204 Abs. 2 BGB, Diss., 1986, S. 52 ff.; MünchKommBGB/*Damrau* § 1204 BGB Rn. 22 (bloße Anwartschaft auf ein Pfandrecht).

[8] Siehe dazu die Pfandleiherverordnung i.d.F. der Bek. vom 1.6.1976 (BGBl. I S. 1334).

§ 6. Charakteristika, insbesondere Pfandrecht

Ein Pfandrecht lassen sich Banken bei Gewährung von Darlehen einräumen (sog. Lombardkredit) oder erwerben es aufgrund **Ziff. 14 Nr. 1 AGB-Banken**[9] „an den Wertpapieren und Sachen […], an denen eine inländische Geschäftsstelle im bankmäßigen Geschäftsverkehr Besitz erlangt hat oder noch erlangen wird. Die Bank erwirbt ein Pfandrecht auch an den Ansprüchen, die dem Kunden gegen die Bank aus der bankmäßigen Geschäftsverbindung zustehen oder künftig zustehen werden (zum Beispiel Kontoguthaben)." 8

Im Kfz-Reparaturgewerbe hat das Vertragspfand neben dem gesetzlichen Pfandrecht des § 647 an Bedeutung gewonnen, seit der BGH hier weitgehend einen gutgläubigen Erwerb an bestellerfremden Wagen anerkannt hat,[10] während der gutgläubige Erwerb des Unternehmerpfandrechts abgelehnt wurde;[11] damit wird der Unternehmer weitergehend als durch ein bloßes Verwertungsrecht nach § 1003[12] gegenüber dem Eigentümer gesichert. 9

III. Exkurs: das „Flaschenpfand"

Kein Pfandrecht i. S. d. §§ 1204 ff. ist das sog. **Flaschenpfand**.[13] Der BGH unterscheidet hier zwischen sog. Individualflaschen und sog. Einheitsflaschen. Bei **Individualflaschen** verbleibt das Eigentum beim Getränkehersteller. Die Übergabe an Zwischenhändler und Endverbraucher stellt keine Übereignung dar. Der bei Kauf der Flasche zu entrichtende Pfandbetrag sichert den Anspruch auf Rückgabe aus leihe-/sachdarlehensähnlichem Rechtsverhältnis. Der Hersteller/Abfüller ist gegenüber jedermann zur Erstattung des Pfandbetrages verpflichtet: Die entsprechende Kennzeichnung auf der Flasche ist aus dem Empfängerhorizont als eine dahingehende offerta ad incertas personas zu werten.[14] 10

Bei den **Einheitsflaschen** ist keine dauerhafte Zuordnung zu einem bestimmten Hersteller/Abfüller möglich: Einheitsflaschen (Mineralbrunnen AG) werden von vielen Herstellern verwendet. Hier geht das Eigentum jeweils auf den Erwerber über. Der „Pfandbetrag" ist Teil des Kaufpreises; der Verkäufer verpflichtet sich vertraglich zum Rückkauf gleichwertiger Flaschen zum Preis des „Pfandbetrages".[15] Ein entsprechendes Angebot liegt z. B. in der Aufstellung entsprechender Automaten. Dinglich liegt wohl eine unbefristete Willenserklärung ad incertas personas auf Annahme eines auf Übereignung gerichteten Angebots durch jeden Eigentümer einer Pfandflasche vor. Zivilrechtlich unerheblich ist, dass diese Willenserklärungen aufgrund einer öffentlich-rechtlichen Pflicht (Verpackungsverordnung) beruhen. 11

C. Eigentumsvorbehalt, Sicherungsübereignung, Sicherungsabtretung

Dass das Vertragspfand darüber hinaus kaum praktische Bedeutung besitzt, beruht auf den strengen Anforderungen an die Publizität. An die Stelle des Faustpfands sind daher weithin Eigentumsvorbehalt und Sicherungsübereignung, an die Stelle des Rechtspfands die Sicherungszession getreten. Bei Eigentumsvorbehalt und Sicherungsübereignung erlangt oder behält der Kreditnehmer 12

---

[9] Stand: März 2016, siehe https://bankenverband.de/media/uploads/2016/07/14/40000_0316_muster.pdf [zuletzt abgerufen am 22.3.2017].
[10] BGHZ 68, 323, 326 ff.
[11] BGHZ 34, 153 ff. Dazu etwa *Neuner* Rn. 174 ff.
[12] Dazu BGHZ 34, 122, 128 ff.
[13] Dazu *Hartmann/Henn* JURA 2008, 691; *Hoeren/Neurauter* JuS 2010, 412 (Klausurfall).
[14] BGH NJW 2007, 2912. Schadensersatzansprüchen des Abfüllers bei Eigentumsverletzung dürfte bereits entgegenstehen, dass mit dem Pfandbetrag jegliche Ansprüche abgegolten sind. Dann ist es aber schwierig zu begründen, warum das Eigentum nicht gleich übergehen soll. – Krit. auch *Weber* NJW 2008, 948.
[15] BGHZ 173, 159.

den Besitz an der Sache und kann sie nutzen; bei der Sicherungsabtretung wird der Schuldner nicht benachrichtigt, der Sicherungsgeber kann die abgetretene Forderung (bis zum Eintritt des Sicherungsfalles) einziehen.[16]

---

[16] Zur kollisionsrechtlichen Behandlung von Kreditsicherheiten Lwowski/Fischer/Langenbucher/*Kieninger* § 18; dort auch rechtsvergleichender Überblick. Zur englischen floating charge *Ungerer* ZfRV 2015, 31; zu dem im Entstehen begriffenen transnationalen Kreditsicherungsrecht *Huber* RabelsZ 81 (2017), 77.

§ 7. Eigentumsvorbehalt

Literatur: *Baur/Stürner,* Sachenrecht, 18. Aufl. 2009, § 59; *Braun,* Kontokorrentvorbehalt und Globalvorbehalt, 1980; *Drobnig,* Empfehlen sich gesetzliche Maßnahmen zur Reform der Mobiliarsicherheiten?, Verhandlungen des 51. DJT 1976, Bd. I, 1976; *Herresthal,* Das Recht der Kreditsicherung, in: Staudinger-Eckpfeiler 2014/2015, Teil K (S. 701 ff.) Rn. 204 ff.; *Heyers,* Grundstrukturen des Eigentumsvorbehalts, JURA 2016, 961; *Kieninger,* in: Lwowski/Fischer/Langenbucher, Das Recht der Kreditsicherung, 9. Aufl. 2011, § 21; *Leible/Sosnitza,* Grundfälle zum Recht des Eigentumsvorbehalts, JuS 2001, 244, 341, 449 und 556; *Lüke,* Sachenrecht, 3. Aufl. 2014, §§ 14, 15; *Müller/Gruber,* Sachenrecht, 2016, § 54; *Prütting,* Sachenrecht, 36. Aufl. 2017, § 33; *Reinicke/Tiedtke,* Kreditsicherung, 5. Aufl. 2006, Rn. 840–992; *Vieweg/Werner,* Sachenrecht, 7. Aufl. 2015, § 11; *Weber/Weber,* Kreditsicherungsrecht, 9. Aufl. 2012, §§ 9, 10; *Westermann/Gursky/Eickmann,* Sachenrecht, 8. Aufl. 2011, § 43; *Wolf/Wellenhofer,* Sachenrecht, 31. Aufl. 2016, § 14.

A. Überblick

I. Wirtschaftliche Bedeutung

Der Eigentumsvorbehalt ist das bedeutendste **Sicherungsmittel der Warenkreditgeber.** Er begegnet sowohl im Verhältnis zwischen Produzenten und Handel oder weiterverarbeitendem Gewerbe als auch im Verhältnis zum Verbraucher. 1

Ihm liegt folgende Situation zugrunde: Verpflichtet sich der Verkäufer unter Einräumung eines Zahlungsziels zur Lieferung von Waren, dann erklärt er sich abweichend von der Regelung des § 320 zur (teilweisen) Vorleistung bereit. Dies stellt eine Form des **Zahlungskredits** (siehe § 1 Rn. 1) dar. Den Kredit sichert der Verkäufer dadurch, dass er sich das Eigentum vorbehält. **Wirtschaftlich** gesehen wird die **gestundete Kaufpreisforderung abgesichert, rechtlich** gewährt der Eigentumsvorbehalt jedoch nicht wie das Pfandrecht ein Verwertungsrecht an der Kaufsache,[1] sondern erhält dem Verkäufer seine **dingliche Rechtsstellung** und berechtigt ihn, bei einer Rückabwicklung des Kaufvertrages die Ware vom Käufer (und von jedem Dritten, der inzwischen nicht gutgläubig Eigentum erworben hat) nach **§ 985 herauszuverlangen.** 2

II. Rechtliche Regelung

Der Eigentumsvorbehalt betrifft sowohl den Kaufvertrag wie das dingliche Vollzugsgeschäft.[2] 3

1. Modifikationen des Kaufvertrages

Der im unbedingt abgeschlossenen **Kaufvertrag** vereinbarte Eigentumsvorbehalt verpflichtet – wie angedeutet – den Verkäufer zur teilweisen Vorleistung: Er hat dem Käufer die Sache zu übergeben, um ihm deren (Be-)Nutzung schon vor Zahlung des Kaufpreises zu ermöglichen. Damit geht auch die Gefahr nach § 446 auf den Käufer über. Die Verpflichtung, dem Käufer Eigentum zu verschaffen (§ 433 Abs. 1 Satz 1), wird also dahin modifiziert, dass der Verkäufer zwar die Übereignungshandlung (neben der Übergabe die Einigung nach § 929 Satz 1) sofort vorzunehmen hat, der Eintritt der Rechtsfolge aber von der aufschiebenden Bedingung (§ 158 Abs. 1) vollständiger Zahlung des Kaufpreises abhängen soll. Schließlich sieht **§ 449 Abs. 2** vor, dass der Verkäufer zum **Rücktritt** vom Kaufvertrag berechtigt ist: Bei nicht pünktlicher Zahlung der Kaufpreisraten kann der Verkäu- 4

---

[1] Auch nicht zum Zwecke der Befriedigung eines Schadensersatzanspruches des Verkäufers; so aber *Honsell* JuS 1981, 710.
[2] Zu beiden Aspekten eingehend *Larenz* SchuldR II/1 § 43 II.

Teil 3. Mobiliarsicherheiten

fer eine Nachfrist setzen (§ 323 Abs. 1) und dann zurücktreten. Verzug des Käufers (§ 286) ist nicht erforderlich. Ein Rücktritt ist auch bei verjährter Kaufpreisforderung möglich (§ 218 Abs. 1 Satz 3 i.V.m. § 216 Abs. 2 Satz 2). Als Konsequenz des Rücktritts ist die Kaufsache zurückzugeben. Gleichzeitig muss der Verkäufer die bereits erhaltenen Kaufpreisraten zurückerstatten; er kann aber aus § 346 Abs. 1 und 2 Nutzungsersatz verlangen.

2. Modifikationen der Übereignung

5 Wird die Kaufsache dem Käufer **übergeben** und **bedingt übereignet,** so erwirbt er ein sog. Anwartschaftsrecht (siehe § 8 Rn. 1 ff.), während der Verkäufer bis zum Eintritt der Bedingung Eigentümer bleibt.

3. Das Besitzrecht des Käufers

6 Der Käufer hat gegenüber dem Verkäufer aufgrund des Kaufvertrages ein **Recht zum Besitz (§ 986 Abs. 1).** Es endet, wenn der Verkäufer nach § 449 Abs. 2 vom Vertrag zurücktritt. Danach kann der Verkäufer die Sache zurückfordern: Einmal aufgrund des dinglichen Anspruchs aus § 985, zum anderen aufgrund des Rückgewähranspruchs aus § 346, wenn er sich für den Rücktritt entschieden hat. Statt (oder neben § 325) des Rücktritts kann der Verkäufer auch Schadensersatz statt der Leistung verlangen (§ 281 Abs. 1).

7 Dagegen kann der Verkäufer die Sache aufgrund des Eigentumsvorbehalts nicht allein wegen **Zahlungsverzugs** (vorübergehend) wieder an sich nehmen, um so auf den Käufer Druck zur Bereinigung des Verzugs auszuüben („keine Rücknahme ohne Rücktritt", § 449 Abs. 2).[3] Zwar geht § 508 Satz 5 davon aus, dass außerhalb seines Anwendungsbereichs eine Rücknahme, gestützt auf den Eigentumsvorbehalt, auch ohne (vorhergehende oder gleichzeitige) Rücktrittserklärung möglich ist. Aber in welchen Fällen das Gesetz dies gestattet, ist damit nicht geklärt. Vielmehr wird der Konflikt zwischen dem Kreditbedürfnis des Käufers und dem Sicherungsbedürfnis des Verkäufers in § 449 Abs. 2 dahin entschieden, dass der Eigentumsvorbehalt im Verzugsfall nur den Rücktritt erleichtert, nicht aber das Besitzrecht des Käufers entfallen lässt.[4] Will der Verkäufer dies erreichen, muss er mit dem Käufer Entsprechendes einzelvertraglich vereinbaren – eine diesbezügliche AGB-Klausel scheitert an § 307 Abs. 2 Nr. 1.[5]

8 Ist der Kauf als **Teilzahlungsgeschäft** i.S.d. § 506 Abs. 3 anzusehen, so ist nach § 508 Satz 5 jede Rücknahme der Sache durch den Verkäufer, gleich auf welche Weise und aus welchem Grund sie erfolgt, als Rücktrittserklärung anzusehen. Ob diese wirksam ist, hängt allerdings vom Vorhandensein der Voraussetzungen des Rücktrittsrechts ab.[6] Um den Käufer bei der Rückabwicklung vor unangemessen hohen Belastungen zu schützen, regelt sich diese nach den zwingenden Vorschriften der §§ 506 ff.

4. Eigentumsvorbehalt und Allgemeine Geschäftsbedingungen

9 a) Der Eigentumsvorbehalt wird in den meisten Fällen aufgrund der AGB des Verkäufers vereinbart. Nachfragemächtige Käufer (z.B. Warenhausunternehmen, Verbrauchermärkte) sind jedoch ihrerseits dazu übergegangen, in ihren AGB einen **Eigentumsvorbehalt** zugunsten des Verkäufers

---

[3] So bereits zu § 455 a.F. BGHZ 54, 214.
[4] BGHZ 54, 214, 218 ff. – Zur Verjährungssituation siehe Rn. 111 ff.
[5] BGH NJW-RR 2008, 818, 821 f.; so bereits *Rimmelspacher,* Kreditsicherungsrecht, 2. Aufl. 1987, Rn. 130.
[6] BGH WM 1976, 583, 585 zu § 5 AbzG. – Zu einer Einschränkung siehe Rn. 112.

§ 7. Eigentumsvorbehalt

ausdrücklich **auszuschließen.** Soweit es den Käufern aufgrund ihrer Marktstellung gelingt, ihre eigenen AGB gegenüber denen der Verkäufer als Vertragsgrundlage durchzusetzen, zwingen sie die Verkäufer damit zu ungesichertem Warenkredit, wenn sie selbst Zahlungsziele in Anspruch nehmen.

Umstritten ist, ob solche Ausschlussklauseln der Inhaltskontrolle der §§ 305 ff. unterliegen und – wenn ja – gegen § 307 Abs. 1 verstoßen. Gegen eine Inhaltskontrolle spricht § 307 Abs. 3 Satz 1: Kontrollfähig sind nur AGB, die vom dispositiven Recht abweichen oder es ergänzen. Ein Ausschluss des Eigentumsvorbehalts weicht aber nicht von § 433 Abs. 1 Satz 1 ab und ergänzt ihn auch nicht. Ebensowenig ist § 449 betroffen: Die Vorschrift sagt nur, was gilt, wenn ein Eigentumsvorbehalt vereinbart ist.[7] Der BGH[8] hat demgegenüber die Kontrollfähigkeit bejaht, allerdings einen Verstoß gegen § 307 Abs. 1 für die Einkaufsbedingungen eines Supermarktes mit der Begründung verneint, die ordnungsgemäße Überwachung der Eigentumsvorbehalte zugunsten der zahlreichen (u. U. mehreren tausend) Lieferanten würde den Supermarkt mit einem erheblichen Arbeitsaufwand belasten und eine rationelle Lagerung weithin unmöglich machen. Da andererseits der Eigentumsvorbehalt für den Lieferanten ohnehin nur eine schwache Sicherheit darstelle, werde dieser durch die Ausschlussklausel nicht entgegen Treu und Glauben unangemessen benachteiligt.

10

Rechtlich bedeutsam ist wohl weniger der Ausschluss eines Eigentumsvorbehalts allein als die Verknüpfung mit Zahlungszielen, die sich der Käufer einräumen lässt. Damit wird von dem Leitbild des § 320 abgewichen, ohne dass für den Vorkäufer ein Ersatz für den Wegfall der Zug-um-Zug-Einrede geschaffen wird. Darin steckt zugleich die unangemessene Benachteiligung des Vertragspartners. Nur: In dem vom BGH entschiedenen Fall enthielten die AGB des Käufers keine Bestimmung über die Gewährung und die Dauer etwaiger Zahlungsfristen. Diese wurden vielmehr individuell ausgehandelt. Damit aber scheidet ihre Kontrolle anhand der §§ 305 ff. aus; es bleibt allenfalls die Kontrolle anhand der §§ 138, 242, 315.

11

b) **Widersprechen sich die AGB** der Parteien (die des Verkäufers sehen einen Eigentumsvorbehalt vor, die des Käufers lehnen ihn ab), dann ist zwischen Kaufvertrag und Übereignung zu unterscheiden.[9] Auf **schuldrechtlicher** Ebene hindert der Widerspruch nicht das Zustandekommen des Kaufvertrages, wenn die Parteien jedenfalls eine vertragliche Bindung wollen[10] oder der Widerspruch sich gar erst nach Vertragsschluss ergibt durch wechselseitige Bestätigungsschreiben, in denen auf die jeweils eigenen AGB Bezug genommen wird.[11] Der Widerspruch führt lediglich dazu, dass schuldrechtlich keine Vorbehaltsregelung getroffen wird.[12] Auch ein in den AGB des Verkäufers vorgesehener verlängerter oder erweiterter Eigentumsvorbehalt bleibt damit ausgeschlossen.[13]

12

Sachenrechtlich verhält es sich anders. Mit seinen AGB hat der Verkäufer zu erkennen gegeben, dass er nur zur bedingten Übereignung bereit ist. Der Käufer kann und darf daher das Übereignungsangebot nur als bedingtes verstehen.[14] Nimmt er die Ware ohne weiteres an, so erlangt er

13

---

[7] *Honsell* JuS 1981, 706.
[8] BGHZ 78, 305; vorsichtiger BGH NJW 1982, 1751. – Krit. *Vennemann* WRP 1979, 606 ff.
[9] Vgl. BGH NJW 1982, 1749 f.
[10] Vgl. BGHZ 61, 282, 288 (der Fall betraf widersprüchliche AGB zur Verzugsschadensregelung).
[11] So in BGH NJW 1982, 1751; näher *Ulmer/Schmidt* JuS 1984, 18, 19 ff.; *Leible/Sosnitza* JuS 2001, 244, 246.
[12] Zu einer möglichen Ausnahmekonstellation BGH NJW 1985, 1838, 1840 (Branchenüblichkeit; kein ausdrücklicher Ausschluss in Käufer-AGB). – A.A. *Flume* § 37, 3 (der Eigentumsvorbehalt sei anzuerkennen, weil er die gesetzliche Zug-um-Zug-Regelung zugunsten des Käufers modifiziere).
[13] BGH NJW 1985, 1838, 1839 f.
[14] BGH NJW 1982, 1749, 1750.

lediglich bedingt Eigentum; widerspricht er aber dem Eigentumsvorbehalt, so kommt eine Einigung nicht zustande und der Käufer erwirbt überhaupt kein Eigentum. Es nützt ihm auch nicht sonderlich viel, dass ihm ein Anspruch auf unbedingte Übereignung aus dem Kaufvertrag zusteht; diesem Anspruch kann der Verkäufer nämlich die Zug-um-Zug-Einrede des § 320 Abs. 1 Satz 1 entgegenhalten.

5. Eigentumsvorbehalt und Verbraucherschutz

14 Verbrauchern gegenüber gelten besondere Vorschriften, soll der Eigentumsvorbehalt wirksam vereinbart werden: Erforderlich ist bei Teilzahlungsgeschäften i. S. d. § 506 Abs. 3 stets eine schriftliche Vereinbarung (§§ 507 Abs. 2 Satz 1, 492 Abs. 1), die sich insbesondere auch auf den Eigentumsvorbehalt erstreckt (§§ 506 Abs. 1, Abs. 3, 507 Abs. 1 Satz 1 BGB, Art. 247 § 7 Abs. 1 Nr. 2 EGBGB). Wird diese Form nicht eingehalten, so ist der Teilzahlungsvertrag dadurch zwar nicht insgesamt nichtig,[15] wohl aber der davon zu trennende Sicherungsvertrag. Mithin hat der Unternehmer keinen Anspruch auf die Stellung der Sicherheit (§§ 507 Abs. 1 Satz 1, 494 Abs. 6 Satz 2). Dies gilt unabhängig vom Wert des Geschäfts, da § 507 Abs. 1 Satz 1 gerade nicht auf die Wertgrenze des § 492 Abs. 6 Satz 3 verweist. Übereignet der Unternehmer die Ware danach dennoch nur unter Vorbehalt, so verhält er sich vertragswidrig – der Verbraucher hat Anspruch auf unbedingte Übereignung (§ 433 Abs. 1 Satz 1).

B. Einfacher Eigentumsvorbehalt – Ermächtigung zur Weiterveräußerung – verlängerter Eigentumsvorbehalt (Vorausabtretung) contra Abtretungsverbot – Verarbeitungsklausel

15 **Fall 1: Wem gehören die Garagentore?**[16]

K betreibt einen Schlossereibetrieb, in dem er in größeren Stückzahlen u. a. Garagentore herstellt. Hauptrohstofflieferant für diesen Betriebszweig ist die V AG. Zwischen beiden Firmen gilt seit mehreren Jahren eine Vereinbarung, wonach alle von der V gelieferten Waren bis zur vollständigen Bezahlung deren Eigentum bleiben sollen. Weiter ist vereinbart, dass alle von K aus den Rohstoffen der V hergestellten Erzeugnisse für die V hergestellt werden und dass Forderungen aus dem Verkauf solcher Produkte im Voraus an die V abgetreten werden. Für eine Lieferung verschiedener Bleche und Profileisen im Werte von 70.000 EUR hatte die V dem K ein Zahlungsziel von drei Monaten eingeräumt.

Etwa ein Drittel der Bleche veräußerte K gegen sofortige Bezahlung an D. Infolge eines Streiks in der Stahlindustrie war auf dem Markt ein Engpass entstanden. Diese Situation zwang D, dem K einen außergewöhnlich günstigen Preis zu bieten. Darüber, dass er die Bleche selbst noch nicht bezahlt hatte, sprach K mit D nicht. Aus dem übrigen Rohmaterial der Lieferung fertigte K 120 Metallgaragentore sowie 60 Garagentore mit Holzfüllung. Das Holz dafür hatte die Holzgroßhandlung H zu den gleichen Bedingungen wie die V geliefert.

Von den 120 Metallgaragentoren gelang es K, 40 an die Stadt M zu verkaufen. Auf Drängen der Stadt wurde die Abtretbarkeit der Forderung aus dem Kaufvertrag ausgeschlossen. Die Be-

---
[15] Dies ergibt sich im Umkehrschluss daraus, dass § 507 Abs. 2 Satz 1 nicht Art. 247 § 7 EGBGB nennt.
[16] BGHZ 14, 114; 20, 159; 51, 113.

§ 7. Eigentumsvorbehalt

zahlung der unverzüglich gelieferten Tore sollte erst erfolgen, wenn diese eingebaut und auf ihre Funktionstüchtigkeit hin geprüft worden sind. Das ist bisher noch nicht geschehen.

Die V befürchtet nun den Ausfall ihrer Forderung, nachdem K trotz mehrfacher Mahnung den fälligen Rechnungsbetrag nicht beglichen hat und bekannt wurde, dass er auch gegenüber H und anderen Lieferanten im Verzug ist.

Die V bittet ihren Rechtsanwalt um eine gutachtliche Stellungnahme. Dabei hebt sie hervor, dass sie auch an einer Übernahme der an M verkauften Tore und der an D veräußerten Bleche, die noch bei diesem lagern, interessiert sei. Der Wert der Verarbeitung beträgt bei den Metalltoren 60 %, der Wert der verwendeten Rohstoffe 40 % des Gesamtwertes. Bei den Holztoren ist das Wertverhältnis ausgeglichen, wobei zwischen dem Einkaufspreis von Metall- und Holzrohstoffen eine Relation von 2 : 3 besteht. Welche Ansprüche hat die V gegen die Beteiligten?

Probleme: 16

Der Fall untersucht die **Rechte des Lieferanten,** der seinem Abnehmer Waren unter Eigentumsvorbehalt verkauft hat. Die Position des Abnehmers wird dagegen erst in § 8 näher geprüft werden.

Handelt es sich bei der gelieferten Ware um **Rohstoffe,** die vor einer Weiterveräußerung erst verarbeitet werden sollen, so gerät der Lieferant in Gefahr, seinen Eigentumsvorbehalt im Zuge der Verarbeitung zu verlieren. Die Praxis hat versucht, diesen Verlust durch sog. **Verarbeitungsklauseln** wettzumachen, die dem Lieferanten Eigentum auch an den Fertigprodukten sichern sollen. Die Lösung wird die rechtliche Bedeutung dieser Verarbeitungsklauseln untersuchen und zugleich die Rechtsfolgen klären, die beim **Zusammentreffen mehrerer (uneingeschränkter) Verarbeitungsklauseln** eintreten.

Die verarbeitete Ware muss sodann veräußert werden. Hat der Lieferant aufgrund der Verarbeitungsklausel ein dingliches Recht an den Fertigprodukten erlangt, so bedarf der Abnehmer zur wirksamen Verfügung einer **Verfügungsermächtigung** des Lieferanten. Sie wird regelmäßig für die Veräußerung im normalen Geschäftsbetrieb des Abnehmers erteilt, übrigens ebenso wie in den Fällen, in denen die Ware vom Abnehmer in unverändertem Zustand weiterverkauft werden soll. Zum Ausgleich für den dabei eintretenden Verlust des Rechts an der Ware vereinbaren Lieferant und Abnehmer im Vorhinein eine Abtretung der Forderungen, die dem Abnehmer aus dem Weiterverkauf an seine Kunden erwachsen **(Vorausabtretungsklausel).** Schwierigkeiten ergeben sich, wenn die Vorausabtretungsklausel mit einer Vereinbarung nach § 399 zusammentrifft, in der die Abtretbarkeit der Weiterverkaufsforderung ausgeschlossen wurde. Ist das Abtretungsverbot hier zu halten? Wenn ja: Hat die dem Abnehmer erteilte Verfügungsermächtigung dann überhaupt die Veräußerung gedeckt?

Vorüberlegungen zum Aufbau: 17

I. Ansprüche der V gegen D

   1. Zahlung des Kaufpreises für die Bleche (§§ 433 Abs. 2, 398)

      a) Kaufpreisanspruch

      b) Vorausabtretung

      c) Erlöschen der Kaufpreisforderung (§§ 362 Abs. 1, 407 Abs. 1)

   2. Herausgabe der Bleche (§ 985)

      Eigentum der V?

      a) Eigentumsverlust durch Veräußerung an K (§§ 929, 158 Abs. 1)

      b) Eigentumsverlust durch Veräußerung des K (§§ 929, 185 Abs. 1)

      c) Gutgläubiger Erwerb durch D (§§ 929, 932 Abs. 1; § 366 Abs. 1 HGB)

II. Ansprüche der V gegen M

   1. Zahlung des Kaufpreises für 40 Metalltore (§§ 433 Abs. 2, 398)

      a) Kaufpreisanspruch, Vorausabtretung (§ 398)

      b) Abtretungsverbot (§ 399 Alt. 2)

Teil 3. Mobiliarsicherheiten

    2. Herausgabe der 40 Tore (§ 985)

        a)–c) Eigentum der V

          – Verarbeitungsklausel (§ 950)

          – Eigentumsverlust durch Verfügung des K

          – Gutgläubiger Erwerb durch M

        d) Besitzrecht der M (§ 986)

  III. Ansprüche der V gegen K

    1. Bezahlung der gelieferten Bleche und Profileisen (§ 433 Abs. 2)

    2. Herausgabe des Erlöses für die Bleche (§§ 687 Abs. 2, 681 Satz 2, 667 sowie § 816 Abs. 1)

    3. Herausgabe des Erlöses für die an M verkauften Metalltore (§§ 687 Abs. 2, 681 Satz 2, 667 sowie § 816 Abs. 1)

    4. Schadensersatz wegen unbefugter Veräußerung der Bleche und der 40 Tore (§§ 280 Abs. 1, 823 Abs. 1)

    5. Herausgabe der 80 bei K lagernden Tore (§ 985)

    6. Herausgabe der 60 bei K lagernden Tore mit Holzfüllung (§§ 985, 1011, 432; Kollision uneingeschränkter Verarbeitungsklauseln zweier Lieferanten)

Lösung:

I. Ansprüche der V gegen D

1. Anspruch auf Bezahlung des zwischen D und K für die Bleche vereinbarten Kaufpreises (§§ 433 Abs. 2, 398)

18 Dieser Anspruch stünde der V zu, wenn die Forderung aus der Weiterveräußerung der Bleche von der Vorausabtretung in der Vereinbarung zwischen V und K erfasst worden und wenn die sofortige Bezahlung des Kaufpreises durch D an K der V gegenüber nicht wirksam wäre.

19 a) Ein Anspruch auf Kaufpreiszahlung (§ 433 Abs. 2) des K gegen D war wirksam **entstanden.** Ob K überhaupt zu der Übereignung der Bleche berechtigt war, zu der er sich im Kaufvertrag verpflichtete, ist gleichgültig: die Verpflichtungsbefugnis ist unabhängig von der Verfügungsbefugnis.[17]

20 b) Aufgrund der **Vorausabtretung** in der Vereinbarung zwischen V und K könnte die Forderung bei ihrer Entstehung auf V übergegangen sein (§ 398). Die Abtretbarkeit künftiger Forderungen ist anerkannt (siehe näher § 10 Rn. 18 ff.).

21 Die Vorausabtretung ist – obwohl nicht ausdrücklich wiederholt – Bestandteil des Vertrages über die Bleche und Profileisen geworden. Vertragsparteien, die in ständiger Geschäftsbeziehung stehen, können rechtswirksam Regelungen treffen, die für alle zwischen ihnen zustandekommenden Einzelverträge gelten sollen. Erfolgt im Einzelvertrag dann keine abweichende Regelung, gelten die allgemeinen Vereinbarungen zugleich als Bestandteil des einzelnen Vertrages.

22 Freilich ist zweifelhaft, ob die Vorausabtretung hier auch Forderungen aus der **Weiterveräußerung unverarbeiteter Rohstoffe** erfasst. Nach dem Inhalt der Vereinbarung sollen nur Forderungen aus dem Verkauf der Produkte abgetreten werden. Für andere als aus der Weiterveräußerung von Erzeugnissen entstehende Forderungen enthält die Vereinbarung keine Regelung. Daher liegt die Annahme nahe, dass die Parteien solche Forderungen von der Abtretung ausschließen wollten.

---

[17] Hierzu grundlegend *Larenz* SchuldR II/1 § 39 II. Zur Verfügungsbefugnis des K siehe Rn. 29.

§ 7. Eigentumsvorbehalt

Die Umstände sprechen indessen dagegen: K ist als Verarbeiter tätig; bei der direkten Weiterveräußerung von Rohstoffen handelt es sich für ihn um eine Ausnahmetätigkeit; die Möglichkeit der Entstehung von Forderungen aus reinen Umsatzgeschäften hatten die Parteien bei Abschluss ihrer Vereinbarung nicht bedacht. Diese Regelungslücke ist daher im Wege ergänzender Vertragsauslegung (§ 157) zu schließen. Dabei kommt es nicht darauf an, was die Parteien (subjektiv) zur Wahrung ihrer Interessen für angemessen halten würden, sondern darauf, was bei redlicher Denkweise unter Berücksichtigung von Treu und Glauben (objektiv) einen gerechten Interessenausgleich darstellen würde.[18]

23

Welche Regelung gerecht wäre, ist unter Einbeziehung der Grundsätze des Kreditsicherungsrechts und unter Berücksichtigung der Besonderheiten des konkreten Falles zu ermitteln. Das Interesse des Warenkreditgebers, Sicherheiten durch Vorausabtretung auch auf künftige Forderungen zu erstrecken, ist anerkannt. Aus dem Inhalt der zwischen V und K getroffenen Vereinbarung wird ferner deutlich, dass die V eine derart umfassende Sicherung anstrebte: Bis zur Verarbeitung sollten die Rohstoffe selbst, nach Verarbeitung die Erzeugnisse und nach Veräußerung die Kaufpreisforderungen als Sicherheit dienen. K war seinerseits bereit, der V diese umfassende Sicherheit einzuräumen. Deshalb entspricht es einem **gerechten Ausgleich der Interessen,** wenn man annimmt, die Parteien hätten in Kenntnis der Regelungslücke auch Forderungen aus der Weiterveräußerung von Rohmaterial in die Abrede der Vorausabtretung einbezogen. Der Kaufpreisanspruch ist damit auf die V übergegangen.[19]

24

c) Die Forderung könnte aber durch die Zahlung des D erloschen sein (**§ 362 Abs. 1**). Freilich erfolgte die Leistung nicht an den (neuen) Gläubiger, sondern an den Zedenten K. Die Erfüllungswirkung trat daher nur ein, wenn jener die Leistung an diesen gegen sich gelten lassen muss. Das ist gem. § 407 Abs. 1 der Fall, da die Leistung nach der Abtretung erfolgte und D in diesem Zeitpunkt die Abtretung nicht kannte.[20]

25

d) Die V hat somit **keinen Anspruch** mehr gegen D auf Bezahlung des zwischen ihm und K für die Bleche vereinbarten Kaufpreises.

26

2. Anspruch auf Herausgabe der Bleche (§ 985)

Die V wäre berechtigt, die Bleche von D zu vindizieren, wenn ihr das Eigentum daran noch zustünde und D – ohne der V gegenüber ein Recht dazu zu haben (§ 986 Abs. 1) – die Bleche in Besitz hätte.

27

a) Durch die **Veräußerung an K** hat die V ihr Eigentum nicht verloren. Die Einigung mit K erfolgte aufschiebend bedingt (§§ 929, 158 Abs. 1); die Bedingung für das Wirksamwerden der Einigung – vollständige Kaufpreiszahlung – ist noch nicht eingetreten.

28

b) V hat das Eigentum auch nicht dadurch verloren, dass K etwa als Ermächtigter über die Bleche weiterverfügt hätte (§§ 929, 185 Abs. 1). Eine ausdrückliche **Ermächtigung zur Weiterveräußerung** von Rohstoffen wurde von der V nicht erteilt. Sie folgt auch nicht konkludent aus der zwischen den

29

---

[18] Vgl. *Wolf/Neuner* § 35 Rn. 66; *Medicus/Petersen* AT Rn. 343; ferner BGHZ 9, 273, 277 f.
[19] Dazu, ob der Zessionar künftige Forderungen bei ihrer Entstehung im Wege sog. Durchgangs- oder Direkterwerbs erlangt, vgl. *Larenz* SchuldR I § 34 III (*Larenz* unterscheidet danach, ob für die künftige Forderung bereits ein Rechtsgrund gelegt ist oder nicht; nur im ersteren Fall soll der Zessionar direkt erwerben). – Zur entsprechenden Problematik beim Anwartschaftsrecht siehe § 8 Rn. 14 ff.
[20] Nähme man an, V habe aufgrund der Vorausabtretung die Forderung gegen D direkt erworben, wäre § 407 analog anzuwenden, vgl. BGH NJW 1969, 276.

Parteien geltenden generellen Vereinbarung. Soweit diese eine Verfügungsermächtigung enthält, beschränkt sie sich auf die Veräußerung von Erzeugnissen und gilt nicht für die Verfügung über Rohstoffe. Ferner handelte es sich bei den gelieferten Metallen nicht um zum Umsatz bestimmte Handelsware, sondern um Rohstoffe zur Produktion. Eine stillschweigende Verfügungsermächtigung kann aber nur dann angenommen werden, wenn die Absicht der Weiterveräußerung für den Vorbehaltsverkäufer ersichtlich ist.[21] Die für die Weiterveräußerung an D ursächliche Ausnahmesituation (Verknappung auf dem Markt) war aber weder von K selbst noch von V vorhersehbar. Daher trafen die Parteien von vornherein keine ausdrückliche Regelung für diesen Fall. Eine Ermächtigung (§ 185 Abs. 1) kann auch nicht im Wege ergänzender Vertragsauslegung (§ 157) gefunden werden. Zwar besteht eine Regelungslücke im Vertrag, doch wird unter dem Gesichtspunkt eines gerechten Interessenausgleichs eine Verfügungsermächtigung für denjenigen, der Rohstoffe zur Produktion erwirbt, nicht gefordert.

30 c) Die Verfügung des K könnte aber zu einem **gutgläubigen Eigentumserwerb des D** nach §§ 929, 932 Abs. 1 oder § 366 Abs. 1 HGB geführt haben. D hatte keine Kenntnis (§ 932 Abs. 2) vom fehlenden Eigentum und von der fehlenden Verfügungsmacht des K. Die Unkenntnis könnte allenfalls auf grober Fahrlässigkeit (§ 932 Abs. 2) beruhen. Grob fahrlässig handelt, wer die nach den gesamten Umständen erforderliche Sorgfalt in ungewöhnlich großem Maße verletzt und dasjenige unbeachtet lässt, was im gegebenen Fall jedem einleuchten muss.[22] Obgleich der Eigentumsvorbehalt im Handelsverkehr starke Verbreitung gefunden hat, würde es eine Überspannung der Sorgfaltspflicht bedeuten, aus dem Umstand der Üblichkeit eine allgemeine **Nachforschungspflicht** des Käufers abzuleiten, deren Verletzung dann den Vorwurf grober Fahrlässigkeit begründen würde.[23] Vielmehr kann die Allgemeinüblichkeit des Eigentumsvorbehalts nur einer von mehreren eine Nachforschungspflicht begründenden Umständen sein. Als solche weiteren Umstände wurden in der Rechtsprechung angesehen: Zahlungsschwierigkeiten des Verkäufers, die ganze oder teilweise Veräußerung eines Warenlagers oder auch ein Verkauf zu Schleuderpreisen.[24] Charakteristisch für diese Fälle ist, dass Art und Weise des Verkaufs unmittelbar oder mittelbar auf Liquiditätsschwierigkeiten des Verkäufers und damit auf eine mögliche Gefährdung der Sicherungsinteressen seiner Gläubiger schließen lassen. Derartige Schlussfolgerungen legt aber der Verkauf einer Einzelposition bestimmter Waren anlässlich einer besonderen Marktsituation und zu einem außergewöhnlich hohen Preis gerade nicht nahe. Dagegen ließe sich allenfalls einwenden, wer Rohmaterial von einem Verarbeiter und nicht vom Zwischenhändler kaufe, müsse allein deshalb die Eigentumsverhältnisse prüfen. Dieser für eine Nachforschungspflicht sprechende Gesichtspunkt erscheint gegenüber den anderen dargelegten Umständen nicht gewichtig genug, um eine Erkundigungspflicht zu bejahen. Dabei ist auch zu bedenken, dass die Beschränkung auf Vorsatz und grobe Fahrlässigkeit in § 932 Abs. 2 nicht durch überspannte Anforderungen an die Sorgfaltspflicht des Erwerbers illusorisch gemacht werden darf.[25]

31 d) Durch den gutgläubigen Eigentumserwerb des D hat die V das Eigentum an den Blechen verloren; ein **Anspruch** auf Herausgabe steht ihr **nicht** zu.

---

[21] OLG Hamburg MDR 1970, 506.
[22] BGHZ 10, 14, 16; *Baur/Stürner* § 52 Rn. 26.
[23] Sehr weitgehend in Bezug auf die Bejahung einer Nachforschungspflicht RGZ 123, 14, 17 f.; 141, 129, 131 f.; 147, 321, 331. Siehe dagegen (für Gebrauchtwagenkauf) BGH NJW 1975, 735, 736: „Es ist in der Rechtsprechung anerkannt, daß eine allgemeine Nachforschungspflicht bei Dritten als Voraussetzung für einen gutgläubigen Eigentumserwerb nicht besteht."
[24] BGH WM 1969, 1452; 1978, 1208; 1980, 1349; NJW 1999, 425. Siehe auch die Nachweise bei Erman/*Bayer* § 932 BGB Rn. 18 ff.
[25] MünchKommBGB/*Oechsler* § 932 BGB Rn. 42 ff.; Erman/*Bayer* § 932 BGB Rn. 12, jeweils m.w.N.

§ 7. Eigentumsvorbehalt

II. Ansprüche der V gegen die Stadt M

1. Anspruch auf Bezahlung des Kaufpreises für die 40 Metalltore (§§ 433 Abs. 2, 398)

a) Die an die Stadt veräußerten Metalltore sind aus den von V gelieferten Rohstoffen hergestellt. **32** Forderungen aus der Veräußerung solcher Erzeugnisse hat K in der den Geschäftsbeziehungen zu V zugrunde liegenden Vereinbarung im Voraus **sicherungshalber abgetreten** (§ 398). Nach Eintritt des Sicherungsfalles wäre V auch im Innenverhältnis befugt, die Forderung beim Drittschuldner einzuziehen.

Die Abtretung erfolgte zwar zur Sicherung eines Kaufpreisanspruchs des Zessionars,[26] was die- **33** sen zu treuhänderischem Umgang mit dem Sicherungsgut verpflichtet. Mit dem Eintritt des Sicherungsfalles – mehrfache fruchtlose Mahnung nach Fälligkeit – entfällt jedoch die zwischen Sicherungsnehmer und Sicherungsgeber bestehende Bindung. Da die Sicherungszession an die Stelle des einfachen Eigentumsvorbehalts getreten ist, wird man das Recht zur Verwertung an dieselbe Voraussetzung knüpfen müssen, wie sie für das Rücktrittsrecht aus dem Eigentumsvorbehalt (§ 449 Abs. 2) besteht: Vorliegen der allgemeinen Rücktrittsvoraussetzungen (§§ 323 ff.). Ein wirksamer gegenseitiger Vertrag liegt vor. In der Nichterbringung der fälligen und durchsetzbaren Leistung trotz angemessener und erfolgloser Fristsetzung ist eine Pflichtverletzung i. S. d. § 323 Abs. 1 zu bejahen, sodass bei Erklärung des Rücktritts durch die V (§ 349) die Rücktrittsvoraussetzungen gegeben sind. Der Zessionar darf nunmehr das Sicherungsgut verwerten. Die Verwertung einer Forderung erfolgt durch deren Einziehung.[27]

b) Ein Übergang der Kaufpreisforderung gegen die Stadt auf V erscheint aber zweifelhaft, weil in **34** dem Vertrag zwischen K und der Stadt die **Abtretbarkeit der Forderung ausgeschlossen** worden ist. Nach § 399 Alt. 2 hat ein vertraglicher Abtretungsausschluss die Unabtretbarkeit der Forderung zur Folge.

Eine im Widerspruch zur Vereinbarung vorgenommene Abtretung ist unwirksam. Die **Unwirksam- 35 keit gilt gegenüber jedermann,** nicht etwa nur nach § 135 relativ, gerade dem Schuldner gegenüber.[28] Auch liegt mit Entstehen der Forderung schon gar kein veräußerliches Recht i. S. d. § 137 vor, die Forderung ist vielmehr unabtretbar.[29]

c) Bedenken gegen die Wirksamkeit des Abtretungsverbots ergeben sich hier jedoch aus § 138 **36** Abs. 1.

aa) Mit dem Gebot der guten Sitten droht zwar nicht der Inhalt der Klausel zu kollidieren – er ist **37** vom Gesetz in § 399 Alt. 2 ausdrücklich vorgesehen –, wohl aber könnte § 138 Abs. 1 angesichts der Wirkungen, die die Vereinbarung für die Partei(en) hat, erfüllt sein.[30] Die weitverbreitete Praxis, namentlich bei der öffentlichen Hand als Auftraggeber, die Abtretbarkeit von Forderungen vertraglich auszuschließen, kann die **wirtschaftliche Bewegungsfreiheit eines Unternehmens erheblich beeinträchtigen.** Würde K den (künftigen) Abtretungsausschluss seinen Lieferanten gegenüber, die in der Regel nur unter verlängertem Eigentumsvorbehalt (Vorausabtretung) zu verkaufen bereit sind, offenlegen, liefe er Gefahr, keine Waren zu bekommen. Weigerte sich K andererseits ge-

---

[26] Ursprünglich wurde dieser Anspruch durch den Vorbehalt des Eigentums an der gelieferten Ware gesichert (§§ 929, 158 Abs. 1).
[27] Für das Pfandrecht an Forderungen vgl. §§ 1282 Satz 1, 1228 Abs. 2.
[28] Näher BGHZ 70, 299, 303; *Canaris* Rn. 1705.
[29] MünchKommBGB/*Roth/Kieninger* § 399 BGB Rn. 40.
[30] In dem Aspekt der Folgen einer Vereinbarung liegen bei Sicherungsgeschäften oftmals Ansatzpunkte für einen Verstoß gegen § 138 Abs. 1.

Teil 3. Mobiliarsicherheiten

genüber seinen Auftraggebern, einem Abtretungsausschluss zuzustimmen, müsste er vor allem bei einer Monopolstellung öffentlicher Auftraggeber fürchten, einen Großteil der Aufträge überhaupt nicht zu bekommen. Schließlich ist dem Unternehmer auch der Umweg über einen Geldkredit verschlossen: Die unabtretbare Forderung kann selbstverständlich auch nicht die „Unterlage" für einen solchen Kredit bilden.

38 Diese denkbaren Wirkungen der Abtretungsverbote sieht auch der BGH als unerwünscht an.[31] Gleichwohl hat er daraus bislang nicht die Sittenwidrigkeit und damit die Nichtigkeit solcher Klauseln abgeleitet. Er hielt einen solchen Schritt nicht für geboten:[32] Dem Bauherrn könne ein berechtigtes Interesse daran nicht abgesprochen werden, durch Vereinbarung von Verbot oder Beschränkung der Abtretung den Abrechnungsverkehr klar und übersichtlich zu gestalten und es zu verhindern, dass ihm eine im Voraus nicht übersehbare Vielzahl von Gläubigern gegenübertritt. Der Bauherr könne nicht gezwungen werden, dieses verständliche Bestreben deshalb aufzugeben, weil sein Vertragspartner, der Bauunternehmer, sich dadurch außerstande setzt, Baustoffe zu den üblichen Lieferbedingungen zu beziehen.

39 bb) Dem stimmt die **Literatur** ganz überwiegend zu.[33] Indes überzeugt die Begründung des BGH nicht durchweg. Zumindest das vom BGH hervorgehobene Interesse des Schuldners an einem klaren und übersichtlichen Zahlungsverkehr bewertet das Gesetz selbst in § 851 Abs. 2 ZPO geringer als das Interesse der Kreditgeber des Gläubigers am Zugriff auf die dem Zessionsverbot unterfallenden Forderungen. Aber diese Feststellung allein reicht nicht aus, um das vertragliche Abtretungsverbot hinter eine Sicherungszession (hier in Form des verlängerten Eigentumsvorbehalts) zurücktreten zu lassen.[34] Denn das Sicherungsinteresse der Kreditgeber lässt sich auch auf anderem Wege wahren.

40 Bleibt in der Argumentation des BGH der Hinweis auf die Unvergleichbarkeit von Globalzession und Abtretungsverbot. Er trifft jedenfalls dort zu, wo der Sicherungszedent (in unserem Fall K) nicht ausschließlich unter Vereinbarung von Abtretungsverboten weiterveräußert. Denn dann ist die für ihn entstehende Zwangslage keine gleich intensive, wie sie bestehen würde, wenn er nur die Möglichkeit hätte, Verträge zu den besagten Bedingungen abzuschließen, also beispielsweise nur mit öffentlichen Auftraggebern kontrahieren könnte.

41 Wäre das Abtretungsverbot aufgrund von **AGB** der Stadt vereinbart worden, so müsste es zudem der AGB-Kontrolle nach §§ 305 ff. standhalten. Ob eine Klausel gegen **§ 305c Abs. 1** verstößt, hängt zum einen vom Grad der Abweichung vom dispositiv-gesetzlichen Vertragsleitbild, zum anderen von den Umständen des konkreten Vertragsschlusses ab.[35] Was den ersten Aspekt angeht, steht ein Verdikt des Abtretungsverbots angesichts des § 399 von vornherein auf schwachen Füßen. Im Hinblick auf den zweiten Aspekt kommt es auf den Einzelfall an, allerdings sieht der BGH wegen der Üblichkeit von Abtretungsverboten zur Durchsetzung legitimer Interessen hierin regelmäßig keine überraschende Klausel.[36] Einen Verstoß gegen **§ 307** wird man mit denselben

---

[31] *Serick* Bd. II § 24 III 2 bezeichnet sie als „volkswirtschaftlich" unerwünscht; im selben Sinne *Drobnig* S. F 40. – Zu § 354a HGB siehe Rn. 42.
[32] BGHZ 51, 113, 117 ff.; BGH NJW 2006, 3486, 3487 (zu § 307); siehe aber auch BGH NJW 2012, 2107, 2108 m.w.N.
[33] Vgl. *Larenz* SchuldR I § 34 II 1; *Jauernig/Stürner* § 399 BGB Rn. 7. – Krit. gegenüber der Begründung des BGH, i. Erg. aber zust. *Koppensteiner* JuS 1972, 373 ff. Generell einschr. *Fikentscher/Heinemann* Rn. 725.
[34] So jedoch *Mummenhoff* JZ 1979, 425 ff.
[35] BGH NJW 1981, 117, 118.
[36] BGH NJW-RR 1991, 763 f. (zu § 3 AGBG).

Argumenten und in demselben Maße verneinen müssen, wie die Sittenwidrigkeit des Abtretungsverbots soeben allgemein verneint wurde.[37]

d) Fraglich ist jedoch, ob sich aus **§ 354a Abs. 1 HGB** etwas anderes ergibt. Danach könnte die Abtretung entgegen dem vereinbarten Abtretungsausschluss gleichwohl relativ wirksam sein. Indem die Stadt M als juristische Person des öffentlichen Rechts (Gebietskörperschaft) Schuldnerin ist, folgt die Wirksamkeit der Forderungsabtretung damit aus § 354a Abs. 1 HGB. 42

e) V konnte also die Forderung aus dem Verkauf der 40 Tore erwerben. Mit Entstehen der Forderung ist sie Inhaberin der Forderung geworden, sodass ein Anspruch auf Bezahlung der Tore besteht. 43

2. Herausgabe der 40 Tore (§ 985)

a) Ausgangspunkt für die Frage, ob die V Eigentum an den 40 (von K hergestellten und anschließend veräußerten) Metalltoren erworben und behalten hat und damit die erste Voraussetzung des Anspruchs aus § 985 erfüllt ist, bildet **§ 950.** K hat durch Verarbeitung der Rohmaterialien die Tore, also neue[38] bewegliche Sachen hergestellt. Dadurch, dass die Rohmaterialien als eigenständige Sachen im rechtlichen Sinne aufgehört haben zu existieren, ist auch das zugunsten der V vereinbarte Vorbehaltseigentum erloschen. Wem bei Verarbeitung beweglicher Sachen das Eigentum an dem Produkt zufällt, regelt § 950 Abs. 1. Ist der Wert der Verarbeitung gegenüber dem des Stoffes nicht erheblich geringer, so erlangt der Verarbeiter Eigentum. Hier übersteigt bei den Metalltoren der Wert der Verarbeitung den Wert der Stoffe. Daher hätte nach § 950 Abs. 1 K und nicht V Eigentum an den Toren erworben. 44

b) Dem könnte aber die Klausel in der Vereinbarung zwischen V und K entgegenstehen, wonach alle Erzeugnisse aus den Rohstoffen der V für diese hergestellt werden sollen. Ziel einer solchen **Verarbeitungsklausel** ist es, den ursprünglich an den Rohstoffen bestehenden Eigentumsvorbehalt auf den neu herzustellenden Gegenstand überzuleiten. 45

Drei Wege kommen hierfür in Betracht:[39] (1.) **die vertragliche Abbedingung** des § 950 mit der Folge, dass die V in entsprechender Anwendung des § 947 Abs. 1 allein (Sicherungs-)Eigentümerin[40] der Erzeugnisse wird, da ausschließlich von ihr gelieferte Stoffe verarbeitet wurden und sie vor der Herstellung (Vorbehalts-)Eigentümerin dieser Stoffe war, (2.) oder den **Begriff des Herstellers** so zu **interpretieren,** dass er auf V und nicht auf K passt, (3.) schließlich die Deutung der Verarbeitungsklausel als **vorweggenommenes Besitzkonstitut**. 46

aa) Für die **Abdingbarkeit des § 950** werden historisch-systematische und teleologische Argumente ins Feld geführt. Bereits bei den Gesetzgebungsarbeiten zum BGB sei erwogen worden, der Vorschrift einen Zusatz anzufügen, wonach auch derjenige Eigentümer werden sollte, der herstellen lässt. Der Gedanke habe dann zwar nicht bei § 950, wohl aber an anderer Stelle des Gesetzes Niederschlag gefunden: Beim Werklieferungsvertrag (der Unternehmer beschafft die Stoffe für 47

---

[37] St. Rspr., siehe BGH NJW 2006, 3486; weiter BeckOK BGB/*Rohe* § 399 BGB Rn. 16 m.w.N.; enger *Pottschmidt/Rohr* Rn. 442. Uneingeschränkt für wirksam hält dagegen BGH NJW 1981, 117, 118 ein Abtretungsverbot, in dem die Zession des Anspruchs aus § 433 Abs. 1 Satz 1 auf Lieferung eines fabrikneuen Kfz ausgeschlossen wurde; zust. Staudinger/*Coester* (2013) § 307 BGB Rn. 156 m.w.N.; für die Unwirksamkeit BGHZ 108, 52, 54 ff.
[38] Der Begriff der „Neuheit" einer Sache kann häufig schwierige Abgrenzungsfragen aufwerfen. Als maßgebliche Abgrenzungskriterien werden genannt: die Verkehrsanschauung, der Sprachgebrauch, das Wertverhältnis von Verarbeitung und Stoff; vgl. BGHZ 56, 88, 90; *Hofmann* NJW 1961, 1246 f.
[39] Überblick bei Jauernig/*Berger* § 950 BGB Rn. 6 ff.
[40] Vgl. *Serick* Bd. IV § 43 III 4 a.

das Werk) bestimmte § 651 Abs. 1 a.F., dass der Unternehmer zur Übereignung der hergestellten Sache verpflichtet war.[41] Eine solche Übereignungspflicht fehlt dagegen beim Werkvertrag (§ 631) schon immer. Das Eigentum an der neuen Sache entsteht beim Werkvertrag also in der Person des Bestellers. Hieraus wird der Schluss gezogen, dass eine vertragliche Vereinbarung den originären Eigentumserwerb nach § 950 Abs. 1 auszuschalten vermöge.[42] Der dispositive Charakter des § 950 ergebe sich auch daraus, dass die Vorschrift den Zweck verfolge, den rechtlichen Interessenkonflikt zwischen Stoffeigentümer und Verarbeiter zu regeln. Dieser Konflikt könne aber gar nicht erst entstehen, wenn Stoffeigentümer und Verarbeiter über den Eigentumserwerb einig seien.[43]

48 Die Argumente für die dispositive Rechtsnatur des § 950 überzeugen nicht. Zwar wird der Unterschied zwischen § 631 Abs. 1 und § 651 Abs. 1 in puncto Übereignungspflicht des Unternehmers zutreffend herausgestellt. Zweifelhaft ist aber bereits die Richtigkeit der Schlussfolgerung, dass bei § 631 Abs. 1 die vertragliche Vereinbarung die Wirkung des § 950 ausschalte. Die vertragliche Vereinbarung – Herstellung einer Sache für den Besteller – ist beim Werklieferungsvertrag (§ 651 Abs. 1) dieselbe und dennoch erwirbt der Werkunternehmer hier zunächst Eigentum. Der Grund für die unterschiedliche gesetzliche Regelung kann daher nicht im Vorrang der vertraglichen Vereinbarung vor § 950 gefunden werden, sondern allenfalls in der rechtlich **verschieden starken Beziehung des Bestellers** zu den für die Herstellung des Werkes benötigten Stoffen.

49 Aber selbst wenn man den Grund für die differenzierende Regelung im Vorrang vertraglicher Vereinbarungen sehen wollte, so lässt sich hieraus nicht der Vorrang jedweder vertraglichen Vereinbarung vor § 950 ableiten. Beim Werkvertrag handelt es sich um die typische Herstellung im Interesse eines anderen: **Fremdherstellung.** Dagegen nimmt derjenige, der Waren zur Verarbeitung in seinem Betrieb – unter verlängertem Eigentumsvorbehalt – kauft, die **Herstellung im eigenen Interesse** vor.

50 Schließlich ist auch die Betrachtung, § 950 regele lediglich einen Interessenkonflikt zwischen Stoffeigentümer und -verarbeiter, zumindest zu eng. *Westermann*[44] hat ihren weitergehenden Zweck darin gesehen, den rechtlichen **Interessengegensatz zwischen den verschiedenen Gläubigern des Verarbeiters** zu regeln mit der Folge, dass zumindest im Grundsatz die Wertschöpfung des Schuldners allen seinen Gläubigern als Haftungsobjekt zur Verfügung stehen müsse; daher könne die Vorschrift nicht durch Vereinbarung des Verarbeiters mit nur *einem* Gläubiger, nämlich dem jeweiligen Rohstofflieferanten, abbedungen werden. Diejenige Vorschrift, so wird man hinzufügen müssen, die den Interessenkonflikt zwischen Stoffeigentümer und Verarbeiter letztlich zu lösen bestimmt ist, ist dagegen § 951 Abs. 1. Danach erhält der Stoffeigentümer für seinen Rechtsverlust einen Bereicherungsanspruch gegen den Verarbeiter. Gerade die unterschiedslose Behandlung der einzelnen Fälle des Rechtsverlustes (§§ 946–950) in § 951 Abs. 1 spricht dafür, dass § 950 einen klaren – der Parteidisposition entzogenen – Ausgangspunkt für die Beurteilung der Eigentumsverhältnisse liefern soll, den endgültigen Ausgleich der Interessen aber § 951 Abs. 1 regelt.

51 Eine Abbedingung des § 950 durch die Verarbeitungsklausel kann somit wegen der **zwingenden Natur** der Vorschrift keinen Erfolg haben.

---

[41] Heute ist kraft Verweises in § 651 Satz 1 Kaufrecht (§§ 433 ff.) anzuwenden.
[42] So insbesondere *Baur/Stürner* § 53 Rn. 15.
[43] *Flume* NJW 1950, 841, 843 ff. Deshalb wollen manche – etwa RGRK/*Pikart,* 12. Aufl. 1979, § 950 Rn. 4, 23; *E. Wagner* AcP 184 (1984), 14, 23 ff.; *Reinicke/Tiedtke,* Kaufrecht, 8. Aufl. 2009, Rn. 1357 – eine Abrede zulassen, kraft deren einer dieser beiden Eigentum erwerbe.
[44] *Westermann/Gursky/Eickmann* § 53 Rn. 20 ff.; vgl. auch Staudinger/*Wiegand* (2017) § 950 BGB Rn. 27–30; *Vieweg/Werner* § 6 Rn. 19 m.w.N.

§ 7. Eigentumsvorbehalt

bb) Ein anderer Versuch, dem Rohstofflieferanten das Eigentum an den neu hergestellten Gegenständen zuzuerkennen, setzt – wie angedeutet – bei dem **Begriff des Herstellers** in § 950 an. Dieser wird von manchen nach der **Verkehrsanschauung** bestimmt, und bei deren Beurteilung misst man dem Vorhandensein einer Verarbeitungsklausel unverhältnismäßig große Bedeutung bei. Diesen Weg hat vor allem der BGH eingeschlagen (BGHZ 14, 114, 117): **52**

> „Die Verarbeitung zu Braumalz berührte die Eigentumsverhältnisse an der Ware überhaupt nicht. Nach § 950 Abs. 1 Satz 1 BGB erwirbt, wer durch Verarbeitung eines oder mehrerer Stoffe eine neue bewegliche Sache herstellt, das Eigentum an ihr, sofern nicht der Wert der Verarbeitung erheblich geringer ist als der Wert des Stoffes. Als Hersteller im Sinne dieser Vorschrift kommt hierbei die Firma Z. nicht in Betracht. Denn „herstellen" bedeutet in § 950 BGB nicht selbst verarbeiten oder umbilden. Die Verkehrsanschauung sieht vielmehr als den Hersteller den Geschäftsherrn des Verarbeitungs- oder Umbildungsvorganges an. Daher kann auch derjenige, der einen Stoff aufgrund eines Werkvertrages zu einer neuen Sache verarbeiten läßt, deren Hersteller im Verkehrssinn sein. So liegt es hier. Die Firma Z. hat die Gerste aufgrund des „Lohnmälzungsvertrages" mit der Firma K. zu Braumalz verarbeitet. Wie das Berufungsgericht festgestellt hat, dachte weder sie noch einer der übrigen Beteiligten daran, in die vorgesehene Rechtslage, wonach der Eigentumsvorbehalt der Klägerin auch bei Verarbeitung wirksam bleiben sollte, einzugreifen; vielmehr wollte die Firma Z. im Einverständnis mit der Firma K. die Gerste für die Klägerin verarbeiten."

Zur Frage, wie die Verkehrsanschauung zu ermitteln ist, hat der BGH in einer späteren Entscheidung ausgeführt (BGHZ 20, 159, 163 f.): **53**

> „Die Frage, wer Hersteller der Gehäuse im Sinne des § 950 BGB war, ist auch hier nach der Lebensanschauung zu entscheiden. Maßgebend ist der Standpunkt eines objektiven mit den Verhältnissen vertrauten Beurteilers. Es ist allerdings möglich, daß die Organe der S., als die Aluminiumbleche verarbeitet wurden, überhaupt nicht an das Bestehen des Eigentumsvorbehalts gedacht haben und daß sie sogar der Ansicht waren, der Eigentumsvorbehalt gehe durch die Verarbeitung unter. Dadurch werden sie nicht zum Hersteller im Sinne des § 950 BGB. Werden Rohstoffe unter Eigentumsvorbehalt geliefert und ist dabei vereinbart, daß die Verarbeitung für die Lieferfirma zu erfolgen hat, dann ist vom Standpunkt eines objektiven Beurteilers in der Regel diese Firma Hersteller im Sinne des § 950 BGB. Der Stoff-Lieferant ist nur dann nicht mehr Hersteller, wenn sich die durch die Vereinbarung geschaffene Lage hinsichtlich der Verwahrung und Verarbeitung des Stoffes in solcher Weise geändert hat, daß jetzt von dem bezeichneten Standpunkt aus eine [andere] Person als Hersteller anzusehen ist. In dem hier zu entscheidenden Rechtsstreit wurden die gelieferten Aluminiumbleche von der Firma, der sie geliefert waren, in der Weise verarbeitet, wie dies bei der Vereinbarung des Eigentumsvorbehalts erwartet und vorausgesetzt wurde. Unter diesen Umständen würde selbst der Wille der S., die Bleche entgegen der getroffenen Vereinbarung für sich selbst zu verarbeiten, die Lage nicht so weitgehend ändern, daß allein deswegen die S. als Herstellerin angesehen werden könnte. Dieser Wille wäre ebenso unbeachtlich wie der Wille des im Betrieb angestellten Arbeiters, die ihm aufgetragene Arbeit nicht für den Betriebsinhaber, sondern für sich selbst zu verrichten."

Dem Ausgangspunkt dieser Rechtsprechung, wonach für die Frage der Herstellereigenschaft auf dem **Standpunkt eines objektiven, mit den Verhältnissen betrauten Beurteilers** abzustellen sei, kann beigetreten werden. Bei dieser Beurteilung darf aber die **Parteiabrede nur einer der zu berücksichtigenden Umstände** sein. Daneben muss maßgeblich sein, in wessen **Interesse** die Herstellung erfolgt und wer das **wirtschaftliche Risiko** der Verarbeitung trägt. Wer Rohstoffe zur Erzeugung bestimmter Produkte kauft, nimmt die Herstellung in der Regel in eigenem Interesse vor. So hat der Rohstofflieferant auf die Gestaltung der Erzeugnisse regelmäßig keinen Einfluss; ihm werden zumeist auch das Interesse und die Sachkunde für eine solche Einflussnahme fehlen. Auch das wirtschaftliche Risiko liegt einseitig bei dem Käufer der Rohstoffe. Misslingt die Verarbeitung oder kann das Produkt nicht abgesetzt werden, so wird die Zahlungspflicht des Käufers gegenüber dem Lieferanten davon nicht tangiert. **54**

Eine **Parteiabrede** über die Herstellereigenschaft kann in diesem Zusammenhang ein **zusätzliches Indiz** für die Verteilung und Abgrenzung der betroffenen Interessen und Risiken sein.[45] So wird **55**

---
[45] Größere Bedeutung misst *Serick* Bd. IV § 44 III 6 b der Abrede bei.

man etwa bei dem der Entscheidung BGHZ 14, 114 zugrunde liegenden „Lohnmälzungsvertrag" dem BGH im Ergebnis zustimmen, wenn er nicht die Malzfabrik, welche Gerste zu Malz verarbeitet, sondern die Auftraggeberin (bzw. deren Hintermann) als Hersteller i. S. d. § 950 ansieht. Denn hier liegt das Risiko der weiteren Verwertung des Malzes bei der Auftraggeberin. Würde die Parteiabrede dagegen der tatsächlichen Risikoverteilung nicht gerecht werden, wie offenbar im Fall BGHZ 20, 159, könnte ihr durchschlagende Kraft nicht beigemessen werden. Sonst stünde § 950 doch wieder zur Disposition der Parteien, und das auf dem recht ungewöhnlichen Weg, nicht die Rechtsfolge, sondern die Tatbestandsvoraussetzungen der Norm den Beteiligten auszuliefern.

56 Auch im vorliegenden Fall liegen das Interesse und das wirtschaftliche Risiko der Herstellung einseitig bei K. Die Verarbeitungsklausel kann deshalb als Vereinbarung über die Herstellereigenschaft nicht zu einem Eigentumserwerb der V führen. Zunächst ist vielmehr K nach § 950 Abs. 1 Eigentümer der Tore geworden.

57 cc) Die Verarbeitungsklausel könnte für die Eigentumsverhältnisse an den Toren dann von Bedeutung sein, wenn in ihr eine Übereignung durch **vorweggenommenes Besitzkonstitut (§§ 929, 930)** zu sehen wäre. Will man das an sich berechtigte Sicherungsbedürfnis des Rohstofflieferanten über das Vorbehaltseigentum an den Rohstoffen hinaus anerkennen, so verbleibt nur die Möglichkeit, die Verarbeitungsklausel als auflösend bedingte Sicherungsübereignung (§§ 929, 930) auszulegen (§ 157) bzw. dahingehend umzudeuten (§ 140).[46] Die auflösende Bedingung (§ 158 Abs. 2) ist die vollständige Bezahlung des Kaufpreises für die Rohstoffe. Mit Eintritt dieser Bedingung fällt das Eigentum automatisch an den Verarbeiter zurück.

58 Eine auflösend bedingte Sicherungsübereignung anzunehmen ist vor allem deshalb geboten, weil andernfalls der Vorbehaltsverkäufer an den Erzeugnissen eine weitergehende Rechtsstellung erlangen würde als er sie an der Vorbehaltsware besaß; dort bewirkt die Bezahlung des Kaufpreises den automatischen Eigentumsübergang an den Käufer.

59 Die Sicherungsübereignung wird zwar nur wirksam, wenn der Käufer noch im Zeitpunkt der Verarbeitung Übereignungs- und Besitzmittlungswille für den Vorbehaltsverkäufer hat. Von der Fortdauer dieses Willens, der in der Verarbeitungsklausel seine Grundlage findet, darf aber ausgegangen werden, solange der Käufer nicht durch äußeres Verhalten das Gegenteil zum Ausdruck bringt. Das könnte etwa in der Weise geschehen, dass er die Ware anders verwahrt oder verarbeitet als vereinbart.[47] Zwangsweise Zugriffe Dritter auf die Erzeugnisse können dagegen aufgrund des Prioritätsprinzips (§ 185 Abs. 2 Satz 2) als Kollisionsregel den Vorrang des Vorbehaltsverkäufers nicht beeinträchtigen.

60 Die V hat also anstelle des Vorbehaltseigentums am Rohmaterial Sicherungseigentum an den Erzeugnissen erworben.

61 c) Das (treuhänderisch gebundene) Eigentum an den Toren könnte die V aber **nachträglich infolge der Verfügung des K verloren** haben. Die in der Vereinbarung erteilte Veräußerungsbefugnis (§ 185 Abs. 1) war beschränkt auf solche Veräußerungen, bei denen die vereinbarte Vorausabtretung der Kaufpreisforderungen wirksam werden kann. Diese Voraussetzung war bei der Kaufpreisforderung

---

[46] So i. Erg. Erman/*Ebbing* § 950 BGB Rn. 8, 11; Jauernig/*Berger* § 950 BGB Rn. 8; *Rothkegel,* Der Eigentumserwerb bei Verarbeitung, 1974, insbesondere S. 68 ff., 126 ff.; Staudinger/*Wiegand* (2017) § 950 BGB Rn. 45 f.; *Westermann/Gursky/Eickmann* § 53 Rn. 20 ff.

[47] Unter diesen Umständen würde übrigens auch nach den drei zuvor genannten Lösungen der Lieferant nicht Eigentum erwerben, vgl. BGHZ 20, 159, 164; *Gerhardt* MobiliarsachenR § 13, 2c; *Serick* Bd. IV § 44 III 6b (anders wohl III 4).

gegen die Stadt M wegen § 399 Alt. 2 nach der vertraglichen Vereinbarung nicht gegeben, gleichwohl war die Verfügung aber wegen § 354a HGB wirksam, sodass die Stadt M nach § 929 Satz 1 Eigentum an den Toren erwerben konnte.

Die V kann daher die Tore von der Stadt nicht herausverlangen. **62**

III. Ansprüche der V gegen K

1. Anspruch auf Bezahlung der gelieferten Bleche und Profileisen (§ 433 Abs. 2)

Die V kann aufgrund des wirksamen und unbedingt geschlossenen Kaufvertrages von K Zahlung des vereinbarten Kaufpreises in Höhe von 70.000 EUR verlangen (§ 433 Abs. 2). Freilich ist die Durchsetzbarkeit dieses Zahlungsanspruchs – wie auch die aller sonst in Betracht kommenden Geldansprüche – wegen der finanziellen Situation des K (Zahlungsverzug gegenüber mehreren Schuldnern) zweifelhaft. **63**

2. Anspruch auf Herausgabe des bei der Veräußerung der Bleche erzielten Erlöses

a) Anspruch aus **§§ 687 Abs. 2, 681 Satz 2, 667:** Mit der Veräußerung der Rohstoffe hat K mangels Veräußerungsbefugnis (siehe Rn. 29) ein objektiv fremdes Geschäft als sein eigenes behandelt. Für § 687 Abs. 2 ist aber weiter Voraussetzung, dass der Geschäftsführer das Bewusstsein der Fremdgeschäftsführung hat; fahrlässige Unkenntnis, ein fremdes Geschäft zu führen, reicht nicht aus.[48] Es ist zweifelhaft, ob K dieses Bewusstsein hatte. Aus dem Fehlen der Veräußerungsermächtigung kann nicht ohne weiteres die positive Kenntnis des K abgeleitet werden. **64**

Im Rahmen von §§ 687, 681 Satz 2, 667 wäre jedenfalls der gesamte Kaufpreis herauszugeben. **65**

b) Anspruch aus **§ 816 Abs. 1:** K hat über die Bleche verfügt. Das Rechtsgeschäft zwischen K und D war auf die Verschaffung des Eigentums gerichtet. Diese Verfügung traf K als Nichtberechtigter; das Eigentum an den Blechen hatte er mangels Bezahlung des Kaufpreises (noch) nicht erworben (§§ 929, 158 Abs. 1). Er war zur Verfügung von V weder ausdrücklich noch stillschweigend ermächtigt; infolge gutgläubigen Erwerbs durch D (§§ 929, 932 Abs. 1 BGB bzw. § 366 Abs. 1 HGB) ist die Verfügung gegenüber der V jedoch wirksam. **66**

Der Umfang des Herausgabeanspruchs erstreckt sich nach dem Wortlaut des § 816 Abs. 1 auf alles, was K durch die Veräußerung erlangt hat, also auf den gesamten, außergewöhnlich günstigen Kaufpreis.[49] **67**

3. Anspruch auf Herausgabe des Erlöses aus der Veräußerung der Metalltore an die Stadt M

a) Anspruch aus **§§ 687 Abs. 2, 681 Satz 2, 667:** Hier stellt sich die Frage, ob die Veräußerung der (sicherungsübereigneten) Tore ein objektiv fremdes Geschäft für K darstellt. Dies ließe sich noch unter Hinweis darauf bejahen, dass es Sache der V sei, Sicherungseigentum unter Vereinbarung eines Abtretungsausschlusses zu veräußern. Der Begründetheit des Anspruchs wird aber letztlich entgegenstehen, dass aus der Vereinbarung des Abtretungsverbotes nicht das Bewusstsein der Fremdgeschäftsführung abgeleitet werden kann. **68**

---

[48] Palandt/*Sprau* § 687 BGB Rn. 2a.
[49] Worin das „Erlangte" i. S. d. § 816 Abs. 1 Satz 1 besteht, ist allerdings str.; dazu näher *Beuthien/Weber*, Studienkurs Ungerechtfertigte Bereicherung und Aufwendungsersatz, 2. Aufl. 1987, S. 88 ff.; *Wandt*, Gesetzliche Schuldverhältnisse, 8. Aufl. 2017, § 11 Rn. 37.

Teil 3. Mobiliarsicherheiten

69 b) **Anspruch aus § 816 Abs. 1:** Indem die M wegen Unwirksamkeit des Abtretungsverbots (§ 354a HGB) Eigentum an den Metalltoren erwerben konnte, scheidet ein Anspruch nach § 816 Abs. 1 aus.

4. Anspruch auf Schadensersatz wegen unbefugter Veräußerung der Bleche und der 40 Tore

70 In Betracht kommen Schadensersatzansprüche wegen verschuldeter Unmöglichkeit (§§ 280 Abs. 1, Abs. 3, 283) sowie aus unerlaubter Handlung (§ 823 Abs. 1).[50]

71 a) Aus der Vereinbarung mit V war K verpflichtet, im Sicherungsfalle der V entweder die Vorbehaltsware selbst, die Erzeugnisse oder die Verkaufsforderungen zur Befriedigung zu überlassen. Diese Vertragspflicht aus der Sicherungsabrede ist dem K infolge der Verfügung über die Bleche bzw. über die 40 Tore nachträglich unmöglich geworden (§ 275 Abs. 1). D hat an den Blechen Eigentum erworben, die Forderung aus dem Verkauf ist erloschen.

72 Allerdings kann K hinsichtlich der 40 Tore infolge der Unwirksamkeit des Abtretungsverbots die (noch bestehende) Forderung der V verschaffen.

73 K hat die Unmöglichkeit vorsätzlich (§ 276 Abs. 1) herbeigeführt. Er kannte und wollte den (rechtswidrigen) Erfolg. Selbst wenn K das zum Vorsatz notwendige Bewusstsein der Rechtswidrigkeit gefehlt hat, so beruht dieser Rechtsirrtum zumindest auf Fahrlässigkeit (§ 276 Abs. 1 und 2). K hätte die Rechtslage vor Veräußerung gründlich prüfen und notfalls Erkundigungen einziehen müssen.

74 Ob und in welcher Höhe der V durch die Verfügungen des K ein **Schaden** entstanden ist, kann nicht abschließend beurteilt werden. Kein Schaden dürfte durch die Verfügung über die Tore eingetreten sein, da diese von V vindiziert und verwertet werden können. Möglich erscheint dagegen die Entstehung eines Schadens infolge der Verfügung über die Bleche. V kann diese weder von D vindizieren noch von diesem Bezahlung des Kaufpreises verlangen.

75 b) Eine Eigentumsverletzung i. S. d. § 823 Abs. 1 enthält die gegenüber V wirksame Verfügung über die Bleche. Hinsichtlich des Verschuldens und eines kausalen Schadens gilt dasselbe wie für den Anspruch wegen nachträglicher zu vertretender Unmöglichkeit.

5. Anspruch auf Herausgabe der 80 noch bei K lagernden Metalltore (§ 985)

76 a) Die Rechtslage hinsichtlich des Eigentums an diesen Toren hat sich zunächst ebenso entwickelt wie bei den 40 an die Stadt M veräußerten Toren: Die V hat auflösend bedingtes **Sicherungseigentum** an den Toren erworben.

77 b) K ist unmittelbarer Besitzer der Tore (§ 854 Abs. 1). Ein **Recht zum Besitz**, das ihn berechtigen könnte, die Herausgabe der Tore zu verweigern (§ 986 Abs. 1), steht ihm nicht zu. Zwar haben K und V hinsichtlich eines Besitzrechts an den Erzeugnissen keine ausdrückliche Vereinbarung getroffen, doch muss das, was im Zweifel für die Ausübung des Rücktrittsrechts aufgrund des Eigentumsvorbehalts an den Rohstoffen gegolten hätte (§§ 449 Abs. 2, 323 ff.), entsprechend für das Sicherungseigentum an den Produkten gelten (§ 157): Kommt K seiner Zahlungspflicht nicht pünktlich nach, soll das Recht zum Besitz erlöschen und V zur Verwertung berechtigt sein. Da K nach Fälligkeit den Kaufpreis nicht bezahlt hat, ist der Sicherungsfall eingetreten.

---

[50] Diese Ansprüche konkurrieren mit dem Anspruch aus § 816 Abs. 1. Die Probleme im Rahmen dieser Anspruchsgrundlagen sind nicht typische des Kreditsicherungsrechts. Daher wurde auf eine eingehende Behandlung verzichtet. Ansprüche aus § 280 Abs. 1 kommen neben den gesetzlichen Vorschriften über die Leistungsstörung nicht zum Zuge.

c) Die V ist berechtigt, die 80 Tore herauszuverlangen. Sie darf die Tore aber nicht ohne weiteres behalten, sondern ist – soweit zu ihrer Befriedigung erforderlich – zu ordnungsgemäßer Verwertung berechtigt und verpflichtet.

6. Anspruch auf Herausgabe der 60 bei K lagernden Garagentore mit Holzfüllung (§ 985)

a) Gegenüber der Rechtslage bei den Metalltoren besteht bei den Holztoren die Besonderheit, dass **uneingeschränkte Verarbeitungsklauseln**[51] **zweier Lieferanten miteinander zusammentreffen.**

Diejenige Auffassung, die § 950 zur Disposition der Parteien stellt, will in diesem Falle § 947 unmittelbar anwenden. H und V würden danach Miteigentumsanteile an den Holztoren (und zwar an jedem einzelnen Tor) von 3/5 bzw. 2/5 erworben haben.[52] Nach der Meinung, die der Vereinbarung über die Herstellereigenschaft ausschlaggebende Bedeutung beimisst, soll § 947 entsprechende Anwendung finden. Wenn eine ausdrückliche Übereinstimmung der Lieferanten, bei der Verarbeitung Mithersteller sein zu wollen, nicht besteht, soll die Auslegung der Verarbeitungsklauseln dazu führen, dass sie auch mit einer Beteiligung anderer als „Mithersteller" einverstanden sind, sofern die eigenen berechtigten Sicherungsbelange nicht gefährdet werden und die konkurrierenden Lieferanten durch den Beitrag von Sachleistungen ihrerseits das Produkt fördern.[53]

Hält man dagegen eine Sicherung des Rohstofflieferanten über den Eigentumsvorbehalt an den gelieferten Waren hinaus nur durch vorweggenommenes Besitzkonstitut für möglich, so bestimmen sich die Rechte der V und H nach den **Grundsätzen über das Zusammentreffen mehrerer Sicherungsübereignungen.**[54]

Die Eigentumsübertragung zukünftig erst entstehender Sachen mittels vorweggenommenen Besitzkonstituts kann erst im Zeitpunkt der Entstehung der Sache wirksam werden. Deshalb muss der Übereignungs- und Besitzmittlungswille noch im Zeitpunkt der Entstehung der neuen Sache bestehen. Das Verhältnis zweier (antezipierter) Sicherungsübereignungen bestimmt sich also nicht nach der zeitlichen Priorität der Einigung, sondern nach dem **konkreten Übertragungswillen im Zeitpunkt der Entstehung der Sache.**

Darüber, worauf der Wille der Beteiligten in diesem Zeitpunkt gerichtet war, enthält der Sachverhalt keine Angaben. Der Wille ist daher unter Berücksichtigung aller Umstände zu ermitteln. Nach dem Wortlaut der Vereinbarungen kam es den Rohstofflieferanten – zumindest im Zeitpunkt des Abschlusses der Vereinbarung – darauf an, alleiniges Sicherungseigentum an den herzustellenden Sachen zu erwerben. Auch der Wille des K kann bei der zeitlich früheren Vereinbarung[55] auf die Übertragung des Alleineigentums gerichtet gewesen sein. Bei Abschluss der nachfolgenden Vereinbarung kann ein solcher Wille – wegen der Unmöglichkeit zweimaliger Sicherungsübereignung derselben Sache – nicht auch für die Einigung mit diesem Lieferanten bestanden haben. Da andererseits für eine Absicht, einen Lieferanten zu bevorzugen, keinerlei Anhaltspunkte gegeben sind, liegt die Annahme nahe, dass der Wille des K, nachdem er zur Herstellung Rohstoffe beider Liefe-

---

[51] Zu den verschiedenen Arten beschränkter Verarbeitungsklauseln *Serick* BB 1972, 277; *Leible/Sosnitza* JuS 2001, 449, 455.
[52] Die Voraussetzungen des § 947 Abs. 2 liegen nicht vor: Weder die Holzfüllung noch die Metallkonstruktion des Tores kann als Hauptsache angesehen werden.
[53] *Möhring* NJW 1960, 697, 701; *Baur/Stürner* § 53 Rn. 22.
[54] BGH WM 1960, 1223, 1227; RGRK/*Pikart,* 12. Aufl. 1979, § 930 BGB Rn. 29; *Westermann/Gursky/Eickmann* § 53 Rn. 20 ff.
[55] Der Sachverhalt sagt nicht, ob die Vereinbarung mit V oder mit H zeitlich früher geschlossen worden ist.

ranten verwendet hat, darauf gerichtet war, beiden **gemeinschaftliches Sicherungseigentum nach Bruchteilen** (im Verhältnis des Einkaufswertes[56] der beigesteuerten Stoffe) zu übertragen.

84 Fraglich ist, ob ein hiermit übereinstimmender Wille der Rohstofflieferanten bestanden hat. Das wäre dann der Fall, wenn die Einigungserklärung der Lieferanten dahin ausgelegt werden könnte (§ 133), dass sie im Falle der Verarbeitung ihrer Stoffe mit den Rohstoffen anderer Lieferanten auch mit dem Erwerb eines Miteigentumsanteils einverstanden sein würden. Dies kann mangels entgegenstehender Anhaltspunkte deshalb angenommen werden, weil das berechtigte Sicherungsinteresse eines Lieferanten nicht über den Wert der von ihm gelieferten Rohstoffe hinausgeht. Diesem Interesse wird aber genügt, wenn er zur Sicherheit einen Miteigentumsanteil am Produkt in der Höhe erwirbt, der dem Verhältnis des Wertes der von ihm beigesteuerten Rohstoffe zum Wert der fremden Rohstoffe entspricht.

85 Diesem Ergebnis steht auch nicht der **Bestimmtheitsgrundsatz des Sachenrechts** entgegen. Der Bestimmtheitsgrundsatz verlangt, dass bei einer Übereignung nach §§ 929, 930 die Sache durch die Vereinbarung der Parteien hinreichend individualisiert ist. Der Grund hierfür liegt im sachenrechtlichen Spezialitätsprinzip und darin, dass für die Eigentumsübertragung die Besitzverschaffung erforderlich ist. Ein Besitzmittlungsverhältnis kann aber nur an konkret bestimmten Sachen begründet werden. Da Miteigentümern nur Mitbesitz (§ 866) an der ganzen Sache, nicht Bruchteilsbesitz, zustehen kann, die ganze Sache aber bestimmt ist, können die Miteigentümer mittelbaren gemeinschaftlichen Besitz an den Toren erlangen. Hinsichtlich der Miteigentumsanteile ist es ausreichend, dass diese im Zeitpunkt des Eigentumsübergangs bestimmbar sind. V und H haben danach Miteigentum an jedem der Holztore von 2/5 bzw. 3/5 erworben.

86 Wären die miteinander unvereinbaren Verarbeitungsklauseln in **AGB** der beiden Lieferanten V und H enthalten gewesen, so hätte sich an diesem Ergebnis nichts geändert. Selbst wenn man die Klauseln ob ihres Totalitätsanspruchs wegen Verstoßes gegen § 307 als unwirksam ansehen wollte[57] und eine geltungserhaltende Reduktion ablehnt,[58] hätte doch die ergänzende Vertragsauslegung[59] – gestützt auf die zuvor entwickelten Überlegungen – zur Miteigentumslösung geführt. An sich tritt an die Stelle der (angenommen nichtigen) Verarbeitungsklausel nach § 306 Abs. 2 das dispositive Recht. Da dieses jedoch im Gefolge eines Eigentumsvorbehalts bei Verarbeitung keine „Ersatzlösung" bereit hält, hätten die Lieferanten mit der Verarbeitung jegliche Sicherheit eingebüßt. Das würde für sie eine „unzumutbare Härte" darstellen. Deshalb müsste gem. § 306 Abs. 3 eigentlich Nichtigkeit der (bedingten) Übereignung an K überhaupt angenommen werden, was freilich wiederum den Interessen des K nicht entspräche. Um dieser Zwickmühle zu entrinnen, ist hier die ergänzende Vertragsauslegung gerechtfertigt.

87 b) K ist im Besitz der Tore. Ein **Recht zum Besitz** (§ 986 Abs. 1) steht ihm wegen der Fälligkeit beider Kaufpreisforderungen weder gegenüber der V noch gegenüber der Firma H zu.

88 c) Die V kann als Miteigentümerin den Anspruch auf Herausgabe (§ 985) nach § 1011 nur gem. § 432 geltend machen, Herausgabe nur an sich und H gemeinsam verlangen. Der Anspruch auf Aufhebung der Gemeinschaft (§ 749 Abs. 1) ließe sich durch Teilung in Natur (§ 752) realisieren. V stünden von der Gesamtzahl der Tore 24 Stück für die Verwertung zur Verfügung.

---

[56] Auf diesen Rechnungswert, nicht auf einen schwer zu ermittelnden „objektiven" Wert kommt es an, vgl. BGH NJW 1964, 149, 150.
[57] *Pottschmidt/Rohr* Rn. 434 (zu § 3 AGBG).
[58] BGHZ 84, 109, 116.
[59] Vgl. BGHZ 90, 69, 75; *Lindacher* BB 1983, 154, 158.

C. Schwächen des (einfachen) Eigentumsvorbehalts

Die Schwäche des Eigentumsvorbehalts liegt vor allem darin, dass er nur solange besteht, als die Kaufsache sich unverändert beim Käufer (K) befindet. **Verarbeitet** K die Vorbehaltssache zu einem neuen Gegenstand, greift § 950 Platz.[60] **Veräußert** K die Vorbehaltssache weiter, so wird der Erwerber, wenn nicht schon nach § 185 Abs. 1 (Einwilligung des V), so doch zumeist nach §§ 932 ff. (gutgläubiger Erwerb) Eigentum erlangen. Ist K Produzent oder Zwischenhändler, so sind die genannten Tatbestände regelmäßig vorhersehbar. Noch mehr: sie sind geradezu Voraussetzung dafür, dass K wirtschaftlich in die Lage versetzt wird, seine Verpflichtung aus dem Kaufvertrag zu erfüllen. In all diesen Fällen fordert das Sicherungsbedürfnis des V, die Wirkungen des Eigentumsvorbehalts faktisch auf die „Surrogate" (Erzeugnisse und Forderungen aus Weiterverkauf) zu erstrecken. 89

Der (einfache) Eigentumsvorbehalt ist weiter wegen seiner engen Beziehung zur Kaufpreisforderung ein nur beschränktes Sicherungsmittel. Wird der **Kaufpreis** für die Vorbehaltssache **bezahlt,** so tritt die Bedingung für den Eigentumsübergang ein, der Vorbehalt erlischt. Unmaßgeblich ist, ob und in welchem Maße zwischen den Parteien Forderungen aus anderen Rechtsverhältnissen offen sind. 90

D. Modifizierte Formen des Eigentumsvorbehalts

I. Verlängerter Eigentumsvorbehalt

Das praktisch wohl verbreitetste Instrument, die Wirkungen des Eigentumsvorbehalts über Verarbeitung und Veräußerung hinauszuretten, ist der verlängerte Eigentumsvorbehalt. Hiervon spricht man, wenn sich der Kreditgeber künftige Sicherheiten verschafft, die an die Stelle des ursprünglichen Eigentumsvorbehalts treten sollen. Ein erweiterter Eigentumsvorbehalt liegt dagegen vor, wenn neben der zunächst gesicherten Forderung weitere Ansprüche gesichert werden (siehe hierzu auch § 8 Rn. 87 ff.). 91

Bei **Verarbeitung** kann V weitergehende Sicherung nur am Erzeugnis erlangen. Die konstruktiven Wege hierzu wurden in Rn. 46 ff. dargestellt. Schlagwortartig lauten sie: Abbedingung von § 950 Abs. 1, Herstellung für den Vorbehaltslieferanten oder (nach hier vertretener Auffassung zutreffend) **Sicherungsübereignung** des Produkts. 92

Veräußert K die Vorbehaltssache **weiter,** so bietet sich als neues Sicherungsobjekt die Forderung an, die der Vorbehaltskäufer gegen den Abkäufer erlangt. Verwendet K die Sache im Rahmen der Erfüllung eines Werkvertrages, so gilt Entsprechendes für die Werklohnforderung. 93

Eine Forderung kann auf zweierlei Weise als Sicherungsmittel verwendet werden. An ihr kann ein **Pfandrecht** bestellt werden (§ 1273 Abs. 1). Die Verpfändung bedarf allerdings der Anzeige an den Schuldner (§ 1280), deshalb ist diese Form der Sicherung wenig beliebt. Eine Forderung kann ferner zur Sicherheit abgetreten werden. Die **Sicherungszession** richtet sich nach § 398, d.h. sie erfolgt durch (dinglichen) Vertrag zwischen Zessionar und Zedenten. Eine Anzeige an den Schuldner oder gar dessen Zustimmung ist nicht notwendig. Diese Form der Sicherung ist für den dargestellten Zweck der „Verlängerung des Eigentumsvorbehalts" besonders geeignet, weil auch künftige Forderungen abgetreten werden können (siehe dazu ausführlich § 10 Rn. 18 ff.) und im Zeitpunkt 94

---

[60] Zum Erlöschen des Eigentumsvorbehalts führen ferner die Verbindung (§§ 946, 947) und die Vermischung (§ 948) der Vorbehaltssache mit anderen Sachen.

der Vereinbarung eines verlängerten Eigentumsvorbehalts die Forderung aus dem Weiterverkauf stets eine zukünftige ist.

95 **Beide Formen** der Verlängerung können auch **kombiniert** werden. Das wird immer dann notwendig sein, wenn ein Käufer Vorbehaltsgut zur Verarbeitung erwirbt, um es erst hernach weiter zu veräußern. Eine Kombination ergibt sich auch, wenn hinter die Sicherungszession eine Sicherungsübereignung des vom Abkäufer (Besteller) gezahlten Kaufpreises (Werklohns) gesetzt wird.

96 **Fall 2:** Angenommen im Garagentor-Fall (siehe Rn. 15) hätte K die 60 Garagentore mit Holzfüllung an Z verkauft, den Kaufpreis jedoch noch nicht erhalten. Wem stünde die Kaufpreisforderung zu?

97 Sowohl V wie H haben sich die Kaufpreisforderung im Voraus abtreten lassen. Anders als beim Zusammentreffen mehrerer antezipierter Übereignungen kann hier an sich der Prioritätsgrundsatz (siehe § 10 Rn. 47 ff.) Platz greifen, weil eine Vorausabtretung bindend, die Willensrichtung des Zedenten bei Entstehung der Forderung daher gleichgültig ist. Danach wäre nur die früher vereinbarte Abtretung wirksam.

98 Indes kann diese Abtretung nach § 138 Abs. 1 nichtig sein, weil sie entweder zu einer unzulässigen Übersicherung führt (siehe § 10 Rn. 40 ff.) oder den Vorbehaltskäufer gegenüber dem anderen Lieferanten zum Vertragsbruch verleitet (siehe § 10 Rn. 48 ff.).[61] Vor dem Nichtigkeitsurteil würde den Vorbehaltsverkäufer nur eine dingliche, nicht dagegen eine bloß schuldrechtliche Verzichtsklausel (siehe § 10 Rn. 58 ff.) bewahren; der Verkäufer verdient insoweit keine bessere Behandlung als eine Bank, die sich Forderungen im Voraus zedieren lässt, die im Wege des verlängerten Eigentumsvorbehalts an den Lieferanten abzutreten sind.[62]

99 Die unwirksame Vollabtretung kann dann jedoch gem. § 140 in eine Teilabtretung umgedeutet werden, die dem Erstzessionar den Teil der Kaufpreisforderung verschafft, der seinem Miteigentumsanteil an den verkauften Garagentoren entspricht; der Rest der Forderung fällt dem anderen Lieferanten zu.[63]

II. Nachgeschalteter Eigentumsvorbehalt

100 Hiervon spricht man, wenn K, ohne den Eigentumsvorbehalt offen zu legen, die Sache seinerseits unter Eigentumsvorbehalt veräußert.[64] Häufig ist die Verfügungsbefugnis des K auf eine Weiterveräußerung unter dieser Voraussetzung beschränkt. Darüber hinaus steht es dem Vorbehaltskäufer frei, sich zur eigenen Sicherung gegenüber seinem Abkäufer das Eigentum vorzubehalten. Bei nachgeschaltetem Eigentumsvorbehalt verliert V das Eigentum, wenn entweder K an V oder der Abkäufer an K den Kaufpreis bezahlt, dagegen tritt der Eigentumsverlust nicht schon mit der bedingten Weiterveräußerung ein (BGH NJW 1971, 1038, 1039):

„Bezahlt zuerst der Vorbehaltskäufer den Kaufpreis an den Vorbehaltsverkäufer, so wird damit der Vorbehaltskäufer, sein Abkäufer jedoch erst Eigentümer, wenn er seinerseits den Kaufpreis an den Vorbehalts-

---

[61] *Bülow* Rn. 1655.
[62] Siehe dazu § 10 Rn. 62 ff. – A.A. BGHZ 94, 105, 115 (schuldrechtliche Freigabeklausel reiche aus, um im Verhältnis zwischen Vorbehaltsverkäufer und -käufer eine unangemessene Beeinträchtigung i. S. d. § 307 zu verhindern).
[63] I. Erg. ähnlich BGHZ 79, 16, 18 ff. – A.A. *Bülow* Rn. 1736 (die dort als „systemimmanent" bezeichneten Bedenken gegen das Teilungsprinzip betreffen jedoch nur das Verhältnis zwischen Geld- und Warenkreditgeber, nicht jedoch das Verhältnis mehrerer Warenkreditgeber als Miteigentümer der veräußerten Ware).
[64] Palandt/*Weidenkaff* § 449 BGB Rn. 17; MünchKommBGB/*Westermann* § 449 BGB Rn. 89; *Serick* Bd. I § 5 I 3 b.

käufer zahlt. Bezahlt jedoch zuerst der Abkäufer den Kaufpreis an den Vorbehaltskäufer, so wird, weil der Vorbehaltsverkäufer in die bedingte Übereignung an den Abkäufer eingewilligt hat, gem. §§ 185 Abs. 1, 158 Abs. 1 der Abkäufer mit der Zahlung Eigentümer."

III. Weitergeleiteter Eigentumsvorbehalt

Er ist von eher rechtlich-konstruktivem als praktischem Interesse: Hier verpflichtet sich K gegenüber V, nur in der Weise über die Sache weiterzuverfügen, dass V Vorbehaltseigentümer bleibt. Das kann dadurch erreicht werden, dass der Käufer sein Anwartschaftsrecht an den Abkäufer überträgt, aber auch dadurch, dass er mit Einwilligung des Vorbehaltsverkäufers (§ 185 Abs. 1) dessen Eigentum überträgt, wobei allerdings zur Bedingung des Eigentumsübergangs sowohl die Bezahlung des Kaufpreises an K (durch den Abkäufer) als auch die Begleichung durch K (gegenüber V) gemacht wird (§ 158 Abs. 1). 101

IV. Kontokorrent- und Konzernvorbehalt

Die Verknüpfung von Eigentumsvorbehalt und gesicherter Kaufpreisforderung zu durchbrechen, dienen zwei einander ähnliche Formen des erweiterten Eigentumsvorbehalts: der Kontokorrent- und der Konzernvorbehalt. 102

1. Der Kontokorrentvorbehalt

Beim **Kontokorrentvorbehalt** erlischt der Eigentumsvorbehalt erst, wenn alle oder ein bestimmter Teil von Forderungen aus einer Geschäftsverbindung beglichen sind. Liegt der Geschäftsverbindung keine Kontokorrentabrede i. S.v. § 355 HGB zugrunde, so kann man auch von einem **Globalvorbehalt** sprechen.[65] 103

Die Rechtsprechung hat diese Ausdehnung des Eigentumsvorbehalts gebilligt (RGZ 147, 321, 325 f.): 104

„In der Regel wird [der Eigentumsvorbehalt] der Sicherung der Forderung aus dem zugrunde liegenden Schuldverhältnisse dienen, beim Kauf einer beweglichen Sache also der Sicherung des Anspruchs auf Zahlung des Kaufpreises. In seinen Bereich kann aber auch die Sicherung von Ansprüchen fallen, die ihren Entstehungsgrund in anderen Rechtsgeschäften der Vertragsschließenden haben. Die Vertragsschließenden sind also bei der Vereinbarung des Eigentumsvorbehalts in der Bestimmung der Tatsache, von deren Eintritt das Erlöschen des Vorbehalts abhängig sein soll, grundsätzlich frei.

Die Vorschrift des § 455 [Anm.: nunmehr § 449] steht dem nicht entgegen. Sie stellt nur eine Auslegungsregel dar für den Fall, daß der Übergang des Eigentums von der Bezahlung des Kaufpreises gerade der zu übereignenden Sache abhängig gemacht worden ist. Sie berechtigt aber nicht zu dem Schluß, daß der Erwerb des Eigentums beweglicher Sachen nicht an eine andere, weitergehende Bedingung geknüpft werden kann."

Der BGH hat den Standpunkt des RG grundsätzlich übernommen, will dem Kontokorrentvorbehalt allerdings dann die Anerkennung versagen, wenn seine Ausdehnung auf andere Forderungen dem Sinn eines Kaufvertrages widerspricht und sich als Missbrauch der Vertragsfreiheit darstellt.[66] 105

In der Literatur[67] sind Bedenken gegen eine derart weite Ausdehnung des Eigentumsvorbehalts geltend gemacht worden, weil damit der innere Zusammenhang zwischen Sicherungsmittel und gesicherter Forderung gelöst wird. Allerdings lassen sich die Bedenken nicht darauf stützen, dass 106

---

[65] So *Braun* S. 52. Zum Ganzen auch MünchKommBGB/*Westermann* § 449 BGB Rn. 76.
[66] BGH WM 1971, 347, 348; NJW 1978, 632 f. m.w.N.; *Weber/Weber* § 10 I (S. 169).
[67] *Larenz* SchuldR II/1 § 43 II e 4. – Zum Meinungsstand siehe ferner *Braun* S. 85 ff.; *Drobnig* S. F 48 ff.; *Reinicke/Tiedtke*, Kaufrecht, 8. Aufl. 2009, Rn. 1344 ff.

die Sache überhaupt als Sicherheit eingesetzt wird. Der Käufer könnte sie ja auch – schon jetzt im Voraus für die Zeit nach der Zahlung des Kaufpreises – dem Verkäufer zur Sicherheit für andere Forderungen übereignen. In der Tat entspricht die Sicherung durch den Kontokorrentvorbehalt eher dem Bild einer **Sicherungsübereignung.** Für den Insolvenzfall hat man hieraus Konsequenzen gezogen und diese Art des Vorbehalts einer Sicherungsübereignung[68] gleichgestellt, wenn die Sicherheit für andere als die ursprüngliche Kaufpreisforderung in Anspruch genommen wird.[69] Gleiches gilt auch für den verlängerten Eigentumsvorbehalt (siehe § 12 Rn. 17f.): Hier besteht ebenfalls nur ein Absonderungsrecht an der hergestellten Sache bzw. an der zur Sicherheit abgetretenen Forderung.[70]

107 Im Einzelnen ist zu unterscheiden, ob der Kontokorrentvorbehalt nur zugunsten schon bestehender oder ob er auch zugunsten künftiger, im Rahmen der Geschäftsverbindung erst entstehender Forderungen vereinbart wird. Das hat Bedeutung für die Frage, wann der Vorbehalt erlischt. Im **ersten Fall** geschieht dies, wenn sämtliche bei Begründung des Eigentumsvorbehalts tatsächlich schon bestehende Forderungen getilgt werden.

108 Im **zweiten Fall** kann entweder gemeint sein, der Eigentumsvorbehalt solle erst erlöschen, wenn alle aus der Geschäftsverbindung auch in Zukunft noch entspringenden Forderungen des Verkäufers erfüllt sein werden und neue Forderungen daraus nicht mehr erwachsen können, praktisch also erst nach dem Ende der Geschäftsverbindung. Denkbar ist jedoch auch, dass der Vorbehalt bereits bei Saldoausgleich erlöschen soll, also zwar erst, aber auch schon, wenn dem Verkäufer keine Forderungen – egal wann sie entstanden sind – aus der Geschäftsverbindung mehr zustehen, ohne Rücksicht darauf, ob später solche Forderungen wieder entstehen können.

109 Gegen die Wirksamkeit der erstgenannten Deutungsalternative sprechen eine Reihe von Gesichtspunkten:[71] (1.) Auf das Ende der Geschäftsverbindung für das Erlöschen des Vorbehalts abzustellen, führt zu Unklarheiten, weil der entsprechende Zeitpunkt vielfach nicht sicher zu ermitteln und damit die dingliche Rechtslage nicht klar erfassbar ist. (2.) Das Sicherungsbedürfnis des Verkäufers ist erschöpft, wenn alle seine Forderungen beglichen sind; entsteht durch weitere Lieferungen ein neues Sicherungsbedürfnis, so kann es durch die jeweilige Vereinbarung eines neuen Vorbehalts für die weiteren Lieferungen abgedeckt werden. Für sonstige nennenswerte, nicht aus Warenlieferungen entstehende neue Ansprüche (z. B. für Reparaturleistungen) muss eine andere Sicherung gefunden werden (z. B. gesetzliches oder vertragliches Werkunternehmerpfandrecht). (3.) Wird der Kontokorrentvorbehalt in AGB vereinbart, gerät die Klausel zwar weder in der einen noch in der anderen Auslegungsalternative mit § 307 in Kollision,[72] sofern man dem Vorbehalt lediglich die Wirkungen einer Sicherungsübereignung zuerkennt, wenn er für andere Forderungen in Anspruch genommen wird; jedoch gibt § 305c Abs. 2 im Zweifel den Ausschlag für die engere, auf den Saldoausgleich abstellende Auslegung. (4.) Beschränkt man danach den Kontokorrentvorbehalt auf diese Alternative, so läuft man auch nicht Gefahr, in die Reichweite des § 138 Abs. 1 zu geraten. – Diese Lösung entspricht denn auch weithin der Judikatur und der Literatur.[73]

---

[68] Sie berechtigt in der Insolvenz nur zur Absonderung, nicht zur Aussonderung; siehe § 12 Rn. 11.
[69] BGH WM 1971, 347, 348; NJW 1986, 2948. – Das gilt selbst dann, wenn die ursprüngliche Kaufpreisforderung erst vom Insolvenzverwalter (voll) beglichen wird, vgl. *Marotzke* S. 174ff.; a.A. *Jaeger/Henckel* § 51 InsO Rn. 30; *Serick* Bd. V § 68 III 2 b.
[70] BGHZ 189, 1 Rn. 15.
[71] Dazu *Braun* S. 88f.
[72] So aber OLG Frankfurt NJW 1981, 130 (das die Unwirksamkeit der Klausel nach § 307 Abs. 2 Nr. 2 im Verhältnis zum Verbraucher bejaht, weil der Vorbehalt die Erreichung des Kaufvertragszwecks gefährde).
[73] Vgl. die Nachweise in Fn. 66f.

§ 7. Eigentumsvorbehalt

2. Der Konzernvorbehalt

Noch weiter geht der **Konzernvorbehalt**. Er soll nicht nur Forderungen des Vorbehaltsverkäufers selbst, sondern auch Forderungen von Gläubigern sichern, die zum Konzern des Vorbehaltseigentümers gehören. Der Konzernvorbehalt schränkt in der Regel weitgehend die wirtschaftliche Bewegungsfreiheit des Vorbehaltskäufers ein und wurde daher schon früher für sittenwidrig und nichtig erachtet (§ 138 Abs. 1).[74] Dieses Resultat folgt mittlerweile aus der expliziten Regelung der §§ 449 Abs. 3, 134. 110

E. Eigentumsvorbehalt und Verjährung

Fall 3: V hat K unter Eigentumsvorbehalt einen Teppich verkauft und übergeben. Auf den Kaufpreis von 3.000 EUR hat K trotz mehrfacher Mahnung nur 1.000 EUR angezahlt. Als V drei Jahre nach Abschluss des Kaufvertrages den Restbetrag einklagt, beruft sich K auf Verjährung (§ 214 Abs. 1 i.V.m. § 438 Abs. 1 Nr. 3, Abs. 2). Kann V nunmehr unter Berufung auf den Eigentumsvorbehalt den Teppich herausverlangen? Steht K dann umgekehrt ein Anspruch auf Rückzahlung der 1.000 EUR zu? 111

I. Herausgabeanspruch des Verkäufers

Anspruchsgrundlage ist § 985. Fraglich ist, ob das **Besitzrecht (§ 986)**, das K aufgrund des Kaufvertrages erlangt hatte (siehe Rn. 4), entfallen ist, weil er sich nach der Verjährung der Kaufpreisforderung zu zahlen geweigert hat. Die Lösung hängt mit der schon hervorgehobenen Tatsache (siehe Rn. 2) zusammen, dass der Eigentumsvorbehalt wirtschaftlich gesehen die Forderung des Verkäufers sichert, rechtlich dagegen ihm für den Fall der Rückabwicklung des Kaufvertrages seinen Herausgabeanspruch aus § 985 erhält. Der bis zur Schuldrechtsmodernisierung 2001 geführte Streit, ob § 223 a.F. analog auf den Eigentumsvorbehalt angewandt werden konnte,[75] ist obsolet:[76] Kraft ausdrücklicher Anordnung in § 216 Abs. 2 Satz 2 verliert der Eigentumsvorbehalt durch die Verjährung der Kaufpreisforderung seine Wirkung nicht.[77] Ein Rücktritt bleibt daher in Abweichung von § 218 auch bei Verjährung möglich (§ 218 Abs. 1 Satz 3 i.V.m. § 216 Abs. 2 Satz 2). 112

II. Rückzahlungsanspruch des Käufers

Problematisch ist, ob nunmehr auch der Verkäufer zur Rückzahlung der bereits erhaltenen Kaufpreisraten verpflichtet ist.[78] Würde die Rücknahme der Sache den Kaufvertrag unberührt lassen, so wäre der Verkäufer berechtigt, die Raten zu behalten.[79] Dann würde aber auch die Verkäuferpflicht fortbestehen, die Sache dem Käufer zu liefern und zu übereignen. Der Käufer könnte jederzeit seinen Anspruch (Zug um Zug gegen Zahlung des Restkaufpreises, § 320 Abs. 1 Satz 1) geltend machen. Die Fortdauer der Leistungsbereitschaft ist dem Verkäufer aber nach der Zahlungsverweigerung des Käufers nicht mehr zumutbar. Daher ist anzunehmen, dass seine Leistungspflicht 113

---

[74] *Drobnig* S. F 50 f. Großzügiger dagegen *Serick* Bd. V § 59 IX.
[75] So BGHZ 34, 191, 195; 70, 96, 98 (in Abgrenzung zu BGHZ 54, 214); siehe auch *Rimmelspacher*, Kreditsicherungsrecht, 2. Aufl. 1987, Rn. 214.
[76] Siehe die Darstellung in der Regierungsbegründung BT-Drucks. 14/6040, S. 123 f.
[77] Zum Umfang der Verwertungsbefugnis auf der Grundlage von § 216 Abs. 2 Satz 2 *Stehle* JURA 2005, 78, 79 f.
[78] Verneint von BGH JZ 1979, 724, 725.
[79] So *Müller* DB 1970, 1211 f.

erloschen ist. Dieses Erlöschen ist weder vom Käufer i.S.v. § 276 Abs. 1 zu vertreten, weil dieser sich nur auf das ihm zustehende Leistungsverweigerungsrecht berufen hat, noch gar vom Verkäufer. Die Rechtslage ist also hinsichtlich der Verkäuferverpflichtung dem Fall der beiderseits unverschuldeten nachträglichen Unmöglichkeit (§ 275 Abs. 1) vergleichbar. Das Schicksal des Gegenanspruchs – der Kaufpreisforderung – bestimmt sich deshalb nach § 326 Abs. 1 Satz 1. Dabei ist nach § 346 Abs. 1 ggf. die Tatsache zu berücksichtigen, dass der Käufer Nutzungen aus dem Gebrauch der Sache gezogen und diese eine Wertminderung erlitten hat.[80]

114 Die Vorschrift des § 216 steht dieser Lösung nicht entgegen. Denn sie will den Verkäufer trotz Verjährung „nur" seine Sicherheit – d.h. sein vorbehaltenes Eigentum – realisieren lassen, ihm aber nicht den doppelten Vorteil verschaffen, die Sache zurückzubekommen und den bezahlten Kaufpreisanteil behalten zu dürfen. Im Gegenteil zeichnen sich die Fälle des Pfandrechts (§ 216 Abs. 1) und der Sicherungsübertragung (§ 216 Abs. 2 Satz 1) ja gerade dadurch aus, dass bei der Durchsetzung des Sicherungsrechts eine Anrechnung auf die (gesicherte, aber verjährte) Forderung unter Berücksichtigung der bereits erbrachten Teilleistungen stattfindet und ein etwaiger Erlösüberschuss an den Sicherungsgeber auszukehren ist. Bei der Realisierung des Eigentumsvorbehalts erhält der Verkäufer den gesamten Wert des Sicherungsobjekts zurück, sodass die bisher vom Käufer gezahlten Kaufpreisraten einem „Übererlös" gleichkommen, der entsprechend der Lösung bei Pfand und Sicherungsübertragung an den Käufer zurückzugeben ist.

115 Wollte man dies ablehnen, so tauchte noch ein anderes Bedenken auf. Die Rücknahme der Sache ohne Konsequenzen für die gezahlten Kaufpreisraten zu lassen, entspräche einer Verwertung des Sicherungsgutes, wie sie bei der Sicherungsübereignung aufgrund einer rechnungsfreien Verfallklausel begegnet. Eine solche Klausel ist jedoch analog § 1229 nichtig (vgl. § 9 Rn. 71 ff.). Deshalb muss die „rechnungsfreie Verwertung" in Form der folgenlosen Rücknahme auch beim Eigentumsvorbehalt ausscheiden.

116 Schließlich führt die hier vertretene Lösung auch zu einer wünschenswerten Parallele mit der Abwicklung des Kaufvertrages nach Rücktritts- oder Schadensersatzrecht (§§ 437 Nr. 2, 323 bzw. §§ 437 Nr. 3, 280 Abs. 1, Abs. 3, 281), wo der Verkäufer zur Rückzahlung der empfangenen Kaufpreisraten (§ 346 Abs. 1) oder zu ihrer Anrechnung auf seinen Schadensersatzanspruch (§ 249 Abs. 1) verpflichtet ist. Wenn aber schon in diesen, Verzug des Käufers voraussetzenden Fällen der Verkäufer nicht die Kaufsache zurückverlangen **und** die bereits gezahlten Raten behalten darf, so kann er nicht besser gestellt sein, wenn der Käufer sich auf das ihm zustehende Leistungsverweigerungsrecht aus § 214 Abs. 1 beruft.[81]

F. Exkurs: Eigentumslage bei Werkvertrag und Werklieferungsvertrag

117 **Fall 4:** Wie wäre im Garagentor-Fall (siehe Rn. 15) die eigentumsrechtliche Lage hinsichtlich von Metalltoren zu beurteilen, die Z – ebenfalls Inhaber eines Schlossereibetriebes – in Lohnarbeit für K herstellt, wenn er dabei ausschließlich von K zur Verfügung gestelltes Rohmaterial aus der Lieferung der V-AG verwendet?

---

[80] Hierauf verweisen auch *Reinicke/Tiedtke,* Kaufrecht, 8. Aufl. 2009, Rn. 247 ff.
[81] Zu eng daher BGH JZ 1979, 724, 725, der nur dem Abzahlungskäufer einen Rückzahlungsanspruch gem. § 1 (i.V.m. § 5) AbzG (jetzt: § 508 Satz 1 i.V.m. § 508 Satz 5) gewährt.

§ 7. Eigentumsvorbehalt

118 Die Verarbeitung der Rohstoffe erfolgt durch Z. Auf den ersten Blick scheint er somit nach **§ 950 Abs. 1** Eigentum an den Toren zu erwerben. **„Hersteller"** i. S. v. § 950 Abs. 1 ist aber nicht stets derjenige, der eigenhändig bewegliche Sachen anfertigt. So ist anerkannt,[82] dass nicht etwa der Fabrikarbeiter oder Handwerksgehilfe „Hersteller" der von ihm gefertigten Produkte ist, sondern der Betriebsinhaber. Auf einen entsprechenden Willen des Arbeiters, für den Betriebsinhaber herzustellen, kommt es dabei nicht an.

119 Auch das BGB geht beim **Werkvertrag** davon aus, dass nicht derjenige „Hersteller" ist, der die Verarbeitung eigenhändig ausführt, sondern derjenige, für den hergestellt wird; § 631 verpflichtet den Werkunternehmer nämlich nicht zur Übereignung des Werkes. Hieraus ergibt sich, dass das Gesetz einen originären Eigentumserwerb in der Person des Bestellers voraussetzt.

120 Um einen typischen Werkvertrag (§ 631) handelt es sich auch bei der **Lohnarbeitsvereinbarung zwischen K und Z:** K stellt die Werkstoffe zur Verfügung, Z verpflichtet sich zur entgeltlichen Schaffung eines individuellen Werkes. Eigentum an den Toren erwirbt also K. Eine Verarbeitungsklausel zwischen K und der V ändert hieran nichts. In ihr kann lediglich die Sicherungsübereignung der Erzeugnisse erblickt werden.

121 Die Lösungen beider Fallkonstellationen, die des abhängig beschäftigten Verarbeiters und die des Werkunternehmers, stellen nicht etwa eine Ausnahme oder gar einen Widerspruch zu § 950 Abs. 1 dar, sie stehen vielmehr in Einklang mit dieser Vorschrift. Wie in Rn. 54 ff. bereits dargelegt, ist die **Herstellereigenschaft** nach den Gesamtumständen, insbesondere nach dem **Interesse an der Herstellung** und nach der **Verteilung des wirtschaftlichen Risikos** zu bestimmen. Der Arbeiter in einem Betrieb entscheidet nicht über Art und Menge der ihm zur Fertigung übertragenen Sachen noch trägt er das unmittelbare wirtschaftliche Risiko ihrer Verwertung. Folglich kann als Hersteller i. S. v. § 950 Abs. 1 nur der Betriebsinhaber angesehen werden. Ebenso stellt sich die Situation beim Werkvertrag dar. Das Interesse an der Herstellung liegt beim Besteller; sollte sich das Werk als für die beabsichtigte Verwertung ungeeignet erweisen, trägt den wirtschaftlichen Verlust allein er. Von dieser beim Werkvertrag typischen Sachlage geht § 631 Abs. 1 aus und sieht als Hersteller und damit Eigentümer des Werkes den Besteller an.

122 Dieser Lösung widerspricht auch nicht die Regelung beim **Werklieferungsvertrag.** Zwar erlangt hier der Besteller, anders als beim Werkvertrag, nicht schon Eigentum mit der Herstellung der versprochenen Sache. Vielmehr verpflichtet § 651 Abs. 1 Satz 1 den Unternehmer zur Übereignung des Produkts an den Besteller nach der Herstellung. Das hat seinen Grund in der Tatsache, dass der Unternehmer eigene Stoffe zur Herstellung verwendet. Die Gegenleistung des Bestellers stellt deshalb nicht nur ein Entgelt für die Produktionsleistung des Unternehmers, sondern auch für den Wert des verwendeten Rohstoffes dar. Würde der Unternehmer nun sein Eigentum hieran schon mit der Herstellung und nicht erst mit der Zahlung des Werklohns verlieren, wäre er insoweit zu einer nicht gerechtfertigten Vorleistung verpflichtet.

---

[82] Palandt/*Herrler* § 950 BGB Rn. 6 f.

§ 8. Anwartschaftsrecht aus bedingtem Rechtserwerb

Literatur: *Armgardt,* Das Anwartschaftsrecht – dogmatisch unbrauchbar, aber examensrelevant, JuS 2010, 486; *Hoffmann,* Das mobiliarsachenrechtliche Anwartschaftsrecht in der juristischen Ausbildung, JuS 2016, 289; *Schreiber,* Anwartschaftsrechte, JURA 2001, 623.

A. Begründung – Übertragung – Pfändung – gesetzliche Pfandrechte

Das Anwartschaftsrecht des Käufers wird in Rechtsprechung und Lehre als ein echtes dingliches Recht aufgefasst, das man als „wesensgleiches Minus" gegenüber dem Eigentum ansieht.[1] Für ein Anwartschaftsrecht auf Erwerb eines dinglichen Rechts ist nach h.M. erforderlich, dass einzelne Tatbestandsmerkmale eines mehraktigen oder gestreckten Erwerbstatbestandes erfüllt sind und der Veräußerer die Rechtsposition des Erwerbers nicht mehr durch einseitige Erklärungen zerstören kann. Der Erwerb des Vollrechts hängt nur noch von der vollständigen Kaufpreiszahlung ab. Das Anwartschaftsrecht entsteht bei Fahrniserwerb bei Einschaltung einer aufschiebenden (so beim Eigentumsvorbehalt, §§ 449, 158 Abs. 1) oder auflösenden (so bei der Sicherungsübereignung, §§ 930, 158 Abs. 2, wenn vereinbart ist, dass das Sicherungseigentum bei Tilgung entfällt) Bedingung in die Einigung nach § 929 Satz 1.

1

> **Fall 1: Ebbe in der Gefriertruhe**[2]
>
> K hat vom Elektrohändler E eine Gefriertruhe unter Eigentumsvorbehalt gekauft. Die Truhe wurde in der von V gemieteten, insgesamt nur dürftig ausgestatteten Wohnung aufgestellt, in der sich aber immerhin auch ein Kühlschrank mit Gefrierfach befand. Nachdem K am 1.10. die fünfte von zehn Monatsraten à 100 EUR bezahlt hatte, ließ dessen Gläubiger G die Anwartschaft des K und gleichzeitig die Truhe für eine titulierte Forderung von 600 EUR ordnungsgemäß pfänden. K, der die Forderung des G trotz des rechtskräftigen Urteils für unbegründet hielt, nahm das Pfandsiegel alsbald wieder ab. Da sein Interesse an Gefrierkost mittlerweile jedoch erheblich gesunken war, freute er sich über das Angebot des D, ihm die Truhe für 400 EUR abzukaufen und die Zahlung der restlichen Raten zu übernehmen. K legte D zwar dar, dass er wegen des bestehenden Eigentumsvorbehalts das Eigentum nicht übertragen könne, erwähnte aber die von G veranlasste Pfändung nicht. K und D kamen daher überein, zunächst nur die Anwartschaft zu übertragen. K sollte die Truhe noch 14 Tage behalten, bis der restliche Inhalt aufgebraucht ist. D, dem die Ratenzahlungen lästig erschienen, beglich am 3.11., kurz nach Ablauf der 14 Tage, den gesamten Restkaufpreis und holte dann die Truhe bei K mit dessen Einverständnis ab. In den folgenden Tagen machen sowohl G als auch V Rechte an der Gefriertruhe geltend: G meint, D habe die Truhe an den Gerichtsvollzieher herauszugeben, damit dieser sie versteigern könne, während V sie in die Wohnung des K zurückgeschafft haben will, da K seit Juli mit der Zahlung der monatlichen Miete von 150 EUR im Rückstand sei. Wie ist die Rechtslage?

2

---

[1] BGHZ 28, 16, 21; siehe näher Rn. 11.
[2] BGH NJW 1954, 1325; BGHZ 20, 88; 35, 85.

Teil 3. Mobiliarsicherheiten

3 Probleme:

Im Mittelpunkt des Falles steht die Position des Käufers, dem – im Zuge der Erfüllung eines Kaufvertrages – die Kaufsache unter der Bedingung übertragen wurde, dass der Kaufpreis vollständig bezahlt wird. Das Eigentum steht also noch dem Verkäufer (Vorbehaltseigentümer) zu. Die Position des Vorbehaltskäufers (Anwärters) wird vielfach als **Anwartschaft** oder **Anwartschaftsrecht** bezeichnet.

Da das Gesetz die Position des Anwärters nur in einzelnen Hinsichten regelt (insbesondere in § 161), fragt es sich, ob und wieweit im Übrigen die **Vorschriften (analog) herangezogen** werden können, **die sich auf das Sacheigentum beziehen**. Diese Frage stellt sich sowohl bei rechtsgeschäftlichen Einwirkungen **(Verfügungen)** wie bei hoheitlichen Maßnahmen **(Pfändungen)** wie bei gesetzlichen Rechtsfolgeanordnungen **(Vermieterpfandrecht, Erstreckung der Hypothek auf Grundstückszubehör)**.

4 Vorüberlegungen zum Aufbau:

Teil 1: Verhältnis G – D, Anspruch auf Herausgabe gem. §§ 804 Abs. 2 ZPO, 1227, 985 BGB

    I. Überblick – Kernprobleme

        1. Einfluss der Pfandrechtstheorien auf die Lösung

        2. Die neue Diskussion um das Anwartschaftsrecht

    II. Lösung aufgrund der gemischt privatrechtlich-öffentlich-rechtlichen Theorie

        1. Die Anwartschaft als Verfügungsobjekt

        2. Gutgläubiger Erwerb der Lastenfreiheit

        3. Ergebnis

    III. Lösung aufgrund der öffentlich-rechtlichen Theorie

        1. Formelle und materielle Rechtslage

        3. Ergebnis

Teil 2: Verhältnis V – D, Anspruch auf Herausgabe gem. § 562b Abs. 2 Satz 1

    I. Entstehung des Vermieterpfandrechts (§ 562 Abs. 1 Satz 1)

        1. Pfandrecht an der Truhe

        2. Erwerb des Sachpfandrechts qua Pfandrecht an der Anwartschaft

    II. Erlöschen des Vermieterpfandrechts

Lösung:

Teil 1: Die Rechtslage im Verhältnis zwischen G und D

I. Überblick

5 Da D die formell ordnungsgemäß gepfändete Truhe in Besitz genommen hat, ist man nicht mehr geneigt, dem Gerichtsvollzieher die Befugnis zuzusprechen, die Sache dem D ohne weiteres wieder abzunehmen, um der Vollstreckung Fortgang zu geben.[3] Eine solche **Zwangsbefugnis des Gerichtsvollziehers** gegen eine Person, die nicht Vollstreckungsschuldner ist, widerspricht nämlich der rechtsstaatlichen Regel, dass hoheitliche Maßnahmen nur aufgrund Gesetzes vorgenommen werden dürfen. Die ZPO gewährt dem Gerichtsvollzieher Zwangsrechte daher nur gegenüber dem Vollstreckungsschuldner, nicht gegenüber Dritten.[4] Gibt D die Truhe nicht freiwillig heraus (vgl. § 809 ZPO), so kann der Gerichtsvollzieher sie ihm also nicht mit Gewalt wegnehmen. Vielmehr

---

[3] So die heute h. M., vgl. statt vieler *Baur/Stürner/Bruns* Rn. 28.22; *Jauernig/Berger* § 17 Rn. 18 (anders noch in der 21. Aufl. 1999, § 17 III); Thomas/Putzo/*Seiler* § 809 ZPO Rn. 3, 8. – Aus der Rspr. BGH NJW-RR 2004, 352, 353 m.w.N.

[4] *A. Blomeyer,* FG v. Lübtow, 1970, S. 807f.; *Pawlowski* AcP 175 (1975), 189ff., 196ff.; *ders.* DGVZ 1976, 33; vgl. *Baur/Stürner/Bruns* Rn. 28.10; Stein/Jonas/*Münzberg* § 808 ZPO Rn. 45ff. m.w.N.

§ 8. Anwartschaftsrecht aus bedingtem Rechtserwerb

bleibt es dem Gläubiger überlassen, einen ihm gegen den Dritten eventuell zustehenden Anspruch auf Herausgabe der Truhe an den Gerichtsvollzieher im Prozesswege geltend zu machen.

Ein solcher Anspruch stünde G nach §§ 804 Abs. 2 ZPO, 1227, 985 BGB zu, wenn er ein **Pfändungspfandrecht** an der Truhe (§ 804 Abs. 1 ZPO) erworben hätte. Dieses Pfandrecht kann seine Entstehung entweder der Pfändung der Truhe oder aber mittelbar der Pfändung der Anwartschaft verdanken.

1. Der Einfluss der Pfandrechtstheorien auf die Lösung

Dass die **Pfändung der Truhe** unmittelbar ein Pfandrecht begründet habe, erscheint zweifelhaft, da die Sache im Zeitpunkt der Pfändung noch nicht Eigentum des K war: Er hatte sie nur unter Eigentumsvorbehalt erworben (§§ 929, 158 Abs. 1) und den Kaufpreis noch nicht vollständig bezahlt. Deshalb kommt es darauf an, ob ein Pfändungspfandrecht unabhängig vom Eigentum des Vollstreckungsschuldners entsteht.

Sieht man das Pfändungspfandrecht als ein öffentliches Recht an (so die **öffentlich-rechtliche Theorie**),[5] dann ist alleinige Entstehungsvoraussetzung eine wirksame, zur Verstrickung führende Pfändung. Betrachtet man dagegen das Pfändungspfandrecht neben dem Vertragspfandrecht (§§ 1204 ff.) und den gesetzlichen Pfandrechten (z. B. des Vermieters, § 562, des Werkunternehmers, § 647, des Kommissionärs, § 397 HGB) als die dritte Art eines privatrechtlichen Pfandrechts (so die – praktisch nicht mehr vertretene und daher im Folgenden außer Betracht bleibende – **privatrechtliche**[6] und die **gemischt privatrechtlich-öffentlich-rechtliche Theorie**),[7] dann ist außer dem Bestand der gesicherten Forderung[8] das Eigentum des Schuldners an der Pfandsache unabdingbar. Auch ein gutgläubiger Erwerb des Pfändungspfandrechts an schuldnerfremden Sachen scheidet aus: § 1207 kann in der Zwangsvollstreckung nicht einmal entsprechend angewandt werden, da der Gläubiger bei der Pfändung nicht wie beim rechtsgeschäftlichen Erwerb auf einen durch den Besitz des Schuldners hervorgerufenen Rechtsschein zugunsten des Schuldnereigentums vertraut, sondern den Gerichtsvollzieher die Sache aufgrund gesetzlicher Ermächtigung in Beschlag nehmen lässt.

Dem **Wortlaut der ZPO** lassen sich überzeugende Argumente für eine der Pfandrechtstheorien nicht entnehmen.[9] Aus dem Umstand, dass der Gesetzgeber in § 804 Abs. 1 ZPO die Bezeichnung „Pfandrecht" verwendet hat, könnte zwar gefolgert werden, dass damit ein Recht nach der Art der sonstigen Pfandrechte gemeint sei. Mit gleich guten Gründen könnte jedoch aus § 804 Abs. 1 ZPO für die öffentlich-rechtliche Theorie abgeleitet werden, dass die Entstehung eines Pfandrechts nur von der Pfändung abhängen solle. Ebenso lassen sich § 804 Abs. 2 ZPO Argumente für jede der beiden Theorien entnehmen, je nachdem, ob die Vorschrift als Klarstellung oder (infolge der öffentlich-rechtlichen Natur des Pfändungspfandrechts) als notwendige Verweisung aufgefasst wird.

---

[5] *Lüke* JZ 1957, 239; Baumbach/Lauterbach/Albers/*Hartmann*, ZPO, 75. Aufl. 2017, Übersicht § 803 ZPO Rn. 8; Stein/Jonas/*Münzberg* § 804 ZPO Rn. 1 ff.; weitere Nachweise in BGHZ 119, 75, 82 f. Ebenso früher auch noch Thomas/Putzo/*Hüßtege*, 31. Aufl. 2010, § 803 ZPO Rn. 8.
[6] RGZ 61, 330, 333; 104, 300, 301; 126, 21, 26. Die rein privatrechtliche Auffassung hat das RG in RGZ 156, 395, 398 aufgegeben.
[7] RGZ 156, 395, 398; BGHZ 20, 88, 101; 56, 339, 351; *Gaul* Rpfleger 1971, 1, 4; i. Erg. Jauernig/*Berger* § 16 Rn. 24 ff.; Baur/Stürner/*Bruns* Rn. 27.10; Thomas/Putzo/*Seiler* § 804 ZPO Rn. 2.
[8] An dieser Voraussetzung kann wegen der rechtskräftigen Verurteilung des K nicht mehr gerüttelt werden.
[9] Vgl. *Arndt* MDR 1961, 368.

Teil 3. Mobiliarsicherheiten

10 Eine Entscheidung des Theorienstreits erübrigt sich – jedenfalls für den vorliegenden Fall –, wenn sämtliche Auffassungen zu übereinstimmenden Ergebnissen führen. Wir werden daher die Lösungen nach jeder Theorie getrennt entwickeln, um sie miteinander vergleichen zu können.

2. Die neuere Diskussion um das Anwartschaftsrecht

11 Für die Lösung des Falles spielt ferner eine Rolle, ob man die Position desjenigen, dem ein Gegenstand bedingt übertragen wurde, als **selbstständige Rechtsstellung (Anwartschaftsrecht)** anerkennt, die einer rechtsgeschäftlichen Verfügung ebenso wie einer Pfändung zugänglich ist. Mittlerweile ist die Existenz des Anwartschaftsrechts ganz überwiegend akzeptiert.[10] Verschiedentlich wird in der Lehre jedoch dessen Berechtigung noch immer angezweifelt.[11] Die Gegner des Anwartschaftsrechts halten diese Rechtsfigur für überflüssig, weil eine Verfügung sich in Wahrheit auf das dem Anwärter (noch) nicht zustehende Recht selbst beziehe und schlagen eine Reihe dogmatischer Alternativkonstruktionen vor, die jedoch ihrerseits nicht ohne Schwächen sind.[12] Die folgende Lösung geht indessen von der gewohnheitsrechtlichen Anerkennung des Anwartschaftsrechts aus.[13]

II. Lösung aufgrund der gemischt privatrechtlich-öffentlich-rechtlichen Theorie

1. Die Anwartschaft als Verfügungsobjekt

12 Erkennt man die Anwartschaft auf den Erwerb des Vollrechts aus bedingter Übertragung als selbstständige Rechtsposition an, so muss sie auch rechtsgeschäftlichen Verfügungen und Pfändungen zugänglich sein.[14] Beides – Verfügung wie Pfändung – liegt hier vor.

13 **a) Folgen der Sachpfändung:** Da K im Zeitpunkt der Sachpfändung nicht Eigentümer der Truhe war, hat G daraus kein Pfandrecht erlangt. Der Mangel könnte analog § 185 Abs. 2 Satz 1 geheilt worden sein, als der Restkaufpreis bezahlt und damit die Bedingung erfüllt wurde, von welcher der Eigentumserwerb des K abhängig gemacht worden war.

14 Diesem Eigentumserwerb steht jedoch möglicherweise die Tatsache entgegen, dass K über seine Anwartschaft zugunsten des D verfügt hat. Lässt man nämlich eine solche Übertragung zu, dann liegt es nahe, in der **Übertragung der Anwartschaft** den Akt zu sehen, mit dem der Anwärter aus dem Vorgang des Eigentumserwerbs ausscheidet und an seine Stelle der Zweiterwerber tritt mit der Folge des **direkten Eigentumsübergangs vom Veräußerer auf den Zweiterwerber**. Träfe dies in unserem Fall zu, so hätte K niemals Eigentum erworben und die Sachpfändung für G kein Pfandrecht an der Truhe begründen können.

15 Dazu stellen sich **drei Fragen:** Wie lässt sich die Übertragung einer Anwartschaft als selbstständige Rechtsposition rechtfertigen, wo doch das BGB eine solche Position nicht ausdrücklich anerkennt

---

[10] So die ganz h.M., siehe BGHZ 28, 16, 21; aus der Lit. statt vieler *Baur/Stürner* § 59 Rn. 32 ff.; Jauernig/*Berger* § 929 BGB Rn. 43; Palandt/*Herrler* § 929 BGB Rn. 37. Eingehend zu den schuld- und sachenrechtlichen Hintergründen *Hoffmann* JuS 2016, 289.

[11] Vgl. dazu aus neuerer Zeit *Mülbert* AcP 202 (2002), 912; *Lux* JURA 2004, 145; *Armgardt* AcP 206 (2006), 654; *ders.* JuS 2010, 486.

[12] *Armgardt* AcP 206 (2006), 654, 667 ff. (zur Pendenztheorie); *Hoffmann* JuS 2016, 289, 293.

[13] Zur Lösung des Falles auf der Grundlage der Inexistenz eines Anwartschaftsrechts *Rimmelspacher*, Kreditsicherungsrecht, 2. Aufl. 1987, Rn. 227 ff.

[14] So die Rspr. des BGH, vgl. BGH NJW 1954, 1325; BGHZ 20, 88. Ebenso die ganz überwiegende Auffassung der Lehre, vgl. statt vieler *Baur/Stürner* § 59 Rn. 32 ff., 41; *Fikentscher/Heinemann* Rn. 962; *Larenz* SchuldR II/1 § 43 II c; jeweils m.w.N.

§ 8. Anwartschaftsrecht aus bedingtem Rechtserwerb

(siehe Rn. 16 ff.)? Wenn sich die Figur als solche rechtfertigen lässt: Nach welchen Vorschriften wird die Anwartschaft übertragen (siehe Rn. 24 f.)? Und schließlich: Konnte K sie hier tatsächlich wirksam auf D übertragen mit der beschriebenen Rechtsfolge zu Ungunsten des G (siehe Rn. 27 ff.)?

b) Von zentraler Bedeutung ist die Frage der **Übertragbarkeit der Anwartschaft**. 16

aa) In einer grundlegenden Entscheidung aus dem Jahr 1956 hat der BGH dazu folgendes ausgeführt (BGHZ 20, 88, 98 f.): 17

> „Bejaht man die Zulässigkeit der Übertragung einer Anwartschaft auf den Erwerb eines unter einer aufschiebenden Bedingung veräußerten Rechts, dann räumt man damit dem Anwärter die Möglichkeit ein, den Wert, der in der Chance des Erwerbs des Vollrechts liegt, bereits in der Gegenwart zu Kredit- oder anderen Zwecken für sich auszunutzen. Die dem Anwärter durch das Gesetz verliehene Befugnis bedeutet einen gegenwärtigen Vermögenswert (RGZ 101, 185 [187]). Es kann nicht verkannt werden, daß der Wert der eingeräumten Befugnis stark vermindert würde, wenn man die Übertragbarkeit an die Zustimmung des Inhabers des Vollrechts knüpfte. Mit Recht haben Geßler-Hefermehl (HGB 2. Aufl Anh zu § 368 Anm 13 S 1301) ausgeführt, daß, wer diese Folgerung zieht, auf halbem Wege stehen bleibe und in Wahrheit die Übertragung der Anwartschaft nicht zulasse.
>
> Nur wenn sich gewichtige Bedenken aus entgegenstehenden überwiegenden Interessen der durch eine solche Verfügung Betroffenen oder dem Widerspruch gegen anerkannte Grundsätze des bürgerlichen Gesetzbuchs herleiten ließen, könnte die erwähnte Einschränkung des Verfügungsrechts des Anwärters zu rechtfertigen sein. Solche Bedenken sind aber nicht ersichtlich.
>
> Als an dem Rechtsvorgang beteiligte Personen kommen außer dem Zweiterwerber der Anwartschaft der Inhaber des Vollrechts (Vorbehaltsverkäufer) oder der Ersterwerber der Anwartschaft (Vorbehaltskäufer) in Frage. Dieser hat durch seine Übertragung den Willen zum Ausdruck gebracht, daß der Übertragungsempfänger bei Eintritt der Bedingung an seine Stelle treten und das Vollrecht erwerben soll. Der Vorbehaltsverkäufer hat kein Interesse an der Person des Erwerbers des Vollrechts, wenn die Bedingung eingetreten ist. Auch die dem geltenden bürgerlichen Recht zugrundeliegenden Grundsätze erfordern keine abweichende „Konstruktion" des Vorgangs. Anwartschaften auf den Erwerb eines Rechts, die selbst wieder den Charakter eines dem Vollrecht ähnlichen Rechtes haben, sind auch sonst im bestehenden Recht ausdrücklich anerkannt oder als bestehend in Rechtsvorschriften vorausgesetzt (v. Tuhr-AllgTl BGB I, 180 ff; Enneccerus-Nipperdey 14. Auflage Allgemeiner Teil §§ 73 I 3 a [S 281], 62 II 4 [S 310]). Sie sind veräußerlich, sofern das Vollrecht, auf dessen Entstehung oder Erwerb sie ihrem Inhalt nach gerichtet sind, veräußerlich ist (RGZ 101, 185 [187]). Die Verfügung über sie ist nicht die Verfügung eines Nichtberechtigten im Sinne des § 185 BGB, soweit eine Verfügung des Anwärters unmittelbar die Anwartschaft zum Gegenstand hat (Schantz, JW 1931, 507). § 185 BGB kann aber auch insoweit keine Anwendung finden, als mittelbar auch über das Vollrecht verfügt wird. Die Verfügung des Anwärters kann mit der Verfügung des Nichtberechtigten nicht auf eine Stufe gestellt werden, wie Brandis (JW 1931, 507) und Becker (JW 1934, 678) zu Unrecht annehmen. Wer auf Grund eines Rechts mittelbar über ein fremdes Recht verfügen darf und verfügt, muß demjenigen gleichgestellt werden, der im Einverständnis des Vollberechtigten handelt (so ua im Ergebnis auch Schantz aaO; Letzgus, Die Anwartschaft des Käufers unter Vorbehalt S 16; G. Reinicke, Gesetzliche Pfandrechte und Hypotheken an Anwartschaftsrecht aus bedingter Übereignung S. 21 ff und Reinicke NJW 1951, 547; Boehmer, Grundlagen der Bürgerlichen Rechtsordnung Bd II, 2 S. 151; RGRK BGB § 929 Anm 1 b S 261). Wollte man das Gegenteil annehmen, so wäre der Anwärter schlechter gestellt als derjenige Käufer, dem das Eigentum überhaupt noch nicht übertragen worden ist, der aber eine Forderung auf Übertragung des Eigentums besitzt (§ 433 BGB). Dieser Käufer hat die Möglichkeit, über die Forderung zu verfügen und sie in seinem Interesse zu verwerten. Diese Möglichkeit besteht nicht, wenn dem Käufer die Sache unter Vorbehalt übereignet und übergeben ist. Dann ist die Forderung gegen den Verkäufer auf Eigentumsverschaffung erloschen, da der Verkäufer alles getan hat, was seinerseits hierzu erforderlich ist. Der Käufer, der keine Anwartschaft hat, könnte dann die schwächere Chance schon in der Gegenwart ausnutzen, während der Inhaber des stärkeren Rechts, als welches sich die Anwartschaft auf Erwerb des Vollrechts gegenüber der bloßen Forderung auf Verschaffung des Vollrechts darstellt, dazu nicht in der Lage wäre. Das kann nicht Rechtens sein."

bb) Im Gefolge der Entscheidung BGHZ 20, 88 hat sich die Auffassung vom **Anwartschaftsrecht als eigenständigem Verfügungsobjekt** weitgehend durchgesetzt. Dennoch vermag die Begründung des BGH nicht in allen Punkten zu überzeugen. 18

19 Wenn das Urteil den Anwärter mit dem Inhaber eines bloßen Übereignungsanspruchs vergleicht und jenen bei der kreditsichernden Verwertung seiner Rechtsstellung nicht schlechter stellen will als diesen, so ist dem gewiss zuzustimmen. **Interessen des Vorbehaltsverkäufers** mögen dem, wie der BGH betont, nicht entgegenstehen. Dass die Lösung das **Sicherungsinteresse des Erwerbers** der Anwartschaft befriedigt, braucht ohnehin nicht hervorgehoben zu werden.

20 Nur genügt all diesen Erfordernissen auch die Konstruktion, die ein selbstständiges Anwartschaftsrecht verneint und dem Anwärter stattdessen die Befugnis gewährt, sein künftiges Eigentum zur Kreditsicherung einzusetzen.[15] Der Nachweis also, dass der Anwärter schon vor Bedingungseintritt Inhaber einer Verfügungen zugänglichen Rechtsposition ist, wird mit der Argumentation des BGH daher **nicht stichhaltig** geführt.

21 cc) Dazu bedarf es des Rückgriffs auf **§ 161 Abs. 1**. Die Vorschrift lässt Verfügungen jeder Art, die den Wirkungen der bedingten Verfügung zuwiderlaufen, im Falle des Eintritts der Bedingung unwirksam sein. Die Gegenstände, über die der Veräußerer bedingt verfügt hatte, gehören also – für den Fall des Bedingungseintritts – **verfügungs- und haftungsmäßig** nicht mehr zu seinem Vermögen. Da sie jedoch nicht „ins Leere fallen" können, müssen sie dem Vermögen des Erwerbers (Anwärters) zugerechnet werden. Weil die Bedingung aber noch nicht eingetreten ist, hat der Erwerber noch nicht das Eigentum selbst erlangt. Die ihm gem. § 161 Abs. 1 jedoch schon vorher zukommende Rechtsposition kann als **Anwartschaft** oder **Anwartschaftsrecht** bezeichnet werden. Da diese Rechtsstellung keine res extra commercium darstellt, kann der Anwärter über sie verfügen.

22 Außer der sich aus § 161 Abs. 1 ergebenden Rechtsposition des bedingt Erwerbenden werden u. a. auch die **Rechtsstellung des Hypothekengläubigers** nach Bestellung der Hypothek, aber vor Entstehung der zu sichernden Forderung sowie die **Position des Auflassungsempfängers** als Anwartschaft (Anwartschaftsrecht) bezeichnet. Die Bezeichnung als solche besagt nichts. Entscheidend ist, ob sich gesetzliche Wertungen aufdecken lassen, die es rechtfertigen, die genannten Positionen in puncto Übertragbarkeit, Verpfändbarkeit, Pfändbarkeit und Deliktsschutz nicht nur als Chancen, sondern wie Rechte zu behandeln.

23 Das trifft nach der Rechtsprechung des BGH für die sog. **Auflassungsanwartschaft** einmal dann zu,[16] wenn der Auflassungsempfänger selbst bereits den Antrag beim Grundbuchamt gestellt hat, weil dann der Anwärter aufgrund der Verfahrensvorschrift des § 17 GBO eine Rechtsstellung erlangt habe, die ihm einseitig vom Veräußerer nicht mehr entzogen werden könne. Dagegen haben sich mit beachtlichen Gründen *Kuchinke* und *Löwisch/Friedrich* geäußert.[17] – Zum anderen hält der BGH[18] ein Anwartschaftsrecht unabhängig von der Stellung eines Eintragungsantrags auch für gegeben, wenn zugunsten des Auflassungsempfängers eine Auflassungsvormerkung eingetragen ist. Das ist jedoch eine „Überkonstruktion": Die Vormerkung sichert den Übereignungsanspruch, nicht die Auflassung; und die Sicherheit selbst ist von der Auflassung unabhängig.[19]

---

[15] Dazu *Rimmelspacher*, Kreditsicherungsrecht, 2. Aufl. 1987, Rn. 227 ff.
[16] BGHZ 7, 365, 369.
[17] *Kuchinke* JZ 1964, 145, 147 f.; *ders.* JZ 1966, 797 f.; *Löwisch/Friedrich* JZ 1972, 302 ff. – Zust. *Gerhardt* ImmobiliarsachenR § 5, 3 b; *Medicus/Petersen* BR Rn. 469 – Vermittelnd *Münzberg*, FS Schiedermair, 1976, S. 439 ff. m.w.N. – Dagegen bejahen *Reinicke/Tiedtke* NJW 1982, 2282 ff. ein Anwartschaftsrecht schon allein aufgrund einer Auflassung.
[18] BGHZ 83, 395, 399. – Ebenso schon OLG Hamm NJW 1975, 879; dagegen mit Recht *Münzberg*, FS Schiedermair, 1976, S. 439, 455 f.
[19] Zur Anwartschaft des Hypothekars vgl. § 15 Rn. 16.

§ 8. Anwartschaftsrecht aus bedingtem Rechtserwerb

c) Ist die Anwartschaft aus bedingter Rechtsübertragung ihrerseits übertragbar, so kann dies entweder nach den Regeln geschehen, die das Gesetz für die Übertragung des Vollrechts zur Verfügung stellt, oder aber nach dem subsidiären Modell des § 413. Da die Anwartschaft ihrem Inhaber den Erwerb des Vollrechts ermöglicht, sollten für ihre Übertragung auch die **Übertragungsregeln des Vollrechts** angewendet werden. Darüber besteht Einigkeit.[20] Für das Anwartschaftsrecht an beweglichen Sachen bedeutet dies, dass es **analog §§ 929 ff.** erworben wird. 24

Diesen Vorschriften haben K und D Rechnung getragen: Sie waren sich darüber einig (§ 929 Satz 1), dass das Anwartschaftsrecht übergehen soll. Die Übergabe der Truhe wurde durch die Vereinbarung eines Besitzmittlungsverhältnisses ersetzt (§§ 930, 868). In der Abrede, K dürfe die Truhe noch 14 Tage unentgeltlich behalten, ist eine Leihe zu erblicken. Damit ist ausreichend konkretisiert, aufgrund welchen Rechtsverhältnisses D die Truhe mittelbar besitzen soll. 25

D hätte hiernach zunächst das Anwartschaftsrecht und mit vollständiger Bezahlung des Kaufpreises das Eigentum direkt von E erlangt. 26

d) Mit diesem vorsichtig formulierten Zwischenergebnis braucht sich G jedoch noch nicht abzufinden. Denn er hat außer der Truhe ja auch die Anwartschaft des K gepfändet. Welche Bedeutung kommt dieser Pfändung zu? Ist die Anwartschaft überhaupt ein taugliches Objekt der Zwangsvollstreckung (siehe Rn. 28)? Wenn ja, auf welche Art und Weise wird in sie vollstreckt (siehe Rn. 29 ff.)? Ferner: Welche Wirkung hat die Vollstreckung in die Anwartschaft im Verhältnis zu deren Übertragung auf D (siehe Rn. 34 f.)? Und wie wirkt die Zahlung des Kaufpreisrestes auf die Position des Pfandgläubigers (siehe Rn. 36 ff.)? 27

aa) Ist die Anwartschaft einer rechtsgeschäftlichen Verfügung zugänglich, können Gläubiger des Anwärters auch im Wege der **Zwangsvollstreckung** auf sie zugreifen (arg. §§ 851, 857 Abs. 3 ZPO). 28

bb) Für die **Pfändung der Anwartschaft** aus der bedingten Übereignung einer beweglichen Sache kommen entweder die Vorschriften der Zwangsvollstreckung in körperliche Sachen (§§ 808 ff. ZPO) oder die Regeln für die Zwangsvollstreckung in „andere Vermögensrechte" (§ 857 ZPO) in Betracht.[21] 29

Welche Vorschriften für die Pfändung des Anwartschaftsrechts an beweglichen Sachen anzuwenden sind, ist umstritten. 30

Eine Ansicht lässt die Sachpfändung nach §§ 808 ff. ZPO genügen,[22] sodass also lediglich die Verstrickung nötig wäre. Allerdings sind die Formen der Sachpfändung im geltenden Recht als Zugriff auf bewegliche Sachen im Eigentum des Schuldners ausgestaltet. Deshalb könnten sie für die Pfändung einer Sachanwartschaft nur modifiziert herangezogen werden. Denkbar wäre etwa, dass der Gerichtsvollzieher im Pfändungsprotokoll vermerkt, dass die Sache nicht um des Eigentums willen, sondern der Anwartschaft wegen in Beschlag genommen werde. Für derlei Modifikationen des Vollstreckungsvorgangs bieten jedoch die §§ 808 ff. ZPO keine Ansatzpunkte. 31

---

[20] BGH NJW 2007, 2844; *Baur/Stürner* § 59 Rn. 34; *Larenz* SchuldR II/1 § 43 II c; *Medicus/Petersen* BR Rn. 473; Palandt/*Herrler* § 929 BGB Rn. 45.
[21] Soll eine Anwartschaft aus der bedingten Übertragung eines anderen Gegenstandes des beweglichen Vermögens gepfändet werden, so ist ohne weiteres nach § 857 ZPO zu verfahren.
[22] *Georgiades*, Die Eigentumsanwartschaft beim Vorbehaltskauf, 1963, S. 140 f.; vgl. auch *Raiser*, Dingliche Anwartschaften, 1961, S. 91 (Pfändung der Anwartschaft nach §§ 808 ff. ZPO; Beschränkung des Veräußerers auf § 805 ZPO); *Brox* JuS 1984, 657, 665; *Hübner* NJW 1980, 729, 733; *Bülow* Rn. 820.

32 Daher erachten andere dagegen für die Pfändung der Sachanwartschaft die reine Rechtspfändung nach §§ 857 Abs. 1, 828, 829 ZPO für ausreichend,[23] mit der Folge, dass mit Bedingungseintritt das Pfändungspfandrecht am Anwartschaftsrecht automatisch zum Pfändungspfandrecht an der Sache erstarken würde (§§ 1287 BGB, 847 ZPO analog). Problematisch ist jedoch, ob die daraus folgende Sachpfändung ohne Publizitätsakt als hinreichend angesehen werden kann.

33 In welcher Weise in unserem Fall G die Anwartschaft gepfändet hat, lässt der Sachverhalt offen. Es ist deshalb davon auszugehen, dass die Pfändung ordnungsgemäß nach § 857 ZPO erfolgte.

34 cc) Durch die Pfändung hat G ein **Pfandrecht an der Anwartschaft** selbst erlangt (§ 804 Abs. 1 ZPO). Außerdem wurde dem K ein Verfügungsverbot (§§ 857 Abs. 1, 829 Abs. 1 Satz 2 ZPO, 136, 135 BGB) auferlegt.

35 Die Übertragung der Anwartschaft auf D war daher gegenüber G (relativ) unwirksam. Nur im Verhältnis zu Dritten ist D Inhaber der Anwartschaft geworden. Aber auch insoweit ist seine Anwartschaft mit dem Pfandrecht des G belastet. An sich lässt die Übertragung der Anwartschaft nach der entsprechend anwendbaren Vorschrift des § 936 Abs. 1 Satz 1 ein Pfandrecht an der Anwartschaft erlöschen. Da die Übergabe der Truhe jedoch durch ein Besitzkonstitut ersetzt wurde, hat die Übertragung des Anwartschaftsrechts auf D analog § 936 Abs. 1 Satz 3 das Recht des G (noch) nicht berührt.

36 dd) Als D am 3.11. die restlichen Raten bezahlte, erlosch die Kaufpreisforderung des E gegen K (§§ 362 Abs. 1, 267 Abs. 1 Satz 1); D erlangte Eigentum; lediglich im Verhältnis zu G wurde K Eigentümer wegen der relativen Unwirksamkeit des Anwartschaftserwerbs durch D.

37 Was aber geschah mit dem Pfandrecht des G an der Anwartschaft? **Erstreckt es sich nunmehr auf das Eigentum?** Oder ist es, weil die Anwartschaft nicht mehr besteht, **erloschen?**

38 Die „einfachste" Lösung ergäbe sich, wenn sich das Pfandrecht an der Anwartschaft analog §§ 1247 Satz 2, 1287 BGB, § 848 Abs. 2 Satz 2 ZPO an der Sache selbst ohne Rücksicht auf die Besitzverhältnisse fortsetzte.[24]

39 Der BGH hat diese **surrogationsähnliche Umwandlung** des Pfandrechts allerdings verneint (NJW 1954, 1325, 1328):[25]

> „Das Pfändungspfandrecht an Sachen setzt Offenkundigkeit voraus. Es kann nicht besitzlos sein. Nach § 808 Abs. 1 ZPO wird die Pfändung von Sachen dadurch bewirkt, daß der Gerichtsvollzieher sie in Besitz nimmt. Das ist eine Parallele zum materiellen Recht, das ebenfalls kein besitzloses Pfandrecht kennt. Nun handelt es sich allerdings bei § 808 ZPO um Pfändungspfandrechte, die auf Grund einer Sachpfändung entstehen. Aber das Gesetz kennt auch den Fall des Übergangs eines Pfandrechts an einem Recht in ein Sachpfandrecht, ohne daß eine besondere Sachpfändung hinzukommt. Wird ein Anspruch, der eine bewegliche Sache betrifft, gem. den §§ 828 ff. ZPO gepfändet, dann entsteht das Pfändungspfandrecht an der Sache erst dann, wenn die Sache an den Gerichtsvollzieher herausgegeben wird, § 847 ZPO. In diesem Falle entsteht das Pfändungspfandrecht an der Sache, also ohne Sachpfändung, aber erst mit der Besitzergreifung durch den Gerichtsvollzieher. Auch in dem zur Entsch. stehenden Fall des Übergangs des Pfandrechts am Anwartschaftsrecht in das Pfandrecht an der Sache kann daher von dem Besitz der Kl. nicht abgesehen werden. Besitz hat die Kl. aber am 26.7.1952 nicht gehabt. Der Versuch der Rev., den Besitz der Kl. aus der Pfändung des Anwartschaftsrechts herzuleiten, ist erfolglos. Die Pfändung eines Rechts kann nicht den Besitz an einer Sache ergreifen, weder den unmittelbaren noch den mittelbaren. Sonst wäre

---

[23] *Baur/Stürner* § 59 Rn. 41; *Medicus/Petersen* BR Rn. 485 f.
[24] So u. a. *Baur/Stürner/Bruns* Rn. 32.17; *M. Wolf* JuS 1976, 34; jeweils m. w. N.
[25] Der Entscheidung lag ein Sachverhalt zugrunde, in dem die Beklagte gegen den Anwärter eine Sachpfändung an einer unter Eigentumsvorbehalt erworbenen Sache ausgebracht und die Klägerin zeitlich später lediglich das Anwartschaftsrecht gepfändet hatte.

§ 847 ZPO überflüssig. Man kann auch nicht mit der Rev. sagen, das Anwartschaftsrecht habe das Recht auf Übertragung des mittelbaren Besitzes zum Inhalt. Denn der Vorbehaltskäufer ist, wenigstens im vorl. Falle, schon unmittelbarer Besitzer gewesen und mehr an Besitz wie den unmittelbaren kann er nicht erlangen. Der Vorbehaltskäufer hatte daher auch keinen pfändbaren Anspruch auf Übertragung des mittelbaren Besitzes. Das Pfandrecht am Anwartschaftsrecht bietet dem Gläubiger nur dann volle Sicherheit, wenn der Gläubiger auch eine Sachpfändung ausgebracht hat. Diese Sachpfändung kann der Pfändung des Anwartschaftsrechts nachfolgen oder ihr vorangehen. Genau so gut wie die Bekl. hätte auch die Kl. frühzeitig die Maschine pfänden lassen können. Deshalb ist das Ergebnis auch nicht unbillig. Nur die Pfändung des Anwartschaftsrechts in Verb. mit einer Sachpfändung bietet hinreichende Sicherheit und ist der gegebene Weg zur Befriedigung des Gläubigers. Die Pfändung des Anwartschaftsrechts allein kann dieses Ziel nicht stets erreichen und auch nicht die Sachpfändung allein."

Die Entscheidung hält mit Recht daran fest, dass die Entstehung des Pfändungspfandrechts an der Sache selbst die **Besitzergreifung durch den Gerichtsvollzieher** voraussetzt. Das folgt aus der problemnäheren Vorschrift des **§ 847 ZPO,** die als lex specialis eine Analogie zu § 1247 Satz 2 BGB, § 848 Abs. 2 Satz 2 ZPO ausschließt und im Übrigen mit der Regelung in § 1287 i.V.m. §§ 1274 Abs. 1 Satz 2, 1205 f. übereinstimmt.[26] 40

Hat aber der Gerichtsvollzieher im Auftrag des Gläubigers vor dem Eintritt der Bedingung, an die der Eigentumswechsel geknüpft ist, im Wege der Sachpfändung Besitz an der Sache erlangt, dann ist **analog § 847 ZPO** anzunehmen, dass sich das Pfandrecht an der Anwartschaft mit demselben Rang als Pfandrecht an der Sache fortsetzt.[27] 41

Genau genommen wird hier die **Form der Sachpfändung** lediglich dazu benutzt, dem Gerichtsvollzieher Besitz, nicht aber dem Gläubiger ein Pfandrecht an der Sache zu verschaffen. Hier zeigt sich erneut, dass das Vollstreckungsrecht bei der Pfändung von Anwartschaften nur modifiziert anwendbar ist. Um zu erkennen, dass die Sachpfändung hier ein weniger weitgehendes Ziel als üblich im Auge hat, müsste der Gerichtsvollzieher einen entsprechenden Vermerk im Pfändungsprotokoll anbringen. Ob für eine solche Beschränkung eine hinreichende gesetzliche Grundlage vorhanden ist, mag offen bleiben. 42

Da in unserem Fall G nicht nur die Pfändung der Anwartschaft nach § 857 ZPO, sondern auch die Pfändung der Truhe selbst veranlasst hatte, sind die Voraussetzungen für eine entsprechende Anwendung des § 847 ZPO gegeben.[28] G ist deshalb nunmehr **Inhaber eines Pfandrechts an der Truhe,** während das Eigentum daran dem D – im Verhältnis zu G allerdings dem K – zusteht. 43

Vielfach wird angenommen,[29] das Pfandrecht an der Sache entstehe unter den zuvor genannten Voraussetzungen **ex nunc.** Gegen diese Formulierung ist nichts einzuwenden, wenn Klarheit darüber besteht, dass der Rang des Sachpfandrechts dem des Pfandrechts an der Anwartschaft entspricht und Verfügungen vorgeht, die nach der Pfändung erfolgten. Begründen lässt sich dieses Ergebnis mit der Überlegung, dass diese Verfügungen – wie hier zugunsten des D – aufgrund des Verfügungsverbots dem Gläubiger gegenüber relativ unwirksam sind, insoweit also der Vollstreckungsschuldner mit Bedingungseintritt Eigentümer wird und somit das Pfändungspfandrecht analog § 185 Abs. 2 Satz 1 entsteht und anderen Verfügungen vorgeht. 44

---

[26] Zu letzterem Staudinger/*Wiegand* (2009) § 1287 BGB Rn. 9.
[27] *G. Reinicke* MDR 1959, 616 f.; *Baur/Stürner* § 59 Rn. 41; *Medicus/Petersen* BR Rn. 486; a. A. BGHZ 125, 341.
[28] Dies entspricht den Anforderungen, die die vorzugswürdige Ansicht formuliert. Man spricht von der sog. Doppelpfändung. So etwa BGH NJW 1954, 1325 m.w.N.; *Reinicke/Tiedtke* Kreditsicherung Rn. 902; *Vieweg/Werner* § 11 Rn. 70.
[29] *Jauernig/Berger* § 20 Rn. 34; Palandt/*Herrler* § 929 BGB Rn. 52; Soergel/*Henssler* Anh. § 929 BGB Rn. 170.

Teil 3. Mobiliarsicherheiten

2. Gutgläubiger Erwerb der Lastenfreiheit

45 Die bisher ermittelte Rechtslage kann sich jedoch geändert haben, als D nach der Zahlung des restlichen Kaufpreises die Truhe bei K mit dessen Einverständnis abholte. Damit könnte nämlich nach §§ 136, 135 Abs. 2, 932, 933, 936 das Verfügungsverbot aus der Pfändung überwunden und das Pfandrecht des G erloschen sein.

46 D war, als er den Besitz an der Truhe erlangte, gutgläubig, da er in diesem Zeitpunkt das Verfügungsverbot und das Pfandrecht weder kannte noch grob fahrlässig verkannte – K hatte das Pfandsiegel an der Truhe abgelöst und dem D die Pfändung verschwiegen; dass aber eine solche stattgefunden hatte, brauchte D nicht zu vermuten. Deshalb liegen die Voraussetzungen für die Überwindung des Verfügungsverbots gem. §§ 136, 135 Abs. 2, 932 f. und für das Erlöschen des Pfandrechts nach Maßgabe der §§ 932 f., 936 Abs. 1, Abs. 2 vor. Daran ändert nichts, dass die Anwartschaft vor der Abholung der Truhe bei K schon zum Eigentum erstarkt war.

47 Auch § 935 Abs. 1 bildet kein Hindernis: Da der Gerichtsvollzieher die Truhe nach der Pfändung im Gewahrsam des K belassen hat, dieser also ihr unmittelbarer Besitzer[30] war, ist sie niemandem abhanden gekommen, als K sie dem D überließ.

3. Ergebnis

48 Das **Pfändungspfandrecht des G ist erloschen,** als D die Truhe bei K abholte. G kann sie nach den bisherigen Überlegungen, die von der gemischt privatrechtlich-öffentlich-rechtlichen Theorie des Pfändungspfandrechts ausgingen, von D **nicht mehr herausverlangen.**

III. Lösung aufgrund der öffentlich-rechtlichen Theorie

1. Formelle und materielle Rechtslage

49 Folgt man der öffentlich-rechtlichen Theorie, so ist ein Pfändungspfandrecht bereits durch die **Sachpfändung** entstanden. Auf die Zugehörigkeit der Truhe zum Schuldnervermögen kam es hierbei nicht an.

50 Aber auch nach der öffentlich-rechtlichen Theorie ist es nicht zulässig, dass der Gläubiger aus der Verwertung schuldnerfremder Sachen endgültig Befriedigung für seine Forderung erlangt.[31] So kann der in seinen Rechten tangierte Dritte eine im Lauf befindliche Zwangsvollstreckung aufgrund seines besseren Rechts im Wege der Klage nach **§ 771 ZPO** beenden oder, falls bereits die Verwertung erfolgt ist, den Erlös vom Gläubiger gem. **§ 812 Abs. 1 Satz 1 Alt. 2** herausverlangen. Dem besseren Recht des Dritten kann in diesen Fällen die Existenz des Pfändungspfandrechts nicht entgegengehalten werden; denn gerade wenn das Pfandrecht unabhängig von materiell-rechtlichen Voraussetzungen entsteht, so kann ihm für die materiell-rechtliche Frage der endgültigen Zuordnung keine Aussagekraft zukommen.

51 Damit gewinnen aber auch hier die Erwägungen Bedeutung, mit denen im Rahmen der gemischten Theorie letzten Endes der materiell-rechtliche Vorrang des D im Verhältnis zu G begründet wurde. Dazu gehören auch die Darlegungen zum gutgläubigen Erwerb der Lastenfreiheit (siehe Rn. 45). Diesem Erwerb steht die öffentlich-rechtliche Qualifikation des Pfandrechts nicht entge-

---

[30] Zu den Besitzverhältnissen nach einer Sachpfändung *Jauernig/Berger* § 17 Rn. 27.
[31] Stein/Jonas/*Münzberg* § 804 ZPO Rn. 16 ff. m.w.N.

§ 8. Anwartschaftsrecht aus bedingtem Rechtserwerb

gen. Denn auch insoweit lässt sich §§ 136, 135 Abs. 2 entnehmen, dass selbst hoheitliche Maßnahmen einem gutgläubigen Erwerb nicht standhalten.[32]

Um seine materiell bessere Rechtsstellung gegenüber dem Herausgabebegehren des G durchzusetzen, braucht D nicht eine Drittwiderspruchsklage (§ 771 ZPO) zu erheben. Darauf wäre er nur angewiesen, wenn G die Sache ihm ohne weiteres durch den Gerichtsvollzieher wegnehmen lassen könnte. Das aber trifft, wie eingangs gesehen, nicht zu. 52

2. Ergebnis

G kann von D Herausgabe der Truhe auch dann nicht verlangen, wenn man von der öffentlich-rechtlichen Natur des Pfändungspfandrechts ausgeht. Das stimmt überein mit der Lösung, die sich bei der gemischten Theorie ergeben hatte. Eine nähere Auseinandersetzung mit den beiden Auffassungen erübrigt sich. 53

Das **Begehren des G** ist bei jeder Betrachtungsweise **unbegründet**. 54

Teil 2: Die Rechtslage im Verhältnis zwischen V und D

Dem V könnte ein **Anspruch auf Herausgabe** der Truhe zum Zwecke der Rückschaffung in die Wohnung des K aus § 562b Abs. 2 Satz 1 zustehen. Dieser Anspruch setzt voraus, dass V ein Vermieterpfandrecht (§ 562 Abs. 1 Satz 1) an der Truhe erworben hat und dieses nicht erloschen ist. 55

I. Entstehung des Vermieterpfandrechts

1. Unmittelbare Entstehung des Pfandrechts an der Truhe

a) Zunächst ist die **Rechtslage bei Einbringung in die Wohnung** zu klären. Ein **Vermieterpfandrecht** für V könnte an der Truhe im Zeitpunkt der **Einbringung in die Wohnung** entstanden sein. Nach § 562 Abs. 1 Satz 1 unterliegen dem Vermieterpfandrecht aber nur eingebrachte Sachen des Mieters, der Mieter muss also Eigentümer der eingebrachten Sachen sein. Die Gefriertruhe stand aber wegen des im Kaufvertrag vereinbarten Eigentumsvorbehalts zur Zeit der Einbringung (noch) nicht im Eigentum des K. 56

Auch ein **gutgläubiger Erwerb des Vermieterpfandrechts** durch V kommt nicht zum Zuge. Nach § 1257 finden zwar die Vorschriften über das vertragliche Pfandrecht auf ein kraft Gesetzes entstandenes Pfandrecht entsprechende Anwendung. Aus dem Wortlaut des § 1257, der auf ein „entstandenes" Pfandrecht abstellt, wird jedoch gefolgert, dass die Vorschriften über die Entstehung des vertraglichen Pfandrechts selbst (§§ 1205–1208), also auch diejenigen über den gutgläubigen Pfandrechtserwerb (§ 1207), von einer entsprechenden Anwendung ausgeschlossen sind.[33] Diese Lösung beruht sachlich auf der Tatsache, dass der gutgläubige Erwerb eines Faustpfandrechts Besitz des Gläubigers voraussetzt, der Vermieter aber Besitz an den vom Mieter eingebrachten Sachen nicht erlangt. 57

b) Fraglich ist weiter die **Rechtslage bei Bedingungseintritt**. Ein unmittelbarer Erwerb des Vermieterpfandrechts (§ 562 Abs. 1 Satz 1) an der Truhe im **Zeitpunkt des Bedingungseintritts** am 3.11. 58

---

[32] Vgl. Thomas/Putzo/*Seiler* § 803 ZPO Rn. 11.
[33] Allg.A., vgl. dazu BGH NJW 1999, 3716; *Baur/Stürner* § 55 Rn. 40; Palandt/*Wicke* § 1257 BGB Rn. 2; *Vieweg/Werner* § 10 Rn. 32 m.w.N.

kommt ebenso wenig in Betracht, wenn man mit den vorausgegangenen Überlegungen (siehe Rn. 12 ff.) annimmt, das Eigentum an der Truhe gehe bei Eintritt der Bedingung direkt auf D über.

2. Erwerb des Sachpfandrechts qua Pfandrecht an der Anwartschaft

59 Ein Vermieterpfandrecht könnte aber dadurch entstanden sein, dass sich ein bei Einbringung **am Anwartschaftsrecht entstandenes Pfandrecht** nach Bedingungseintritt **an der Sache selbst fortgesetzt** hat. Der Entstehung eines Vermieterpfandrechts am Anwartschaftsrecht widerspricht an sich der Wortlaut des § 562 Abs. 1 Satz 1, wonach nur **Sachen** von dem Pfandrecht erfasst werden. Jedoch könnte eine **entsprechende Anwendung** bei Einbringung unter Eigentumsvorbehalt erworbener Sachen geboten sein.

60 a) Ein Parallelproblem besteht hinsichtlich des **Grundpfandrechts am Grundstückszubehör.**

61 aa) Ein vergleichbares Problem stellt sich, wenn der Eigentümer eines hypothekarisch belasteten Grundstücks bewegliche Sachen unter Eigentumsvorbehalt erwirbt und zu Grundstückszubehör macht. Auf die Sachen selbst kann sich die Hypothek nach **§ 1120** nicht erstrecken, weil sie dem Grundstückseigentümer noch nicht gehören. Denkbar ist, dass sich die Hypothek auf das Anwartschaftsrecht des Eigentümers erstreckt und sich bei Umwandlung der Anwartschaft in das Eigentum als Pfandrecht an der Sache fortsetzt.

62 Dazu hat der BGH ausgeführt (BGHZ 35, 85, 88 ff.):

„Die Meinung, daß die Hypothek sich auch auf das Anwartschaftsrecht hinsichtlich des Zubehörs erstrecke, das der Grundstückseigentümer unter Eigentumsvorbehalt des Verkäufers erworben habe, […] entwickelt die Auffassung, das Vollrecht könne vom Anwartschaftsberechtigten durch Verfügung über die Anwartschaft mit der Wirkung auf einen Dritten übertragen werden, daß dieser das Eigentum unmittelbar vom Eigentümer erwerbe, folgerichtig fort. Dieser zutreffenden Ansicht liegt eine weitgehende Gleichstellung von Eigentum und Anwartschaft zugrunde. So hat die Rechtsprechung das Anwartschaftsrecht als ein Vermögensstück des Anwartschaftsberechtigten behandelt und ist im Zusammenhang mit der überragenden Bedeutung, die der Kauf unter Eigentumsvorbehalt im Wirtschaftsleben hat, im wachsenden Umfange dazu übergegangen, das Anwartschaftsrecht des Vorbehaltskäufers in die Rechtsordnung so einzubauen, daß der Vorbehaltskäufer seine Rechtsstellung schon vor Zahlung des Restkaufpreises gleichsam wie ein Eigentümer ausnutzen kann. Die für das Eigentum geltenden Vorschriften werden entsprechend auf das Anwartschaftsrecht des Vorbehaltskäufers angewandt. Dieser kann über sein Recht ohne Zustimmung des Vorbehaltsverkäufers nach den für die Übertragung des Eigentums bestehenden Vorschriften verfügen. Das Anwartschaftsrecht ist nicht ein dem System des Sachenrechts fremdes, neuartiges Recht, sondern eine Vorstufe zum Eigentum, ein dem Eigentum wesensgleiches „Weniger" (BGHZ 20, 88, 94; 28, 16, 21).

Wird dem Anwartschaftsberechtigten gestattet, sich des Anwartschaftsrechts als Kreditmittel zu bedienen, weil die Interessenlage der beteiligten Personen, d. h. des Eigentümers (Vorbehaltsverkäufers), des Anwartschaftsberechtigten und des Erwerbers der Anwartschaft, dem nicht entgegensteht (BGHZ 20, 88, 99), und stellt so die Rechtsprechung für die Übertragung des Eigentums das Anwartschaftsrecht dem Vollrecht gleich, so müssen auch die Vorschriften des bürgerlichen Rechtes, die die Interessen Dritter im Verhältnis zu den Interessen der an der Eigentumsübertragung beteiligten Personen regeln, in entsprechender Anwendung insoweit auf das Anwartschaftsrechts abgestimmt werden, als die Interessen der Dritten es erfordern. Andernfalls würde sich die vom Gesetzgeber gewollte Ordnung der Rechtsbeziehungen verschieben. Das Gesetz hat dem Hypothekengläubiger hinsichtlich des Zubehörs und den Inhabern bestimmter gesetzlicher Pfandrechte ein Vorzugsrecht eingeräumt. Diesem Grundsatz des Vorranges des Hypothekengläubigers vor späteren Gläubigern des Grundstückseigentümers würde die Annahme, daß durch die Übertragung des Anwartschaftsrechtes der Dritte unbelastetes Eigentum erwerben könne, nicht gerecht werden.

Zwar erstreckt sich nach § 1120 BGB die Haftung nur auf Sachen, die im Eigentum des Schuldners stehen. Das bedeutet indessen nur einen Schutz desjenigen Dritten, der in dem Zeitpunkt Eigentümer ist, zu dem die Sachen in den die Haftung auslösenden Herrschaftsbereich gebracht werden. In bestehende Rechte Dritter will das Gesetz nicht eingreifen. Dagegen hat nach der gesetzlichen Regelung grundsätzlich der Hypothekengläubiger den Vorrang vor Dritten, die später von einem Schuldner, der Eigentümer ist, das Eigentum erwerben; der Erwerber erlangt nur belastetes Eigentum. Aus dem Rechtssatz, daß Hypotheken sich nur auf die dem Schuldner gehörenden Sachen des Zubehörs erstrecken, die Folgerung ziehen,

§ 8. Anwartschaftsrecht aus bedingtem Rechtserwerb

daß auch derjenige, der durch Übertragung des Anwartschaftsrechtes das Eigentum unmittelbar vom Vorbehaltsverkäufer erlangt, das Eigentum frei von Rechten des Hypothekengläubigers erwerbe, hieße, die Vorschrift auf eine Fallgestaltung anwenden, für die sie nach dem Gesetz nicht bestimmt ist und auf die sie nicht paßt. Diese Eigentumserwerbsart hatte der Gesetzgeber nicht bedacht, sie ist ausschließlich von der Rechtsprechung entwickelt worden. Das Ergebnis wäre auch unbillig. Mag dogmatisch betrachtet das Eigentum unmittelbar vom Vorbehaltsverkäufer auf den Dritten übergehen, so ist doch nicht zu übersehen, daß der Hypothekenschuldner durch Abtretung des Anwartschaftsrechtes mittelbar über das Vollrecht und wie ein Eigentümer über eigenes Vermögen verfügt und daß er sich wirtschaftlich den Wert des Zubehörs zuführt, indem er es als Kreditunterlage benutzt. Sachlich besteht zwischen der Einigung, daß der Dritte Eigentümer werden, und der Einigung, daß das Anwartschaftsrecht zwecks Eigentumsübertragung übergehen solle, kein Unterschied. Ob das eine oder andere erklärt ist, hängt oft von reinem Zufall ab. Daß sich die Rechtsfolgen je nach der einen oder anderen gewählten Übertragungsform verschieden gestalten sollten, erscheint um so fragwürdiger, als die Rechtsprechung die Auffassung vertritt, in einer nach § 933 BGB nicht zum Ziele führenden Übertragung des Eigentums an einer unter Eigentumsvorbehalt verkauften Sache könne die Sicherungsübertragung der Anwartschaft liegen. Es ist nicht einzusehen, weshalb derjenige, der Eigentum über das Anwartschaftsrecht erwirbt, besser stehen sollte als derjenige, dem das Eigentum übertragen wird (Westermann, Sachenrecht 4. Aufl § 44, 3; Reinicke, Gesetzliche Pfandrechte S. 8 ff). Mit Recht hat schon das Kammergericht (JW 1935, 3168) für einen ähnlich liegenden Fall ausgesprochen, wenn der Eigentumserwerb nach den Vorschriften des bürgerlichen Gesetzbuches unzulänglich sei, d. h. nicht die Verschaffung des unbelasteten Eigentums zur Folge haben würde, müsse das auch für den Umweg gelten, der zu demselben Ziel über die Abtretung des Anspruches auf Eigentumsverschaffung (richtiger des Anwartschaftsrechtes) führe.

Die Gegenmeinung kann sich nicht darauf berufen, daß damit der von der Rechtsprechung und dem Schrifttum verfolgte Zweck, dem Anwartschaftsberechtigten die Möglichkeit zu geben, die noch nicht in sein Eigentum gelangten Sachen als Kreditunterlage zu benutzen, erschwert werde. Dem Anwärter soll zwar die Möglichkeit eingeräumt werden, den Wert, der in der Chance auf Erwerb des Vollrechts liegt, bereits in der Gegenwart zu Kreditzwecken für sich auszunutzen (BGHZ 20, 88, 98). Ihm aber mehr als diese Möglichkeit zu geben, ihn nämlich besser als den Volleigentümer zu stellen, liegt kein Anlaß vor."

bb) Mit dem Hinweis darauf, dass die Interessenlage des Grundpfandgläubigers und des Vermieters im Hinblick auf die eingebrachten Sachen des Mieters sich völlig gleichen, hat der BGH alsbald[34] auch das **Vermieterpfandrecht am Anwartschaftsrecht des Mieters** auf Erwerb des Eigentums an eingebrachten Sachen anerkannt.

63

cc) Dass diese Rechtsprechung die folgerichtige Fortentwicklung der in BGHZ 20, 88 vertretenen Lehre vom Direkterwerb darstelle (so BGHZ 35, 88), ist freilich nicht plausibel, wenn man die Begründung in BGHZ 20, 88 heranzieht. Dort war ja die Befugnis des Anwartschaftsinhabers, über diese zu verfügen, mit der Überlegung begründet worden, er dürfe nicht schlechter gestellt werden als der Inhaber eines bloßen Übereignungsanspruches. Wollte man diesem Topos auch bei §§ 562, 1120 Rechnung tragen, so gelangte man jedoch zu einem anderen Ergebnis als BGHZ 35, 88 und NJW 1965, 1475. Treten nämlich Mieter oder Grundstückseigentümer bloße Übereignungsansprüche an Dritte ab, so erwerben diese nicht nur pfandrechtsfreie Ansprüche, sondern auch pfandrechtsfreies Eigentum, wenn die Ansprüche erfüllt werden. Dürften Mieter und Grundstückseigentümer als Inhaber eines Anwartschaftsrechts nicht schlechter gestellt werden als im Vergleichsfall, so müssten sie den Dritten auch pfandrechtsfrei Anwartschaft (und in deren Gefolge Eigentum) verschaffen können.

64

Indes hat sich ja bereits oben (siehe Rn. 18 ff.) gezeigt, dass die frühere Argumentation des BGH nicht überzeugt. In der Begründung des Hypothekenfalls kommt denn auch der BGH nicht mehr auf jenen aussageschwachen Vergleich zwischen einem Forderungsinhaber und dem Anwärter zurück, sondern stellt mit Recht den entscheidenden Interessengegensatz „**Anwartschaftserwerber contra Gläubiger des Anwartschaftsberechtigten**" in den Mittelpunkt der Überlegungen (BGHZ

65

---
[34] BGH NJW 1965, 1475.

35, 89). Die gesetzlichen Maßstäbe, anhand deren dieser Gegensatz zu entscheiden ist, lassen sich allerdings noch deutlicher hervorheben als der BGH dies getan hat.

66 dd) Wenn § 1120 die Hypothek auf das Grundstückszubehör erstreckt, so hat das seinen Grund in der **wirtschaftlichen Einheit von Grundstück und Zubehör**. Diese Einheit ist unabhängig davon, in wessen Eigentum die Zubehörsache steht. Allerdings hat der Hypothekar ein Recht zur Befriedigung nur aus dem Vermögen des Grundstückseigentümers. Deshalb beschränkt § 1120 die hypothekarische Haftung auf das Zubehör des Eigentümers. Da es um den Umfang der Haftung geht, ist freilich das Eigentum nicht in seiner Nutzungs-, sondern in seiner **Haftungsfunktion** angesprochen. Haftungsmäßig aber sondert § 161 Abs. 1 die unter Eigentumsvorbehalt verkauften Sachen (§ 449) schon aus dem Vermögen des Verkäufers aus (siehe Rn. 21) und ordnet sie dem Vermögen des Anwärters zu. Dann aber ist es gerechtfertigt, wenn nicht das Eigentum, so doch die Anwartschaft auf das Eigentum an der Zubehörsache als von der Hypothek erfasst anzusehen.

67 Das Grundpfandrecht an der Anwartschaft wird – wenn der Grundeigentümer das Eigentum an der Zubehörsache erwirbt – **analog § 1287 BGB, § 848 Abs. 2 Satz 2 ZPO** zum Pfandrecht an der Sache selbst: Wenn schon beim Pfandrecht an der Forderung auf eine noch zu leistende Sache dingliche Surrogation eintritt, so muss dies erst recht beim Pfandrecht an der Anwartschaft im Falle des Bedingungseintritts gelten.[35] Auf Überlegungen zur möglichen „Wesensgleichheit" von Anwartschaft und Eigentum kommt es daher nicht an.[36]

68 Hat der Grundstückseigentümer die Anwartschaft vor Bedingungseintritt auf einen Dritten **übertragen**, ohne die Zubehöreigenschaft aufzuheben oder die Sache vom Grundstück zu entfernen (vgl. §§ 1121 Abs. 1, 1122 Abs. 2), so erwirbt der Dritte nur die **pfandrechtsbelastete Anwartschaft**. Mit Bedingungseintritt wird auch in diesem Fall das Pfandrecht an der Anwartschaft zum **Pfandrecht an der Sache** selbst. Darin drückt sich der allgemeine **Prioritätsgrundsatz** aus, dass das früher erworbene dingliche Recht dem später erworbenen vorgeht.

69 b) Welche **Konsequenzen hat dies für das Vermieterpfandrecht?** Das **Vermieterpfandrecht des § 562** bezieht sich nur auf bewegliche Sachen, nicht auf sonstiges Vermögen des Mieters. Diese Beschränkung erklärt sich aus der Überlegung, dass ein Verwertungsvorrecht des Vermieters (wie es das Pfandrecht darstellt) sich nur an solchen Gegenständen rechtfertigt, deren Substrate in naher **räumlicher Beziehung zu dem vermieteten Grundstück bzw. der vermieteten Wohnung** stehen und auf deren Verbleib der Vermieter notfalls handgreiflich dringen kann (§ 562b). Diese Voraussetzungen sind aber auch dann gegeben, wenn die eingebrachte Sache noch nicht im Eigentum des Mieters steht.

70 Dass das Gesetz das Pfandrecht beschränkt auf Sachen des Mieters, beruht auf derselben Erwägung wie die Beschränkung der Hypothekenhaftung in § 1120 auf Zubehör des Grundstückseigentümers: Der Gläubiger darf sich nur aus dem **Vermögen seines Schuldners**, nicht aus dem Dritter befriedigen. Wenn nun aber § 161 Abs. 1 bei bestehender Anwartschaft des Mieters die Sache für den Fall des Bedingungseintritts haftungsmäßig dem Vermögen des Mieters zuweist, dann ergeben sich im Rahmen des § 562 ebenso wenig Bedenken wie in § 1120, schon die Anwartschaft des Mieters dem Vermieterpfandrecht zu unterwerfen.

---

[35] *Reinicke*, Gesetzliche Pfandrechte und Hypotheken am Anwartschaftsrecht aus bedingter Übereignung, 1941, S. 35.
[36] Offen gelassen in BGHZ 35, 94.

§ 8. Anwartschaftsrecht aus bedingtem Rechtserwerb

Auch im Übrigen weicht die Problemlage beim Vermieterpfandrecht nicht von der beim Grundpfandrecht ab. 71

c) Sodann dürfte dem Entstehen des Pfandrechts nicht die **Unpfändbarkeit** des betroffenen Gegenstands entgegenstehen (§ 562 Abs. 1 Satz 2 i.V.m. § 818 ZPO). Zweifelsohne gehört eine Tiefkühltruhe zu den dem Haushalt dienenden Sachen i.S.d. § 811 Abs. 1 Nr. 1 ZPO.[37] Da K allerdings auch einen Kühlschrank mit Tiefkühlfach besitzt, sodass eine zusätzliche Tiefkühltruhe zur Aufrechterhaltung der in dieser Norm geforderten „bescheidenen Lebens- und Haushaltsführung" nicht notwendig erscheint, besteht mithin keine Unpfändbarkeit. 72

d) Das bedeutet konkret: D hat zwar analog §§ 929, 930 die Anwartschaft an der Truhe erlangt. Sie war jedoch mit dem zuvor entstandenen Pfandrecht des V belastet. Dieses ist nicht analog § 936 Abs. 1 Satz 1 erloschen; dem steht nämlich nach § 936 Abs. 1 Satz 3 schon die Tatsache entgegen, dass D statt des unmittelbaren Besitzes nur den mittelbaren erwarb. Als D den Restkaufpreis bezahlte, erlangte er Eigentum an der Truhe, an der sich nunmehr das Pfandrecht des V fortsetzte. Dass D und nicht der Vorbehaltskäufer K den Eintritt der Bedingung für den Eigentumserwerb herbeigeführt hat, ist gleichgültig.[38] 73

II. Erlöschen des Vermieterpfandrechts?

Das Vermieterpfandrecht ist nicht dadurch erloschen, dass D die Truhe aus der Wohnung des K abholte. Da dies ohne Wissen des V geschah, ist **§ 562a Satz 1** nicht erfüllt. Das Pfandrecht wäre in entsprechender Anwendung des **§ 562a Satz 2**[39] mit der Entfernung der Truhe auch ohne Wissen des V untergegangen, wenn die Entfernung den gewöhnlichen Lebensverhältnissen entsprochen oder die zurückbleibenden Sachen zur Sicherung des V offenbar ausgereicht hätten. Beides trifft nicht zu. 74

Ebenso wenig ist das Vermieterpfandrecht durch **gutgläubigen Erwerb** des D nach § 936 Abs. 1 erloschen. Zwar hat D inzwischen Besitz an der Truhe erlangt. Dass dies erst geschah, als D schon Eigentümer geworden war, während sich der Übertragungsakt zwischen K und D noch auf die Anwartschaft bezogen hatte, bräuchte der Anwendung des **§ 936 Abs. 1** nicht entgegenzustehen, da Anwartschaft und Eigentum nicht zweierlei Rechtspositionen, sondern Stufen ein und desselben Rechts darstellen. 75

Der lastenfreie Erwerb des D scheitert jedoch an dessen **fehlender Gutgläubigkeit** hinsichtlich des Vermieterpfandrechts (§§ 936 Abs. 2, 932 Abs. 2): Beim Erwerb von Sachen und Anwartschaften auf Sachen, die sich in Mieträumen befinden, muss der Erwerber mit dem Vermieterpfandrecht rechnen.[40] 76

III. Ergebnis

Der Anspruch des V gegen D auf Rückschaffung der Truhe in die Wohnung des K ist begründet. Kommt D dem Verlangen des V nicht nach, so muss dieser innerhalb der Monatsfrist des § 562b Abs. 2 Satz 2 allerdings klagen, um dem Erlöschen des Pfandrechts vorzubeugen. 77

---

[37] MünchKommZPO/*Gruber* § 811 ZPO Rn. 25.
[38] BGH NJW 1965, 1475 f.
[39] Dazu *Brox/Walker*, Besonderes Schuldrecht, 41. Aufl. 2017, § 11 Rn. 51; siehe auch *Larenz* SchuldR II/1 § 48 V (noch zu § 560 Satz 2).
[40] BGH NJW 1972, 43, 44 m.w.N.; Staudinger/*Emmerich* (2014) § 562 BGB Rn. 21.

Teil 3. Mobiliarsicherheiten

B. Gutgläubiger Erwerb des Anwartschaftsrechts

78 Für die Frage des gutgläubigen Erwerbs einer Anwartschaft sind zwei Fallgruppen zu unterscheiden. Die eine betrifft die **Begründung eines Anwartschaftsrechts,** wobei der Veräußerer in Bezug auf den Übereignungsgegenstand Nichtberechtigter ist (siehe Rn. 79 f.). Die andere Fallgruppe hat nicht die Begründung, sondern die **Übertragung einer Anwartschaft** zum Gegenstand; sie weist mehrere Unterfälle auf. So kann der Veräußerer ein zwar existentes, aber fremdes Anwartschaftsrecht „übertragen" wollen (siehe Rn. 83 f.); ferner kann das Anwartschaftsrecht, dessen „Übertragung" beabsichtigt ist, überhaupt nicht bestehen (siehe Rn. 85); schließlich ist der Fall denkbar, dass die Anwartschaft dem Verfügenden zwar zusteht, aber nicht den von ihm angegebenen Wert besitzt (siehe Rn. 86).

1. Begründung eines Anwartschaftsrechts (Ersterwerb)

79 Hält der **Erwerber bei einer aufschiebend bedingten Eigentumsübertragung** den Veräußerer für den Eigentümer, ohne im Hinblick auf dessen Eigentum grob fahrlässig zu sein (§ 932 Abs. 2), so erwirbt er entsprechend § 932 Abs. 1 die Anwartschaft gutgläubig. Die Anwendung der Gutglaubensvorschriften ist deshalb gerechtfertigt, weil die auf dem Besitz gründende Eigentumsvermutung (§ 1006 Abs. 1) zugunsten des Veräußerers spricht und der Eigentümer auch bedingt verfügen kann. Mit Bezahlung des Restkaufpreises erstarkt die Anwartschaft in der Person des Erwerbers zum Volleigentum.

80 Dabei ist es nicht erforderlich, dass die Gutgläubigkeit bis zur Vollendung des Rechtserwerbs (Bedingungseintritt) besteht; ausreichend ist Redlichkeit bei Einigung und Übergabe der Sache. Der BGH begründet dies mit einem Vergleich von § 932 einerseits, §§ 933, 934 andererseits (BGHZ 10, 69, 73):

> „§ 929 stellt den Übergang des Eigentums auf Übergabe und Einigung ab, die, ohne daß es irgendwelcher weiterer Willensäußerungen bedarf, einen Erwerb des Eigentums zur Folge haben. Wenn daher § 932 von der Zeit spricht, zu der der Erwerber nach „diesen Vorschriften" das Eigentum erwerben würde, so ist damit in Wirklichkeit nichts anderes als der Zeitpunkt gemeint, in dem Übergabe und Einigung erfolgt sind. Das ergibt sich auch aus den §§ 933 und 934, in denen es für den guten Glauben nicht auf den Zeitpunkt des Erwerbs des Eigentums, sondern auf den der Übergabe oder des Besitzerwerbs abgestellt wird."

81 Nach überwiegender Auffassung steht dem gutgläubigen Anwärter gegenüber dem Herausgabebegehren des Eigentümers ein Recht zum Besitz zu.[41] Der BGH dagegen[42] hilft dem Anwärter nicht auf diesem Wege, sondern mittels § 242 (dolo facit qui petit quod statim redditurus est). Freilich sind die Voraussetzungen dieser Einrede nur dann gegeben, wenn die Erstarkung der Anwartschaft zum Vollrecht unmittelbar bevorsteht.[43]

2. Übertragung einer Anwartschaft (Zweiterwerb)

82 Bei der **Übertragung eines Anwartschaftsrechts** sind die eingangs dargestellten Varianten zu unterscheiden.

83 a) Verfügt ein Veräußerer durch Übergabe der Sache, so deutet der Besitz auf sein Eigentum und damit auf seine Verfügungsberechtigung hin. Legt der Veräußerer offen, dass er nicht Eigentümer

---

[41] *Baur/Stürner* § 59 Rn. 47; a. A. *Medicus/Petersen* BR Rn. 465. Streitig ist, ob es sich um ein dingliches oder obligatorisches Besitzrecht handelt. Für ein dingliches Recht zum Besitz: OLG Karlsruhe NJW 1966, 885, 886 (dagegen BGHZ 10, 69, 71 f.); für ein obligatorisches Besitzrecht *Stoll* JuS 1967, 12, 17; *Brox* JuS 1984, 657, 659.
[42] BGHZ 10, 69, 75.
[43] *Medicus/Petersen* BR Rn. 465.

ist und nur über ein (angeblich ihm, in Wahrheit **einem Dritten zustehendes**) **Anwartschaftsrecht** verfügen könne, zerstört er den Rechtsschein hinsichtlich seines Eigentums. Die Frage des gutgläubigen Erwerbs hängt somit davon ab, ob der Besitz auch einen Rechtsschein zugunsten einer Anwartschaft des Besitzers zu erzeugen vermag.

Dafür lässt sich dem BGB – da es die Anwartschaft überhaupt nur fragmentarisch behandelt – nichts entnehmen, während es die auf den Besitz gestützte Eigentumsvermutung ausdrücklich regelt (§ 1006 Abs. 1). Allerdings verknüpft das BGB in zwei anderen Fällen (§§ 1065, 1227 i.V.m. § 1006) mit dem Besitz einer beweglichen Sache die Vermutung für ein beschränktes dingliches Recht, nämlich für einen Nießbrauch und für ein Faustpfandrecht. In Analogie zu §§ 1065, 1227 wird man daher den Sachbesitz auch als Rechtsscheinsträger für ein Anwartschaftsrecht ansehen können. Dann aber ist die Möglichkeit zu bejahen, eine Anwartschaft gutgläubig entsprechend §§ 929 ff., 932 ff. zu erwerben, sofern sie überhaupt existiert.[44] 84

b) Weitgehende Übereinstimmung besteht für die Behandlung des Falles, bei dem der Veräußerer eine ihm angeblich zustehende **Anwartschaft** überträgt, die jedoch **überhaupt nicht existiert**. Da keine Forderung und folglich keine herbeiführbare Bedingung besteht, kann das Anwartschaftsrecht nicht zum Vollrecht erstarken; eine dieser Fähigkeit entkleidete Anwartschaft aber gibt es nicht.[45] 85

c) **Besteht eine Anwartschaft nicht in dem Umfang, wie vom Veräußerer behauptet**, kommt ein Schutz des guten Glaubens hinsichtlich des obligatorischen Teils des Rechtsgeschäfts nicht in Betracht. Will der neue Inhaber der Anwartschaft Eigentum erwerben, muss er die Bedingung in vollem Umfang herbeiführen. 86

C. Beeinträchtigung des Anwartschaftsrechts nach Übertragung

I. Nachträgliche Erweiterung des Eigentumsvorbehalts?

Fall 2: K hatte von V einen Lkw unter Eigentumsvorbehalt gekauft. Aufgrund einer Sicherungsabrede schloss er mit G über den noch nicht vollständig bezahlten Lkw unter gleichzeitiger Vereinbarung eines Leihverhältnisses einen Sicherungsübereignungsvertrag. Später ergänzten K und V ihre Vereinbarung dahin, dass der Lkw zur Sicherung sämtlicher gegenwärtiger und künftiger Forderungen aus der Geschäftsverbindung zwischen ihnen im Eigentum des V verbleiben solle. Ist diese Erweiterung des Eigentumsvorbehalts wirksam, wenn G mit ihr nicht einverstanden ist? 87

Die Vereinbarung über die Erweiterung des Eigentumsvorbehalts ändert zum einen den **Kaufvertrag** zwischen K und V, insofern sie die Verpflichtung des V zur Eigentumsverschaffung nicht nur von der vorherigen Zahlung des Kaufpreises für den Lkw, sondern von der Tilgung sämtlicher zwischen V und K im Rahmen ihrer Geschäftsbeziehung entstandener und noch entstehender Schulden des K abhängig macht. 88

---

[44] *Baur/Stürner* § 59 Rn. 39; *Larenz* SchuldR II/1 § 43 II c m.w.N. Noch weitergehend *Berger*, Eigentumsvorbehalt und Anwartschaftsrecht – Besitzloses Pfandrecht und Eigentum, 1984, S. 145 f.; *Hübner* NJW 1980, 732. – A.A. *Flume* AcP 161 (1962), 385, 394 ff.; *Wiegand* JuS 1974, 211 f. m.w.N.; *Lux* JURA 2004, 145, 149.

[45] *Baur/Stürner* § 59 Rn. 40; *Vieweg/Werner* § 11 Rn. 57 m.w.N. – A.A. *Berger*, Eigentumsvorbehalt und Anwartschaftsrecht – Besitzloses Pfandrecht und Eigentum, 1984, S. 146 (der Erwerber erlange Eigentum, sei aber dem bisherigen Eigentümer nach § 816 Abs. 1 Satz 2 teilweise ausgleichspflichtig); *Hübner* NJW 1980, 729, 732.

Teil 3. Mobiliarsicherheiten

89 Darüber hinaus ändert die Vereinbarung aber auch die Bedingung, die der ursprünglichen **Einigung über den Eigentumsübergang** von V auf K beigefügt worden war. Diese (inhaltliche) Änderung der früheren Einigung teilt deren Rechtsqualität. Sie ist also ein Verfügungsgeschäft. Verfügungsgegenstand ist die Rechtsstellung, die K aus der (ursprünglichen) bedingten Verfügung erworben hatte (Anwartschaft, vgl. Rn. 21, 24). Diese aber hat er mittlerweile entsprechend §§ 929 Satz 1, 930, 598 auf G übertragen. Die von ihm nunmehr vorgenommene Verfügung ist daher die eines Nichtberechtigten (§ 185). Da G als Berechtigter ihr nicht zustimmt, kann sie nicht wirksam werden.[46]

II. Erlöschen des Anwartschaftsrechts durch Aufhebung des Kaufvertrages?

90 **Fall 3:** Ändert sich in Fall 2 (siehe Rn. 87) die Rechtslage, wenn V vom Kaufvertrag zurücktritt oder K ihn anficht oder K und V ihn einverständlich aufheben?

91 Auch hier ist zwischen der Änderung des Kaufvertrages und deren Einfluss auf die Rechtsstellung des G zu unterscheiden. Was den **Kaufvertrag** angeht, steht der Wirksamkeit der genannten Rechtsgeschäfte an sich nichts entgegen. Sie müssten (ebenso wie ein Rücktritt des K) insbesondere zur Folge haben, dass die Kaufpreisforderung erlischt und V nicht mehr Zahlung des restlichen Kaufpreises verlangen kann.

92 Aus der Befugnis der Parteien des Kaufvertrages, diesen beliebig zu ändern, hat man geschlossen, dass auch der Fortbestand der **Anwartschaft** des G völlig in ihrer Hand liege.[47] Das ist jedoch nur zum Teil richtig. Die auf die Aufhebung der Kaufpreisforderung gerichteten Rechtsgeschäfte zielen nämlich zugleich auf eine inhaltliche **Änderung der Rechtsstellung des G,** d. h. auf ihre Aufhebung. Sie stellen daher ebenso wie die Erweiterung des Eigentumsvorbehalts im vorigen Fall eine Verfügung über die Anwartschaft des G dar. Diese Verfügung ist nur wirksam, wenn und soweit dem (oder den) Verfügenden (K und V) eine entsprechende Verfügungsbefugnis zusteht.

93 Das ist dort zu bejahen, wo eine Partei von einem **Gestaltungsrecht** Gebrauch macht, das ihr schon vor der Übertragung der Anwartschaft auf G zustand.[48] Insoweit hat G die Anwartschaft gleichsam belastet mit der Vernichtbarkeit durch Ausübung des Gestaltungsrechts erworben. Das gilt für die Fälle des Rücktritts und der Anfechtung. Anders verhält es sich jedoch bei dem Versuch **einverständlicher Aufhebung des Kaufvertrages.** Diese kann ebenso wenig wie die nachträgliche Erweiterung des Eigentumsvorbehalts die Rechtsstellung des G beeinträchtigen.[49] G muss also trotz der Vereinbarung zwischen K und V insbesondere weiter in der Lage sein, den Restkaufpreis zu bezahlen und damit Eigentum zu erwerben. Lässt die Aufhebungsvereinbarung aber die Anwartschaft des G unberührt, so muss man konsequenterweise der Vereinbarung auch einen Einfluss auf den

---

[46] BGHZ 75, 221, 226f. Zust. *Forkel* NJW 1980, 774; *Gernhuber,* FS Baur, 1981, S. 31, 40f. (krit. jedoch zur Begründung); abl. *Waldner* MDR 1980, 459ff.
[47] *Serick* Bd. I § 11 II 1 m.w.N.
[48] Zwischen den einzelnen Gestaltungsrechten differenzierend, aber i.Erg. ebenso *Gernhuber,* FS Baur, 1981, S. 31, 43ff. In diese Richtung tendiert auch BGHZ 75, 221, 229. – A.A. *Flume* AcP 161 (1962), 385, 393f.
[49] I.Erg. ebenso *Gernhuber,* FS Baur, 1981, S. 31, 40ff.; *Kollhosser* JA 1984, 202. – Ausdrücklich offen lassend (und damit von der gegenteiligen Entscheidung BGHZ 35, 85, 94 abrückend): BGHZ 75, 221, 229. – Nicht weitgehend genug wird das Interesse des Erwerbers berücksichtigt von *Flume* AcP 161 (1962), 385, 394, der hier § 407 zugunsten des Verkäufers anwenden will; ihm folgend *Mormann,* Ehrengabe f. Heusinger, 1968, S. 195f. – Dasselbe gilt für den Vorschlag *Loewenheims* JuS 1981, 724f., der Erwerber könne sich als Ersatz für das erlöschende Anwartschaftsrecht den Rückzahlungsanspruch des Käufers (im Voraus) übertragen lassen und sich so den Wert sichern, den die Anwartschaft im Zeitpunkt der Aufhebungsvereinbarung besitze.

§ 8. Anwartschaftsrecht aus bedingtem Rechtserwerb

Kaufvertrag absprechen (arg. § 139); sonst träte die für V nicht akzeptable Situation ein, dass er zwar seine Kaufpreisrestforderung verlöre, aber dennoch die Sache nicht zurückverlangen könnte.

III. Vertragliche Aufhebung des Anwartschaftsrechts durch Käufer und Verkäufer?

> **Fall 4:** K hat von V einen Lkw unter Eigentumsvorbehalt erworben. Den Lkw benutzt K für die Versendung der in seinem Betrieb erzeugten Güter. Das Betriebsgrundstück ist mit einer Grundschuld zugunsten der G belastet. Da K inzwischen in einen finanziellen Engpass geraten ist, bittet er D, den Restkaufpreis zu finanzieren. Zu diesem Zweck heben V und K zunächst die bedingte Übereignung auf; mit Zustimmung des K übereignet V sodann den Lkw gegen Zahlung des Restkaufpreises an D. Was hat D erworben?

94

D könnte von V das Eigentum an dem Lkw nach § 929 Satz 1 erworben haben. Die hierfür nötige Einigung zwischen V und D liegt vor. Statt des unmittelbaren Besitzes hat D freilich nur mittelbaren Besitz erworben, als K sich mit der Übereignung an ihn einverstanden erklärte. Das reicht jedoch für § 929 Satz 1 aus.[50]

95

V war vor der Zahlung des Restkaufpreises auch noch Eigentümer des Lkw. Allerdings hatte er zuvor bereits bedingt über das Fahrzeug zugunsten des K verfügt. Auf die hieraus für K gem. § 161 Abs. 1 Satz 1 erwachsene Anwartschaft kann dieser grundsätzlich verzichten. Das ist mit der zwischen K und V vereinbarten Aufhebung der bedingten Übereignung geschehen. Die Wirksamkeit dieser Aufhebung ist jedoch fraglich. Das Anwartschaftsrecht des K am Lkw war nämlich – da dieser Zubehör (§ 97 Abs. 1) des Betriebsgrundstückes des K geworden war – analog § 1120 in den Haftungsverband der Grundschuld des G geraten (siehe Rn. 66). Wegen dieser Pfandrechtsbelastung konnte K nicht mehr ohne weiteres über sein Anwartschaftsrecht im Wege der Aufhebung verfügen. Das ergibt sich freilich nicht aus § 1276,[51] sondern aus §§ 1121 f. Wenn man nämlich die Pfandverhaftung der Anwartschaft am Zubehör entsprechend § 1120 Platz greifen lässt, so müssen auch die damit in rechtlichem Zusammenhang stehenden Vorschriften der §§ 1121 f. zur Festlegung der Haftungsgrenzen und der Enthaftungsmöglichkeiten herangezogen werden.[52] Nur einen halben Schritt wagt dagegen der BGH:[53] § 1276 schlägt er zwar unter Berufung auf § 1121 Abs. 1 aus dem Feld, zieht dann aber §§ 1121 f. selbst nicht als Maßstab heran.

96

Holt man dies nach, dann ergibt sich: Solange der Grundpfandgläubiger G die Haftung noch nicht durch Erwirkung der Beschlagnahme aktualisiert hatte (§§ 20, 21 Abs. 1, 22 ZVG), war K in der Lage, über das Anwartschaftsrecht am Lkw auch mit Wirkung gegenüber G zu verfügen, musste dazu analog § 1121 Abs. 1 allerdings den Lkw (dauerhaft) vom Grundstück entfernen. In seiner Verfügungsbefugnis frei wäre K entsprechend § 1122 Abs. 2 auch geworden, wenn er die Zubehöreigenschaft des Lkw im Rahmen einer ordnungsgemäßen Wirtschaft aufgehoben hätte. Da hier jedoch weder die Voraussetzungen des § 1121 Abs. 1 noch die des § 1122 Abs. 2 erfüllt sind, war die Aufhebung der Anwartschaft durch K und V dem G gegenüber unwirksam. Mit der Zahlung des Restkaufpreises ist daher gem. § 161 Abs. 1 Satz 1 die Übertragung des Eigentums des V an D unwirksam geworden. Diese damit fehlgeschlagene Übereignung kann jedoch umgedeutet wer-

97

---

[50] BGHZ 92, 280, 288 m.w.N.
[51] So mit Recht BGHZ 92, 280, 290 gegen die dort genannten Autoren (wie diese auch *Reinicke* JuS 1986, 960 ff.; *Tiedtke* NJW 1985, 1305 ff.); zust. etwa MünchKommBGB/*Damrau* § 1204 BGB Rn. 12.
[52] Vgl. die Erwägungen *Kollhossers* (JZ 1985, 370, 373 f.) und *Marotzkes* (AcP 186 [1986], 490, 494 ff.).
[53] BGHZ 92, 280, 291 f.

den in die Übertragung des Eigentums von K, die V als Nichtberechtigter mit Zustimmung des K (§ 185 Abs. 1) vorgenommen hat. Da die Grundschuld des G sich nach der Umwandlung des Anwartschaftsrechts in das Volleigentum an diesem fortsetzte (siehe Rn. 67), hat D im Ergebnis zwar tatsächlich Eigentum am Lkw erworben, aber belastet mit dem Grundpfandrecht des G.

98 Besser hätte sich D gestellt, wenn er dem V dessen Restkaufpreisforderung abgekauft und sich das vorbehaltene Eigentum von V hätte übertragen lassen.[54]

IV. Schutz bei Einwirkungen auf das Vorbehaltsgut

99 Das Anwartschaftsrecht genießt als Vorstufe zum Vollrecht grundsätzlich **bereicherungs- wie deliktsrechtlichen Schutz;** es ist als sonstiges Recht i.S.d. § 823 Abs. 1 anzusehen.[55] Der Vorbehaltskäufer kann sich darüber hinaus als berechtigter Besitzer auf § 823 Abs. 1 berufen; er darf seine Besitzrechtsposition nach § 812 Abs. 1 Satz 1 Alt. 1 kondizieren. Geht das Anwartschaftsrecht als Folge eines gutgläubigen Erwerbs der Sache durch einen Dritten unter, entsteht ein Anspruch aus § 816 Abs. 1 Satz 1 (sowie ggf. aus § 823 Abs. 1 und §§ 687 Abs. 2 mit 667) auf Erlösherausgabe. Allerdings ist der Anspruch auf den Wert des Anwartschaftsrechts beschränkt, denn auch der Eigentumsvorbehaltsverkäufer hat wegen seines Eigentums einen gleichgerichteten Herausgabeanspruch. Eigentumsvorbehaltskäufer und -verkäufer bilden damit nach h.M. analog §§ 432, 1281 eine Forderungsgemeinschaft.[56] Diese Grundsätze gelten mutatis mutandis auch, wenn die veräußerte Sache beschädigt wird.

---

[54] Vgl. *Kollhosser* JA 1984, 200; Palandt/*Wicke* § 1276 BGB Rn. 5.
[55] Siehe nur BGHZ 55, 20, 25f.; 114, 161, 165; Jauernig/*Berger* § 929 BGB Rn. 58.
[56] *Baur/Stürner* § 59 BGB Rn. 45; *Brox* JuS 1984, 657, 660; *Eichenhofer* AcP 185 (1985), 162, 190; *Leible/Sosnitza* JuS 2001, 341, 344f.; *Schreiber* JURA 2001, 623, 627. Die Rspr. geht hingegen von einer Teilgläubigerschaft aus, BGHZ 55, 20, 31. Anders *Müller-Laube* JuS 1993, 529: ausschließliches Forderungsrecht des Anwärters; der Eigentümer soll nur Zahlung an jenen verlangen können; wieder anders *Flume* AcP 161 (1962), 385, 399ff.: nur Eigentümer hat Ansprüche; Erlös ist im Innenverhältnis aufzuteilen. Allg. dazu auch *Habermeier* AcP 193 (1993), 364.

§ 9. Sicherungsübereignung

Literatur: *Ganter,* in: Schimansky/Bunte/Lwowski, Bankrechts-Handbuch, Bd. II, 5. Aufl. 2017, § 95; *M. Huber,* Grundwissen – Zivilprozessrecht: Sicherungseigentum in Zwangsvollstreckung und Insolvenz, JuS 2011, 588; *S. Lorenz,* Grundwissen – Zivilrecht: Die Sicherungsübereignung, JuS 2011, 493; *Lwowski,* in: Lwowski/Fischer/Langenbucher, Das Recht der Kreditsicherung, 9. Aufl. 2011, § 11; *Müller/Gruber,* Sachenrecht, 2016, § 55; *Prütting,* Sachenrecht, 36. Aufl. 2017, § 34; *Reinicke/Tiedtke,* Kreditsicherung, 5. Aufl. 2006, Rn. 622–770; *Schur,* Grundprobleme der Wirkungsweise von Akzessorietätsprinzip und Sicherungsabrede, JURA 2005, 361; *Wolf/Wellenhofer,* Sachenrecht, 31. Aufl. 2016, § 15.

A. Überblick

I. Abgrenzung: Darlehensvertrag, Sicherungsvertrag, Sicherungsübereignung

Im Zusammenhang mit Sicherungsübereignungen sind (wie grundsätzlich bei allen Sicherungsübertragungen) normalerweise drei Rechtsgeschäfte zu unterscheiden: das Rechtsgeschäft, aus dem die zu sichernde Forderung entsteht, der Sicherungsvertrag (Sicherungsvereinbarung, Sicherungsabrede) und die Übertragung des sichernden Rechts. 1

1. Darlehensvertrag

In den meisten Fällen entstammt die zu sichernde Forderung einem Darlehensvertrag zwischen Kreditgeber und Kreditnehmer. Freilich kann die Forderung auch aus einem anderen Rechtsgeschäft (z. B. Kaufvertrag, Verfügung von Todes wegen) erwachsen oder auf Gesetz (z. B. Delikts- oder Bereicherungsrecht) beruhen. 2

Mit der **Bereitstellung der Darlehensvaluta** tritt ein weiteres Rechtsgeschäft hinzu. Dabei handelt es sich entweder um eine Übereignung (der praktisch seltene Fall der Barauszahlung) oder um die Begründung eines Forderungsrechts zugunsten des Darlehensnehmers (bei Bereitstellung der Darlehensvaluta auf dem Konto des Darlehensnehmers). 3

2. Sicherungsvertrag

a) Der Sicherungsvertrag bildet das schuldrechtliche Grundgeschäft (causa) der (dinglichen) Sicherungsübereignung. Er ist zwar kein gesetzlich eigens geregelter Vertragstyp, folgt jedoch grundsätzlich den Normen des Auftragsrechts.[1] Er legt fest, welche Forderungen die Sicherheit decken soll, regelt die **obligatorischen Rechte und Pflichten** der Parteien hinsichtlich der zur Sicherheit zu übertragenden Gegenstände, insbesondere begrenzt er im Verhältnis von Sicherungsnehmer und Sicherungsgeber (Innenverhältnis) die Dritten gegenüber (Außenverhältnis) unbeschränkte Rechtsmacht des Sicherungsnehmers (fiduziarisches oder treuhänderisches Eigentum). Regelmäßig werden in der Sicherungsabrede auch Bestimmungen über den Eintritt des **Sicherungsfalles** sowie über das Recht und die Art der **Verwertung** getroffen.[2] 4

---

[1] RGZ 116, 330, 331; 153, 360, 369; BGH WM 1969, 935; *Coing,* Die Treuhand kraft privaten Rechtsgeschäfts, 1973, S. 92; *Serick* Bd. II § 18 I 1 m. w. N.; *Westermann/Gursky/Eickmann* § 114 Rn. 9 m. N. zum Streitstand.
[2] Fehlen rechtsgeschäftliche Vereinbarungen, so fragt sich, ob die Pfandrechtsbestimmungen des BGB analog angewandt werden können; dazu differenzierend *Bülow* WM 1985, 373 ff., 405 ff.; *Serick* Bd. III § 38 I 2, II; *Baur/Stürner* § 57 Rn. 16.

Teil 3. Mobiliarsicherheiten

5   Bei der Sicherungsübereignung von Waren wird zusammen mit der Sicherungsabrede ausdrücklich oder konkludent vom Sicherungsnehmer zumeist auch eine **Einwilligung** (§§ 185 Abs. 1 Satz 1, 183) erteilt, wonach der Sicherungsgeber zur Veräußerung des Sicherungsgutes unter bestimmten Voraussetzungen befugt sein soll.[3]

6   Der Sicherungsvertrag ist in der Regel **formfrei**. Soll – was freilich selten vorkommt – ein **Grundstück** zur Sicherung übereignet werden, so bedarf er der Form des § 311b Abs. 1 Satz 1, und zwar nicht nur wegen der darin enthaltenen Verpflichtung des Sicherungsgebers, das Grundstück dem Sicherungsnehmer zu übertragen,[4] sondern auch wegen des (durch die Rückzahlung des Kredits ausgelösten) Rückübertragungsanspruches des Sicherungsgebers. Wird der Sicherungsvertrag nicht beurkundet, die Sicherungsübereignung aber gleichwohl vollzogen, so greift § 311b Abs. 1 Satz 2 nicht Platz: Die Vorschrift würde den Formmangel nur hinsichtlich der Verpflichtung des Sicherungsgebers heilen, nicht jedoch hinsichtlich der bedingten Rückübertragungsverpflichtung des Sicherungsnehmers. Da die beiden Verpflichtungen aber nicht unabhängig voneinander begründet werden sollten, bleibt der gesamte Sicherungsvertrag unwirksam (§ 139).

7   b) Was das **Verhältnis zwischen gesicherter Forderung und Sicherungsvertrag** angeht, so ist zu differenzieren. Fehlt es an jener, so kann dieser gleichwohl wirksam sein;[5] aus ihm erwächst dann jedoch kein Anspruch auf Bestellung der Sicherheit; und wenn eine solche bestellt ist, ergibt sich aus dem Sicherungsvertrag ein Rückübertragungsanspruch (siehe Rn. 19). Ist die Sicherungsabrede unwirksam, so kann möglicherweise aus dem der Forderung zugrunde liegenden Rechtsgeschäft – insbesondere wenn es sich um einen Darlehensvertrag handelt – ein Anspruch des Gläubigers auf (erneuten) Abschluss einer (wirksamen) Sicherungsvereinbarung abgeleitet werden. Trifft dies nicht zu – insbesondere bei kraft Gesetzes entstandenen Forderungen –, so bleibt es bei der Unwirksamkeit der Sicherungsabrede mit den (siehe Rn. 11 ff.) darzulegenden Konsequenzen.

3. Sicherungsübereignung

8   Die **Sicherungsübereignung** ist das Erfüllungsgeschäft zur obligatorischen Sicherungsabrede. Ihr typischer wirtschaftlich-juristischer Zweck besteht darin, dem Sicherungsnehmer ein dingliches Recht am Sicherungsgut zu verschaffen, dem Sicherungsgeber den Besitz daran aber nicht zu entziehen, ihm vielmehr die Möglichkeit zu eröffnen, durch wirtschaftliche Nutzung und Verwertung des Sicherungsgutes die Grundlage zur Erfüllung des gesicherten Anspruches – in aller Regel einer Darlehensforderung – zu schaffen.

9   Die Sicherungsübereignung kann mangels besonderer gesetzlicher Ausgestaltung nur nach einem der in §§ 929 ff. normierten Übereignungstatbeständen erfolgen. Da angesichts ihrer Funktion eine Übertragung des Besitzes am Sicherungsgut gewöhnlich nicht in Betracht kommt, ist praktisch bedeutsam allein die Übereignung durch Einigung und Vereinbarung eines Besitzkonstituts (§§ 929, 930).

10 Bedenken gegen die rechtliche Zulässigkeit der Sicherungsübereignung könnten aus den Pfandrechtsvorschriften des BGB hergeleitet werden. Danach kann eine Forderung durch Belastung einer

---

[3] Ob diese Einwilligung zur Verfügung selbst eine Verfügung darstellt, ist str.; vgl. NK-BGB/*Staffhorst* § 182 Rn. 10 m.N. Jedenfalls steht sie einer Verfügung näher als einem obligatorischen Rechtsgeschäft.
[4] So wohl BGH NJW 1983, 565; nicht eindeutig RG Gruch 65, 77, 78.
[5] Siehe nur Jauernig/*Berger* § 930 BGB Rn. 40. A.A. *Serick* Bd. I § 4 II 3 (Nichtigkeit des Darlehensvertrages zieht nach § 139 Nichtigkeit der Sicherungsabrede nach sich); *Tiedtke* DB 1982, 1710 (Sicherungsvereinbarung „gegenstandslos" und damit „unwirksam").

§ 9. Sicherungsübereignung

beweglichen Sache nur gesichert werden, wenn die Sache dem Sicherungsnehmer übergeben wird (§ 1205 Abs. 1). Dieses Element der Offenkundigkeit **(Publizität)** weist die Sicherungsübereignung aber gerade nicht auf.[6] Dennoch hat die Sicherungsübereignung **gewohnheitsrechtliche Anerkennung** gefunden. Die Gründe liegen einerseits in dem wirtschaftlichen Bedürfnis nach einem besitzlosen Sicherungsrecht, andererseits darin, dass ein Wille des Gesetzgebers, die Sicherungsübereignung auszuschließen, nicht nachgewiesen werden kann. Es lassen sich im Gegenteil Anhaltspunkte dafür finden, dass das Institut die Billigung des Gesetzgebers wenigstens indirekt gefunden hat. Durch die in § 455 a. F. (nunmehr § 449 n. F.) für den Verkäufer einer beweglichen Sache normierte Möglichkeit, sich das Eigentum bis zur vollständigen Bezahlung des Kaufpreises vorzubehalten, ist nichts anderes als ein besitzloses Sicherungsrecht gesetzlich anerkannt worden. Ebenso ging die Vorschrift des § 223 Abs. 2 a. F. (nunmehr § 216 Abs. 2 Satz 1 n. F.) von der Möglichkeit einer Rechtsübertragung zur Sicherung eines Anspruches aus; § 216 Abs. 2 Satz 2 hat dies mittlerweile ausdrücklich für den Fall des Eigentumsvorbehaltes anerkannt. Am deutlichsten bringt **§ 51 Nr. 1 InsO** zum Ausdruck, dass der Gesetzgeber das Institut der Sicherungsübereignung anerkennt. Ferner lässt sich nachweisen, dass der Gesetzgeber des BGB die frühe Rechtsprechung des RG zur Sicherungsübereignung gekannt hat; hätte das Institut seiner gesetzgeberischen Intention widersprochen, so wäre eine ausdrückliche Regelung zu erwarten gewesen.[7]

4. Abstraktheit der Sicherungsübereignung

Für das **Verhältnis zwischen Sicherungsvertrag und Sicherungsübereignung** ist das Abstraktionsprinzip kennzeichnend. Die Wirksamkeit des dinglichen Erfüllungsgeschäfts (Übereignung) ist daher unabhängig vom Bestand des schuldrechtlichen Kausalgeschäfts (Sicherungsvertrag). Die beiden Geschäfte lassen sich auch nicht durch Parteivereinbarung i. S. d. § 139 miteinander verknüpfen.[8]   **11**

Nur scheinbar durchbrochen wird das Abstraktionsprinzip, wenn die Übereignung nach §§ 929, 930 erfolgt und das hierfür nötige Besitzkonstitut die Sicherungsvereinbarung darstellt (vgl. Rn. 45 f.), diese aber nichtig ist. Infolge der doppelten Relevanz der Sicherungsabrede ist dann nicht nur das Kausal-, sondern auch das Erfüllungsgeschäft unwirksam.[9]   **12**

5. Nichtakzessorietät des Sicherungseigentums

Fraglich ist, ob für das **Verhältnis von gesichertem und sicherndem Recht** der Grundsatz der Akzessorietät gilt. Das träfe zu, wenn Erwerb und Fortbestand der Sicherung durch den Sicherungsnehmer vom Entstehen und Weiterbestehen der gesicherten Forderung abhingen.   **13**

a) Anders als bei Bürgschaft (siehe § 2 Rn. 24 ff.), Fahrnispfand (siehe § 6 Rn. 6), Vormerkung (siehe § 14 Rn. 31 f.) und Hypothek (siehe § 15 Rn. 3 ff.) lässt sich aus dem **Gesetz** die Akzessorietät der   **14**

---

[6] Zum sachenrechtlichen Publizitätserfordernis allgemein *Baur/Stürner* § 4 Rn. 9. Speziell zur Publizität von Pfandrechten und Sicherungsübereignung *Hromadka* JuS 1980, 89 ff. (mit dem interessanten Gedanken, das Publizitätserfordernis beim [Faust-]Pfand habe seine Berechtigung mit der Anerkennung gutgläubigen Erwerbs weitgehend eingebüßt).
[7] Ausführlich dazu *Gaul* AcP 168 (1968), 351, 385 f.; *Schreiber* JR 1984, 485 ff.
[8] *Wolf/Neuner* § 56 Rn. 12 ff.; *Jauernig/Mansel* § 139 BGB Rn. 3; *Medicus/Petersen* AT Rn. 241, 504. – Zur Gegenmeinung *Tiedtke* DB 1982, 1710 f. (regelmäßig „stillschweigend" als vereinbart anzusehen). Zunehmend setzen sich differenzierende Ansichten durch, die jedenfalls bei eindeutigem Parteiwillen ausnahmsweise eine Verknüpfung von schuld- und sachenrechtlichem Geschäft zulassen wollen, siehe BGH NJW-RR 2003, 733, 735 („höchst selten vorkommende Geschäftseinheit"); BGHZ 112, 376, 378; 161, 170, 175; MünchKommBGB/*Busche* BGB § 139 Rn. 20 f.; Palandt/*Ellenberger* § 139 BGB Rn. 7.
[9] Jauernig/*Berger* § 930 BGB Rn. 39; a. A. *Baur/Stürner* § 57 Rn. 15.

Sicherungsübereignung nicht begründen: §§ 929 ff. geben dafür unmittelbar nichts her, § 216 Abs. 2 Satz 2 spricht (für das Parallelproblem bei der Sicherungsabtretung eines Rechts) eher dagegen.

15 Streitig ist, ob die Akzessorietät der Sicherungsübereignung aus ihrer **Funktion** und aus der **Interessenlage** von Sicherungsgeber und Sicherungsnehmer abgeleitet werden kann. Der BGH hat dies bei der Sicherungszession bejaht.[10] Richtig hieran ist, dass der Sicherungsnehmer bei fehlender oder erloschener Forderung kein schützenswertes Interesse an einer Sicherheit hat und auch die Sicherungsfunktion der Sicherheit leerläuft. Daraus allein lässt sich jedoch nichts für die Beantwortung der Frage herleiten, wie Funktion und Interessensituation einerseits, Rechtslage andererseits zur Deckung zu bringen sind. Wir kennen mit der Sicherungsgrundschuld ein Institut, auf das die Erwägungen des BGH ebenfalls zutreffen und das doch in §§ 1191 Abs. 1, 1192 Abs. 1 klar als nichtakzessorisch gekennzeichnet ist. Geben deshalb die apostrophierten Gesichtspunkte für das Verhältnis von Sicherheit und gesicherter Forderung nichts Entscheidendes her, so bleibt es grundsätzlich bei der aus §§ 929 ff., 216 Abs. 2 Satz 2 ableitbaren Nichtakzessorietät des Sicherungseigentums.[11]

16 Eine Sicherungsübereignung ist daher auch dann wirksam, wenn die gesicherte Forderung nicht besteht; und sie bleibt wirksam, auch wenn die gesicherte Forderung erlischt. Der vor der Rückübertragung bestehende (dingliche) Rechtszustand muss deshalb durch Rückübereignung wieder hergestellt werden.

17 b) Von dieser grundsätzlichen Lösung gibt es zwei **Ausnahmen.** Die eine greift Platz, wenn bei einer Sicherungsübereignung nach § 930 bereits im Zeitpunkt des Übereignungsakts feststeht, dass die zu sichernde Forderung niemals entstehen wird. Denn dann kann auch niemals der Sicherungsfall (siehe Rn. 67) eintreten, von dem ab erst ein durchsetzbarer Herausgabeanspruch des Sicherungsnehmers besteht. Ist dessen Entstehung aber dauernd ausgeschlossen, so fehlt es an einem wirksamen Besitzmittlungsverhältnis[12] und damit an einem Tatbestandselement des § 930.

18 c) Die Parteien können zum anderen eine Art **Akzessorietätsersatz** schaffen, indem sie den Erwerb der Sicherheit mit der aufschiebenden **Bedingung** (§ 158 Abs. 1) des Entstehens der Forderung verknüpfen. In gleicher Weise kann die Sicherungsübereignung durch das Erlöschen der Forderung auflösend (§ 158 Abs. 2) bedingt werden. Dass dies zulässig ist, ergibt der Umkehrschluss aus § 925 Abs. 2. Allerdings kann den Parteien nicht unterstellt werden, sie würden „grundsätzlich stillschweigend"[13] eine solche Bedingung vereinbaren[14] – im Gegenteil: In der Praxis spielt diese Konstruktion keine Rolle.

19 Ohnehin brächte der Akzessorietätsersatz der bedingten Übereignung keine nennenswerten Vorteile gegenüber einem bloß obligatorischen Rückübereignungsanspruch. Vor der Valutierung kann

---

[10] BGH NJW 1982, 275 f. (VIII. ZS); zust. *Bähr* NJW 1983, 1473 ff.; *Tiedtke* DB 1982, 1709 ff.; abl. *Jauernig* NJW 1982, 268 ff. – Zurückhaltender BGH NJW 1986, 977 f. (VII. ZS), wo bei Tilgung der gesicherten Forderung eine stillschweigende Rückabtretung angenommen wird. – Abl. BGH NJW 1984, 1184, 1186 (IX. ZS).
[11] BGH NJW 1991, 353; MünchKommBGB/*Oechsler* Anh. zu §§ 929–936 BGB Rn. 10; Staudinger/*Wiegand* (2017) Anh. zu §§ 929 ff. BGB Rn. 187 ff.; *Baur/Stürner* § 57 Rn. 10; *Vieweg/Werner* § 12 Rn. 12.
[12] BGHZ 10, 81, 87; Staudinger/*Gutzeit* (2012) § 868 BGB Rn. 23.
[13] *Tiedtke* DB 1982, 1712 (zur aufschiebend bedingten Sicherungszession).
[14] So aber außer *Tiedtke* DB 1982, 1712 auch *Lange* NJW 1950, 565, 569; *Serick* Bd. III § 37 I 3; *Vieweg/Werner* § 12 Rn. 11. Zurückhaltender *Gerhardt* MobiliarsachenR § 14, 2 b; *Baur/Stürner* § 57 Rn. 10. – Abl. dagegen BGH NJW-RR 2005, 280, 281; NJW 1991, 353; 1984, 1184, 1185 f. (jedenfalls bei einer Sicherungsübereignung an eine Bank); RG HRR 1930 Nr. 2145; *Jauernig* NJW 1982, 270; *Reich* AcP 169 (1969), 247, 263; MünchKommBGB/*Oechsler* Anh. zu §§ 929–936 BGB Rn. 9; *Weber/Weber* § 8 III 2 (S. 139 f.).

der Sicherungsgeber seine Rechtsposition – sei sie (bei aufschiebender Bedingung) noch Eigentum oder (bei unbedingter Übereignung) bloßer Rückübertragungsanspruch – sowohl gegen Gläubiger des Sicherungsnehmers verteidigen wie in dessen Insolvenz durchsetzen; Entsprechendes gilt nach der Tilgung des gesicherten Kredits (siehe § 12 Rn. 22 ff.).[15]

Verfügt der Sicherungsnehmer vor der Kreditierung über das Sicherungsgut, so steht dem Eigentumserwerb eines gutgläubigen Dritten bei aufschiebend bedingter Sicherungsübereignung regelmäßig der Besitz des Sicherungsgebers entgegen (arg. § 936 Abs. 3).[16] Bei unbedingter Sicherungsübereignung scheint der Sicherungsnehmer dem Erwerber unabhängig von dessen Gutgläubigkeit und ohne Rücksicht auf die Sperrnorm des § 936 Abs. 3 das ihm zustehende Eigentum nach §§ 929, 931 übertragen zu können, da der Rückübertragungsanspruch des Sicherungsgebers den Sicherungsnehmer ja nur schuldrechtlich bindet. Man muss wohl annehmen, dass dieser Anspruch, der die Verteidigung des Sicherungsgutes gegen Gläubiger des Sicherungsnehmers begründet und die Aussonderung in dessen Insolvenz rechtfertigt, auch gegen den rechtsgeschäftlichen Erwerber wirkt. Jedenfalls kommt § 986 Abs. 2 dem Sicherungsgeber zugute. 20

Ist der Kredit gewährt, aber der Sicherungsfall noch nicht eingetreten, so steht bei auflösend bedingter Sicherungsübereignung dem Sicherungsgeber ein Anwartschaftsrecht auf Rückerwerb zu. Verfügt der Sicherungsgeber über das Sicherungsgut, so hindert wiederum (bei Besitz des Sicherungsgebers) § 936 Abs. 3 den „lastenfreien" („anwartschaftsfreien") Erwerb des Dritten. Ist der Sicherungsgeber nur Inhaber eines Rückübereignungsanspruchs, dann muss dieser ebenso wie vor der Kreditierung gegen den Erwerber durchgreifen. 21

II. Sicherungsübereignung und Allgemeine Geschäftsbedingungen

In der Regel beruht die Sicherungsübereignung auf den AGB des Kreditgebers. Dann ist ihre Wirksamkeit anhand der §§ 305 ff. zu überprüfen.[17] 22

Streitig ist dabei zunächst, ob die **formularmäßige Vereinbarung** der Sicherungsübereignung der Inhaltskontrolle nach § 307 standhält. Der BGH[18] hat dies jedenfalls für den Fall der Sicherung eines Bankkredits bejaht. Ein Teil der Literatur[19] sah jedoch in der unbedingten Sicherungsübereignung in Verbindung mit einem bloß schuldrechtlichen Rückübertragungsanspruch eine unangemessene Benachteiligung des Sicherungsgebers. Dabei wird zum einen die Bedingungslösung des § 449 als gesetzliches Leitbild aller Sicherungsübertragungen betrachtet, von der die unbedingte Sicherungsübereignung abweicht; deshalb komme § 307 Abs. 2 Nr. 1 zum Zuge. Diese Bedenken haben sich jedoch mit der Entscheidung des Großen Senats vom 27.11.1997[20] erledigt, da hiernach ein ermessensunabhängiger Freigabeanspruch kraft Gesetzes besteht (siehe § 10 Rn. 41 ff.). Die Klauselkontrolle kann sich aber auf die Ausgestaltung der Freigabeverpflichtung erstrecken.[21] 23

Zum anderen hält man die Position des Sicherungsgebers bei einem nur schuldrechtlichen Rückübertragungsanspruch im Vergleich zur (auflösend) bedingten Sicherungsübereignung für so er- 24

---

[15] Sachlich ähnlich auch *Reich*, Die Sicherungsübereignung, 1970, S. 94 ff., der freilich – terminologisch nicht glücklich – ein „bedingtes dingliches Anwartschaftsrecht auf Rückerwerb des Sicherungsgutes" aus dem obligatorischen Rückübertragungsanspruch ableitet.
[16] *Westermann/Gursky/Eickmann* § 50 Rn. 3 m.w.N.
[17] Dazu generell *M. Wolf*, FS Baur, 1981, S. 147 ff.
[18] BGH NJW 1984, 1184, 1186 m.w.N.
[19] *M. Wolf*, FS Baur, 1981, S. 147, 159 ff. – Krit. dazu *Rimmelspacher*, Kreditsicherungsrecht, 2. Aufl. 1987, Rn. 317.
[20] BGHZ 137, 212.
[21] MünchKommBGB/*Wurmnest* § 307 BGB Rn. 236 ff.

heblich geschwächt, dass diese Schwächung auch nicht durch besondere Interessen des Sicherungsnehmers gerechtfertigt werden könne. Die Schwächung wird im fehlenden Schutz des Sicherungsgebers gegen treuwidrige Verfügungen des Sicherungsnehmers gesehen. Indes fehlt es an einem solchen Schutz bei Sicherungsübereignungen in der Regel gerade nicht. Da sie üblicherweise nach §§ 929, 930 erfolgt, bleibt der Sicherungsgeber im Besitz der Sache; die Übereignung an einen Dritten ist dem Sicherungsnehmer dann nur nach §§ 929, 931 möglich; in diesem Fall schützt § 986 Abs. 2 den Sicherungsgeber. Ist aber der Sicherungsnehmer unmittelbarer Besitzer, so trägt der Sicherungsgeber auch bei (auflösend) bedingter Sicherungsübereignung das Risiko des gutgläubigen Erwerbs eines Dritten (§ 161 Abs. 3). Gegenüber einem schlechtgläubigen Dritten wird man dem Sicherungsgeber jedoch auch bei unbedingtem Sicherungseigentum den Einwand der treuhänderischen Bindung im selben Umfang gestatten wie dem Grundstückseigentümer gegenüber dem (schlechtgläubigen) Erwerber einer Sicherungsgrundschuld (siehe § 16 Rn. 28 ff.). Die unbedingte Sicherungsübereignung stellt daher keine unangemessene Benachteiligung des Sicherungsgebers dar; sie hält der Inhaltskontrolle des § 307 stand.

25 Bejaht hat der BGH[22] auch die grundsätzliche Wirksamkeit der **formularmäßigen Erstreckung** von Sicherheiten auf Forderungen, die erst künftig für den Sicherungsnehmer entstehen oder von ihm erworben werden, wenn der Kreis der zu sichernden Forderungen näher umrissen ist.

B. Sicherungsübertragung von Eigentum und Anwartschaften an beweglichen Sachen – Verfallklauseln – Verwertung von Sicherungseigentum

26 Fall 1: Die übereigneten Landmaschinen[23]

In der Landmaschinenhandlung des L werden seit Jahren die zum Verkauf bereitstehenden Maschinen in mehreren kleinen Lagerhallen untergebracht. Als der vorhandene Raum nicht mehr ausreicht, entschließt sich L, einen Erweiterungsbau zu errichten. Die Kreissparkasse S ist bereit, das Vorhaben zu finanzieren. Der schriftliche Finanzierungsvertrag vom 3.4. enthält u. a. folgende Bestimmungen:

„§ 1 (Kreditmodalitäten)

Die S gewährt der Firma L ein Darlehen in Höhe von 120.000 EUR zur Errichtung eines Lagerhallenneubaues. Der Betrag wird entsprechend dem Baufortschritt bereitgestellt, vollständig jedoch bis spätestens 31.5. Die Darlehenssumme ist mit 8 von Hundert per annum zu verzinsen. Die Rückzahlung des Darlehens (Zins und Tilgung) hat in Raten von je 5.000 EUR, fällig an jedem Monatsersten, erstmals am 1.7., zu erfolgen.

§ 2 (Sicherungsübereignung)

Der Darlehensnehmer übereignet dem Darlehensgeber zur Sicherheit sämtliche in der Halle 3, Südstraße 10, befindlichen Landmaschinen. Soweit sich darunter Maschinen befinden, die unter Eigentumsvorbehalt eines Lieferanten stehen, überträgt die Firma der Sparkasse das Anwartschaftsrecht.

---

[22] BGH NJW 1981, 756 (für den Fall der Sicherungsabtretung einer Grundschuld zugunsten einer Bank).
[23] BGHZ 28, 16.

§ 3 (Sicherungsfall)

Gerät der Darlehensnehmer bei der Rückzahlung mit mehr als zwei Monatsraten in Verzug, so tritt Verfall der zur Sicherheit übertragenen Rechte ein. Die S verpflichtet sich unter Zugrundelegung der für die Maschinen dann geltenden Listenpreise abzurechnen."

Zwischen den Vertragsparteien wurde über den genauen Bestand an Maschinen in der Halle 3 nicht gesprochen, jedoch bestand Einigkeit darüber, dass auch später beschaffte Maschinen von der Vereinbarung erfasst werden sollten und dass L bestrebt sein wird, den wertmäßigen Bestand der Maschinen stets über dem jeweiligen Kreditniveau zu halten. Zum Zeitpunkt des Vertragsschlusses befanden sich in der Lagerhalle 3 zwei Mähdrescher, ein 60 PS- und ein 100 PS-Traktor sowie eine Sämaschine. Für einen der Mähdrescher war von L bisher nur eine Anzahlung in Höhe von 5.000 EUR geleistet worden. Der Lieferant hatte sich das Eigentum vorbehalten. Die Sämaschine gehörte dem Bauern Z. Sie sollte bei L repariert werden. Ganz entgegen den Gepflogenheiten und ohne Wissen des L war die Maschine in der Halle abgestellt worden. Die übrigen Maschinen waren Eigentum des L.

Als L trotz mehrfachen Hinweises auf die im Finanzierungsvertrag vorgesehenen Folgen die fälligen Darlehensraten für die Monate September, Oktober und November zu begleichen nicht in der Lage ist, will die S am 15.11. ihre Rechte aus der Sicherungsübereignung geltend machen. Dabei ergibt sich folgendes Bild: für den unter Eigentumsvorbehalt gelieferten Mähdrescher waren noch immer drei von insgesamt neun Teilbeträgen à 5.000 EUR offen. Die beiden Traktoren hatte L im Juni verkauft und übereignet. Die zur Auffüllung des Lagers bestellten Zugmaschinen gleichen Typs waren noch im Monat Juni geliefert worden. Hinsichtlich des neuen 60 PS-Traktors gelang es L – bei vorbehaltenem Eigentum des Lieferanten – eine Stundung der zweiten Kaufpreishälfte zu erreichen. L ließ die 60 PS-Maschine auf dem Betriebsgelände abstellen, während der neue bereits vollbezahlte und an L übereignete 100 PS-Traktor in Halle 3 gebracht wurde. Als Listenpreise für die Maschinen wurden ermittelt: für die beiden Mähdrescher je 45.000 EUR, für die Traktoren 35.000 EUR bzw. 5.000 EUR und für die Sämaschine 6.000 EUR.

Die Kreissparkasse bittet um ein Gutachten, das

a) die Rechtslage in ihrer historischen Entwicklung aufbereitet und dabei auch die Frage behandelt, ob eine Zahlung offener Restkaufpreisraten durch die Bank ratsam sei,

b) zu den Ansprüchen der Bank und ggf. den Möglichkeiten der Verwertung Stellung nimmt.

Probleme:

Im Mittelpunkt des Falles steht die Sicherungsübereignung eines Warenlagers mit wechselndem Bestand. Sie ist ein typisches Mittel zur Sicherung eines Geldkredits. Die Wirksamkeit einer solchen verlangt die Einhaltung des sachenrechtlichen Grundsatzes der **Spezialität (Bestimmtheitsgrundsatz)**. In diesem Rahmen taucht auch die Frage auf, ob die Übereignung eines Warenlagers, an dessen Gegenständen dem Sicherungsgeber zum Teil das Eigentum, zum Teil nur ein Anwartschaftsrecht zusteht, am Bestimmtheitsgrundsatz scheitert.

Problematisch ist ferner die Frage, unter welchen Voraussetzungen **Verfallklauseln** als wirksam anzusehen sind, die bei Eintritt des Sicherungsfalles die treuhänderische Bindung des Sicherungsnehmers bezüglich des Sicherungsgutes entfallen lassen.

Schließlich ist das Problem der **Verwertung von Sicherungsgut** zu erörtern, das sich bei Fehlen entsprechender Vereinbarungen im Sicherungsvertrag ergibt.

Teil 3. Mobiliarsicherheiten

28 **Vorüberlegungen zum Aufbau**

Teil 1: Entwicklung der Rechtslage

I. Rechtslage nach Abschluss des Finanzierungsvertrages (Kernprobleme: Bestimmtheitsgrundsatz; Besitzmittlungsverhältnis)

II. Rechtslage nach Veränderung des Lagerbestandes

1. Erlöschen des Sicherungseigentums an den Traktoren (§ 185)

2. Erwerb des Sicherungseigentums an den neuen Traktoren

(Kernprobleme: Bestimmtheitsgrundsatz; antezipiertes Besitzkonstitut)

3. Rechte an den übrigen Maschinen

III. Rechtslage nach Einstellung der Tilgung

(Kernproblem: Wirksamkeit der Verfallklausel)

IV. Begleichung der Restkaufpreisraten durch die Sparkasse

Teil 2: Ansprüche der Sparkasse und Möglichkeiten der Verwertung

I. Anspruch auf Herausgabe der sicherungsübereigneten Gegenstände

Anspruchsgrundlagen: Sicherungsabrede des Finanzierungsvertrages; § 985

(Kernproblem: Herausgabeanspruch bei Anwartschaftsrecht)

II. Die Verwertung von Sicherungseigentum

Lösung:

Teil 1: Die Entwicklung der Rechtslage

I. Die Rechtslage nach Abschluss des Finanzierungsvertrages

1. Vereinbarung vom 3.4.

29 Die Vereinbarung vom 3.4. enthält drei juristisch zu unterscheidende Rechtsgeschäfte: den Darlehensvertrag, die Sicherungsvereinbarung und die Sicherungsübertragung.

30 a) Die **schuldrechtliche Verpflichtung** zur Hingabe des **Darlehens** ist in § 1 des Finanzierungsvertrages enthalten.[24] Hierbei ist eine sukzessive Auszahlung nach Baufortschritt, begrenzt durch den Endtermin des 31.5., vorgesehen.[25] Ferner ist abweichend bzw. ergänzend zu § 488 die Pflicht zur Verzinsung des Darlehens und die Art und Weise der Rückzahlung geregelt.

31 b) Einige typische Elemente einer Sicherungsabrede finden sich in § 3 des vorliegenden Finanzierungsvertrages. Aber auch die ergänzenden mündlichen Abreden zwischen L und S über Höhe und Wechsel des Lagerbestandes sind Bestandteil der Sicherungsvereinbarung. Die Wirksamkeit (ergänzender) mündlicher Absprachen steht außer Frage, da die Sicherungsvereinbarung nicht formbedürftig ist.

32 c) Die **Sicherungsübereignung** ist in § 2 der Vereinbarung enthalten. Bedenken allgemeiner Art gegen die Wirksamkeit von Sicherungsübereignungen bestehen nicht (siehe Rn. 8 ff.).

---

[24] Der Darlehensvertrag ist nach § 488 Abs. 1 Konsensualvertrag; seine Wirksamkeit hängt damit nicht vom Hinzutreten eines „realen" Moments (Hingabe des Darlehensbetrages) ab (BGH NJW 2007, 1357, 1359). Die früher vor allem vom RG vertretene Realvertragstheorie (RGZ 86, 323, 324; 108, 146, 150; siehe dazu *Mülbert* AcP 192 [1992], 447, 449) ist spätestens seit der Schuldrechtsmodernisierung 2001 obsolet.

[25] Eine Bereitstellung nach dem Baufortschritt ist üblich bei Darlehen von Bausparkassen, wo eine der Zweckbindung entsprechende Verwendung des Darlehens sichergestellt werden soll.

2. Insbesondere: die Sicherungsübereignung

Deshalb kommt es für die Beurteilung der (dinglichen) Rechtslage auf die Wirksamkeit der Vereinbarung zwischen S und L an. Weil die Maschinen nach dem Willen der Parteien im Besitz des L bleiben sollten, sind hierfür §§ 929, 930 maßgeblich. Sie sind auch insoweit einschlägig, als nach der Vereinbarung lediglich das Anwartschaftsrecht an einzelnen im Lager befindlichen Maschinen übertragen werden sollte (siehe § 8 Rn. 24). 33

Die Übereignung nach §§ 929, 930 verlangt die vertragliche Einigung des Sicherungsgebers (als Eigentümer) mit dem Sicherungsnehmer (als Erwerber) darüber, dass Eigentum an einer bestimmten Sache übergehen soll, und die Vereinbarung eines Besitzmittlungsverhältnisses hinsichtlich dieser Sache. 34

a) Das Erfordernis, die **Einigung** auf eine bestimmte Sache zu beziehen, ist Ausdruck und Folge des sachenrechtlichen Grundsatzes der **Spezialität (Bestimmtheitsgrundsatz).** Danach kann ein dingliches Recht nur an einzelnen (speziellen) Sachen, nicht an Sachgesamtheiten (wie an einem ganzen Betrieb oder einem Lager) begründet werden. 35

aa) Für den Fall der Rechtsübertragung (Übereignung) bedeutet dies aber nicht, dass eine Mehrzahl von Sachen nur durch eine entsprechende Vielzahl dinglicher Erklärungen übertragen werden kann. Dies ist weder dogmatisch gefordert noch wäre es mit wirtschaftlich-praktischen Bedürfnissen vereinbar. Es ist vielmehr auch möglich, die Einigung bezüglich einer Vielzahl einzelner Sachen uno actu zu erklären.[26] Die Anforderungen an eine solche Erklärung beschreibt eben der Bestimmtheitsgrundsatz. Seine **sachenrechtliche Funktion** besteht hier darin, die Klarheit der dinglichen Rechtslage auch dann zu sichern, wenn eine Mehrzahl von Sachen übertragen wird. Dem Bestimmtheitserfordernis ist Genüge getan, wenn ein Rechtsgeschäft so auf einen Gegenstand bezogen ist, dass damit dessen (sachenrechtlicher) Standort mit absoluter Wirkung bestimmt ist.[27] Eine Mehrzahl von Sachen kann also mittels einer **Sammelbezeichnung** in den Übereignungswillen aufgenommen werden, ohne dass sich die Vorstellung der Parteien auf jede Einzelsache zu konzentrieren bräuchte. Die Sammelbezeichnung muss jedoch aus sich heraus die eindeutige sachenrechtliche Zuordnung ermöglichen. Es genügt nicht, wenn dies erst durch Heranziehung außerhalb der Vereinbarung liegender Umstände möglich ist.[28] 36

bb) Dem Bestimmtheitserfordernis genügt auch eine **räumlich orientierte Individualisierung.** So bestehen keine Zweifel an ausreichender Bestimmtheit, wenn etwa alle unter der Bezeichnung eines Raumes oder Warenlagers zusammengefassten Gegenstände von einer Verfügung erfasst werden sollen.[29] Zweifelsfragen können jedoch dann auftreten, wenn nur ein Teil der in einem Raum oder Warenlager befindlichen Sachen übereignet werden soll. Lässt sich dieser Teil gegenständlich bezeichnen (beispielsweise durch eindeutige Beschreibung oder unter Bezugnahme auf eine besondere Kennzeichnung), so ist in aller Regel dem Bestimmtheitserfordernis Rechnung getragen.[30] 37

Anders verhält es sich, wenn die Individualisierung an **quantitative oder rechtliche Umstände** anknüpft. Typisch für eine quantitative Anknüpfung ist die wert- oder mengenmäßige Bestimmung:[31] 38

---

[26] In einem solchen Fall liegt nur *ein* Erklärungstatbestand vor, dieser aber wirkt auf die Rechtszuständigkeit an mehreren Gegenständen ein, enthält also eine Mehrzahl von Rechtsgeschäften.
[27] *Westermann/Gursky/Eickmann* § 17 Rn. 3.
[28] RGZ 113, 57, 59 und 62; 132, 183, 187 f.; BGH JZ 1984, 199 = NJW 1984, 803, 804 m.w.N. – Anders bei der Vorauszession im Rahmen des verlängerten Eigentumsvorbehalts, vgl. § 10 Rn. 30.
[29] *Serick* Bd. II § 21 II 2 m.w.N.
[30] Erman/*Bayer* Anh. §§ 929–931 BGB Rn. 10; *Serick* Bd. II § 31 II 3.
[31] RGZ 113, 57, 59; Erman/*Bayer* Anh. §§ 929–931 BGB Rn. 10.

ein Warenlager soll bis zu einem Wert von 100.000 EUR oder zu einem Fünftel seines Bestandes sicherungsübereignet werden. Rechtliches Individualisierungsmerkmal ist etwa das Eigentum des Sicherungsgebers:[32] eine Übereignung soll nur die (bereits) im Eigentum des Sicherungsgebers stehenden Sachen erfassen. Eine Übereignung mittels der zuletzt genannten Sammelbezeichnungen gestattet aus sich heraus keine eindeutige sachenrechtliche Zuordnung. Sie würde erst möglich nach Ermittlung und Aufklärung der Wert- oder Rechtsverhältnisse des Sicherungsgutes. Eine quantitative oder rechtliche Individualisierung erfüllt daher nicht die Anforderungen des Bestimmtheitsgrundsatzes.[33]

39 cc) Im Gegensatz zur bloßen wert- oder mengenmäßigen Bestimmung ist im vorliegenden Fall die Gesamtheit der vom Sicherungsgeschäft erfassten Sachen mit dem Begriff der Halle 3 bestimmt bezeichnet. Auch die von den Vertragsparteien beabsichtigten Rechtsfolgen **(Übertragung des Eigentums oder des Anwartschaftsrechts)** sind nicht offen.[34] Offen ist lediglich, welcher einzelne der in ihrer Gesamtheit bestimmt individualisierten Gegenstände von welcher Rechtsfolge erfasst werden soll.

40 Der IV. Zivilsenat des BGH hat in einer frühen Entscheidung[35] eine Sicherungsübereignung, die der zwischen L und S vereinbarten entsprach, als mit dem Bestimmtheitsgrundsatz nicht vereinbar angesehen. Diese Entscheidung ist auf Kritik im Schrifttum gestoßen.[36]

41 Der BGH bekam bald Gelegenheit, seine Auffassung zu korrigieren. Dies fiel umso leichter, als zwischenzeitlich der VIII. Zivilsenat für Rechtsstreitigkeiten über Ansprüche aus Eigentum an beweglichen Sachen zuständig geworden war (BGHZ 28, 16, 20 ff.):

> „Es muß daher auch in dem hier zu entscheidenden Falle zunächst geprüft werden, ob das Sicherungsgut im Zeitpunkt des Vertragsschlusses genügend bestimmt gewesen ist.
>
> Für diesen Zeitpunkt läßt sich aber mit den in BGHZ 21, 52 angestellten Erwägungen die Bestimmtheit nicht verneinen. Aus dem Vertrage ergibt sich vielmehr, daß die gesamten Bestände an Rohmaterial, Halbzeugen und Fertigfabrikaten, die auf dem aus einem dem Vertrage als Anlage beigefügten Lageplan ersichtlichen Fabrikgelände der Beklagten lagerten, das Sicherungsgut darstellen sollten. Damit war klargestellt, daß alle dort befindlichen Warenvorräte unter den Vertrag fielen. Es trifft zwar zu, daß ein großer Teil dieser Gegenstände noch nicht im Eigentum der Beklagten stand, weil die Lieferanten sich das Eigentum vorbehalten hatten. Dieser Umstand allein kann jedoch nicht den Schluß rechtfertigen, daß das Sicherungsgut nicht ausreichend bestimmt gewesen sei. Zwar würde es an ausreichender Bestimmtheit dann fehlen, wenn vereinbart worden wäre, daß in bestimmten Räumen befindliche Waren in das Eigentum des Sicherungsnehmers übergehen sollten, soweit sie dem Veräußerer gehörten (BGHZ 21, 52, 56). Eine solche Vereinbarung ist indes von den Parteien gerade nicht getroffen worden; vielmehr sollten die auf dem Fabrikgelände befindlichen Rohmaterialien, Halb- und Fertigfabrikate ausnahmslos als Sicherungsgut dienen, gleichgültig, ob an ihnen noch ein Eigentumsvorbehalt des Lieferanten bestand oder ob die Waren der Beklagten gehörten. Der Revision ist zuzugeben, daß an den noch unter Eigentumsvorbehalt der Lieferanten stehenden Waren die Beklagte der Klägerin nicht das Eigentum, sondern lediglich die Anwartschaft auf das Eigentum verschaffen konnte und deshalb die Klägerin an den Waren, je nachdem ob sie bereits der Beklagten gehörten oder nicht, durch den Vertrag entweder das Eigentum oder nur das Anwartschaftsrecht erhalten sollte. Dies ist ersichtlich auch der Grund, aus dem der IV. Zivilsenat des Bundesgerichtshofs in dem erwähnten Urteil die zum Sicherungsgut gehörenden Gegenstände nicht für ausreichend bestimmt gehalten hat.
>
> Diese Folgerung wäre nach Auffassung des erkennenden Senats aber nur dann berechtigt, wenn die Übertragung des Eigentums und des Anwartschaftsrechts auf das Eigentum nach verschiedenen Grundsätzen zu erfolgen hätte. Wären insoweit unterschiedliche Vereinbarungen oder Vollziehungshandlungen erforderlich,

---

[32] RGZ 129, 61, 62; *Serick* Bd. II § 21 II 3b.
[33] RGZ 132, 183, 188; *Westermann/Gursky/Eickmann* § 17 Rn. 3.
[34] Bliebe offen, welche Rechtsfolge beabsichtigt ist, so fehlte es an einer vertraglichen Einigung überhaupt (*Westermann* NJW 1956, 1297).
[35] BGHZ 21, 52.
[36] *Paulus* JZ 1957, 7 ff. und insbesondere 41 ff.; *Pohle* MDR 1956, 732 ff.; *Westermann* NJW 1956, 1297 f.

so würde allerdings, wie die Revision geltend macht, eine Klärung der Eigentumsverhältnisse an dem Sicherungsgut und eine genaue Konkretisierung der zur Zeit des Abschlusses der Vereinbarung im Eigentum der Sicherungsgeberin stehenden und der noch mit dem Eigentumsvorbehalt der Lieferanten belasteten Gegenstände unerläßlich sein, um die erforderliche Bestimmtheit zu schaffen. ==Es ist jedoch anerkannt, daß die Übertragung des Anwartschaftsrechts auf das Eigentum denselben Regeln unterliegt wie die Übereignung beweglicher Sachen== (vgl. RGZ 140, 223, 229; RG HRR 1934, 1116 = Bankwirtschaft 1943, 113, 114; BGHZ 10, 69, 72; BGB-RGRK, 10. Aufl. § 929 Anm. 1 b S. 261; Berg bei Staudinger, BGB 11. Aufl. § 929 Nr. 28 c S. 622; vgl. auch Palandt, BGB 17. Aufl. § 929 Anm. 6 B b; Wolff/Raiser, Sachenrecht, 10. Bearb. § 2 II 3 b S. 12; Westermann, Sachenrecht § 44 unter 2 S. 217). Das Anwartschaftsrecht ist nämlich eine bloße Vorstufe des Eigentums, es ist im Vergleich zum Eigentum „==kein aliud, sondern ein wesensgleiches minus.==" (Berg bei Staudinger aaO S. 621). Demgemäß ist weder eine Benachrichtigung des Lieferanten, der sich das Eigentum vorbehalten hat, noch auch seine Zustimmung erforderlich. Die Übertragung der Anwartschaft an unter Eigentumsvorbehalt gelieferten Sachen hat vielmehr, wie in BGHZ 20, 88, 100 im Einklang mit der im Schrifttum überwiegend vertretenen Auffassung ausgesprochen worden ist, zur Folge, daß beim Eintritt der Bedingung, d. h. bei Befriedigung des Lieferanten wegen der Forderungen, deretwegen er sich das Eigentum vorbehalten hat, unmittelbar das volle Eigentum vom Lieferanten auf den Erwerber der Anwartschaft unter Umgehung des Vorbehaltskäufers als erstem Anwartschaftsberechtigten übergeht. Bei dieser Sachlage ist kein Grund ersichtlich, weshalb bei der Sicherungsübereignung eines Warenlagers, das aus Gegenständen, an denen noch der Eigentumsvorbehalt des Lieferanten wirksam ist, und aus vorbehaltsfreien Sachen zusammengesetzt ist, die getrennte Bezeichnung der Vorbehaltsware und der freien Ware erforderlich sein sollte, um dem Bestimmtheitserfordernis zu genügen. Vielmehr lassen sich aus diesem Gesichtspunkt Bedenken gegen die Wirksamkeit des Vertrages nicht herleiten. Denn aus ihm ist klar zu entnehmen, daß er sich auf alle in dem Warenlager befindlichen Rohmaterialien, Halbzeuge und Fertigfabrikate erstrecken sollte. An allen diesen Gegenständen sollte entweder das Eigentum oder aber das ihm wesensgleiche Anwartschaftsrecht auf das Eigentum von der Beklagten auf die Klägerin übergehen [...]

Auch die wirtschaftspolitischen Gesichtspunkte, auf die in BGHZ 21, 52 hingewiesen ist, können nicht das Ergebnis rechtfertigen, daß der hier in Frage stehende Vertrag unwirksam sei. [...] Es ist überdies auch nicht einzusehen, aus welchem Grunde der hier in Frage stehende Vertrag im Verhältnis zwischen den Parteien Unklarheiten hervorrufen könnte. Wie ausgeführt, ergibt sein Inhalt deutlich, daß die Klägerin an allen Rohstoffen, Halbfabrikaten und Fertigwaren, die sich auf dem Fabrikgrundstück der Beklagten befinden, das Eigentum oder das Anwartschaftsrecht auf das Eigentum erwerben soll. [...]

Da die Kapitaldecke der deutschen Wirtschaft nach der Währungsreform sehr schmal und sie auf Kredite dringend angewiesen ist, würde der Wegfall des Warenlagers als Kreditunterlage für viele Unternehmen schwerwiegende Folgen haben. In [dem Urteil BGHZ 21, 52] ist aber mit Recht betont, daß die Rechtsprechung bei der Rechtsanwendung auch die Interessen des Wirtschaftslebens nicht außer acht lassen darf und dogmatische Gründe allein nicht zu einer diesen Interessen zuwiderlaufenden Entscheidung Anlaß geben können. Da die von dem IV. Zivilsenat angeführten wirtschaftspolitischen Gründe, die den von ihm vertretenen Standpunkt rechtfertigen sollen, wie dargelegt, nicht stichhaltig sind, sprechen die vorstehend erörterten wirtschaftlichen Gegebenheiten ebenfalls für die Richtigkeit des hier bereits aus dogmatischen Erwägungen hergeleiteten Ergebnisses."

dd) Der Entscheidung ist im Ergebnis beizutreten. Allerdings rückt der BGH zu Unrecht den Gesichtspunkt der Identität der Übereignungstatbestände in den Vordergrund seiner Begründung. Für die Bejahung der Bestimmtheit aller Verfügungsgegenstände darf nicht dies entscheidend sein, sondern muss auf die **weitgehende Identität der Rechtsfolgen** abgestellt werden. Diesen Aspekt sprechen die Entscheidungsgründe nur beiläufig an. Freilich hängt das eine mit dem anderen zusammen: Gerade weil in der Übertragung des Anwartschaftsrechts die Übertragung künftigen Eigentums liegt (Identität der Rechtsfolgen), werden – in Ermangelung spezieller gesetzlicher Vorschriften – die für die Eigentumsübertragung geltenden Vorschriften auf das Anwartschaftsrecht angewandt (Identität des Übertragungstatbestandes).

42

ee) Zu klären bleibt, ob dem Bestimmtheitsgebot vielleicht deshalb nicht entsprochen ist, weil sich mit der Sämaschine in der Lagerhalle auch ein Gegenstand befand, an dem L weder das **Eigentum noch eine Anwartschaft** besaß. Die Sämaschine war vom Wortlaut der Sicherungsübereignung (Sammelbezeichnung Halle 3) mit umfasst. Allerdings fehlte dem L für eine wirksame Übereignung die Verfügungsberechtigung. Die Eigentumsübertragung ist daher insoweit unwirksam. Die Wirk-

43

samkeit des Sicherungsgeschäfts im Übrigen wird aber dadurch nicht berührt: Der Fall steht jedenfalls nicht dem gleich, bei dem die dingliche Berechtigung zum Bestandteil der Individualisierung gemacht wird derart, dass nur die im Eigentum des Sicherungsgebers befindlichen Sachen übereignet werden sollen (siehe Rn. 38).

44 b) Neben der Einigung verlangt die Übereignung nach §§ 929, 930 – als Surrogat für die Übergabe – die Vereinbarung eines Rechtsverhältnisses, aufgrund dessen der Erwerber den mittelbaren Besitz erlangt (**Besitzmittlungsverhältnis** oder **Besitzkonstitut**).

45 aa) Weil § 930 die Vereinbarung eines „Rechtsverhältnisses" voraussetzt, bedarf es eines bestimmten (individualisierten) Verpflichtungsgrundes, aus dem sich Nutzungsrecht oder Verwaltungspflicht des unmittelbaren Besitzers ergeben und aus dem für den mittelbaren Besitzer ein Herausgabeanspruch erwachsen kann (**konkretes Besitzmittlungsverhältnis**).[37]

46 Beispielsfälle für Rechtsverhältnisse, die ein konkretes Besitzmittlungsverhältnis begründen, nennt **§ 868**. Wichtige „ähnliche" Verhältnisse sind Leihe, Auftrag und die Verkaufskommission. Ausdrücklich wird ein Rechtsverhältnis dieser Art bei der Sicherungsabrede nur selten vereinbart werden. Dagegen wird häufig die **Auslegung der Sicherungsvereinbarung eine stillschweigende** oder schlüssige Vereinbarung dieser Art ergeben. Aber auch die **Sicherungsvereinbarung** selbst kann so hinreichend konkretisiert sein, dass sie das geforderte konkrete Besitzkonstitut darstellt.[38]

47 Die Vereinbarung zwischen L und S genügt den Anforderungen des § 868: Die Parteien haben über ihre Rechte und Pflichten sowie über die Voraussetzungen für den Herausgabeanspruch Abreden getroffen. Dass dies teilweise schriftlich, teilweise mündlich geschah, beeinträchtigt die Wirksamkeit nicht.

48 bb) Da das Besitzmittlungsverhältnis zusammen mit der Einigung dingliche Wirkung entfaltet, sind an die Individualisierung der ihm unterliegenden Sachen dieselben **Bestimmtheitsanforderungen** zu stellen, wie sie für die Einigung über den Rechtsübergang behandelt worden sind (siehe Rn. 37 ff.). Da ausreichende Bestimmtheit dort vorlag, ist sie auch für das Besitzmittlungsverhältnis gegeben.

49 cc) Soweit sich das Besitzkonstitut auf Sachen erstreckt, die noch unter Eigentumsvorbehalt von Lieferanten stehen, an denen daher das **Anwartschaftsrecht** zur Sicherheit übertragen werden soll (im vorliegenden Fall lediglich einer der beiden Mähdrescher), stellt sich zusätzlich ein **besitzrechtliches Problem.**

50 An Vorbehaltssachen besteht regelmäßig mittelbarer Besitz des Lieferanten. Um ein Besitzmittlungsverhältnis zum Sicherungsnehmer zu begründen, muss der Sicherungsgeber aber auch diesem den Besitz „vermitteln". Kann der Vorbehaltskäufer und Sicherungsgeber (L) neben dem Vorbehaltslieferanten zusätzlich auch dem Sicherungsnehmer (S) mittelbaren Besitz einräumen? Gegen die Zulässigkeit einer **zweifachen Besitzmittlung** ließe sich anführen, dass der Wille, für einen anderen zu besitzen, auch die Bereitschaft voraussetze, die Sache an ihn herauszugeben, sobald er dies verlangen kann. Die Herausgabe an den einen mittelbaren Besitzer aber schlösse eine solche an den anderen notwendig aus.

---

[37] *Baur/Stürner* § 57 Rn. 9; *Westermann/Gursky/Eickmann* § 44 Rn. 7.
[38] Offen gelassen in BGH NJW 1979, 2308 f. m.w.N.; nunmehr bejaht in BGH NJW-RR 2005, 280, 281; *Baur/Stürner* § 57 Rn. 9; *Weber/Weber* § 8 II 1 (S. 135); MünchKommBGB/*Oechsler* § 930 BGB Rn. 14 ff.

Diese Bedenken überzeugen jedoch nicht. Es kann durchaus der Wille bestehen, für zwei Personen zu besitzen und beiden die Sache herauszugeben, je nach dem besseren Recht des einen oder des anderen mittelbaren Besitzers. Deshalb ist die Möglichkeit der Besitzmittlung gegenüber zwei Personen beinahe einhellig anerkannt. Streitig dagegen sind die Besitzmittlungsverhältnisse in einem solchen Falle. Die Theorie des **„mittelbaren Nebenbesitzes"** nimmt an, dass sich mit Vereinbarung des zweiten Besitzmittlungsverhältnisses der bisherige mittelbare Alleinbesitz aufspalte und mittelbarer Nebensitz entstehe.[39] Diese Auffassung hat sich aber nicht durchgesetzt. Die angemessenere Lösung bietet die Lehre von der **Besitzstufung**.[40] Sie knüpft an §871 an. Nach dieser Vorschrift ist mehrstufiger mittelbarer Besitz an einer Sache möglich. Allerdings ist Voraussetzung, dass nicht nur zwischen dem unmittelbaren und mittelbaren Besitzer ein Rechtsverhältnis gem. §868 besteht, sondern auch zwischen dem mittelbaren Besitzer und dem Dritten. Bei der Übertragung des Anwartschaftsrechts fehlt es aber an einem Rechtsverhältnis zwischen Vorbehaltsverkäufer und Sicherungsnehmer, ein Besitzmittlungsverhältnis besteht jeweils nur im Verhältnis von Sicherungsgeber zum Sicherungsnehmer und zum Vorbehaltsverkäufer. Der BGH[41] sieht hierin keinen wesentlichen Unterschied zu dem in §871 geregelten Fall. 51

Nach der Lehre von der Besitzstufung wird der Sicherungsnehmer mittelbarer Fremdbesitzer erster Stufe, der Vorbehaltsverkäufer mittelbarer Eigenbesitzer zweiter Stufe, der Sicherungsgeber schließlich ist unmittelbarer Fremdbesitzer.[42] 52

dd) Die Vereinbarung zwischen L und S enthält somit ein **wirksames Besitzmittlungsverhältnis** sowohl hinsichtlich der im Eigentum des L stehenden Maschinen als auch hinsichtlich derjenigen, an denen noch ein Eigentumsvorbehalt von Lieferanten besteht. 53

3. Folgerungen

Damit ergibt sich für den Zeitpunkt des Vertragsschlusses am 3.4. folgender Stand: An den Maschinen, die im Eigentum des L standen (ein Mähdrescher und beide Traktoren) hat die S Sicherungseigentum erworben; ebenfalls zur Sicherheit hat die S das Anwartschaftsrecht an dem zweiten Mähdrescher erlangt. An der Sämaschine des Z hat sie dagegen keine Rechte erworben. Ein rechtsgeschäftlicher Erwerb scheitert am fehlenden Eigentum des L, ein gutgläubiger Erwerb ist bei der Übereignung mittels Besitzkonstituts an die Übergabe der Sache gebunden (§933); unmittelbaren Besitz hat S jedoch nicht erlangt. 54

II. Die Rechtslage nach Veränderung des Lagerbestandes im Monat Juni

1. Erlöschen des Sicherungseigentums an den Traktoren

Durch die Veräußerung der beiden anfangs im Lager befindlichen Traktoren ist das Sicherungseigentum der S hieran erloschen. Nach dem Inhalt der Sicherungsvereinbarung war L ermächtigt (§185 Abs. 1), im Rahmen des ordnungsgemäßen Geschäftsganges über den Lagerbestand zu 55

---

[39] *Baur/Stürner* §52 Rn. 24; *Medicus/Petersen* BR Rn. 561; *Paulus* JZ 1957, 41, 44f.; *Pohle* MDR 1956, 732f.; *Westermann* NJW 1956, 1298.
[40] RGZ 135, 75, 79f.; BGHZ 28, 16, 27; MünchKommBGB/*Joost* §868 BGB Rn. 20; Palandt/*Herrler* §868 BGB Rn. 3; *Zunft* NJW 1957, 445ff.
[41] BGHZ 28, 16, 27f.
[42] Als Vorzüge der Theorie einer Besitzstufung werden genannt, dass sie die Frage der Eigentumsvermutung (§1006 Abs. 3) richtig zu lösen vermag und die Besitzschutzrechte des Vorbehaltsverkäufer auch dann wahrt, wenn der Sicherungsnehmer den unmittelbaren Besitz an der Sache erhält (*Baur/Stürner* §59 Rn. 34; *Medicus/Petersen* BR Rn. 562).

verfügen. Obgleich von einer solchen Verfügungsbefugnis des L weder im Finanzierungsvertrag noch in der mündlichen Zusatzvereinbarung ausdrücklich die Rede ist, muss eine entsprechende Ermächtigung bei der Übereignung von Warenlagern im Zweifel angenommen werden (§ 157).[43]

2. Erwerb des Sicherungseigentums an den neuen Traktoren

56 Nach dem Willen der Vertragsparteien sollten auch Neubeschaffungen von der Sicherungsvereinbarung erfasst werden.

57 Erst durch die Einbeziehung von Neuzugängen wird die Sicherungsübereignung von Warenlagern wirtschaftlich sinnvoll; dadurch bleiben einerseits Geschäftsablauf und Warenumschlag beim Sicherungsgeber unbeeinträchtigt, andererseits kann die wertmäßige Substanz des Sicherungsgutes stets auf einem bestimmten Niveau gehalten werden. Als rechtliche Konstruktion für die Einbeziehung des künftigen Lagerbestandes bietet sich – da sie unter denselben Prämissen wie die Sicherungsübereignung des schon vorhandenen Lagerbestandes steht (siehe Rn. 8 ff.) – die Übereignung durch vorweggenommenes **(antezipiertes)**[44] **Besitzkonstitut (§§ 929, 930)** an. Der Terminus „antezipiertes Konstitut" verkürzt die wahre Sachlage allerdings, da bei dieser Form der Eigentumsübertragung beide Bestandteile des Übereignungstatbestandes – Einigung und Vereinbarung des Besitzmittlungsverhältnisses – vorweggenommen werden.

58 Hinsichtlich der **Individualisierung des Übereignungsgegenstandes** und der **Einigung über die Rechtsfolge** gilt nichts anderes als das oben Ausgeführte. Die Individualisierung ist, ebenso wie bei der Übereignung der schon im Lager befindlichen Sachen, durch die Sammelbezeichnung „Halle 3" sowohl hinsichtlich der Einigung als auch hinsichtlich des Besitzmittlungsverhältnisses bestimmt genug.

59 Die Individualisierung würde dagegen Schwierigkeiten bereiten, wenn S und L vereinbart hätten, nicht alle, sondern nur diejenigen Neubeschaffungen, die von L anstelle veräußerter Maschinen hereingenommen werden, sollten an S übereignet sein.[45] Für welche Stücke dies zuträfe, könnte nämlich nicht allein anhand der Vereinbarung zwischen L und S ermittelt werden, sondern nur durch Befragung des L oder durch Berücksichtigung sonstiger Umstände. Das aber genügte dem Bestimmtheitserfordernis nicht (siehe Rn. 36).

60 Da die Vereinbarung zwischen L und S aber erst für einen künftig eintretenden tatsächlichen Zustand getroffen wird, kann die rechtliche Wirkung der Übereignung erst Platz greifen, wenn dieser vorausgesetzte tatsächliche Zustand Realität wird.

61 Die **Abhängigkeit des Eigentumsübergangs vom Eintritt künftiger Ereignisse** hat trotz grundsätzlicher Anerkennung der Übereignung durch vorweggenommenes Besitzkonstitut Raum für rechtliche Zweifelsfragen gegeben. Das Reichsgericht[46] und ihm folgend der BGH[47] haben den Eintritt der Rechtswirkungen von einer „nach außen erkennbaren Ausführungshandlung" abhängig gemacht. *Baur/Stürner*[48] weisen zu Recht darauf hin, dass damit ein Erfordernis aufgestellt werde,

---

[43] Erman/*Bayer* Anh. §§ 929–931 BGB Rn. 23.
[44] Die ebenfalls gebräuchliche Schreibweise „antizipiert" ist insofern irreführend, als das Institut nichts mit einem Gegensatz (anti) zu tun hat, sondern vielmehr mit der Vorwegnahme (ante) eines Tatbestandes (vgl. *Baur/Stürner* § 51 Rn. 31).
[45] So in dem vergleichbaren Fall BGH WM 1963, 504 (betr. Sicherungsübereignung eines wechselnden Viehbestandes).
[46] RGZ 73, 415, 418; 140, 223, 231.
[47] BGHZ 21, 52, 56; BGH MDR 1958, 509 f.; NJW 1986, 1985, 1987; 1991, 2144, 2146; 1996, 2654, 2655.
[48] *Baur/Stürner* § 51 Rn. 31; vgl. auch Erman/*Bayer* § 930 BGB Rn. 6; Soergel/*Henssler* § 930 BGB Rn. 2, 4.

das der Eigenart der Surrogationstatbestände nicht entspreche; denn Übereignungen nach §§ 929 Satz 2, 930, 931 sind gerade durch den Mangel an Publizität gekennzeichnet. Einer „Ausführungshandlung" bedarf es folglich nur insofern, als der Sicherungsgeber die neuen Stücke in die Lage schaffen (lassen) muss, die in der Übereignungsvereinbarung vorausgesetzt wurde.

Hiervon ist die Frage zu unterscheiden, ob der Sicherungsgeber im Zeitpunkt der Erlangung des unmittelbaren Besitzes noch den **Willen** haben muss, **für den Sicherungsnehmer zu besitzen.** Dies ist zu bejahen, da ohne einen entsprechenden Willen kein Besitzmittlungsverhältnis entstehen kann. Allerdings besteht ebenso wie für das Fortbestehen des Willens zur Übereignung eine Vermutung, dass der einmal vorhandene Besitzmittlungswille andauert.⁴⁹

62

Danach ergibt sich für die neu gelieferten Traktoren folgende Rechtslage: Der **100 PS-Traktor** wurde in die Halle 3 gebracht. Damit hat sich die in der vorweggenommenen Übereignung vorausgesetzte tatsächliche Entwicklung in vollem Umfang realisiert. Der Eigentumsübergang ist mit Verbringung der Sache in das Lager eingetreten. S hat **Sicherungseigentum** an diesem Traktor erworben. An dem **60 PS-Traktor** hat L (vorläufig) lediglich ein Anwartschaftsrecht erlangt. In Betracht kommt deshalb auch nur eine Übertragung dieses Rechtes zur Sicherheit, obgleich S an der ersetzten Maschine Sicherungseigentum besaß. Die Übertragung des Anwartschaftsrechts setzt jedoch wie die Übertragung des Volleigentums durch antezipiertes Konstitut voraus, dass die angenommene zukünftige tatsächliche Lage auch wirklich eintritt. Hieran fehlt es. L hat den Traktor nicht in die Halle 3 verbracht, sondern ihn anderweitig abgestellt. S hat deshalb **keine Rechte** an dieser Maschine erworben.

63

Hieraus kann allerdings nicht (rückwirkend) auf die Unwirksamkeit der Verfügung über die ursprünglich sicherungsübereigneten Maschinen geschlossen werden; etwa in dem Sinn, dass man eine nur bedingte Ermächtigung zugunsten des L annähme, über Sicherungsgut nur verfügen zu dürfen, wenn die Ersatzmaschinen an die Stelle der veräußerten verbracht werden.

64

Im Zusammenhang mit der Sicherungsübereignung von Warenlagern wird häufig die Frage gestellt, ob Ersatzgegenstände im Wege dinglicher Surrogation vom Sicherungsgeschäft erfasst werden können. Die gängige Begründung, mit der eine dingliche Surrogation abgelehnt wird, geht dahin, dass die gesetzlichen Surrogationsnormen Ausnahmevorschriften seien, die eine ausdehnende analoge Anwendung nicht zuließen. Das Argument ist deshalb schwach, weil die Sicherungsübereignung selbst kein normiertes Institut ist und somit auch nicht ohne weiteres von einer Ausdehnung des Surrogationsprinzips auf einen vom Gesetz nicht erfassten Fall gesprochen werden kann. Aufschlussreicher ist es dagegen, einschlägige Surrogationstatbestände auf ihre Vergleichbarkeit mit der Sicherungsübereignung zu untersuchen. In Betracht kommen die §§ 588 Abs. 2 Satz 2 a. F., 1048 Abs. 1 Satz 2, 1370 a. F., 1473, 2111. Allen diesen Tatbeständen ist gemeinsam, dass ihnen eine „statische" Wirtschaftseinheit zugrunde liegt, in deren Mittelpunkt oftmals ein Grundstück steht. Eine vergleichbare Wirtschaftseinheit aber ist das Warenlager nicht. Im Gegenteil: Das Warenlager ist gerade dazu bestimmt, umgesetzt zu werden.

65

3. Rechte an den übrigen Maschinen

An den übrigen Maschinen in der Lagerhalle ist keine Änderung der Rechtsverhältnisse eingetreten. Zwar hat L hinsichtlich des unter Eigentumsvorbehalt gelieferten Mähdreschers weitere Kaufpreisraten – drei sind noch offen – entrichtet, doch ist die quantitative Erstarkung des Anwart-

66

---

⁴⁹ BGH WM 1960, 1223, 1227; 1965, 1248, 1249.

schaftsrechts noch nicht in eine qualitative (Erwerb des Volleigentums) umgeschlagen; freilich hat sich die Sicherheit zugunsten der S wertmäßig erhöht.

III. Die Rechtslage nach Einstellung der Tilgung im November

1. Eintritt des Sicherungsfalls

67 Nach § 3 des Finanzierungsvertrages soll der Sicherungsfall dann eintreten, wenn L bei der Tilgung des Kredits mit mehr als zwei Raten in Verzug gerät. Da L außerstande ist, die Raten für die Monate September, Oktober und November zu begleichen, ist der Tatbestand der Klausel erfüllt.

68 Als Rechtsfolge sieht die Bestimmung den „Verfall" der zur Sicherheit übertragenen Rechte vor; der S soll das zunächst treuhänderisch gebundene Eigentum endgültig zufallen. Die Realisierung der Sicherheiten träte gewissermaßen automatisch ein und erforderte keine besonderen Verwertungshandlungen.

69 Je nachdem, wie nach der Vereinbarung Verfall und gesicherte Forderung verknüpft sind, wird zwischen rechnungsfreier und rechnungspflichtiger Verfallklausel unterschieden.[50] Beim **rechnungsfreien Verfall** erlischt mit Eintritt des Sicherungsfalles die gesicherte Forderung unbedingt und unabhängig vom Wert des Sicherungsgutes. Beim **rechnungspflichtigen Verfall** ist der Sicherungsnehmer gehalten, nach Maßgabe vereinbarter Bewertungskriterien abzurechnen; entweder ist ein die Forderung übersteigender Mehrwert des verfallenen Sicherungsgutes an den Sicherungsgeber auszukehren oder die gesicherte Forderung erlischt nur insoweit, als der Wert des Sicherungsgutes reicht.

70 Da der Finanzierungsvertrag eine Pflicht der S zur Abrechnung begründet, handelt es sich um eine **rechnungspflichtige Verfallklausel**. Diesem Umstand kommt Bedeutung für die Frage der rechtlichen Wirksamkeit der Klausel zu. Bedenken gegen eine Anerkennung von Verfallklauseln im Rahmen einer Sicherungsübereignung ergeben sich (wiederum)[51] aus einem Vergleich mit dem Mobiliarpfandrecht. Nach § 1229 sind Verfallvereinbarungen nichtig, wenn sie vor Eintritt der Pfandreife getroffen werden (§ 1228 Abs. 2). Die Pfandverwertung durch öffentliche Versteigerung (§ 1235) soll nach dem Willen des Gesetzes die Regel bilden.

2. Wirksamkeit der Verfallklausel

71 Die h. M. wendet jedoch § 1229 nicht entsprechend auf Verfallklauseln bei der Sicherungsübereignung an.[52] Begründet wird dies damit, dass der Sicherungsnehmer bei der Sicherungsübereignung bereits Eigentümer des Sicherungsgutes sei und er dieses Eigentum auch endgültig müsse behalten können.[53] Weiter wurde darauf verwiesen, dass die Verfallvereinbarung beim Pfandrecht dinglicher Natur sei, während der Wegfall der treuhänderischen Bindung bei der Sicherungsübereignung die Sicherungsabrede betreffe, also auf schuldrechtlicher Ebene liege.[54] Neben diesen (allzu) formal-begrifflichen Argumenten wird die Notwendigkeit unterschiedlicher Behandlung

---

[50] *Serick* Bd. III § 38 III 3b.
[51] Wie bereits bei der Frage der Zulässigkeit der Sicherungsübereignung überhaupt (vgl. Rn. 8ff.).
[52] Aus der Rspr.: RGZ 83, 50, 53; RG JW 1930, 710, 711; BGH WM 1960, 171; NJW 1980, 226, 227; OLG Düsseldorf WM 1990, 1062 (für die rechnungspflichtige Verfallklausel); BGHZ 130, 101, 104 ff.; aus der Lit. etwa Palandt/*Herrler* § 930 BGB Rn. 33; MünchKommBGB/*Oechsler* Anh. §§ 929–936 BGB Rn. 51. A.A. etwa Jauernig/*Berger* § 930 BGB Rn. 37; BeckOK BGB/*Kindl* § 930 BGB Rn. 36.
[53] Vgl. dazu Staudinger/*Wiegand* (2017) Anh. §§ 929–931 BGB Rn. 234.
[54] RGRK/*Johannsen* § 930 BGB Rn. 53.

§ 9. Sicherungsübereignung

auch aus dem Wesen der Sicherungsübereignung selbst abgeleitet:[55] Wenn die rechtliche Anerkennung der Sicherungsübereignung wesentlich auf wirtschaftlichen Bedürfnissen beruhe, und es denselben wirtschaftlichen Erfordernissen entspreche, Verfallklauseln zu vereinbaren, so dürfe auch dieser Ausgestaltung der Sicherungsübereignung die rechtliche Billigung nicht versagt werden.[56, 57]

Ernstzunehmende Bedenken gegen diese Auffassung ergeben sich freilich, greift man auf den Sinn des § 1229 zurück. Die Vorschrift dient dem Schuldnerschutz; sie trägt der abstrakten Gefahr Rechnung, dass Schuldner bei der Aufnahme von Krediten die Möglichkeit der Tilgung zu optimistisch einschätzen und in der vermeintlich sicheren Annahme, der Sicherungsfall werde nicht eintreten, in unangemessenem Umfang im Voraus auf eigene Rechte verzichten. Diese abstrakte Gefahr aber ist bei der Sicherungsübereignung nicht geringer als bei der Pfandbestellung.[58] Lediglich die rechnungspflichtige Verfallklausel ist – einen realistischen Verrechnungsmaßstab unterstellt – geeignet, eine unverhältnismäßige Gefährdung der Vermögensrechte des Sicherungsgebers zu vermeiden. Freilich fiele auch eine in dieser Form modifizierte Verfallklausel beim Pfandrecht unter das Verbot des § 1229. Bei der Sicherungsübereignung lässt sie sich mit der Erwägung halten, dass der Sicherungsgeber seine Ansprüche aus einer rechnungspflichtigen Verfallklausel einfacher durchzusetzen vermag als der Pfandschuldner. Wenigstens in den typischen Fällen der Sicherungsübereignung (§§ 929, 930) bleibt der Sicherungsgeber im Besitz des Sicherungsgutes, der Sicherungsnehmer muss also im Sicherungsfall die übereigneten Gegenstände vom Sicherungsgeber herausverlangen (§ 985). Gegen den Herausgabeanspruch aber steht dem Sicherungsgeber bis zur Erfüllung der Abrechnungspflicht ein Zurückbehaltungsrecht zu (§ 273).[59] Wird das Zurückbehaltungsrecht im Herausgabeprozess geltend gemacht, führt es zu einer Zug-um-Zug-Verurteilung des Sicherungsgebers (§ 274 Abs. 1). **72**

Ist eine rechnungspflichtige Verfallklausel Teil **Allgemeiner Geschäftsbedingungen,** so muss sie der Inhaltskontrolle nach § 307 (insbesondere § 307 Abs. 2 Nr. 1) standhalten. Da es keine gesetzliche Regelung der Sicherungsübereignung gibt, kommt als nächstliegendes gesetzliches Leitbild nur die Pfandrechtsregelung des § 1229 in Betracht. Der hervorgehobene Unterschied zwischen der Position des Verpfänders und der des Sicherungsgebers bei der Sicherungsübereignung steht jedoch der Auffassung entgegen, § 1229 enthalte einen „wesentlichen Grundgedanken" auch für das Recht der Sicherungsübereignung. Da die rechnungspflichtige Verfallklausel den Sicherungsgeber auch nicht unangemessen benachteiligt, ist sie mit § 307 vereinbar. **73**

Dagegen ist eine (hier nicht gegebene) „rechnungsfreie" Verfallklausel regelmäßig sittenwidrig nach § 138 Abs. 1 bzw. hält der AGB-Kontrolle nach § 307 nicht stand.[60] **74**

---

[55] *Serick* Bd. III § 38 III 3e.
[56] Entsprechend § 1234 werden jedoch auch im Verfall Androhung und Einhaltung einer angemessenen Wartefrist (§ 368 Abs. 1 HGB) verlangt. Sie wären im vorliegenden Fall angesichts der mehrfachen Mahnung als gegeben anzusehen.
[57] Rechtlich wird die Verfallklausel als aufschiebend bedingter Verzicht des Sicherungsgebers auf die fiduziarische Bindung des Sicherungsgutes gegen Erlöschen der gesicherten Forderung in der vertraglich vorgesehenen Höhe gedeutet (*Serick* BB 1970, 551). Das Reichsgericht hat einen bedingten Verkauf angenommen, bei dem der Forderungsbetrag als Kaufpreis anzusehen sei und Aufrechnung mit der gesicherten Forderung als gewollt zu gelten habe (RGZ 83, 50, 53).
[58] *Baur/Stürner* § 57 Rn. 16; *Gaul* AcP 168 (1968), 351, 362 ff.
[59] Die Fälligkeit des Anspruchs aus der rechnungspflichtigen Verfallklausel tritt mit dem Sicherungsfall ein.
[60] Vgl. dazu MünchKommBGB/*Oechsler* Anh. §§ 929–936 BGB Rn. 51.

3. Folgerungen

75 Damit ergibt sich folgende Rechtslage: S hat Volleigentum an einem Mähdrescher und einem Traktor sowie das Anwartschaftsrecht an einem zweiten Mähdrescher (das wertmäßig auf 30.000 EUR angewachsen ist) erlangt.

IV. Begleichung von Restkaufpreisraten durch die Sparkasse

1. Problematik

76 Eine Begleichung offener Kaufpreisraten kommt allein hinsichtlich des Mähdreschers in Betracht, an dem die Sparkasse die Eigentumsanwartschaft erworben hat.

77 Ob und inwieweit der S zu raten ist, die offenen Kaufpreisraten zu tilgen, hängt einmal davon ab, ob sie hierdurch überhaupt eine Verbesserung ihrer Rechtsposition erlangen kann, ob – mit anderen Worten – die Bedingung für den Eigentumsübergang (§§ 449, 929, 158 Abs. 1) zulässigerweise auch durch einen anderen als den Vorbehaltskäufer herbeigeführt werden kann. Zum anderen ist die Frage der Restkaufpreiszahlung eine vor allem wirtschaftliche Abwägung; reicht nämlich das verfallene Sicherungseigentum zur Befriedigung des Sicherungsnehmers aus, so erübrigt es sich, verfallene Anwartschaftsrechte durch Restzahlung in Eigentum „umzuwandeln". Andernfalls kann die Resttilgung angezeigt erscheinen: Das Eigentum an einer Sache ist in aller Regel wirtschaftlich leichter verwertbar als das Anwartschaftsrecht.

2. Zulässigkeit der Drittzahlung

78 Die Zulässigkeit der Zahlung von Restkaufpreisraten durch einen Dritten folgt aus § 267 Abs. 1. Da die sicherungsweise Übertragung des Anwartschaftsrechts und dessen Verfall keinen Eintritt der S in das obligatorische Rechtsverhältnis zwischen L und dem Vorbehaltslieferanten zur Folge haben, würde die Sparkasse auf eine fremde Schuld leisten. Dennoch könnten weder der Vorbehaltslieferant noch der Vorbehaltskäufer (L) der Leistung durch die S widersprechen. Einem Widerspruch (Ablehnung der Leistung) des Vorbehaltslieferanten stünde § 162 entgegen. Ein Widerspruch des Vorbehaltskäufers nach § 267 Abs. 2 kommt ebenfalls nicht in Betracht. In der sicherungsweisen Übertragung des Anwartschaftsrechts wird man zugleich einen vom Eintritt des Sicherungsfalles abhängigen (bedingten) Verzicht auf das Widerspruchsrecht erblicken müssen, da nur ein Erwerb der Anwartschaft unter dieser Voraussetzung die sicherungsweise Übertragung des Rechtes wirtschaftlich sinnvoll macht und dem angestrebten Sicherungszweck entspricht. Zudem wäre es treuwidrig (§ 242), einerseits Sicherungsrechte zu vereinbaren und andererseits die Realisierung dieser Rechte zu verhindern.[61]

3. Zweckmäßigkeit der Drittzahlung

79 Die Frage der wirtschaftlichen Zweckmäßigkeit einer Restkaufpreiszahlung hängt von der Höhe der Darlehensschuld einerseits und dem Verrechnungswert der zu Eigentum verfallenden Gegenstände andererseits ab. Die Darlehensrestschuld (ohne Zinsen) beträgt 110.000 EUR, der Verrech-

---

[61] Das Problem eines Widerspruchsrechts des Schuldners (§ 267 Abs. 2) stellt sich auch, wenn im Rahmen der Zwangsvollstreckung ein Anwartschaftsrecht gepfändet wird. Dort ergibt sich der Ausschluss des Widerspruchs aus dem mit der Pfändung verbundenen Gebot für den Schuldner, alle dem Gläubiger nachteiligen Rechtshandlungen im Hinblick auf das Haftungsgut zu unterlassen (§ 829 Abs. 1 ZPO), vgl. § 8 Rn. 34 f.

§ 9. Sicherungsübereignung

nungswert von Traktor und Mähdrescher zusammen 80.000 EUR, das Anwartschaftsrecht ist im Umfang von 30.000 EUR verfallen. Angesichts dieser knappen Deckung muss die Sparkasse an optimalen Voraussetzungen für die Weiterverwertung interessiert sein. Sie scheinen eher dann gegeben, wenn S auch Vollrechtsinhaberin hinsichtlich des zweiten Mähdreschers ist. Der Sparkasse ist daher zu raten, den restlichen Kaufpreis von 15.000 EUR zu zahlen.

Teil 2: Ansprüche der Sparkasse und Möglichkeiten der Verwertung

I. Anspruch auf Herausgabe der sicherungsübereigneten Gegenstände

Hält man mit den in Rn. 72 f. dargelegten Einschränkungen die Verfallklausel im Finanzierungsvertrag für wirksam, so scheidet die Notwendigkeit einer förmlichen Verwertung aus. **80**

Gemeint ist eine Verwertung im technischen Sinne, d. h. die Realisierung der Sicherheit im Rahmen der Sicherungsvereinbarung. Nicht enthoben ist der Sicherungsgeber freilich auch bei der Vereinbarung einer Verfallklausel der Notwendigkeit, eine verfallene Sache – falls er sie nicht selbst wirtschaftlich nutzen kann – in Geld umzusetzen. **81**

Mit dem Eintritt der Verfallvoraussetzungen ist die fiduziarische Bindung der übertragenen Rechte entfallen. S ist unbeschränkte Inhaberin der Rechte geworden. Zugleich ist das Recht des L zum Besitz (§ 986 Abs. 1) erloschen, womit der Weg für die **Vindikation** nach § 985 frei ist wenigstens hinsichtlich derjenigen Gegenstände, die S zu **Eigentum** erworben hat (einer der beiden Mähdrescher und der neu eingebrachte 100 PS-Traktor). **82**

Nicht ganz so einfach beurteilt sich die dingliche Rechtslage an dem Gegenstand der Sicherungsübereignung, an dem S lediglich das **Anwartschaftsrecht** innehat (einer der beiden Mähdrescher). Die Vindikation (§ 985) setzt Eigentum voraus. Eigentümer aber ist bis zur vollständigen Kaufpreiszahlung der Vorbehaltslieferant. Aus der dem Vollrecht analogen Behandlung des Anwartschaftsrechts folgt jedoch, dass dem Anwärter alle Befugnisse des Vollrechtsinhabers zustehen, eingeschränkt freilich insoweit, als sie Rechte des Eigentümers beeinträchtigen.[62] Die **Befugnisse des Anwärters sind im Verhältnis zum Eigentümer schwächer, im Verhältnis zu Dritten die des Vollrechtsinhabers**.[63] Durch die zunächst sicherungsweise Übertragung des Anwartschaftsrechts und den nachfolgenden Verfall ist S unbedingte Inhaberin der Anwartschaft geworden. L steht im Verhältnis zu S einem Dritten gleich, der – ohne ein Recht dazu – die Vorbehaltssache in unmittelbarem Besitz hat. Folglich ist L entsprechend § 985 zur Herausgabe an S verpflichtet. **83**

Daneben ist hinsichtlich aller Maschinen auch ein **schuldrechtlicher Herausgabeanspruch** gegeben, der seine Grundlage in der Sicherungsabrede des Finanzierungsvertrages hat.[64] **84**

II. Hilfsüberlegung: Die Verwertung von Sicherungseigentum

Sähe man in der Verfallklausel des Finanzierungsvertrages einen Verstoß gegen § 1229, so träte bei Verzug des L keine „automatische" Realisierung der Sicherheiten ein, sie müsste erst im Wege der Verwertung herbeigeführt werden. **85**

---
[62] *Serick* Bd. I § 11 V 3a.
[63] Vgl. dazu Erman/*Ebbing* § 985 BGB Rn. 8. Zum Streitstand *Vieweg/Werner* § 7 Rn. 10.
[64] *Serick* Bd. III § 38 II. Bei Schweigen der Sicherungsabrede muss die Herausgabepflicht als stillschweigend vereinbart angesehen werden.

Teil 3. Mobiliarsicherheiten

1. Verwertungsregelung im Sicherungsvertrag

86 Grundsätzlich ist es **Aufgabe des Sicherungsvertrages, die Modalitäten der Verwertung des Sicherungsgutes zu regeln.** Kern dieser Verwertungsregel pflegt die Einräumung möglichst weitgehender Freiheiten der Bank zu sein, etwa ein Wahlrecht, welche von mehreren Sicherheiten verwertet wird.[65] Denkbar ist auch, dem Sicherungsnehmer ein Nutzungsrecht einzuräumen; ohne entsprechende Vereinbarung steht ihm dieses nämlich ebenso wenig wie beim Pfandrecht zu (vgl. § 1213). Die rechtliche Zulässigkeit solcher (ausdrücklicher) Abreden ist heute nicht mehr streitig.[66]

87 Beim Pfandrecht dagegen kann die von § 1235 für die Verwertung vorgesehene öffentliche Versteigerung erst nach Eintritt der Verkaufsberechtigung abbedungen werden (§ 1245 Abs. 2).

2. Gesetzliche Verwertungsregelung

88 a) Fehlt in der Sicherungsvereinbarung eine Regelung über die Verwertung oder ist die getroffene Regelung unwirksam, so stellt sich die Frage, ob im Wege ergänzender Vertragsauslegung (§ 157) auch in einem solchen Falle angenommen werden kann, dass der Sicherungsnehmer zum freihändigen Verkauf befugt sein soll oder ob er nur als berechtigt anzusehen ist, entsprechend den gesetzlichen Vorschriften über die Verwertung der Pfandsache die Realisierung seiner Sicherheit zu betreiben. Der wesentliche **Unterschied** zwischen beiden Arten der Verwertung besteht darin, dass bei entsprechender Anwendung der Pfandrechtsvorschriften der Sicherungsnehmer nicht nach eigenem Belieben einen Käufer für das Sicherungsgut suchen kann, sondern dieser im Wege **öffentlicher Versteigerung** gefunden werden muss (§ 1235). Bei der öffentlichen Versteigerung ist vom Verfahren her einer möglichen Schädigung des Schuldners und Eigentümers effektiver vorgebeugt als bei einem – wenn auch mit Schadensersatzpflichten sanktionierten – freihändigen Verkauf.

89 b) Die Rechtsprechung zur Frage des Verwertungsrechtes bei Schweigen der Sicherungsvereinbarung ist nicht einheitlich. Das RG[67] hat in einer Entscheidung ein Recht zum freihändigen Verkauf bejaht, in einem späteren Urteil[68] jedoch ausgeführt, ein „freihändiger Verkauf gefährde die Interessen des Schuldners ohne Not". Der BGH[69] hat die Frage ausdrücklich offen gelassen, während der BFH[70] sie i.S.d. erstgenannten reichsgerichtlichen Entscheidung beantwortet hat. In jedem Falle hat der die Verwertung betreibende Sicherungsnehmer die berechtigten Belange des Sicherungsgebers in angemessener und zumutbarer Weise zu berücksichtigen, soweit nicht seine schutzwürdigen Sicherungsinteressen entgegenstehen. Ziel muss es deswegen sein, das bestmögliche Verwertungsergebnis zu erzielen.[71]

90 Die widerstreitenden Argumente sind nahezu identisch mit denen, die zur Begründung der Zulässigkeit bzw. Unzulässigkeit von Verfallklauseln ins Feld geführt werden. Auf der einen Seite wird aus der Ähnlichkeit der Interessenlage bei Pfandrecht und Sicherungsübereignung eine den Verwer-

---

[65] Ziff. 17 (1) AGB-Banken, siehe auch Ziff. 21 (5) Sparkassen-AGB. Früher waren viel weitgehendere Klauseln üblich (Ziff. 20–22 AGB-Banken a. F.), die jedoch der Klauselkontrolle nicht Stand hielten. Siehe näher *Bunte*, AGB-Banken und Sonderbedingungen, 3. Aufl. 2011, Rn. 396 ff.
[66] BGH JZ 1980, 32, 33; *Serick* Bd. III § 38 I 2c m.w.N.
[67] RG JW 1914, 76, 77.
[68] RGZ 107, 334, 336.
[69] BGH WM 1961, 243, 245.
[70] BFH WM 1962, 1123.
[71] BGH NJW 2000, 352, 353 m.N.

tungsregeln des Mobiliarpfandrechts entsprechende Ergänzung der Sicherungsabrede verlangt,⁷² auf der anderen Seite wird die Eigenständigkeit des Instituts der Sicherungsübereignung betont, das gerade aus dem wirtschaftlichen Bedürfnis nach Vereinfachung und Erleichterung entstanden sei und das deshalb nicht im Falle der Verwertung wieder mit den Erschwernissen des Pfandrechts belastet werden dürfe.⁷³

c) Allerdings macht bereits die **unterschiedliche Ausgangslage** in beiden Fällen deutlich, dass ein übereinstimmendes Ergebnis nicht gefordert ist: Bei der Verfallklausel soll kraft ausdrücklicher Vereinbarung eine über die Pfandrechtsvorschriften hinausgehende Regelung gelten, bei der Frage der Verwertungsart dagegen soll eine lückenhafte Sicherungsabrede ergänzt werden. Auch die Erwägung, die für die Zulässigkeit der Verfallklausel angeführt wurde – dass nämlich der Sicherungsgeber bei der Sicherungsübereignung nicht in demselben Maße wie der Pfandschuldner schutzbedürftig sei, weil er in den typischen Fällen im Besitz der Sache bleibt und so seinen Abrechnungsanspruch durchsetzen kann –, schlägt hier nicht mehr durch. Es muss daher dem Sicherungsgeber vorbehalten bleiben, auf den ihm an sich gebührenden Schutz ausdrücklich zu verzichten. Ein stillschweigender Verzicht in einem solch essentiellen Punkt kann nicht angenommen werden. Somit hat **im Zweifel die Verwertung durch öffentliche Versteigerung** zu erfolgen.⁷⁴ 91

Unabhängig davon, ob die Verwertung durch freihändigen Verkauf oder im Wege der öffentlichen Versteigerung erfolgt, muss in beiden Fällen der Sicherungsnehmer sich zunächst den unmittelbaren Besitz an den übereigneten Gegenständen – ggf. mit Hilfe eines Herausgabetitels – verschaffen. Materiell-rechtliche Grundlage hierfür wäre wiederum § 985 in dinglicher und die Sicherungsvereinbarung in schuldrechtlicher Hinsicht. Die öffentliche Versteigerung selbst würde sich nach §§ 1235 ff., 383 Abs. 3 richten. Ein über die gesicherte Forderung hinausgehender Erlös würde, nach Abzug der Versteigerungskosten, dem L gebühren. 92

d) Die S wäre aber auch nicht gehindert, anstelle der Verwertung der sicherungsübereigneten Sachen aufgrund eines **Zahlungstitels** gegen L vorzugehen und die **Zwangsvollstreckung nach §§ 808 ff. ZPO** zu betreiben. Auch eine Vollstreckung in die Gegenstände, an denen S Sicherungsrechte zustehen, wäre nicht ausgeschlossen. 93

Problematisch ist die Pfändung sicherungsübereigneter Sachen, wenn diese unter § 811 ZPO fallen. Es stellt sich dann die Frage, ob der Schuldner berechtigt sein soll, der Pfändung den Einwand aus § 811 Abs. 1 ZPO entgegenzuhalten. Während § 811 Abs. 2 ZPO für den Eigentumsvorbehalt eine ausdrückliche Regelung dahin enthält, in welchen Fällen der Einwand der Unpfändbarkeit gegenüber der Vollstreckung durch den Vorbehaltsverkäufer nicht greift, fehlt eine entsprechende Vorschrift für die Sicherungsübereignung. Nachdem sich die gesetzgeberische Intention eindeutig auf den erstgenannten Fall beschränkt,⁷⁵ gelten für die Pfändung von Sicherungseigentum keine Besonderheiten, eine analoge Anwendung von § 811 Abs. 2 ZPO scheidet aus.⁷⁶ 94

---

⁷² Vgl. dazu *Westermann/Gursky/Eickmann* § 44 Rn. 29 f.; i. Erg. ebenso *Baur/Stürner* § 57 Rn. 42; Erman/*Bayer* Anh. §§ 929–931 Rn. 25; Staudinger/*Wiegand* (2017) Anh. §§ 929–931 BGB Rn. 226, 234.
⁷³ Insbesondere *Serick* Bd. III § 38 I 2; Soergel/*Henssler* Anh. 930 BGB Rn. 67; Jauernig/*Berger* § 930 BGB Rn. 37.
⁷⁴ *Baur/Stürner* § 57 Rn. 42; *Westermann/Gursky/Eickmann* § 44 Rn. 29.
⁷⁵ BT-Drs. 13/341, S. 24 f.
⁷⁶ MünchKommZPO/*Gruber* § 811 ZPO Rn. 59 m. N.

C. Raumsicherungsvertrag – Bassinvertrag – Mantelsicherungsübereignung

I. Raumsicherungsvertrag

95 Die Bezeichnung **Raumsicherungsvertrag** hat sich im Zusammenhang mit der Sicherungsübereignung von Warenlagern gebildet.[77] Wie in Rn. 35 ff. dargestellt, muss die Übereignung einer Mehrheit von Sachen dem Bestimmtheitserfordernis genügen. Als Individualisierungskriterium bietet sich für Sachen, die an demselben Ort lagern, der „Raum" ihrer Lagerung an. Mit der Bezugnahme auf das räumliche Kriterium lässt sich auch die sicherungsweise Übereignung künftiger Waren erfassen, sofern diese in den fraglichen Raum gelangen. Die Sicherungsübereignung muss sich aber keineswegs auf alle in einem Raum befindlichen Sachen erstrecken, sie kann sich auf einen nach Gattungsmerkmalen oder anderen Kennzeichen eindeutig abgegrenzten Teil der Gegenstände beschränken.

II. Bassinvertrag

96 Der Ausdruck **Bassinvertrag** wird bisweilen synonym für Raumsicherungsvertrag verwendet. Ihm kommt jedoch auch eine eigenständige Bedeutung zu: Vorbehaltslieferanten und Geldkreditgeber verbringen die ihnen zur Sicherheit übereigneten Sachen bisweilen in ein besonderes Lager („Bassin") und betrauen im Einverständnis mit dem Kreditnehmer einen neutralen Dritten (Treuhänder) mit der Verwaltung und Verwertung des Sicherungsgutes.[78] Grund für den Bassinvertrag kann die Schwierigkeit sein, das Sicherungsgut im Vertrag ausreichend bestimmt zu bezeichnen oder auch ein geringes Vertrauen in die geschäftliche Lauterkeit des Kreditnehmers.

III. Mantelsicherungsübereignung

97 Die **Mantelsicherungsübereignung** ist – wie die Mantelsicherungszession (vgl. § 10 Rn. 10) – dadurch gekennzeichnet, dass die Rechtsübertragung nicht vorbehaltlos eintritt, sondern einen weiteren realen Akt – wie z. B. die Anzeige an den Sicherungsnehmer – erfordert. Bedeutung hat sie insbesondere bei der Sicherungsübereignung von Warenlagern und dort speziell für die Übereignung künftig in das Lager gelangender Waren.[79]

D. Sicherungsübereignung eines Warenlagers

98 Soll ein räumlich umgrenztes Warenlager (durch Besitzkonstitut) zur Sicherheit übereignet werden, dann sind folgende Situationen zu unterscheiden.

I. Übereignung von im Eigentum des Sicherungsgebers stehenden Sachen

99 Umfasst das Lager sowohl Sachen, die im **Eigentum des Sicherungsgebers** stehen, als auch solche, die er unter **Eigentumsvorbehalt** erworben hat, sollen aber nur die **ersteren in ihrer Gesamtheit übereignet** werden, so müssen sie räumlich von den übrigen getrennt werden, da eine Individualisierung nach dem rechtlichen Gesichtspunkt „Eigentum des Sicherungsgebers" dem Bestimmtheitsgrundsatz nicht genügt (siehe Rn. 37 f.).

---

[77] *Serick* Bd. II § 21 III 2 a; *Baur/Stürner* § 57 Rn. 13; MünchKommBGB/*Oechsler* Anh. zu §§ 929–936 BGB Rn. 7; *Vieweg/Werner* § 12 Rn. 8.
[78] Schimansky/Bunte/Lwowski/*Martinek/Omlor* § 97 Rn. 22.
[79] *Serick* Bd. II § 21 III 2 d.

§ 9. Sicherungsübereignung

II. Offene Übereignung auch unter Eigentumsvorbehalt erworbener Sachen

Sollen dagegen **sämtliche Waren eines derart „gemischten" Lagers** zur Sicherheit übertragen werden, wie etwa im Landmaschinen-Fall (siehe Rn. 26), dann ist das Rechtsgeschäft wirksam: Der Sicherungsnehmer erwirbt zum Zeil Sicherungseigentum, zum Teil Sicherungsanwartschaften (siehe Rn. 33 ff.).

100

III. Verdeckte Übereignung auch unter Eigentumsvorbehalt erworbener Sachen

Wie aber ist zu entscheiden, wenn die **Parteien davon ausgehen, dass alle im Lager befindlichen Waren Eigentum des Sicherungsgebers** sind, in Wahrheit aber an einzelnen Sachen ein wirksamer Eigentumsvorbehalt von Lieferanten besteht?

101

Die von den Parteien gewollte sicherungsweise Übertragung des Eigentums kann nur hinsichtlich der Gegenstände Erfolg haben, über die der Sicherungsgeber als Eigentümer verfügt. Was die Vorbehaltssachen anbelangt, **fehlt es an der Berechtigung zur Vollrechtsübertragung**; die beabsichtigte Übereignung ist insoweit (schwebend) unwirksam (§ 185 Abs. 1). Mangelnde Bestimmtheit der Verfügungsobjekte steht der teilweisen Wirksamkeit der Übereignung nicht entgegen. Die Gegenstände, an denen die von den Parteien beabsichtigte Rechtsänderung eintreten soll, sind durch den Begriff des Warenlagers ausreichend individualisiert. Der Umstand, dass für einige Sachen die Voraussetzungen der Übereignung nicht vorliegen, berührt die sachenrechtlich notwendige Bestimmtheit nicht.

102

Nun wäre der Sicherungsgeber aber durchaus in der Lage gewesen, dem Sicherungsnehmer auch an Vorbehaltssachen ein Sicherungsrecht zu verschaffen: nämlich das ihm zustehende Anwartschaftsrecht. Dass bei teilweise fehlgeschlagener Eigentumsübertragung der Sicherungsnehmer **wenigstens das Anwartschaftsrecht** erlangen soll, ist – soweit das Anwartschaftsrecht als Verfügungsobjekt anerkannt wird – einhellige Auffassung. Unterschiedlich allerdings sind die Begründungen. Der BGH knüpft an seine rechtliche Deutung des Anwartschaftsrechts an und formuliert: „[…] die Anwartschaft ist ein dem Eigentum wesensgleiches Recht, sie ist nicht etwas anderes, sondern ein Weniger, so daß der Erwerber, dem der Veräußerer das Volleigentum deshalb nicht übertragen kann, weil noch ein Eigentumsvorbehalt besteht, wenigstens die Anwartschaft auf das Recht erhält."[80] Auf die Frage, ob dieses Ergebnis durch Auslegung der Einigungserklärungen (§ 157) oder durch Umdeutung der fehlgeschlagenen Einigung (§ 140) zu gewinnen ist, geht der BGH nicht ein. Seine Formulierung deutet darauf hin, dass er neben dem auf Übereignung gerichteten Willen einen (stillschweigenden) rechtsgeschäftlichen Willen zur Übertragung des Anwartschaftsrechts annimmt, also die Erklärung der Parteien auslegt.[81]

103

Demgegenüber ist jedoch zu bedenken, dass für eine Vertragsauslegung nur dann Spielraum ist, wenn der Vertragsinhalt unklar oder unvollständig ist. Beides ist bei einer Sicherungsübereignung unter den genannten Voraussetzungen nicht der Fall. Vielmehr ist dem beabsichtigten, eindeutig umrissenen Rechtsgeschäft teilweise der rechtliche Erfolg versagt, wenn der Eigentümer seine Zustimmung verweigert. Der dann nichtige Teil kann nur **unter den Voraussetzungen des § 140** aufrechterhalten werden:[82]

104

---

[80] BGH LM Nr. 11a zu § 929; ferner BGHZ 35, 85, 90 f.; 50, 45, 48 f.; BGH NJW 1986, 1985, 1986.
[81] Insbesondere *Serick* Bd. I § 11 III 1.
[82] *Baur/Stürner* § 52 Rn. 19.

105 Da die Nichtigkeit der Übereignung auf der fehlenden Verfügungsmacht beruht, die Berechtigung zur Übertragung der Anwartschaft aber besteht und sich die Übertragung des Anwartschaftsrechts nach den Übereignungsvorschriften richtet, entspricht das nichtige Rechtsgeschäft den Erfordernissen der Anwartschaftsübertragung. Bleibt nur die Frage, ob nach dem hypothetischen Parteiwillen wenigstens auch die Übertragung des Anwartschaftsrechts gewollt gewesen wäre. Ein entsprechender mutmaßlicher Wille wird in der Regel angenommen werden können, wenn infolge planmäßiger Tilgung eine konkrete Aussicht darauf besteht, dass die Anwartschaftsrechte zu Vollrechten erstarken. Auf der anderen Seite ist es aber auch denkbar, dass die Übertragung lediglich der Anwartschaftsrechte dem Interesse und Willen des Sicherungsnehmers keineswegs entspricht, beispielsweise wenn die Deckung knapp bemessen ist oder die Gefahr besteht, dass der Eigentümer die Vorbehaltssachen zurückverlangen wird.

IV. Verdeckte Übereignung fremder Sachen

106 Nehmen die Parteien an, das Lager umfasse nur **eigene Ware** des Sicherungsgebers, während sich tatsächlich **auch fremde Sachen** dort befinden, die **nicht einmal (aufschiebend) bedingt erworben** wurden, so ist die Übereignung der eigenen Ware wirksam, im Übrigen (schwebend) unwirksam (§ 185), da in der Regel anzunehmen ist, dass die Parteien entgegen § 139 wenigstens jenen Übereignungsteil gewollt hätten.[83]

E. Gutgläubiger Erwerb von Sicherungseigentum

107 Ist der Sicherungsgeber nicht Eigentümer des Sicherungsgutes, dann erwirbt der Sicherungsnehmer jedenfalls solange nicht (Sicherungs-)Eigentum, als der Sicherungsgeber im unmittelbaren Besitz der Sache bleibt, § 933. Wird sie jedoch dem Sicherungsnehmer übergeben, dann hängt der Eigentumserwerb von seiner Gutgläubigkeit (§ 932 Abs. 1 Satz 1, Abs. 2) ab. Diese wäre – abgesehen von dem Fall, dass der Sicherungsnehmer die Rechtslage kennt – auch dann zu verneinen, wenn ihm eine Nachforschungspflicht obgelegen und er diese grob fahrlässig verletzt hätte.

I. Nachforschungspflicht?

108 Im Falle einer **Sicherungsübereignung** ließe dabei sich im **Gegensatz zum gewöhnlichen Verkehrsgeschäft** argumentieren: Der Sicherungsnehmer weiß, dass der Sicherungsgeber zur Kreditaufnahme gezwungen ist. Eine Zahlungsschwierigkeit des Sicherungsgebers erscheint daher nicht ausgeschlossen; deshalb sei auch der Gedanke nicht von der Hand zu weisen, dass am Sicherungsgut schon Rechte Dritter bestehen. Wolle der Sicherungsnehmer dem Vorwurf grober Fahrlässigkeit entgehen, müsse er angesichts solcher Umstände Erkundigungen über das Eigentum des Sicherungsgebers einziehen.[84]

109 Einer solchen Argumentation kann jedoch **nicht** gefolgt werden.[85] Der allgemeine Schluss von der Kreditaufnahme, verbunden mit einer Sicherungsübereignung, auf die Insolvenz des Sicherungsgebers würde die wirtschaftlichen Realitäten außer Acht lassen. Ein großer Teil der notwendig werdenden Sicherungsübereignungen hat seinen Grund nicht in einer dauerhaften Zahlungsschwäche des Sicherungsgebers, sondern in anderen, häufig branchenspezifischen Umständen wie etwa

---

[83] Zur Frage des gutgläubigen Erwerbs siehe Rn. 107 ff.
[84] Staudinger/*Wiegand* (2017) § 932 BGB Rn. 78 ff.
[85] Siehe die Nachweise bei Palandt/*Herrler* § 932 BGB Rn. 11; MünchKommBGB/*Oechsler* § 932 BGB Rn. 59; BeckOK BGB/*Kindl* § 932 BGB Rn. 18.

saisonalen Abhängigkeiten. Auch im Falle der Sicherungsübereignung kann nur die Würdigung der gesamten Umstände des Einzelfalles zur Bejahung einer Nachforschungspflicht führen. Dabei können selbstverständlich die Ursachen der Kreditaufnahme, die der Sicherungsübereignung zugrunde liegen, maßgebliche Umstände sein. Es ist auch denkbar, dass bei im Übrigen gleichen Umständen die Tatsache der Sicherungsübereignung den Ausschlag zugunsten einer Nachforschungspflicht ergibt, während bei einem gewöhnlichen Verkehrsgeschäft eine Pflicht zur Erkundigung noch verneint werden würde.

II. Praktische Bedeutung

Die Frage ist von großer **praktischer Bedeutung,** weil die starke Verbreitung besitzloser Sicherungsrechte (Eigentumsvorbehalt und Sicherungsübereignung) die Rechtsscheinfunktion des Besitzes – auf welcher die Gutglaubensvorschrift des § 932 aufbaut – ausgehöhlt hat.[86] Die Entscheidung über das Bestehen einer Nachforschungspflicht ist daher nicht zuletzt auch eine Entscheidung über die Verteilung des Risikos, das aus dem Auseinanderfallen von Rechtsschein und Rechtslage erwächst. Diese Risikoverteilung darf nicht außer Acht lassen, dass die Inkongruenz von Rechtsschein und Rechtslage vom Vorbehaltsverkäufer bzw. vom Sicherungsnehmer verursacht oder zumindest mitverursacht worden ist und nicht vom Erwerber. Auch dieser Gesichtspunkt spricht dafür, die Anforderungen an eine Nachforschungspflicht des Erwerbers nicht zu überspannen.

110

F. Rückübertragung des Sicherungseigentums

I. Nichtigkeit des Sicherungsvertrages

Ist der Sicherungsvertrag nichtig, dann fehlt der Sicherungsübereignung der Rechtsgrund und der Sicherungsgeber kann nach **§ 812 Abs. 1 Satz 1 Alt. 1 Rückübereignung** verlangen.[87]

111

II. Nichtvalutierung

Bei Nichtvalutierung einer Forderung, zu deren Sicherung bereits eine Übereignung vorgenommen wurde, ist die Rechtsstellung des Sicherungsgebers in zweierlei Richtung von Interesse: Wie kann der Sicherungsgeber die eingeräumte Sicherheit zurückerlangen (siehe Rn. 113 f.) und wie kann er sich bis dahin gegen eine Verwertung des Sicherungsgutes durch den Sicherungsnehmer schützen (siehe Rn. 115)?

112

1. Rückabwicklung der Sicherungsübereignung

Die Sicherungsübereignung ist nicht akzessorisch (siehe Rn. 13 ff.). Sie ist deshalb auch dann wirksam, wenn die gesicherte Forderung nicht entsteht. Der vor der Rechtsübertragung bestehende Zustand muss also durch **Rückübereignung** (in aller Regel gem. § 929 Satz 2) wieder hergestellt werden. Der Anspruch hierauf ergibt sich aus dem Sicherungsvertrag.[88] Für den Fall der Tilgung der gesicherten Forderung enthalten die Sicherungsabreden zumeist eine ausdrückliche Regelung. Dagegen fehlt meist eine entsprechende Vereinbarung für den Fall der Nichtvalutierung. Dann wird man im Wege ergänzender Vertragsauslegung (§ 157) annehmen müssen, dass eine Pflicht zur

113

---

[86] *Wiegand* JuS 1974, 201, 208.
[87] *Medicus/Petersen* BR Rn. 495.
[88] Palandt/*Herrler* § 930 BGB Rn. 19.

Rückübereignung – wenn sie schon bei Tilgung vorgesehen ist – erst recht Platz greifen soll, wenn die zu sichernde Forderung gar nicht entsteht.

114 Diese Lösung ist derjenigen vorzuziehen, die bei Nichtentstehung der gesicherten Forderung wegen Zweckverfehlung § 812 Abs. 1 Satz 1 Alt. 1[89] oder § 812 Abs. 1 Satz 2[90] anwenden will.[91] Dieser **bereicherungsrechtliche** Weg verschiebt nämlich das Rückabwicklungsrisiko (§ 818 Abs. 3) zu Lasten des Sicherungsgebers, ohne dass hierfür – verglichen mit den Fällen der ordnungsgemäßen Tilgung – ein einleuchtender Grund besteht. Die Berufung auf die dem § 726 zugrunde liegenden Wertungsgesichtspunkte[92] überzeugt in diesem Zusammenhang nicht: Die hier vorgesehene Auflösung des (Gesellschafts-)Vertragsverhältnisses wegen Nichterreichbarkeit des angestrebten Zweckes führt gerade nicht zur Rückabwicklung nach Bereicherungsrecht, sondern zur Auseinandersetzung nach vertraglichen, notfalls durch das positive Recht der §§ 732 ff. ergänzten Regeln.

2. Schutz des Sicherungsnehmers

115 Will der Sicherungsnehmer das Sicherungsgut verwerten, so muss er die Sache regelmäßig vom Treugeber nach § 985 herausverlangen. Dem Herausgabebegehren kann der Sicherungsgeber, solange ihm die Sache noch nicht zurückübereignet ist, sein **Recht zum Besitz (§ 986 Abs. 1)** entgegenhalten: Dauert sein Besitzrecht im Normalfall bis zur Nichterfüllung trotz Fälligkeit der gesicherten Forderung an, so kann es keinesfalls schon vor der Valutierung erloschen sein.[93]

III. Erlöschen des Sicherungszwecks

116 Weil die Sicherungsübereignung nicht akzessorisch ist, erlischt mit der gesicherten Forderung nicht zugleich die dingliche Berechtigung des Sicherungsnehmers. Daher muss bei Befriedigung der gesicherten Forderung das **Eigentum zurückübertragen** werden. Der Sicherungsgeber hat hierauf einen **vertraglichen Anspruch,** der sich **aus der Sicherungsvereinbarung** ergibt. Dagegen scheidet auch hier – ebenso wie bei der Nichtvalutierung (siehe Rn. 114) – Bereicherungsrecht als Anspruchsgrundlage aus.

---

[89] *Jäckle* JZ 1982, 50, 55 f. (zur Sicherungsgrundschuld).
[90] Für Alt. 1 (condictio ob causam finitam) *Weber/Weber* § 2 III (S. 10) und § 8 IV 1 (S. 141); für Alt. 2 (condictio ob rem) Jauernig/*Berger* § 930 BGB Rn. 40.
[91] Wieder anders *Medicus/Petersen* BR Rn. 496: Der Sicherungsgeber solle sich über § 323 unter Nachfristsetzung vom Vertrag lösen und die Sicherheit aus § 346 Abs. 1 zurückverlangen.
[92] *Jäckle* JZ 1982, 50, 55 f.
[93] *Medicus/Petersen* BR Rn. 496.

§ 10. Sicherungsabtretung

Literatur: *Baur/Stürner*, Sachenrecht, 18. Aufl. 2009, § 58; *Bülow*, Recht der Kreditsicherheiten, 8. Aufl. 2012, Rn. 1366–1455; *Ganter*, in: Schimansky/Bunte/Lwowski, Bankrechts-Handbuch, Bd. II, 5. Aufl. 2017, § 96; *Herresthal*, Das Recht der Kreditsicherung, in: Staudinger-Eckpfeiler 2014/2015, Teil K (S. 701 ff.) Rn. 244 ff.; *Meyer/v. Varel*, Die Sicherungszession, JuS 2004, 192; *Nörr/Scheyhing/Pöggeler*, Sukzessionen, 2. Aufl. 1999, § 11 f.; *Prütting*, Sachenrecht, 36. Aufl. 2017, § 73; *Reinicke/Tiedtke*, Kreditsicherung, 5. Aufl. 2006, Rn. 771–839; *Weber/Weber*, Kreditsicherungsrecht, 9. Aufl. 2012, § 16.

A. Überblick

I. Anwendungsbereich

Die Sicherungsabtretung ist ein typisches Mittel der **Geldkreditgeber:** In Form der sog. **Globalzession** überträgt der Kreditnehmer dem Kreditgeber eine Vielzahl von (vor allem künftigen) Forderungen, die nach Rechtsgrund und (Dritt-)Schuldner gattungsmäßig näher bestimmt sind. 1

Aber auch **Warenkreditgeber** bedienen sich der Sicherungsabtretung zur **Verlängerung ihres Eigentumsvorbehalts:** Hier werden dem Warenlieferanten die künftigen Ansprüche, die aus der Weiterveräußerung der Ware entstehen, im Voraus abgetreten (siehe § 7 Rn. 16, 94). 2

Die Sicherungsabtretung spielt ferner eine Rolle im Rahmen des **Factoring-Geschäfts.** Allerdings ist hier zu differenzieren zwischen „echtem" und „unechtem" Factoring. Nur bei letzterem hat die Abtretung Sicherungsfunktion (siehe § 11 Rn. 8 ff.). 3

II. Rechtsstellung von Zessionar und Zedent

Die Sicherungsabtretung stellt eine Verfügung über die zedierte Forderung dar, die den **Zessionar zum Inhaber der Forderung** macht. Für das Verhältnis zwischen Sicherungsabrede, Sicherungsabtretung und sichernder Forderung zueinander gelten die Ausführungen zum Sicherungseigentum (siehe § 9 Rn. 7 ff.) entsprechend. Lediglich im **Innenverhältnis** zum Kreditnehmer legt die Funktion der Abtretung als Kreditsicherungsmittel dem Kreditgeber Beschränkungen auf. 4

Dies äußert sich in der Regel vor allem darin, dass der Kreditgeber dem Kreditnehmer die Einziehung der zedierten Forderung im Rahmen des normalen Geschäftsbetriebs überlässt (vielfach wird die Zession dem Drittschuldner gegenüber zunächst nicht offengelegt: **stille Zession**). Der Kreditnehmer ist also **einziehungs-** und **prozessführungsbefugt** und **empfangszuständig.** 5

Die Einziehungsermächtigung ist an sich frei widerruflich. Bei stiller Zession ist ein Widerruf jedoch nur bei Gefährdung des Sicherungszwecks möglich, weil sonst die Abtretung ja offengelegt werden müsste.[1] 6

Folge der Prozessführungsbefugnis und Empfangszuständigkeit ist u. a., dass der Zedent gegen den Drittschuldner Klage auf Zahlung an sich selbst erheben und dadurch auch den Lauf der **Verjährungsfrist** nach § 204 Abs. 1 Nr. 1 hemmen kann. Das gilt selbst bei stiller Sicherungszession.[2] 7

Einziehungs- und Prozessführungsbefugnis enden ebenso wie die Empfangszuständigkeit mit dem Eintritt des **Sicherungsfalls.** Dessen Voraussetzungen sind im Sicherungsvertrag zu regeln. 8

---

[1] Vgl. einerseits BGHZ 82, 283, 290; andererseits OLG München WM 1986, 718.
[2] BGH JZ 1978, 351 f. = NJW 1978, 698 f.

Teil 3. Mobiliarsicherheiten

III. Weitere Erscheinungsformen

1. Globalzession

9 Die **Globalzession** ist Verfügung über eine Mehrzahl von Forderungen. Wenn sie, wie regelmäßig, auch künftig entstehende Forderungen erfasst, gehen diese, soweit individualisiert (siehe Rn. 27 ff.), im Zeitpunkt ihrer Entstehung ohne weiteres auf den Zessionar über.

2. Mantelzession

10 Die sog. **Mantelzession** dagegen enthält das Verfügungsgeschäft selbst noch nicht. Das Wesen der Mantelzession besteht vielmehr darin, dass sich der Zedent verpflichtet, durch Übergabe von Rechnungsabschriften oder Listen in einem bestimmten finanziellen Rahmen („Mantel") dem Zessionar Forderungen abzutreten.[3] Man spricht daher genauer von einer **Mantelabtretungsverpflichtung**. Der Forderungsübergang selbst erfolgt erst mit Abschluss des späteren Verfügungsgeschäftes, dessen Bestandteile einerseits die Übersendung der Rechnungsdurchschriften bzw. Listen, andererseits deren schlüssige (widerspruchslose) Entgegennahme sein können (§ 151 Satz 1).

B. Vorausabtretung – Kollision zwischen verlängertem Eigentumsvorbehalt und Sicherungsglobalzession – Vertragsbruchtheorie – Verzichtsklauseln

11 **Fall 1: Der Baulöwe**[4]

Der „Baulöwe" U betreibt ein Bauunternehmen, das vorwiegend Großprojekte erstellt. U wird seit Jahren von L mit Rohstoffen beliefert. Bestandteil aller Lieferverträge ist jeweils die Vereinbarung, dass das gelieferte Material bis zur vollständigen Bezahlung Eigentum des L bleiben soll. Für den Fall der Verarbeitung und Weiterveräußerung der Rohstoffe werden, wie im Baustoffhandel üblich, die Forderungen des U gegen seine Auftraggeber im Voraus an L abgetreten, und zwar in Höhe des Wertes der Rohstoffe, die von U bei den jeweils zu erbringenden Leistungen verwendet werden.

Ein Nachlassen der Baukonjunktur und der daraus folgende verschärfte Wettbewerb zwingen U hinsichtlich der Zahlungsmodalitäten zu erheblichen Zugeständnissen gegenüber seinen Kunden. Nach intensiven Beratungen mit seiner Bank B wurde folgende Vereinbarung zwischen B und U getroffen:

„§ 1. B gewährt U einen Kredit in Höhe von 1 Mio. EUR.

§ 2. Zur Sicherung tritt U alle Forderungen gegen seine Auftraggeber im Voraus an B ab.

§ 3. Falls eine Forderung abgetreten ist, die ganz oder teilweise Gegenstand eines nach Abschluss dieses Vertrages zustande gekommenen branchenüblichen verlängerten Eigentumsvorbehalts eines Lieferanten ist, wird auf Verlangen des Lieferanten, soweit zu diesem Zeitpunkt dessen Anspruch auf Bezahlung der dem verlängerten Eigentumsvorbehalt zugrunde liegenden Lieferung noch nicht getilgt ist, die Bank entsprechend dem Umfang des verlängerten Eigentumsvorbehalts entweder die Forderung an den Liefe-

---

[3] BGH WM 1955, 338; *Baur/Stürner* § 58 Rn. 4.
[4] BGHZ 30, 149; 72, 308, 137, 212; 138, 367; BGH NJW 1968, 1516.

ranten abtreten oder ihn aus dem von ihr aufgrund der Globalzession eingezogenen Erlös befriedigen. Dies gilt nicht, wenn dem Lieferanten die Abtretung an die Bank bei Abschluss des Liefervertrags bekannt war.

§ 4. Unter den Vertragsparteien besteht Klarheit darüber, dass die Außenstände der Firma U gewöhnlich zwischen 1,2 und 1,6 Mio. EUR schwanken."

U hat auch nach Abschluss dieser Vereinbarungen von L Rohstoffe zu den ursprünglichen Bedingungen bezogen. Als eine Lieferung an U im Wert von 100.000 EUR trotz mehrfacher Mahnung unbezahlt bleibt, verlangt L von G Begleichung dieser Beträge. G lässt nämlich von U ein Gebäude errichten, für das die noch unbezahlte Rohstofflieferung bereits verwendet wurde. Inzwischen ist für die Fertigstellung des ersten Bauabschnittes eine Abschlagszahlung von 200.000 EUR fällig geworden.

Da G die Bezahlung des geforderten Betrags unter Hinweis auf die Abtretung der Forderung an B ablehnt, erhebt L Klage mit dem Antrag, G zur Zahlung von 100.000 EUR zu verurteilen. Als auch B zu erkennen gibt, dass sie die Forderung für sich beansprucht, hinterlegt G den Betrag bei der zuständigen Stelle unter Verzicht auf Rücknahme und verkündet der B den Streit. Daraufhin erklärt B ihren Eintritt in das Verfahren. G wird antragsgemäß aus dem Rechtsstreit entlassen.

Wie beurteilen Sie die Erfolgsaussichten des L in dem nunmehr gegen B gerichteten Verfahren?

Probleme: 12

Das **Hauptproblem** des Falles bildet die **Kollision zwischen einer Globalzession** zugunsten des Geldkreditgebers und einem **verlängerten Eigentumsvorbehalt** zugunsten eines Warenkreditgebers. Die Kollision kommt dadurch zustande, dass der Vorbehaltskäufer ein und dieselbe Forderung zunächst an den Geldgeber, nachfolgend aber nochmals an seinen Lieferanten abgetreten hat, und zwar ehe die Forderung entstanden war. Ob und unter welchen Voraussetzungen eine **Vorausabtretung** zulässig ist, wird daher zunächst zu klären sein.

Ist sie zulässig, dann muss die Kollision gelöst werden. Hierzu wird vor allem die Entwicklung der **Rechtsprechung des BGH** zu dieser sehr häufig vorkommenden Form der Kollision von Mobiliarsicherheiten untereinander nachzuzeichnen sein.

Vorüberlegungen zum Aufbau: 13

Erfolgsaussichten L – B (§ 75 Satz 2 ZPO)

Teil 1: Verlängerter Eigentumsvorbehalt (Vorausabtretung) zugunsten des C

I. Zulässigkeit der Vorausabtretung (§ 398 Satz 1)

II. Bedingungen zulässiger Vorausabtretung

(Kernprobleme: Bestimmtheit, Bestimmbarkeit, Individualisierung der Forderung)

Teil 2: Sicherungsabtretung zugunsten der B

I. Summarische Abtretung

II. „Widerruf" der Abtretung durch nachfolgende Vorausabtretung

III. Übersicherung der B

Teil 3: Kollision zwischen verlängertem Eigentumsvorbehalt und Sicherungsabtretung

I. Vertragsbruchtheorie des BGH (§ 138)

II. Dingliche und schuldrechtliche Verzichtsklauseln

Teil 3. Mobiliarsicherheiten

Lösung:

14 Mit der Entlassung des G aus dem Rechtsstreit wandelt sich das ursprünglich auf Zahlung gerichtete Verfahren gem. § 75 Satz 1 ZPO in einen Prozess zwischen dem Kläger L und der Prätendentin B über die Berechtigung an dem hinterlegten (§§ 372, 378!) Betrag. Dieser ist nach § 75 Satz 2 ZPO dem Obsiegenden zuzusprechen.

15 Prozessual wird heute davon ausgegangen, dass die Prätendenten nach der Entlassung des ursprünglichen Beklagten einen neuen Rechtsstreit führen.[5] Die ursprünglich erhobene Leistungsklage wird nicht weiterverfolgt. Neuer Streitgegenstand ist zunächst eine Leistungsklage gegen den neuen Beklagten, gerichtet auf Einwilligung in die Auszahlung des Erlöses.[6] Der Beklagte kann eine inhaltsgleiche Widerklage erheben. Als Anspruchsgrundlage für den Antrag auf Einwilligung in die Auszahlung kann § 812 Abs. 1 Satz 1 Alt. 2 BGB (Eingriffskondiktion) herangezogen werden: Die auf Kosten des wirklichen Rechtsinhabers eingetretene, grundlose Bereicherung des anderen Prätendenten ergibt sich aus dessen Stellung als Hinterlegungsbeteiligter.[7]

Teil 1: Verlängerter Eigentumsvorbehalt (Vorausabtretung) zugunsten des L

16 Die Berechtigung des L an dem von G hinterlegten Betrag setzt voraus, dass L infolge der Verlängerung des Eigentumsvorbehalts in Form der Vorausabtretungsvereinbarung im Liefervertrag mit U die Werklohnforderung gegen G in Höhe des hinterlegten Betrages erworben hat (§§ 631 Abs. 1, 398).

17 Da es sich um eine Sicherungszession handelt, ist für die Berechtigung – im Innenverhältnis – weiter Voraussetzung, dass Verwertungsreife eingetreten ist. Davon kann bei mehrfacher Mahnung ausgegangen werden.

I. Zulässigkeit der Vorausabtretung

18 Künftige Forderungen abzutreten, wird heute als zulässig anerkannt.[8] Dieses Ergebnis hat sich erst allmählich herauskristallisiert. Es versteht sich nicht von selbst.

1. Wortlaut des § 398 Satz 1 und Systematik

19 Wenn § 398 Satz 1 davon spricht, dass eine Forderung vom Gläubiger abgetreten werden könne, so legt dies nämlich die Auffassung nahe, Voraussetzung hierfür sei ein bereits existentes Recht. Von einer künftigen Forderung, die beispielsweise § 765 Abs. 2 bei der Sicherung durch eine Bürgschaft oder § 883 Abs. 1 Satz 2 bei der Sicherung durch Vormerkung oder § 1113 Abs. 2 bei der Sicherung durch eine Hypothek oder § 1204 Abs. 2 bei der Sicherung durch ein Fahrnispfand ausdrücklich erwähnen, ist in § 398 nicht die Rede. Auch § 398 Satz 2 geht offenbar von einer schon bestehenden Forderung als Zessionsobjekt aus, wenn die Vorschrift den Zeitpunkt, in dem der Ab-

---

[5] MünchKommZPO/*Schultes* § 75 ZPO Rn. 12.
[6] Prütting/Gehrlein/*Gehrlein* § 75 ZPO Rn. 7; MünchKommZPO/*Schultes* § 75 ZPO Rn. 14 mit dem Hinweis, dass auch eine Feststellungsklage genüge: Mit Feststellung der Rechtszuständigkeit des einen oder des anderen Gläubigers sei die Berechtigung gegenüber der Hinterlegungsstelle ausreichend dokumentiert. Eine Kombination von Leistungs- und Feststellungsklage findet sich bei Zöller/*Vollkommer* § 75 ZPO Rn. 6; ähnlich Musielak/Voit/*Weth* § 75 ZPO Rn. 4.
[7] BGHZ 35, 165 = NJW 1961, 1457, 1458; ebenso Musielak/Voith/*Weth* § 75 ZPO Rn. 5; Prütting/Gehrlein/*Gehrlein* § 75 ZPO Rn. 8.
[8] Vgl. statt vieler *Esser* ZHR 135 (1971), 320, 327; *Fikentscher/Heinemann* Rn. 722; *Larenz* SchuldR I § 34 III; *Serick* Bd. IV § 47 I 5a m.w.N. – Zur Rspr. siehe auch die nachfolgenden Fußnoten.

tretungstatbestand gesetzt wird, mit demjenigen identifiziert, in dem die Rechtswirkung (d. h. der Gläubigerwechsel) eintritt. Wo aber noch keine Forderung vorhanden ist, gibt es auch keinen Gläubiger und keinen Gläubigerwechsel.[9]

Dieses vom Gesetz vorgesehene zeitliche Zusammenfallen von Tatbestand und Rechtsfolge lässt auch das **konstruktive Argument** zweifelhaft erscheinen, mit dem die Abtretbarkeit künftiger Forderungen gerechtfertigt wird: dass nämlich der Übergang der Forderung Wirkung und nicht Bestandteil des Verfügungstatbestands sei, weshalb der Tatbestand erfüllt werden könne, auch wenn die für den Rechtsübergang notwendige Forderung erst später entstehe.[10] Auf ähnlicher Linie liegt der Gesichtspunkt, dass bei der Zession im Gegensatz zur Übereignung beweglicher Sachen neben der Willensübereinstimmung kein zusätzliches Erfordernis wie das der Übergabe bestehe, welches die Existenz des Verfügungsgegenstandes voraussetze.[11] Schließlich überzeugt an dieser Stelle auch nicht der Hinweis auf § 185 Abs. 2, wonach ebenso wie die Verfügung über einen fremden Gegenstand auch die Verfügung über ein noch nicht existentes Recht erlaubt sein müsse;[12] denn bei der Situation des § 185 fehlt dem Verfügenden die Verfügungsbefugnis, hier fehlt aber das Verfügungssubstrat. Dass beides gleichzusetzen sei, müsste erst nachgewiesen werden. **20**

Und dennoch braucht man vor dem Wortlaut des § 398 noch nicht zu kapitulieren. Vertretbar ist nämlich auch die Deutung, in § 398 sei nur der typische Fall der Abtretung bestehender Forderungen ins Auge gefasst, ohne dass damit die Zession künftiger Forderungen ausgeschlossen sein sollte.[13] **21**

2. Teleologische Erwägungen

So müssen jenseits aller Erwägungen über den Gesetzeswortlaut und über eventuelle Parallelregelungen **sachliche Wertungsgesichtspunkte** über die Zulässigkeit der Zession künftiger Forderungen entscheiden. Man hat in diesem Zusammenhang vor allem auf den ausgeprägten (Kredit- und damit) Kreditsicherungsbedarf der Wirtschaft verwiesen, dem durch die Vorausabtretung mit Rechnung getragen werden müsse.[14] *Schwerdtner*[15] hat dem entgegengehalten, eine Sicherung erübrige sich, wenn die Gläubiger die Kreditwürdigkeit ihrer (zukünftigen) Schuldner schärfer überprüfen und bei unzureichendem Prüfungsergebnis den Kredit einschränken oder verweigern würden. Aber mit dieser Überlegung lässt sich ein legitimes Sicherungsinteresse der Kreditgeber nicht verneinen. Zu Ende gedacht würde die Erwägung *Schwerdtners* die Kreditsicherung völlig aus den Angeln heben: Denn entweder ist der Schuldner nicht kreditwürdig, dann verbietet es sich, ihm Kredit zu gewähren und folglich bedarf es auch keiner Sicherung; oder aber er ist kreditwürdig, dann könnte ihm ja auch ohne Sicherheit Kredit gewährt werden. In Wahrheit will auch *Schwerdtner* weder im Allgemeinen noch in Bezug auf die Vorausabtretung so weit gehen: Er will letztere dann zulassen, wenn wenigstens Rechtsgrund und Schuldner der zukünftigen Forderung im Zeitpunkt der Abtretung feststehen. Das aber betrifft nicht die Frage der Zulässigkeit einer Vorausabtretung schlechthin, sondern die Frage der Bestimmtheit des Verfügungsobjekts. **22**

---

[9] So *Eccius* GruchB 53, 2 f.
[10] BGHZ 30, 238, 240; 32, 367, 369 f.
[11] RGZ 67, 166, 167; 136, 100, 102 f.; BGHZ 30, 149, 151.
[12] So bereits *v. Tuhr* DJZ 1904, 426, 427 f.
[13] In diesem Sinn schon die erste Entscheidung des RG (RGZ 55, 334 f.) nach Inkrafttreten des BGB zur Zulässigkeit der Vorausabtretung.
[14] BGHZ 20, 43, 47.
[15] NJW 1974, 1785, 1789 unter Hinweis auf *Westermann*, Interessenkollision und ihre richterliche Wertung bei den Sicherungsrechten an Fahrnis und Forderungen, 1954.

Teil 3. Mobiliarsicherheiten

23 Ein Verbot jeglicher Vorausabtretung wäre auch schwerlich mit dem Geist einer Zeit zu vereinbaren, die rationale, vorausschauende Planung und Tätigkeit auf ihr Panier geschrieben hat. Ihr muss die Vorstellung, dass Rechtshandlungen nur in Bezug auf schon gegenwärtig existente Gegenstände zugelassen seien, als archaisch erscheinen.

24 Ein Verstoß gegen § 400 steckt in der Zulassung der Vorausabtretung künftiger Forderungen nicht. Zwar ist richtig, dass eine künftige Forderung nicht gepfändet werden kann. Das liegt daran, dass die Pfändung sozusagen aus technischen Gründen scheitert, weil nämlich die hierfür nach § 829 Abs. 2, Abs. 3 ZPO nötige Zustellung des Pfändungsbeschlusses an den noch unbekannten Drittschuldner nicht erfolgen kann. Die Unpfändbarkeit beruht dagegen nicht auf der Erwägung, es müsse dem Vorbehaltskäufer wie in den Fällen der §§ 850 ff. ZPO ein Minimum an Lebensgrundlage erhalten werden. Nur Fälle dieser Art aber sind von § 400 ins Auge gefasst.

25 Eine der Vorauszession vergleichbare Situation besteht beim **antezipierten Besitzkonstitut.** Auch hier wird das (mehraktige) Rechtsgeschäft (Einigung und Besitzvereinbarung) im Vorhinein gesetzt; Wirkungen zeitigt die Übereignung aber erst, wenn der Verfügende die Sache erwirbt oder (als Produzent) herstellt (vgl. dazu § 7 Rn. 57, § 9 Rn. 57).

II. Bedingungen zulässiger Vorausabtretung

26 Das entscheidende Problem lautet also nicht, ob die Vorauszession als „Rechtsgeschäft auf Vorrat" und in die Zukunft hinein zugelassen werden soll. Entscheidend ist vielmehr, unter welchen Bedingungen sie zuzulassen ist.

1. Bestimmtheit

27 Ausgangspunkt ist dabei die Überlegung, dass die Abtretung einer Forderung Verfügungsgeschäft ist. Dessen Ziel ist es, das betroffene Recht einem neuen Gläubiger zuzuordnen. Zuordnung aber verlangt klare Regelungen. Deshalb muss sich die Verfügung auf einen bestimmten Gegenstand beziehen. Mit anderen Worten: Auch für Zessionen gilt der **Bestimmtheitsgrundsatz**.[16] Die abzutretende Forderung muss also nach Rechtsgrund, Gegenstand und Schuldner individualisiert werden.[17]

28 Diese Individualisierungsmerkmale müssen im Abtretungsvertrag niedergelegt werden. Allerdings hat sich schon das RG[18] mit der Angabe bloß gattungsmäßig festgelegter Merkmale begnügt, anhand deren die zedierte Forderung erst im Zeitpunkt ihrer Entstehung individualisiert wird. Man hat dies in das Schlagwort gekleidet von der bloßen **Bestimmbarkeit** der abgetretenen Forderung im Gegensatz zu ihrer Bestimmtheit bereits bei der Abtretung selbst. Diese „Aufweichung" des Bestimmtheitsgrundsatzes liegt als Konsequenz der Zulassung der Vorauszession nahe.

29 Allerdings ist nicht zu verkennen, dass sich dadurch in dem Zeitraum zwischen Abtretung und Entstehung der abgetretenen Forderung ein **Unsicherheitsfaktor** bildet, der vor allem konkurrierende Gläubiger betrifft. Sie können sich einstweilen nicht exakt über den Umfang des (zukünftigen) Vermögens ihres Schuldners informieren. Aber diese Unsicherheit ist nicht größer, als wenn die Vorauszession bis zu dem Zeitpunkt verboten wäre, in dem die Forderung individualisiert werden

---

[16] Näher *Wiegand*, Berner Festgabe zum Schweizerischen Juristentag, 1979, S. 288.
[17] Zu den Individualisierungsmerkmalen einer Forderung *Rimmelspacher*, Materiellrechtlicher Anspruch und Streitgegenstandsprobleme im Zivilprozeß, 1970, S. 48, 67, 78.
[18] Seit RGZ 67, 166, 168; ferner BGHZ 70, 86, 89; 71, 75, 78 ff.; 174, 297, 305 f. (für Globalzession); BGH NJW 2000, 276, 279; 2011, 2713; Palandt/*Grüneberg* § 398 BGB Rn. 14; Staudinger/*Busche* (2012) § 398 BGB Rn. 65.

§ 10. Sicherungsabtretung

kann. Auch dann wüssten die Gläubiger nicht, welche Forderungen von ihrem Schuldner erworben und ihnen als Haftungsobjekt zur Verfügung stehen werden. Es würde z. B. einem Warenlieferanten wenig nützen, wenn man die Vorausabtretung der noch nicht fest umrissenen Forderungen ausschließen wollte, die seinem Abnehmer aus der Weiterveräußerung der Ware gegen Dritte erwachsen. Zwar könnte der Lieferant damit rechnen, dass solche Forderungen entstehen. Ob der Abnehmer sie aber dann ihm oder einem anderen Gläubiger abtreten würde, hätte der Lieferant mit dinglicher Sicherheit nicht in der Hand. Ebenso wenig könnte er die Pfändung der Forderungen durch konkurrierende Gläubiger verhindern. Will man dabei mögliche Zufallsergebnisse vermeiden, dann bietet sich gerade bei Konkurrenz mehrerer Gläubiger als Ausweg eine an materialen Kriterien (siehe Rn. 50 ff.) orientierte Rangfolge der Gläubiger an, die auf einer Vorauszession auch bloß bestimmbarer Forderungen aufbaut.

2. Individualisierung der Forderung

Lässt man danach die Vorausabtretung auch bloß bestimmbarer Forderungen zu, so bleibt die Frage, ob die **Individualisierung** der Forderung bei ihrer Entstehung allein **anhand der Abtretungsvereinbarung** vorgenommen werden muss oder ob hierzu **auch außerhalb der Vereinbarung liegende Umstände** herangezogen werden dürfen. Die Frage spielt auch in unserem Fall eine Rolle, weil aus der Abtretungsvereinbarung allein nicht abzulesen ist, welche Forderungen des U auf Leistungen beruhen, die er unter Verwendung von Rohstoffen des L erbringt, und welcher Anteil einer solchen Forderung dem Wert der darin enthaltenen Rohstofflieferungen entspricht. 30

Der BGH[19] sieht hier ein **bloßes Beweisproblem** und keine Frage des materiellen Rechts. Auch wenn man diese Unterscheidung nicht als unbedingt zwingend anerkennt, weil die materiell-rechtliche Regelung nicht völlig ohne Rücksicht auf die Beweisproblematik getroffen werden kann, ja materiell-rechtliche Wertungen sich bisweilen sogar in Beweis(last)regelungen niederschlagen, so muss man dem Ergebnis der Rechtsprechung in concreto doch beipflichten. Würde man nämlich bei umständlicher oder schwieriger Beweisführung den in Form der Vorausabtretung verlängerten Eigentumsvorbehalt für nichtig erklären, dann würden damit gerade die Lieferantengläubiger bestraft, die ihre Sicherung auf Forderungen beschränken, zu deren Entstehung sie mit ihrer Lieferung beigetragen haben, während Gläubiger, die keinerlei derartige Einschränkung vorsehen, ihre Sicherheiten durchsetzen könnten. Daher muss der Nachweis, dass die in der Abtretungsvereinbarung gattungsmäßig festgelegten Individualisierungsmerkmale auf eine bestimmte (später entstandene) Forderung zutreffen, in jeder prozessual zulässigen Beweisform geführt werden können. 31

Bei Abtretungen, die eine **Mehrzahl von zukünftigen Forderungen** umfassen, spielte lange Zeit auch die Frage eine Rolle, ob sämtliche von der Zession erfassten Forderungen genügend bestimmbar sein müssen oder nur die jeweils geltend gemachte. Der BGH[20] hat schon sehr früh die härtere Linie des RG[21] aufgegeben, und die Literatur[22] ist ihm darin gefolgt. 32

3. Probleme beim verlängerten Eigentumsvorbehalt

Allerdings lassen sich mit der bis hierhin entwickelten Lösung noch immer nicht alle Fallgestaltungen befriedigend erfassen. Stellt man nämlich auf die Forderungsentstehung als demjenigen Zeitpunkt ab, in dem spätestens die von der Vorausabtretung erfasste Forderung konkret bestimmt 33

---
[19] BGHZ 70, 86, 90 f.
[20] BGHZ 7, 365, 369.
[21] RGZ 155, 26, 29.
[22] Statt vieler *Serick* Bd. IV § 47 II 5c m.w. N.

sein muss, so gerät man bei vielen Fällen des verlängerten Eigentumsvorbehalts in erhebliche Schwierigkeiten. Das zeigt unser Fall. Hier sollen die Forderungen des U gegen seine Auftraggeber entsprechend dem Wert der Rohstofflieferungen des L abgetreten sein. Das bedeutet, dass die Forderungen des U nur in der Höhe zediert werden, die dem Preis der Rohstofflieferungen entspricht, welche bei der Bauleistung des U Verwendung gefunden haben.[23] Welche Rohstoffe des L aber bei einem konkreten Bauvorhaben und in welchem Umfang sie verwendet werden, lässt sich **erst bei tatsächlicher Ausführung** der Bauarbeiten feststellen, während die **Forderungen** des U gegen seine Auftraggeber bereits **mit Abschluss des jeweiligen Werkvertrages** entstanden sind.

34 Dasselbe Problem stellt sich auch bei der Vorausabtretung von Kaufpreisforderungen aus **Gattungskaufverträgen,** wenn bei Vertragsschluss noch nicht feststeht, mit welcher Ware der Vertrag erfüllt werden wird. Um hier der Voraussetzung gerecht werden zu können, dass die vorauszedierte Forderung spätestens im Zeitpunkt ihrer Entstehung muss bestimmt werden können, unterscheidet *Serick*[24] feinfühlig zwischen der Kaufpreisforderung „als solcher" und „als Abtretungsobjekt". Jene entstehe bereits mit Abschluss des Kaufvertrages, diese erst mit der Konkretisierung der Gattungsschuld auf Vorbehaltsware, womit sie dann auch erst auf den Lieferanten übergehe. Habe der Vorbehaltskäufer zwischen der Entstehung der Forderung „als solcher" und „als Abtretungsobjekt" über sie zugunsten eines Dritten verfügt, so erlange diese Verfügung zwar zunächst Wirksamkeit, verliere sie aber aufgrund der zeitlich älteren Vorauszession mit der Konkretisierung der Gattungsschuld: hier greife das **Prioritätsprinzip** Platz. Bei einer Pfändung der Forderung zwischen den beiden Entstehungszeitpunkten verneint *Serick* allerdings einen Schutz des Lieferanten. Deshalb schlägt er zugunsten des Lieferanten eine Vorauszession *aller* Forderungen aus Kaufverträgen über Warengattungen vor, aus denen dem Vorbehaltskäufer Vorbehaltswaren geliefert werden, unter der aufschiebenden Bedingung, dass der Vorbehaltskäufer die Gattungsschuld mit Hilfe von Vorbehaltsware konkretisiert. Entsprechendes sei auch bei der Vorauszession von Werklohnforderungen in Bezug auf zu verarbeitendes Vorbehaltsgut zu vereinbaren. Damit werde der Lieferant nach Maßgabe des § 161 Abs. 1 auch gegenüber zwischenzeitlichen Pfändungen geschützt.

35 Indessen bedarf es der Konstruktion einer derart bedingten Vorausabtretung wohl nicht. Der Grundsatz, wonach die ältere Verfügung der jüngeren vorgeht, gilt nämlich nicht nur bei Doppelabtretung, sondern auch bei Konkurrenz zwischen einer Verfügung kraft Hoheitsakts (Pfändung) und einer rechtsgeschäftlichen Verfügung (Abtretung). Besteht sachlich Übereinstimmung, dass bei der Vorauszession zugunsten von Warenlieferanten die an sich begrüßenswerte Beschränkung auf die Verlängerung des Eigentumsvorbehalts zu wahren ist, dann sollte man konzedieren, dass die von der Vorauszession erfasste Forderung auch noch nach ihrer Entstehung individualisiert werden kann, auch wenn die Abtretungswirkung dann selbstverständlich erst mit der Konkretisierung Platz greift.[25]

---

[23] Vgl. BGHZ 79, 16, 23 f.; 98, 303, 312; 167, 337, 341 Rn. 15; BGH NJW 1964, 149 f.; MünchKommBGB/*Roth/Kieninger* § 398 BGB Rn. 135.
[24] *Serick* Bd. IV § 47 II 3, 4 im Anschluss an einen Diskussionsvorschlag von *Kötter,* Die Tauglichkeit der Vorausabtretung als Sicherungsmittel des Geld- und Warenkredits, 1960, S. 79 ff. (*Kötter* selbst verwirft freilich den Vorschlag, weil die Bestimmung des Abtretungsobjekts auch nicht mit Hilfe einer Bedingung über den Zeitpunkt der Forderungsentstehung hinaus offen gehalten werden dürfe).
[25] Siehe auch MünchKommBGB/*Roth/Kieninger* § 398 BGB Rn. 68, 135: Eine Abtretung unter dem Vorbehalt späterer Individualisierung durch den Zedenten sei zunächst unwirksam; der Zedent könne aber durch spätere Bestimmung den Vertrag mit diesem Zeitpunkt wirksam werden lassen.

III. Folgerungen

Geht man von den in Rn. 26 ff. dargelegten Bedingungen einer zulässigen Vorauszession aus, dann hat die Abtretungsvereinbarung zwischen L und U auch die Werklohnforderung gegen G in Höhe von 100.000 EUR erfasst. Die Forderung ist nämlich anhand der Merkmale individualisierbar, welche die Abtretungsvereinbarung abstrakt formuliert: Bei G handelt es sich um einen Auftraggeber, an den Leistungen mit Hilfe von Rohstofflieferungen des L erbracht wurden; feststellbar und festgestellt ist auch, welchen wertmäßigen Umfang die verwendeten Rohstoffe hatten. Dieser deckt sich mit dem von L beanspruchten und von G hinterlegten Betrag von 100.000 EUR.

Teil 2: Sicherungsabtretung zugunsten der B

Für die Frage des Übergangs der Forderung U gegen G auf den Lieferanten L ist aber weiter die zeitlich früher liegende Globalzession des U an die B von Einfluss.

I. Summarische Abtretung

Wie eine einzelne Forderung, so kann auch eine Mehrzahl von (bestehenden und zukünftigen) Forderungen nach § 398 abgetreten werden, wenn dem Erfordernis der Bestimmbarkeit entsprochen wird. Die Vereinbarung, dass alle gegenwärtigen und künftigen Forderungen gegen die Auftraggeber der Firma U auf die B übergehen sollen, ermöglicht eine zweifelsfreie Feststellung der Rechtszuständigkeit nicht nur hinsichtlich der existenten, sondern auch hinsichtlich der erst entstehenden Forderungen. Damit ist dem Gebot der Bestimmbarkeit genügt.

II. „Widerruf" der Abtretung?

Hinsichtlich der Zession künftiger Forderungen könnte man auf den Gedanken verfallen, U habe mit der nachfolgenden Vorausabtretung an L insoweit die Abtretung an B widerrufen. Ein solcher Widerruf wäre jedoch nur wirksam, wenn U an die Vorauszession zugunsten der B nicht gebunden gewesen wäre. Bei der Verfügung über Grundstücksrechte (§ 873) und bei der Übereignung beweglicher Sachen (§§ 929 ff.) besteht in der Tat eine solche Bindung vor Vollendung des Verfügungstatbestands nicht (Ausnahme: § 873 Abs. 2). Damit ist die Lage bei der Forderungsabtretung jedoch nicht vergleichbar, weil diese nur aus **einem** Akt – dem Abtretungsvertrag (§ 398 Satz 1) – besteht. Hier bleibt es daher bei dem das Vertragsrecht beherrschenden Grundsatz der Bindung an den einmal geschlossenen Vertrag.

III. Übersicherung der B?

Bedenken gegen die Wirksamkeit der Globalzession könnten sich aus dem Gesichtspunkt der Übersicherung ergeben. Ein erhebliches Missverhältnis zwischen Kreditsumme und Sicherheiten (Übersicherung) kann die Unwirksamkeit einer Sicherungsabrede nach § 138 Abs. 1 zur Folge haben. Wann bei der sog. anfänglichen Übersicherung von einem erheblichen Missverhältnis gesprochen werden kann, bestimmt sich nach den Umständen des Einzelfalles. Neben dem Wertverhältnis von gesicherter Forderung und Sicherung spielen die wirtschaftliche Situation des Schuldners und die Bonität der abgetretenen Forderungen eine wichtige Rolle. Eine Sicherung über den doppelten Betrag des Nennwerts der zu sichernden Forderung muss noch nicht sittenwidrig sein.[26]

---

[26] St. Rspr., vgl. etwa BGH NJW 1998, 2047 m.w.N.; NJW-RR 2003, 1492; MünchKommBGB/*Roth/Kieninger* § 398 BGB Rn. 128 f. m.w.N.; Palandt/*Ellenberger* § 138 BGB Rn. 97.

Teil 3. Mobiliarsicherheiten

1. Die Grundsatzentscheidung des Großen Senates des BGH

41 In einem Grundsatzurteil hat der BGH (GrS)[27] für die nachträgliche Übersicherung zunächst unter Rückgriff auf den Rechtsgedanken des § 171 Abs. 1 Satz 2, Abs. 2 Satz 1 InsO eine **Deckungsgrenze von 110 %** der zu sichernden Forderung festgelegt. Der BGH führt dazu aus (BGHZ 137, 212, 224 ff.):

> „Bei formularmäßigen Sicherungsverträgen, in denen keine oder eine inhaltlich unangemessene Deckungsklausel festgelegt worden ist, beträgt die Deckungsgrenze – bezogen auf den realisierbaren Wert der Sicherungsgegenstände – 110 % der gesicherten Forderungen. Die Grenze für das Entstehen eines Freigabeanspruchs liegt regelmäßig bei 150 % des maßgeblichen Schätzwertes (§ 237 Satz 1 BGB). […]
>
> b) Die Deckungsgrenze, deren Überschreitung die Übersicherung als Voraussetzung für den vertraglichen Freigabeanspruch anzeigt, ist aus dem Treuhandcharakter des Sicherungsvertrages unter Berücksichtigung des Vertragszwecks und der schutzwürdigen Interessen der Vertragspartner auch dann zu ermitteln, wenn eine ausdrückliche vertragliche Regelung fehlt. Eine Übersicherung ist regelmäßig gegeben, wenn der im Verwertungsfall realisierbare Wert der Sicherungsgegenstände die gesicherte Forderung um mehr als 10 % übersteigt; hierbei bleibt die Frage der Bewertung des Sicherungsguts (dazu unten c) ausgeklammert.
>
> aa) Dem Zweck eines Sicherungsvertrages, eine Absicherung des Sicherungsnehmers im Fall der Leistungsunfähigkeit des Schuldners zu gewährleisten, sowie dem Zweck des Freigabeanspruchs, die wirtschaftliche Bewegungsfreiheit des Sicherungsgebers sicherzustellen, wird nur eine abstrakt-generelle Deckungsgrenze gerecht (BGH WM 1997, 750, 755 f.).
>
> (1) Eine konkret-individuelle Grenze, die sich an der bei Abschluß des Vertrages bestehenden Wertrelation zwischen dem Umfang der Sicherheiten und den gesicherten Forderungen orientiert und diese für die gesamte Vertragslaufzeit festschreibt, entspricht weder dem Inhalt noch dem Zweck des Sicherungsvertrages, noch gewährleistet sie die Effizienz des Freigabeanspruchs. Die dort vorausgesetzte individuelle Wertrelation wird in der Praxis von den Parteien gerade bei formularmäßigen Sicherungsverträgen in aller Regel weder festgelegt noch im Sinne einer Äquivalenzvorstellung erwogen. Sie ist nicht Inhalt des Vertrages und schon deshalb zur Bestimmung einer vertragsindividuellen Deckungsgrenze nicht geeignet. Auch wird der realisierbare Wert der Sicherheiten bei Abschluß des Vertrages in aller Regel nicht vermerkt. Zu einem späteren Zeitpunkt läßt er sich oftmals nicht mehr oder nur noch sehr schwer ermitteln. Eine konkret-individuelle Deckungsgrenze ist deshalb nicht praktikabel und trägt dem Interesse des Sicherungsgebers, seine wirtschaftliche Bewegungsfreiheit nicht über Gebühr eingeschränkt zu sehen, nicht ausreichend Rechnung. Eine solche Deckungsgrenze würde zudem bewirken, daß der Sicherungsnehmer an einer nicht anerkannten oder in Erwartung eines anwachsenden und dann ausreichenden Sicherheitenvolumens bewußt in Kauf genommenen anfänglichen Untersicherung festgehalten würde. Der Zweck des Sicherungsvertrages, die Absicherung des Sicherungsnehmers zu gewährleisten, würde in solchen Fällen verfehlt. […]
>
> bb) Bei Ermittlung der Deckungsgrenze ist von dem Zweck nicht akzessorischer Sicherheiten auszugehen, den Gläubiger abzusichern, die wirtschaftliche Bewegungsfreiheit des Schuldners aber nicht über Gebühr einzuschränken. Anknüpfen muß die Deckungsgrenze deshalb auf der einen Seite an die gesicherten Forderungen, auf der anderen Seite an den Wert der übertragenen Sicherheiten (Sicherungswert). Da sich in der Regel beide Größen ändern können, trägt grundsätzlich nur eine prozentuale, abstrakt-generelle Deckungsgrenze dem berechtigten Sicherungsinteresse des Gläubigers ausreichend Rechnung. Bei Einräumung eines bestimmten Kreditrahmens oder wenn die Höhe der gesicherten Forderung keinen Veränderungen unterliegt, kommt auch eine betragsmäßige Deckungsgrenze in Betracht.
>
> (1) Sicherungswert ist der Erlös, der bei der Verwertung der Sicherheiten erzielt werden kann. Der Ansicht des IX. Zivilsenats (WM 1997, 750, 756 f.), soweit nichts anderes vereinbart sei, sei Sicherungswert bei abgetretenen Forderungen der Nennwert und bei sicherungsübereigneten Waren der Marktpreis oder, soweit ein solcher nicht existiere, der Einkaufs- oder der Herstellungspreis, folgt der Große Senat nicht. Sicherheiten müssen sich bei Leistungsunfähigkeit des Schuldners, also vor allem im Falle der Insolvenz, bewähren (BGHZ 26, 185, 191; BGHZ 130, 115, 126 f.; BGH WM 1960, 576, 578; WM 1997, 750, 756). Der Sicherungsnehmer darf nicht durch den Freigabeanspruch gezwungen werden, Sicherheiten freizugeben, die er im Falle einer späteren Insolvenz des Sicherungsgebers benötigen würde. Der Wert von Sicherheiten bemißt sich deshalb nach dem im Konkurs oder in der Gesamtvollstreckung des Schuldners zu erzielenden Verwertungserlös. Dieser ist bei Forderungen nicht mit deren Nennwert identisch, sondern erfahrungsgemäß fast immer wesentlich niedriger. Gegen abgetretene Forderungen von Schuldnern in der Krise bestehen häu-

---

[27] BGHZ 137, 212; siehe dazu auch BGHZ 138, 367.

§ 10. Sicherungsabtretung

fig durchgreifende Einwendungen. Drittschuldner machen erfolgreich Gewährleistungs- oder Zurückbehaltungsrechte geltend oder rechnen mit Gegenforderungen auf. Der Wert einer abgetretenen Forderung hängt entscheidend von der Bonität des Drittschuldners ab. Diese ist im Nennwert nicht berücksichtigt.

Auch der realisierbare Wert eines Warenlagers bleibt in der Krise des Schuldners erfahrungsgemäß in aller Regel erheblich hinter dem sonst erzielbaren Erlös zurück. Selbst soweit für Waren ein Marktpreis besteht, ist dieser insbesondere bei Marktverhältnissen mit geringer Nachfrage häufig nicht zu erzielen. Einkaufspreise oder Herstellungskosten von Waren lassen sich aus ganz unterschiedlichen Gründen meist nicht verwirklichen, etwa weil die Waren beschädigt, technisch veraltet oder unmodern sind oder weil sich die Marktverhältnisse grundlegend verschlechtert haben. Halbfertigfabrikate können häufig nur zum Schrottwert verkauft werden, weil sie auf den nicht mehr fortgeführten Betrieb des insolventen Schuldners zugeschnitten sind. Fertigprodukte lassen sich oftmals nicht zum Herstellungspreis verwerten, weil bei insolventen Unternehmen häufig nicht kostendeckend produziert wurde, oder weil für den Käufer weder die Gewährleistung noch die Ersatzteillieferung noch der notwendige Service sichergestellt sind (*Rellermeyer*, WM 1994, 1009, 1018). Überdies ist der wirtschaftliche Wert sicherungsübereigneter Waren für den Sicherungsnehmer vielfach durch dingliche Rechte Dritter, z.B. Eigentumsvorbehalte von Lieferanten oder gesetzliche Pfandrechte von Vermietern, gemindert (BGH WM 1997, 1197, 1200).

Eine Deckungsgrenze, die diese Umstände vernachlässigte, trüge dem berechtigten Sicherungsinteresse des Gläubigers nicht Rechnung. Sie führte meist dazu, daß der Sicherungsnehmer auf Verlangen Sicherheiten freizugeben hätte, auf die er im Falle der Insolvenz des Schuldners dringend angewiesen wäre. Ein solches Ergebnis ist mit dem Zweck des Sicherungsvertrages, den Gläubiger gerade auch im Konkurs oder in der Gesamtvollstreckung des Schuldners abzusichern, unvereinbar und entspricht nicht dem Willen verständiger Parteien (BGH WM 1997, 1197, 1201).

(2) Der regelmäßige Zweck eines Sicherungsvertrages, den Gläubiger abzusichern, wird nur erreicht, wenn der im Fall der Insolvenz des Schuldners realisierbare Verwertungserlös der Sicherheiten – wie zu (1) dargestellt – die gesicherte Forderung abdeckt. Dies wird in der Regel erst durch eine Deckungsgrenze von 110 % gewährleistet. Eine Deckungsgrenze von lediglich 100 % wäre unzureichend, weil erfahrungsgemäß bei der Verwertung von Sicherheiten Feststellungs- und Verwertungskosten und in einzelnen Fällen, insbesondere bei abgetretenen Forderungen, auch Rechtsverfolgungskosten anfallen. Diese mindern den Verwertungserlös, der für die Verrechnung auf die gesicherten Forderungen zur Verfügung steht. Die genannten Kosten hängen zwar von den Umständen des jeweiligen Einzelfalls ab, lassen sich im Interesse der Rechtssicherheit aber pauschalieren.

Die Insolvenzordnung, die am 1.1.1999 in Kraft tritt, setzt die Feststellungskosten mit 4 % und die Verwertungskosten mit 5 % des Verwertungserlöses, die Kosten insgesamt also mit 9 % an (§ 171 Abs. 1 Satz 2, Abs. 2 Satz 1 InsO). In der Rechtsprechung des BGH sind diese und die in einzelnen Fällen anfallenden Rechtsverfolgungskosten durch einen pauschalen Aufschlag von 10 % auf die Deckungssumme zutreffend berücksichtigt worden (BGHZ 94, 105, 115; BGHZ 120, 300, 303; BGH WM 1997, 750, 757).

Ein weiterer Aufschlag zur Abdeckung von Unsicherheiten bei der Bewertung der Sicherungsgegenstände (vgl. dazu BGHZ 94, 105, 115; BGHZ 120, 300, 303; *Wiegand/Brunner*, NJW 1995, 2513, 2517) oder von Zinsen (vgl. *Schröter*, WM 1997, 2193, 2195) ist nicht anzuerkennen. Die Gefahr eines Mindererlöses muß vielmehr bei der Ermittlung des realisierbaren Wertes (unten c) berücksichtigt werden (*Ganter*, WM 1996, 1705, 1710), während Zinsen in die gesicherte Forderung einzuberechnen sind. [...]

cc) Die Ersetzung der Deckungsgrenze von 110 % durch eine Regelung, die die Freigabe in das Ermessen des Sicherungsgebers stellt, ist bei formularmäßigen Sicherungsübertragungen nach § 9 AGBG [Anm.: entspricht § 307 BGB] unwirksam. Die gegenteilige Ansicht des XI. Zivilsenats (WM 1996, 902, 904) teilt der Große Senat nicht. Eine solche Regelung schränkt wesentliche Rechte und Pflichten, die sich aus der Natur des Sicherungsvertrages ergeben, ein, gefährdet in der Regel das Erreichen des Zwecks des Sicherungsvertrages (§ 9 Abs. 2 Nr. 2 AGBG) [Anm.: entspricht § 307 Abs. 2 Nr. 2 BGB] und benachteiligt deshalb den Sicherungsgeber entgegen den Geboten von Treu und Glauben unangemessen (§ 9 Abs. 1 AGBG) [Anm.: entspricht § 307 Abs. 1 BGB].

Diese Nachteile werden nicht dadurch ausgeglichen, daß eine ermessensabhängig gestaltete Freigabeklausel eine dem Einzelfall angepaßte Bewertung der Sicherungsgegenstände im Zeitpunkt des Freigabeverlangens ermögliche, so daß der Risikozuschlag zum Vorteil des Sicherungsgebers niedriger ausfallen könnte. Eine situationsbezogene Bewertung des Sicherungsguts ist auch bei einer strikten, prozentualen Deckungsgrenze uneingeschränkt möglich.

dd) Die Unwirksamkeit einer Klausel, die dem Sicherungsnehmer bei der Beurteilung der Freigabevoraussetzungen einen Ermessensspielraum einräumt, hat auch bei revolvierenden Globalsicherungen nicht deren Gesamtnichtigkeit zur Folge. An die Stelle der unwirksamen Klausel tritt vielmehr die Deckungsgrenze von

110 %, also der Rechtszustand, der ohne die unwirksame Klausel bestünde (§ 6 Abs. 2 AGBG [Anm.: entspricht § 306 Abs. 2 BGB]; BGH WM 1997, 750, 758).

c) Die Durchsetzung des Freigabeanspruchs in der Praxis wird nicht durch Bewertungsschwierigkeiten unzumutbar behindert. [...]

bb) Dennoch ist eine bloße Festlegung der Deckungsgrenze auf 110 % der gesicherten Forderungen ohne jeden Anhaltspunkt für die Bewertung des Sicherungsguts weder sach- noch praxisgerecht. Zur raschen Durchsetzung des Freigabeanspruchs bedarf es vielmehr einer Orientierungshilfe für die Bewertung der Sicherungsgegenstände.

Wenn über die Bewertung des Sicherungsguts bei Eintritt des Sicherungsfalls ohne jede Vorgabe gestritten werden könnte und jedes zwar wenig wahrscheinliche, aber denkbare Risiko des Sicherungsnehmers bei der Ermittlung des Sicherungswerts zu berücksichtigen wäre, hätte der Freigabeanspruch keine nennenswerte Bedeutung. Die in nahezu jedem Streitfall notwendige Einholung eines kosten- und zeitaufwendigen Sachverständigengutachtens und dessen ungewisses Ergebnis würden den Sicherungsgeber in aller Regel davon abhalten, seinen Freigabeanspruch geltend zu machen. Eine angemessene Berücksichtigung des berechtigten Dispositionsinteresses des Sicherungsgebers gebietet es deshalb, die besonderen Schwierigkeiten, eine Übersicherung zu beweisen, durch eine einfache Vermutungs- und Beweislastregelung auszugleichen.

(1) Aus den §§ 232 ff. BGB läßt sich die widerlegliche Vermutung ableiten, daß dem Sicherungsinteresse des Gläubigers durch einen Abschlag von einem Drittel vom Nennwert abgetretener Forderungen (unten bb) oder vom Schätzwert sicherungsübereigneter Waren (unten aa) ausreichend Rechnung getragen wird.

Die §§ 232 ff. BGB enthalten Vorschriften sowohl über die Deckungsgrenze als auch über den Sicherungswert von bestimmten Forderungen und beweglichen Sachen. Danach erbringt die Verpfändung geeigneter beweglicher Sachen Sicherheit nur in Höhe von zwei Dritteln des Schätzwerts (§ 237 Satz 1 BGB). Für den Fall, daß die geleisteten Sicherheiten unter die genannten Wertgrenzen sinken, steht dem Sicherungsnehmer ein Ergänzungsanspruch zu (§ 240 BGB).

Diese Bestimmungen sind zwar, schon weil sie eine Hinterlegung bzw. Verpfändung erfordern, auf Sicherungsabtretungen und Sicherungsübereignungen nicht unmittelbar anwendbar. Eine Sicherheitsleistung durch Verpfändung einfacher Forderungen, die in aller Regel den Gegenstand von Globalabtretungen bilden, ist in §§ 232 ff. BGB nicht vorgesehen. Die Vorschriften lassen sich aber für revolvierende Globalsicherheiten nutzbar machen, weil sie Vorstellungen des Gesetzgebers über den Sicherungswert bestimmter Gegenstände offenbaren und ihnen außerdem eine Abwägung der widerstreitenden Interessen von Sicherungsgeber und -nehmer innewohnt (*Schwab*, WM 1997, 1883, 1890). Der regelmäßige Sicherungswert ist danach bei beweglichen Sachen durch Anknüpfung an den Schätzwert, bei abgetretenen Forderungen an den Nennwert und jeweils durch einen pauschalen Risikoabschlag zu bemessen.

aa) Der Schätzwert, d. h. der geschätzte aktuelle Verkehrswert (*Liebelt-Westphal*, ZIP 1997, 230, 231), ist bei sicherungsübereigneten Waren der Marktpreis im Zeitpunkt der Entscheidung über das Freigabeverlangen. Bei Waren, die keinen solchen Preis haben, kann im Interesse einer möglichst einfachen und schnellen Durchsetzung des Freigabeanspruchs des Sicherungsgebers nicht auf den aktuellen Verkehrswert abgestellt werden. Anzuknüpfen ist dann vielmehr an den Einkaufspreis, wenn der Sicherungsgeber das Sicherungsgut gekauft hat, und an den Herstellungspreis, wenn er das Gut selbst hergestellt, be- oder verarbeitet hat (vgl. BGH WM 1995, 1394, 1395). Dies macht entbehrlich, in jedem Streitfall ein zeitaufwendiges Sachverständigengutachten einzuholen. Zu berücksichtigen ist Sicherungsgut dabei nur insoweit, als Dritte daran kein vorrangiges Sicherungsrecht, z. B. einen Eigentumsvorbehalt oder ein Pfandrecht, haben. Ist dies der Fall, so mindert sich der Wert des Sicherungsguts in Höhe der gesicherten Ansprüche des Dritten, weil nur der restliche Teil dem Sicherungsnehmer zur Verfügung steht.

bb) Bei Globalabtretungen ist vom Nennwert der abgetretenen Forderungen im Zeitpunkt der Entscheidung über das Freigabebegehren auszugehen. Nicht zu berücksichtigen sind Forderungen, die der Sicherungsnehmer wegen eines Abtretungsverbots oder eines branchenüblichen verlängerten Eigentumsvorbehalts nicht erworben hat. Gleiches gilt, soweit abgetretene Forderungen einredebehaftet sind, weil die zugrundeliegenden Lieferungen oder Leistungen nicht vollständig erbracht wurden, oder wenn ihnen anrechenbare Forderungen gegenüberstehen. Die Forderungen haben für den Sicherungsnehmer dann keinen realen oder einen entsprechend geminderten Sicherungswert.

(2) Der Bewertungsabschlag von einem Drittel (§ 237 Abs. 1 BGB) bei beweglichen Sachen führt dazu, daß ein Freigabeanspruch regelmäßig erst besteht, wenn der Marktpreis bzw. der Einkaufs- oder der Herstellungspreis der sicherungsübereigneten Waren, soweit sie zu berücksichtigen sind und andere Sicherheiten nicht zur Verfügung stehen, 150 % der gesicherten Forderungen ausmacht. Entsprechendes gilt bei Globalzessionen für den Nennwert der berücksichtigungsfähigen Forderungen. Der geringere Abschlag, den § 234 Abs. 3 und § 236 BGB – nur – für die Hinterlegung mündelsicherer Wertpapiere oder die Verpfän-

§ 10. Sicherungsabtretung

dung von Schuldbuchforderungen gegen den Bund oder ein Bundesland vorsieht, ist nicht verallgemeinerungsfähig (vgl. BGH WM 1997, 1197, 1201). Bei der Abtretung anderer Ansprüche ist das Ausfallrisiko des Sicherungsnehmers vielmehr zumindest ebenso hoch wie das Risiko, in der Insolvenz des Schuldners den im Zeitpunkt der Freigabeentscheidungen aktuellen Marktpreis bzw. den Einkaufs- oder den Herstellungspreis nicht erzielen zu können. Auch wenn der für bewegliche Sachen vorgesehene Risikoabschlag nicht immer paßt (vgl. BGH WM 1996, 56, 57), setzt der Große Senat – zumal abgetretene Forderungen oftmals aus der Veräußerung sicherungsübereigneter Waren zum Verkehrswert resultieren – den Abschlag bei abgetretenen Forderungen ebenfalls mit einem Drittel an.

(3) In diesem Zuschlag von 50 % ist der Anteil von 10 % für Feststellungs-, Verwertungs- und Rechtsverfolgungskosten (o. 3b), nicht aber eine beim Sicherungsnehmer anfallende Belastung mit Umsatzsteuer enthalten. Solche Kosten fallen im gewissen Umfang auch in den in §§ 232 ff. BGB geregelten Fällen an. Daß sie im Ergebnis den zur Befriedigung der gesicherten Forderungen zur Verfügung stehenden Erlös schmälern, ist deshalb bereits im gesetzlich geregelten Abschlag berücksichtigt. Mehrwertsteuer in der heutigen Form gab es bei Verabschiedung des BGB nicht.

Die Deckungsgrenze von 110 % wird sich also praktisch im allgemeinen nur auswirken, wenn ein ins Gewicht fallendes Verwertungsrisiko nicht besteht.

(4) Der Zuschlag von 50 % stellt, zumal die §§ 232 ff. BGB nicht auf Globalabtretungen und Sicherungsübereignungen zugeschnitten sind und keine für alle Fälle passende Regelung enthalten, zwar nur eine Orientierungshilfe dar. Diese bewirkt aber, daß derjenige, der behauptet, ein Abschlag von einem Drittel oder eine Freigabegrenze von 150 % – bezogen auf den Nennwert von Forderungen und den Marktpreis bzw. den Einkaufs- oder Herstellungspreis von Waren – sei im Streitfall unangemessen, dies substantiiert darzulegen und zu beweisen hat. Das gilt auch dann, wenn die Parteien den Abschlag bzw. die Deckungsgrenze formularvertraglich ohne Rücksicht auf die konkrete Risikolage anders festgelegt haben (§ 9 AGBG) [Anm.: entspricht § 307 BGB], während eine angemessene Vorausbestimmung des Sicherungswerts jeweils mit Bezug auf die besonderen Verhältnisse konkret abzugrenzender Wirtschaftsbranchen die Sicherungsgeber nicht ohne weiteres unangemessen benachteiligt.

Der allgemeine Vortrag, bei der Verwertung von Sicherungsgut werde oft nur die Hälfte des Verkehrswerts erzielt, reicht insoweit nicht aus. Diese Erfahrungstatsache war dem Gesetzgeber der §§ 232 ff. BGB bekannt (Mot. zum BGB I, S. 390); gleichwohl hat er sich nicht für eine Deckungsgrenze von 200 % entschieden. Zur Durchsetzung eines von § 237 Satz 1 BGB abweichenden Abschlags ist deshalb der Nachweis konkreter (Erfahrungs-)Tatsachen erforderlich, die belegen, daß der gesetzliche Abschlag den besonderen Verhältnissen der Branche oder des Sicherungsgebers überhaupt nicht gerecht wird, sondern unter Berücksichtigung der Umstände des Einzelfalls gem. § 287 ZPO erheblich anders zu bemessen ist und deshalb zu einem ganz anderen Sicherungswert führen muß."

Damit trägt der BGH der Tatsache Rechnung, dass bei der Durchsetzung auch Feststellungs-, Verwertungs- und Rechtsverfolgungskosten anfallen. Ohne Anhaltspunkte für die Bewertung des Sicherungsgutes erscheint diese starre Grenze jedoch weder sach- noch praxisgerecht. Zusätzlich bedarf es vielmehr einer Orientierungshilfe für die Bewertung der Sicherungsgegenstände. Unter Berücksichtigung des Verwertungsrisikos des Sicherungsnehmers kommt mithin noch ein **Bewertungsabschlag** hinzu, den der BGH in entsprechender Anwendung des § 237 Satz 1 bei 150 % ansetzt. Sittenwidrigkeit liegt damit im Regelfall erst dann vor, wenn der Gesamtwert der Sicherheiten 150 % der offenen Forderung beträgt (2/3 von 150 % = 100 %). Es besteht eine **widerlegliche Vermutung** dafür, dass dem Sicherungsinteresse des Gläubigers durch einen Abschlag von einem Drittel vom Nennwert abgetretener Forderungen ausreichend Rechnung getragen wird. In diesem Zuschlag von 50 % ist der oben genannte Anteil von 10 % für Feststellungs-, Verwertungs- und Rechtsverfolgungskosten bereits enthalten (nicht aber eine beim Sicherungsnehmer anfallende Belastung mit Umsatzsteuer).

42

Bei Beurteilung der zwischen U und B getroffenen Vereinbarung ist vor allem zu bedenken, dass der Betrag der Sicherung schwankt und die unterste Grenze der Schwankungsbreite die einfache Deckung der zu sichernden Forderung gerade um 20 % übersteigt. Insoweit kann von einem groben Missverhältnis zwischen gesicherter Forderung und Sicherheit nicht ausgegangen werden. Allerdings übersteigt die oberste Grenze der Schwankungsbreite die einfache Deckung der zu

43

sichernden Forderung um ganze 60 %. Sofern dieser Wert nicht nur vorübergehend erreicht ist, bestünde nach der vom BGH entwickelten Deckungshöchstgrenze eine Vermutung für eine Sittenwidrigkeit.

2. Freigabeverpflichtung

44 Eine Sittenwidrigkeit käme allerdings dann nicht in Betracht, wenn der Sicherungsnehmer die nicht benötigten Sicherheiten freigibt. Nach früher h. A. war hierzu eine sog. qualifizierte Freigabeklausel erforderlich, d. h. eine ausdrückliche ermessensunabhängig ausgestaltete Freigabeverpflichtung (schuldrechtliche Freigabeklausel). Hiervon war die jüngere BGH-Rechtsprechung bereits mehr und mehr abgegangen.[28] Nach der Grundsatzentscheidung des BGH ist nunmehr eine **ausdrückliche Freigabeverpflichtung** des Sicherungsnehmers nicht mehr erforderlich: Eine entsprechende Verpflichtung ergibt sich bereits aus der Sicherungsabrede i.V. m. §§ 157, 242 (arg. Treuhandnatur des Sicherungsvertrages).[29] Wurde eine abweichende Freigaberegelung getroffen, so ist sie unwirksam. An ihre Stelle tritt kraft Gesetzes (§ 306 Abs. 2) der unbeschränkte Freigabeanspruch. Der BGH (GrS) in BGHZ 137, 212, 218 ff. führt dazu aus:

> „Der Sicherungsgeber hat im Falle der Übersicherung einen ermessensunabhängigen Freigabeanspruch auch dann, wenn der Sicherungsvertrag keine oder eine ermessensabhängig ausgestaltete Freigabeklausel enthält.
>
> a) Sicherheitshalber abgetretene Forderungen und Sicherungseigentum sind nachakzessorische fiduziarische Sicherheiten. Jeder Vertrag über die Bestellung einer derartigen Sicherheit begründet auch ohne ausdrückliche Vereinbarung ein Treuhandverhältnis. Das gilt ohne Rücksicht darauf, ob es sich um einen Individual- oder um einen Formularvertrag handelt, ob er eine Singularsicherheit oder revolvierende Globalsicherheiten zum Gegenstand hat (BGHZ 133, 25, 30 m.w. Nachw.; BGH WM 1997, 750, 753). Aus der Treuhandnatur des Sicherungsvertrages ergibt sich – abgesehen vom Fall auflösend bedingter Sicherungsübertragungen – die Pflicht des Sicherungsnehmers, die Sicherheit schon vor Beendigung des Vertrages zurückzugewähren, wenn und soweit sie endgültig nicht mehr benötigt wird. Diese Pflicht folgt gem. § 157 BGB aus dem fiduziarischen Charakter der Sicherungsabrede sowie der Interessenlage der Vertragsparteien (vgl. BGHZ 124, 371, 375 ff.; BGHZ 124, 380, 384 ff. m.w. Nachw.; BGHZ 133, 25, 30; BGH WM 1997, 750; WM 1997, 1197, 1199; a. A. *Serick*, ZIP 1995, 989, 992 f.; WM 1997, 345 ff.). Soweit Sicherheiten nicht nur vorübergehend nicht mehr benötigt werden, also eine endgültige Übersicherung vorliegt, ist ihr weiteres Verbleiben beim Sicherungsnehmer ungerechtfertigt.
>
> Die Entscheidung, ob Sicherungsgegenstände freigegeben werden, liegt deshalb nicht im Ermessen des Sicherungsnehmers. Wenn und soweit eine nicht nur vorübergehende nachträgliche Übersicherung des Sicherungsnehmers eintritt, ist eine (Teil-)Freigabe vielmehr zwingend erforderlich. Einen Ermessensspielraum hat der Sicherungsnehmer nur bei der Entscheidung, welche von mehreren Sicherheiten er freigeben will. Dies folgt aus § 262 BGB und entspricht dem Rechtsgedanken des § 1230 Satz 1 BGB (BGH WM 1997, 750, 754; WM 1997, 1197, 1199.
>
> b) Dieser vertragliche Anspruch des Sicherungsgebers auf Rückgabe nicht mehr benötigter Sicherheiten besteht auch dann, wenn der Sicherungsvertrag eine ausdrückliche Freigaberegelung nicht enthält (so schon BGH WM 1960, 855, 856; WM 1965, 84, 85; WM 1966, 13, 15): Die Beteiligten können zwar, müssen aber nicht eine ausdrückliche Regelung treffen. Das ergibt sich aus dem Prinzip der Vertragsfreiheit und dem daraus folgenden Recht, die mehr oder minder große Regelungsdichte eines Vertrages zu bestimmen. Eine ausdrückliche Regelung des vertraglichen Freigabeanspruchs ist deshalb auch bei formularmäßigen revolvierenden Globalsicherheiten keine Wirksamkeitsvoraussetzung (BGHZ 133, 25, 31 f.; BGH WM 1997, 750, 754).
>
> c) Eine Beschränkung des vertraglichen Freigabeanspruchs durch eine Regelung, die die Freigabe in das Ermessen des Sicherungsnehmers stellt, ist bei formularmäßigen Sicherungsabtretungen und Sicherungsübereignungen wegen Verstoßes gegen § 9 AGBG [Anm.: entspricht § 307 BGB] unwirksam.

---

[28] BGH NJW 1996, 2787; 1997, 651; ZIP 1996, 957; ebenso *Canaris* ZIP 1997, 813.
[29] BGHZ 137, 212.

§ 10. Sicherungsabtretung

Eine solche Regelung, die nicht lediglich deklaratorische Wirkung hat und deshalb nach § 8 AGBG [Anm.: entspricht § 307 Abs. 3 Satz 1 BGB] kontrollfähig ist, schränkt wesentliche Rechte und Pflichten, die sich aus der Natur des Sicherungsvertrages ergeben, ein (§ 9 Abs. 2 Nr. 2 AGBG) [Anm.: entspricht § 307 Abs. 2 Nr. 2 BGB]. Sie ersetzt den ermessensunabhängigen Freigabeanspruch durch einen bloßen Anspruch auf fehlerfreie Ermessensausübung innerhalb der Grenzen der Billigkeit.

Die Beschränkung des Sicherungsgebers auf einen solchen Freigabeprüfungsanspruch gefährdet in der Regel das Erreichen des Vertragszwecks (§ 9 Abs. 2 Nr. 2 AGBG) [Anm.: entspricht § 307 Abs. 2 Nr. 2 BGB]. Eine ermessensabhängige Freigaberegelung eröffnet dem Sicherungsnehmer einen zweckwidrigen Entscheidungsspielraum, obwohl feststeht, daß er das Sicherungsgut teilweise nicht mehr benötigt. Seine Entscheidung unterliegt zwar gem. § 315 Abs. 3 BGB der richterlichen Nachprüfung, jedoch beschränkt darauf, ob sie die Grenzen der Billigkeit überschreitet. Unter dieser Voraussetzung bestünde ein Freigabeanspruch des Sicherungsgebers nur dann, wenn sich der Ermessensspielraum des Sicherungsnehmers ausnahmsweise auf Null reduziert hätte.

Die Ersetzung des vertraglichen Freigabeanspruchs durch einen Anspruch auf Ermessensausübung nach Billigkeit benachteiligt den Sicherungsgeber entgegen den Geboten von Treu und Glauben unangemessen (§ 9 Abs. 1, Abs. 2 AGBG) [Anm.: entspricht § 307 Abs. 1 und 2 BGB]. Der Sicherungsgeber hat ein schutzwürdiges Interesse daran, über Sicherungsgegenstände, die zur Absicherung des Sicherungsnehmers nicht benötigt werden, schnell frei verfügen, insbesondere sie zur Kreditbeschaffung verwenden zu können. Diese Möglichkeit wird beeinträchtigt, wenn sich seine Rechte auf eine ermessensfehlerfreie Prüfung und Entscheidung seines Freigabeverlangens durch den Sicherungsnehmer beschränken (BGH WM 1997, 750, 755).

d) Die Unwirksamkeit einer ermessensabhängigen Freigaberegelung führt nicht zur Gesamtnichtigkeit formularmäßiger Sicherungsübertragungen. An die Stelle der unwirksamen Freigabeklausel tritt vielmehr auch bei revolvierenden Globalsicherheiten der ermessensunabhängige Freigabeanspruch des Sicherungsgebers (§ 6 Abs. 2 AGBG [Anm.: entspricht § 306 Abs. 2 BGB]; BGHZ 133, 25, 32 ff.; BGH WM 1997, 750, 754).

Die Anwendung des § 6 Abs. 2 AGBG [Anm.: entspricht § 306 Abs. 2 BGB] verstößt nicht gegen die verfassungsrechtlich geschützte Privatautonomie. Die fiduziarische Rechtsnatur eines Sicherungsvertrages wird nicht dadurch beseitigt, daß die Freigabe von Sicherheiten in das billige Ermessen des Sicherungsnehmers gestellt wird (BGHZ 133, 25, 30). Eine formularmäßige ermessensabhängige Freigabeklausel reduzierte lediglich den Freigabeanspruch auf einen Freigabeprüfungsanspruch. Wenn diese Freigabeklausel unwirksam ist, tritt der ermessensunabhängige Freigabeanspruch wieder hervor (BGH WM 1997, 750, 754).

Der Anwendung des § 6 Abs. 2 AGBG [Anm.: entspricht § 306 Abs. 2 BGB] steht auch das Verbot der geltungserhaltenden Reduktion nicht entgegen (BGHZ 124, 371, 375 f.; BGHZ 133, 25, 33). Dieses bedeutet, daß eine vorformulierte einheitliche Vertragsklausel, die gegen § 9 AGBG [Anm.: entspricht § 307 BGB] verstößt, nicht auf den gerade noch zulässigen Inhalt zurückgeführt und damit aufrechterhalten werden darf (vgl. BGHZ 84, 109, 114 ff.; BGHZ 92, 312, 314 f.; BGHZ 115, 324, 326); statt dessen gilt anstelle dieser zu weitgehenden Klausel das für den jeweiligen Vertrag maßgebliche Gesetzesrecht. Genau diese Rechtsfolge wird auch im vorliegenden Falle verwirklicht: Die unangemessene beschränkende, vorformulierte Freigabeklausel ist unwirksam; die Berücksichtigung des Freigabeanspruchs stellt sodann den Rechtszustand her, der ohne die unwirksame Klausel bestünde. Dagegen gebietet § 9 i.V. mit § 6 Abs. 1 AGBG [Anm.: entspricht § 307 i.V. m. § 306 Abs. 1 BGB] im Regelfall gerade nicht, zugleich der weiteren, für sich angemessenen Vertragsgestaltung die Anerkennung zu versagen."

Damit ist die Globalzession nicht aus Gründen der Übersicherung nichtig. **45**

Teil 3: Kollision zwischen verlängertem Eigentumsvorbehalt und Sicherungsabtretung

Da somit für sich gesehen sowohl die Vorausabtretung im Rahmen des verlängerten Eigentumsvorbehalts an L als auch die Sicherungsglobalzession an die B wirksam wäre, beide Verfügungen aber einander widersprechen, muss ihr Verhältnis zueinander geklärt werden. Dabei wäre die radikale Lösung, **beide Zessionen** für **unwirksam** zu erklären, **zu schematisch**. Sie würde vorschnell das Sicherungsinteresse beider Konkurrenten leerlaufen lassen, ohne zu prüfen, ob nicht das eine aufgrund sachlicher Kriterien hinter das andere zurücktreten muss. **46**

Als weitgehend formaler Gesichtspunkt für die Lösung der Konkurrenzproblematik erweist sich auch die zeitliche Reihenfolge der Verfügungen. Immerhin ist das ihm zugrunde liegende **Prio-** **47**

ritäts- oder Präventionsprinzip sowohl im materiellen Recht (§§ 185 Abs. 2 Satz 2, 1209; modifizierend § 879 Abs. 1, Abs. 2) als auch im Prozessrecht (§ 804 Abs. 3 ZPO, § 11 Abs. 2 ZVG) als Maßstab zur Reihung widersprüchlicher Verfügungen anerkannt. Allerdings würde die strikte Anwendung des Prioritätsprinzips regelmäßig zu einer Bevorzugung des Zessionars einer Sicherungsglobalzession gegenüber Zessionaren nachfolgender Abtretungen im Rahmen von verlängerten Eigentumsvorbehalten führen. Da die Sicherungsvereinbarungen mit Geldkreditgebern für die Laufzeit der Kredite, also für relativ längere Zeiträume getroffen werden, andererseits Warenbezüge (unter Eigentumsvorbehalt) zum Fortgang der Produktion unerlässlich sind, müssen die Sicherungsinteressen der Geld- und der Warenkreditgeber zwangsläufig kollidieren.

I. Die Vertragsbruchtheorie des BGH

48 Die Rechtsprechung des BGH zu dieser Kollisionsproblematik hat sich vor dem Hintergrund einer nahezu unüberschaubaren Anzahl von Stellungnahmen[30] und unter dem Einfluss einer interessenbestimmten Formularpraxis der Banken in mehreren Stufen entwickelt; sie sei zum besseren Verständnis nachgezeichnet.

1. Das Prioritätsprinzip als Ausgangspunkt

49 **Grundlegend** ist die Entscheidung des BGH vom 30.4.1959. Darin wird zunächst die Geltung des Prioritätsprinzips bei mehrfacher Vorausabtretung betont (BGHZ 30, 149, 151 f.):

> „Zwar steht die Regelung, die die Vertragsteile nach der Auslegung des Berufungsgerichts getroffen haben, im Einklang mit dem Grundsatz der Priorität, nach welchem bei mehrfacher Abtretung einer Forderung nur die zeitlich erste wirksam ist. Dieser Grundsatz gilt unbestritten bei der Abtretung bestehender Forderungen. Er muß aber auch für die Abtretung künftiger Forderungen angewandt werden. Wenn schon die Abtretung künftiger Forderungen mit der herrschenden Lehre und Rechtsprechung für zulässig erachtet wird – und der Senat findet keinen Grund, hiervon abzugehen –, so gibt es, soweit die einzelnen Abtretungen sonst an keinen Mängeln leiden, kein anderes dem Gesetz und den Erfordernissen der Rechtssicherheit entsprechendes Merkmal, um über die Konkurrenz der Abtretungen zu entscheiden, als eben die zeitliche Reihenfolge. Danach ginge im vorliegenden Fall in der Tat die Globalzession an die Klägerin den späteren Abtretungen an die Lieferanten der Gemeinschuldnerin vor."

50 Danach aber schränkt der BGH das Prioritätsprinzip mittels **§ 138 Abs. 1** ein (BGHZ 30, 149, 152 f.):

> „Jedoch muß die Abrede, daß die Globalzession der Gemeinschuldnerin an die Klägerin späteren Forderungsabtretungen an die Lieferanten vorgehen soll, wegen Verstoßes gegen Gesetz und gute Sitten beanstandet werden. Wenn nämlich die Gemeinschuldnerin in der Folgezeit unter Vereinbarung verlängerten Eigentumsvorbehaltes Waren einkaufte, so täuschte sie dabei notwendig ihre Lieferanten, denn sie war zu der mit diesen jeweils vereinbarten Abtretung der ihr demnächst gegen ihre Abnehmer entstehenden Kaufpreisforderungen überhaupt nicht in der Lage, weil sie diese Forderungen schon der Klägerin abgetreten hatte. Ohne Verstoß gegen die Einkaufsverträge konnte sie solche Forderungen gar nicht entstehen lassen, weil sie durch Weiterveräußerung der Ware das bis dahin bestehende Eigentum der Lieferanten vernichtete, ohne diesen vertragsgemäß eine andere Sicherung zu verschaffen. Die Gemeinschuldnerin mußte also, wenn ihr Vertrag mit der Klägerin wirklich den von dem Berufungsgericht angenommenen Sinn hatte, ihren Lieferanten gegenüber fortgesetzt grobe Vertragsverletzungen, möglicherweise sogar strafbare Handlungen (Betrug, Unterschlagung, Untreue) begehen. Dabei ist von Bedeutung, daß die Klägerin, wie dem Urteilszusammenhang zu entnehmen ist, wußte, daß die Gemeinschuldnerin in der Regel nur unter verlängertem Eigentumsvorbehalt Rohstoffe einkaufen konnte.
>
> Unter diesen Umständen verstößt die Vereinbarung, daß die Globalzession späteren Abtretungen an die Warenlieferanten vorgehen sollte, klar gegen die Gesetze und die guten Sitten und ist deshalb nach §§ 134 und 138 Abs. 1 BGB nichtig."

---

[30] Nachweise bei *Rimmelspacher*, Kreditsicherungsrecht, 2. Aufl. 1987, Rn. 424.

§ 10. Sicherungsabtretung

Eine Globalzession kann danach also wegen **Verstoßes gegen die guten Sitten** den Vorrang vor Abtretungen an Lieferanten unter drei Voraussetzungen nicht beanspruchen: (1.) wenn der Zedent seine Lieferanten aufgrund der Globalzession notwendig über den rechtlichen Erfolg der Vorausabtretung an sie täuscht, (2.) wenn er hierdurch den Lieferanten gegenüber fortgesetzt grobe Vertragsverletzungen (u. U. strafbare Handlungen) begeht, (3.) wenn der Zessionar der Globalabtretung wusste, dass der Zedent in der Regel nur unter verlängertem Eigentumsvorbehalt Rohstoffe einkaufen kann.[31]   51

2. Präzisierung subjektiver Tatbestandselemente

Der BGH hat in der Folgezeit an den Grundsätzen dieser Entscheidung festgehalten, wobei in zwei nachfolgenden Urteilen eine gewisse **Einschränkung** durch die **Konkretisierung der subjektiven Tatbestandserfordernisse des § 138 Abs. 1** festzustellen ist. Nach **BGH NJW 1960, 1003** soll eine zur Sicherung eines Kredits erfolgte Globalzession dann nicht grundsätzlich sittenwidrig sein, wenn der Sicherungsnehmer den Kredit mit der Bestimmung gewährt, dass aus diesen Mitteln die Forderungen der Lieferanten bezahlt werden. In **BGHZ 32, 361, 366** wird ausgeführt, dass einer zeitlich früheren Abtretung ein gegen die guten Sitten verstoßender Mangel nur dann anhafte, wenn der Zessionar auch subjektiv in zu missbilligender Gesinnung und mit sittlichem Vorwurf gehandelt hat: Je weniger Forderungen eine Zession umfasse, desto weniger Bedenken wegen eines späteren Zusammentreffens mit einem verlängerten Eigentumsvorbehalt müsse der Zessionar haben.   52

3. Die ursprüngliche Bankenpraxis: Verpflichtungs- und Zweckbestimmungsklauseln

Dem Vorwurf, subjektiv in einer zu missbilligenden Gesinnung zu handeln, versuchten die Banken als Zessionare der Globalabtretungen in der Folgezeit durch die Vereinbarung sog. **Verpflichtungs- oder Zweckbestimmungsklauseln**[32] in Globalabtretungsverträgen vorzubeugen. Solche Klauseln hatten etwa folgenden typischen Wortlaut:[33]   53

> „Der Sicherungsgeber versichert, dass er über die von der Abtretung erfassten Forderungen uneingeschränkt verfügungsberechtigt ist, insbesondere, dass die Forderungen nicht bereits an Dritte abgetreten sind (z. B. an einen Lieferanten durch verlängerten Eigentumsvorbehalt in seinen Lieferungsbedingungen). Soweit dies dennoch der Fall sein sollte, verpflichtet sich der Sicherungsgeber, den Kredit in erster Linie zur Ausräumung des verlängerten Eigentumsvorbehalts zu verwenden.
>
> Der Sicherungsgeber verpflichtet sich, dafür Sorge zu tragen, dass die vorstehenden Bestimmungen auch auf die abgetretenen, aber künftig erst zur Entstehung gelangenden Forderungen stets zutreffen. Er wird insbesondere darauf achten, dass an die Schuldner der abgetretenen Forderungen nach Möglichkeit nur solche Waren geliefert werden, die frei von verlängerten Eigentumsvorbehalten sind; andernfalls wird er, damit Lieferanten nicht geschädigt werden, die auf diesen Waren ruhenden Lieferantenforderungen unverzüglich mit dem ihm von der Bank gewährten Kredit bezahlen oder die Lieferanten auf die bereits an die Bank vorgenommene Abtretung hinweisen."

Insbesondere die zweite Hälfte der Klausel hatte den Sinn, durch Statuierung besonderer Pflichten des Zedenten gegenüber den Vorbehaltslieferanten sicherzustellen, dass dem Sicherungsnehmer der Globalzession nicht die rücksichtslose Übergehung von berechtigten Interessen der Warenkreditgeber vorgehalten werden konnte.   54

---

[31] Dabei spielt keine Rolle, ob der Zessionar der Globalabtretung ein Warenkreditgeber oder eine Bank ist, vgl. BGH JZ 1974, 451 = NJW 1974, 942 f.; i. Erg. ebenso BGH JZ 1977, 400 f. = NJW 1977, 2261 f., wo allerdings auf den Gesichtspunkt der „Gläubigergefährdung" abgestellt wird (krit. dazu Lambsdorff/Skora BB 1977, 922).
[32] Zur Terminologie vgl. Serick BB 1974, 845 ff.; Lambsdorff/Skora NJW 1977, 701 ff.
[33] Vgl. BGH NJW 1968, 1516, 1517.

Teil 3. Mobiliarsicherheiten

4. Folgerechtsprechung des BGH

55 Knapp zehn Jahre nach der Grundsatzentscheidung BGHZ 30, 149 hatte der BGH über die Wirksamkeit einer Globalzession mit einer solchen Klausel zu befinden. Dem Prozess lag der typische Kollisionssachverhalt zugrunde: Die unter verlängertem Eigentumsvorbehalt liefernde Klägerin verlangte von der beklagten Bank den aufgrund einer Globalzession eingezogenen Forderungsbetrag heraus. Der BGH hat **trotz Vorhandenseins der Verpflichtungsklausel die Vernachlässigung berechtigter Interessen der Warengläubigerin** durch die Beklagte bejaht (NJW 1968, 1516, 1517 f.):[34]

> „a) Die Klägerin hat ausdrücklich behauptet – und die Beklagte ist dem nicht entgegengetreten –, im Baugewerbe sei der verlängerte Eigentumsvorbehalt branchenüblich und die Firma B. habe praktisch Waren auf Kredit nur unter Vereinbarung eines verlängerten Eigentumsvorbehalts erhalten können; dies habe die Beklagte auch gewußt.
>
> Dies konnte das Berufungsgericht um so unbedenklicher annehmen, als die ABAF der Beklagten selbst von der Möglichkeit einer Konkurrenz zwischen den Rechten aus verlängertem Eigentumsvorbehalt und der Globalabtretung ausgehen. Da andererseits die Globalabtretung umfassend sämtliche gegenwärtigen und künftigen Forderungen der Firma B. aus Lieferungen und Leistungen an ihre Kunden erfaßte, mußte die Firma B. deshalb, wenn sie ihr Geschäft aufrechterhalten und – was als ausgeschlossen angesehen werden kann – Waren nicht nur gegen Vorkasse beziehen wollte, ihre Lieferanten notwendig darüber täuschen, daß die mit ihnen vereinbarte Verlängerung des Eigentumsvorbehalts wirkungslos war. Dieser Fall entspricht in allen wesentlichen Umständen dem durch BGHZ 30, 149, 152 f. entschiedenen Fall, mit dem alleinigen Unterschied, daß die Globalabtretung in jenem Fall nicht so umfassend war, wie sie es in diesem ist. Ebenso wie dort die Sicherungsabtretung verstößt deshalb hier die Globalabtretung gegen § 138 BGB, weil wegen des Umfangs der Sicherung, welche die Beklagte sich geben ließ, die Firma B. notwendig dazu gedrängt wurde, sich gegenüber ihren Lieferanten unlauter zu verhalten. Unter solchen Umständen darf, wie der BGH schon aaO ausgeführt hat, eine Bank grundsätzlich nicht auf Kosten der Warengläubiger sich Sicherheiten verschaffen.
>
> Der Meinung des Berufsgerichts, hier sei der Beklagten der Umfang der von ihr in Anspruch genommenen Sicherung nicht vorzuwerfen, weil sie in den ABAF in angemessener Weise die Interessen der Warengläubiger berücksichtigt habe, kann nicht beigetreten werden.
>
> b) Klauseln, wie sie Nr. 3 Abs. 3 der ABAF enthält, beeinflussen – ebenso wie die Klausel des verlängerten Eigentumsvorbehalts – zunächst in keiner Weise den Geschäftsablauf bei dem Kunden, mit dem sie vereinbart sind. Dieser verfügt über die Waren und die Forderungen gegen den Abnehmer ebenso, wie wenn er weder die Verlängerung des Eigentumsvorbehalts noch eine Globalabtretung vereinbart hätte. Die Klauseln haben Bedeutung überhaupt nur für den Fall einer Krise des Kunden. Dann deckt die Bank ihre Globalabtretung, die Warengläubiger decken ihre verlängerten Eigentumsvorbehalte auf, und zwischen beiden ist auszutragen, wer von ihnen zum Zuge kommt. Schon aus diesem normalen Geschehensablauf ergibt sich, wie wenig in der Regel Klauseln der hier fraglichen Art das Verhalten des eigenen Vertragsteils vor der Krise zu beeinflussen vermögen.
>
> Tatsächlich sind aber auch Verhaltenspflichten, wie sie in den ABAF für den Kreditnehmer begründet werden, unpraktikabel. B. war es schwerlich zuzumuten, seinen Lieferanten, die ihm unter verlängertem Eigentumsvorbehalt liefern wollten, in jedem Falle die mit der Beklagten vereinbarte Globalabtretung mitzuteilen. Er hätte dadurch nur seinen Kredit untergraben, aber nicht etwa eine Belieferung ohne verlängerten Eigentumsvorbehalt erreicht. Denn im Geschäftsleben werden in aller Regel Abänderungen der Allgemeinen Geschäftsbedingungen weder erbeten noch gewährt. Auch die Verpflichtung B.s, Lieferanten, die unter verlängertem Eigentumsvorbehalt geliefert hatten, „unverzüglich mit dem ihm von der Bank gewährten Kredit zu bezahlen", war praktisch bedeutungslos. Die Globalabtretung diente nicht, wie in dem vom Senat im Urteil v. 2.2.1960 LM Nr. 10 zu § 398 BGB = NJW 60, 1003 – entschiedenen Fall, der Finanzierung eines bestimmten einzelnen Geschäfts. In einem solchen Fall mag der Kreditgeber sich darauf verlassen können, daß der Kreditnehmer abredegemäß mittels dieses Kredits den Lieferanten bezahlt und deshalb die Sicherungsabtretung nicht mit einem verlängerten Eigentumsvorbehalt kollidieren wird. Hier dagegen nahm B bei der Beklagten einen laufenden Kredit in Anspruch. Geriet er in eine Krise – und nur für diesen Fall wurde

---

[34] Die im nachfolgenden Entscheidungsauszug verwendete Abkürzung ABAF bedeutet „Allgemeine Bedingungen für die Abtretung von Forderungen". Die ABAF enthalten unter Ziff. 3 Abs. 3 eine Verpflichtungs- bzw. Zweckbestimmungsklausel.

§ 10. Sicherungsabtretung

die Globalabtretung aktuell –, so war er außerstande, die Bank **und** seine Lieferanten zu bezahlen, und diesen konnte die Verpflichtung ihres Schuldners nichts nutzen, sie „mit dem Kredit zu bezahlen", den die Beklagte ihrem Kunden nicht mehr gewährte. Mit dem Hinweis auf Nr. 3 Abs. 3 der ABAF kann deshalb die Beklagte die Sittenwidrigkeit der Globalabtretung nicht ausräumen."

In einer weiteren Entscheidung hat der BGH diesen Standpunkt noch präzisiert (NJW 1969, 318, 320): **56**

„Läßt sich eine Bank von ihrem Kunden, der in seinem Gewerbe branchenüblich Ware nur unter verlängertem Eigentumsvorbehalt geliefert erhält, dessen sämtliche gegenwärtigen und künftigen Forderungen gegen seine Abnehmer abtreten, so kann die Bank auch subjektiv – vielleicht von extremen und von ihr darzulegenden Ausnahmefällen abgesehen – der Folgerung nicht entgehen, daß sie ihren Kunden laufend zu vertragsuntreuem Verhalten gegen seine Lieferanten drängt."[35]

Damit wurde die ursprünglich stark betonte **subjektive Komponente des § 138 Abs. 1** wesentlich abgeschwächt und für die Branchen, in denen der verlängerte Eigentumsvorbehalt üblich ist, **praktisch aufgegeben**. **57**

II. Dingliche und schuldrechtliche Verzichtsklauseln

1. Die nachfolgende Bankenpraxis

Die Reaktion der Banken auf diese Entscheidung bestand in der Einführung sog. **Verzichts- oder Vorrangklauseln.** Dabei werden „dingliche" und „schuldrechtliche" Klauseln unterschieden. Ein für die Banken bestimmter Formulierungsvorschlag für eine **dingliche Klausel** lautete:[36] **58**

„Falls die der Bank abgetretenen Forderungen von Lieferanten des Sicherungsgebers aufgrund verlängerten Eigentumsvorbehalts berechtigterweise in Anspruch genommen werden können, soll die Abtretung erst mit dem Erlöschen des verlängerten Eigentumsvorbehalts wirksam werden. Die Bank ist berechtigt, den Eigentumsvorbehalt durch Leistung an die Lieferanten abzulösen."

Der BGH hat diese Klausel an den in BGHZ 30, 149 ff. aufgestellten Maßstäben gemessen und eine **Verleitung zum Vertragsbruch seitens der Bank** verneint (NJW 1974, 942, 943): **59**

„Eine Globalabtretung, in der auf die schutzwerten Belange der Lieferanten in der Weise Rücksicht genommen wird, daß deren Ansprüche aus einem verlängerten Eigentumsvorbehalt der Globalabtretung auf jeden Fall vorgehen, ist rechtlich nicht zu beanstanden. Sie bewahrt den Kreditnehmer gerade davor, ständig Vertragsverletzungen oder gar strafbare Handlungen gegenüber seinen Lieferanten begehen zu müssen, wenn er auf Lieferungen unter verlängertem Eigentumsvorbehalt angewiesen ist."

Der Vorzug dieser Klausel gegenüber einem völligen Verzicht auf eine Globalabtretung liegt darin, dass die Forderungen als Anwartschaft sozusagen **„auf die Warteliste"** kommen und daher im Anschluss an die Befriedigung des Lieferanten noch eine wenigstens teilweise Befriedigung der Bankforderung stattfinden kann.[37] **60**

2. Schuldrechtliche Verzichtsklausel

Die **schuldrechtliche Verzichtsklausel,** wie sie die Vereinbarung zwischen B und U in § 3 enthält (siehe Rn. 11), unterscheidet sich von der dinglichen Verzichts- oder Vorrangklausel dadurch, dass die unter den verlängerten Eigentumsvorbehalt fallenden Forderungen nicht von vornherein von der Globalzession ausgeschlossen sind, vielmehr von ihr erfasst werden und lediglich für den Zessionar (Bank) in der Form eines **Vertrages zugunsten Dritter (§ 328 Abs. 1)** eine **Verpflichtung** be- **61**

---
[35] Bestätigt von BGHZ 55, 34, 36.
[36] Zitiert nach *Lambsdorff/Skora* NJW 1977, 701 f.
[37] Siehe auch *Baur/Stürner* § 59 Rn. 52.

Teil 3. Mobiliarsicherheiten

gründet wird, dem Vorbehaltslieferanten auf sein Verlangen hin diese Forderungen abzutreten oder ihn aus dem bei der Einziehung erzielten Erlös zu befriedigen.

62 An diesen Umstand hat der BGH im Jahr 1978 angeknüpft, als er eine Sicherungsglobalzession für **sittenwidrig** erklärte, obwohl zwischen der (dort klagenden) Bank und dem später insolvent gewordenen Zedenten eine schuldrechtliche Verzichtsklausel wie zwischen B und U vereinbart worden war (BGHZ 72, 308, 311 f.):

> „Zwar erhält der Lieferant bei Weiterveräußerung der Vorbehaltsware oder ihrer Verwendung zur Erfüllung eines Werk- oder Werklieferungsvertrages häufig ebenfalls nur schuldrechtliche Ansprüche seines Kunden gegen Dritte. Immerhin nimmt er gemäß § 401 BGB auch an einer von seinem Kunden etwa erwirkten Werksicherungshypothek gemäß § 648 BGB teil. Doch kann davon ausgegangen werden, daß die dem Lieferanten gegenüber der Bank durch die Klausel eingeräumte Rechtsstellung seiner Rechtsstellung gegenüber dem Drittschuldner aus dem verlängerten Eigentumsvorbehalt annähernd gleichkommt. Deshalb mag insofern für ihn auch das Risiko einer Insolvenz der Bank zumindest nicht größer sein als das Risiko einer Insolvenz des Drittschuldners.
>
> Anders ist es dagegen, wenn man die Rechtsstellung des Lieferanten gegenüber der Bank mit der vergleicht, die er **gegenüber seinem Kunden** einnimmt. Der nur schuldrechtliche Anspruch verschafft dem Lieferanten im Konkurs der Bank keinerlei Vorzugsrecht, während die durch den verlängerten Eigentumsvorbehalt im voraus abgetretene Forderung aus der Verwertung der Vorbehaltsware ihn im Konkurs seines Kunden zur Absonderung berechtigt (BGH Urteil vom 9. Dezember 1970 – = LM BGB § 157 Ga Nr. 18 Bl. 2 = WM 1971, 71, 72). Insofern übernimmt also der Lieferant mit der Insolvenzgefahr der Bank ein **zusätzliches** Risiko. Daß die Gefahr der Insolvenz einer Bank nach den Erfahrungen der letzten Jahre keineswegs von der Hand zu weisen ist, hat Serick [Eigentumsvorbehalt und Sicherungsübereignung IV, § 49 II 5b; BB 1974, 845, 84] überzeugend dargelegt. Damit wird die Rechtsstellung des Lieferanten durch die sogenannte schuldrechtliche Teilverzichtsklausel nicht unwesentlich verschlechtert."

63 Darüber hinaus stellt der BGH aber auch fest, dass sich die **Durchsetzung der Rechte des Lieferanten** aus der **schuldrechtlichen Verzichtsklausel unangemessen schwieriger** gestalten würde als die Durchsetzung des verlängerten Eigentumsvorbehalts (BGHZ 72, 308, 312 ff.):

> „aa) So kennt [der Lieferant] seinen Schuldner, die Bank seines Kunden, zunächst gar nicht. Denn die Globalzession wird ihm verschwiegen, muß ihm sogar bei Abschluß des Liefervertrages verschwiegen werden, sonst erwirbt er überhaupt keine Ansprüche gegen die Bank, würde also ganz leer ausgehen. Ist er aber schon im Unklaren über die Person des Schuldners der ihm aus dem verlängerten Eigentumsvorbehalt zustehenden Ansprüche, so läuft er Gefahr, bei der Wahrnehmung seiner Rechte in die falsche Richtung zu gehen.
>
> bb) Daß die Bank zwischengeschaltet ist, stellt sich für ihn jedoch auch ganz allgemein als eine unangemessene Behinderung bei der Durchsetzung seiner Rechte dar.
>
> So weiß er vielfach oder kann es jedenfalls unmittelbar **bei seinem Kunden** ermitteln, wie die Vorbehaltsware verwendet worden ist und welche Ansprüche er daraus erworben hat. Er kann dann selbst entscheiden, welche Maßnahmen er ergreifen will, um seine Interessen zu wahren. Mit seinem Kunden steht er in Geschäftsverbindung, die aufrechtzuerhalten ihm auch etwas wert sein kann. Der Kunde steht ihm näher als die ihm fremde Bank, die ihre eigenen Interessen verfolgt. Wenn er selbst den verlängerten Eigentumsvorbehalt gegenüber dem Abnehmer seines Kunden aufdeckt und es zum Streit kommt, hat er es nur mit dem Drittschuldner zu tun, solange dieser nicht mit befreiender Wirkung an einen anderen gezahlt hat.
>
> Ist die Bank sein ausschließlicher Partner, so erhält er schon alle Auskünfte über seine Rechte aus zweiter Hand. Er ist auch zunächst von den Entscheidungen der Bank abhängig, die alleinige Inhaberin der Kundenforderungen ist und meist einen zeitlichen Vorsprung hat. Die Interessen der Bank sind auch keineswegs den Interessen des Lieferanten in allen Punkten gleichgelagert. Sie widersprechen ihnen im Gegenteil häufig. Denn soweit ein verlängerter Eigentumsvorbehalt nicht oder nicht mehr besteht, unwirksam oder nicht beweisbar ist, kommt das der Bank zugute. Diese ist deshalb auch nicht die geeignete Stelle für eine treuhänderähnliche Funktion, wie sie ihr das Berufungsgericht zuerkennt, wenn es meint, es könne durchaus vorteilhaft sein, der Bank das „clearing" unter verschiedenen Vorbehaltslieferanten zu überlassen. Der einzelne Lieferant wird sich daher gerade wegen der von der Bank verfolgten eigenen Interessen darauf einzurichten haben, daß er bei der Durchsetzung seiner Ansprüche aus dem verlängerten Eigentumsvorbehalt auf härteren Widerstand stößt als beim Drittschuldner selbst.

§ 10. Sicherungsabtretung

cc) An diesen tatsächlichen Erschwerungen bei der Durchsetzung seiner Ansprüche ändert nichts, daß der Lieferant immer die **Beweislast** für seine vorrangige Berechtigung an der Drittforderung trägt, sei es dem Drittschuldner oder der Bank gegenüber. Denn durch die Zwischenschaltung der Bank läuft der Lieferant Gefahr, den Beweis zweimal führen zu müssen, ggf. sogar in zwei Prozessen, nämlich einmal der Bank gegenüber, um von ihr die Abtretung der dem verlängerten Eigentumsvorbehalt zugrunde liegenden Kundenforderungen zu erreichen, und zum andern, wenn ihm das gelungen ist, dem Drittschuldner gegenüber.

Aber auch wenn er es nur noch mit der Bank zu tun hat, weil diese die Drittforderung eingezogen hat, ist er den besonderen Einwänden ausgesetzt, die nach Nr. 5 des Globalabtretungsvertrages von der Bank geltend gemacht werden können, nämlich, daß er nichts von ihr verlangen kann, weil ihm die Abtretung an die Bank bei Abschluß des Lieferungsvertrags bekannt gewesen sei oder weil sein Anspruch „alsbald anderweitig getilgt werden" könne, wobei unklar ist, was darunter überhaupt zu verstehen ist."

Schließlich äußert der BGH generelle **Zweifel** an der Bereitschaft der Banken, ihren **Verpflichtungen aus der Verzichtsklausel nachzukommen** (BGHZ 72, 308, 314 f.): 64

„Darauf, daß hier die Klägerin die Lieferanten, die sich bei ihr gemeldet haben, später durchweg und anstandslos so befriedigt hat, wie das im Globalabtretungsvertrag vorgesehen ist, kommt es nicht an. Für die Frage der Sittenwidrigkeit ist der Zeitpunkt des Vertragsschlusses maßgebend (BGHZ 7, 111; BGH NJW 1960, 1003; Urteile vom 30. Oktober 1961 – WM 1962, 13 und vom 27. Januar 1977 – WM 1977, 399 m.w. Nachw.).

Aus dem Vertrag, so wie er damals geschlossen worden ist, ergibt sich aber nichts dafür, wie die Bank etwaige Lieferantenforderungen abwickeln will. Da es sich um eine weit verbreitete typische Klausel in Globalabtretungsverträgen handelt, ist die Handhabung der Klägerin auch nur die einer einzelnen Bank in einem bestimmten Fall und damit keineswegs beispielhaft. Ihr Vorgehen kann durchaus zufällig so gewesen sein, etwa weil die Lieferantenforderungen nicht sehr hoch waren oder weil es ihr aus anderen Gründen geboten erschien, hier großzügig zu sein. Dafür, daß sie immer so verfährt, fehlt es an hinreichenden Anhaltspunkten. Noch weniger Gewähr ist dafür gegeben, daß auch andere Banken sich so verhalten. Erfahrungsgemäß pflegen Banken in der Auseinandersetzung mit Lieferanten ihrer Kreditnehmer, die einen verlängerten Eigentumsvorbehalt geltend machen, keineswegs besonders nachgiebig zu sein. Daher läßt sich auch der Vertragsklausel nichts dafür entnehmen, in welchem „Geist" sie von der jeweiligen Bank gehandhabt werden will und nur gehandhabt werden darf, worauf der Bundesgerichtshof in anderem Zusammenhang abgestellt hat (vgl. BGH NJW 1962, 102, 103). Das bleibt im übrigen schon deshalb offen, weil – wie dargelegt – die Globalzession den Lieferanten bei Abschluß des Lieferungsvertrags verschwiegen werden muß, damit sie überhaupt Ansprüche gegen die Bank erwerben."

Die Entscheidung bestätigt eindrucksvoll die **objektivierende Linie der Rechtsprechung** bei der Anwendung des § 138 Abs. 1 auf die Sicherungsglobalzession: Sie ist sittenwidrig, wenn und weil sie das legitime Sicherungsinteresse eines Warenlieferanten in Form des (branchenüblichen) verlängerten Eigentumsvorbehalts zu durchkreuzen versucht; selbst ein Bemühen um „loyalen Ausgleich"[38] vermag hieran nichts zu ändern. Die Nichtigkeitsfolge des § 138 Abs. 1 ist keine Strafe für unlautere Gesinnung, sondern Reaktion auf eine objektive „Fehlentwicklung der privatwirtschaftlichen Normautonomie".[39] 65

Es geht daher bei der Kollision zwischen Globalzession und verlängertem Eigentumsvorbehalt nicht um ein „Informationsproblem",[40] bei dem zu fragen wäre, ob die Bank oder der Lieferant das Insolvenzrisiko des Vorbehaltskäufers besser abschätzen könne. Im Vordergrund steht vielmehr das Problem der materiellen Zuordnung von Sicherungswerten an verschiedene Kreditgeber. 66

---

[38] Darauf stützt sich OLG München BB 1978, 635 (mit abl. Anm. *Lambsdorff*), um § 138 Abs. 1 nicht zum Zuge kommen zu lassen; ähnlich OLG Düsseldorf WM 1977, 404, 406.
[39] *Esser* ZHR 135 (1971), 320, 337, im Hinblick auf die Tatsache, dass die Sicherungsglobalzession in aller Regel Bestandteil Allgemeiner Geschäftsbedingungen ist. Daraus hatte *Esser* gefolgert, dass es in diesen Fällen auf die subjektive Einstellung der Parteien nicht ankomme, § 138 Abs. 1 vielmehr als rein objektiver Kontrollmaßstab zu verstehen sei.
[40] *Koller* JZ 1985, 1022.

67 Die Nachrangigkeit der Sicherungsinteressen der Bank im Verhältnis zu denen des Lieferanten im Hinblick auf den Warenwert ist unbestritten, solange die Ware vom Käufer nicht weiterveräußert worden ist. Zu fragen ist, was es materiell rechtfertigt, den in der Ware steckenden Wert dem Lieferanten zu entziehen und der Bank zuzuweisen, wenn der Käufer die Ware weiterveräußert. Bestenfalls kann die Bank den Wert der Weiterveräußerungsleistung beanspruchen. Ihr auch den Warenwert zuzuordnen, ist dagegen erst gerechtfertigt, wenn dieser dem Lieferanten „abgekauft", d.h. vergütet worden ist. Dazu genügt es nicht, bloß die erforderlichen Kreditmittel zur Verfügung zu stellen. Vielmehr muss der Geldkreditgeber auch dafür sorgen, dass die Kreditleistung des Lieferanten durch die von ihm bereitgestellten Mittel tatsächlich abgelöst wird. Genügt die Bank dieser Obliegenheit nicht, so kann sie sich im Fall der Insolvenz des Käufers nicht unter Berufung auf die Globalzession auf Kosten des Lieferanten schadlos halten.

III. Ergebnis

68 Misst man den Sachverhalt an den vom BGH entwickelten Maßstäben zu § 138 Abs. 1,[41] dann ist die zeitlich früher vereinbarte Globalzession an die B nichtig, weil sie mit dem branchenüblichen verlängerten Eigentumsvorbehalt des L kollidiert. L war mithin aufgrund der mit ihm vereinbarten Vorausabtretung Gläubiger der Forderung gegen G in Höhe von 100.000 EUR geworden. Daher gebührt ihm der von G hinterlegte Betrag. Seine **Klage ist begründet.**

69 Wird L auf diese Weise befriedigt, so steht ihm gegen B kein **Schadensersatzanspruch** aus § 823 Abs. 2 oder § 826 zu. Zu letzterem Tatbestand hatte das RG[42] im Jahr 1932 fünf Fälle umschrieben, in denen das Vorgehen eines Sicherungsnehmers gegenüber anderen Gläubigern als sittenwidrig zu bezeichnen ist: Insolvenzverschleppung, Aussaugung, stille Geschäftsinhaberschaft, Kreditbetrug und Gläubigergefährdung. Heute sind hiervon – ohne dass eine trennscharfe Unterscheidung möglich oder sinnvoll wäre – nur noch die Insolvenzverschleppung, die Knebelung des Schuldners sowie eine anderweitige Gläubigergefährdung bzw. Kredittäuschung anerkannt.[43] Letztere Fallgruppe wird indessen wegen der vorrangigen Wertungen der (Insolvenz-)Anfechtung nur selten zur Sittenwidrigkeit führen.[44]

C. Grenzen der Vertragsbruchtheorie

70 Ist ein Wirtschaftsunternehmen gezwungen, Geldkredit in Anspruch zu nehmen, so wird Kreditgeber häufig das Bankinstitut sein, bei dem der Kreditnehmer auch seinen übrigen oder wenigstens einen Teil seines übrigen Zahlungsverkehrs abwickelt. Ist der Geldkredit durch Sicherungsglobalzession gesichert, so kann bei jeder Zahlung durch einen Kunden des Vorbehaltskäufers, die auf ein Konto beim kreditgebenden Institut erfolgt und den Schuldsaldo des Kreditnehmers mindert, die Frage auftauchen, ob der Vorbehaltslieferant, dem dieselbe Forderung im Rahmen eines verlängerten Eigentumsvorbehalts abgetreten wurde, gestützt auf § 816 Abs. 2 den geleisteten Geldbetrag herausverlangen kann.

71 Bei der Beantwortung der Frage sind mehrere Sachverhaltsgestaltungen zu unterscheiden.

---

[41] Sachlich übereinstimmend *Lambsdorff/Skora* NJW 1977, 701, 704; *Serick* Bd. IV § 49 II 5b m.w.N. – Krit. einerseits *Medicus/Petersen* BR Rn. 527, die § 138 nur unter dem Gesichtspunkt der Schuldnerknebelung für anwendbar halten; andererseits MünchKommBGB/*Roth/Kieninger* § 398 BGB Rn. 154, die § 242 als Kontrollmaßstab empfehlen.
[42] RGZ 136, 247, 253f. – Die nachfolgende Rspr. des RG und erst Recht des BGH sind von dieser Einteilung jedoch wieder abgerückt; vgl. *Baur/Stürner* § 57 Rn. 36; BeckOK BGB/*Förster* § 826 BGB Rn. 128ff.; MünchKommBGB/*Armbrüster* § 138 BGB Rn. 96.
[43] Siehe die Nachweise in BGHZ 210, 30 Rn. 39.
[44] BGHZ 210, 30 Rn. 43, 54 und dazu *R. Stürner* JZ 2016, 1123 sowie bereits BGHZ 10, 228.

§ 10. Sicherungsabtretung

I. Kenntnis der Globalabtretung

Leistet der Drittschuldner in **Kenntnis der Globalabtretung** an die globalgesicherte Bank oder gar nach einer entsprechenden Aufforderung durch die Bank, dann leistet er an die **Globalzessionarin**. Da diese wegen der Nichtigkeit der Globalabtretung (§ 138 Abs. 1) Nichtberechtigte war, ist der Weg zur Kondiktion nach § 816 Abs. 2 frei.

72

II. Keine Kenntnis der Globalabtretung

Hat der Drittschuldner **keine Kenntnis von der Globalabtretung,** so wird regelmäßig davon auszugehen sein, dass er an den Vorbehaltskäufer und nicht an die Bank leisten will, dass die **Bank** also **lediglich als Zahlstelle** des Vorbehaltskäufers fungiert. Hierzu hat der BGH ausgeführt (BGHZ 53, 139, 141 f.):

73

> „Die H. AG [Drittschuldner] müßte wenigstens die Abtretung an die Beklagte [Bank] gekannt haben, wenn sie den Willen gehabt und zum Ausdruck gebracht haben soll, an die Beklagte als Zessionarin zu leisten, und auch die Beklagte könnte die Überweisungen der H. AG nur dann als Leistungen aufgrund der Globalabtretung aufgefaßt haben, wenn sie davon ausgegangen wäre, daß die H. AG von der Globalabtretung benachrichtigt worden wäre. Daß die H. AG eine derartige Nachricht erhalten hätte, sei es von der Beklagten, indem sie die zunächst stille Zession offenlegt, sei es von R. [Kreditnehmer], ist jedoch, wie das Berufungsgericht ausführt, von der Klägerin nicht behauptet und unter Beweis gestellt worden. Liegt aber nicht mehr vor als nur eine Leistung der H. AG auf das ihr von R. angegebene Konto bei der Beklagten, so ist in der Tat nicht an die Beklagte, sondern an R. geleistet worden, der aufgrund der von der Klägerin eingeräumten Einziehungsermächtigung über die Forderung verfügen konnte; die Beklagte wurde hierbei nur als Zahlstelle des R. tätig."

III. Die Bankenpraxis

Die rechtliche Wirkung der Sachverhaltsgestaltung in Rn. 73 – Überweisung an die Bank nur als Zahlstelle – suchten die Banken durch folgende **Vertragsklausel**[45] herzustellen:

74

> „Der Schuldner verpflichtet sich, auf den Urschriften der Rechnungen, welche die Drittschuldner erhalten, einen Vermerk folgenden Inhalts anzubringen: Zahlungen bitte ich ausschließlich auf mein Konto Nr.: ... bei der X-Bank zu leisten.
>
> Bis auf jederzeit zulässigen Widerruf der Bank wird der Schuldner ermächtigt, die jeweils abgetretenen Forderungen im eigenen Namen einzuziehen. Er hat jedoch dafür zu sorgen, dass die Bezahlung dieser Forderungen durch Einzahlung auf das angegebene Konto erfolgt. Etwaige unmittelbar bei ihm eingehende Beträge hat er sofort auf dieses Konto einzuzahlen und etwaige Wechsel und Schecks sofort giriert zur Gutschrift auf dieses Konto einzureichen sowie gleichzeitig anzugeben, auf welche Forderungen die einzelnen Beträge, Wechsel und Schecks entfallen.
>
> Die Bank wird die auf die abgetretenen Forderungen bei ihr eingehenden oder an sie abgeführten Beträge dem genannten Konto des Schuldners gutschreiben; sie kann statt dessen nach ihrem Ermessen alle Eingänge auf die abgetretenen Forderungen auf ein anderes bestehendes oder noch zu errichtendes Konto buchen.
>
> Die auf diesem Konto verbuchten Beträge dienen der Bank als Sicherheit für alle ihre Ansprüche. Ohne verpflichtet zu sein, wird die Bank den Schuldner von Fall zu Fall über die der Bank zugeflossenen Forderungsbeträge wieder verfügen lassen."

Der BGH hat dieser Gestaltung jedoch den rechtlichen Erfolg versagt.[46] Zwar wendet er § 816 Abs. 2 zugunsten des Vorbehaltslieferanten gegenüber der Bank nicht unmittelbar an, doch führt die analoge Anwendung der Vorschrift zu dem gleichen Ergebnis wie wenn die Bank die Forderung vom Drittschuldner eingezogen hätte. Eine direkte Anwendung von § 816 Abs. 2 lehnt der BGH

75

---

[45] Vgl. BGHZ 72, 316, 317 f.
[46] BGHZ 72, 308, 316 ff.

ab, weil der Drittschuldner an den Vorbehaltskäufer, nicht an die Bank leisten wolle und für den bereicherungsrechtlichen Leistungsbegriff die übereinstimmende Zweckbestimmung zwischen Zuwendendem und Zuwendungsempfänger maßgeblich sei.[47] Der BGH erblickt in der von den Banken angestrebten Gestaltung aber zu Recht eine Umgehung der strengen Anforderungen, die die Rechtsprechung an die Wirksamkeit einer Globalabtretung mit Rücksicht auf die schutzwerten Belange des Vorbehaltslieferanten gestellt hat. Im Verhältnis zu ihnen dürfe sich die Bank daher nach Treu und Glauben (§ 242) nicht darauf berufen, dass der Drittschuldner mit Überweisungen an sie als Zahlstelle des Vorbehaltskäufers tatsächlich an diesen geleistet habe. Vielmehr müsse sie sich so behandeln lassen, als sei sie selbst Leistungsempfängerin gewesen.

IV. Rechtshandlungen gegenüber dem bisherigen Gläubiger

76 Akzeptiert der Drittschuldner in Unkenntnis der Vorausabtretung erfüllungshalber einen Wechsel gegenüber dem Vorbehaltskäufer (§ 364 Abs. 2, Art. 28 Abs. 1 WG), dann muss der Vorbehaltslieferant dieses Rechtsgeschäft nach § 407 Abs. 1 gegen sich gelten lassen. Gibt der Vorbehaltskäufer den Wechsel seiner Bank (etwa im Rahmen eines Wechseldiskontkredits) zum Diskont, so wird diese Inhaberin der Wechselforderung und kann sie einziehen. Damit erlischt zugleich die Kaufpreisforderung (§§ 407, 364 Abs. 2, 362). Aber da der Akzeptant an den Wechselinhaber leistete, ist § 816 Abs. 2 nicht erfüllt.[48] Im Regelfall scheidet auch ein Schadensersatzanspruch des Vorbehaltslieferanten gegen die Bank gem. § 826 aus.[49]

77 Kennt der Drittschuldner dagegen bei Annahme des Wechsels (erst später erworbene Kenntnis ist unschädlich) die Verlängerung des Eigentumsvorbehalts, so greift § 407 Abs. 1 nicht Platz: Die Einlösung des Wechsels befreit ihn daher nicht von der an den Vorbehaltslieferanten abgetretenen Forderung. Diesem steht aber auch kein Anspruch gegen die Bank zu.

---

[47] BGHZ 58, 184, 188.
[48] BGH JZ 1979, 443 f. = NJW 1979, 1704 f.; *Canaris* NJW 1981, 256.
[49] BGH JZ 1979, 443, 444 f. = NJW 1979, 1704, 1705. – Zur Frage, ob der Lieferant sich durch eine Vorausabtretung der Wechselforderung sichern kann, vgl. *Canaris* NJW 1981, 255; *Muscheler* NJW 1981, 657; dazu auch Staudinger/*Busche* (2012) Einl. zu §§ 398 ff. BGB Rn. 103; Staudinger/*Oechsler* (2014) § 826 BGB Rn. 250; Palandt/*Grüneberg* § 398 BGB Rn. 28.

§ 11. Factoring

Literatur: *Baur/Stürner,* Sachenrecht, 18. Aufl. 2009, § 58 Rn. 11–15 und § 59 Rn. 57–63; *Bülow,* Recht der Kreditsicherheiten, 8. Aufl. 2012, Rn. 1676–1725; *Fischinger,* Einführung ins Factoring, JA 2005, 651; *Haertlein,* Kollision zwischen Factoring und Globalzession, JA 2001, 808; *Larenz/Canaris,* Lehrbuch des Schuldrechts, Bd. II, Halbbd. 2, Besonderer Teil, 13. Aufl. 1994, § 65; *Martinek/Omlor,* in: Schimansky/Bunte/Lwowski, Bankrechts-Handbuch, Bd. II, 5. Aufl. 2017, § 102; *Prütting,* Sachenrecht, 36. Aufl. 2017, § 74; *Reinicke/Tiedtke,* Kreditsicherung, 5. Aufl. 2006, Rn. 956–975; *Weber/Weber,* Kreditsicherungsrecht, 9. Aufl. 2012, § 17 II.

A. Überblick

I. Wirtschaftliche Ziele, Vertragscharakteristika

Das Factoring ist eine in den USA entstandene Finanzierungsart, die auch in Deutschland beacht- **1**
liche Verbreitung gefunden hat. Betrug das Umsatzvolumen im Factoring-Geschäft 1980 noch 6,6 Mrd. DM, so lag es 2015 bereits bei 209 Mrd. EUR.[1]

1. Wirtschaftliche Ziele

Wirtschaftlich werden mit dem Factoring-Geschäft **zwei Ziele** verfolgt: Zum einen sollen die nach- **2**
teiligen Folgen, die für die Produktions- und Dienstleistungsunternehmen durch die im Wirtschaftsleben unumgänglich notwendige Einräumung von Zahlungszielen entstehen, gemildert werden; zum anderen ist das Factoring für Banken ein Instrument, sich unter Einsatz ihrer Kapital- und Organisationskraft zusätzliche Geschäftsbereiche zu erschließen.

2. Vertragscharakteristika

Diese Ziele sind bestimmend für die Ausgestaltung des **Factoring-Vertrages**. Drei **Merkmale** kenn- **3**
zeichnen ihn: (1.) Die Factor-Bank stellt in Aussicht, die Forderungen des Factor-Kunden gegen seine Abnehmer anzukaufen und ihm dafür, je nach Dauer und Bonität der Geschäftsbeziehung zu seinem Abnehmer, zunächst zwischen 80 und 90 % des Rechnungsbetrages zu überweisen.[2] Der Factor-Kunde tritt die Forderungen im Voraus an die Bank ab. Die Überweisung versetzt ihn in die Lage, alsbald über den größten Teil des Gegenwerts seiner Lieferung oder Leistung verfügen zu können. Den Restbetrag erhält er, wenn der Abnehmer die Rechnungssumme vollständig bezahlt. Für den bei Ankauf überwiesenen Anteil des Rechnungsbetrags werden bis zu dessen tatsächlicher Fälligkeit banküblichen Kreditzinsen erhoben. Das Factoring bildet also eine alternative Finanzierungsart zum Geldkredit **(Finanzierungsfunktion)**. (2.) Darüber hinaus übernimmt die Bank die Führung der Debitorenbuchhaltung des Kunden (einschließlich des Mahn- und Beitreibungswesens). Der Bank ist es eher als einem einzelnen, insbesondere mittelständischen Unternehmen möglich, dafür moderne Computersysteme rationell einzusetzen und die komplexen Vorgaben

---

[1] *Deutscher Factoring Verband e.V.,* Jahresbericht 2015, S. 4, 6, 21, abrufbar unter http://www.factoring.de/sites/default/files/JB%202015.pdf [zuletzt abgerufen am 23.3.2017]. 2014 lag das Volumen bei 189,880 Mrd. EUR, siehe http://de.statista.com/statistik/daten/studie/151353/umfrage/umsaetze-deutscher-factoring-unternehmen-seit-2002 [zuletzt abgerufen am 23.3.2017].
[2] Graf v. Westphalen/*Graf v. Westphalen,* Vertragsrecht und AGB-Klauselwerke, 38. EL 2016, Factoring Rn. 1; *Stumpf* BB 2012, 1045, 1046; Schimansky/Bunte/Lwowski/*Martinek/Omlor* § 102 Rn. 14; Staudinger/*Busche* (2012) Einl. zu §§ 398ff. BGB Rn. 166.

Teil 3. Mobiliarsicherheiten

der (internationalen) Rechnungslegung einzuhalten. Die wirtschaftlichen Vorteile dieses Verfahrens sind besonders dann gegeben, wenn der Factor-Kunde an eine Vielzahl von Abnehmern liefert und folglich mit einem umfangreichen Abrechnungsverkehr belastet wäre **(Dienstleistungsfunktion)**. (3.) Schließlich übernimmt die Bank im Wesentlichen das Risiko für die Bezahlung der abgetretenen Forderung durch den Drittschuldner, d.h. insbesondere für dessen Zahlungsfähigkeit. Der Kunde trägt das Ausfallrisiko nur in Höhe des ihm nicht sofort überwiesenen Rechnungsbetrages, also in Höhe von 5–30 %. Im Übrigen ist er aber nicht der Gefahr des Rückgriffs durch die Bank ausgesetzt **(Delkrederefunktion)**.

3. Delkredere

4 Das zuletzt genannte Element (Delkredere) ist in der Praxis nicht immer Bestandteil eines Factoring-Vertrages. In Abwandlung der typischen Vertragsgestaltung hat sich nämlich eine Variante herausgebildet, bei der eine Ausfallhaftung für die Forderungen des Drittschuldners seitens der Factor-Bank nicht übernommen wird. In diesem Falle spricht man von **„unechtem"** Factoring, während der Vertrag mit Übernahme des Delkredererisikos als **„echtes"** Factoring bezeichnet wird.[3]

5 Die **Vergütung** für die Leistungen der Factor-Banken bildet eine Factoring-Gebühr, die in der Regel vom Nennbetrag der angekauften Forderung berechnet wird und zwischen 0,5 und 3 % beträgt.[4] Die Höhe der Gebühr hängt auch davon ab, ob der Factor die Delkrederehaftung übernimmt, ob es sich also um ein echtes oder ein unechtes Factoring handelt.

6 Je nachdem, ob vom Factor-Kunden dem Drittschuldner die Abtretung anzuzeigen ist oder ob er dazu nicht verpflichtet ist, haben sich zur weiteren terminologischen Unterscheidung die Bezeichnungen **„offenes"** und **„verdecktes"** bzw. **„stilles"**[5] Factoring herausgebildet.[6]

II. Rechtsnatur des Factorings

7 Von der Unterscheidung zwischen echtem und unechtem Factoring hängt es ab, welchem Vertragstyp man das Factoring-Geschäft zuordnen kann.

1. Echtes Factoring

8 Beim **echten Factoring** liegt auf schuldrechtlicher Ebene ein **Rechtskauf** vor (§ 453),[7] weil die beiderseitigen Leistungen – Abtretung der Forderung an die Bank, Auszahlung des Entgelts an den Factor-Kunden – ohne Rücksicht auf die Bonität der Forderung endgültig sein sollen. Damit untrennbar und für das Factoring typisch verbunden ist im Hinblick auf die Dienstleistungsfunktion der Bank eine **entgeltliche Geschäftsbesorgung** (§ 675).

9 Die **Abtretung** der von der Bank angekauften Forderung hat keine Sicherungsfunktion, sondern ist **Erfüllung der Verkäuferverpflichtung** des Factor-Kunden. Das gilt jedenfalls bei Ausgestaltung des

---

[3] BGHZ 58, 364, 368f.; *Bette*, Das Factoring-Geschäft in Deutschland, 1999, S. 25ff.; *Serick* Bd. IV § 52; *Teubner* JuS 1972, 261ff.

[4] Schimansky/Bunte/Lwowski/*Martinek*/*Omlor* § 102 Rn. 14. Siehe auch *Weber*/*Weber* § 17 II (S. 258) (0,5–2,5 % der Forderung); Staudinger/*Busche* (2012) Einl. zu §§ 398ff. BGB Rn. 166 (0,7–4,2 % der Forderung).

[5] Verwendung dieses Begriffs etwa in OLG Köln BeckRS 2007, 03070.

[6] *Serick* Bd. IV § 52 II 4 a; Schimansky/Bunte/Lwowski/*Martinek*/*Omlor* § 102 Rn. 26ff.; Staudinger/*Busche* (2012) Einl. zu §§ 398ff. BGB Rn. 167.

[7] BGHZ 69, 254, 257f.; 100, 353, 358; BGH NJW 2014, 2358, 2359; *Baur*/*Stürner* § 58 Rn. 12; BeckOK BGB/*Rohe* § 398 BGB Rn. 100; *Bülow* Rn. 1677; *Looschelders* SchuldR BT Rn. 227; Palandt/*Grüneberg* § 398 BGB Rn. 39; Staudinger/*Busche* (2012) Einl. zu §§ 398ff. BGB Rn. 146; *Weber*/*Weber* § 17 II (S. 258).

Factoring-Vertrages in der Weise, dass die (Voraus-)Abtretung unter der Bedingung erfolgt, dass die Bank die Forderung kauft (siehe Rn. 12 [unter § 6a]). War dagegen die (Voraus-)Abtretung im Factoring-Vertrag unbedingt erfolgt, so bildet der nachträgliche Abschluss des Kaufvertrages den Rechtsgrund für das Behaltendürfen der Forderung durch die Bank. Kauft die Bank die Forderung nicht an, dann ist sie je nach Ausgestaltung des Factoring-Vertrages zurückzuübertragen oder kann von der Bank wenigstens als Sicherheit behalten werden.

2. Unechtes Factoring

Das **unechtes Factoring** kombiniert in schuldrechtlicher Hinsicht die auch hier vorliegende **entgeltliche Geschäftsbesorgung** (§ 675) mit einem **Darlehensvertrag**.[8] Die Bank kreditiert dabei dem Factor-Kunden lediglich den Rechnungsbetrag. Den Rückzahlungsbetrag soll sie aber nicht vom Factor-Kunden als Darlehensnehmer, sondern vom Drittschuldner erhalten. Gelingt dies nicht, bleibt allerdings der Factor-Kunde zahlungspflichtig.

10

Um den Drittschuldner in Anspruch nehmen zu können, tritt der Factor-Kunde seine Forderung gegen den Dritten (im Voraus) im Factoring-Vertrag an die Bank ab. Die **Zession** erfolgt hier also **erfüllungshalber (i. S. v. § 364 Abs. 2)** und dient damit zugleich der Sicherung des dem Factor-Kunden gewährten Kredits. Allerdings hat sie anders als die Sicherungszession zugunsten eines „normalen" Geldkreditgebers **keinen fiduziarischen Charakter,** weil der Factor sich ja in erster Linie aus der abgetretenen Forderung befriedigen soll.[9]

11

B. Globalzession beim „echten" Factoring contra verlängerten Eigentumsvorbehalt

Fall 1: Glasbau, riskant ausgeführt[10]

12

Der Fabrikant F hat sich auf Glas- und Leichtmetallbau spezialisiert. Zur Entlastung des kaufmännischen Bereichs seines Unternehmens traf er vor längerer Zeit mit der Bank B folgende Vereinbarung:

> „§ 1. F verpflichtet sich, seine künftig entstehenden Forderungen aus Warenlieferungen und Leistungen gegen sämtliche Kunden fortlaufend der B zum Kauf anzubieten. Den Antrag auf Abschluss des Kaufvertrages stellt F dadurch, dass er der B eine Kopie jeder Ausgangsrechnung zuleitet. F versieht die dem Debitor übersandte Ausgangsrechnung mit einem Hinweis, aus dem die Zusammenarbeit mit der B und deren Rechtsstellung hinsichtlich der Forderung ersichtlich ist.

---

[8] Rspr. und h.L. sehen das unechte Factoring als (atypisches) Kreditgeschäft an, vgl. BGHZ 58, 364, 367; 69, 254; BGH NJW 1982, 164, 165; *Serick* Bd. IV § 52 II 2 d–f, 3; *Baur/Stürner* § 58 Rn. 13; Staudinger/*Busche* (2012) Einl. zu §§ 398 ff. BGB Rn. 145 ff.; ebenso *Canaris* Rn. 1655 und *Häsemeyer*, FS der Juristischen Fakultät zur 600-Jahr-Feier der Ruprecht-Karls-Universität Heidelberg, 1986, S. 182 (die das Finanzierungselement beider Factoring-Arten dem Darlehen zuordnen). A.A. *Blaurock* ZHR 142 (1978), 325, 340 (der auch im unechten Factoring einen Rechtskauf sieht); ebenso GroßkommHGB/*Renner* Bankvertragsrecht Rn. 444; ganz anders *Ehling*, Zivilrechtliche Probleme der vertraglichen Ausgestaltung des Inland-Factoring-Geschäfts, 1977, S. 201 ff. (jeder Factoring-Vertrag ist nur Geschäftsbesorgungsdienstvertrag gem. §§ 675, 611).
[9] *Weber/Weber* § 17 II (S. 258).
[10] BGHZ 69, 254.

Teil 3. Mobiliarsicherheiten

> § 2. B verpflichtet sich, die gesamte Debitorenbuchhaltung des F so zu führen, dass sie handels- und steuerrechtlichen Vorschriften entspricht. [...]
>
> § 6a. F tritt der B im Voraus alle künftigen Forderungen, die ihm gegen seine Abnehmer zustehen werden, unter der aufschiebenden Bedingung ab, dass die Forderung von der B angekauft wird.
>
> § 6b. Den Antrag auf Abschluss des Kaufvertrages nimmt die B dadurch an, dass sie F den Nennbetrag der Forderung abzüglich einer Provision von 10 % gutschreibt. Die Provision ist Entgelt für sämtliche Leistungen der B. [...]
>
> § 7b. F haftet dafür, dass die Forderung, so wie sie auf der Ausgangsrechnung umschrieben ist, besteht und nicht mit Einreden behaftet ist. F haftet nicht für die Zahlungsfähigkeit des Debitors. [...]
>
> § 9. Zur Befriedigung etwaiger Rückgriffsansprüche der B gegen F wird ein Bardepot gebildet".

F hatte jüngst für die Deutsche Post AG Glasarbeiten im Werte von 30.000 EUR auszuführen. Das für diese Arbeiten benötigte Glas bezog er zum Preis von 10.000 EUR von L. Dabei wurde zugunsten des L ein verlängerter Eigentumsvorbehalt vereinbart.

F hat der B vereinbarungsgemäß eine Kopie seiner Rechnung an die Deutsche Post AG übersandt. Die B schrieb ihm daraufhin 27.000 EUR gut.

F ist inzwischen mittellos geworden. Deshalb verlangt L von der Deutschen Post AG aufgrund des verlängerten Eigentumsvorbehalts Bezahlung seiner Glaslieferung in Höhe von 10.000 EUR. Die Deutsche Post AG hält diesen Betrag jedoch zurück, weil auch B darauf Anspruch erhebt.

Wem steht die Forderung zu?

13 **Problem:**

Bei der Vereinbarung zwischen F und B handelt es sich um einen **Factoring-Vertrag**. In seinem Rahmen wurde eine **Globalzession** vereinbart. Diese **kollidiert** mit dem **verlängerten Eigentumsvorbehalt** des L. Die Frage ist, ob diese Kollision nach denselben Grundsätzen zu lösen ist, wie sie vom BGH für den Konflikt zwischen verlängertem Eigentumsvorbehalt und Sicherungsglobalzession entwickelt wurden (Vertragsbruchtheorie; siehe § 10 Rn. 48 ff.).

14 **Vorüberlegungen zum Aufbau:**

Werklohnforderung des L (§ 631)

(Kernproblem: Kollision von Vorausabtretung und Globalzession bei echtem Factoring)

I. Die Lösung des BGH

II. Differenzierende Betrachtung

Lösung:

15 L ist Inhaber der gegen die Deutsche Post AG gerichteten Werklohnforderung (§ 631 Abs. 1), wenn die in Form des verlängerten Eigentumsvorbehalts vereinbarte **Vorausabtretung** wirksam ist.

16 Für sich betrachtet ergibt sich die Wirksamkeit der Abtretung aus den in § 10 Rn. 18 ff. dargelegten Gründen. Voraussetzung ist aber weiter, dass die in der Vereinbarung zwischen F und B enthaltene **Globalzession,** der an sich zeitliche Priorität zukommt, unwirksam ist.

§ 11. Factoring

Bei der Vereinbarung zwischen B und F handelt es sich um ein **„echtes" Factoring-Geschäft** mit aufschiebend bedingter Globalzession. Die Bank hat nach § 7b der Vereinbarung das Risiko für die Bonität der zedierten Forderung übernommen (Delkrederefunktion). Aufschiebend bedingt ist die Zession deshalb, weil ihre Wirksamkeit vom Ankauf der jeweiligen Forderung durch die B abhängt (§ 158 Abs. 1). Die Bedingung ist durch die Gutschrift des Betrages von 27.000 EUR eingetreten.

17

Damit kollidiert die Globalzession im Rahmen des Factoring-Vertrages ebenso wie eine Sicherungsglobalzession mit dem verlängerten Eigentumsvorbehalt von Lieferanten.

18

I. Die Lösung des BGH

Ob auch dieser Konflikt nach den Grundsätzen zu lösen ist, die der BGH für das Zusammentreffen von Sicherungsglobalzession und verlängertem Eigentumsvorbehalt entwickelt hat, ist streitig.[11] Der BGH selbst hat in einer Entscheidung vom Jahr 1977 erstmals die **Sittenwidrigkeit der Globalzession** im Rahmen eines **echten Factoring-Vertrages verneint** (BGHZ 69, 254, 257ff.):[12]

19

> „Die Beklagte hat mit der Firma F. ein „echtes Factoring" vereinbart. Sie hat gemäß § 7b Factoring-Vertrag das Debitorenrisiko übernommen. Die Vereinbarung umfaßt damit die Delkredere-Funktion. Während das von einer Bank betriebene „unechte Factoring", welches im Einzelfall auch hätte vereinbart werden können, den Kreditgeschäften zuzuordnen ist, handelt es sich beim **echten** Factoring um einen Forderungskauf. Er hat die Besonderheit, daß der Anschlußkunde den von der Factoring-Bank regelmäßig schon vor Fälligkeit – vorschußweise – gezahlten Kaufpreis endgültig behalten darf. Dadurch, daß der Vorbehaltskäufer beim echten Factoring „den vollen Gegenwert der Forderung" derart erhalte, „daß er ihn nicht mehr zurückerstatten" müsse, nehme der Vorbehaltsverkäufer (die Klägerin), so folgert Serick, „jetzt genau die Stellung ein, die ihm zukäme, wenn der Vorbehaltskäufer bei einem verlängerten Eigentumsvorbehalt die abgetretene Forderung – erlaubterweise – dadurch zum Untergang gebracht hätte, daß er den Wert der Kaufpreisforderung vom Zweitkäufer der Vorbehaltsware oder einem Dritten" in bar „entgegengenommen hätte". Mit der in diesem Zusammenhang unerheblichen Einschränkung, daß die Factoring-Bank wegen der ihr zustehenden „Gebühr" den vollen Gegenwert der Forderung niemals auszahlt, trifft diese Ansicht zu. Serick hat auch darin recht, daß dann keine stichhaltigen Gründe gegen eine Parallelbewertung der Entgegennahme des von der Bank bei echtem Factoring gezahlten Gegenwertes der Forderung einerseits und der Entgegennahme der von einem Zweitabnehmer bewirkten Barzahlung bestehen, wenn der Vorbehaltsverkäufer die Weiterveräußerung im Wege des Bargeschäfts durch Erteilung einer Einzugsermächtigung erlaubt hat. Ein Vertragsbruch gegenüber dem Vorbehaltsverkäufer könnte dem Vorbehaltskäufer bei Weiterveräußerung an einen Zweitabnehmer gegen Barzahlung ebensowenig angelastet werden, wie beim echten Factoring, bei dem er den Gegenwert der konkreten Forderung von der Factoring-Bank gutgeschrieben erhält. Die Tatsache, daß der Anschlußkunde die Risiken der Verität der abgetretenen Forderung behält, rechtfertigt eine unterschiedliche Behandlung beider Fallgestaltungen nicht, denn diese Regelung entspricht der gewöhnlichen Rechtslage gemäß § 437 BGB. Etwaige Ansprüche der Factoring-Bank, die sich daraus gegenüber ihrem Anschlußkunden ergeben können, werden nach den hier getroffenen Vereinbarungen unbeschadet der Rechte aus dem Forderungskauf aus Mitteln eines sog. Bardepots (§ 9 Factoring-Vertrag) realisiert. Es kann deshalb keine Rede davon sein, daß die globale Vorausabtretung für diese Ansprüche eine Sicherungsfunktion besitzt.
>
> Die Klägerin hat die Firma F. zwar nicht ausdrücklich zum Einzug der ihr im voraus abgetretenen Forderungen gegen Abnehmer und Auftraggeber ermächtigt, die Befugnis hierzu liegt indessen in der der Firma F. erteilten uneingeschränkten Veräußerungsermächtigung.
>
> Scheidet danach im Hinblick auf die Natur des echten Factoring ein Vertragsbruch des Vorbehaltskäufers insofern aus, als es darum geht, daß die Vorausabtretung zugunsten der Klägerin gemäß § 161 Abs. 1 BGB ihre Wirksamkeit verliert, kann der Beklagten auch keine Beteiligung am Vertragsbruch angelastet werden. Die globale Vorausabtretung aller künftigen Forderungen des Anschlußkunden gegen seine sämtlichen Abnehmer und Auftraggeber an die Factoring-Bank unter der aufschiebenden Bedingung, daß diese die jeweilige Forderung ankauft, ist mithin bei echtem Factoring nicht sittenwidrig."

---

[11] Vgl. die Nachweise bei *Serick* Bd. IV § 52 III; Schimansky/Bunte/Lwowski/*Martinek/Omlor* § 102 Rn. 52ff.; GroßkommHGB/*Renner* Bankvertragsrecht Rn. 475; Staudinger/*Mülbert* (2015) § 488 BGB Rn. 722.

[12] Diese Ansicht wurde im Urteil des BGH vom 23.1.2002, X ZR 218/99 Rn. 29, BeckRS 2002, 30234406 bestätigt; aus der Lit. *Baur/Stürner* § 59 Rn. 58 m.w.N.

Teil 3. Mobiliarsicherheiten

II. Differenzierende Betrachtung

20 Der BGH stützt sein Ergebnis im Wesentlichen auf einen Vergleich zwischen den Konsequenzen, die sich für den Lieferanten bei der Einschaltung einer Factor-Bank einerseits, bei Durchführung eines Bargeschäfts mit einem Zweitkäufer andererseits ergeben. Er verneint einen Unterschied, weil die Sachlage nach der Zahlung durch den Factor die gleiche sei wie nach der Barzahlung durch den Zweitkäufer.

21 **Ausgangspunkt** dieser Überlegung ist die Frage, ob die Factoring-Globalzession ebenso wie die Sicherungsglobalzession zugunsten eines Geldkreditgebers den Vorbehaltskäufer nötigt, seinen Lieferanten über den rechtlichen Erfolg des verlängerten Eigentumsvorbehalts zu täuschen und ihm gegenüber deshalb Vertragsverletzungen zu begehen (vgl. § 10 Rn. 51).

22 Beantworten lässt sich diese Frage, wenn man sich Gedanken darüber macht, ob der Lieferant mit der Zession der Forderung gegen den Zweitkäufer an den Factor einverstanden gewesen wäre, hätte der Vorbehaltskäufer sie ihm mitgeteilt. In diesem Zusammenhang ist von Bedeutung, dass der Lieferant mit der Weiterveräußerung der Vorbehaltsware und damit zugleich[13] mit der Einziehung des Weiterveräußerungserlöses durch den Vorbehaltskäufer einverstanden war. Wenn das **Risiko,** das der Lieferant mit dieser Regelung übernommen hat, demjenigen vergleichbar ist, das sich bei der Globalzession im Rahmen des Factoring ergibt, dann ist der Schluss gerechtfertigt, dass der Lieferant auch mit einer Globalzession zugunsten des Factors einverstanden gewesen wäre, deshalb eine Täuschung und ein vertragsbrüchiges Verhalten des Vorbehaltskäufers gegenüber seinem Lieferanten und folglich die Sittenwidrigkeit der Globalzession zu verneinen wäre.

23 Zahlt der Zweitkäufer den Kaufpreis aus der Weiterveräußerung an den einzugsermächtigten Vorbehaltskäufer, dann wird dieser instandgesetzt, seiner Verpflichtung gegenüber dem Lieferanten nachzukommen. Ob der Vorbehaltskäufer die vereinnahmten Beträge tatsächlich im erforderlichen Umfang weiterleitet, fällt in den vom Lieferanten übernommenen Risikobereich. Nicht anders verhält es sich beim echten Factoring. Auch hier nimmt der Vorbehaltskäufer zunächst den Erlös entgegen. Dass die Gutschrift des Factors nur 90 % des Nennbetrages ausmacht (siehe Rn. 3), beeinträchtigt das Sicherungsinteresse des Lieferanten nicht, da der Abzug regelmäßig nicht die Differenz zwischen Einkaufs- und Verkaufspreis ausmacht, sodass der vom Factor ausbezahlte Betrag die Forderung des Vorbehaltsverkäufers jedenfalls deckt. Erst recht bedeutungslos für das Sicherungsinteresse des Lieferanten ist die Tatsache, dass nicht der Zweitkäufer, sondern der Factor zahlt. Diese Zahlung ist bei echtem Factoring endgültig, da hier der Factor das Delkredere übernommen hat. Auch insoweit besteht also kein Unterschied zur Lage bei der Zahlung durch den Zweitkäufer. Gefährdet ist das Sicherungsinteresse des Lieferanten wiederum nur, weil nicht absolut sicher gewährleistet ist, dass der Vorbehaltskäufer den Erlös tatsächlich an den Lieferanten abführt. Diese Gefahr ist jedoch identisch mit der schon beschriebenen bei einer Zahlung durch den Zweitkäufer selbst.

24 Hat aber der Lieferant gerade dieses Risiko übernommen, so wäre er auch einverstanden gewesen mit der Zession an den Factor. Der Vorwurf der Sittenwidrigkeit kann deshalb gegenüber der Vorausabtretung zugunsten der Factor-Bank nicht erhoben werden.[14]

---

[13] So mit Recht BGHZ 69, 254, 259 (siehe Rn. 19); GroßkommHGB/*Renner* Bankvertragsrecht Rn. 475; Schimansky/Bunte/Lwowski/*Martinek/Omlor* § 102 Rn. 53 f.; Staudinger/*Mülbert* (2015) § 488 BGB Rn. 722. – A.A. *Ehling,* Zivilrechtliche Probleme der vertraglichen Ausgestaltung des Inland-Factoring-Geschäfts, 1977, S. 93.
[14] BGHZ 100, 353, 356; GroßkommHGB/*Renner* Bankvertragsrecht Rn. 475; Schimansky/Bunte/Lwowski/*Martinek/Omlor* § 102 Rn. 54; Staudinger/*Busche* (2012) Einl. zu §§ 398 ff. BGB Rn. 172.

Eine andere Wertung ist allerdings geboten, wenn die **Vorauszession unbedingt erfolgt,** also nicht 25
davon abhängig gemacht wird, dass der Factor die Forderung ankauft und vergütet, oder wenn
die Vorauszession nur mit dem Ankauf, nicht aber auch mit der Gutschrift oder Bezahlung der Forderung verknüpft wird.[15] In diesen Fällen steht nämlich bei Vornahme der Abtretung nicht fest, ob
der Factor auf die ihm zedierte Forderung tatsächlich eine Gutschrift erteilen wird. Genauso denkbar ist, dass er die Forderung je nach Ausgestaltung des Factoring-Vertrages als Sicherheit behält
oder verpflichtet ist, auf den Vorbehaltskäufer zurückzuübertragen, wenn er sie nicht ankauft, oder
dass er die Gutschrift nach dem Ankauf nicht mehr zu erbringen vermag. Im ersten Fall erwiese sich
die Zession als bloße Sicherungsabtretung. Im zweiten Fall aber wäre die Lage vergleichbar mit der
bei der Sicherungszession, die mit einer bloß schuldrechtlichen Verzichtsklausel verbunden ist (siehe
§ 10 Rn. 61 ff.). Auch im dritten Fall käme höchstens eine Verpflichtung des Factors zur Rückübertragung an den Vorbehaltskäufer in Betracht.

Eine abweichende Betrachtung ist auch dann geboten, wenn der Anschlusskunde zumutbare 26
Schutzmaßnahmen nicht ergreift. Zu den Schutzpflichten des Anschlusskunden gehören alle Maßnahmen, die eine zweckwidrige Verwendung der Factoring-Erlöse nicht begünstigen. Positiv gewendet liegt eine Pflichtverletzung also dann vor, wenn das Risiko für den Vorbehaltsverkäufer
(trotz Vorliegen von echtem Factoring) bereits im Voraus höher erscheint als es im Vergleich mit
einer Barauszahlung durch den Zweitkäufer wäre. Dies wäre etwa der Fall, wenn der Anschlusskunde seine Ansprüche aus dem Factoring-Vertrag unter Mitwirkung des Factors auf einen anderen Gläubiger übertragen würde. Für den Vorbehaltsverkäufer ist dann überwiegend wahrscheinlich, dass er aus dem Factoring-Erlös nicht befriedigt werden würde.[16]

Das in all diesen Fällen für den Lieferanten bestehende Risiko wäre größer als das, das er mit der 27
Erteilung der Einzugsermächtigung an den Vorbehaltskäufer übernommen hat. Er wäre folglich
auch mit einer Vorauszession, die solche weitergehenden Risiken birgt, nicht einverstanden gewesen. Tritt der Vorbehaltskäufer die künftige Forderung aus der Weiterveräußerung der Vorbehaltsware dennoch an den Factor ab, dann täuscht er den Lieferanten über die Wirksamkeit des verlängerten Eigentumsvorbehalts, begeht diesem gegenüber also Vertragsverletzungen. Hat der Factor
Kenntnis davon, dass der Factor-Kunde in der Regel nur unter verlängertem Eigentumsvorbehalt
einkauft, oder ist der verlängerte Eigentumsvorbehalt üblich in der Branche des Kunden (vgl. § 10
Rn. 51, 56 f.), dann ist die Vorauszession zu seinen Gunsten ebenso **unwirksam,** weil sittenwidrig,
wie die reine Sicherungsglobalzession.

III. Ergebnis

Da die Globalzession in unserem Fall nach §§ 6a, 6b der Vereinbarung zwischen F und B nur Platz 28
greift, soweit B Forderungen des F aus der Weiterveräußerung ankauft und vergütet, ist sie nicht
dem Vorwurf der Sittenwidrigkeit ausgesetzt. Deshalb hat sie als zeitlich frühere Vorrang vor dem
verlängerten Eigentumsvorbehalt zugunsten des L. Damit wurde B Inhaberin der Forderung gegen
die Deutsche Post AG, L kann sich wegen seiner Kaufpreisforderung nur an F halten.

---

[15] So zutr. *Bülow* Rn. 1712, 1724. Zur unbedingten Vorausabtretung siehe Schimansky/Bunte/Lwowski/*Martinek/ Omlor* § 102 Rn. 63 ff.
[16] BGHZ 100, 353 Rn. 33; BeckOK BGB/*Rohe* § 398 BGB Rn. 11; MünchKommBGB/*Roth/Kieninger* § 398 BGB Rn. 176; Staudinger/*Busche* (2012) Einl. zu §§ 398 ff. BGB Rn. 172; Schimansky/Bunte/Lwowski/*Martinek/Omlor* § 102 Rn. 80 f.

C. Weitere Kollisionsfälle

I. Globalzession beim „unechten" Factoring contra verlängerten Eigentumsvorbehalt

29 Beim „unechten" Factoring dient die Globalzession der Forderungen, die dem Factor-Kunden gegen seine Abnehmer erwachsen, zur Sicherung des Kredits, den der Factor ihm einräumt (siehe Rn. 10 f.).

30 Die Globalzession kann mit einem **später** zugunsten eines Warenlieferanten vereinbarten **verlängerten Eigentumsvorbehalt** kollidieren. *Serick*[17] hält zur Lösung dieser Kollision die Vertragsbruchtheorie[18] für anwendbar, die der BGH für den Konflikt zwischen kreditsichernder Globalzession und verlängertem Eigentumsvorbehalt entwickelt hat (siehe § 10 Rn. 48 ff.); die Globalzession sei daher sittenwidrig. Dem hat sich der BGH angeschlossen.[19] Dagegen hat *Blaurock*[20] darauf hingewiesen, dass zwischen echtem und unechtem Factoring kein Unterschied bestehe, wenn der Dritte zahlungsfähig sei, weil sich dann der Rückgriff der Bank gegenüber dem Factor-Kunden erübrige; werde dennoch dem Lieferanten der Vorzug eingeräumt, dann würden die verschiedenen Sicherungsrichtungen beim verlängerten Eigentumsvorbehalt und unechtem Factoring vermengt: Jener solle bei Insolvenz des Vorbehaltskäufers schützen, dieses dagegen einen Regress bei Insolvenz des Drittschuldners eröffnen.

31 Allerdings schließt diese unterschiedliche Sicherungstendenz nicht aus, dass Factor-Bank und Lieferant doch konkurrieren, dann nämlich, wenn **sowohl Factor-Kunde wie Drittschuldner insolvent** sind.[21] Hier ist im Vorteil, wer nebeneinander in beiden Insolvenzverfahren vorgehen kann (vgl. § 43 InsO). In der Insolvenz des Factor-Kunden sind sowohl Bank wie Lieferant teilnahmeberechtigt,[22] in der Insolvenz des Drittschuldners aber bloß der Gläubiger, zu dessen Gunsten die im Rahmen des verlängerten Eigentumsvorbehalts vereinbarte Abtretung Platz greift. Hier wäre dem Lieferanten nur gedient, wenn sichergestellt wäre, dass in diesem Fall die Forderung gegen den Drittschuldner ihm und nicht der Bank zusteht.[23] Andernfalls käme es durch die Teilnahme der Factor-Bank als weiterer Gläubiger mit einem weiteren Rückforderungsanspruch zu einer Verkürzung der Insolvenzquote zu Lasten des Lieferanten. Ist dem genügt, dann wird man im Übrigen die Globalzession im Rahmen des unechten Factoring ebenso wie beim echten behandeln können.[24]

32 Dabei handelt es sich aber weitgehend um theoretische Überlegungen, da das unechte Factoring in der Folge der BGH-Rechtsprechung in Deutschland nur noch selten vorkommt.

---

[17] *Serick* Bd. IV § 52 IV 5.
[18] BGHZ 30, 149, 50; BGH NJW 1968, 1516, 1518; Schimansky/Bunte/Lwowski/*Martinek/Omlor* § 102 Rn. 50; *Bülow* Rn. 1692 ff.
[19] BGHZ 82, 50, 65 f.
[20] *Blaurock* ZHR 142 (1978), 325, 340 f.; vgl. auch *Bette/Marwede* BB 1979, 121, 128.
[21] Dazu auch MünchKommBGB/*Roth/Kieninger* § 398 BGB Rn. 160 ff., insbesondere 165; Staudinger/*Busche* (2012) Einl. § 398 BGB Rn. 169 ff., insbesondere Rn. 175 ff.
[22] Der Factor hat allerdings beim unechten Factoring nur ein Recht auf abgesonderte Befriedigung an der ihm vom Anschlusskunden abgetretenen Forderung; daher ist § 52 InsO zu beachten, siehe Jaeger/*Henckel* § 43 InsO Rn. 24; Uhlenbruck/*Knof* § 43 InsO Rn. 10; a. A. noch Uhlenbruck/*Uhlenbruck,* 12. Aufl. 2003, § 43 InsO Rn. 1; *Serick* Bd. V § 70 VIII 2. Auch der Lieferant ist beim verlängerten Eigentumsvorbehalt nur absonderungsberechtigt, vgl. Andres/Leithaus/*Leithaus* § 47 InsO Rn. 7; Jaeger/*Henckel* § 47 InsO Rn. 49; Uhlenbruck/*Brinkmann* § 47 InsO Rn. 42.
[23] Dazu *Canaris* Rn. 1687; *ders.* NJW 1981, 251 f.
[24] I.Erg. auch *Baur/Stürner* § 59 Rn. 60.

§ 11. Factoring

II. Verlängerter Eigentumsvorbehalt contra Factoring-Globalzession

Hat der Vorbehaltskäufer erst **nach** Vereinbarung eines verlängerten Eigentumsvorbehalts die Forderungen gegen seine Abnehmer an den Factor abgetreten, so hat an sich die zeitlich frühere Abtretung an den Lieferanten Vorrang vor der Zession an den Factor. 33

1. Rechtslage beim „echten" Factoring

a) Hatte der Lieferant den Vorbehaltskäufer jedoch ermächtigt, die Vorbehaltsware weiter zu veräußern und den Kaufpreis vom Zweitkäufer einzuziehen, so fragt sich, ob diese Ermächtigung dahin ausgelegt werden kann, „dass sie auch den Verkauf und die Abtretung der aus der Weiterveräußerung der Vorbehaltsware erwachsenen Forderungen im Rahmen eines echten Factoring-Geschäfts gestattet".[25] 34

Der BGH hat diese Frage anhand der Überlegungen bejaht, mit denen oben (siehe Rn. 23) die Risikoidentität bei Zahlung durch den Zweitkäufer und durch den Factor bejaht wurde. Teilweise wird die Auffassung vertreten, die Position des Lieferanten verschlechtere sich durch die Auszahlung oder Gutschrift des Factors zugunsten des Vorbehaltskäufers, weil diese regelmäßig vor Fälligkeit der Forderung des Warenlieferanten erfolge und den Vorbehaltskäufer damit in die Lage versetze, statt den Lieferanten zu befriedigen einstweilen andere Gläubigerforderungen zu begleichen. Damit entstehe aber die Gefahr, dass der Lieferant bei Fälligkeit seiner Forderung leer ausgehe.[26] Um dieser Gefahr zu begegnen, werden verschiedene Vorschläge unterbreitet: Mit der Gutschrift des Factoring-Erlöses solle die Lieferantenforderung fällig werden;[27] oder es solle der Factor verpflichtet werden, den Factor-Erlös in Höhe der Lieferantenforderung einem Treuhandkonto gutzuschreiben oder an den Lieferanten direkt auszuzahlen;[28] oder die Forderung des Vorbehaltskäufers gegen den Factor soll gleich im Voraus an den Lieferanten abgetreten werden.[29] 35

Solche Vorschläge mögen im Interesse des Lieferanten liegen. Aber dessen Risiko, das sie mindern wollen, ist bei der Zahlung durch den Factor nicht größer als bei der durch den Zweitkäufer: Auch diese kann ja vor der Fälligkeit der Lieferantenforderung erfolgen. Die Zession an den Factor geht also, obwohl später erfolgt, dem verlängerten Eigentumsvorbehalt vor. 36

b) Hatte der Lieferant dem Vorbehaltskäufer zwar Veräußerungs- und Einziehungsermächtigung erteilt, die **Abtretung** der Forderung aber **ausdrücklich untersagt,** so steht dieses Verbot einer Abtretung an den Factor gegen Vergütung gleichwohl nicht entgegen.[30] Ist die Einziehungsermächtigung mit einer **Auflage** verbunden, etwa der, dass Zahlungen des Zweitkäufers auf ein Konto zu erfolgen hätte, über das der Lieferant verfügen kann,[31] so ist dies auch vom Factor zu beachten. 37

---

[25] BGHZ 72, 15, 20.
[26] *Bähr* DB 1982, 164 f.
[27] *Peters/Wiechmann* ZIP 1982, 1410; *dies.* NJW 1985, 2932 f.
[28] *Bähr* NJW 1979, 1282.
[29] *Schmitz-Weckauf* NJW 1985, 466, 467.
[30] *Canaris* NJW 1981, 253 f. m.w.N.; Ebenroth/Boujong/Joost/Strohn/*Wagner* Rn. V 24; MünchKommBGB/*Roth/Kieninger* § 398 BGB Rn. 178 – A.A. *Bülow* Rn. 1699, 1701 ff.
[31] Vgl. *Bülow* Rn. 1703 f.

Teil 3. Mobiliarsicherheiten

2. Rechtslage beim „unechten" Factoring

38 Soweit die zeitlich frühere Globalzession beim unechten Factoring sich gegen den verlängerten Eigentumsvorbehalt behauptet (siehe Rn. 31), wird man auch die nachträgliche Abtretung an den Factor durch die Veräußerungs- und Einziehungsermächtigung des Lieferanten als gedeckt ansehen können.[32]

III. Factoring-Globalzession contra Sicherungsglobalzession

1. Nachfolgende Sicherungsglobalzession

39 Trifft eine Globalzession im Rahmen eines (echten oder unechten) Factorings mit einer **nachfolgenden Sicherungsglobalzession** zugunsten eines allgemeinen Geldkreditgebers zusammen, dann bleibt es bei der Geltung des **Prioritätsprinzips:** Die erstere geht der letzteren vor.[33]

2. Vorausgehende Sicherungsglobalzession

40 Dasselbe gilt aber auch, wenn die **Sicherungsglobalzession** der Factoring-Zession **vorausgeht**.[34] Die erstere kann nämlich schon nicht als sittenwidrig bezeichnet werden. Ein Zwang zu Täuschungen und Vertragsverletzungen gegenüber der Factor-Bank wurde nämlich durch die frühere Zession nicht begründet. Wirtschaftlich besteht – anders als im Verhältnis von Geld- und Warenkredit – keine Notwendigkeit, neben der reinen Geldkredit- auch eine Factoring-Finanzierung zu beanspruchen. Geldkredit- und Factoring-Finanzierung stellen in aller Regel alternative Finanzierungsarten dar.[35] Eine Gleichbehandlung von Factor und Warenkreditgeber ist auch nicht mit der Überlegung zu rechtfertigen, der Factor löse mit Auszahlung des Forderungsbetrages den Warenkreditgeber funktionell ab; denn eine solche Funktionsnachfolge liegt nicht vor. Selbst wenn man unterstellt, der vom Factor ausbezahlte Betrag werde zur Begleichung von Warenlieferungen verwendet, so entspricht die Funktion des Factors doch weit mehr der eines Geldkreditgebers als der eines Warenkreditgebers. Andernfalls wäre nämlich jeder Geldkreditgeber potenzieller Warenkreditgeber für den Fall, dass mit Hilfe seines Kredits Waren beschafft werden.

41 Problematisch erscheint es auch, die mit der Sicherungsglobalzession regelmäßig verbundene Einzugsermächtigung des Kreditnehmers dahin auszulegen, dass sie ebenso wie die Einzugsermächtigung beim verlängerten Eigentumsvorbehalt auch eine Abtretung an den Factor decke. Die Zession an den Factor beeinträchtigt das Sicherungsinteresse des Geldkreditgebers, weil der Factor-Kunde nicht den vollen Wert der zedierten Forderung vergütet erhält, sondern sich einen Abzug in Höhe der Provision des Factors anrechnen lassen muss. Gegenüber dem Sicherungsinteresse des Warenlieferanten fällt dies, wie oben (siehe Rn. 23) hervorgehoben, nicht ins Gewicht, weil dessen Forderung gegen den Factor-Kunden und Vorbehaltskäufer trotzdem noch von der Gutschrift des Factors überdeckt wird. Das Sicherungsinteresse des Geldkreditgebers orientiert sich dagegen am

---

[32] Ebenso *Baur/Stürner* § 59 Rn. 62; *Canaris* Rn. 1689; GroßkommHGB/*Renner* Bankvertragsrecht Rn. 479. Ebenroth/Boujong/Joost/Strohn/*Wagner* Rn. V 25. – A.A. BGHZ 82, 50, 61 f.; Schimansky/Bunte/Lwowski/*Martinek/Omlor* § 102 Rn. 71 f.; Staudinger/*Mülbert* (2015) § 488 BGB Rn. 723.
[33] Ebenso *Baur/Stürner* § 59 Rn. 63.
[34] BGHZ 75, 391, 393 ff.; *Serick* Bd. IV § 52 V 4; a. A. *Bette/Marwede* BB 1979, 128; *Blaurock* ZHR 142 (1978), 325, 341; *Canaris* Rn. 1692 f.
[35] A.A. *Bähr* DB 1981, 1766 („gewisses Bedürfnis" für alternative Finanzierung); *Nörr/Scheyhing/Pöggeler*, Sukzessionen, 2. Aufl. 1999, § 13 II 3 (S. 163) („Die Sicherung eines Kredits kann nicht in ein Verbot an den Kreditnehmer umschlagen, sich für noch nicht fällige Forderungen Liquidität zu verschaffen, ein solches Verbot greift auf unangemessene Weise in die wirtschaftliche Entscheidungsfreiheit des Kreditnehmers ein.").

vollen Nennwert der abgetretenen Forderung.[36] Ihm wäre nur dann genügt, wenn der Factor-Kunde den – von einer ordnungsgemäßen Abzinsung abgesehen – ungeschmälerten Gegenwert der Forderung erhielte. In diesem Fall bestünden daher keine Bedenken, die Einziehungsermächtigung dahin auszulegen, dass sie auch eine Abtretungsbefugnis umfasst.[37]

Nicht berücksichtigt wird bei dieser Überlegung freilich, dass die Provision des Factors das Entgelt für die übernommenen Dienstleistungen (vgl. Rn. 3) darstellt. Würde der Vorbehaltskäufer diese Dienstleistungsfunktionen selbst ausfüllen, hätte er in entsprechendem Umfang personelle und sachliche Aufwendungen zu tragen. Dazu könnte er auch Teile der eingezogenen Veräußerungserlöse aus den zedierten Forderungen verwenden, sodass insoweit das Sicherungsinteresse des Geldkreditgebers gleichfalls berührt wäre. Ob aber dieses Sicherungsinteresse stärker beeinträchtigt wird durch Aufwendungen des Vorbehaltskäufers für Buchhaltung, Forderungseinzug usw. seitens des Factors als durch Ausgaben für entsprechende betriebseigene Abteilungen, diese Frage bedürfte noch genauerer Klärung. **42**

---

[36] So eingehend BGHZ 75, 391, 397 f.
[37] BGHZ 82, 283, 290; Ebenroth/Boujong/Joost/Strohn/*Wagner* Rn. V 28; einschr. *Bülow* NJW 1982, 1630 f.; a. A. *Baur/Stürner* § 59 Rn. 63; Schimansky/Bunte/Lwowski/*Martinek/Omlor* § 102 Rn. 83 (Sicherungsvolumen hänge ohnehin von der Preispolitik des Kreditnehmers ab, die sich der Einflussnahme der Banken entziehe); Staudinger/*Busche* (2012) Einl. zu §§ 398 ff. BGB Rn. 186.

§ 12. Mobiliarsicherheiten in Insolvenz und Zwangsvollstreckung

A. Sicherungsübereignung und Eigentumsvorbehalt in der Insolvenz

Fall 1: Der Elektrohändler[1]   1

R betrieb ein Elektrofachgeschäft. Ein vor zwei Jahren eröffneter Filialbetrieb erwies sich als in so hohem Maße unrentabel, dass R in Zahlungsschwierigkeiten geriet. Ab September war er zur Bezahlung seiner Verbindlichkeiten überhaupt nicht mehr in der Lage, am 22.9. stellte einer seiner Gläubiger Insolvenzantrag, am 2.10. schließlich wurde über das Vermögen des R die Insolvenz eröffnet. Der Insolvenzverwalter I überlegt, ob hinsichtlich folgender vier Geschäftsvorgänge ein Vorgehen zugunsten der Insolvenzmasse in Betracht kommt:

(1) Dem ständigen Drängen einer seiner Banken, einen bis dahin ungesicherten Überziehungskredit in Höhe von 5.000 EUR zurückzuzahlen oder wenigstens Sicherheiten anzubieten, hatte R dadurch entsprochen, dass er noch am 15.8. der Bank B seinen fast neuwertigen Geschäftswagen zur Sicherung übereignete. Die Bank will nunmehr den Wagen herausgeben, da sie die Aussichten auf eine nennenswerte Insolvenzquote gering einschätzt.

(2) R hatte in dem Restaurant des S eine teure Stereoanlage installiert. Als Sicherheit für den am 1.11. fällig werdenden Kaufpreis hatte S dem R sein privates Segelboot übereignet. S fürchtet nun den Zugriff der Gläubiger des R auf das Boot, das sich nach wie vor an seinem Liegeplatz am Bodensee befindet. Andererseits aber ist S gezwungen, das vereinbarte Zahlungsziel voll auszunutzen. Da an seiner fristgerechten Bezahlung kein Zweifel besteht, möchte er nun die „Freigabe" des Bootes erreichen. I dagegen lässt erkennen dass er eine Verwertung des Bootes bereits zum jetzigen Zeitpunkt nicht ausschließe.

(3) Im Juni hatte R von der Herstellerfirma G einen größeren Posten Flachbildfernseher – unter Vereinbarung eines Eigentumsvorbehalts zugunsten der G – eingekauft. Die Geräte haben sich jedoch als nicht verkäuflich erwiesen. Deshalb möchte sie I zurückgeben und gleichzeitig den von R zum größten Teil bereits bezahlten Kaufpreis von G wiederhaben. G dagegen besteht auf der Erfüllung des Vertrages und will sich notfalls mit der Insolvenzquote zufrieden geben, wobei sie bereit ist, auf ihren Eigentumsvorbehalt zu verzichten.

(4) Auf eine Ausschreibung hin hatte R den Zuschlag für die Ausstattung eines Schulneubaues mit Whiteboards erhalten, wobei er allerdings wenig kostendeckend kalkuliert hatte. Da mit dem Schulträger X ratenweise Bezahlung – die letzte Rate fällig am 1.12. – und ein Eigentumsvorbehalt vereinbart ist, möchte I den gesamten Vertrag rückgängig machen, um die gelieferten Geräte zurückzubekommen.

(Es ist davon auszugehen, dass auf keinen der Geschäftsvorgänge die Regelungen zum Zahlungsaufschub aus den §§ 506 ff. anwendbar sind.)

---

[1] RGZ 124, 73 und BGHZ 98, 160.

Teil 3. Mobiliarsicherheiten

2 Probleme:

Der Fall befasst sich mit dem Schicksal von Sicherungsrechten in der Insolvenz des Sicherungsgebers und des Sicherungsnehmers.

Handelt es sich um **Sicherungseigentum,** so fragt es sich, ob dem Sicherungsnehmer in der **Insolvenz des Sicherungsgebers** ein Aussonderungsrecht oder nur in Absonderungsrecht zusteht und ob umgekehrt der Sicherungsgeber in der **Insolvenz des Sicherungsnehmers** das Sicherungsgut aussondern kann oder mit seinem Rückgabeanspruch auf eine insolvenzmäßige Befriedigung beschränkt ist.

Ist eine Sache unter **Eigentumsvorbehalt** verkauft und der Kaufpreis noch nicht vollständig bezahlt, dann taucht vielfach die Frage auf, ob der Insolvenzverwalter die Erfüllung des Kaufvertrages ablehnen kann. Die Frage ist in der **Insolvenz des Käufers** anders zu beantworten als in der **Insolvenz des Verkäufers.**

3 Vorüberlegungen zum Aufbau:

I. Anspruch der B auf Herausgabe des Pkw (§ 985)

    1. Voraussetzungen des Herausgabeanspruchs

    2. Sicherungseigentum in der Insolvenz (§§ 51 Nr. 1, 50 InsO)

    3. Anfechtungsmöglichkeiten des I

    4. Durchsetzung des Absonderungsrechts (§ 166 InsO)

II. Anspruch des S auf „Freigabe des Segelbootes"

    1. Problemlage

    (Zugriffsmöglichkeiten einzelner Gläubiger des R; Verwertung durch Insolvenzverwalter)

    2. Anspruch des S auf Rückübereignung

III. I–G: Rückzahlung der Kaufpreisraten oder Restzahlung

    1. Anspruch des I auf Rückzahlung der Kaufpreisraten

    2. Verzicht des G auf Eigentumsvorbehalt

IV. Rückgabe der Whiteboards vom Schulträger (§ 985)

Lösung:

I. Anspruch der B auf Herausgabe des Pkw

4 Der Anspruch könnte sich gem. § 985 auf das Sicherungseigentum der B stützen.

5 Ein Anspruch aus § 985 ist auch in der Insolvenz des Schuldners durchsetzbar. Der **Zweck des Insolvenzverfahrens** besteht darin, in einem Stadium, in dem sich der wirtschaftliche Niedergang eines Schuldners abzeichnet und eine vollständige Befriedigung aller Gläubiger nicht mehr möglich ist, wenigstens eine gleichmäßige (gemeinschaftliche) Befriedigung der Gläubiger dadurch zu erreichen, dass dem Schuldner die Befugnis entzogen wird, sein Vermögen zu verwalten und darüber zu verfügen, und die Abwicklung der Schulden durch Versilberung des Vermögens einem Insolvenzverwalter übertragen wird (§ 80 Abs. 1 InsO). Die (Insolvenz-)Gläubiger können ihre Ansprüche nach Eröffnung des Insolvenzverfahrens nur noch nach Maßgabe der Insolvenzordnung geltend machen und durchsetzen (§§ 38 ff. InsO).

6 Freilich dürfen zu der gemeinschaftlichen Befriedigung der Gläubiger nicht alle, auch nur zufällig im Besitz des Schuldners befindlichen Vermögensgegenstände herangezogen werden, sondern gem. § 35 Abs. 1 InsO nur diejenigen, die Bestandteil des schuldnerischen Vermögens sind, die also dem Schuldner gehören. Deshalb gestattet § 47 InsO, **schuldnerfremde Gegenstände auszusondern,** d. h. klarzustellen, dass sie nicht zur Insolvenzmasse gehören. So muss der Insolvenzverwalter beispielsweise schuldnerfremde Sachen, die er in Besitz hat (§ 148 Abs. 1 InsO), herausgeben. Ansprüche, die hierauf abzielen, sind keine Insolvenzforderungen, sondern können gegen den Verwalter ohne die insolvenzrechtlichen Beschränkungen für Insolvenzgläubiger geltend gemacht werden.

Zu diesen Ansprüchen zählt auch die Vindikation aus § 985.

1. Die Voraussetzungen des Herausgabeanspruchs

Der Anspruch nach § 985 setzt voraus, dass die herausverlangte Sache im **Eigentum der B** steht. Durch die wirksame Sicherungsübereignung hat die B Eigentum an dem Pkw erworben (§§ 929, 930). Die treuhänderische Bindung des Eigentums im Innenverhältnis durch die Sicherungsabrede berührt die dingliche Rechtslage nicht (siehe Rn. 29 ff.). 7

Weitere Voraussetzung des Vindikationsanspruchs ist der **Besitz des Schuldners.** Der Pkw befindet sich im unmittelbaren Besitz (des Schuldners bzw.) des Insolvenzverwalters. 8

Schließlich darf dem unmittelbaren Besitzer kein **Recht zum Besitz** zustehen (§ 986). Das ursprünglich aus der Sicherungsabrede dem R zustehende Recht zum Besitz ist erloschen. Mit der Insolvenz ist der Sicherungsfall eingetreten. Selbst wenn die gesicherte Forderung noch nicht fällig gewesen sein sollte, so träte ihre Fälligkeit mit der Insolvenzeröffnung kraft Gesetzes ein (§ 41 Abs. 1 InsO). Gleichzeitig stünde aber fest, dass die fällige Forderung nicht mehr in vollem Umfang erfüllt werden kann. 9

Damit wären die Voraussetzungen für eine erfolgreiche Aussonderung durch die B im Hinblick auf den sicherungsübereigneten Pkw gegeben. 10

2. Sicherungseigentum begründet nur Absonderungsrecht

Allerdings hat der Sicherungsnehmer in der Insolvenz des Sicherungsgebers nach ausdrücklicher gesetzlicher Anordnung lediglich ein Recht zur abgesonderten Befriedigung aus dem Sicherungsgegenstand (§§ 51 Nr. 1, 50 InsO).[2] Die B hat somit ein Recht, den zur Sicherung übereigneten Pkw abzusondern (§§ 51 Nr. 1, 50 InsO). 11

3. Anfechtung

Freilich bleibt noch zu prüfen, ob der Insolvenzverwalter das Absonderungsrecht mit Hilfe insolvenzrechtlicher Instrumentarien zu Fall bringen kann. In Betracht käme eine **(Insolvenz-)Anfechtung der Sicherungsübereignung,** da sie zu einem Zeitpunkt erfolgte, zu dem der wirtschaftliche Zusammenbruch des R möglicherweise schon abzusehen war. 12

§ 130 Nr. 1 InsO zieht als zeitliche Grenze für die Anfechtbarkeit von Sicherungsgeschäften den Zeitpunkt der Vornahme der Rechtshandlung heran, der in den letzten drei Monaten vor dem Antrag auf Eröffnung des Insolvenzverfahrens liegen muss. Darüber hinaus muss der Schuldner zur Zeit der Handlung zahlungsunfähig gewesen sein und der Gläubiger muss zu dieser Zeit die Zahlungsunfähigkeit gekannt haben. Die Zahlungen hat R Anfang September eingestellt; der Insolvenzantrag wurde am 22.9. gestellt. Eine Anfechtbarkeit scheitert hier zwar noch nicht an dem Zeitpunkt der Vornahme des Sicherungsgeschäfts zwischen R und B, allerdings war R zum Zeitpunkt der Handlung noch nicht zahlungsunfähig. Deshalb kommt es auf die übrigen, insbesondere auf die subjektiven Voraussetzungen dieser Vorschrift nicht mehr an. 13

---

[2] Zu dem noch unter der Regelung der KO bestehenden Streit um die dogmatische Begründung dieses Ergebnisses eingehend *Rimmelspacher*, Kreditsicherungsrecht, 2. Aufl. 1987, Rn. 493 ff.

14 Mithin ist fraglich, ob das Sicherungsgeschäft innerhalb des erweiterten Rahmens von § 131 Abs. 1 Nr. 1 InsO liegt. Danach ist eine Rechtshandlung anfechtbar, die einem Insolvenzgläubiger eine Sicherung oder Befriedigung gewährt oder ermöglicht hat, die er nicht oder nicht in der Art oder nicht zu der Zeit zu beanspruchen hatte, wenn die Handlung im letzten Monat vor dem Antrag auf Eröffnung des Insolvenzverfahrens oder nach diesem Antrag vorgenommen worden ist. Auch diese Norm ist mit Blick auf den Vornahmezeitpunkt der Rechtshandlung nicht anwendbar. Mangels Zahlungsunfähigkeit des Schuldners zum Zeitpunkt der Vornahme der Handlung ist auch § 131 Abs. 1 Nr. 2 InsO nicht einschlägig. Schließlich kommt die Anwendbarkeit des § 131 Abs. 1 Nr. 3 InsO in Betracht. Die erste Voraussetzung, nämlich die Vornahme der Handlung innerhalb des zweiten oder dritten Monats vor dem Eröffnungsantrag, ist gegeben. Allerdings muss dem Gläubiger zur Zeit der Handlung zudem bekannt gewesen sein, dass diese die Insolvenzgläubiger benachteiligt; zumindest muss er Kenntnis von Umständen gehabt haben, die zwingend auf die Benachteiligung schließen lassen (§ 131 Abs. 2 Satz 1 InsO). Hinweise darauf liegen im vorliegenden Fall aber nicht vor. Auch ergeben sich keine Anhaltspunkte dafür, dass die B dem Schuldner gem. § 138 InsO nahestand und daher vermutet wird, dass sie die Benachteiligung der Insolvenzgläubiger kannte (§ 131 Abs. 2 Satz 2 i.V.m. § 138 InsO). Für die Möglichkeit einer **Absichtsanfechtung** (§ 133 Abs. 1 InsO) fehlen jegliche Anhaltspunkte.

4. Durchsetzung des Absonderungsrechts

15 Damit stellt sich nur noch die Frage, wie das **Absonderungsrecht** (§§ 51 Nr. 1, 50 InsO) zu **realisieren** ist, ob mit anderen Worten der Insolvenzverwalter zur Verwertung berechtigt ist oder der Sicherungsnehmer selbst verwerten darf.

16 Die Antwort für bewegliche Sachen gibt § 166 InsO. Danach darf der Insolvenzverwalter eine bewegliche Sache, an der ein Absonderungsrecht besteht, freihändig verwerten, wenn er die Sache in seinem Besitz hat (§ 166 Abs. 1 InsO). Dem Gläubiger (Sicherungsnehmer) steht dagegen kein Selbstverwertungsrecht zu, er hat jedoch einen Anspruch auf Auskunft über den Zustand der Sache nach § 167 Abs. 1 InsO und etwa auf Mitteilung der Veräußerungsabsicht nach § 168 Abs. 1 InsO (sog. Hilfsrechte). Im Rahmen dessen kann der Gläubiger den Insolvenzverwalter auf eine günstigere Möglichkeit der Verwertung des Gegenstands hinweisen, die der Insolvenzverwalter dann entsprechend § 168 Abs. 2 InsO wahrnehmen kann. Aus dem bei der Verwertung erzielten Erlös sind zunächst die Kosten der Feststellung und der Verwertung des Gegenstands für die Insolvenzmasse zu entnehmen, und schließlich ist der absonderungsberechtigte Gläubiger aus dem verbleibenden Betrag unverzüglich zu befriedigen (§ 170 Abs. 1 InsO). Reicht der Erlös nicht zur vollständigen Befriedigung aus, so unterliegt der Sicherungsnehmer mit dem nicht befriedigten Teil der Forderung den Beschränkungen des § 52 InsO.

5. Sonderfall: Übertragung des Eigentums durch Vorbehaltsverkäufer

17 Der einfache Eigentumsvorbehalt begründet in der Insolvenz des Vorbehaltskäufers ein Aussonderungsrecht des Vorbehaltsverkäufers (§ 47 InsO). Fraglich ist jedoch, ob das Aussonderungsrecht auch nach Übertragung des Eigentums durch den Vorbehaltsverkäufer auf einen Dritten in der Insolvenz Platz greift. Für die Übertragung des vorbehaltenen Eigentums bedarf es nach der Rechtsprechung des BGH neben der Abtretung der Kaufpreisforderung einer gesonderten Übertragung durch dingliche Einigung und Abtretung des Herausgabeanspruchs, der gem. § 346 aufgrund des nach § 449 Abs. 1 ausgeübten Rücktrittsrechts entsteht.[3]

---
[3] BGHZ 176, 86.

Zwar hat die Abtretung des Eigentumsvorbehalts regelmäßig Sicherungscharakter, allerdings ist **18** zu untersuchen, wie sich die Abtretung auf den Sicherungszweck des vorbehaltenen Eigentums auswirkt. Liegt danach eine Änderung des Sicherungszwecks dahingehend vor, dass nunmehr ein bloßer Geldkredit statt – wie ursprünglich – ein Warenkredit gesichert werde, etwa weil die Abtretung an eine Bank erfolgte, die den Erwerb des Vorbehaltskäufers finanziert hatte und ihren Darlehensrückzahlungsanspruch sichern möchte, so soll der Geldkreditgeber nach Ansicht des BGH seine insolvenzrechtliche Stellung hierdurch nicht verbessern können. Er sei nicht so schutzbedürftig wie der Warenkreditgeber, der ausschließlich sein vorbehaltenes Eigentum als Sicherungsmittel habe. Da sich der Geldkreditgeber hier mit seinem Interesse zur Absicherung seines Darlehensrückzahlungsanspruchs nicht von denjenigen Kreditgebern unterscheide, die den Erwerb einer Sache finanzieren und sich dazu das Anwartschaftsrecht des Käufers sicherungshalber übertragen lassen, soll ihm nur ein Absonderungsrecht nach §§ 51 Nr. 1, 50 InsO zuzubilligen sein.[4]

Dagegen bleibt nach Ansicht des BGH im Rahmen der Abtretung beim Forderungskaufvertrag im **19** echten Factoring der ursprüngliche Zweck des Vorbehaltseigentums – den Herausgabeanspruch zu sichern – erhalten, weshalb das Aussonderungsrecht nach § 47 InsO greife.[5]

II. Anspruch des S auf „Freigabe" des Segelbootes

1. Problemlage

Da S das Segelboot nach der Übereignung durch Besitzkonstitut (§§ 929, 930) in Besitz hat, kann **20** das Begehren auf Freigabe nur dahin verstanden werden, dass er die (Rück-)Übertragung des Eigentums am Boot erreichen will. Denn als (unbeschränkter) Eigentümer wäre S imstande, den befürchteten Zugriff einzelner Gläubiger oder des Insolvenzverwalters auszuschalten.

Hinsichtlich eines **Zugriffs einzelner (Insolvenz-)Gläubiger** des Schuldners sind die Befürchtungen **21** des S freilich nicht begründet. Nach Eröffnung des Insolvenzverfahrens findet eine Zwangsvollstreckung zugunsten einzelner Insolvenzgläubiger nicht mehr statt (§ 89 InsO). Die Einzelzwangsvollstreckung muss ausgeschlossen werden, um den Zweck des Insolvenzverfahrens, die gemeinschaftliche, gleichmäßige Befriedigung aller Gläubiger, zu gewährleisten.[6]

Schwerer wiegt die weitere Befürchtung des S, der **Insolvenzverwalter** könne das Boot möglicher- **22** weise zum Zwecke der Verwertung an sich ziehen. Wäre zwischen R und S vereinbart worden, dass das Eigentum an dem Segelboot mit Tilgung der gesicherten Forderung an S zurückfallen solle (§§ 929 Satz 1, 930 mit 158 Abs. 2), dann besäße S eine Anwartschaft, die auch vom Insolvenzverwalter „respektiert" werden müsste und seine Verfügungs- (und damit Verwertungs-)Befugnis schon nach Maßgabe des § 161 beschränken würde (siehe § 8 Rn. 21). Eine solche **auflösend bedingte Übereignung** liegt jedoch **nicht** vor. Sie kann auch nicht als konkludent vereinbart angesehen werden, da hierfür keine Anhaltspunkte erkennbar sind. S hat daher lediglich aus dem Sicherungsvertrag einen schuldrechtlichen **Anspruch auf Rückübereignung** (siehe § 9 Rn. 116).

---

[4] Zust. *H. Roth* KTS 2008, 526; *Jacoby* JZ 2008, 1053.
[5] BGH NJW 2014, 2358, 2359.
[6] Vollstreckungsrechtlich würde eine Pfändung des Segelbootes, weil es sich nicht im Gewahrsam des Vollstreckungsschuldners R befindet, außerdem die Herausgabebereitschaft des S zum Zwecke der Verwertung erfordern (§§ 808 Abs. 1, 809 ZPO).

2. Anspruch auf Rückübereignung

23 Inhalt und Durchsetzbarkeit des Anspruchs auf Rückübereignung von Sicherungsgut richten sich nach dem Inhalt der Sicherungsabrede (siehe § 9 Rn. 112 ff.). Danach ist für die Pflicht zur Rückübertragung regelmäßig die Tilgung der gesicherten Forderung Voraussetzung. S hat die Kaufpreisforderung noch nicht beglichen und ist zudem darauf angewiesen, das vereinbarte Zahlungsziel voll auszuschöpfen.

24 Die Eröffnung des Insolvenzverfahrens hat nicht etwa die Fälligkeit der Forderungen des Insolvenzschuldners zur Folge. § 41 InsO erfasst nur Insolvenzforderungen, d.h. Forderungen **gegen** den Schuldner.

25 Bis zur vollständigen Tilgung der Forderung ist der Anspruch auf Rückübereignung aufschiebend bedingt (§ 158 Abs. 1). Das Eigentum hingegen liegt bei R, wenn auch dieser nur Treuhänder ist. Sachenrechtlich erfolgt damit eine Zuweisung des Bootes zu R. Haftungsrechtlich hingegen sieht die Beurteilung deswegen anders aus, weil die Sache nicht endgültig beim Sicherungsnehmer verbleiben, sondern nur als Sicherheit für eine Forderung gegen den Sicherungsgeber und mithin nicht auch den Gläubigern des Sicherungsnehmers als Haftungsobjekt dienen soll. Das Sicherungsgut gehört folglich haftungsrechtlich nicht zur Insolvenzmasse i.S.d. § 35 InsO; dem Sicherungsgeber steht damit ein Aussonderungsrecht nach § 47 InsO zu.[7] Allerdings setzt dies voraus, dass der Sicherungszweck fortgefallen ist.[8] Das ist hier angesichts der noch ausstehenden Raten offenbar nicht der Fall. Ohnehin hätte S auch kein Recht auf sofortige Forderungstilgung, um das Aussonderungsrecht realisieren zu können. Davon unberührt bleibt jedoch eine entsprechende Vereinbarung mit dem Insolvenzverwalter, der auf diese Weise der Masse Liquidität zuführen kann.[9]

3. Ergebnis

26 Danach hat das Aussonderungsbegehren des S derzeit keine Aussicht auf Erfolg. S braucht aber auch nicht zu befürchten, dass der Insolvenzverwalter das Segelboot zu verwerten befugt ist – vorausgesetzt, die Raten werden weiterhin pünktlich bezahlt.

III. I gegen G: Rückzahlung der Kaufpreisraten oder Restzahlung?

1. Der Anspruch des I auf Rückzahlung der Kaufpreisraten

27 a) Der Versuch des I, den bereits bezahlten Teil des Kaufpreises gegen Rückgabe der unverkäuflichen Flachbildfernseher von G zurückzubekommen, beruht auf folgender Überlegung: Ist bei Eröffnung des Insolvenzverfahrens ein gegenseitiger Vertrag noch von keiner Seite voll erfüllt, so hat der Insolvenzverwalter entweder nach § 103 Abs. 1 InsO das Recht, **auf Erfüllung des Vertrages zu bestehen** und seinerseits die geschuldete Leistung in Form einer Masseverbindlichkeit (§ 55 Abs. 1 Nr. 2 InsO) zu erbringen, oder aber – wie sich aus § 103 Abs. 2 Satz 1 InsO ergibt – die Möglichkeit, die **Vertragserfüllung abzulehnen** und den Geschäftspartner auf eine Forderung wegen Nichterfüllung (Schadensersatzanspruch[10]), die jener nur als Insolvenzgläubiger geltend machen kann, zu verweisen.

---

[7] Dazu Uhlenbruck/*Brinkmann* § 47 InsO Rn. 16 m.w.N.; MünchKommInsO/*Ganter* § 47 InsO Rn. 53; *Jauernig*/*Berger* § 44 Rn. 6. – Zur Rechtslage unter der KO eingehend *Rimmelspacher*, Kreditsicherungsrecht, 2. Aufl. 1987, Rn. 508 ff.
[8] BGH NJW 1954, 190, 191; K. Schmidt/*Thole*, Insolvenzordnung, 19. Aufl. 2016, § 47 InsO Rn. 27; Uhlenbruck/*Brinkmann* § 47 InsO Rn. 16; siehe bereits *Serick* KTS 1970, 89, 91.
[9] Uhlenbruck/*Brinkmann* § 47 InsO Rn. 16.
[10] So die ganz überwiegende Auffassung: BGHZ 96, 392, 395 f.; Nerlich/Römermann/*Balthasar* § 103 InsO Rn. 61 m.w.N.

Entscheidet sich der Insolvenzverwalter für die zweite Alternative, so ist insbesondere fraglich, was mit den bereits geleisteten Zahlungen geschieht. **28**

Zunächst stellt sich die Frage, ob § 105 InsO (teilbare Leistungen) Anwendung findet. Dazu müssten die geschuldeten Leistungen teilbar sein. Bei einem Kaufvertrag kommt grundsätzlich nur dann eine Teilleistung in Betracht, wenn der Verkäufer den Kaufgegenstand nicht vollständig liefert.[11] Dies ist aber vorliegend nicht der Fall gewesen. Vielmehr hat G vollständig geliefert, sich aber das Eigentum an den Flachbildfernsehern vorbehalten. Damit scheidet eine Anwendung des § 105 InsO aus. **29**

Es ist folglich auf § 103 InsO abzustellen. Dessen Anwendbarkeit ist auch nicht infolge des vereinbarten Eigentumsvorbehalts und der Insolvenz des Vorbehaltskäufers eingeschränkt, § 107 Abs. 2 InsO.[12] Die konkreten Folgen der Ablehnung der Erfüllung bestimmen sich nach der Lage einer etwa erfolgten (Teil-)Vertragserfüllung. Vorliegend hat R einen Großteil des Kaufpreises angezahlt, und G hat die Flachbildfernseher unter Vereinbarung eines Eigentumsvorbehalts an R übergeben. Mithin liegt auf beiden Seiten eine nicht vollständige Vertragserfüllung vor. Es ist umstritten, welche Rechtsfolgen im Einzelnen eintreten sollen. **30**

Nach der überwiegenden Ansicht, die sich auf die Rechtsprechung des BGH zur KO stützt, soll das **Besitzrecht des Insolvenzverwalters** (§ 986) mit der **Erfüllungsablehnung erlöschen** und der Verkäufer die Sache mithin nach § 985 BGB i.V.m. § 47 Satz 1 InsO aufgrund seines Eigentums aussondern können, also Herausgabe verlangen können.[13] Der Insolvenzverwalter könne seinerseits die bereits gezahlten Kaufpreisraten zurückfordern; der Verkäufer könne wiederum eine Forderung wegen Nichterfüllung als Insolvenzforderung nach § 103 Abs. 2 Satz 1 InsO geltend machen.[14] **31**

Nach einer anderen Ansicht[15] soll die bloße Erfüllungsablehnung dagegen keine materiell-rechtliche Auswirkung auf den Kaufvertrag haben, sodass weder das Besitzrecht des Insolvenzverwalters noch das Anwartschaftsrecht des Käufers erlöschen. Die Erfüllungsansprüche aus dem Kaufvertrag sollen lediglich während des Insolvenzverfahrens **nicht durchsetzbar** sein. Diese Rechte sollen erst dann untergehen, wenn der Vertrag wegfalle.[16] Dies geschehe etwa, wenn der Verkäufer eine Forderung wegen Nichterfüllung als Insolvenzforderung nach § 103 Abs. 2 Satz 1 InsO geltend macht und somit den Anspruch auf Zahlung des Kaufpreises zum Erlöschen bringt. Erst dann bestehe auch ein Aussonderungsrecht des Verkäufers. **32**

Vorzugswürdig erscheint mit Blick auf § 103 Abs. 2 Satz 3 InsO, wonach das Erfüllungswahlrecht des Insolvenzverwalters untergeht, die herrschende Ansicht. Danach erfolgt eine insolvenzrechtliche Abwicklung des Vertrages, sodass aus diesem kein Recht zum Besitz mehr folgen kann. **33**

b) Folglich sind also die **Voraussetzungen des Rückzahlungsanspruchs** zu präzisieren. Er hängt – wie angedeutet – davon ab, dass der Verwalter die Erfüllung eines bei Insolvenzeröffnung noch von keiner Seite vollständig erfüllten gegenseitigen Vertrages ablehnt. Nach der herrschenden Auffassung hat ein Vertragspartner seine Verpflichtungen noch nicht erfüllt, solange der **Leistungserfolg** noch nicht eingetreten ist; andere wollen dagegen schon die Vornahme der geschuldeten **Leis-** **34**

---

[11] Uhlenbruck/*Wegener* § 105 InsO Rn. 18.
[12] Uhlenbruck/*Wegener* § 107 InsO Rn. 11.
[13] BGH NJW 2007, 1594 Rn. 12; Braun/*Kroth* § 107 InsO Rn. 12; MünchKommInsO/*Ott/Vuia* § 107 InsO Rn. 23 m.w.N.; Jaeger/*Jacoby* § 103 InsO Rn. 291 f. m.w.N.
[14] *Foerste,* Insolvenzrecht, 6. Aufl. 2014, Rn. 239.
[15] Uhlenbruck/*Brinkmann* § 47 InsO Rn. 25 ff.; Uhlenbruck/*Wegener* § 103 InsO Rn. 184 und § 107 InsO Rn. 16.
[16] *Bärenz* NZI 2006, 72, 74; *Marwedel* ZInsO 2011, 937, 943 f. Nach MünchKommInsO/*Huber* § 103 InsO Rn. 177 soll entsprechend § 449 Abs. 2 ein Rücktritt erforderlich sein.

tungshandlung genügen lassen.[17] Nach dieser zweiten Auffassung hat daher der Verkäufer beim Kauf unter Eigentumsvorbehalt seine Verpflichtung erfüllt, wenn er sich mit dem Käufer über den Eigentumsübergang (bedingt) geeinigt und ihm die Sache übergeben hat; deshalb steht dem Insolvenzverwalter nach dieser Überlegung auch das Wahlrecht zwischen Erfüllung und Erfüllungsablehnung nicht mehr zu. Die Gegenmeinung kommt zum gerade umgekehrten Ergebnis, da der Leistungserfolg – der Erwerb des Eigentums beim Käufer – ja noch nicht eingetreten ist.

35 c) Ehe wir diesem Streit nähertreten, ist zunächst darauf hinzuweisen, dass das sog. **Wahlrecht des Verwalters** nunmehr, im Gegensatz zur Vorgängernorm § 17 KO, direkt aus § 103 Abs. 1, 2 Satz 1 InsO folgt, wonach der Vertragspartner einen Schadensersatzanspruch wegen Nichterfüllung als Insolvenzforderung geltend machen kann. Gleichwohl ist die Erfüllungsablehnung kein Gestaltungsrecht, da sie die Rechtslage nicht umgestaltet, sondern vielmehr nur klarstellt, dass die mit der Verfahrenseröffnung eingetretenen Folgen gelten sollen.[18] Mithin kann also nicht von einer echten Wahlmöglichkeit gesprochen werden.[19]

36 Die Frage jedoch, ob der Verwalter die Erfüllung des Vertrages wählen oder aber die Vertragserfüllung ablehnen soll, stellt sich ihm nur dann, wenn er noch über diejenigen **Massegegenstände verfügen** kann, die zur Erfüllung in Betracht kommen.[20] Denn hat der Schuldner schon vor Insolvenzeröffnung über die Erfüllungsmittel verfügt, dann gehören die betreffenden Gegenstände nicht mehr zur Masse und können nicht mehr verwertet werden. Unterliegen die benötigten Erfüllungsmittel aber noch der Verfügungsbefugnis des Verwalters, dann gilt es, sie optimal zu verwerten. Von Seiten des Schuldners ist also ein gegenseitiger Vertrag noch nicht erfüllt, wenn dieser noch nicht mit bindender Wirkung für den Insolvenzverwalter zugunsten des Vertragspartners verfügt hat.

37 Auch die Frage, ob der Vertragspartner bereits seiner Verpflichtung genügt hat, ist durch § 107 Abs. 1 InsO geklärt. Dies entspricht dem Zweck des § 103 InsO: Will die Vorschrift die optimale Verwertung der Masse fördern, so muss vorausgesetzt werden, dass im Vollzug der Vertragserfüllung der Masse ein (Gegen-)Wert zugeführt wird, den sie ohne die Leistung des Verwalters nicht erhielte.[21] Der Vertragspartner hat seinerseits also solange noch nicht erfüllt, als seine Gegenleistung noch nicht in die Masse gelangt ist, kurz: solange der Leistungserfolg noch nicht eingetreten ist (und ohne die Leistung des Verwalters nicht eintreten wird).[22]

38 d) Geht man hiervon aus, so ergibt sich für unseren Fall zunächst folgendes: Die zur Bezahlung des restlichen Kaufpreises erforderlichen Geldmittel gehören noch zur Masse. Umgekehrt ist der Schuldner noch nicht Eigentümer der Flachbildfernseher, weil noch ein Teil des Kaufpreises offen steht. Der Verwalter hat daher zu prüfen, ob er sich nach § 103 Abs. 1 InsO für die Erfüllung entscheidet. Wie § 107 Abs. 2 InsO zeigt, ist **§ 103 InsO beim Kauf unter Eigentumsvorbehalt in der Käufer-**

---

[17] Umfangreiche Nachweise zur h. M. bei Jaeger/*Jacoby* § 103 InsO Rn. 113 f.; zur Gegenansicht vgl. Jaeger/*Henckel*, Konkursordnung, 9. Aufl. 1997, § 17 KO Rn. 40, 49.

[18] So MünchKommInsO/*Huber* § 103 InsO Rn. 148. Zum Teil wird mit Blick auf den Rechtsverlust des Verwalters, nicht mehr Erfüllung verlangen zu können (§ 103 Abs. 2 Satz 3 InsO), eine Gestaltungswirkung der Erfüllungsablehnung bejaht, so etwa Uhlenbruck/*Wegener* § 103 InsO Rn. 157; MünchKommInsO/*Kreft* § 103 InsO Rn. 20. Nach Jaeger/*Jacoby* § 103 InsO Rn. 32 soll dagegen bei Erfüllungsablehnung ein Verzicht auf das Gestaltungsrecht „Erfüllungswahl" vorliegen.

[19] Zum Folgenden auch *Marotzke* S. 58 ff.

[20] Zur alten Rechtslage eingehend *Rimmelspacher*, Kreditsicherungsrecht, 2. Aufl. 1987, Rn. 515 ff.; *Henckel* ZZP 99 (1986), 419; *Musielak* AcP 179 (1979), 189.

[21] Vgl. Jaeger/*Jacoby* § 103 InsO Rn. 4.

[22] Vgl. nur Jaeger/*Jacoby* § 103 InsO Rn. 113 f. m.w.N. Dies entsprach bereits der h. M. zu § 17 KO, vgl. BGHZ 87, 156, 162.

insolvenz anwendbar. Führt nun die Ablehnung der Vertragserfüllung für die Masse zu einem wirtschaftlich besseren Resultat als die Vertragserfüllung, so hat der Verwalter sich für das erstere zu entscheiden und die Zahlung des restlichen Kaufpreises zu verweigern. Er müsste dann der G die in deren Eigentum verbliebenen Geräte herausgeben (§ 985 BGB i.V.m. § 47 InsO), könnte allerdings Rückzahlung der von R entrichteten Raten verlangen. Hiervon hätte I sich jedoch den Schaden abrechnen zu lassen, der G durch die Nichterfüllung des Vertrages entstünde. Dazu müsste G den Anspruch aus §§ 103 Abs. 2, 45 InsO (Forderung wegen Nichterfüllung) geltend machen.[23]

2. Verzicht auf den Eigentumsvorbehalt durch G

Zu überlegen bleibt jedoch, ob G die Wahlentscheidung des I nicht dadurch unterlaufen kann, dass sie auf den Eigentumsvorbehalt verzichtet, damit den Eigentumserwerb der Masse herbeiführt, von ihrer Seite also den Kaufvertrag vollständig erfüllt und so die Voraussetzungen für das Wahlrecht des Verwalters entfallen lässt. **39**

a) I will das Eigentum an den Flachbildfernsehern nicht erwerben. Es ihm „aufzudrängen" setzt daher die Wirksamkeit eines einseitigen **Verzichts des Verkäufers auf den Eigentumsvorbehalt** voraus. Dies hat der BGH[24] im Anschluss an eine frühere Entscheidung des RG[25] bejaht. Die Literatur hat dem teilweise zugestimmt:[26] Dient der Eigentumsvorbehalt dem Schutz des Verkäufers, dann sollte er ihn ebenso wie der Pfandgläubiger nach § 1255 auch durch einseitigen Verzicht preisgeben können, auch wenn der Käufer ein Interesse an der Anwartschaft anstatt dem Volleigentum haben kann. **40**

b) Wenn also ein solcher Verzicht wirksam erklärt werden kann, so fragt sich doch, ob der Verkäufer damit nicht **zu spät** kommt, wenn die Insolvenz bereits eröffnet ist, und erst recht, wenn der Insolvenzverwalter die Vertragserfüllung bereits abgelehnt hat. Hierzu ist zu klären, welche Wirkung die Erfüllungsablehnung hat. **41**

Die nunmehr herrschende Meinung spricht der Erfüllungsablehnung nur insoweit rechtsgestaltende Wirkung zu, als dass dann das Wahlrecht für die Zukunft erlischt.[27] Nach einer anderen Ansicht liegt in der Erfüllungsablehnung dagegen keine rechtsgestaltende Wirkung.[28] Daraus folgt, dass nach beiden Ansichten das Schuldverhältnis für die Zukunft nicht erlöschen soll und auch die Erfüllungsansprüche bestehen bleiben sollen. Letztere sind allerdings während des Insolvenzverfahrens nunmehr nicht durchsetzbar, da Erfüllung nicht mehr gewählt werden kann, sodass nur eine insolvenzrechtliche Abwicklung in Betracht kommt.[29] Folgt man dem, dann sollte ein **„nachträglicher" Verzicht auf den Eigentumsvorbehalt** mit der Wirkung noch zulässig sein, dass der Wahl des Insolvenzverwalters zwischen Erfüllung und Erfüllungsablehnung die Grundlagen entzogen werden und **42**

---
[23] Jaeger/*Jacoby* § 103 InsO Rn. 293 f.
[24] BGH NJW 1958, 1231 f.; BGHZ 127, 129, 133.
[25] RGZ 66, 344, 349.
[26] Vgl. Staudinger/*Beckmann* (2013) § 449 BGB Rn. 54; Palandt/*Weidenkaff* § 449 BGB Rn. 14. A.A. *Gernhuber*, FS Baur, 1981, S. 31, 38 m.w.N.; *Pohlmann* NJW 1999, 191; MünchKommBGB/*Westermann* § 449 BGB Rn. 21; Erman/ *Grunewald* § 449 BGB Rn. 41.
[27] BGH NZI 2013, 296; BGHZ 150, 353, 359 = NZI 2002, 375; Uhlenbruck/*Wegener* § 103 InsO Rn. 157; Braun/ *Kroth* § 103 InsO Rn. 51.
[28] Jaeger/*Jacoby* § 103 InsO Rn. 154; MünchKommInsO/*Huber* § 103 InsO Rn. 167. – A.A. die früher h.L., nach der die Erfüllungsablehnung durch den Verwalter eine rechtsgestaltende Erklärung sein soll, die das Schuldverhältnis für die Zukunft erlöschen lässt; Nachw. bei Jaeger/*Henckel*, Konkursordnung, 9. Aufl. 1997, § 17 KO Rn. 150. Danach würde die der Erfüllungsablehnung nachfolgende Verzichtserklärung nichts nützen: Ist einmal von dem Gestaltungsrecht Gebrauch gemacht und die Rechtslage geändert, so dürfte daran nämlich durch nachträglichen Wegfall der Gestaltungsvoraussetzungen nicht mehr gerüttelt werden.
[29] Dazu BGHZ 150, 353, 359; 155, 87, 90, 95 ff.; MünchKommInsO/*Kreft* § 103 InsO Rn. 13.

die Rechtsfolgen Platz greifen, die sich bei vollständiger Vertragserfüllung durch den Verkäufer schon vor Insolvenzeröffnung ergeben hätten.[30] Würde man anders entscheiden, dann könnte es passieren, dass der Vertragspartner des Schuldners, der vollständig vorgeleistet hat, sich in einer wirtschaftlich vorteilhafteren Position befindet als derjenige, der den synallagmatischen Zusammenhang zwischen Leistung und Gegenleistung noch nicht aufgegeben hat.

43 c) Ist G der Auffassung, besser abzuschneiden, wenn sie sich zusätzlich zu den bisher bezahlten Kaufpreisteilen mit der quotenmäßigen Befriedigung ihrer restlichen Kaufpreisforderung begnügt, so ist ihr also zu raten, auf ihren Eigentumsvorbehalt zu verzichten und ihren Restanspruch als Insolvenzforderung (§ 38 InsO) anzumelden (§§ 174 ff. InsO).

44 Der Verzicht auf den Eigentumsvorbehalt braucht nicht ausdrücklich erklärt zu werden. Er kann auch in einem schlüssigen Verhalten zum Ausdruck kommen.[31] Denkbar wäre, dieses schlüssige Verhalten etwa in der Anmeldung der Restforderung zur Insolvenztabelle zu sehen. Geschähe dies, so wäre eine etwa schon erfolgte Erfüllungsablehnung des I ohne Bedeutung: I könnte nicht Rückzahlung der von R erbrachten Kaufpreisraten verlangen, bräuchte umgekehrt auch nicht die nunmehr zur Insolvenzmasse gehörenden Flachbildfernseher an G herauszugeben; G bekäme letztlich im Insolvenzverfahren nur die Quote auf ihre Restforderung.

IV. Rückgabe der Whiteboards vom Schulträger?

1. Herausgabeanspruch des I?

45 Die Grundlage für das Rückgabebegehren des I könnte § 985 bilden, da die Geräte aufgrund des Eigentumsvorbehalts noch zum Vermögen des R und damit zur Insolvenzmasse (§ 35 InsO) gehören und der Schulträger Besitzer ist.

46 Dem Anspruch steht jedoch möglicherweise ein **Besitzrecht des Schulträgers** entgegen (§ 986), dessen Grundlage der Kaufvertrag bildet. Ein Rücktritt des I vom Kaufvertrag würde zu dessen Rückabwicklung nötigen und damit das Besitzrecht entfallen lassen. Ein Rücktritt nach §§ 449 Abs. 2, 323 ff. scheidet jedoch aus, da der Schulträger mit der Zahlung der Kaufpreisraten bislang nicht in Verzug gekommen ist.

47 Das Recht zum Besitz würde auch erlöschen, wenn man annähme, I könne unter den Voraussetzungen des **§ 103 Abs. 1, Abs. 2 InsO** die Erfüllung des Kaufvertrages ablehnen und damit die wechselseitigen Erfüllungsansprüche mit Wirkung für die Zukunft erlöschen lassen. § 107 Abs. 1 Satz 1 InsO schließt jedoch in der Insolvenz des Vorbehaltsverkäufers die Anwendbarkeit des § 103 InsO zum Schutz des Vorbehaltskäufers aus.[32] Damit steht dem Insolvenzverwalter kein Wahlrecht zwischen Erfüllungsablehnung und Erfüllungswahl zu. Vielmehr hat er nur die Rechte, die auch dem Vorbehaltsverkäufer aus dem Vertrag zustehen. Mithin kann der Insolvenzverwalter das Anwartschaftsrecht nicht durch Erfüllungsablehnung zerstören.[33] Folglich hat der Vorbehaltskäufer mit seinem Anwartschaftsrecht eine insolvenzfeste Rechtsposition inne, sodass ihm die Möglichkeit des Vollrechtserwerbs bleibt.[34]

---

[30] Ebenso *Musielak* AcP 179 (1979), 189, 200 ff. – A.A. Jaeger/*Henckel*, Konkursordnung, 9. Aufl. 1997, § 17 KO Rn. 173.
[31] BGH NJW 1958, 1232.
[32] Uhlenbruck/*Wegener* § 107 InsO Rn. 2.
[33] Siehe die Gesetzesbegründung, BT-Drucks. 12/2443, S. 145 f.
[34] Uhlenbruck/*Wegener* § 107 InsO Rn. 2; dazu auch Nerlich/Römermann/*Balthasar* § 107 InsO Rn. 9; *Hoffmann* JuS 2016, 289, 291. – Zur Rechtslage unter der KO eingehend *Rimmelspacher*, Kreditsicherungsrecht, 2. Aufl. 1987, Rn. 522 ff.

3. Folgerungen

Danach bleibt es dabei, dass der Schulträger als Vorbehaltskäufer den Restkaufpreis (bei Fälligkeit) erbringen und das Eigentum an den von R gelieferten Whiteboards erwerben kann, womit der Kaufvertrag abgewickelt ist. **48**

Ein Recht des I, die Erfüllung abzulehnen, um die Geräte wieder in die Hand zu bekommen, besteht nicht. Bis zur Zahlung des Restkaufpreises kann der Schulträger dem Insolvenzverwalter sein Besitzrecht aus dem Kaufvertrag entgegenhalten; danach erlischt der Anspruch aus § 985 ohnehin, weil das Eigentum auf den Schulträger übergegangen ist. **49**

B. Sicherungsübereignung und Eigentumsvorbehalt in der Zwangsvollstreckung

Sowohl bei der Zwangsvollstreckung in Sicherungsgut wie auch bei der in Vorbehaltsgut ist für die vollstreckungsrechtlichen Rechtsbehelfe danach zu unterscheiden, in wessen Besitz die Sache ist. **50**

I. Sicherungsübereignung

1. Besitz des Sicherungsgebers

Im typischen Fall der Sicherungsübereignung bleibt der **Sicherungsgeber im Besitz des Sicherungsgutes.** Eine Zwangsvollstreckung von **Gläubigern des Sicherungsnehmers** scheitert dann regelmäßig schon an §§ 809, 808 ZPO. **51**

Einem vollstreckungsrechtlichen Zugriff von **Gläubigern des Sicherungsgebers** kann der Sicherungsnehmer grundsätzlich nach § 771 ZPO widersprechen. Die Gläubiger können jedoch den schuldrechtlichen Anspruch des Sicherungsgebers auf Rückübertragung des Eigentums nach Wegfall des Sicherungszwecks pfänden. Falls die Sicherungsübereignung auflösend bedingt ist, kommt die Anwartschaft des Sicherungsgebers als pfändbarer Gegenstand in Betracht. – Dies gilt jedoch nur, solange der Sicherungsgeber noch andere pfändbare Habe besitzt. Trifft dies nicht mehr zu, dann wären die Gläubiger an sich gezwungen, die Eröffnung der Insolvenz über das Vermögen des Sicherungsgebers zu beantragen, um die im Sicherungsgut steckende „freie Wertspitze" zur Insolvenzmasse ziehen zu können. Dieser zeit- und kostenfordernde Weg lässt sich vermeiden, wenn man stattdessen ein Vorgehen nach § 805 ZPO zulässt und den Sicherungsnehmer auf das Recht der vorzugsweisen Befriedigung beschränkt.[35] **52**

2. Besitz des Sicherungsnehmers

Ist ausnahmsweise der **Sicherungsnehmer im Besitz der Sache,** so ist fraglich, ob der Sicherungsgeber einer Vollstreckung, die ein **Gläubiger des Treunehmers** in das Sicherungsgut ausbringt, nach § 771 ZPO widersprechen kann. **53**

Ein solches Widerspruchsrecht besteht, solange der Sicherungsnehmer zur Verwertung des Sicherungsgutes noch nicht berechtigt ist. Bis zu diesem Zeitpunkt können auch die Gläubiger des Sicherungsnehmers nicht mehr Rechte beanspruchen als ihr Schuldner. Tritt aber der Sicherungsfall ein, dann muss der Sicherungsgeber den Zugriff der Gläubiger ebenso dulden wie er die Verwertung **54**

---

[35] *Paulus* ZZP 64 (1951), 169. Vgl. dazu die Nachweise bei MünchKommZPO/*Schmidt/Brinkmann* § 771 ZPO Rn. 29 (Fn. 122).

Teil 3. Mobiliarsicherheiten

durch den Sicherungsnehmer hinzunehmen hätte.[36] Vorher sind die Gläubiger des Sicherungsnehmers nur indirekt in der Lage, auf das Sicherungsgut zuzugreifen, indem sie die gesicherte Forderung ihres Schuldners gegen den Sicherungsgeber pfänden (§ 829 ZPO) und sich zur Einziehung überweisen lassen (§ 835 ZPO). Sie können dann vom Sicherungsnehmer (entsprechend § 401) die Verpfändung des Sicherungsgutes verlangen.[37]

II. Eigentumsvorbehalt

1. Besitz des Vorbehaltskäufers

55 Ist wie üblich der **Vorbehaltskäufer im Besitz der Sache,** so scheitert eine Vollstreckung von **Gläubigern des Verkäufers** in das Vorbehaltsgut an §§ 809, 808 ZPO, solange der Käufer zur Herausgabe der Sache nicht bereit ist. Das wird insbesondere dann der Fall sein, wenn er bereits Teilleistungen auf den Kaufpreis erbracht hat. Den Gläubigern des Verkäufers bleibt, dessen Kaufpreisanspruch nach § 829 ZPO sowie den künftigen, durch einen eventuellen Rücktritt nach §§ 449 Abs. 2, 323 ff. ausgelösten Herausgabeanspruch nach §§ 847, 829 ZPO zu pfänden.

56 Pfänden dagegen **Gläubiger des Vorbehaltskäufers** die Sache, dann ist der Verkäufer befugt, mit Hilfe der Klage nach § 771 ZPO gegen die Zwangsvollstreckung zu intervenieren: Solange die Bedingung für den Eigentumsübergang nicht eingetreten ist, steht nämlich dem Verkäufer an dem Gegenstand der Zwangsvollstreckung ein die Veräußerung hinderndes Recht i.S.v. § 771 ZPO zu.[38] Den Gläubigern bleibt es allerdings unbenommen, das Anwartschaftsrecht des Käufers in Beschlag zu nehmen (siehe § 8 Rn. 27 ff.).

2. Besitz des Vorbehaltsverkäufers

57 Ist atypischerweise der **Vorbehaltsverkäufer im Besitz der Kaufsache,** so verspricht wegen § 809 ZPO allein die Vollstreckung der **Gläubiger des Vorbehaltsverkäufers** Erfolg. Gegen diese Zwangsvollstreckung könnte der Vorbehaltskäufer die Drittwiderspruchsklage (§ 771 ZPO) nur dann erheben, wenn ihm ein die Veräußerung hinderndes Recht an dem Gegenstand der Zwangsvollstreckung zustünde.

58 Ein solches Recht bestünde für den Käufer, wenn der Vollstreckungsschuldner, veräußerte er den Vollstreckungsgegenstand, widerrechtlich in den Rechtskreis des Käufers eingriffe. Wäre das der Fall, muss der Käufer auch die Gläubiger des Vorbehaltsverkäufers daran hindern können, die Sache im Wege der Zwangsvollstreckung zu verwerten.

59 Da es sich beim Vorbehaltskauf um einen aufschiebend bedingten Rechtserwerb handelt, ist der Verkäufer rechtlich nicht gehindert, die bereits aufschiebend bedingt veräußerte Sache noch einmal zu veräußern. Der Ersterwerber wird nach § 161 Abs. 1 Satz 1 dadurch geschützt, dass bei Eintritt der Bedingung die zweite Veräußerung ihm gegenüber relativ unwirksam ist. Denselben Schutz

---

[36] BGHZ 72, 141, 143 ff.
[37] Zu weitgehend Thomas/Putzo/*Seiler* § 835 ZPO Rn. 3, der dem Pfändungsgläubiger einen Anspruch auf *Übertragung* des Sicherungseigentums gibt. Ein solcher kommt analog § 401 nur in Betracht, wenn auch die gesicherte Forderung übergegangen ist; vgl. LG Darmstadt NJW 1977, 251, 719 (betr. Sicherungseigentum); BGHZ 42, 53, 56 f. (betr. Vorbehaltseigentum); BGHZ 80, 228, 232 f.; BGH NJW-RR 1995, 589 und NJW 2009, 2671, 2673 (betr. Grundschuld).
[38] H.M., siehe BGHZ 54, 214, 218; BGH NJW 1954, 1325, 1328; MünchKommZPO/*Schmidt/Brinkmann* § 771 ZPO Rn. 20; Baur/Stürner/Bruns Rn. 46.6; Stein/Jonas/*Münzberg* § 771 ZPO Rn. 22; Palandt/*Herrler* § 929 BGB Rn. 52; Baur/Stürner § 59 Rn. 30. – A.A. *Marotzke*, Das Anwartschaftsrecht, ein Beispiel sinnvoller Rechtsfortbildung?, 1977, S. 94, 108 ff. m.w.N. (hiergegen A. *Blomeyer* JR 1978, 272 f.).

sollte ursprünglich § 161 Abs. 1 Satz 2 dem Ersterwerber gegenüber Vollstreckungsmaßnahmen der Gläubiger des Verkäufers zuteilwerden lassen. Allein dies gelang nur, solange man die Verwertung gepfändeter Sachen durch den Gerichtsvollzieher privatrechtlich deutete. Nachdem mittlerweile die Zwangsvollstreckung als öffentlich-rechtliche Veranstaltung des Staates aufgrund der Verstrickung angesehen wird, in deren Rahmen der Ersteher einer versteigerten Sache endgültig Eigentum erwirbt, versagt § 161 Abs. 1 Satz 2.[39] Der Sache nach aber muss der Vorbehaltskäufer nach wie vor geschützt werden. Deshalb ist ihm die Widerspruchsklage nach § 771 ZPO zuzubilligen.[40]

C. Sicherungsabtretung in der Insolvenz und Zwangsvollstreckung

Die Sicherungszession weist dieselbe Grundstruktur wie die Sicherungsübereignung auf: Vollrechtsübertragung mit obligatorischer Bindung. Deshalb ist sie in der Insolvenz und in der Zwangsvollstreckung **grundsätzlich** ebenso zu behandeln wie die Sicherungsübereignung. Jedoch sind einige Spezifika zu beachten. Sie betreffen folgende Punkte: 60

I. Vorauszession in der Insolvenz des Sicherungsgebers

Entsteht die im Voraus abgetretene Forderung erst nach Insolvenzeröffnung, so hindert regelmäßig § 91 Abs. 1 InsO den Rechtserwerb des Zessionars.[41] Die Vorschrift will einer Masseschmälerung der Soll-Masse vorbeugen. Eine solche Schmälerung träte aber ein, wenn bei der Veräußerung eines Massegegenstandes (durch den Insolvenzverwalter) der Anspruch auf die Gegenleistung nicht der Masse, sondern aufgrund der Vorausabtretung dem Zessionar zustünde. Ebenso wie der Verwertungserlös der gepfändeten und versteigerten Sache dem Pfändungsgläubiger und nicht dem Zessionar gebührt, dem die Forderung aus der Veräußerung im Voraus abgetreten war,[42] ebenso gebührt den Insolvenzgläubigern in ihrer Gesamtheit der Erlös aus der insolvenzmäßigen Verwertung der Massegegenstände. 61

Nur scheinbar anders verhält es sich, wenn die Vorausabtretung sich wie beim **verlängerten Eigentumsvorbehalt** auf die Forderung aus der Veräußerung von Vorbehaltsgut bezieht. Da dieses nicht zur Insolvenzmasse gehört, wird sie auch nicht geschmälert, wenn der Insolvenzverwalter das Sicherungsgut veräußert und die hieraus entstehende Erlösforderung auf den Vorbehaltsverkäufer übergeht. Vorausgesetzt wird dabei, dass die dem Vorbehaltskäufer erteilte Veräußerungsermächtigung (§ 185 Abs. 1; siehe § 7 Rn. 16) fortbesteht, weil der Verwalter nach § 103 Abs. 1 InsO die Erfüllung des Vertrages mit dem Vorbehaltsverkäufer gewählt hat. § 91 InsO steht in diesem Fall dem Forderungserwerb des Vorbehaltsverkäufers aufgrund des verlängerten Eigentumsvorbehalts also scheinbar nicht entgegen.[43] Allerdings sind nach der neuen 62

---

[39] A.A. *Paulus*, FS Nipperdey, 1965, Bd. I, S. 918 ff.; eingehend *Huber*, Die Versteigerung gepfändeter Sachen, 1970, S. 22 ff., 172 ff.
[40] BGHZ 55, 20, 26 f. sowie die ganz überwiegende Meinung, vgl. MünchKommZPO/*Schmidt/Brinkmann* § 771 ZPO Rn. 21; *Baur/Stürner/Bruns* Rn. 46.6; *Brox/Walker*, Zwangsvollstreckungsrecht, 10. Aufl. 2014, Rn. 1412; Palandt/*Herrler* § 929 BGB Rn. 52. – A.A. Stein/Jonas/*Münzberg* § 771 ZPO Rn. 20 f. m.w.N. (nur Widerspruch gegen die Verwertung, arg. § 773 ZPO); *Marotzke*, Das Anwartschaftsrecht, ein Beispiel sinnvoller Rechtsfortbildung?, 1977, S. 114 ff. (Widerspruch nur mit dem Ziel, die Rechtsstellung des Anwärters bei der Verwertung unangetastet zu lassen; weitergehender Widerspruch nur, wenn der Anwärter einen fälligen Herausgabeanspruch hat; dagegen A. Blomeyer JR 1978, 273).
[41] BGH NJW 1955, 544 f. (zu § 15 KO); NZI 2010, 682, 683 m.w.N.; Jaeger/*Windel* § 91 InsO Rn. 62; *Medicus* JuS 1967, 386 ff.
[42] Jaeger/*Windel* § 91 InsO Rn. 63.
[43] Jaeger/*Windel* § 91 InsO Rn. 65 m.w.N.; *Marotzke* KTS 1979, 40, 48 f.; *Gundlach* KTS 2000, 307, 325 ff.

Teil 3. Mobiliarsicherheiten

Rechtsprechung des BGH[44] (Theorie von der „Änderung der originären Qualität") die Forderungen, die sich infolge der Erfüllungswahl ergeben, nicht identisch mit denjenigen aus dem ursprünglichen Vertrag. Daraus folgt, dass § 91 Abs. 1 InsO doch greift und mithin eine bestandskräftige Verfügung über Rechte aus Verträgen, die § 103 Abs. 1 InsO unterfallen, ausscheidet.[45] Folglich gebührt auch in solchen Fällen den Insolvenzgläubigern in ihrer Gesamtheit der Erlös aus der insolvenzmäßigen Verwertung der Massegegenstände. Hat der Verwalter dagegen unbefugt veräußert, so greift zugunsten des Vorbehaltsverkäufers die Ersatzaussonderung (§ 48 InsO) Platz, da § 91 InsO hier nicht anwendbar ist.[46]

63 Entsprechende Erwägungen gelten bei der Veräußerung sicherungsübereigneter Sachen, wenn der Schuldner mit dem Sicherungsnehmer eine der Verlängerung des Eigentumsvorbehalts entsprechende **Verlängerung der Sicherungsübereignung** vereinbart hat. Zwar gewährt das Sicherungseigentum in der Insolvenz des Sicherungsgebers ein Recht auf abgesonderte Befriedigung (§§ 50, 51 Nr. 1 InsO; siehe Rn. 11). Allerdings steht dieses Recht dem Sicherungsnehmer mit dem oben Gesagten an der Forderung aus der Veräußerung des Sicherungsgutes nicht zu, wenn die gesicherte Forderung erst nach Eröffnung des Insolvenzverfahrens mit Mitteln der Insolvenzmasse erfüllt worden ist.[47]

II. Pfändung durch Gläubiger des Sicherungsgebers

64 Die Rechtsfolge einer solchen Pfändung ergibt sich in der Insolvenz des Zedenten (Sicherungsgebers) für den Zessionar aus § 51 Nr. 1 InsO. Danach hat er lediglich ein Recht auf abgesonderte Befriedigung, sodass er das bekommt, was ihm nach der Sicherungsabrede wirtschaftlich zusteht.[48] Zur Klarstellung dieser Rechtslage steht dem Zessionar (Sicherungsnehmer) die Drittwiderspruchsklage (§ 771 ZPO) offen.[49]

D. Sicherheitenpool

65 **Fall 2:** Die Großhändler A, B und C beliefern den Einzelhändler G unter Eigentumsvorbehalt mit gleichen Stahlrohren. Die Rohre werden in einem großen Lager verwahrt, ohne dass nach ihrer Herkunft unterschieden würde. Als G insolvent wird und der Insolvenzverwalter die Erfüllung der mit A, B und C geschlossenen Kaufverträge ablehnt, wollen die Großhändler ihre Ware aussondern. Wie ist die Rechtslage?

I. Bürgerlich-rechtliche Gesellschaft?

66 Nachdem der Insolvenzverwalter zulässigerweise (siehe Rn. 35 ff.) die Erfüllung der Verträge abgelehnt hat, ist das aus den Kaufverträgen erwachsende Besitzrecht an den Rohren erloschen. Jeder Lieferant müsste deshalb als Eigentümer nach § 985 BGB, § 47 InsO seine Ware vom Verwalter

---

[44] BGHZ 106, 236 (Grundsatzentscheidung); BGHZ 150, 353; 155, 87; sehr krit. dazu Jaeger/*Windel* § 91 InsO Rn. 66, der i. Erg. die Rspr. des BGH mit Blick auf die Konsequenzen i.R.d. § 91 Abs. 1 InsO zurückweist.
[45] Jaeger/*Windel* § 91 InsO Rn. 66; MünchKommInsO/*Breuer* § 91 InsO Rn. 44; krit. *Marotzke* ZInsO 2004, 1273, 1278; *ders.*, Gegenseitige Verträge im neuen Insolvenzrecht, 3. Aufl. 2001, Rn. 4.17 ff., 4.27 ff.
[46] MünchKommInsO/*Ganter* § 51 InsO Rn. 123 m.w. N.; dazu auch Jaeger/*Henckel*, Konkursordnung, 9. Aufl. 1997, § 15 KO Rn. 47.
[47] MünchKommInsO/*Ganter* § 51 InsO Rn. 122.
[48] MünchKommBGB/*Roth/Kieninger* § 398 BGB Rn. 114 m.w. N. Zur früheren Rechtslage *Rimmelspacher*, Kreditsicherungsrecht, 2. Aufl. 1987, Rn. 531.
[49] BGHZ 12, 232, 234 m.w. N.; RGRK/*Weber* § 398 BGB Rn. 140.

herausverlangen können. Schwierigkeiten bereitet nun die Tatsache, dass nicht mehr festzustellen ist, welcher Großhändler welche Rohre geliefert hat. Um diese Schwierigkeit zu überwinden, könnte man auf den Gedanken verfallen, die Großhändler sollten ihre Sicherungsrechte in eine **bürgerlich-rechtliche Gesellschaft** (einen „Sicherungspool") einbringen, um sie gemeinsam geltend machen zu können.[50] Diesem Vorschlag wurde insbesondere das insolvenzrechtliche Bedenken entgegengehalten, die Lieferanten versuchten damit, ihre Lage in der Insolvenz des G zu verbessern und verstießen damit gegen § 91 InsO.

Bei Lichte betrachtet erweisen sich diese Bedenken als nicht durchschlagend, die Bildung eines Pools selbst aber als unnötig. Mit der gemeinsamen Lagerung der Rohre haben die Lieferanten nämlich nach §§ 948 Abs. 1, 947 Abs. 1 **Miteigentum** erlangt. Jeder von ihnen kann gem. §§ 1011, 432 die Herausgabe der Rohre an alle gemeinsam verlangen. Sind die Miteigentumsanteile jedes Großhändlers nicht mehr feststellbar, so berührt dies nicht das Außenverhältnis zum Insolvenzverwalter.[51] **67**

Bringen die Lieferanten ihre Miteigentumsanteile in eine bürgerlich-rechtliche Gesellschaft ein, gewinnen sie im Verhältnis zur Insolvenzmasse nichts, was ihnen nicht schon vorher zugestanden hätte. Aus diesem Grund hindert **§ 91 InsO** die Poolbildung auch nicht. Was die Befugnis angeht, die Rohre vom Verwalter herauszuverlangen, so tritt freilich an die Stelle der §§ 1011, 432 die vertragliche Regelung und notfalls § 714. **68**

II. Vermischung?

Hätten sich im Lager auch Waren befunden, die ursprünglich im Eigentum des G standen, dann wäre G selbst nach §§ 948 Abs. 1, 947 Abs. 1 Miteigentümer geworden. Die Auseinandersetzung zwischen ihm und den Lieferanten fände dann gem. §§ 84 InsO, 749 ff. BGB außerhalb des Insolvenzverfahrens statt. Fraglich ist nun, wie hoch die **Anteile der einzelnen Miteigentümer** sind, wenn die Zahl der jedem Beteiligten früher allein gehörenden Rohre und damit auch ihr Wertverhältnis zueinander (vgl. § 947 Abs. 1 a. E.) nicht mehr feststellbar ist. Die Vorschrift des § 1006 Abs. 1 Satz 1 kann hier zugunsten des G nicht Platz greifen,[52] weil die darin ausgesprochene Vermutung (des Alleineigentums von G) gerade widerlegt ist. Dagegen kommt die „Hilfsregel"[53] des § 742 zum Zug, die zu gleichen Anteilen aller Miteigentümer führt.[54] **69**

III. Erfüllungswahl bzw. Erfüllungsablehnung

Eine gleiche Lage ergibt sich, wenn der Insolvenzverwalter – weil für die Masse günstig – die Erfüllung des Vertrages mit einem der Großhändler (A) verlangt und dessen noch offene Restkaufpreisforderung tilgt, die Erfüllung der übrigen Verträge (B, C) jedoch ablehnt. G hatte nämlich vor der Insolvenzeröffnung aufgrund der bedingten Übereignungen jeweils ein **Anwartschaftsrecht** an **70**

---

[50] Beispiel: OLG Frankfurt NJW-RR 1986, 721; BGH NJW 1989, 895. Dazu Gottwald/*Adolphsen,* Insolvenzrechts-Handbuch, 5. Aufl. 2015, § 44 Rn. 8 ff.; Uhlenbruck/*Brinkmann* § 49 InsO Rn. 18.
[51] Vgl. BGH JZ 1959, 24; vgl. auch Jaeger/*Windel* § 91 InsO Rn. 84 f.; Uhlenbruck/*Brinkmann* § 49 InsO Rn. 23; a. A. RGZ 112, 102, 103 f.
[52] Darauf lief aber die Entscheidung RGZ 112, 102 hinaus.
[53] *Weitnauer,* FS Baur, 1981, S. 719.
[54] *Baur/Stürner* § 53 Rn. 10; *Beuck,* Poolvereinbarungen bei Unternehmensinsolvenz, Diss., 1985, S. 74 f. (unter Hinweis darauf, dass bei ungeklärten Anteilen und Nichtanwendung des § 742 sowohl eine Aufhebung der Gemeinschaft nach §§ 752 f. wie eine ordnungsgemäße Verwaltung nach §§ 744 Abs. 1, 745 Abs. 1 ausgeschlossen wäre); *Heß,* Miteigentum der Vorbehaltslieferanten und Poolbildung, 1985, S. 133; *Weitnauer,* FS Baur, 1981, S. 719 m.w.N. – a. A. RGZ 112, 102, 103 f.; BGH JZ 1959, 24.

den gelieferten Rohren erlangt. Dieses setzte sich analog § 949 Satz 2 am jeweiligen Miteigentumsanteil fort.[55] Mit der Zahlung des Restkaufpreises an A ging dessen Anteil auf G über, während die Anwartschaften an den Anteilen von B und C spätestens erlöschen, wenn diese infolge der Erfüllungsablehnung Auseinandersetzung verlangen.

IV. Verlängerter Eigentumsvorbehalt und Weiterverkauf durch G

71 Hatten die Lieferanten einen **verlängerten Eigentumsvorbehalt** (siehe § 7 Rn. 91 ff.) mit G vereinbart und hat dieser vor oder der Insolvenzverwalter nach Insolvenzeröffnung Rohre aus dem Lager weiterverkauft, so fragt sich, wem die Kaufpreisforderung gegen den Abnehmer zusteht. Da jeder Großhändler durch die Vermischung Miteigentum an jedem einzelnen Stück des Rohrlagers erlangt hat, kann keine der Vorausabtretungsklauseln direkt Platz greifen, da sie alle von der Veräußerung jeweils im Alleineigentum eines Lieferanten stehender Waren ausgehen. Im Wege ergänzender Vertragsauslegung dürfen die Vorausabtretungsklauseln jedoch dahin gedeutet werden, dass die Kaufpreisforderung aus der Weiterveräußerung in dem Umfang an den jeweiligen Lieferanten zediert sein soll, der seinem Miteigentumsanteil entspricht.[56, 57] Eine Rechtsgemeinschaft der mehreren Lieferanten an der Forderung besteht mithin nicht, vielmehr hat eine Realteilung durch die Teilabtretungen an jeden Großhändler stattgefunden. Jeder kann nunmehr seinen Teilanspruch gegen den Abnehmer geltend machen; die Bildung eines Sicherheitenpools erübrigt sich.

---

[55] Im Grundsatz ebenso (in concreto aber abl.) *Weitnauer*, FS Baur, 1981, S. 719, 722.
[56] Vgl. die ähnliche Problemstellung bei der Verarbeitung von Materialien mehrerer Lieferanten unter § 7 Rn. 96 ff. Vgl. dazu auch Uhlenbruck/*Brinkmann* § 49 InsO Rn. 22.
[57] 91 Abs. 1 InsO steht einem solchen Erwerb auch nicht entgegen, wenn erst der Insolvenzverwalter veräußert hat, vgl. MünchKommInsO/*Breuer* § 91 InsO Rn. 35 m.w.N. Nach Jaeger/*Windel* § 91 InsO Rn. 88 soll § 91 Abs. 1 InsO dem entgegenstehen und zur Wirkungslosigkeit der Poolvereinbarung führen, wenn jene einer verbesserten Beweislage dient.

Anhang zu Teil 3

Übersicht 2 – Mobiliarsicherheiten

Grundformen	Regelungsmaterie	Sicherungsobjekt	Typische Sicherung für	Ausdehnungsformen	
				Erweiterung[1]	Verlängerung[2]
Eigentumsvorbehalt	§§ 433, 449 §§ 929 Satz 1, 158 Abs. 1	bewegliche Sachen	Warenkredit	a) Sicherung weiterer Forderungen desselben Gläubigers (sog. *Kontokorrentvorbehalt*) (siehe § 7 Rn. 103) b) Sicherung von Forderungen einer Gläubigergruppe (sog. *Konzernvorbehalt*) (siehe § 7 Rn. 110)	a) neue Sache, die aus Sicherungsgut hergestellt wird: *Verarbeitungsklausel*[3] b) Kaufpreis-/Werklohnforderung aus Weiterveräußerung: *Vorausabtretungsklausel*[4, 5] c) Wechsel von Sicherungsgut (insbesondere) bei Warenlagern: *Nachschubklausel*[6]
Pfandrecht	a) rechtsgeschäftliches: §§ 1204 ff., 1273 ff. b) gesetzliches: §§ 559, 585, 590, 647, 704[7] c) Pfändungspfandrecht: § 804 ZPO	bewegliche Sachen und Rechte	unspezifisch	---	§§ 1247 Satz 2, 1287, § 848 Abs. 2 Satz 2 ZPO
Sicherungsabtretung	§§ 398, 413	Rechte	Waren- und Geldkredit	---	---
Sicherungsübereignung	§§ 929 ff. (§ 930)	bewegliche Sachen	Geldkredit	---	---

Anmerkungen zu Übersicht 2

[1] Die Sicherheit dient auch der Sicherung weiterer Forderungen.
[2] Anstelle der ursprünglichen Sicherheit tritt ein Surrogat.
[3] Beispiel: Garagentor-Fall, siehe § 7 Rn. 15. Bedeutung der Klausel: vorweggenommenes Besitzkonstitut; str., siehe § 7 Rn. 46 ff.
[4] Beispiele: Garagentor-Fall, siehe § 7 Rn. 15; Baulöwe-Fall, siehe § 10 Rn. 11. Bedeutung der Klausel: Vorausabtretung der künftigen Forderungen aus der Weiterveräußerung.
[5] Wird der Kaufpreis/Werklohn vom Kreditnehmer eingezogen, wäre eine Verlängerung in Form der vorweggenommenen Sicherungsübereignung denkbar, aber wenig praktisch.
[6] Beispiel: Landmaschinen-Fall, siehe § 9 Rn. 26. Bedeutung der Klausel: vorweggenommenes Besitzkonstitut (evtl. auch Insichkonstitut; *Westermann/Staudinger*, BGB-Sachenrecht, 13. Aufl. 2017, Rn. 278).
[7] Siehe ferner §§ 397, 410, 421, 440, 457 HGB.

Teil 4. Immobiliarsicherheiten

§ 13. Grundlagen

Literatur: *Baur/Stürner,* Sachenrecht, 18. Aufl. 2009, §§ 36–47; *Petersen,* Der Grundbuchberichtigungsanspruch, JURA 2016, 872; *Prütting,* Sachenrecht, 36. Aufl. 2017, §§ 54–68; *Schreiber,* Der Widerspruch gegen die Richtigkeit des Grundbuchs, JURA 2005, 241; *ders.,* Der Rang im Grundbuch, JURA 2006, 502; *Weber/Weber,* Kreditsicherungsrecht, 9. Aufl. 2012, §§ 11–14.

A. Begriff und wirtschaftliche Bedeutung

Immobiliarsicherheiten sind **dingliche Rechte an Grundstücken** (§ 1113 Abs. 1), an Miteigentumsanteilen an Grundstücken (§ 1114; wichtig bei Wohnungseigentum) oder an grundstücksgleichen Rechten (Erbbaurecht). Sie gewähren dem Kreditgeber im Sicherungsfall die Befugnis, Grundstück (Miteigentum, Erbbaurecht) oder Grundstücksnutzungen zu seiner Befriedigung zu **verwerten.** Die Immobiliarsicherheiten bilden zusammen mit den Mobiliarsicherungen (siehe § 6 Rn. 1) die **Realsicherheiten** (siehe § 1 Rn. 7). **1**

Die **wirtschaftliche Bedeutung** der Immobiliarsicherheiten wird daran deutlich, dass sich das gesamte, durch Grundpfandrechte gesicherte Kreditvolumen in Deutschland 2011 auf ca. 1.154 Mrd. EUR[1] und 2016 auf rund 1.260 Mrd. EUR[2] belief. Die weite Verbreitung der Grundpfandrechte beruht vor allem darauf, dass Grundstücke Verwertungsobjekte darstellen, deren **Wert** in den allermeisten Fällen zumindest **konstant** bleibt, häufig sogar steigt.[3] Allerdings ist auch der Grundstücksmarkt konjunkturabhängig, wie insbesondere die sog. Subprime-Krise in den USA ab 2007 gezeigt hat:[4] Diese wurde mit dadurch ausgelöst, dass Hypothekenbanken massenweise grundpfandgesicherte Kredite an bonitätsschwache Privatpersonen ausgereicht hatten; gleichzeitig hatten sich Investoren in spekulativer Manier im Glauben an steigende Immobilienpreise hoch verschuldet. **2**

Aus bankwirtschaftlichen Gründen nehmen Banken im organisierten Realkredit die Beleihung und Belastung eines Grundstücks nur zu einem bestimmten Prozentsatz seines Wertes vor, um solche Konjunkturschwankungen ausgleichen zu können. Diese **Beleihungsgrenze** liegt bei Banken und Sparkassen für erstrangige Grundpfandrechte bei höchstens 75 % des geschätzten Grundstückswertes.[5] Gesetzliche Vorgaben enthält § 14 PfandBG, wonach Hypotheken nur bis zur Höhe der ersten 60 % des von der Pfandbriefbank festgesetzten Beleihungswertes zur Deckung benutzt werden dürfen. **3**

Davon zu unterscheiden ist die sog. **Verschuldungsgrenze,** welche die Belastung eines Grundstücks über eine bestimmte Wertgrenze hinaus verbietet. Artikel 117 Abs. 1 EGBGB ermächtigt die Länder zur Festlegung einer solchen Verschuldungsgrenze; hiervor wurde aber nicht Gebrauch gemacht.[6] **4**

---

[1] Statistisches Jahrbuch 2011, S. 445. In den neueren Jahrbüchern werden diese Daten nicht mehr ausgewiesen.
[2] Siehe https://de.statista.com/statistik/daten/studie/435444/umfrage/hypothekarkredite-an-unternehmen-und-privatpersonen-in-deutschland/ [zuletzt abgerufen am 4.3.2017].
[3] Eingehend dazu *Baur/Stürner* § 36 Rn. 1 ff.
[4] Zu den Hintergründen etwa *C.-P. Wagner* IRZ 2008, 163.
[5] *Baur/Stürner* § 36 Rn. 43.
[6] Siehe MünchKommBGB/*Säcker* Art. 117 EGBGB Rn. 5.

Teil 4. Immobiliarsicherheiten

5   Vorgaben zur **Beleihungswertermittlung** enthält § 16 PfandBG i.V.m. der Beleihungswertermittlungsverordnung (BelWertV). Nach § 16 Abs. 2 PfandBG darf der Beleihungswert „den Wert nicht überschreiten, der sich im Rahmen einer vorsichtigen Bewertung der zukünftigen Verkäuflichkeit einer Immobilie und unter Berücksichtigung der langfristigen, nachhaltigen Merkmale des Objektes, der normalen regionalen Marktgegebenheiten sowie der derzeitigen und möglichen anderweitigen Nutzungen ergibt. Spekulative Elemente dürfen dabei nicht berücksichtigt werden. Der Beleihungswert darf einen auf transparente Weise und nach einem anerkannten Bewertungsverfahren ermittelten Marktwert nicht übersteigen. Der Marktwert ist der geschätzte Betrag, für welchen ein Beleihungsobjekt am Bewertungsstichtag zwischen einem verkaufsbereiten Verkäufer und einem kaufbereiten Erwerber, nach angemessenem Vermarktungszeitraum, in einer Transaktion im gewöhnlichen Geschäftsverkehr verkauft werden könnte, wobei jede Partei mit Sachkenntnis, Umsicht und ohne Zwang handelt." Zur Ermittlung differenziert § 4 BelWertV weiter zwischen Ertragswert (§§ 8–13 BelWertV) und Sachwert (§§ 14–18 BelWertV) des Beleihungsobjekts. Weitere Vorschriften zur Verkehrswertermittlung enthalten die §§ 192 ff. BauGB.

B. Arten

I. Die einzelnen Arten

1. Hypothek

6   Im gesetzlichen Sinn stellte im Ausgangspunkt nur die **Hypothek** eine Immobiliarsicherheit dar. Denn nur sie dient nach § 1113 Abs. 1 kraft Gesetzes der Sicherung einer (Kredit-)Forderung.

2. Grundschuld

7   Praktisch stand aber auch die **Grundschuld** (§ 1191) als sog. Sicherungsgrundschuld, die in § 1192 Abs. 1a nunmehr eine ausdrückliche Normierung erfahren hat (siehe § 16 Rn. 29), schon immer im Dienst der Kreditsicherung; jedoch sind hier das Sicherungsmittel und die gesicherte Forderung nur kraft rechtsgeschäftlicher Vereinbarung im Sicherungsvertrag aufeinander bezogen (siehe § 15 Rn. 7). Dasselbe gilt für die (nicht sehr bedeutsame) **Rentenschuld** als Sonderform der Grundschuld (§ 1199 Abs. 1).

3. Vormerkung

8   In einem weiteren Sinne kommt auch der **Vormerkung,** insbesondere der auf den Eigentumserwerb zielenden Auflassungsvormerkung, kreditsichernde Aufgabe zu. **Rechtlich** sichert die Vormerkung zwar einen obligatorischen Anspruch auf dingliche Rechtsänderung im Grundstücksrecht (siehe § 14 Rn. 1, 8 f.). **Wirtschaftlich** lässt sich die Vormerkung aber durchaus als Kreditsicherungsmittel für den Erwerber sehen, der schon vor der Umschreibung seine Gegenleistung oder wenigstens einen Teil davon erbringt. Im Unterschied zu Hypothek und Grundschuld gibt die Vormerkung dem gesicherten Gläubiger allerdings kein Verwertungsrecht, sondern gewährleistet ihm die inhaltliche Erfüllung seines Anspruchs. Diese Abweichungen vom „normalen" Bild einer Sicherheit teilt die Vormerkung übrigens mit dem Eigentumsvorbehalt (siehe § 7 Rn. 2).

II. Praktische Bewährung

9   Im Gegensatz zur Lage bei den Mobiliarsicherheiten hat sich das gesetzliche **System der Immobiliarsicherheiten durchgesetzt und bewährt.** Das hat verschiedene Gründe.

§ 13. Grundlagen

1. Keine bedingte Übereignung

Der **Eigentumsvorbehalt** in Form der bedingten Übereignung ist bei Grundstücken durch **§ 925 Abs. 2 ausgeschlossen:** Hier sollen klare, unmittelbar aus dem Grundbuch ablesbare Eigentumsverhältnisse herrschen. Der Sicherung des Grundstücksverkäufers dient statt des Eigentumsvorbehalts eine Hypothek oder Grundschuld für die Kaufpreis(rest)forderung.

10

2. Publizität

Die **Sicherungsübereignung** beruht bei Mobilien wesentlich auf der Erwägung, dem **Sicherungsgeber Besitz und Nutzung** des Sicherungsgutes belassen zu können. Unter diesem Gesichtspunkt besteht für die Sicherungsübereignung bei Grundstücken kein Bedarf, da die Grundpfandrechte anders als das Faustpfand ja **besitzlose Rechte** sind.

11

Bei der Mobiliarsicherungsübereignung spielt darüber hinaus der Gedanke eine Rolle, mit ihr die **Publizität** des Pfandrechts vermeiden zu können. Bei den Immobilien besteht in diesem Punkt kein Unterschied zwischen Pfandbestellung und Übereignung: Beide müssen in gleicher Weise durch **Grundbucheintragung publiziert** werden (siehe Rn. 19 ff.).

12

III. Einflüsse des EU-Rechts

Europarechtliche Einflüsse auf das Immobiliarsachenrecht lassen sich bislang kaum ausmachen.[7] Ausgangspunkt ist Art. 345 AEUV, wonach die Verträge die Eigentumsordnungen der Mitgliedstaaten unberührt lassen. Darin liegt zwar keine Kompetenzschranke, sondern lediglich ein Vorbehalt, der bei der Ausübung der im AEUV begründeten Kompetenzen zu beachten ist.[8] Andererseits weisen die Verträge der EU aber keine eindeutige Gesetzgebungskompetenz auf dem Gebiet des Sachenrechts zu. Für das **Kollisionsrecht** gilt die allgemeine Norm des Art. 81 Abs. 2 Buchst. c AEUV, die im Grundsatz auch das internationale Sachenrecht umfasst; gesetzgeberische Aktivitäten sind hier jedoch derzeit nicht zu erwarten.[9] In beschränktem Umfang besteht allerdings ein Einfluss der Grundfreiheiten auf das nationale Kollisionsrecht.[10] Im Bereich des **Sachrechts** kommt in erster Linie die allgemeine Binnenmarktkompetenz des Art. 114 AEUV in Betracht, in dessen Rahmen allerdings der erwähnte Art. 345 AEUV zu beachten wäre. Bisherige harmonisierende Gesetzgebungsinitiativen berühren das Sachenrecht allerdings nicht.[11]

13

Vorstöße, ein europaweit einheitliches Grundpfandrecht zu schaffen **(„Eurohypothek")**,[12] müssten dagegen wohl auf die Kompetenzabrundungsklausel des Art. 352 AEUV gestützt werden, die allerdings Einstimmigkeit im Rat erfordert.

14

---

[7] Dazu *Baur/Stürner* § 64 Rn. 69 ff.; *Basedow/Remien/Wenckstern,* Europäisches Kreditsicherungsrecht, 2010; allgemein auch *Basedow* ZEuP 2016, 573, 583 ff.
[8] Calliess/Ruffert/*Kingreen,* EUV/AEUV, 5. Aufl. 2016, Art. 345 AEUV Rn. 5 m. N.
[9] Siehe bereits BT-Drucks. 14/343, S. 6; Überblick bei MünchKommBGB/*Wendehorst* Vor Art. 43 EGBGB Rn. 4 ff.
[10] Dazu Langenbucher/*M. Stürner* § 8 Rn. 122.
[11] So im Vorschlag für eine Verordnung über ein Gemeinsames Europäisches Kaufrecht (GEK) vom 11.10.2011, KOM(2011) 635 endg. Dort blieb insbesondere der praktisch bedeutsame Eigentumsvorbehalt ungeregelt.
[12] Siehe das Grünbuch: Hypothekarkredite in der Europäischen Union vom 19.7.2005, KOM(2005), 327 endg.; aus der Lit.: *P. Mayer* EuZW 2004, 389; *Baur/Stürner* § 64 Rn. 76 ff.; *Rupp,* Grundpfandrechte zwischen Flexibilität und Schutz. Ein kontinentaleuropäischer Rechtsvergleich und neue Gedanken zu einer „Eurohypothek", 2015.

Teil 4. Immobiliarsicherheiten

C. Erwerb

15 Ebenso wie andere Rechte können auch Grundstücksrechte durch Rechtsgeschäft, aufgrund eines Hoheitsakts oder kraft Gesetzes erworben werden. Durch **Hoheitsakt** begründet und erworben wird etwa die Zwangshypothek (§ 867 ZPO), die im Rahmen der Vollstreckung von Geldforderungen zugunsten des Gläubigers im Grundbuch eingetragen wird. Fälle **gesetzlichen Erwerbs** einer Hypothek regeln § 1287 Satz 2 BGB,[13] § 848 Abs. 2 Satz 2 ZPO.

16 Die Grundnorm für den **rechtsgeschäftlichen Erwerb** (und für die rechtsgeschäftliche Übertragung) von Grundstücksrechten ist § 873 Abs. 1. Danach umfasst der Verfügungstatbestand ebenso wie bei Mobilien zwei Elemente: die Einigung (siehe Rn. 17 f.) und den Publizitätsakt der Eintragung im Grundbuch (siehe Rn. 19 ff.). Bei Briefgrundpfandrechten sind ergänzend §§ 1116 f., 1163 Abs. 2 (beim Ersterwerb), 1154 Abs. 1, Abs. 2 (bei der Übertragung) zu beachten, bei Hypotheken zusätzlich § 1163 Abs. 1 Satz 1. Hinzukommen muss in jedem Fall die Verfügungsbefugnis des verfügenden Teils (siehe Rn. 32 ff.); fehlt sie, ist gutgläubiger Erwerb in Betracht zu ziehen (siehe Rn. 35 ff.).

I. Einigung

17 Die Einigung stellt einen (dinglichen) **Vertrag** dar, der grundsätzlich **keiner Form** bedarf. Nur die Einigung bei einer Grundstücksübereignung **(Auflassung)** muss bei gleichzeitiger Anwesenheit von Veräußerer und Erwerber vor der zuständigen Stelle, in der Regel einem Notar, erklärt werden **(§ 925 Abs. 1).** Die Vorschrift verlangt nicht persönliche Anwesenheit, schließt also Stellvertretung (§ 164 Abs. 1) nicht aus. Nach **materiellem Recht** muss die Auflassung – anders als das zugrundeliegende Verpflichtungsgeschäft (§ 311b Abs. 1 Satz 1) – auch nicht beurkundet werden. Da der Eigentumsübergang im Grundbuch nach § 20 GBO jedoch nur eingetragen wird, wenn die Auflassung nachgewiesen ist (vgl. Rn. 25), dieser Nachweis gem. § 29 GBO aber in öffentlicher Urkunde zu führen ist (öffentliche Beglaubigung ist hierzu nicht geeignet), muss die Auflassung letztlich doch notariell beurkundet werden, um der **Verfahrensvorschrift** des § 29 GBO zu genügen.

18 An die Einigung sind die Beteiligten nur in den Fällen des § 873 Abs. 2 gebunden. Sonst kann jede Partei ihre Erklärung einseitig widerrufen.

II. Eintragung

19 Zur Einigung muss die Eintragung der Rechtsänderung im Grundbuch hinzukommen.

1. Grundbuch

20 Das **Grundbuch** ist ein **öffentliches Register** der (dinglichen) Rechtsverhältnisse an Grundstücken.[14] Seine Führung ist nach § 1 Abs. 1 Satz 1 GBO den Amtsgerichten[15] als **Grundbuchämtern** für die Grundstücke ihres Bezirks (§ 1 Abs. 1 Satz 2 GBO) anvertraut. Es handelt sich deshalb um eine Angelegenheit der **freiwilligen Gerichtsbarkeit** (§ 1 FamFG i. V. m. § 23a Abs. 2 Nr. 8 GVG).

---

[13] Zum Grundbuchverfahren in diesen Fällen *Stöber* DNotZ 1985, 585 ff.
[14] Zu den verschiedenen Funktionen und Ausprägungen des Grundbuchs rechtsvergleichend *Wudarski*, Das Grundbuch im Europa des 21. Jahrhunderts, 2016.
[15] Ausnahme: Bisher bestand in Baden-Württemberg in jeder Gemeinde ein staatliches Grundbuchamt, das von Amtsnotaren geführt wurde. Im Zuge der Neuordnung des Grundbuchwesens in Baden-Württemberg mit Beschluss des Ministerrates vom 21.7.2008 wird die Grundbuchführung bis zum 1.1.2018 schrittweise dem bundesrechtlichen Usus angepasst und an die Grundbuchabteilungen der Amtsgerichte übertragen.

§ 13. Grundlagen

2. Eintragung

Das **Eintragungsverfahren** und die dabei zu beachtenden (prozessrechtlichen) Voraussetzungen regelt die **Grundbuchordnung** (GBO), zu deren Ergänzung in Einzelpunkten das FamFG heranzuziehen ist. Die technische Seite der Einrichtung und Führung des Grundbuchs ordnet die (gleichnamige) **Grundbuchverfügung** (Verordnung zur Durchführung der Grundbuchordnung – GBV). **21**

3. Prinzipien des Grundbuchverfahrens

Das Grundbuchverfahren wird von **vier Prinzipien** beherrscht. **22**

(1.) **Antragsprinzip (§ 13 GBO):** Eine Eintragung erfolgt nur auf Antrag des Betroffenen oder Begünstigten. Dessen **Form** regelt § 30 GBO. **23**

Das Antragsprinzip ist von einer Reihe von **Ausnahmen** durchbrochen, in der GBO z.B. in § 18 Abs. 2 (Vormerkung und Widerspruch zur Rangwahrung), § 51 (Vor- und Nacherbenvermerk), § 52 (Testamentsvollstreckervermerk), § 53 Abs. 1 (Amtswiderspruch, Amtslöschung), § 76 Abs. 2 (Löschung einstweiliger Vormerkungen oder Widersprüche), § 82a (Eigentümerberichtigung), § 84 (Löschung gegenstandsloser Eintragungen), §§ 90ff. (Klarstellung der Rangverhältnisse). Weitere Ausnahmen bilden die Fälle, in denen auf Ersuchen einer Behörde oder eines Gerichts eingetragen wird (§ 38 GBO); hier liegt zugleich eine Ausnahme von § 19 GBO vor (siehe Rn. 26). **24**

(2.) **Bewilligungsprinzip (§ 19 GBO):** Die Eintragung setzt voraus, dass der betroffene Rechtsinhaber sie bewilligt. Diese Bewilligung ist als Voraussetzung der Eintragung zu unterscheiden von der materiell-rechtlichen Einigung nach § 873. Man spricht daher im Hinblick auf die Bewilligung des § 19 GBO vom **formellen Konsensprinzip** in Abgrenzung zum **materiellen Konsensprinzip** des § 873 Abs. 1. Dem Grundbuchamt ist nur die (formelle) Bewilligung des § 19 GBO, nicht dagegen die (materielle) Einigung des § 873 Abs. 1 nachzuweisen **(Form: § 29 GBO)**. **25**

Ausnahmen vom formellen Konsensprinzip: (a) Nach **§ 20 GBO** ist beim **Eigentumswechsel** (und bei Bestellung, Änderung und Übertragung eines Erbbaurechts) die materiellrechtliche Einigung nachzuweisen; sie umfasst grundsätzlich die Eintragungsbewilligung des § 19 GBO.[16] (b) Die **Berichtigung des Grundbuchs** erfolgt außer aufgrund einer Bewilligung auch, wenn die Unrichtigkeit in der Form des § 29 GBO nachgewiesen wird **(§ 22 GBO)**. Kann dieser Nachweis geführt werden, fehlt einer Klage auf Zustimmung zur Grundbuchberichtigung nach § 894 das Rechtsschutzbedürfnis. (c) Nicht erforderlich ist eine Bewilligung bei Eintragungen auf **Ersuchen einer Behörde** (z.B. des Insolvenzgerichts nach § 32 Abs. 2 Satz 1 InsO **(§ 38 GBO)**. (d) Bei der Löschung eines Grundpfandrechts ist neben der Bewilligung des Gläubigers noch die (formelle) Zustimmung des Grundstückseigentümers nötig **(§ 27 GBO)**; diese ist nicht mit der nach § 1183 erforderlichen (materiellrechtlichen) Zustimmung bei der Aufhebung der Hypothek identisch. **26**

(3.) **Voreintragungsprinzip (§ 39 GBO):** Die Regelung hängt mit dem formellen Konsensprinzip des § 19 GBO zusammen. Derjenige, der die Eintragung bewilligt, muss im Grundbuch eingetragen sein, damit sich das Grundbuchamt die Prüfung der materiellen Berechtigung des Bewilligenden ersparen kann. Darüber hinaus verfolgt das Voreintragungsprinzip den Zweck, den Rechtszustand des Grundbuchs in allen Entwicklungsstufen klar und verständlich wiederzugeben.[17] **27**

---

[16] Str., Palandt/*Herrler* § 925 BGB Rn. 30; a.A. BeckOK GBO/*Hügel*, 28. Ed. (Stand: 1.11.2016), § 20 GBO Rn. 3 m.N. (die Auslegung der materiellen Einigung müsse positiv ergeben, dass sie auch die Bewilligung enthalten soll).
[17] So BGH NJW-RR 2011, 19, 20; ebenso bereits RGZ 133, 279, 283; BGHZ 16, 101.

Teil 4. Immobiliarsicherheiten

28 Die wichtigste **Ausnahme** vom Voreintragungsprinzip enthält § 40 GBO: Bei Erbfolge und erbfolgeähnlicher Gesamtrechtsnachfolge genügt die Eintragung des Rechtsvorgängers des Betroffenen, wenn die Übertragung oder Aufhebung des Rechts eingetragen werden soll (siehe näher § 14 Rn. 60).

29 (4.) **Prioritätsprinzip (§ 17 GBO):** Konkurrieren mehrere Anträge inhaltlich miteinander, so ist der ältere vor dem jüngeren zu erledigen. Die sachliche Begründung für diese Regelung steckt in § 879 Abs. 1, wonach die Reihenfolge der Eintragung den materiellen Rang des eingetragenen Rechts bestimmt.

30 Hilfsmittel zur Wahrung des Prioritätsprinzips sind Amtsvormerkung und Amtswiderspruch des **§ 18 Abs. 2 GBO.**

4. Zeitpunkt der Rechtsänderung

31 Zu beachten ist: Für den Eintritt der Rechtsänderung kommt es nach § 873 Abs. 1 nur darauf an, dass (die materiell-rechtlichen) Tatbestandselemente Einigung und Eintragung vorliegen. Ob bei der Eintragung die verfahrensrechtlichen Voraussetzungen (zu den Verfahrensprinzipien siehe Rn. 23–29) beachtet wurden, ist gleichgültig: **Verfahrensverstöße** hindern den Eintritt der materiellen Rechtswirkung also **nicht.**

III. Verfügungsbefugnis des verfügenden Teils

32 § 873 Abs. 1 setzt schließlich die Verfügungsbefugnis des verfügenden Teils voraus („[...] Einigung des Berechtigten [...]"). Diese muss grundsätzlich bei Vollendung des Erwerbstatbestandes mit Einigung und Eintragung vorliegen.

33 Davon macht § 878 eine **Ausnahme:** Ist der Berechtigte nach § 873 Abs. 2 an seine Erklärung gebunden und der Eintragungsantrag gestellt, dann hindert eine danach eintretende Verfügungsbeschränkung den Erwerb nicht mehr. Die Vorschrift will der dem Erwerber drohenden Gefahr entgegenwirken, während des Eintragungsverfahrens, auf dessen Fortgang er keinen Einfluss hat, von einer Verfügungsbeschränkung zu Lasten des Verfügenden überrascht zu werden.[18] Die Norm ist daher nur auf Verfügungsbeschränkungen anwendbar, die außerhalb des Grundbuchs entstehen (Beispiel: § 80 Abs. 1 i.V.m. § 91 Abs. 2 InsO). Gegen Verfügungsbeschränkungen, die erst aufgrund der Eintragung im Grundbuch wirksam werden, ist der Erwerber dagegen durch das Prioritätsprinzip des § 17 GBO geschützt.[19]

34 Ist der Verfügende **Nichtberechtigter,** dann ist die Verfügung gleichwohl wirksam, wenn der Berechtigte eingewilligt hat (§ 185 Abs. 1) oder genehmigt oder ein genehmigungsgleicher Tatbestand eintritt (§ 185 Abs. 2 Satz 1).

IV. Gutgläubiger Erwerb

35 Ist der Veräußerer nicht verfügungsbefugt, kommt ein gutgläubiger Erwerb gem. §§ 892, 893 in Betracht. Die **Voraussetzungen** für einen solchen Erwerb im Allgemeinen[20] sind:

---

[18] Vgl. die Parallelregelung in § 892 Abs. 2 Alt. 1.
[19] Eingehend KG JFG 9, 178, 181 ff.; *Rieger* BWNotZ 2001, 79.
[20] Zum gutgläubigen Erwerb speziell einer Vormerkung siehe § 14 Rn. 108 ff., eines Grundpfandrechts siehe Übersicht 5 (S. 292).

1. Unrichtiges Grundbuch

Es muss ein unrichtiger Grundbucheintrag im Zeitpunkt der Eintragung des Erwerbers vorliegen.[21] **36**

2. Gutgläubigkeit des Erwerbers

Sie ist gegeben, wenn er die Unrichtigkeit des Grundbuchs nicht kennt und kein Widerspruch (§ 899) eingetragen ist. Maßgebender Zeitpunkt für die Gutgläubigkeit ist grundsätzlich die Vollendung des Rechtserwerbs; zugunsten des Erwerbers verlegt § 892 Abs. 2 diesen Zeitpunkt vor. **37**

3. Rechtsgeschäftlicher Erwerb

Der Erwerb kraft Gesetzes genießt daher keinen Schutz. Stellt diese Art des Erwerbs jedoch nur eine rechtstechnische Vereinfachung eines an sich rechtsgeschäftlichen Erwerbs dar, greift § 892 Platz; wichtig wird dies etwa beim gutgläubigen Zweiterwerb der Vormerkung (siehe § 14 Rn. 82).[22] Bei der Zwangsvollstreckung ist zu unterscheiden: (1.) Wer als Gläubiger eines Anspruchs auf dingliche Rechtsänderung ein rechtskräftiges Urteil erstritten hat, das die Einigungserklärung des Schuldners ersetzt (§ 894 ZPO), erwirbt kraft Rechtsgeschäfts und wird daher geschützt (§ 898 ZPO). (2.) Wer als Gläubiger einer vollstreckbaren Geldforderung in ein Grundstück oder in ein beschränktes dingliches Grundstücksrecht vollstreckt, wird nicht geschützt. (3.) Wer als Erwerber im Rahmen einer Zwangsvollstreckung wegen Geldforderungen ein Grundstück zugeschlagen (§ 90 Abs. 1 ZVG) oder ein Recht an einem Grundstück übertragen (§ 844 ZPO) erhält, erwirbt dieses ohne Rücksicht auf seinen guten Glauben.[23] **38**

4. Verkehrsgeschäft

Dieses fehlt, wenn auf Veräußerer- und Erwerberseite dieselben Personen stehen (z. B. Bucheigentümer bestellt sich eine Eigentümergrundschuld),[24] wenn auch in jeweils anderer rechtlicher Organisation (z. B. eine Erbengemeinschaft veräußert an eine GmbH, deren Gesellschafter die Erben sind). **39**

D. Erwerbsgrund

Der Erwerb eines Grundstücksrechts bedarf wie jeder Erwerb eines „rechtlichen Grundes" (§ 812 Abs. 1). **40**

Für die **Vormerkung** findet er sich häufig in dem Rechtsgeschäft, aus dem der zu sichernde Anspruch erwächst. So wird bei Grundstückskaufverträgen, bei denen der Kaufpreis bereits (teilweise oder ganz) vor dem Eigentumserwerb durch den Käufer zu zahlen ist, zumeist die Eintragung einer Auflassungsvormerkung vereinbart. Fehlt es hieran, so lässt sich dem § 885 Abs. 1 Satz 2 gleichsam ein gesetzlicher Erwerbsgrund entnehmen. **41**

---

[21] BGH NJW 1980, 2413 m.w.N.
[22] Weiterer Beispielsfall: Ablösung des bloß buchberechtigten Grundpfandinhabers durch einen gutgläubigen, *Canaris* NJW 1986, 1488 ff.; *Rimmelspacher* WM 1986, 809 gegen BGH NJW 1986, 1487 = WM 1986, 293 (zust. *Reinicke/Tiedtke* WM 1986, 813).
[23] Auf dem Sonderweg des § 844 ZPO kann auch ein rechtsgeschäftlicher Erwerb in Betracht kommen, siehe Staudinger/*Gursky* (2013) § 892 BGB Rn. 92.
[24] Gutgläubiger Erwerb wird ganz überwiegend abgelehnt, siehe etwa Staudinger/*Gursky* (2013) § 892 BGB Rn. 92 m.w.N.; bejaht nur von *Heck* SachenR § 44 II 2.

42 Der Bestellung oder Sicherungsübertragung eines **Grundpfandrechts** liegt in aller Regel ein sog. **Sicherungsvertrag** (Sicherungsvereinbarung, Sicherungsabrede) zugrunde. Die Bankpraxis spricht vielfach auch von einer Zweckbestimmungserklärung. Hinsichtlich seiner Funktion, seines Abschlusses und seines Inhalts entspricht er dem Sicherungsvertrag bei der Sicherungsübereignung (siehe § 9 Rn. 4 ff.). Hier wie dort wird er grundsätzlich formlos zwischen dem Kreditgeber und dem (Grundstückseigentümer als) Sicherungsgeber[25] geschlossen.[26] Der Sicherungsvertrag verpflichtet den Sicherungsgeber zur Bestellung der Sicherheit; er legt schuldrechtlich fest, für welche Forderungen das Pfandrecht als Sicherheit dienen soll und unter welchen Voraussetzungen es in Anspruch genommen werden darf. Das ist insbesondere bei der nicht-akzessorischen Grundschuld wichtig.

43 In der Bankpraxis wird der Sicherungsvertrag in der Regel **formularmäßig** geschlossen. Er unterliegt dann der Abschluss- und Inhaltskontrolle nach den §§ 305 ff. Diese gewinnt besondere Bedeutung in den Fällen, in denen der Deckungsbereich einer Grundschuld auf einen noch unbestimmten, lediglich bestimmbaren Kreis künftiger Forderungen erstreckt wird. Das ist grundsätzlich zulässig.[27] Der BGH vertritt diesbezüglich die Auffassung, für Inhalt und Umfang der schuldrechtlichen Zweckbindung einer Grundschuld existiere schon kein gesetzliches Leitbild, an dem davon abweichende oder ergänzende Regelungen zu messen wären (§ 307 Abs. 3 Satz 1).[28] Daran dürfte sich auch durch das Risikobegrenzungsgesetz und den neuen § 1192 Abs. 1a (siehe dazu § 16 Rn. 29) nichts geändert haben.[29] Wurde die Sicherheit jedoch anlässlich eines zweckgebundenen Kredits aufgrund der AGB des Kreditgebers zugleich „für alle künftigen Ansprüche des Kreditgebers aus der Geschäftsverbindung mit dem Kreditnehmer" zugesagt und bestellt, dann liegt es nahe, eine solch weitgreifende Klausel als überraschend (§ 305c)[30] oder als einer Individualvereinbarung widersprechend (§ 305b)[31] anzusehen. Insbesondere gilt dies, wenn **Sicherungsgeber und Kreditnehmer nicht identisch** sind.[32] Anders kann dann zu entscheiden sein, wenn zu einem späteren Zeitpunkt ohne Bezug zu einer bestimmten Darlehensgewährung ein neuer Sicherungszweck vereinbart wird: Dann muss der Sicherungsgeber vernünftigerweise damit rechnen, dass der auf den sog. Anlasskredit gerichtete Sicherungszweck durch einen anderen ersetzt oder erweitert werden soll; dies schließt die Sicherung künftiger Verbindlichkeiten mit ein.[33]

44 Eine **Individualvereinbarung** entsprechenden Inhalts ist bedenkenfrei nur dann, wenn man dem Sicherungsgeber ein (in der Regel fristgebundenes) Kündigungsrecht einräumt, mit dessen Hilfe er eine zeitliche Grenze zwischen den Verbindlichkeiten, für die sein Grundstück haftet, und den

---

[25] A.A. *Clemente*, Rechtsfragen der Kreditsicherung mittels Grundschuld in der Praxis der Kreditinstitute, Diss., 1982, S. 11 ff.; *ders.* NJW 1983, 9; *ders.*, Recht der Sicherungsgrundschuld, 4. Aufl. 2008, Rn. 293 ff.: Sicherungsgeber sei im Zweifel der Kreditnehmer (dabei wird jedoch das Interesse des Kreditgebers zu hoch und das Interesse des Grundstückseigentümers zu niedrig bewertet).
[26] In Fällen der Refinanzierung (der Pfandrechtsinhaber nimmt seinerseits Kredit auf und überträgt sein Grundpfandrecht seinem Kreditgeber als Sicherung) ist selbstverständlich der Pfandrechtsinhaber Partei des Sicherungsvertrages.
[27] BGH NJW 1981, 756; BGHZ 101, 29; Palandt/*Herrler* § 1191 BGB Rn. 42.
[28] Dazu BGH NJW 2002, 2710; zust. *Kuntz* AcP 209 (2009), 242, 271 ff.
[29] *Heinze* DNotZ 2016, 255; Palandt/*Herrler* § 1191 BGB Rn. 42; a. A. *Knops* NJW 2015, 3121, 3123 f.
[30] BGH NJW 2002, 2710; weitere Nachweise bei Staudinger/*Schlosser* (2013) § 305c BGB Rn. 36.
[31] *Clemente* ZIP 1985, 196 ff.
[32] BGHZ 83, 56, 59 f. („überraschende Klausel", die anhand des § 242 verworfen wurde, weil der Fall noch nicht am AGBG bzw. an den §§ 305 ff. zu messen war); BGHZ 109, 197 („überraschende Klausel" nach § 305c Abs. 1, da Inhalt und Umfang der Zweckerklärung nicht gesetzlich festgelegt seien); ferner *Tiedtke* NJW 1991, 3241; *Vieweg/Werner* § 12 Rn. 19.
[33] BGH NJW 2001, 1416, 1417; NJW-RR 2017, 334, 336.

späteren Schulden des Kreditnehmers ziehen kann.[34] Für alle nach Inkrafttreten des Risikobegrenzungsgesetzes am 20. August 2008 bestellten Grundschulden gilt die Kündigungsfrist des § 1193 Abs. 1 Satz 3, die nicht dispositiv ist (§ 1193 Abs. 2 Satz 2).[35]

---

[34] Ähnlich *Lwowski* ZIP 1983, 759 (die dort empfohlene Kündigungsfrist von etwa zwei Jahren ist jedoch zu lang); wesentlich enger *Serick* Bd. V § 58 VII 5 (mit VII 4 b). – Vgl. zur parallelen Problematik bei der Bürgschaft § 2 Rn. 10 ff.
[35] Siehe für Gesamtgrundschulden BGHZ 186, 28: Wird eine vor dem 20.8.2008 bestellte Sicherungsgrundschuld auf ein anderes Grundstück erstreckt, gilt die durch das Risikobegrenzungsgesetz eingeführte zwingende Fälligkeitsbestimmung des § 1193 nur für die Belastung des nachverpfändeten Grundstücks.

§ 14. Vormerkung

Literatur: *Henrich,* Vorvertrag, Optionsvertrag, Vorrechtsvertrag, 1965; *Löhnig/Gietl,* Grundfälle zur Vormerkung: Die Handlungsmöglichkeiten des Auflassungsvormerkungsinhabers, JuS 2008, 102; *Müller/Gruber,* Sachenrecht, 2016, § 109; *Petersen,* Die Vormerkung, JURA 2016, 495; *Prütting,* Sachenrecht, 36. Aufl. 2017, § 18; *Schreiber,* Die Auflassungsvormerkung, JURA 2004, 676; *Wolf/Wellenhofer,* Sachenrecht, 31. Aufl. 2016, § 18.

A. Überblick

I. Zwecke der Vormerkung

Eine Vormerkung dient nach § 883 Abs. 1 Satz 1 zur Sicherung des Anspruchs auf eine dingliche Rechtsänderung an einem Grundstück oder Grundstücksrecht. Diese Sicherung geht in **dreifache Richtung**.[1] **1**

(1.) Die Vormerkung führt nach **§ 883 Abs. 2** zur relativen Unwirksamkeit einer nachfolgenden Verfügung insoweit, als diese die Verwirklichung des vorgemerkten Anspruchs beeinträchtigen oder vereiteln würde. Die Vormerkung verhindert also zugunsten des Gläubigers den endgültigen widersprechenden Rechtserwerb eines Dritten (**Sicherungswirkung** im engeren Sinn); hingegen führt sie **keine Grundbuchsperre** herbei. § 888 Abs. 1 gibt dem Vormerkungsinhaber einen Anspruch auf Löschung gegen den zu Unrecht Eingetragenen und dient damit der Durchsetzung des auf diese Weise gesicherten Anspruchs.[2] Erteilt dieser jedoch die Zustimmung schuldhaft verspätet, so kann der Anspruchsinhaber insoweit auch einen Verzögerungsschaden (§§ 280 Abs. 1, Abs. 2, 286) geltend machen.[3] **2**

Dagegen sichert die Vormerkung den Gläubiger nicht gegen **tatsächliche Veränderungen** des Grundstücks durch den Schuldner oder Dritte. Die Vormerkung lässt den gesicherten Anspruch insbesondere nicht zu einem von §§ 823, 1004 geschützten Recht werden.[4] Dem Gläubiger können gegen den Schuldner allenfalls sonstige obligatorische Ansprüche erwachsen. Soweit dem Schuldner gegen Dritte wegen einer tatsächlichen Beeinträchtigung seines Grundstückseigentums eine Ersatzforderung entstanden ist, greift § 285 zugunsten des Gläubigers Platz. Der Zessionsanspruch aus § 285 wird jedoch grundsätzlich nicht von der Sicherungswirkung der Vormerkung erfasst.[5] Die Vormerkung steht auch der Wirksamkeit nachfolgender **schuldrechtlicher Verpflichtungen** des Schuldners nicht im Wege, da diese grundsätzlich nur gegenüber dem Verpflichteten, nicht aber gegenüber Dritten wie dem Gläubiger bestehen. Wo aber wie bei einem (nach Entstehung der Vormerkung) vermieteten Grundstück die schuldrechtliche Verpflichtung nach § 566 auf den Grundstückserwerber übergeht und sich damit ähnlich wie eine Dienstbarkeit als „Grundstücksbelastung" auswirkt, könnte man an eine Analogie zu § 883 Abs. 2 **3**

---

[1] Vgl. statt vieler Soergel/*Stürner* § 883 BGB Rn. 27 ff.
[2] Der Anspruch nach § 888 Abs. 1 setzt hingegen nicht voraus, dass der Vormerkungsberechtigte bereits als Eigentümer (oder sonstiger Rechtsinhaber) in das Grundbuch eingetragen worden ist, BGHZ 99, 385, 388; 186, 130; BGH NJW 1981, 446, 447.
[3] So BGHZ 208, 133 = NJW 2016, 2104 (dazu *M. Stürner* JURA (JK) 2016, S. 824, § 286 BGB) unter teilweiser Aufgabe von BGHZ 49, 263; dafür auch bereits *Medicus/Petersen* BR Rn. 451.
[4] Vgl. *Knöpfle* JuS 1981, 162 m.w.N.
[5] *Rimmelspacher* WuB IV A § 883 BGB 2.86; Staudinger/*Gursky* (2013) § 883 BGB Rn. 268 m.w.N.; a.A. OLG Celle WM 1986, 569; auch BGHZ 99, 385.

Teil 4. Immobiliarsicherheiten

denken.[6] Dem steht jedoch der soziale Schutzgedanke des § 566 entgegen, der auch in §§ 57 ZVG, 110 InsO zum Ausdruck kommt.[7]

4 (2.) Die Vormerkung wahrt nach **§ 883 Abs. 3** dem vorgemerkten Recht den Rang, den es erhalten hätte, wenn es anstelle der Vormerkung sofort eingetragen worden wäre **(Rangwirkung)**. Insofern konkretisiert § 883 Abs. 3 lediglich die Sicherungswirkung des § 883 Abs. 2.

5 (3.) Schließlich sichert die Vormerkung im Verhältnis zu konkurrierenden Gläubigern dem Vormerkungsberechtigten die Stellung, die ihm an sich erst das Recht selbst gewährt **(Vollwirkung)**. Das gilt in der Zwangsvollstreckung **(§ 48 ZVG)** ebenso wie in der Insolvenz **(§§ 106, 254 Abs. 2 InsO)**. Wegen der Akzessorietät der Vormerkung muss allerdings der gesicherte Anspruch bereits vor Insolvenzeröffnung entstanden sein. Die von § 883 Abs. 1 Satz 2 zugelassenen Ausnahmen (siehe Rn. 10) gelten auch in der Insolvenz, allerdings muss vor Verfahrenseröffnung bereits ein sicherer Rechtsboden für die Entstehung des Anspruchs vorhanden gewesen, und der Anspruch muss nach diesem Zeitpunkt auch tatsächlich entstanden sein.[8]

6 Das RG hat daher die Vormerkung bezeichnet als „ein **besonders geartetes Sicherungsmittel,** das dem geschützten Rechte in gewissem Umfang dingliche Wirkung verleiht",[9] weshalb – so kann man hinzufügen – ihre Bestellung einer **Verfügung** gleichkommt.

7 Abstrakt gesehen ist diese Aussage richtig. Aber „gewiss" ist der Umfang der dinglichen Wirkungen keineswegs, wenn man über die gesetzliche Regelung hinausgeht und nach weiteren Wirkungen im Einzelnen fragt (siehe Rn. 54).

II. Sicherbare Ansprüche

1. Obligatorische Ansprüche

8 Sicherbar ist nach **§ 883 Abs. 1 Satz 1** jeder **obligatorische Anspruch,** der seine Erfüllung durch endgültige Eintragung im Grundbuch finden kann.[10] Gleichgültig ist der **Rechtsgrund** des zu sichernden Anspruchs. Er kann auf Vertrag, einseitigem Rechtsgeschäft (z. B. Vermächtnis) oder Gesetz beruhen. Der dingliche Anspruch aus **§ 894** auf **Grundbuchberichtigung** wird dagegen durch den Widerspruch nach § 899 gesichert.

9 Praktisch bedeutsam ist vor allem die Sicherung des Anspruchs auf Eigentumserwerb durch die sog. **Auflassungsvormerkung**. Ausdrücklich erwähnt das BGB in § 1179 die **Löschungsvormerkung**. Sie bezieht sich auf einen Anspruch auf Aufhebung[11] einer Hypothek (oder Grundschuld), die der Grundstückseigentümer später erwirbt (siehe dazu § 15 Rn. 18 ff.).

2. Bedingte und künftige Ansprüche

10 Eine Vormerkung kann auch zur Sicherung eines **bedingten** oder eines **künftigen Anspruchs** eingetragen werden **(§ 883 Abs. 1 Satz 2)**. Das hat den großen Vorzug, dass sich der Rang des Rechts,

---

[6] Dahin u.a. *Prütting* Rn. 190; Palandt/*Herrler* § 883 BGB Rn. 20; MünchKommBGB/*Kohler* § 883 BGB Rn. 54; Erman/*Artz* § 883 BGB Rn. 37; Staudinger/*Gursky* (2013) § 883 BGB Rn. 211.
[7] BGHZ 13, 1, 4; BGH NJW 1989, 451; Baur/*Stürner* § 20 Rn. 41; Soergel/*Stürner* § 883 BGB Rn. 30; Jauernig/*Berger* § 883 BGB Rn. 17; Wolf/*Wellenhofer* § 18 Rn. 19; *Knöpfle* JuS 1981, 162 m.w.N.
[8] BGH NJW 2002, 213; Uhlenbruck/*Wegener* § 106 InsO Rn. 13.
[9] RGZ 129, 184, 186. – Zur Einordnung der Vormerkung auch *Canaris,* FS Flume, 1978, Bd. I, S. 381 ff.
[10] Eingehend Staudinger/*Gursky* (2013) § 883 BGB Rn. 27 ff.
[11] Das Gesetz verwendet hierfür den grundbuchtechnischen Ausdruck „Löschung".

auf dessen Einräumung sich der gesicherte Anspruch bezieht, nach dem Zeitpunkt der Eintragung der Vormerkung und nicht nach dem der Entstehung des Rechts richtet (§ 883 Abs. 3).

Die Rechtsprechung und ihr folgend ein großer Teil der Literatur lassen die Eintragung einer Vormerkung zugunsten eines **künftigen Anspruchs** jedoch mit Recht nur zu, wenn schon eine **sichere Rechtsgrundlage** für die Entstehung des Anspruchs geschaffen ist, sodass diese nur noch von dem **Willen des Gläubigers abhängt**.[12] Ist der Erwerber nämlich noch von der Willkür des Veräußerers abhängig, dann verdient er noch keinen Schutz in Form der „dinglichen Bindung" durch die Vormerkung; andernfalls würde die Übersichtlichkeit des Grundbuchs leiden und die Verkehrsfähigkeit sowie die Verwertbarkeit von Grundstücksrechten im Zwangsvollstreckungsverfahren faktisch eingeschränkt werden.[13]

Streitig ist, ob bei **bedingten Ansprüchen** dieselben Voraussetzungen gelten.[14] Es hat sich die Formulierung durchgesetzt, für die künftige Gestaltung des Anspruchs dürfe nicht lediglich eine bloße mehr oder weniger aussichtsreiche tatsächliche Möglichkeit bestehen, sondern es müsse bereits eine feste, die Gestaltung des Anspruchs bestimmende Grundlage (Rechtsboden) vorhanden sein.[15] Bedeutung erlangt dies bei der Frage, ob die Sicherung durch Vormerkung auch dann zulässig ist, wenn der Eintritt der Bindung vom Belieben des Verpflichteten abhängt. Das praktische Bedürfnis spricht in diesem Fall für die Zulassung der Vormerkung. Die Rechtsprechung verneint die Vormerkungsfähigkeit allerdings mit dem Hinweis auf die völlige Überlastung des Grundbuchamtes, wenn alle nur denkbaren und zukünftigen Ansprüche eingetragen werden könnten; auch könne die Eintragung bloßer „Hoffnungsvormerkungen" im Hinblick auf § 883 Abs. 2 Satz 2 potenzielle Bieter in einem Zwangsversteigerungsverfahren abschrecken.[16]

Aus einem **formnichtigen Grundstückskaufvertrag** erwächst kein wirksamer Übereignungsanspruch. Es liegt auch kein künftiger Anspruch i.S.d. § 883 Abs. 1 Satz 2 vor: Zwar würde mit Auflassung und Eintragung des Erwerbers der Vertrag nach § 311b Abs. 1 Satz 2 gültig und damit ein Anspruch auf Übereignung begründet und gleichzeitig erfüllt. Aber ob es dahin kommt, hängt nicht nur vom Willen des Erwerbers ab. Der formnichtige Konsens zwischen Eigentümer und Erwerber stellt daher **keine Grundlage für einen künftigen Anspruch** dar, der durch Vormerkung sicherbar wäre.[17]

Um die Vormerkung dennoch zu retten, ist man daher auf die These verfallen, dass der formnichtige Grundstückskaufvertrag **durch die Vormerkung geheilt** werde.

Aber dies ließe sich nur bejahen, wenn Bestellung und Eintragung einer Vormerkung der Auflassung und Eintragung des Erwerbers nach § 311b Abs. 1 Satz 2 gleichzustellen wären. Das RG[18] hat dies unter Hinweis auf den „unzweideutigen" Wortlaut des § 311b Abs. 1 Satz 2 **verneint.** Dem ist im Ergebnis aus zwei Gründen beizupflichten:

---

[12] Vgl. nur RGZ 151, 75, 76f.; BGHZ 12, 115, 117f.; 149, 1 = BGH NJW 2002, 213, 214.
[13] Großzügiger Staudinger/*Gursky* (2013) § 883 BGB Rn. 186: Es genüge, wenn gegenwärtig eine feste Rechtsgrundlage für den künftigen Anspruch vorhanden sei.
[14] Dafür Soergel/*Stürner* § 883 BGB Rn. 6; dagegen *Ertl* Rpfleger 1977, 352f. m.w.N.; auch BayObLG DB 1979, 88f.
[15] BGHZ 151, 116, 121; weitere Nachweise bei Staudinger/*Gursky* (2013) § 883 BGB Rn. 176ff.; eingehend zur Entwicklung auch *Eichel*, Künftige Forderungen, 2014, S. 143ff.
[16] BGHZ 134, 182, 185; OLG München MittBayNot 2010, 471, 472.
[17] RGZ 151, 75, 76; BGHZ 54, 56, 63f. (bestätigt von BGH NJW 1983, 1543, 1545); Staudinger/*Gursky* (2013) § 883 BGB Rn. 45; *Baur/Stürner* § 20 Rn. 16; a.A. *Lüke* JuS 1971, 341, 343 mit dem Argument, mit Hinblick auf die Heilungsmöglichkeit in § 311b Abs. 1 Satz 2 liege bei entsprechendem Konsens der Parteien ein künftiger Anspruch vor.
[18] RG WarnR 1925 Nr. 128; bestätigt von BGH LM Nr. 19 zu § 313 BGB.

16 Wenn man überhaupt daran dächte, der Vormerkung die heilende Wirkung des § 311b Abs. 1 Satz 2 zuzuerkennen, so müsste sie zumindest wirksam entstehen. Das setzt u. a. das Vorhandensein eines **sicherbaren Anspruchs** voraus. Daran aber **fehlt** es ja gerade bei einem formnichtigen Vertrag. Auch ein sicherbarer künftiger Anspruch liegt, wie ausgeführt, nicht vor. Anders entscheiden hieße das Verhältnis von Wirkung und Voraussetzungen der Vormerkung auf den Kopf zu stellen und sich wie Münchhausen an dem eigenen Schopf (der Wirkungen) aus dem Sumpf (der Voraussetzungen) ziehen zu wollen.

17 Eine solche Lösung würde vor allem auch nicht mit dem **Zweck des § 311b Abs. 1 Satz 2** harmonieren: Der Formzwang will sowohl Veräußerer wie Erwerber vor übereiltem Handeln schützen. Selbst wenn man zugeben wollte, dass der Veräußerer ersatzweise durch die Bestellung einer Vormerkung genügend gewarnt würde, weil diese (wäre sie wirksam!) ihn der freien Verfügungsmöglichkeit über das Grundstück berauben würde, so stellt die Vormerkung doch für den Erwerber in keinem Fall ein hinreichendes Warnsignal dar.

18 Die Anordnung eines **Grundstücksvermächtnisses** begründet einen Anspruch des Bedachten erst beim Tod des Erblassers (§§ 2147, 2174). Bis dahin besteht lediglich eine „**tatsächliche Aussicht**".[19] Diese kann nicht durch Vormerkung gesichert werden.

19 Das gilt auch, wenn das Vermächtnis **erbvertraglich** angeordnet ist. Der Erbvertrag bindet den Erblasser nach §§ 2286, 2289 Abs. 1 Satz 2 nur bezüglich letztwilliger Verfügungen. Diese Beschränkung würde unterlaufen, wenn das Grundstücksvermächtnis schon vor dem Erbfall durch eine Vormerkung mit den Wirkungen u. a. des § 883 Abs. 2 gesichert werden könnte. Bedenken gegen eine solche Vormerkung ergeben sich außerdem daraus, dass der Eigentümer des zu belastenden Grundstücks (= Erblasser) nicht identisch ist mit dem Schuldner des Vermächtnisanspruchs (= Erbe, Vermächtnisnehmer).[20]

20 **Zulässig** sind dagegen folgende Lösungen:

21 (1.) Erblasser und Bedachter schließen eine **schuldrechtliche (Schenkungs-)Vereinbarung**, die einen (durch den Tod des Erblassers) bedingten Anspruch des Bedachten auf Übereignung begründet; dieser bedingte Anspruch ist durch Vormerkung sicherbar.[21]

22 (2.) Der Erblasser macht dem Bedachten ein **bindendes (Schenkungs-)Vertragsangebot,** das erst gegenüber dem Erben soll angenommen werden können; für den damit grundgelegten künftigen Anspruch kann eine Vormerkung eingetragen werden.[22]

III. Der gesicherte Gläubiger

1. Sicherbarer Anspruch

23 Eine Vormerkung kann nur zugunsten des **Gläubigers eines sicherbaren Anspruchs** eingetragen werden. Das ergibt sich daraus, dass die Vormerkung ein Mittel zur Sicherung und Durchsetzung des Anspruchs darstellt, die Verwirklichung von Rechten in unserer Rechtsordnung aber regelmäßig dem Rechtsinhaber selbst vorbehalten ist.

---

[19] BGHZ 12, 115, 118; OLG Hamm NJW-RR 2000, 1389, 1390; eingehend *Preuss* DNotZ 1998, 602.
[20] BGHZ 12, 115, 118. – Siehe Rn. 27 f.
[21] Vgl. BayObLG Rpfleger 2002, 563; Staudinger/*Gursky* (2013) § 883 BGB Rn. 63; *Strobel*, Mittelbare Sicherung erbrechtlicher Erwerbsaussichten, 1982, S. 5 ff.
[22] KG JFG 21, 32 = DR 1940, 796; Staudinger/*Gursky* (2013) § 883 BGB Rn. 63; auch BFH ErbR 2010, 199.

§ 14. Vormerkung

Grundsätzlich kann jeder Inhaber eines sicherbaren Anspruchs eine Vormerkung erwerben. Eine 24
Beschränkung gilt jedoch für die **Löschungsvormerkung**. Hier sind nur die in § 1179 genannten Gläubiger „vormerkungsfähig". Dazu zählen nicht die Grundpfandgläubiger. Diese sind jedoch dadurch geschützt, dass **§ 1179a** ihnen einen gesetzlichen Löschungsanspruch gewährt, der kraft Gesetzes wie durch eine Löschungsvormerkung gesichert ist (§ 1179a Abs. 1 Satz 2).[23]

2. Vertrag zugunsten Dritter

Bei einem **Vertrag zugunsten Dritter** (§ 328 Abs. 1) kann eine Vormerkung zugunsten des **Dritten**, 25
der ja Gläubiger des Vertragsanspruchs ist, eingetragen werden. Die Bewilligung der Vormerkung (siehe Rn. 33) kann auch dem Versprechensempfänger gegenüber erklärt werden.[24] Voraussetzung ist freilich, dass der Dritte bereits bestimmt oder wenigstens bestimmbar ist, weil sonst dem Grundbuch der Inhaber der Vormerkung nicht entnommen werden kann und damit die Klarheit des Rechtsverkehrs beeinträchtigt würde.[25]

Darüber hinaus kann zugunsten des **Versprechensempfängers** selbst eine Vormerkung bestellt 26
werden.[26] Beim unechten Vertrag zugunsten Dritter kommt nur diese Vormerkung in Betracht, da der begünstigte Dritte auf die Durchsetzung des Anspruchs ja gerade keinen Einfluss haben soll.

IV. Der betroffene Schuldner

Die Vormerkung sichert die Durchsetzung eines obligatorischen Anspruchs. Von ihr betroffen kann 27
daher nur der **Schuldner des Anspruchs** sein. Er muss daher die Vormerkung bewilligen oder gegen ihn muss sich die einstweilige Verfügung richten, aufgrund deren die Vormerkung eingetragen wird **(§ 885 Abs. 1)**.

Der Schuldner muss gleichzeitig **Inhaber** des Grundstücks oder des Rechts sein, das von der Vor- 28
merkung betroffen wird (§ 885 Abs. 1 Satz 1). Das beruht auf zwei Gründen. **Materiell-rechtlich** setzt die Vormerkung Verfügungsbefugnis des Schuldners voraus, da sie verfügungsgleiche Wirkungen hat (siehe Rn. 2 ff.). **Grundbuchrechtlich** kann die Vormerkung nach § 39 GBO nur eingetragen werden, wenn der Schuldner im Grundbuch als Berechtigter voreingetragen ist (siehe § 13 Rn. 29).

Anders verhält es sich bei der **Löschungsvormerkung** des § 1179. **Materiell-rechtlich** erweitert 29
§ 1179 den Anwendungsbereich des § 883: Das von der Vormerkung betroffene Recht steht zur Zeit der Bestellung der Vormerkung nicht dem Schuldner (= Eigentümer), sondern noch dem Grundpfandrechtsgläubiger zu; und **grundbuchrechtlich** suspendiert § 1179 den § 39 GBO.

V. Entstehungsvoraussetzungen

Die Entstehung der Vormerkung setzt **dreierlei** voraus: (1.) den zu sichernden Anspruch (§ 883 30
Abs. 1), (2.) die Bewilligung des betroffenen Schuldners oder eine einstweilige Verfügung gegen ihn (§ 885 Abs. 1) sowie (3.) die Eintragung der Vormerkung im Grundbuch (§§ 883 Abs. 1 Satz 1, 885 Abs. 1 Satz 1).

---

[23] Dazu *Westermann*, FS Hauß, 1978, S. 395 ff.
[24] Vgl. RGZ 128, 246, 249 f.
[25] RGZ 128, 246, 249; BGH NJW 1983, 1543, 1544.
[26] BGHZ 28, 99, 103 f.; *Rimmelspacher*, Materiellrechtlicher Anspruch und Streitgegenstandsprobleme im Zivilprozeß, 1970, S. 134 ff. m.w.N.

Teil 4. Immobiliarsicherheiten

1. Akzessorietät

31 Die Vormerkung entsteht und besteht nur, wenn und solange der zu sichernde **Anspruch** existiert. Die Vormerkung ist deshalb **akzessorisch.**

32 Ist sie für einen (aufschiebend) bedingten oder künftigen Anspruch eingetragen, entsteht sie erst mit dem Anspruch selbst. Allerdings ist § 883 Abs. 3 zu beachten (siehe Rn. 4, 10).

2. Bewilligung bzw. einstweilige Verfügung

33 Die **Bewilligung** ist ein einseitiges, empfangsbedürftiges Rechtsgeschäft,[27] das keiner Form bedarf. Sie ist von der **grundbuchrechtlichen Eintragungsbewilligung des § 19 GBO** zu unterscheiden. Diese muss dem Grundbuchamt in notarieller Urkunde oder öffentlicher Beglaubigung nachgewiesen werden (§ 29 GBO). Praktisch werden die beiden Bewilligungen jedoch nicht getrennt erklärt, in der letzteren ist regelmäßig die erstere enthalten. Auf die (materiell-rechtliche) Bewilligung ist § 878 analog anwendbar.[28]

34 Anstelle der Bewilligung kann eine **einstweilige Verfügung** (§§ 935 ff. ZPO) treten. Abweichend von §§ 936, 917 Abs. 1 ZPO muss nach § 885 Abs. 1 Satz 2 der Verfügungsgrund nicht dargetan werden. Es ist lediglich der zu sichernde Anspruch glaubhaft zu machen (§§ 936, 920 Abs. 2 ZPO). Nach Auffassung des RG[29] ist eine einstweilige Verfügung jedoch nicht zur Sicherung eines künftigen Anspruchs zulässig, weil bei ihm § 926 ZPO nicht Rechnung getragen werden könne. Ob allerdings § 883 Abs. 1 Satz 2 nicht eine Einschränkung des § 926 ZPO rechtfertigt, hat das RG nicht erörtert. Jedoch leuchtet nicht ein, warum ein etwaiges Hindernis aus § 926 ZPO nicht auch für die Vormerkung bedingter Ansprüche gelten sollte. Die vorzugswürdige Gegenansicht lässt daher als Voraussetzung für die Zulässigkeit des einstweiligen Rechtsschutzes grundsätzlich die Möglichkeit der Klage auf künftige Leistung (§ 259 ZPO) oder der Feststellungsklage (§ 256 ZPO) genügen.[30]

3. Eintragung

35 Die **Eintragung** der Vormerkung folgt den allgemeinen Regeln (siehe § 13 Rn. 19 ff.).

B. Sicherung künftiger Ansprüche – gutgläubiger Erwerb der Vormerkung – „Übertragung" – Wirkungen – Durchsetzung des gesicherten Anspruchs

36 **Fall 1: Tod am Neptunsee**[31]

E ist Eigentümer eines Ufergrundstücks am Neptunsee. Als er stirbt, nimmt sein Sohn S, der einzige Angehörige, den gesamten Nachlass in Besitz und lässt sich am 29.5. einen Erbschein als Alleinerben ausstellen.

---

[27] Str., vgl. BGHZ 28, 182, 186; Palandt/*Herrler* § 885 BGB Rn. 8.
[28] BGHZ 28, 182, 186; BGH NJW 2006, 2557, 2559.
[29] RGZ 74, 158, 159 f.; ebenso u. a. KG JW 1926, 2701; PWW/*Huhn* § 885 BGB Rn. 2; großzügiger dagegen *Heck* SachenR § 47 III 4. – Allgemein zum Problem der prozessualen Sicherung künftiger Ansprüche *Eichel*, Künftige Forderungen, 2014, S. 279 ff., 291 ff.
[30] Eingehend Staudinger/*Gursky* (2013) § 885 BGB Rn. 28 m.w.N.; siehe auch Palandt/*Herrler* § 885 BGB Rn. 5; *Westermann/Gursky/Eickmann* § 82 Rn. 15.
[31] RGZ 121, 44; BGHZ 57, 341; 186, 130; BGH NJW 1981, 446.

§ 14. Vormerkung

N, Hotelier und Nachbar des E, möchte sich dessen Grundstück für eine eventuelle spätere Erweiterung seines Hotelbetriebs sichern, ohne sich schon jetzt endgültig festlegen zu müssen. Er wendet sich daher mit seinem Anliegen an S. Nach längeren Verhandlungen bietet dieser dem N gegen Zahlung einer „Optionsgebühr" von 10.000 EUR in notariell beurkundeter Vereinbarung vom 13.8. das Grundstück für 200.000 EUR zum Kauf binnen drei Jahren an und bewilligt gleichzeitig die Eintragung einer Auflassungsvormerkung. Außerdem erklärt S in der Urkunde, dass N das Angebot auch an einen Erwerber des Hotelgrundstücks weitergeben könne. Die Vormerkung wird im Grundbuch eingetragen.

Bald darauf findet sich ein wirksames Testament, in dem E seinen Sohn enterbt und sein gesamtes Vermögen der Wasserwacht vom Neptunsee, einem eingetragenen Verein, zukommen lässt.

Hiervon erfährt N. Trotzdem verkauft und veräußert er, notariell beurkundet, sein Grundstück einschließlich der Rechte aus dem Angebot des S gegen entsprechendes Entgelt an den nichtsahnenden D, der alsbald als neuer Eigentümer im Grundbuch eingetragen wird. D erklärt nunmehr formgerecht gegenüber S, er nehme das Angebot an.

S verständigt hiervon die Wasserwacht, die ihrerseits D davon unterrichtet, dass sie als Erbin des E mit der Veräußerung nicht einverstanden sei.

Kann D trotzdem das Eigentum am Ufergrundstück erlangen? An wen muss er ggf. den Kaufpreis zahlen?

Probleme: 37

Die Vormerkung ist – erst von der Zweiten Kommission in das BGB aufgenommen – nur lückenhaft geregelt worden. Offen geblieben ist insbesondere die Frage, ob die Vormerkung **gutgläubig erworben** werden kann. Dieses Problem steht im Mittelpunkt der Falllösung. Dabei ist zwischen einem möglichen Gutglaubensschutz zugunsten des **Ersterwerbers** (N) und zugunsten eines **Zweiterwerbers** (D) zu unterscheiden. Zugespitzt wird die Frage noch dadurch, dass die Vormerkung einen künftigen Anspruch sichern soll.

Bejaht man einen gutgläubigen Erwerb der Vormerkung, dann sind deren **Wirkungen** zu untersuchen: Schützt sie den Gläubiger nur gegen Verfügungen des Buchberechtigten oder schirmt sie ihn darüber hinaus auch gegen andere Hindernisse ab, die sich dem Erwerb des erstrebten Grundstücksrechts entgegenstellen könnten?

Vorüberlegungen zum Aufbau: 38

I. Anspruch des D gegen S auf Übereignung (§ 433 Abs. 1)

    1. Angebot des S (§ 311b Abs. 1 Satz 1)

       (Optionsrecht des N; Abtretung an D gem. §§ 413, 398)

    2. Annahme (§ 311b Abs. 1 Satz 1)

II. Durchsetzung des Übereignungsanspruchs

    1. Entstehung der Vormerkung

       a) Sicherung eines künftigen Anspruchs (§ 883 Abs. 1 Satz 2)

       b) Eintragung des N (§§ 883 Abs. 1 Satz 1, 885 Abs. 1 Satz 1, Abs. 2)

       c) Fehlendes Eigentum des S (§ 885 Abs. 1 Satz 1)

    2. Gutgläubiger Erwerb der Vormerkung durch N (gutgläubiger Ersterwerb)

       a) Fehlende Eintragung des S

       b) §§ 2366 f. – Anwendbarkeit auf Vormerkung

       c) Bewilligung der Vormerkung durch Erbscheinserben

213

Teil 4. Immobiliarsicherheiten

      d) Verkehrsgeschäft

      e) Kenntnis des Erwerbers von der Zugehörigkeit des Verfügungsgegenstandes zum Nachlass

      f)–h) Gutgläubigkeit des Erwerbers

          (Kernproblem: Zeitpunkt der Gutgläubigkeit)

   3. Gutgläubiger Erwerb der Vormerkung durch D

      (Kernproblem: Gutgläubiger Zweiterwerb der Vormerkung)

   4. Wirkung der Vormerkung (Verfügungs- und Erwerbsschutz)

   5. Verwirklichung des Übereignungsanspruchs D – S

      (Kernproblem: Verfügungsmacht des S; Erfordernis der Zustimmung der W, §§ 883 Abs. 2, 888 Abs. 1 analog)

  III. Anspruch auf Zahlung des Kaufpreises (§§ 433 Abs. 2, 2019)

Lösung:

I. Anspruch des D gegen S auf Übereignung des Grundstücks

39 Aus der Tatsache, dass D gegenüber S dessen Angebot auf Übereignung des Ufergrundstücks angenommen hat, könnte sich ein Übereignungsanspruch des D gegen S ergeben. Grundlage eines solchen Anspruchs wäre ein Kaufvertrag **(§ 433 Abs. 1)**.

1. Angebot

40 a) Ein Angebot zum Abschluss eines solchen Vertrages hatte S jedenfalls dem N gemacht. Dieses Angebot war als Teil des (künftigen) Kaufvertrages über ein Grundstück nach § 311b Abs. 1 Satz 1 formbedürftig. Nach § 128 genügte zunächst die notarielle Beurkundung des Antrags allein. Dem ist durch die Urkunde vom 13.8. Rechnung getragen.

41 S war an seinen Antrag aufgrund der in der Vereinbarung enthaltenen Fristbestimmung drei Jahre lang gebunden. Dem N war damit ein **Options-** oder **Ankaufsrecht**[32] eingeräumt worden; er hatte nunmehr die Möglichkeit, durch eine fristgerechte Erklärung den Kaufvertrag zustande zu bringen.

42 b) Das Optionsrecht kann nach §§ 413, 398 an einen Dritten **abgetreten** werden, wenn die Abtretbarkeit ausbedungen ist.[33] Das traf hier zu.

43 Gegenstand der Abtretung ist dabei das Ankaufsrecht selbst. Allerdings wird man annehmen müssen, dass damit gleichzeitig der **künftige Übereignungsanspruch** übertragen wird, sofern man ihn nicht gleichsam als nasciturus als Bestandteil des Ankaufsrechts betrachtet.

44 Wie bei Kauf und Übereignung eines Grundstücks sind auch in Bezug auf das Optionsrecht Kausalgeschäft und Abtretung zu unterscheiden. **Kausalgeschäft** bildet hier der Kaufvertrag zwischen N und D (Kauf eines Rechts, § 433 Abs. 1 Satz 2). Er wurde notariell beurkundet, obwohl er grundsätzlich **nicht** der Formvorschrift des **§ 311b Abs. 1 Satz 1** unterliegt, da er eine Verpflichtung weder zur Übereignung noch zum Erwerb des Ufergrundstücks begründet. Zwar verpflichtet sich darin N, das Ankaufsrecht auf D zu übertragen, und D, es zu erwerben. Aber diese Verpflichtungen sind denen des § 311b Abs. 1 Satz 1 nicht gleichzustellen.

45 Diese Vorschrift will einerseits den **Erwerber** eines Grundstücks davor schützen, sich unüberlegt die in der Regel erheblichen Belastungen eines Grundstückskaufs aufzuhalsen. Wer ein Optionsrecht kauft, übernimmt derlei Verpflichtungen noch nicht. Dies geschieht erst, wenn er das ihm abgetretene Optionsrecht durch Annahme des Verkäuferangebots ausübt.

---

[32] Zur Terminologie vgl. *Georgiades,* FS Larenz, 1973, S. 409; *Henrich* S. 229 f.; PWW/*Brinkmann* Vor § 145 BGB Rn. 33 ff.

[33] Vgl. RGZ 111, 46, 47 (betr. den Parallelfall eines langfristigen Angebots; arg. § 399).

§ 14. Vormerkung

Die Norm soll andererseits den **Veräußerer** eines Grundstücks von einer übereilten Eingehung der Verpflichtung abhalten, mit dem Grundstück einen erheblichen Vermögenswert aus der Hand zu geben. Der Ankaufsberechtigte, der sein Ankaufsrecht verkauft, hat indes noch nicht einmal einen Anspruch auf Erwerb eines Grundstücks, geschweige das Grundstück selbst, sondern lediglich die Befugnis, jenen Anspruch durch Annahme des Verkäuferangebots zu begründen. Anders verhielte es sich jedoch, wenn das Optionsrecht wirksam durch eine **Vormerkung** gesichert wäre. Dann bestünde nämlich für den Optionsberechtigten die gesicherte Aussicht, das Grundstückseigentum zu erwerben. Die Verpflichtung, diesen gesicherten Anspruch zu übertragen, unterliegt analog § 311b Abs. 1 Satz 1 der notariellen Beurkundung.[34] Indes hat hier N eine Vormerkung, wie sich noch zeigen wird (siehe Rn. 56 ff.), nicht erworben.   **46**

Auch die **Abtretung** des Ankaufsrechts kann als Verfügungsgeschäft formlos erfolgen; § 311b Abs. 1 Satz 1 ist, weil er nur Verpflichtungsgeschäfte betrifft, von vornherein unanwendbar.   **47**

Die hiernach mögliche Abtretung ist im Zusammenhang mit der Grundstücksveräußerung von N an D erfolgt.   **48**

2. Annahme

D hat die nach der Abtretung an ihn gerichtete Offerte formgerecht, d. h. in notariell beurkundeter Form (§ 311b Abs. 1 Satz 1), angenommen und damit den Kaufvertrag über das Ufergrundstück zwischen sich und S entstehen lassen.   **49**

Die Rechtsprechung[35] hält zwar die formlose Ausübung des Optionsrechts für wirksam. Dagegen spricht jedoch, dass die optionsberechtigte Partei sich in Wahrheit noch nicht gebunden hat, die Bindung vielmehr erst mit der Ausübung des Optionsrechts eintritt.[36]   **50**

Aus dem Kaufvertrag ergibt sich nunmehr nach § 433 Abs. 1 Satz 1 der Anspruch auf Übereignung des Grundstücks und auf Einräumung des Besitzes. Dass nicht S, sondern W als Erbin des E Eigentümerin ist, steht der Wirksamkeit des Vertrages nicht entgegen, wie § 311a Abs. 1 zeigt.   **51**

II. Die Durchsetzung des Übereignungsanspruches

Die Erfüllung des Übereignungsanspruchs durch S ist allerdings gefährdet, da dieser nicht Eigentümer des Ufergrundstücks ist.   **52**

Hätte S das Grundstück dem N nicht nur zum Kauf angeboten, sondern es ihm sogleich auch übereignet, dann hätte zugunsten des (damals gutgläubigen) N **§ 2366** Platz gegriffen. Kraft des öffentlichen Glaubens des für S ausgestellten Erbscheins hätte N vom nichtberechtigten Scheinerben erworben. Dieser auf den Erbschein gegründete Rechtsschein wurde jedoch zerstört, als N (und später D) über dessen Unrichtigkeit unterrichtet wurde (§ 2366 a.E.).   **53**

Anders könnte sich die Rechtslage jedoch im Hinblick darauf darstellen, dass S eine **Auflassungsvormerkung** bewilligt hatte, die auch eingetragen worden war. Hat diese Vormerkung den ursprünglich vorhandenen **Rechtsschein** zugunsten des D quasi „**konserviert**"?   **54**

Bevor wir darauf eingehen, ist jedoch zu klären, ob D überhaupt Inhaber einer Vormerkung ist. Da S sie zugunsten des N bewilligt hat, kann D die Vormerkung nur erworben haben, wenn sie in der Person des N entstanden und danach auf D übergegangen ist.   **55**

---

[34] MünchKommBGB/*Kanzleiter* § 311b BGB Rn. 16. Dies ist der richtige Kern der Entscheidung BGHZ 83, 395, 399 ff. Überflüssig ist dagegen die hier wie in BGHZ 89, 41, 44 f. bemühte Überkonstruktion eines Anwartschaftsrechts aufgrund einer Auflassungsvormerkung oder aufgrund einer den Veräußerer bindenden Auflassung in Verbindung mit einem Eintragungsantrag des Erwerbers.
[35] RGZ 169, 65, 70; BGHZ 140, 218, 220; BGH LM Nr. 16 zu § 433 BGB; NJW 2006, 2843 Rn. 20.
[36] Ebenso i. Erg. *Henrich* S. 273 ff.; *Georgiades*, FS Larenz, 1973, S. 409, 425 m. N.; *Larenz* SchuldR II/1 § 44 IV 3. – Zum Ankaufsrecht aus einem Vorvertrag vgl. BGH JR 1974, 513.

Teil 4. Immobiliarsicherheiten

1. Entstehung der Vormerkung

56 Zum Entstehungstatbestand der Vormerkung gehören der zu sichernde **Anspruch** sowie die **Eintragung** der Vormerkung im Grundbuch aufgrund einer **Bewilligung** des betroffenen Schuldners (eine einstweilige Verfügung, die nach § 885 Abs. 1 Satz 1 an die Stelle der Bewilligung treten kann, spielt im vorliegenden Sachverhalt keine Rolle).

57 a) Die Eintragung einer Vormerkung lässt § 883 Abs. 1 Satz 2 auch zur Sicherung **künftiger Ansprüche** zu. Als die Vormerkung bewilligt und eingetragen wurde, lag das bindende Angebot des S auf Abschluss eines Kaufvertrages vor. Damit war schon eine sichere Rechtsgrundlage für die Entstehung des Übereignungsanspruchs geschaffen, die nunmehr nur noch vom Willen des annahmeberechtigten N abhing (siehe dazu allgemein Rn. 11). Da der Anspruch auch nach Inhalt und Gegenstand nicht bloß bestimmbar (was ausreichen würde), sondern sogar schon bestimmt war, lag mithin ein künftiger Anspruch i. S. d. § 883 Abs. 1 Satz 2 vor.

58 b) Gläubiger des künftigen Anspruchs sollte N sein. Zu seinen Gunsten hat S die Vormerkung bewilligt. Sie wurde auch **im Grundbuch eingetragen (§§ 883 Abs. 1 Satz 1, 885 Abs. 1 Satz 1, Abs. 2)**.

59 Da die Vormerkung von S zu Lasten von dessen (Schein-)Eigentum am Grundstück bewilligt worden war, hätte nach dem Grundsatz der Voreintragung des Betroffenen (§ 39 GBO) zunächst S als Grundstückseigentümer eingetragen werden müssen.

60 Von diesem Erfordernis der Voreintragung lässt § 40 GBO Ausnahmen zu. Da S kraft des für ihn ausgestellten Erbscheins sich gegenüber dem Grundbuchamt als Erbe ausweisen konnte (vgl. § 40 Abs. 1 i. V. m. § 35 Abs. 1 Satz 1 GBO), liegt die Anwendung des § 40 Abs. 1 Alt. 1 GBO nahe. Unmittelbar einschlägig ist die Vorschrift allerdings nicht, da die Eintragung der Auflassungsvormerkung ja noch nicht die Übertragung des Grundstückseigentums bedeutet. Rechtsprechung und Literatur[37] haben jedoch bei der Auflassungsvormerkung § 40 Abs. 1 GBO analog angewandt. Das ist auch im vorliegenden Fall geschehen.

61 c) Allerdings war der die Vormerkung **bewilligende Schuldner S nicht** gleichzeitig **Grundstückseigentümer**. Als Eigentümer war im Grundbuch noch E eingetragen. Das Grundbuch war jedoch unrichtig, weil mit dem Tod des E die W als dessen Erbin Eigentümerin geworden war. Die Bewilligung des nichtberechtigten S genügt nicht den Voraussetzungen des **§ 885 Abs. 1 Satz 1**. Die Vorschrift verlangt entweder eine einstweilige Verfügung, die gegen den Inhaber des von der dinglichen Änderung betroffenen Grundstücksrechts gerichtet ist oder aber eine (einseitige) rechtsgeschäftliche Bewilligung des betroffenen Rechtsinhabers. Beides lag hier nicht vor.

2. Gutgläubiger Ersterwerb der Vormerkung?

62 a) Deshalb könnte man an einem **gutgläubigen Erwerb** nach §§ 892, 893 denken. Es ist heute unbestritten,[38] dass eine Vormerkung nach diesen Vorschriften erworben werden kann, wenn sie von dem Buchberechtigten zugunsten eines gutgläubigen Inhabers eines nach § 883 sicherbaren Anspruchs bewilligt wird. Wenn nämlich § 885 die Verfügungsberechtigung des die Vormerkung bestellenden Schuldners fordert, andererseits §§ 892, 893 den guten Glauben an die Rechtsinhaberschaft (welche die Verfügungsbefugnis begründet) bei *den* Grundstücksgeschäften schützen, die Verfügungsbefugnis voraussetzen, dann ist die Anwendung der §§ 892, 893 auf die Bewilligung der Vormerkung nur konsequent.

63 Indes kommt der Gutglaubensschutz nach §§ 892, 893 hier nicht zum Zug, weil eben nicht S, sondern noch der Erblasser E als Eigentümer im Grundbuch eingetragen war.

---

[37] KG FamRZ 2012, 742; BeckOK GBO/*Zeiser*, 28. Ed. (Stand: 1.11.2016), § 40 GBO Rn. 18 m.w.N.
[38] Ausgangspunkt in der Rechtsprechung bildet RGZ 118, 230, 234; siehe weiter BGHZ 25, 16, 23; 28, 182, 185 f.; 47, 341, 343; BGH NJW 1981, 446.

§ 14. Vormerkung

b) Da der dem S ausgestellte **Erbschein** diesen aber als Alleinerben des E auswies, rücken **§§ 2366 f.** 64
in den Blickpunkt. Dazu bemerkte der BGH (BGHZ 57, 341, 342 f.):

„Auszugehen ist dabei von der Vorschrift des § 2367 BGB, wonach die Vorschriften des § 2366 BGB entsprechend anwendbar sind, wenn zwischen dem in einem Erbschein bezeichneten Erben und einem anderen hinsichtlich eines zur Erbschaft gehörenden Rechts ein nicht unter § 2366 BGB fallendes Rechtsgeschäft vorgenommen wird, das eine Verfügung über das Recht enthält. Bei der Prüfung der Frage, ob die Bewilligung einer Vormerkung als eine Verfügung über ein zu einer Erbschaft gehörendes Recht in diesem Sinne anzusehen ist, kann unbedenklich von den Grundsätzen ausgegangen werden, die zu dem Wesen der Vormerkung und zu der insoweit gleichlautenden Vorschrift des § 893 BGB, der die des § 2367 BGB nachgebildet ist, entwickelt worden sind. Hiernach ist die Vormerkung zwar kein dingliches Recht am Grundstück, aber als besonders geartetes Sicherungsmittel geeignet, dem geschützten Anspruch in gewissem Rahmen dingliche Wirkung zu verleihen. Daraus wird entnommen, daß die Vormerkung eine dingliche Gebundenheit des von ihr betroffenen Grundstücks oder Grundstücksteils bewirkt und deshalb die Bewilligung einer Vormerkung, wenn die Eintragung erfolgt, als eine Verfügung im Sinne des § 893 BGB anzusehen ist mit der Folge, daß wegen der in dieser Vorschrift vorgesehenen entsprechenden Anwendung des § 892 BGB dem Vormerkungsberechtigten der Schutz des guten Glaubens zwar nicht für den Bestand eines schuldrechtlichen Anspruchs, wohl aber für die dingliche Gebundenheit des von der Vormerkung betroffenen Grundstücks oder Grundstücksteils zukommt (BGHZ 25, 16, 23; BGHZ 28, 182, 185/186 unter Bezugnahme auf RGZ 118, 230, 234 und 121, 44, 46; ebenso im Ergebnis Staudinger BGB 11. Aufl. § 883 Anm. 56; vgl. auch Palandt BGB 30. Aufl. § 883 Anm. 2 mit weiteren Nachweisen). Die Übertragung dieser Grundsätze auf den Fall eines falschen Erbscheins, wie er hier vorliegt, ergibt daher, daß die Verfügungen der nicht im Grundbuch eingetragenen Scheinerben von dem Schutz der §§ 2366, 2367 erfaßt werden (Staudinger aaO § 2366 Anm. 21).

Da dem Kläger nach den Feststellungen des Berufungsgerichts im Zeitpunkt der Eintragung der Auflassungsvormerkung und damit erst recht in dem für den guten Glauben des Vormerkungsberechtigten maßgebenden Zeitpunkt der Stellung des Antrags auf Eintragung der Vormerkung (BGHZ 28, 182) die Unrichtigkeit des Erbscheins vom 26. April 1958 nicht bekannt war, hat er somit die Auflassungsvormerkung gutgläubig und damit wirksam erworben. Dies hat zur Folge, daß der gute Glaube des Klägers auch maßgebend geblieben ist für den späteren Erwerb des dinglichen Rechts, auf dessen Herbeiführung der schuldrechtliche Anspruch gerichtet war. Es ist deshalb, wie dem Berufungsgericht weiter zu folgen ist, ohne Bedeutung, daß der Kläger im Zeitpunkt seiner Eintragung als Eigentümer die Unrichtigkeit des Erbscheins kannte."

Der BGH entscheidet sich zunächst also für die Anwendung des **§ 2367** und gegen die des 65
§ 2366.[39] Er beruft sich dabei auf Erkenntnisse, die das entsprechende Problem im Rahmen der
§§ 892, 893 zugunsten des § 893 gelöst haben. Im Ergebnis laufen beide Wege auf dasselbe hinaus (vgl. Rn. 110 ff.); eine nähere Erörterung der Frage erübrigt sich deshalb.

c) Sind §§ 2366, 2367 bei der Bestellung einer Vormerkung anwendbar, so ist **objektive Voraus-** 66
setzung für den gutgläubigen Erwerb, dass ein **Erbscheinserbe** eine Vormerkung zugunsten eines
Anspruchs **bewilligt**, der auf eine dingliche Rechtsänderung an einem Nachlassgrundstück abzielt.
Das traf hier zu.

d) Vorausgesetzt wird ferner, dass es sich um ein **Verkehrsgeschäft** handelt, bei dem weder per- 67
sönliche noch wirtschaftliche Identität von Veräußerer und Erwerber vorliegt. Schutz verdient ein
Erwerb nur, wenn er zugunsten einer rechtlich und wirtschaftlich selbständigen Vermögensmasse
erfolgt. Daran fehlte es hier jedoch nicht.

e) In **subjektiver Hinsicht** setzen §§ 2366, 2367 zunächst voraus, dass der Erwerber weiß, **dass die** 68
Verfügung (hier also die Bestellung der Vormerkung) **sich auf einen Nachlassgegenstand bezieht.**
Das spielte in der BGH-Entscheidung keine Rolle, ergibt sich aber aus Sinn und Zweck der Norm
und wird durch den Text des § 2366 („erwirbt jemand [...] einen Erbschaftsgegenstand [...]") gestützt.[40] Auch dies dürfte hier zugetroffen haben.

---

[39] Siehe auch Jauernig/*Stürner* § 2366 BGB Rn. 5 sowie § 2367 BGB Rn. 1.
[40] Dazu Staudinger/*Herzog* (2016) § 2366 BGB Rn. 6; *Wiegand* JuS 1975, 286.

Teil 4. Immobiliarsicherheiten

69 Dagegen ist nicht erforderlich, dass der Erwerber weiß, dass der Verfügende durch einen Erbschein legitimiert ist.[41]

70 f) Wichtigstes subjektives Element ist die **Gutgläubigkeit** des Erwerbers. Sie ist grundsätzlich zu bejahen und nach § 2366 a.E. nur dann zu verneinen, wenn der Erwerber die Unrichtigkeit des Erbscheins positiv kennt (fahrlässige Unkenntnis reicht nicht) oder weiß, dass das Nachlassgericht die Rückgabe des Erbscheins wegen Unrichtigkeit verlangt hat.

71 g) Was den **Zeitpunkt der Gutgläubigkeit** betrifft, so stellt der BGH (siehe Rn. 64) auf den Augenblick ab, in dem der Antrag auf Eintragung der Vormerkung gestellt wird. Wie die Verweisung auf BGHZ 28, 182 zeigt, hat er dabei § 892 Abs. 2 (Alt. 1) im Auge. Die Anwendbarkeit dieser Vorschrift im Rahmen der §§ 2366, 2367 ist jedoch umstritten.[42] Im Übrigen greift sie nur Platz, wenn die **Eintragung die letzte noch zu erfüllende Voraussetzung** für den Rechtserwerb bildet.[43] Daran fehlt es bei einer Vormerkung für eine künftige Forderung. Zwar lässt § 883 Abs. 1 Satz 2 deren Eintragung zu. Aber als entstanden und alle Wirkungen entfaltend kann eine solche Vormerkung erst nach der Entstehung der gesicherten Forderung angesehen werden. Dieser Umstand spricht dafür, wie auch sonst, Gutgläubigkeit des Erwerbers noch in dem Zeitpunkt zu fordern, in dem sich der **Rechtserwerb vollendet.** Dem hat der BGH jedoch ausdrücklich widersprochen (NJW 1981, 446, 447):[44]

> „Der Gesetzgeber hat Vormerkungsschutz für künftige Ansprüche ausdrücklich zugelassen (§ 883 Abs. 1 S. 2 BGB) und generell (also auch in solchen Fällen) für den Rang des Rechts, auf dessen Einräumung der Anspruch gerichtet ist, auf den Tag der Eintragung der Vormerkung abgestellt (§ 883 Abs. 3 BGB). Wollte man einen Vormerkungsschutz für künftige Ansprüche erst von dem Zeitpunkt ab eintreten lassen, in dem die gesicherten Ansprüche entstehen, wäre er sinnentleert; § 883 Abs. 1 S. 2 BGB würde seine Bedeutung verlieren und wäre überflüssig. Nach Wortlaut und Zweck des Gesetzes verleiht diese Bestimmung vielmehr die der Vormerkung eigentümliche Sicherungswirkung (§ 883 Abs. 2 BGB) gerade einem noch nicht bestehenden Anspruch. Geltend gemacht werden kann diese Wirkung allerdings erst nach der Entstehung des Anspruchs, aber eben mit rückwirkender Kraft ab Eintragung der Vormerkung […]. Sind somit künftige Ansprüche in diesem Sinne geschützt, dann kann es in einem solchen Fall für den Buchstand zum gutgläubigen Vormerkungserwerb ebenfalls nur auf den Tag der Eintragung der Vormerkung ankommen."

72 Zunächst fällt auf, dass der BGH in der späteren Entscheidung (siehe Rn. 71) im Gegensatz zum früheren Urteil (siehe Rn. 64) nicht auf den Zeitpunkt abstellt, in dem der Eintragungsantrag gestellt wird, sondern auf den, in dem die Eintragung erfolgt. Die in diesem Zusammenhang genannte Vorschrift des § 883 Abs. 3 lässt sich hierfür jedoch nicht ins Feld führen, weil sie (§ 879 Abs. 1, Abs. 2 vergleichbar) nur die Rangfrage aufgrund einer entstandenen Vormerkung regelt, nicht aber die Voraussetzungen für die Entstehung der Vormerkung. Insoweit ist § 892 Abs. 2 (Alt. 1) die sachnähere Norm, wenn man schon von der Regel abweichen will, dass der Erwerber noch bei Vollendung des Rechtserwerbs gutgläubig sein muss.

73 Was aber nun diese Abweichung angeht, so beruft sich der BGH (siehe Rn. 71) vor allem auf § 883 Abs. 1 Satz 2. Sinn und Zweck dieser Vorschrift werden jedoch nicht in Frage gestellt, wenn man hinsichtlich des maßgebenden Zeitpunkts für die Gutgläubigkeit an der Regel festhält. Denn § 892

---

[41] BGH FamRZ 1971, 641, 642; a.A. *Canaris*, Die Vertrauenshaftung im deutschen Privatrecht, 1971, S. 508; *Parodi* AcP 185 (1985), 362 ff.; *Wiegand* JuS 1978, 149 f.
[42] BGHZ 57, 341, 343; auch *Lange/Kuchinke*, Erbrecht, 5. Aufl. 2001, § 39 VII 3 e; *Vieweg/Werner* § 14 Rn. 13. Anders ohne Auseinandersetzung mit BGHZ 57, 341 offenbar (obiter dictum) BGH WM 1971, 54; ferner *Wiegand* JuS 1975, 285 m.w.N.; Jauernig/*Stürner* § 2366 BGB Rn. 4; *Brox/Walker*, Erbrecht, 27. Aufl. 2016, Rn. 618; sie stellen auf den Zeitpunkt ab, in dem sich der Rechtserwerb vollendet.
[43] Eine Analogie zu § 892 Abs. 2 (Alt. 1) wird bisweilen für die Fälle befürwortet, in denen der Erwerb nur noch von einer behördlichen Genehmigung abhängt, vgl. *Baur/Stürner* § 23 Rn. 33 f. m. N.
[44] Siehe auch Soergel/*Stürner* § 892 BGB Rn. 39.

§ 14. Vormerkung

Abs. 2 entscheidet den Widerstreit zwischen den Interessen des Erwerbers (hier also des N) und denen des Rechtsinhabers (hier W), § 883 Abs. 1 Satz 2 aber betrifft das Verhältnis zwischen dem Vormerkungsschuldner (hier S) und dem Erwerber (N).

Ein verwandtes Problem ergibt sich bei **bedingtem Rechtserwerb.** Hier halten Rechtsprechung[45] und Literatur[46] den Zeitpunkt für maßgebend, in dem die für den Erwerb des Rechts normalerweise erforderlichen Tatbestandsvoraussetzungen vollständig vorliegen; nachfolgende, bis zum Eintritt der Bedingung sich ergebende Schlechtgläubigkeit schadet nicht mehr. Der Grund hierfür liegt darin, dass die Parteien mit der Vornahme des Rechtsgeschäfts – von den Fällen der reinen Wollensbedingungen abgesehen – bereits **über die Rechtslage disponiert** haben.[47] Dieser Disposition aber können nur diejenigen Umstände zugrunde gelegt werden, die bei ihrer Vornahme gegeben waren, nicht jene, die in einem ungewissen, erst zukünftigen Zeitpunkt möglicherweise eintreten. Für diese Lösung spricht auch die Regelung des § 892 Abs. 2, die Gutgläubigkeit des Erwerbers in dem Zeitpunkt ausreichen lässt, in dem die Parteien das ihrerseits Erforderliche getan haben. 74

Hiervon unterscheidet sich die **vorliegende Situation** in einem wesentlichen Punkt. Zwar liegen die nach §§ 883, 885 für die Entstehung der Vormerkung notwendigen Akte der Bewilligung und Eintragung vor. Aber die Verwirklichung der dritten Voraussetzung, die Entstehung des zu sichernden Anspruchs, hängt noch von einer rechtsgeschäftlichen Handlung, der Annahmeerklärung des Gläubigers, ab. Anders als beim bedingten Rechtserwerb liegt also noch **keine bindende Disposition,** jedenfalls nicht auf Seiten des Erwerbers, vor. 75

Richtig ist zwar, dass der Gläubiger bei der Entstehung der Vormerkung nicht mitzuwirken braucht. Das könnte auf den ersten Blick zu dem Schluss verleiten, es komme nur darauf an, ob der **Schuldner** auch schon vor der Entstehung des zu sichernden Anspruchs disponiert habe; dies aber sei zu bejahen, da er ja ein ihn bindendes Vertragsangebot abgegeben habe. Deshalb sei doch auf den Zeitpunkt abzustellen, in dem die Voraussetzungen der §§ 883, 885 – Bewilligung und Eintragung – erfüllt seien. 76

Eine solche Betrachtungsweise würde die Problematik jedoch unzulässig verkürzen. Den guten Glauben des Gläubigers zu schützen ist nämlich entgegen der Auffassung des BGH (siehe Rn. 71) nicht gerechtfertigt, wenn die zu schützende Rechtsstellung (der Anspruch) noch überhaupt nicht entstanden ist. Das gilt insbesondere dann, wenn der Gläubiger noch nicht die hierfür nötigen (rechtsgeschäftlichen) Handlungen vorgenommen hat. Deshalb kommt es bei der Sicherung künftiger Ansprüche durch eine vom Scheinerben bewilligte Vormerkung darauf an, ob der **Gläubiger noch bei Entstehung der Forderung gutgläubig** ist.[48, 49] 77

h) Nun hat N jedoch vor diesem Zeitpunkt von der Erbenstellung der W erfahren. Damit ging er des Gutglaubensschutzes nach §§ 2366, 2367 verlustig. Er selbst hätte durch Annahme der Offerte des S eine wirksame Vormerkung nicht mehr erwerben können. Was N blieb, war die Position eines **Buchberechtigten,** für den eine Vormerkung hinsichtlich eines künftigen Anspruchs eingetragen war, die Wirkungen zu seinen Gunsten nicht mehr erlangen konnte. 78

---

[45] BGHZ 10, 69, 73 f; 30, 374, 380.
[46] Vgl. *Blomeyer* AcP 153 (1954), 240 ff. m. N.; ferner *Flume* § 38, 4 b und § 42, 4 a.
[47] Vgl. *Flume* § 42, 4 a.
[48] Würde sich der Gutglaubenserwerb statt auf §§ 2366 f. auf §§ 892 f. stützen, ergäbe sich nichts anderes.
[49] Bei der Sicherung *bedingter Ansprüche* durch Vormerkung wäre bei §§ 892 f. auf den in § 892 Abs. 2 genannten Zeitpunkt, bei §§ 2366 f. auf den Zeitpunkt der Eintragung (oder wenn die Bewilligung nachfolgt, auf diesen) abzustellen.

Teil 4. Immobiliarsicherheiten

3. Gutgläubiger Zweiterwerb der Vormerkung

79 Allerdings hat N sein Optionsrecht an D abgetreten und damit zugleich den künftigen Übereignungsanspruch. Mit der Abtretung gingen die in § 401 genannten Rechte auf den Erwerber über. **Analog § 401** gilt dies auch für andere (akzessorische) Nebenrechte wie etwa die **Vormerkung**.[50] Es muss auch gelten für eine bloße „Buch-Vormerkung", wie sie dem N zusteht.

80 Die Buchposition allein nützt dem D jedoch nichts. Es ist daher die Frage, ob ein **Gutglaubensschutz** zugunsten des D nun auch **beim Erwerb der eingetragenen „Buch-Vormerkung"** eingreift mit der Folge, dass die Vormerkung in der Person des gutgläubigen D ihre Wirkungen entfalten kann, sobald der Auflassungsanspruch entsteht.

81 a) Darin steckt die bekannte Problematik, ob der Zessionar zusammen mit einer bestehenden Forderung auch die eingetragene, aber nicht bestehende Vormerkung gutgläubig erwerben kann (Zweiterwerb; Frage des **„Übertragungsschutzes"**).[51] Der BGH hat dies ohne Umschweife bejaht.[52] Er hat sich dabei auf die These gestützt, es sei „allgemein anerkannt, dass § 893, soweit es sich um Verfügungen handelt, auch auf die Vormerkung Anwendung findet".[53]

82 b) Dem ist jedoch entgegengehalten worden, die Vormerkung sei **nicht Gegenstand einer Verfügung**, vielmehr gehe sie bei Abtretung der gesicherten Forderung analog § 401 auf den Erwerber über; schon deshalb scheide § 893 aus.[54] Für sich gesehen sticht dieses Argument freilich nicht; denn auch die **Hypothek** als akzessorisches Sicherungsrecht kann, obwohl nicht Verfügungsobjekt, im Zuge der Zession der gesicherten Forderung (§ 1153 Abs. 1) gutgläubig nach § 892 erworben werden.[55] Selbst die streng akzessorische Sicherungshypothek macht insoweit keine Ausnahme.

83 c) Allerdings vollzieht sich die Abtretung der hypothekarisch gesicherten Forderung nach **sachenrechtlichen Grundsätzen**: Bei buchhypothekarischer Sicherung muss die Abtretung ins Grundbuch eingetragen werden (§ 1154 Abs. 3 i.V.m. § 873); bei briefhypothekarischer Sicherung ist schriftliche Abtretungserklärung (oder Eintragung der Abtretung ins Grundbuch) und Übergabe des Hypothekenbriefes erforderlich (§ 1154 Abs. 1, Abs. 2). Dergleichen ist bei der Abtretung des vormerkungsgesicherten Anspruchs nicht nötig. Auch aus diesem Grund wird der gutgläubige Erwerb der Vormerkung vom Schein-Vormerkungsberechtigten abgelehnt.[56]

84 d) Indes fragt sich, ob der Schutz des guten Glaubens überhaupt von der Beachtung sachenrechtlicher Übertragungsmodalitäten abhängt.[57]

---

[50] Siehe schon Protokolle bei *Mugdan* II S. 574; heute allg. M., vgl. statt aller BGHZ 25, 16, 23; MünchKommBGB/*Roth*/*Kieninger* § 401 BGB Rn. 9 m.w.N.
[51] *Kupisch* JZ 1977, 488.
[52] BGHZ 25, 16, 23 f.; ebenso etwa Staudinger/*Gursky* (2013) § 899 BGB Rn. 4 f., § 883 BGB Rn. 61.
[53] BGHZ 25, 16, 23.
[54] *Knöpfle* JuS 1981, 166; *Medicus* AcP 163 (1964), 1, 8 f.; *Medicus*/*Petersen* BR Rn. 557; *Baur*/*Stürner* § 20 Rn. 52, 65.
[55] Siehe dazu Übersicht 5 (S. 292).
[56] *Canaris* JuS 1969, 84; *ders.*, FS Flume, 1978, Bd. I, S. 381, 389; *Gursky*, Klausurenkurs im Sachenrecht, 12. Aufl. 2008, Rn. 27; *Reinicke* NJW 1964, 2378; *Wiegand* JuS 1975, 213. – *Reinicke* weist ergänzend darauf hin, dass auch bei der Abtretung einer Forderung, die angeblich durch ein Pfandrecht an einer beweglichen Sache gesichert ist, dieses nicht gutgläubig erworben werden könne. Das ist jedoch streitig (wie Reinicke u. a. *Baur*/*Stürner* § 55 Rn. 32; Palandt/*Wicke* § 1250 BGB Rn. 1; *Westermann*/*Gursky*/*Eickmann* § 131 Rn. 3 m.w.N.; für gutgläubigen Erwerb dagegen *Heck* SachenR § 105 V; *J. Hager*, Verkehrsschutz durch redlichen Erwerb, 1990, S. 96 ff.; *Wieling*, Sachenrecht, 5. Aufl. 2007, § 15 VI 1b.
[57] Zum Folgenden insbesondere *Rottenfußer*, Der gutgläubige Erwerb der Auflassungsvormerkung, Diss., 1981, S. 164 ff.; *Wunner* NJW 1969, 116 ff.

Zweifel hieran weckt schon **§ 893,** der **Gutglaubensschutz auch bei Verfügungen** gewährt, die **nicht den Regeln des Liegenschaftsrechts folgen,** wenn nur die Verfügung von oder gegenüber dem durch Grundbucheintragung Legitimierten vorgenommen wird.

85

Dass es vor allem auf die **Form der Legitimation** ankommt, macht auch das **Hypothekenrecht** deutlich. Zediert beispielsweise der (schlechtgläubige) Besitzer des Hypothekenbriefes, dem die Forderung vom (nichtberechtigten) Erstgläubiger unter Übergabe des Briefes, aber bloß in privatschriftlicher Form abgetreten worden war, die Forderung nunmehr formgerecht an einen Dritten, so wird der Dritte in seinem guten Glauben nicht geschützt. Der Schutz scheitert nicht am Mangel der sachenrechtlichen Übertragungsform, sondern an der fehlenden grundbuchrechtlichen Legitimation des Zedenten. Die bloß privatschriftliche Abtretungserklärung hat die Legitimationskette unterbrochen; nur die **öffentlich beglaubigte legitimiert** den Besitzer des Hypothekenbriefes ebenso wie das Grundbuch (§ 1155).

86

Ähnlich verhält es sich beim gutgläubigen Erwerb auf der Basis der **§§ 2366, 2367:** Nicht die sachenrechtliche Form des Rechtserwerbs, sondern die **(behördliche) Legitimation kraft Erbscheins** ist Basis des Gutglaubensschutzes.

87

e) Geht man von diesen Erwägungen aus, dann ergibt sich für den *gutgläubigen Erwerb der Vormerkung* vom (nichtberechtigten) Gläubiger eine **differenzierende Lösung.** Er ist **möglich vom grundbuchmäßig legitimierten Gläubiger.** Das ist der im Grundbuch als erster Anspruchsinhaber **eingetragene,** kann aber auch ein **weiterer Gläubiger** sein, der nach Erwerb der gesicherten Forderung das Grundbuch zu seinen Gunsten hat berichtigen lassen. Eine weiterreichende Zulassung gutgläubigen Erwerbs hieße einen guten Glauben an die bloße Behauptung eines Rechts ohne jede Rechtsscheinsgrundlage schützen. Das widerspräche grundlegenden und durchgängigen Anforderungen der Rechtsordnung und kann jedenfalls nicht mit einem bloßen Bedürfnis des Rechtsverkehrs legitimiert werden.

88

Dagegen spielt es keine Rolle, ob die Buchvormerkung – der Ersterwerb – aufgrund einer Bewilligung oder einer einstweiligen Verfügung erlangt worden war, wenn nur der **Zweiterwerb** selbst ein **Rechtsgeschäft** darstellt. Gleichgültig ist auch, ob der Zweiterwerber sich mit der Übertragung von Forderung und Vormerkung nach §§ 398, 401 Abs. 1 (analog) begnügt oder seine Rechtsstellung zusätzlich im Wege der Grundbuchberichtigung verlautbaren lässt. Bei mehreren einander widersprechenden Zessionen gewinnt nicht derjenige Erwerber, auf den die Vormerkung zuerst umgeschrieben oder für den das gesicherte Recht zuerst eingetragen wird; vielmehr setzt sich der Erstzessionar durch.[58]

89

f) Dieses Ergebnis lässt sich auf den **vorliegenden Fall** übertragen. Danach ergibt sich folgendes: Da N als vormerkungsberechtiger Gläubiger im Grundbuch eingetragen war, hat D mit der Abtretung der Rechtsstellung aus dem bindenden Vertragsangebot und der künftigen Forderung auch die Vormerkungsposition gutgläubig erworben, sei es nach § 892, sei es nach § 893. D war auch noch gutgläubig, als er das Angebot des S angenommen hat. Damit ist der vorgemerkte Anspruch entstanden, womit zugleich die letzte noch offene Voraussetzung der Vormerkung erfüllt ist. Dem D steht somit die Vormerkung zu.

90

4. Wirkung der Vormerkung

Die Vormerkung würde D jedoch wenig nützen, wenn er sich entgegenhalten lassen müsste, er sei nach Annahme der Offerte über die wahre Erbfolge aufgeklärt und damit schlechtgläubig geworden. Hilft ihm in dieser Situation die Vormerkung?

91

---

[58] MünchKommBGB/*Kohler* § 883 BGB Rn. 75; Staudinger/*Gursky* (2013) § 892 BGB Rn. 58; a. A. *Rimmelspacher,* Kreditsicherungsrecht, 2. Aufl. 1987, Rn. 633 unter Verweis auf MünchKommBGB/*Wacke,* 2. Aufl. 1986, § 883 BGB Rn. 66.

Teil 4. Immobiliarsicherheiten

92 a) Unstreitig sichert sie den Vormerkungsberechtigten gegenüber zwischenzeitlichen Verfügungen des Buchberechtigten zugunsten gutgläubiger Dritter **(Verfügungsschutz).**[59] Die Rechtsprechung[60] und ihr folgend die ganz überwiegende Meinung in der Literatur[61] stehen darüber hinaus auf dem Standpunkt, dass der gute Glaube beim Erwerb der Auflassungsvormerkung auch für den späteren Eigentumserwerb maßgebend sei **(Erwerbsschutz).**[62] Diese Auffassung hat ihren Ausgang von folgender Entscheidung des RG aus dem Jahr 1928 genommen (RGZ 121, 44, 46 f.):

> „Die Eintragung einer Vormerkung hat die doppelte Aufgabe, ein dingliches Sicherungsmittel für den künftigen Erwerb eines Rechts an einem Grundstück (oder an einem eingetragenen Rechte) zu bilden und den Rang des Rechtes zu wahren. Die gegenteilige Meinung übersieht den ersten Zweck der Vormerkung, wie er sich aus § 883 Abs. 1 und namentlich Abs. 2 BGB ergibt. Danach sind spätere Verfügungen, soweit sie den Anspruch vereiteln oder beeinträchtigen würden, auch dann unwirksam, wenn sie im Wege der Zwangsvollstreckung erfolgen.
>
> Sind gleichwohl nach der Eintragung der Vormerkung entgegenstehende Rechte durch Eintragung im Grundbuch begründet worden, so kann der aus der Vormerkung Berechtigte vom Erwerber der Rechte die Zustimmung zu der Eintragung oder der Löschung verlangen, die zur Verwirklichung des durch die Vormerkung gesicherten Anspruchs erforderlich ist (§ 888 BGB). Das Gesetz knüpft also die Vollendung des dinglichen Rechtserwerbs unmittelbar an die Vormerkung an, sodaß, wenn inzwischen das Grundbuch durch Eintragung von Rechten verändert worden ist, der Berechtigte die Wiederherstellung des früheren Zustandes des Grundbuchs zur Verwirklichung seines Anspruchs fordern darf. Durch die Eintragung der Vormerkung wird die dingliche Wirkung des Anspruchs vorweggenommen, sofern er zur Entstehung und Erfüllung gelangt. Ist die Vormerkung auf Grund der Bewilligung des Buchberechtigten nach den Regeln des § 892 BGB rechtsgültig entstanden, so ist damit der Grund für die Erfüllbarkeit des Anspruchs gelegt, und der Erwerb des Rechtes selbst vollzieht sich unabhängig von der weiteren Entwicklung des Grundbuchinhalts und dem guten Glauben des Berechtigten. Diese Rechtsgrundsätze müssen auch gelten für den Fall, daß nach Eintragung der bewilligten Vormerkung und vor Durchführung des gesicherten Anspruchs ein Widerspruch gegen die Richtigkeit des Grundbuchs eingetragen wird. Ein solcher Widerspruch vermag Wirkungen nur für die Zeit nach seiner Eintragung zu äußern und das außerhalb des Grundbuchs etwa bestehende Recht nur in der ihm in diesem Zeitpunkt innewohnenden Gestalt zu schützen. Wenngleich sich der Widerspruch gegen spätere rechtsgeschäftliche Verfügungen richtet (§ 892 Satz 1 BGB; RGZ Bd. 117 S. 351), so kann er doch die früher eingetragene Vormerkung und ihre Rechtsfolgen nicht beeinträchtigen. Selbst die Umschreibung des Eigentums, sei es auf Grund der Auflassung, sei es durch Berichtigung des Grundbuchs im Wege der Zwangsvollstreckung (§ 894 ZPO), wäre gegenüber dem durch eine früher eingetragene Vormerkung gesicherten Auflassungsanspruch unwirksam (§ 883 Abs. 2, § 888 BGB). Umsomehr muß der mit wesentlich schwächeren Wirkungen ausgestattete Widerspruch der früher eingetragenen Vormerkung weichen. Aus alledem ergibt sich, daß zugunsten des vorgemerkten Anspruchs, wenn er zu Recht besteht, im Sinne des § 892 BGB als Inhaber des betroffenen Rechts gilt, wer zur Zeit der Eintragung der Vormerkung im Grundbuch eingetragen ist."

93 b) Das RG geht aus von dem hier einschlägigen **Zweck** der Vormerkung, den Erwerb eines Rechts an einem Grundstück zu sichern. Diese Sicherung ist im BGB freilich nicht umfassend formuliert. Sie schützt dem Wortlaut des **§ 883 Abs. 2** nach den Vormerkungsgläubiger nur gegenüber Verfügungen, welche die Verwirklichung des vorgemerkten Anspruchs vereiteln oder beeinträchtigen. Das **RG verabsolutiert diesen speziellen Schutz:** Nicht nur gegenteilige Verfügungen, sondern auch der Verlust des guten Glaubens soll den Rechtserwerb nicht mehr hindern. Eine Begründung für diese Erweiterung des Schutzes fehlt.

94 Man hat deshalb später außer auf § 883 Abs. 2 auf **§ 884 BGB, § 48 ZVG, §§ 24, 193 Satz 2 KO und § 82 Abs. 2 Satz 1 VerglO (heute: §§ 106, 254 Abs. 2 InsO)** hingewiesen, wo überall die

---

[59] *Kupisch* JZ 1977, 488.
[60] RGZ 121, 44, 46 f.; BGHZ 28, 182, 187; 57, 341, 343; BGH NJW 1981, 446, 447.
[61] *Canaris* JuS 1969, 82; *Medicus* AcP 163 (1964), 1, 6; *Reinicke* NJW 1964, 2375; *Baur/Stürner* § 20 Rn. 66. – A.A. *Goetzke/Habermann* JuS 1975, 82 ff.; *dies.* JR 1982, 61 f.; *Knöpfle* JuS 1981, 165 f.; *Wiegand* JuS 1975, 212.
[62] *Kupisch* JZ 1977, 488.

§ 14. Vormerkung

Voraussetzungen der Zuordnung des gesicherten Rechts sich nach der Vormerkung bestimmen.[63] Indes haben diese Vorschriften nur das Verhältnis zwischen dem die Vormerkung Bewilligenden und dessen Gläubigern sowie Rechtsnachfolgern einerseits und dem Vormerkungsgläubiger andererseits im Auge, nicht aber das Verhältnis zwischen diesem und dem wahren Berechtigten, um das es uns geht.

Auch aus Parallelen zwischen **Vorkaufsrecht** und Vormerkung ergibt sich kein Argument für die These des RG. Denn in **§ 1098 Abs. 2** wird zwar das Vorkaufsrecht im Verhältnis zwischen Vorkaufsberechtigtem und Dritten einer Vormerkung gleichgestellt; das Verhältnis zwischen Eigentümer und Vorkaufsberechtigtem, auf das es hier ankommt, ist in § 1098 Abs. 2 aber gerade nicht angesprochen. 95

c) Dies heißt allerdings nicht, dass die Rechtsprechung im Ergebnis zu missbilligen sei. Die **Gesetzeslage** ist vielmehr **offen,** weil der Gesetzgeber nicht alle Konsequenzen der Vormerkung geregelt hat. Dieses Ergebnis rechtfertigt sich zwar nicht aus dem Zweck der Vormerkung allein, wohl aber in Verbindung mit der Logik des Gutglaubensschutzes und dem, was die Praxis aus beidem gerade beim Erwerb des Grundstückseigentums entwickelt hat. 96

Das **Bedürfnis nach Sicherung des Erwerbers** von Grundstückseigentum ist besonders groß, weil es eine Reihe praktisch wichtiger Fälle gibt, in denen der Erwerber nicht sogleich als neuer Eigentümer eingetragen werden kann.[64] Die erste Gruppe bilden die Fälle, in denen der Erwerb von einer **Bedingung** abhängen oder unter einer **Zeitbestimmung** erfolgen soll. Eine darauf abgestimmte Auflassung wäre nach § 925 Abs. 2 unwirksam. Der Ausweg: Nicht der Eigentumserwerb, sondern der Kausalanspruch wird unter eine Bedingung gestellt und zu seiner Sicherung eine Vormerkung eingetragen. Zur zweiten Fallgruppe gehören die Situationen, in denen zur Eintragung noch eine **behördliche Bescheinigung,** insbesondere die grunderwerbssteuerliche Unbedenklichkeitsbescheinigung des Finanzamtes fehlt. Auch hier die Zwischenlösung: Sicherung des Übereignungsanspruchs durch Vormerkung. Drittens schließlich die Fälle, in denen **Teilflächen veräußert** werden, die von einer größeren Gesamtfläche noch nicht wegvermessen sind oder für die noch kein eigenes Grundbuchblatt angelegt ist. Hier wird gleichfalls eine Vormerkung (im Grundbuch der Gesamtfläche) eingetragen. 97

Vor allem in den beiden zuletzt genannten Fallgruppen ist nun die **Praxis** dazu übergegangen, bei entgeltlichem Erwerb – und das ist die Regel – den Anspruch auf die Gegenleistung (oder jedenfalls Teile davon) mit der Eintragung der Vormerkung fällig zu stellen. Sie vertraut dabei auf die Sicherung des Eigentumserwerbs mit Hilfe der Vormerkung. 98

Aus dem Zusammenspiel der Regeln zum Gutglaubenserwerb (§§ 892 f., 932, 2366 f.) mit denen des Bereicherungsrechts (§ 816 Abs. 1 Satz 2) wird deutlich, dass jene gerade dem Schutz dessen dienen, der **gutgläubig** und **entgeltlich,** sei es eine Sache, sei es einen Erbschaftsgegenstand, erwirbt. Wird aber beim Erwerb von Grundstückseigentum üblicherweise der Austausch von Leistung und Gegenleistung bereits mit der Eintragung der Vormerkung eingeleitet, dann verdient der Vormerkungsgläubiger **typischerweise** den **Gutglaubensschutz** im Ergebnis schon so, wie das Reichsgericht ihn praktiziert hat. Nicht das Verkehrsschutzbedürfnis schlechthin trägt also den Gutglaubensschutz,[65] sondern es trägt ihn nur, soweit es im Grundprinzip des Gutglaubensschutzes vom Gesetz anerkannt ist. 99

---

[63] *Canaris* JuS 1969, 82.
[64] Vgl. auch die Zusammenstellung bei Staudinger/*Gursky* (2013) § 883 BGB Rn. 4; *Rottenfußer,* Der gutgläubige Erwerb der Auflassungsvormerkung, 1981, S. 203 ff.
[65] Darauf beruft sich *Medicus* AcP 163 (1964), 1, 6; ebenso BGH NJW 1981, 446, 447.

Teil 4. Immobiliarsicherheiten

100 d) Daraus ergibt sich **als Zwischenergebnis** für die Lösung des Falles grundsätzlich: Nachdem D mit der Annahme des Angebots von S den Übereignungsanspruch und zugleich die Vormerkung voll wirksam gutgläubig erlangt hat, steht seine nachfolgende Schlechtgläubigkeit dem Rechtserwerb nicht entgegen.

5. Verwirklichung des Übereignungsanspruchs

101 Bleibt noch die Frage, in welcher Weise D seinen Übereignungsanspruch durchsetzt. Sicher ist, dass D von S aufgrund des Kaufvertrages die Auflassung verlangen kann. Verfügt S dabei aber als **Berechtigter** oder als **Nichtberechtigter** i. S. d. § 185 mit der Folge, dass W als Eigentümerin des Ufergrundstücks der Verfügung zustimmen muss?

102 a) Geht man von dem zuvor dargelegten Standpunkt aus, dass der gute Glaube beim Erwerb der Vormerkung auch für den gutgläubigen Rechtserwerb selbst ausreicht, dann liegt die Folgerung nahe, die beim Vormerkungserwerb kraft Gutglaubensschutzes bestehende Verfügungsmacht des Buchberechtigten S werde **„konserviert"**, sodass die Auflassung nicht der Zustimmung des wahren Berechtigten bedürfe.

103 Man hat diese Folgerung in Frage gestellt mit der Überlegung, das Gesetz schütze in § 883 Abs. 2 den Vormerkungsberechtigten nur gegen vormerkungswidrige Verfügungen des Eingetragenen, nicht aber gegen den Verlust der Voraussetzungen gutgläubigen Erwerbs. Deshalb sei **§ 888 Abs. 1 analog** anzuwenden: Die Vorschrift gewähre einen **Hilfsanspruch,** der Platz greife, wenn die in § 883 Abs. 2 angeordnete (relative) Unwirksamkeit nicht genüge, um dem Gläubiger die Durchsetzung seines vorgemerkten Anspruchs zu ermöglichen.[66] Über den Wortlaut des § 888 Abs. 1 hinaus, der gegen den inzwischen eingetragenen Dritten einen Anspruch auf Eintragungsbewilligung nach § 19 GBO gebe, sei der Norm daher auch ein Anspruch gegen den wahren Rechtsinhaber auf **(materiell-rechtliche) Zustimmung** zu entnehmen.[67]

104 b) Richtig an dieser Überlegung ist, dass § 883 Abs. 2 den gutgläubigen Erwerb des Rechts selbst nicht trägt. Aber davon ist die oben begründete Lösung auch nicht ausgegangen. Sie hat vielmehr die Vorschriften über den Gutglaubenserwerb selbst modifiziert, indem sie nicht auf den Zeitpunkt des Rechtserwerbs, sondern auf den des Erwerbs der Vormerkung abstellt; damit wurde die **beim Erwerb der Vormerkung bestehende Verfügungsmacht auch für den Erwerb des Rechts** aufrechterhalten.[68] Das bedeutet: S kann das Ufergrundstück an D auflassen. Unter Vorlage der beurkundeten Auflassung (siehe dazu Rn. 25) können S oder D die Eintragung des letzteren als neuem Eigentümer im Grundbuch beantragen (§ 13 Abs. 1, Abs. 2 GBO). Eine Mitwirkung der W ist nicht erforderlich.

105 Das wäre nur der Fall, wenn W inzwischen im Wege der Grundbuchberichtigung als Eigentümerin eingetragen worden wäre. Dann stünde D aus **§ 888 Abs. 1** gegen W ein Anspruch auf Abgabe einer Eintragungsbewilligung (§ 19 GBO) zu. Hätte W die Eintragung eines Widerspruchs erreicht, könnte D von ihr nach § 888 Abs. 1 Zustimmung zu dessen Löschung verlangen.

III. Anspruch auf Zahlung des Kaufpreises

106 Der Anspruch auf Zahlung des Kaufpreises steht nach § 433 Abs. 2 dem Verkäufer zu. Das ist S.

---

[66] *J. F. Baur* JZ 1967, 439 f.
[67] Noch weiter geht *Kupisch* JZ 1977, 495 f., der dem Gläubiger analog § 888 Abs. 1 einen Auflassungsanspruch gegen den Eigentümer gibt.
[68] So i. Erg. schon RGZ 121, 44, 47; ferner *Roloff* NJW 1968, 484 ff. m. w. N.

§ 14. Vormerkung

Jedoch ist hier **§ 2019** zu berücksichtigen. Die Vorschrift ordnet im Wege der **dinglichen Surrogation** dem Erben alle Gegenstände zu, die der Erbschaftsbesitzer durch Rechtsgeschäft mit Mitteln der Erbschaft erwirbt. Hätte S das Grundstück an D schon übereignet, dann stünde der Kaufpreisanspruch nach § 2019 Abs. 1 der W zu. Läge bloß der Kaufvertrag vor, dann wäre S noch Gläubiger, da er mit dem Abschluss des Kaufvertrages allein Mittel der Erbschaft noch nicht aufgewendet hat.[69] Nun hat S bereits eine Vormerkung bewilligt, die den Eigentumserwerb zugunsten des D und zu Lasten der Erbin W sichert. Das rechtfertigt schon vor der Auflassung des Grundstücks die Anwendung des § 2019 Abs. 1. Die W ist deshalb Gläubigerin des Kaufpreisanspruchs, D kann mit befreiender Wirkung nur an sie zahlen; § 2019 Abs. 2 greift nicht mehr Platz.

107

C. Gutgläubiger Erwerb (Zusammenfassung)

Bei der Frage des Gutglaubensschutzes beim Erwerb einer Vormerkung sind folgende Fälle zu unterscheiden.

108

I. Bestellung durch den buchberechtigten Schuldner für einen bestehenden Anspruch (sog. Ersterwerb)

1. Unstreitige Fälle

Hier wird heute Gutglaubensschutz einhellig bejaht (siehe Rn. 62), wenn die Vormerkung aufgrund einer **Bewilligung** des Schuldners (§ 885 Abs. 1 Satz 1 Alt. 2) eingetragen wird. Gutglaubensschutz ist auch zu gewähren, wenn die Bewilligung durch ein rechtskräftiges Urteil ersetzt wird (§§ 894, 898 ZPO) oder gem. § 895 ZPO als erteilt gilt.[70] Konsequenterweise muss der Schutz dann auch Platz greifen, wenn die Vormerkung auf einer einstweiligen Verfügung (§ 885 Abs. 1 Satz 1 Alt. 1 BGB, §§ 935 ff. ZPO) beruht.[71]

109

2. Rechtsgrundlage

Umstritten ist zunächst jedoch, ob sich der gutgläubige Erwerb analog **§ 892** vollzieht (so, wenn man die Vormerkung als dingliches Recht ansieht oder sie einem solchen gleichstellt)[72] oder nach **§ 893 Alt. 2** i.V.m. **§ 892** (so, wenn man die Bestellung der Vormerkung „nur" als Verfügung über das von der intendierten Änderung betroffene Grundstücksrecht betrachtet).[73]

110

Der Streit hat bloß **theoretische Bedeutung.** Wenn die Vormerkung zwar nicht in jeder, aber immerhin in dreifacher Richtung (siehe Rn. 2–7) Wirkungen wie die vorgemerkte Rechtsstellung selbst entfaltet, dann möchte man sie einem dinglichen Grundstücksrecht i.S.d. § 892 gleichbehandeln. Andererseits deckt § 893 alle Verfügungsgeschäfte ab, die nicht zum Erwerb eines Rechts führen. Je nachdem, ob man mehr den Umstand betont, dass die Vormerkung (schon) wichtige Wirkungen des Rechts vorwegnimmt, oder aber die andere Tatsache, dass sie eben (noch) nicht alle

111

---

[69] Staudinger/*Gursky* (2016) § 2019 BGB Rn. 11 f.
[70] MünchKommBGB/*Kohler* § 883 BGB Rn. 77 m.w.N. zum Diskussionsstand.
[71] MünchKommBGB/*Kohler* § 883 BGB Rn. 78 gegen die wohl überwiegende Meinung; der Einwand von *Tiedtke*, Gutgläubiger Erwerb im bürgerlichen Recht, im Handels- und Wertpapierrecht sowie in der Zwangsvollstreckung, 1985, S. 106, es fehle hier an der Berufung des Veräußerers auf den Rechtsschein, sticht nicht, vgl. §§ 894, 898 ZPO.
[72] In diesem Sinn u.a. *Heck* SachenR § 47 III 5 b; *Wunner* NJW 1969, 114 (direkte Anwendung des § 892); siehe auch *Mülbert* AcP 197 (1997), 335, 347.
[73] So die Rspr., siehe nur RGZ 118, 230, 234; 121, 44, 46; BGHZ 25, 16, 23; 28, 182, 187; 57, 341, 343; BGH NJW 1981, 446, 447 und die h.M., vgl. Baur/*Stürner* § 20 Rn. 29; Jauernig/*Berger* § 883 BGB Rn. 26. Wieder anders *Medicus/Petersen* BR Rn. 553 (§ 893 sei „wenigstens entsprechend" anwendbar).

Wirkungen zeitigt, wird man eher für die Anwendung des § 892 oder des § 893 plädieren. Mangels praktischer Differenzen zwischen den beiden Auffassungen soll der Streit auf sich beruhen.

112 Offen gelassen wird die Frage auch von *Kupisch*,[74] der aufgrund der Entstehungsgeschichte des Gesetzes die These vertritt, der Vormerkungsgläubiger stehe wertungsmäßig demjenigen gleich, der ein Recht aufschiebend bedingt erwerbe. Wie der Vergleich zwischen §§ 883 Abs. 2 und 161 Abs. 1 zeigt, ist diese Parallele nicht von der Hand zu weisen. Aber sie betrifft nur ein Wirkungsdetail, und dies nur, wenn Schuldner und wahrer Eigentümer identisch sind. Damit ist aber noch nicht nachgewiesen, unter welchen Voraussetzungen und in welchem Maße eine Gleichstellung auch gerechtfertigt ist, wenn die Vormerkung von einem Nichtberechtigten bewilligt wurde.

3. Umfang des Gutglaubensschutzes

113 Streitig ist auch der **Umfang** einer gutgläubig erworbenen Vormerkung. Sie sollte nicht nur den einhellig zugestandenen **Verfügungsschutz,** sondern auch den **Erwerbsschutz** abdecken (siehe Rn. 92 ff.). Soweit die Vormerkung allerdings gem. § 895 ZPO oder aufgrund einer einstweiligen Verfügung (§ 885 Abs. 1 Satz 1 Alt. 1 BGB, §§ 935 ff. ZPO) eingetragen wurde (siehe Rn. 109), besteht nicht der typische Bedarf für einen Erwerbsschutz wie bei der bewilligten Vormerkung (vgl. Rn. 97); deshalb genügt in diesen Fällen der Verfügungsschutz.

II. Übertragung eines Anspruchs, für den eine (bloße) Buchvormerkung eingetragen ist (sog. Zweiterwerb)

114 Der Gutglaubensschutz ist hier umstritten. Während BGHZ 25, 16, 23 f. und einige Stimmen in der Literatur ihn mit Recht **bejahen,** lehnt ein großer Teil des Schrifttums ihn ab (siehe Rn. 81 ff.).

III. Bestellung und Übertragung einer Vormerkung zur Sicherung einer nicht bestehenden Forderung

115 Gutglaubensschutz wird hier **weder in Bezug auf den Anspruch noch in Bezug auf die Vormerkung** gewährt.

116 **Ausnahme:** Wird die Vormerkung für einen künftigen Anspruch bestellt, kann Gutglaubensschutz bezüglich der Vormerkung unter den in Rn. 75 ff., 88 f. erörterten Voraussetzungen Platz greifen.

D. Erlöschen

I. Wegfall der Forderung

117 Die Vormerkung als akzessorisches Recht erlischt, wenn der gesicherte Anspruch wegfällt. Das Grundbuch wird dadurch unrichtig, der Schuldner kann vom Gläubiger Grundbuchberichtigung nach § 894 verlangen.

118 Hierher rechnet der BGH[75] auch den Fall der **Konfusion** (Zusammenfallen von Gläubiger- und Schuldnerstellung). Damit wird jedoch die Tragweite der Konfusion überspannt. Richtig ist zwar, dass sie im Normalfall zum Erlöschen von Forderung und Schuld führt, weil der Gläubiger – Schuldner durch die Konfusion bereits erhalten hat, was er kraft der Forderung erhalten sollte und durch

---

[74] *Kupisch* JZ 1977, 491 ff.
[75] BGH NJW 1981, 446. – Krit. dazu *Wacke* NJW 1981, 1577 ff.

eine Leistung an sich selbst nicht mehr erlangen würde als ihm ohnehin schon zusteht. Anders verhält es sich aber, wenn die Forderung durch eine Vormerkung gesichert ist. Hat der Schuldner nach der Eintragung der Vormerkung vormerkungswidrig verfügt, dann hat sich die schlichte Zweierbeziehung zwischen Gläubiger und Schuldner zu einem Dreieck Gläubiger – Schuldner – Dritter erweitert. Deren gegenläufige Interessen sind nach Maßgabe des § 888 Abs. 1 in der Weise geordnet, dass das Erfüllungsinteresse des Gläubigers dem Behaltensinteresse des Dritten im Konfliktfall vorgeht. Diese Wertung darf durch die Konfusionsregelung nicht überspielt werden, die nur das Verhältnis zwischen Gläubiger- und Schuldnerstellung betrifft. Es muss daher trotz Konfusion der Vorrang der Gläubigerposition gegenüber dem Dritten erhalten und gem. § 888 Abs. 1 durchsetzbar bleiben. Insoweit muss deshalb die gesicherte Forderung als fortbestehend angesehen werden.

Das wirkt sich auch in dem Fall aus, in dem der Schuldner als Nichtberechtigter dem **gutgläubigen Erwerber** eine Vormerkung bestellt hat und dieser nunmehr bösgläubig geworden ist. Auch hier muss sich der Vormerkungsberechtigte, jetzt der Gläubiger-Schuldner, gegen den wahren Berechtigten durchsetzen können. 119

II. Aufhebung (nur) der Vormerkung

Analog § 875 Abs. 1 Satz 1 kann die Vormerkung durch (materiell-rechtliche) Erklärung des Gläubigers und Löschung im Grundbuch aufgehoben werden, ohne dass zugleich der gesicherte Anspruch berührt wird.[76] Die Löschung im Grundbuch wird aufgrund einer (formell-rechtlichen) Eintragungs(= Löschungs-)bewilligung des Gläubigers (§ 19 GBO) und eines Antrags von Gläubiger oder Schuldner (§ 13 GBO) vollzogen. Formell-rechtliche Löschungsbewilligung und materiell-rechtliche Aufhebungserklärung fallen regelmäßig zusammen. 120

Ein **Anspruch auf Aufhebung** der Vormerkung steht dem Schuldner in den Fällen des § 886 zu. 121

---

[76] BGHZ 60, 46, 50f.

§ 15. Grundpfandrechte: Arten, Begründung, Haftungsumfang

Literatur: *Alexander,* Gemeinsame Strukturen von Bürgschaft, Pfandrecht und Hypothek, JuS 2012, 481; *Braun/Schultheiß,* Grundfälle zu Hypothek und Grundschuld, JuS 2013, 871 und 973; *Bülow,* Recht der Kreditsicherheiten, 8. Aufl. 2012, Rn. 94–179; *Clemente,* Recht der Sicherungsgrundschuld, 4. Aufl. 2008; *Epp,* in: Schimansky/Bunte/Lwowski, Bankrechts-Handbuch, Bd. II, 5. Aufl. 2017, § 94; *Huber,* Die Sicherungsgrundschuld, 1965; *Müller/Gruber,* Sachenrecht, 2016, §§ 117–121; *Petersen,* Die Grundschuld, JURA 2017, 528; *Schoppmeyer,* in: Lwowski/Fischer/Langenbucher, Das Recht der Kreditsicherung, 9. Aufl. 2011, § 15; *Schreiber,* Der Ersterwerb der Hypothek, JURA 2013, 1013; *ders.,* Der Hypothekenhaftungsverband, JURA 2006, 597; *Weiß,* Grundpfandrechte, JURA 2017, 121; *M.-Ph. Weller,* Die Sicherungsgrundschuld, JuS 2009, 969; *Wolf/Wellenhofer,* Sachenrecht, 31. Aufl. 2016, § 26; *Wolff/Raiser,* Sachenrecht, 10. Aufl. 1957.

A. Arten

1 Das BGB stellt dem Rechtsverkehr im 7. Abschnitt des Sachenrechts eine bunte Palette von Grundpfandrechten zur Verfügung. Ohne diesen Begriff selbst zu verwenden, nennt es als **Hauptformen Hypothek, Grundschuld** und **Rentenschuld.** Dabei ist die (Brief-)Hypothek als gesetzlicher Regelfall am eingehendsten normiert. In der Praxis des organisierten Realkredits ist heute freilich die Grundschuld die weitgehend übliche Form der Kreditsicherung geworden. Dagegen besitzt die Rentenschuld, ohnehin nur eine besondere Erscheinungsform der Grundschuld (vgl. § 1199), keine große praktische Bedeutung; sie kann daher im Folgenden vernachlässigt werden.

2 Im Übrigen lassen sich die Grundpfandrechte danach unterscheiden, ob sie **akzessorisch** ausgestaltet, ob sie mehr oder weniger **verkehrsfähig** angelegt sind und wem sie als **Inhaber** zustehen.

I. Akzessorietät

1. Akzessorische Hypothek

3 Während der Eigentümer des hypothekarisch belasteten Grundstücks und der Schuldner der gesicherten (Geld-)Forderung verschiedene Personen sein dürfen, kann Inhaber der Hypothek **(Hypothekar)** nur der **Gläubiger** der gesicherten Forderung sein. § 1113 Abs. 1 drückt dies mit den Worten aus, „dass an *denjenigen,* zu dessen Gunsten" das Grundstück belastet ist, eine bestimmte Geldsumme „zur Befriedigung wegen einer *ihm* zustehenden Forderung" zu zahlen ist. Die Sicherheit steht dem Gläubiger also nur zu, solange und soweit die gesicherte Forderung existiert. Diese **institutionelle (dingliche) Abhängigkeit** der Hypothek von der gesicherten Forderung bezeichnet man als Akzessorietät.[1] Die Forderung entscheidet allerdings nicht über die Existenz des Grundpfandrechts schlechthin; denn fehlt die Forderung, dann steht das Pfandrecht dem Grundstückseigentümer als Grundschuld zu (siehe Rn. 16).

4 Formal kommt die Akzessorietät der Hypothek darin zum Ausdruck, dass die gesicherte Forderung in der dinglichen Einigung (§ 873 Abs. 1) festgelegt und auch im Grundbuch (zum Teil durch Bezugnahme auf die Eintragungsbewilligung, § 1115 Abs. 1) verlautbart wird.

5 Die Akzessorietät ist streng durchgehalten bei der **Sicherungshypothek** (§ 1184 Abs. 1). Notwendig Sicherungshypothek sind die sog. **Wertpapierhypothek** (§ 1187) und die **Höchstbetragshypo-**

---

[1] *Baur/Stürner* § 36 Rn. 73 ff. Generell zur Akzessorietät *Medicus* JuS 1971, 497; *Habersack* JZ 1997, 857; *Alexander* JuS 2012, 481; *Michel,* Überschießende Rechtsmacht als Problem abstrakter und nicht-akzessorischer Konstruktionen, 2000, S. 58 ff.

Teil 4. Immobiliarsicherheiten

thek (§ 1190). Eine Sicherungshypothek stellt auch die **Zwangshypothek** dar, die ein Geldgläubiger bei der Vollstreckung in das Grundstück seines Schuldners erlangen kann, wenn er nicht (sogleich) die Zwangsversteigerung oder Zwangsverwaltung des Grundstücks betreiben will (§§ 866 f. ZPO).

6 Bei „normalen" Hypotheken kann die Akzessorietät im Fall eines **gutgläubigen Erwerbs** (§§ 1138, 892) **gelockert** oder praktisch **aufgehoben** werden.

2. Nichtakzessorische und abstrakte Grundschuld

7 Die Akzessorietät fehlt bei der **Grundschuld** (§ 1191 Abs. 1). Deren Entstehung und Zuordnung ist also forderungsunabhängig. Da eine Grundschuld aber in der Praxis nahezu ausschließlich zur Sicherung einer Forderung bestellt wird (sog. **Sicherungsgrundschuld, § 1192 Abs. 1a Satz 1**),[2] muss die Sicherungsfunktion wenigstens schuldvertraglich fixiert werden im sog. **Sicherungsvertrag** (siehe § 13 Rn. 42).

8 In diesem Sicherungsvertrag liegt gleichzeitig der **Rechtsgrund (causa) für die Bestellung der Grundschuld**. Beide Rechtsgeschäfte sind **rechtlich getrennt**, auch wenn ihr Abschluss in der Praxis vielfach zusammenfallen wird. Auch gilt das **Abstraktionsprinzip**: Die Wirksamkeit des dinglichen Bestellungsaktes der Grundschuld hängt in keiner Weise von der Gültigkeit des Sicherungsvertrages als Grundgeschäft ab, sondern verlangt nur die Einhaltung der besonderen Voraussetzungen, die hierfür bestehen (§ 873 i.V.m. §§ 1192 Abs. 1, 1115 ff.; siehe § 13 Rn. 16 ff.). Die Nichtigkeit des Grundgeschäfts führt mithin nicht zur Nichtigkeit der Grundschuldbestellung; vielmehr besteht ein Anspruch des Eigentümers auf Rückübertragung aus Leistungskondiktion (§ 812 Abs. 1 Satz 1 Alt. 1; siehe § 17 Rn. 73).

3. Umwandlung

9 Nach § 1198 kann eine Hypothek ohne weiteres in eine Grundschuld, eine Grundschuld in eine Hypothek **umgewandelt** werden.

II. Verkehrsfähigkeit

1. Briefrechte

10 Sowohl Hypotheken wie Grundschulden können als Brief- oder Buchrecht bestellt werden. Die **gesetzliche Normalform** bildet das **Briefrecht** (vgl. § 1116 Abs. 1). Es kann verhältnismäßig **einfach übertragen** werden durch bloßen Abtretungsvertrag (der sich bei der Hypothek auf die gesicherte Forderung, § 1154 Abs. 1 Satz 1, bei der Grundschuld auf diese selbst bezieht, §§ 1192 Abs. 1, 1154 Abs. 1 Satz 1) und Übergabe des Briefes (§ 1154 Abs. 1 Satz 1); dabei muss lediglich die Abtretungserklärung des Zedenten schriftlich erfolgen, § 1154 Abs. 1 Satz 1 (Ersatz: § 1154 Abs. 2).

11 Hypotheken- und Grundschuldbriefe sind sachenrechtliche Wertpapiere. Eigentümer ist der jeweilige Inhaber des Grundpfandrechts (§ 952 Abs. 2).

2. Buchrechte

12 Soll ein **Buchrecht** bestellt werden, müssen sich Eigentümer und Gläubiger über den Briefausschluss einigen und dies im Grundbuch eintragen lassen (§ 1116 Abs. 2). Die **Übertragung** des Buchrechts

---

[2] Siehe *Baur/Stürner* § 44 Rn. 5 f. Die isolierte Grundschuld (vgl. § 1196) wird etwa als Rangsicherungsmittel eingesetzt; näher MünchKommBGB/*Lieder* § 1191 BGB Rn. 5, 7.

§ 15. Grundpfandrechte: Arten, Begründung, Haftungsumfang

kann nur nach **liegenschaftsrechtlichen Grundsätzen** erfolgen (§§ 1154 Abs. 3, 873; Einigung und Eintragung im Grundbuch).

Das Gesetz (§ 1116 Abs. 2 Satz 2, Abs. 3) lässt eine **Umwandlung** eines Briefrechts in ein Buchrecht und umgekehrt zu. 13

3. Praxis

In der Praxis spielt die Frage der Verkehrsfähigkeit vor allem in den Fällen eine Rolle, in denen Grundpfandrechte im Rahmen von **Vor-, Zwischen-** und **Refinanzierungen** abgetreten werden sollen. Sind solche Abtretungen absehbar, dann werden zumeist Briefrechte bestellt. In anderen Fällen ist eine **Tendenz zu Buchrechten** erkennbar. Damit entfallen nämlich die Probleme der Briefverwaltung und Briefverwahrung ebenso wie die eventuelle Versendung der Briefe an die Grundbuchämter. Dadurch werden nicht unerhebliche Verwaltungs- und Verwahrungsprobleme sowie sonstige Kostenfaktoren eliminiert und wird das Sicherheitsrisiko eines Briefverlustes ausgeschaltet.[3] 14

III. Inhaber

Hypothek und Grundschuld stehen entweder dem Eigentümer des belasteten Grundstücks (Eigentümergrundpfandrecht) oder einem anderen zu (Fremdgrundpfandrecht). 15

1. Fremdhypothek und Eigentümerhypothek

a) Die Hypothek entsteht als dingliches Recht bereits mit der Einigung zwischen Eigentümer und Gläubiger und der Eintragung im Grundbuch (§ 873 Abs. 1). Solange die zu sichernde Forderung aber noch fehlt, steht die Hypothek dem Eigentümer selbst als **(vorläufige) Eigentümerhypothek** zu (§ 1163 Abs. 1 Satz 1). Entsteht die Forderung, dann geht das Grundpfandrecht ohne weiteres auf den Gläubiger (nunmehr als Fremdhypothek) über.[4] War die Entstehung der Forderung nur noch vom Willen des Gläubigers abhängig (Beispiel: der Darlehensvertrag war schon geschlossen, das Darlehen jedoch noch nicht valutiert), dann lässt sich die gesicherte Aussicht des Gläubigers auf Erwerb der Hypothek als **Anwartschaft** bezeichnen.[5] 16

Dies alles gilt uneingeschränkt bei einer **Buchhypothek.** Bei der **Briefhypothek** setzt § 1163 Abs. 2 weiter für den Erwerb des Pfandrechts durch den Gläubiger voraus, dass ihm der Brief übergeben wird. Dem Eigentümer soll damit die Möglichkeit eröffnet werden, auf die Valutierung der Hypothek Zug um Zug gegen Aushändigung des Hypothekenbriefes zu achten (vgl. §§ 60, 70 GBO; für die Buchhypothek vgl. § 1139). In der Praxis wird diese **Vorsichtsmaßregel** jedoch vielfach außer Kraft gesetzt, weil sich die Kreditgeber nach **§ 1117 Abs. 2** ermächtigen lassen. 17

b) Eine Fremdhypothek wird, wenn die gesicherte Forderung erlischt, zur **(endgültigen) Eigentümerhypothek** (§ 1163 Abs. 1 Satz 2), d.h. zur **Eigentümergrundschuld** (§ 1177 Abs. 1). 18

Das Zusammentreffen von Eigentum und beschränktem dinglichem Recht in einer Person (sog. **Konsolidation**) führt also bei Grundpfandrechten nicht zum Erlöschen des beschränkten Rechts (anders § 1256 Abs. 1 beim Mobiliarpfandrecht). Das entspricht dem Grundsatz des § 889. 19

---

[3] *Baur/Stürner* § 37 Rn. 38.
[4] Zur Frage, ob eine Hypothek auch durch Aufrechnung des Gläubigers gegen den Darlehensauszahlungsanspruch des Kreditnehmers valutiert werden kann, vgl. BGH JZ 1978, 310 f. = NJW 1978, 883 f. (grds. verneinend, da das Interesse des Kreditnehmers üblicherweise dahin gehe, das Darlehen zur freien Verfügung zu erhalten).
[5] *Baur/Stürner* § 46 Rn. 20 ff.

20 Die Fremdhypothek wird aber auch dann Eigentümerhypothek, wenn der persönliche Schuldner nicht mit dem Eigentümer identisch ist und dieser die Forderung erwirbt. Das ist beispielsweise der Fall, wenn der Eigentümer den Gläubiger befriedigt: Hier geht die Forderung kraft Gesetzes (§ 1143 Abs. 1) auf den Eigentümer über und folglich (§ 1153 Abs. 1) auch die Hypothek. Sie wird dann wie eine Eigentümergrundschuld behandelt (§ 1177 Abs. 2).

2. Fremdgrundschuld und Eigentümergrundschuld

21 a) Wird die Grundschuld für den **Gläubiger** bestellt, so **erwirbt** dieser sie **mit Einigung und Eintragung** (§ 873). Bei der Briefgrundschuld muss ebenso wie bei der **Briefhypothek** die Übergabe des Briefes hinzukommen (vgl. § 1192 Abs. 1 i. V. m. §§ 1163 Abs. 2, 1117). Dagegen spielt der Bestand der **Forderung** bei der Grundschuld **keine Rolle**.

22 Deshalb ist **§ 1163 Abs. 1 Satz 2** beim Erlöschen der gesicherten Forderung bei der Sicherungsgrundschuld nicht anwendbar. Dem Eigentümer steht lediglich ein Anspruch auf Rückübertragung der Grundschuld zu (siehe § 17 Rn. 75).

23 b) Eine **Grundschuld** kann aber auch, anders als eine Hypothek, von vornherein **für den Eigentümer** bestellt werden (§ 1196 Abs. 1). Dazu ist, abweichend von § 873 Abs. 1, außer der Eintragung im Grundbuch nur die (einseitige) Erklärung des Eigentümers gegenüber dem Grundbuchamt notwendig (§ 1196 Abs. 2).[6] Der Eigentümer kann damit den Tauschwert seines Grundstücks mobilisieren, um ihn bei Bedarf sofort zu Kreditzwecken einzusetzen. Bestellt er sich eine Briefgrundschuld, so kann er einen Kredit außerhalb des Grundbuchs, also ohne Offenlegung, durch Abtretung der Eigentümergrundschuld sichern.[7]

24 Wird ein Grundstück übereignet, das mit einer Eigentümergrundschuld belastet ist, so erwirbt der neue Eigentümer diese Grundschuld nicht mit dem Grundstückseigentum. Vielmehr wird aus der Eigentümergrundschuld eine **Fremdgrundschuld des Veräußerers**. Das gilt auch bei einer Zwangsversteigerung des Grundstücks, wenn die Grundschuld als Teil des geringsten Gebots (§§ 44 ff. ZVG) bestehen bleiben soll.[8]

25 Die Eigentümergrundschuld ist nämlich **kein subjektiv-dingliches Recht** in dem Sinne, dass sie dem jeweiligen Grundstückseigentümer zustünde (wie z. B. eine Grunddienstbarkeit, § 1018). Nur bei der Entstehung der Eigentümergrundschuld ist das Eigentum zuständigkeitsbestimmend: (Erster) Inhaber der Eigentümergrundschuld wird derjenige, der bei Vollendung des Entstehungstatbestands Eigentümer des Grundstücks ist.

26 Danach entscheidet sich auch die Tragweite einer **Auflassungsvormerkung im Verhältnis zur Eigentümergrundschuld**.

---

[6] Str. ist, ob eine Eigentümergrundschuld entsteht, wenn das vereinbarte Fremdgrundpfandrecht z. B. wegen Geschäftsunfähigkeit des „Hypothekars" scheitert. Ein Teil der Lit. bejaht dies, wenn wenigstens die Einigungserklärung des Eigentümers eine wirksame Willenserklärung darstellt (und § 140 auf seiner Seite zutrifft); so u. a. OLG Frankfurt ZfIR 2005, 254; Soergel/*Konzen* § 1163 BGB Rn. 7; *Gerhardt* ImmobiliarsachenR § 8, 4 m. w. N.; andere gelangen zum selben Ergebnis, wenn und weil der Eintragungsantrag (*Wolff/Raiser* § 145 I 3; *Baur/Stürner* § 36 Rn. 108) oder die Eintragungsbewilligung (*Kiefner*, FS Hübner, 1984, S. 521, 534 ff.) (auch) als Erklärung des Eigentümers nach § 1196 Abs. 2 an das Grundbuchamt ausgelegt werden könne. Noch weitergehend Staudinger/*Wolfsteiner* (2015) § 1196 BGB Rn. 6 (zur Entstehung sei allein die Eintragung ausreichend und darüber hinaus weder eine Einigung, noch sonst eine materiell-rechtliche Erklärung erforderlich). – A.A. u. a. RGZ 78, 60, 64; Palandt/*Herrler* § 1163 BGB Rn. 1; Jauernig/*Berger* § 1113 BGB Rn. 16; *Prütting* Rn. 710; *Westermann/Gursky/Eickmann* § 118 Rn. 5 m. w. N.

[7] Zu den Gefahren, die sich daraus ergeben können, vgl. *Felgentraeger*, FS Gierke, 1950, S. 150.

[8] RGZ 94, 5, 9; BGHZ 67, 291, 293.

§ 15. Grundpfandrechte: Arten, Begründung, Haftungsumfang

(1.) Wird die Vormerkung **vor** der Entstehung der Eigentümergrundschuld eingetragen, dann sichert sie einen Anspruch auf Übertragung des Grundstückseigentums, das noch die Aussicht auf Erwerb der Eigentümergrundschuld umfasst. Erlangt der Auflassungsschuldner die Grundschuld noch vor der Übereignung, so kann er sie auf einen Dritten nicht mit Wirkung gegen den Vormerkungsberechtigten übertragen: Wäre nämlich statt der Vormerkung der Eigentumsübergang selbst eingetragen worden, so hätte der Vormerkungsgläubiger die Eigentümergrundschuld erworben. Diese Erwerbsaussicht hat die Vormerkung konserviert („Erwerbsschutz" der Vormerkung, siehe § 14 Rn. 92).

27

(2.) Wird umgekehrt die Auflassungsvormerkung erst **nach** der Entstehung der Eigentümergrundschuld eingetragen, so „erfasst" sie diese nicht mehr. Der (bisherige) Eigentümer kann sie vielmehr mit Wirkung auch gegenüber dem Vormerkungsberechtigten an einen Dritten abtreten. Anders als im Fall (1) wäre nämlich bei Übereignung des Grundstücks statt Eintragung der Vormerkung aus der Eigentümergrundschuld eine Fremdgrundschuld in der Hand des Veräußerers geworden, über die zu verfügen er nicht beschränkt gewesen wäre.[9]

28

B. Bestellung einer (Gesamt-)Grundschuld – Umfang der Grundpfandhaftung – Sicherungs- und Verwaltungstreuhand bei der Grundschuld

Fall 1: Der Konsortialkredit[10]

29

Die Niwobau GmbH ist Eigentümerin einer Wohnanlage, die aus drei Grundstücken mit einem Verkehrswert von je 6 Mio. EUR besteht. Zur Finanzierung eines weiteren Bauvorhabens hat sie mit der Grundkreditbank (GKB), die zugleich im Namen von drei weiteren Banken handelte, einen Kreditvertrag geschlossen, wonach die GmbH von der GKB 3 Mio. EUR und von jeder der übrigen Banken jeweils 1,5 Mio. EUR erhält. Zur Sicherung bestellt die Niwobau der GKB als Konsortialführerin eine Buchgesamtgrundschuld über 7,5 Mio. EUR an den Grundstücken der Wohnanlage sowie an dem angrenzenden kleineren unbebauten Grundstück Flur-Nr. 21368, das die GmbH zum Preis von 1 Mio. EUR gekauft hat. Entsprechend der zwischen den Kreditgebern und der GmbH getroffenen Sicherungsabrede soll die Grundschuld sowohl die Forderung der GKB als auch die Forderungen der übrigen Banken absichern. Aufgrund der Vereinbarung zwischen den Konsortialbanken soll ein Erlös aus der Grundschuldverwertung entsprechend der vorgesehenen Valutierung der Kredite verteilt werden. Die GKB verpflichtet sich dabei, die Grundschuld insoweit treuhänderisch für die übrigen Konsorten zu halten und bei Beendigung des Treuhandverhältnisses vor Verwertung entsprechende Teilbeträge der Grundschuld gleichrangig zum Restbetrag zuzüglich anteiliger Zinsen auf die drei weiteren Konsortialbanken zu übertragen.

Die Grundschuld wird an den Grundstücken der Wohnanlage eingetragen, nicht jedoch an der Flur-Nr. 21368, weil der Verkäufer vom Kaufvertrag inzwischen zurückgetreten und deshalb eine Übereignung an die GmbH unterblieben ist. Nach Auszahlung des Kredits erwirken die Gaswerke AG am 27.2. gegen die Niwobau wegen rückständiger Gebührenforderungen in Höhe von 5.000 EUR einen Pfändungs- und Überweisungsbeschluss, der die (gegenwärtigen und künftigen) Mietzinsforderungen der Niwobau gegen die Mieter der Wohnanlage erfasst.

---

[9] So mit Recht BGHZ 64, 316, 317 ff.
[10] BGH WM 1974, 972.

233

Teil 4. Immobiliarsicherheiten

> 1. Die GKB möchte wissen, ob und wie sie sich gegen diese Pfändung verteidigen kann, auch wenn die Niwobau bisher ihren Rückzahlungsverpflichtungen pünktlich nachgekommen ist.
>
> 2. Welche Rechte stehen den übrigen Banken bezüglich der Grundschuld zu, wenn Gläubiger der GKB die Grundschuld pfänden oder über das Vermögen der GKB das Insolvenzverfahren eröffnet wird?

30 **Probleme:**

Der Fall behandelt die Probleme der **Entstehung einer Grundschuld**, des **Umfangs der Grundschuldhaftung** im Zusammenhang mit der **Verteidigung des Grundschuldinhabers** gegen Gläubiger des Eigentümers sowie der **Verteidigung des Treugebers einer Grundschuld** gegen Gläubiger des (uneigennützigen) Treuhänders.

Die Probleme sind in einen Sachverhalt eingebettet, bei dem Gesamtgrundschulden einen Konsortialkredit sichern – in der **Bankpraxis** eine geläufige Situation. **Gesamtgrundschulden** werden nämlich sehr häufig bei der Beleihung gewerblicher und landwirtschaftlicher Objekte, aber auch bei der Beleihung von Wohnanlagen bestellt. Dabei ist es nicht selten, dass im Endergebnis Grundstücke nicht mitbelastet werden, die ursprünglich in der Grundpfandrechtsbestellungsurkunde aufgeführt sind.

Auch (offene) **Konsortialkredite** sind Rechtsgeschäfte, mit denen die Banken täglich zu tun haben. Dabei schließen sich mehrere Institute zur Finanzierung eines umfangreichen oder besonders risikobehafteten Vorhabens zu einer BGB-Gesellschaft zusammen. Jeder Konsorte übernimmt eine bestimmte Quote des Kredits. Der Gesamtkredit wird durch eine für den Konsortialführer bestellte Grundschuld gesichert. Die konsortialführende Bank hält die Grundschuld zugleich treuhänderisch für die Mitkonsorten. Ob und unter welchen Voraussetzungen dieses Treuhandverhältnis dinglich wirkt, ist umstritten.

31 **Vorüberlegungen zum Aufbau:**

Teil 1: Verteidigung der GKB gegen Pfändung

I. Überblick

   1. Verteidigungsmöglichkeiten Dritter

   2. Verteidigungsmöglichkeiten der GKB

II. Begründung der Gesamtgrundschuld (§ 873 i.V.m. §§ 1192 Abs. 1, 1115 Abs. 1)

   1. Einigung (§§ 1192 Abs. 1, 1132)

      (Kernproblem: § 139)

   2. Eintragung

   3. Briefausschluss

III. Mietzinsforderungen: Gegenstand der Grundschuldhaftung?

   (Kernproblem: Konkurrenz von Grundschuld, §§ 1192 Abs. 1, 1123 Abs. 1, und Pfändungspfandrecht; Kollisionsnorm § 1124)

   1. Grundsatz

   2. Zeitlicher Umfang und Durchsetzung der Haftung

   3. Beschränkung der Haftungsdurchsetzung

Teil 2: Rechte der Mitkonsorten gegenüber Gläubigern und in der Insolvenz der GKB

I. Drittwiderspruchsklage und Aussonderung bei Verwaltungstreuhand

   1. Grundlagen, Rechte des Treugebers bei Verwaltungstreuhand (§ 771 ZPO; § 47 InsO)

   2. Voraussetzungen der Anerkennung der Treuhand bei Immobiliarsachenrechten

      (Kernprobleme: Unmittelbarkeits-, Offenkundigkeits-, Bestimmbarkeitsprinzip; Treuhandvermerk im Grundbuch)

II. Folgerungen

§ 15. Grundpfandrechte: Arten, Begründung, Haftungsumfang

Lösung:

Teil 1: Verteidigung der GKB gegen die Pfändung

I. Überblick

1. Verteidigungsmöglichkeiten Dritter gegen die Zwangsvollstreckung im Allgemeinen

Beeinträchtigt die Vollstreckung das Recht einer Person, die nicht Vollstreckungsschuldner, sondern Dritter ist, dann kann diese sich grundsätzlich gegen die Vollstreckungsmaßnahme mit der sog. **Drittwiderspruchsklage** des § 771 ZPO wehren. Mit ihr kanalisiert das Gesetz weitgehend die prozessualen Möglichkeiten zur Beseitigung von Vollstreckungsmaßnahmen, die über das Schuldnervermögen hinausgreifen. 32

Anstelle der Drittwiderspruchsklage kommen in Ausnahmefällen zwei weitere Verteidigungswege in Betracht. So kann zum einen der nichtbesitzende Pfand- oder Vorzugsgläubiger einer Pfändung der ihm haftenden beweglichen Sachen nicht widersprechen, sondern nach § 805 ZPO nur ein **Recht auf vorzugsweise Befriedigung** aus dem Erlös geltend machen, der sich bei der Verwertung ergibt (vgl. auch § 1232 Satz 2). 33

Praktisch auf dasselbe läuft es drittens hinaus, wenn der rangbessere Gläubiger dem Vollstreckungsverfahren beitritt (§§ 826, 853 ZPO, § 27 ZVG) und sein besseres Recht bei der Zwangsvollstreckung in bewegliches Vermögen im **Verteilungsverfahren nach §§ 872 ff. ZPO** und bei der Zwangsvollstreckung in unbewegliches Vermögen im **Verteilungsverfahren nach §§ 105 ff. ZVG** geltend macht. 34

Welchen der drei genannten Wege ein Dritter zur Verteidigung seiner Rechte einschlagen kann oder gar muss, hängt von der jeweiligen gesetzlichen Einzelregelung ab. 35

2. Verteidigungsmöglichkeiten der GKB

In unserem Fall haben die Gaswerke die ihrer Schuldnerin, der Niwobau, zustehenden Mietzinsforderungen gepfändet (§§ 829, 832 ZPO). Insofern liegt ein Eingriff in Rechte Dritter unmittelbar nicht vor. 36

Möglich ist allerdings, dass diese Forderungen von der Grundschuld der GKB erfasst werden und somit die Pfändung das **Grundpfandrecht** beeinträchtigt. Voraussetzung dafür ist jedoch, dass überhaupt eine Grundschuld zugunsten der GKB entstanden ist und die Grundschuldhaftung sich auch effektiv auf die Mietzinsforderungen als mittelbare Sachfrüchte (§ 99 Abs. 3) des belasteten Grundstücks erstreckt. Dann käme für die GKB entweder die Drittwiderspruchsklage oder ein Beitritt zum Vollstreckungsverfahren in Betracht. Die Klage auf vorzugsweise Befriedigung scheidet dagegen aus, weil Forderungen und nicht – wie in § 805 ZPO vorausgesetzt – bewegliche Sachen gepfändet wurden. 37

II. Begründung der Gesamtgrundschuld

Zur Begründung einer Grundschuld sind nach § 873 i.V.m. §§ 1192 Abs. 1, 1115 Abs. 1 die **Einigung** des Grundstückseigentümers mit dem Gläubiger über die Bestellung der Grundschuld (siehe § 13 Rn. 17 f.) und deren **Eintragung** im Grundbuch (siehe § 13 Rn. 19 ff.) erforderlich. Bei der Buchgrundschuld kommt die den **Brief ausschließende** Einigung zwischen Gläubiger und Eigentümer und deren Eintragung im Grundbuch (§ 1116 Abs. 2) hinzu.[11] 38

---

[11] Bei einer *Briefgrundschuld* wäre stattdessen nach § 1116 Abs. 1 die Erteilung des Briefes und dessen Übergabe an den Gläubiger (§ 1117) notwendig.

39 Von der Einigung nach § 873 Abs. 1 ist einmal die **Sicherungsabrede** (Sicherungsvereinbarung, Sicherungsvertrag), zum anderen der Akt zu unterscheiden, dem die **gesicherte Forderung** entstammt. Für das Verhältnis dieser drei Momente zueinander gilt das in § 9 Rn. 2 ff. zur Sicherungsübereignung Ausgeführte entsprechend.

1. Einigung

40 Die für den Erwerb einer Grundschuld erforderliche Einigung erfolgte zwischen der Niwobau und der GKB. Allerdings bezog sie sich nicht nur auf ein Grundstück, sondern auf vier. Die Parteien beabsichtigten nämlich, eine **Gesamtgrundschuld** zu bestellen **(§§ 1192 Abs. 1, 1132)**.

41 Das bedeutet: **Jedes** Grundstück haftet für den **vollen** Grundschuldbetrag. Selbstverständlich soll der Gläubiger diesen Betrag nur einmal bekommen. Aber er kann Befriedigung nach seiner **Wahl** aus jedem der Grundstücke ganz oder zum Teil suchen.

42 Der **Vorteil** einer solchen Gesamtbelastung gegenüber ihrer Aufteilung auf die einzelnen Grundstücke besteht darin, dass eine unterschiedliche Wertentwicklung der einzelnen Objekte dem Gläubiger nicht schadet. Bei der Aufteilung der Gesamtsumme auf die einzelnen Grundstücke liefe er dagegen Gefahr, dass der sinkende Wert eines Objekts die auf ihm eingetragene (Teil-)Belastung nicht mehr deckt, der steigende Wert eines anderen Grundstücks dem Gläubiger aber wegen der fixierten (Teil-)Belastung nichts nützt.

43 Rechtstechnisch zulässig wäre es auch, an jedem Grundstück **eine** Grundschuld über den **vollen** Kreditbetrag zu bestellen.[12] Dies könnte jedoch leicht zu einer Übersicherung und damit zugleich zu einer übermäßigen Einschränkung des Eigentümers führen.

44 Zwar ist nicht erforderlich, dass die mit der Gesamtgrundschuld zu belastenden Grundstücke einem Eigentümer gehören. In diesem Fall muss sich jedoch **jeder Eigentümer** mit der Belastung seines Grundstücks einverstanden erklären.

45 Die Einigung zwischen der Niwobau und der GKB hat sich auch auf ein Grundstück, die Flur-Nr. 21368, erstreckt, das der Grundschuldbestellerin nicht gehörte. Die Niwobau hat insoweit als **Nichtberechtigte** gehandelt. Eine Einwilligung (§ 185 Abs. 1) des Eigentümers der Flur-Nr. 21368 lag hierzu nicht vor. Auch eine Genehmigung (§ 185 Abs. 2) ist auszuschließen. Die Einigung ist daher, soweit sie das fremde Grundstück betraf, unwirksam. – Genau genommen ist es zwar nicht völlig korrekt, allein die Einigung über die Grundschuldbestellung als Verfügung i. S. d. § 185 zu behandeln, da diese sich aus Einigung und Eintragung zusammensetzt. Da die Eintragung jedoch einen behördlichen Akt darstellt, hat die Frage der Verfügungsbefugnis nur bei der Einigung Bedeutung (arg. § 873 Abs. 1: „[…] ist die Einigung des *Berechtigten* und des anderen Teils […] erforderlich"). Deshalb kann deren Wirksamkeit unter dem Gesichtspunkt der Verfügungsbefugnis auch für sich geprüft werden.

46 Ist aber die Einigung teilweise unwirksam, dann stellt sich die Frage nach der Wirksamkeit des Rests der Verfügung **(§ 139)**. Bei der Einigung über die Bestellung der Gesamtgrundschuld handelt es sich um ein einheitliches Rechtsgeschäft. Bei der gegebenen **Teilunwirksamkeit** kommt es für den Bestand des Rechtsgeschäfts im Übrigen darauf an, ob die Beteiligten bei Kenntnis dieses Umstandes die Gesamthypothek auch an den drei Grundstücken der Niwobau bestellt hätten.

47 Dafür spricht, dass es sich um eine Gesamtgrundschuld handelt, die dem Gläubiger die Wahlmöglichkeit des § 1132 Abs. 1 eröffnet.[13] Daran hat der BGH[14] in einer Entscheidung angeknüpft, in der zwei Miteigentümer eine Gesamthypothek an ihren Miteigentumsanteilen bestellt hatten. Da einer der beiden Besteller aber vor Eintragung insolvent wurde, war seine Einigungserklärung nach

---

[12] RGZ 132, 136, 138.
[13] Vgl. BGHZ 80, 119, 124; BGH NJW 1986, 1487, 1488; 1996, 2231, 2233.
[14] BGH WM 1974, 972.

§ 15. Grundpfandrechte: Arten, Begründung, Haftungsumfang

§ 81 Abs. 1 InsO[15] unwirksam; die Voraussetzungen des § 878 lagen nicht vor. Der BGH hat gem. § 139 die Bestellung der Hypothek an dem Miteigentumsanteil des anderen als wirksam angesehen (BGH WM 1974, 972, 973 f.):

> „Wird eine [...] [Gesamthypothek an mehreren Miteigentumsanteilen] bestellt, so zeigt sich in dieser Bestellung der dem allseitigen Interesse entsprechende Wille, daß der Gläubiger auf jeden Fall in jeden Anteil soll vollstrecken dürfen. Bei der Gewährung einer solchen Sicherheit kann es daher weder für den jeweils betroffenen Miteigentümer noch für den Gläubiger eine Rolle spielen, aus welchem Grunde später nur der eine Miteigentumsanteil in Anspruch genommen werden kann. Daraus ist zu entnehmen, daß die Hypothek an dem Miteigentumsanteil des Beteiligten zu 1) auch dann bestellt worden wäre, wenn die Beteiligten damals die Möglichkeit der Unwirksamkeit der Bestellung der Hypothek an dem Miteigentumsanteil der Beteiligten zu 2) bedacht hätten."[16]

Diese Betrachtungsweise passt auch im vorliegenden Fall. Ihre Tragfähigkeit könnte nur dann bezweifelt werden, wenn der Wert des von der Gesamtgrundschuld nicht erfassten Grundstücks bei einer Gesamtbetrachtung so erheblich ins Gewicht fiele, dass der Kredit durch die Belastung der übrigen drei Grundstücke nicht mehr hinreichend gesichert erschiene. Das aber trifft nicht zu, da es sich bei der Flur-Nr. 21368 nur um ein Grundstück handelt, das als kleinere unbebaute Parzelle (Wert: 1 Mio. EUR) im Vergleich zu den Grundstücken der Wohnanlage (Gesamtwert: 18 Mio. EUR) bei einer Gesamtgrundschuld von 7,5 Mio. EUR keine ausschlaggebende Bedeutung besitzt. **48**

Daraus ergibt sich: Die Einigung über die Bestellung der Gesamtgrundschuld ist bezüglich der **drei** Grundstücke, die der **Niwobau gehören,** wirksam. **49**

2. Eintragung

Auf diesen drei Grundstücken ist die Grundschuld auch eingetragen worden. Dass dies auf der Flur-Nr. 21368 nicht geschehen ist, schadet nicht, da sich die Grundschuld wegen der unwirksamen Einigung ohnehin nicht auf dieses Grundstück erstrecken konnte. **50**

Das öfter erörterte Problem, ob ein Gesamtgrundpfandrecht erst dann entsteht, wenn es bei **allen** Grundstücken eingetragen ist, oder sozusagen **grundstücksweise**, mit der Eintragung bei **jedem einzelnen** Objekt,[17] ist hier nicht einschlägig. Da die Einigung nur bezüglich der Niwobau-Grundstücke wirksam ist, decken sich Einigung und Eintragung in vollem Umfang. **51**

Unerheblich ist auch, wie die **Eintragungsbewilligung** (§ 19 GBO) der Niwobau gelautet und ob sie formgerecht (§ 29 GBO) vorgelegen hatte. Denn die Bewilligung ist nur **formelle** Voraussetzung für die Eintragung. Ist sie vollzogen, kommt es für die **materiell-rechtliche** Lage auf die Wirksamkeit der grundbuchrechtlichen Bewilligung nicht mehr an (siehe § 13 Rn. 16). **52**

3. Briefausschluss

Der Sachverhalt schweigt zu diesem Punkt. Wir können jedoch davon ausgehen, dass die nach § 1116 Abs. 2 erforderliche Einigung über den Briefausschluss erfolgte und eingetragen wurde. **53**

---

[15] Früher: § 15 Satz 1 KO.
[16] Krit. ist zu der Entscheidung anzumerken, dass der BGH einmal die (Teil-)Wirksamkeit der Hypothekenbestellung – so in der zitierten Stelle –, ein andermal die (Teil-)Wirksamkeit der Eintragungsbewilligung am Maßstab des § 139 prüft, ohne beide Geschäfte exakt zu trennen.
[17] Dazu OLG München DNotZ 1966, 371 f.; OLG Düsseldorf DNotZ 1973, 613 f.; MünchKommBGB/*Lieder* § 1132 BGB Rn. 11.

Teil 4. Immobiliarsicherheiten

4. Zwischenergebnis

54 Die Gesamtgrundschuld ist (nur) an den drei Grundstücken der Niwobau entstanden. Sie sichert den Kredit nicht nur der konsortialführenden GKB, sondern auch den der übrigen Konsorten, ohne dass diese Grundschuldgläubiger sind. Anders als bei der Hypothek, die Identität zwischen dem Gläubiger der gesicherten Forderung und dem Hypothekengläubiger voraussetzt (§ 1113 Abs. 1), kann die Grundschuld auch Ansprüche sichern, die nicht dem Grundschuldgläubiger zustehen (siehe § 16 Rn. 95 ff.).

III. Mietzinsforderungen: Gegenstand der Grundschuldhaftung?

1. Grundsatz

55 Die **Grundschuld** erstreckt sich auch auf die Mietzinsforderungen, die der Niwobau aus den Mietverträgen mit den Mietern der Wohnanlage zustehen (**§§ 1192 Abs. 1, 1123 Abs. 1**).[18] Mit dieser grundpfandrechtlichen Haftung konkurriert das **Pfändungspfandrecht,** das die Gaswerke durch Pfändung der Mietzinsforderungen (§§ 829, 832 ZPO) gem. **§ 804 ZPO** erlangt haben. Dem **Prioritätsprinzip** zufolge müsste das zeitlich früher begründete Grundpfandrecht Vorrang vor dem Pfändungspfandrecht haben.

56 Die den Konflikt lösende Norm des **§ 1124** lässt an dieser Rangfolge jedoch Zweifel aufkommen. Die Vorschrift gestattet nämlich die Einziehung der Mietzinsforderungen und die Verfügung über sie bis zu dem Zeitpunkt, in dem der Grundpfandgläubiger tatsächlich auf die Forderungen zugreift, gesetzestechnisch gesprochen: sie in „Beschlag nehmen" lässt.

57 Als Verfügung stellt sich auch die Pfändung der Forderungen durch einen Gläubiger des vermietenden Grundstückseigentümers dar,[19] wie sie hier durch die Gaswerke vollzogen wurde. Die GKB andererseits hatte bis zu der Pfändung eine Beschlagnahme nicht erreicht. Dazu hätte sie nämlich entweder die **Zwangsverwaltung** des Grundstücks anordnen (§§ 146 ff. ZVG) oder aber die Mietzinsforderungen aufgrund der Grundschuldhaftung nach § 829 ZPO **pfänden** lassen müssen.[20] Diese Pfändung hätte speziell die Haftung der Mietzinsforderungen, die Zwangsverwaltung die Haftung sämtlicher grundpfandrechtsbelasteter Gegenstände (und damit auch die der Forderungen) aktualisiert. Das letztere ergibt sich aus §§ 146 Abs. 1, 148 Abs. 1 i.V.m. §§ 20, 21 ZVG,[21] während sich die Zulässigkeit der Pfändung vor allem aus § 1147 ablesen lässt, der den Gläubiger zur Befriedigung aus den von der Grundschuld erfassten Gegenständen auf den Weg der Zwangsvollstreckung verweist, ohne zwischen deren verschiedenen Arten zu unterscheiden.[22]

58 Waren die Mietzinsforderungen aber nicht in Beschlag genommen, so geht nach § 1124 Abs. 1 Satz 2 Hs. 2 das **Pfändungspfandrecht der Gaswerke** dem Grundpfandrecht der GKB **im Rang vor.**

59 Hätte die Niwobau die Forderungen eingezogen, so wäre dies der GKB gegenüber wirksam gewesen (§ 1124 Abs. 1 Satz 1). Hätte sie die Forderungen abgetreten, dann wäre die Grundschuldhaftung nach § 1124 Abs. 1 Satz 2 Hs. 1 erloschen.

---

[18] Vgl. Übersicht 3 (S. 289).
[19] Siehe auch §§ 135 Abs. 1 Satz 2, 161 Abs. 1 Satz 2, 883 Abs. 2 Satz 2.
[20] Dagegen würde die Anordnung der Zwangsversteigerung nicht zur Beschlagnahme der Forderungen führen (§ 21 Abs. 2 ZVG).
[21] I.V.m. §§ 1192 Abs. 1, 1120 ff. (hier: § 1123).
[22] RGZ 103, 137, 139; *Vieweg/Werner* § 15 Rn. 4.

§ 15. Grundpfandrechte: Arten, Begründung, Haftungsumfang

2. Zeitlicher Umfang und Durchsetzung der Haftung

Der Vorrang des Pfändungspfandrechts gilt gem. § 1124 Abs. 2 jedenfalls für den Mietzins, der auf die Zeit bis einschließlich März des laufenden Jahres entfällt. Für die nachfolgende Zeit könnte die GKB ihren „verdrängten" Vorrang durch **Beschlagnahme** der Mietzinsforderungen aktualisieren und das Pfändungspfandrecht der Gaswerke auf den zweiten Rang verweisen. Dies ist für den Grundpfandgläubiger aber auch der einzige Weg, um seinen Vorrang geltend zu machen. **60**

3. Beschränkung der Haftungsdurchsetzung

Die Grundschuldhaftung zu realisieren, ist die GKB hier jedoch durch den **Sicherungsvertrag** gehindert. Denn die Grundschuld ist nicht durchsetzbar, solange die Verpflichtungen aus dem gesicherten Schuldverhältnis erfüllt, insbesondere die vereinbarten Zins- und Tilgungsraten pünktlich zurückgezahlt werden (**Einrede der ordnungsgemäßen laufenden Erfüllung;** siehe § 16 Rn. 21). Da in unserem Fall die Schuldnerin ihren obligatorischen Verpflichtungen ordnungsgemäß nachkommt, kann die GKB die Grundschuldhaftung nicht aktualisieren und muss den Vorrang des Pfändungspfandrechts der Gaswerke an den Mietzinsforderungen auch für die Zeit nach dem 31.3. des laufenden Jahres hinnehmen. **61**

Teil 2: Die Rechte der Mitkonsorten gegenüber Gläubigern und in der Insolvenz der GKB

I. Drittwiderspruchsklage und Aussonderung bei Verwaltungstreuhand

1. Grundlagen

Pfänden Gläubiger der GKB die für diese bestellte Grundschuld (§ 857 Abs. 6 i. V. m. §§ 830 Abs. 1 Satz 3, Abs. 2, 829 ZPO), so können die übrigen Konsortialbanken gegen diese Pfändung mit der **Drittwiderspruchsklage** des § 771 ZPO intervenieren, wenn und soweit die Grundschuld nicht zum Vermögen der GKB gehört. **62**

Dieser Umstand würde in der **Insolvenz** der GKB zur **Aussonderung** der Grundschuld nach § 47 InsO berechtigen: Der Insolvenzverwalter hätte danach das Grundpfandrecht für die Mitkonsorten freizugeben und dürfte es nicht zugunsten der Insolvenzmasse verwerten. **63**

Nun fällt es freilich schwer zu sagen, die Grundschuld gehöre nicht zum Vermögen der GKB. Denn für sie wurde die Gesamtgrundschuld bestellt, für sie wurde das Pfandrecht eingetragen, sie ist daher auch dessen Inhaber. Eine diese Inhaberschaft „überlagernde" dingliche Rechtsstellung können die Mitkonsorten allenfalls aus der Treuhandsituation herleiten, die zwischen ihnen und der GKB hinsichtlich der Grundschuld besteht. Da die GKB die Grundschuld nicht nur im eigenen Interesse, sondern zugleich im Interesse der anderen Konsortialbanken zur Sicherung von deren Forderungen gegen die Niwobau hält, liegt nämlich zwischen der GKB und den übrigen Banken ein **uneigennütziges Treuhandverhältnis** vor. **Treuhänder** ist die GKB, **Treugeber** sind die anderen Banken, **Treugut** ist die Grundschuld, soweit sie den Kredit der Mitkonsorten gegen die Niwobau sichert. **64**

Die **Treuhand** ist dadurch gekennzeichnet, dass die dingliche Rechtsmacht des Treuhänders seinen schuldrechtlich umschriebenen Handlungsspielraum überschreitet (vgl. § 137). Ist dem Treuhänder das Treugut im Interesse des Treugebers überantwortet, handelt es sich um eine **uneigennützige** oder **Verwaltungstreuhand**.[23] Hat er das Treugut im eigenen Interesse erhalten, liegt eine **eigennützige** oder **Sicherungstreuhand** **65**

---
[23] Beispiele in § 16 Rn. 95 ff.

vor. Paradebeispiele für letztere sind die Sicherungsübereignung und die Sicherungszession.[24] Aber auch der Inhaber einer Grundschuld, die dessen Forderung sichert, ist Sicherungstreuhänder. Insofern ist in unserem Fall die GKB im Verhältnis zur Niwobau eigennütziger, im Verhältnis zu den übrigen Banken uneigennütziger Treuhänder.

66 Für die **Einzel-** und **Gesamtexekution** ist nun aber bei der **Verwaltungstreuhand** als **Grundsatz** anerkannt: Vollstreckt ein Gläubiger des Treuhänders in das Treugut, so kann der Treugeber nach § 771 ZPO intervenieren, solange noch nicht Verwertungsreife eingetreten ist;[25] wird der Treuhänder insolvent, ist der Treugeber aussonderungsberechtigt.[26]

2. Voraussetzungen

67 Streitig ist allerdings, unter welchen **Voraussetzungen** im einzelnen Interventions- und Aussonderungsrecht bestehen.[27]

68 a) Das RG verlangte seit der Entscheidung RGZ 84, 214 im Jahr 1914, dass das Treugut dem Treuhänder unmittelbar aus dem Vermögen des Treugebers übertragen worden war **(Unmittelbarkeitsprinzip)**. Der BGH hat hieran jedoch nicht mit gleicher Strenge festgehalten und es in Fällen von Ander- und Sonderkonten[28] als Treuhandkonten ausreichen lassen, dass das Treuhandverhältnis offenkundig ist **(Offenkundigkeitsprinzip)**.[29] Für das Offenkundigkeitsprinzip als allgemeinen Grundsatz hat sich vor allem *Canaris* eingesetzt.[30] Andere Stimmen[31] wollen es sogar genügen lassen, dass das Treugut bestimmbar, d.h. ausscheidbar im Vermögen des Treuhänders vorhanden ist **(Bestimmbarkeitsprinzip)**.

69 Dem letzteren hat *Canaris*[32] mit Recht entgegengehalten, dass die Bestimmbarkeit ein notwendiges, aber kein hinreichendes Kriterium ist. Was aber die Konkurrenz zwischen Unmittelbarkeits- und Offenkundigkeitsprinzip betrifft, so besteht bei näherer Betrachtung zwischen beiden kein Gegensatz. Wie *Canaris*[33] plausibel gemacht hat, zielte nämlich das RG mit dem Kriterium der Unmittelbarkeit auf das Postulat der Offenkundigkeit. Dieses aber ist, wo es um die sachenrechtliche Zuordnung von Rechtsobjekten geht, in der Tat unverzichtbar. *Canaris*[34] selbst sieht die Offenkundigkeit im Bereich des Liegenschaftsrechts nur durch eine Grundbucheintragung gewährleistet. Da-

---

[24] Vgl. oben §§ 9, 10.
[25] BGHZ 11, 37, 41; MünchKommZPO/*Schmidt/Brinkmann* § 771 BGB Rn. 25 m.w.N. Vgl. auch die Wertung des § 392 Abs. 2 HGB.
[26] Die Entwicklung dieses Grundsatzes durch die Rspr. hat *Coing*, Die Treuhand kraft privaten Rechtsgeschäfts, 1973, S. 41 ff. dargestellt – Zur Rechtslage bei der eigennützigen Treuhand vgl. oben § 12.
[27] Monographisch dazu *Bitter*, Rechtsträgerschaft für fremde Rechnung – Außenrecht der Verwaltungstreuhand, 2006, S. 120 ff.
[28] Neben Konten (und Depots) für eigene Zwecke des Kontoinhabers **(Eigenkonten)** führen die Kreditinstitute für Notare, Rechtsanwälte und Angehörige der öffentlich bestellten wirtschaftsprüfenden, wirtschafts- und steuerberatenden Berufe auch sog. **Anderkonten,** die nicht eigenen Zwecken des Kontoinhabers dienen sollen, bei denen er aber gleichwohl dem Kreditinstitut gegenüber allein berechtigt und verpflichtet ist (die Geschäftsbedingungen für Anderkonten sind abgedruckt u.a. bei *Bunte,* AGB-Banken und Sonderbedingungen, 3. Aufl. 2011; siehe zur Neufassung 2000 *Gößmann* WM 2000, 857). Ihnen hat der BGH (Nachweise in der folgenden Fn.) im vorliegenden Zusammenhang Konten gleichgestellt, die ihr Inhaber zwar nicht formell als Anderkonto, aber doch für fremde Zwecke eingerichtet hat und nur dafür benutzt (z.B. Vereinskassiererkonto).
[29] BGH NJW 1959, 1223, 1225; 1971, 559, 560; 1993, 2622; 1996, 1543, 1544; zuletzt etwa BGHZ 188, 317, Rn. 12 ff. m.w.N.
[30] *Canaris,* FS Flume, 1978, Bd. I, S. 381, 412 ff.
[31] *Assfalg,* Die Behandlung von Treugut im Konkurs des Treuhänders, 1960, S. 134, 159 und öfter; *Coing,* Die Treuhand kraft privaten Rechtsgeschäfts, 1973, S. 178 f.; *Walter,* Das Unmittelbarkeitsprinzip bei der fiduziarischen Treuhand, 1974, S. 150 ff.
[32] *Canaris,* FS Flume, 1978, Bd. I, S. 381, 411 f.
[33] *Canaris,* FS Flume, 1978, Bd. I, S. 381, 412, 415.
[34] *Canaris,* FS Flume, 1978, Bd. I, S. 381, 414 ff.

§ 15. Grundpfandrechte: Arten, Begründung, Haftungsumfang

für stehe insbesondere das Institut der Vormerkung zur Verfügung. Das würde bedeuten, dass ein **Treuhandverhältnis über Immobiliarsachenrechte** wirksam nur unter Einhaltung grundbuchmäßiger Publizität begründet werden könnte.

b) Diese grundsätzliche Linie von *Canaris* verdient Zustimmung, da sie den Voraussetzungen, die generell zur Erreichung dinglicher Wirkungen erfüllt sein müssen, auch im Treuhandrecht Geltung verschaffen will. Aber auch wenn man dieser grundsätzlichen Linie folgt, lässt sich die These, dass Offenkundigkeit im Liegenschaftsrecht nur durch Eintragung gewährleistet werden könne, gerade für den Bereich der Sicherungsgrundschulden **nicht** durchhalten. Das gibt *Canaris* selbst für die Fälle zu, in denen – wie beim **Konsortialkredit** – das Grundpfandrecht zur Sicherung eines größeren Kreises von Gläubigern bestellt wird. Der von ihm vorgeschlagene Ausweg,[35] in Analogie zu § 1189 Abs. 1 Satz 2[36] einen Treuhandvermerk einzutragen, ist jedoch wohl nicht gangbar. 70

Die Figur des **Vertreters** in **§ 1189 Abs. 1** ist im Interesse sowohl der Hypothekengläubiger wie des Eigentümers geschaffen worden. Sie erleichtert zugunsten der Gläubiger die Durchsetzung der Hypothek, sie vereinfacht die Befriedigung des Gläubigers durch den Eigentümer. Mit dem Schutz irgendeines Beteiligten vor den Zugriffen von Drittgläubigern hat die Konstruktion nichts zu tun.[37] 71

c) Indes bedarf es jenes von *Canaris* vorgeschlagenen Auswegs gar nicht, um seiner grundsätzlichen Linie treu bleiben und doch die Problematik sachgerecht lösen zu können. 72

Schon der Anspruch aus **§ 1169** zeigt, dass auch **nicht im Grundbuch verlautbarte Rechte insolvenzfest** sein können (vgl. § 17 Rn. 88). Die Eintragung im Grundbuch ist nämlich nicht Selbstzweck, sondern dient der Rechtssicherheit und Rechtsklarheit, und zwar in doppelter Hinsicht. Zum einen soll die Grundbuchpublizität den Erwerb eines Rechts sicherstellen **(Gutglaubensschutzfunktion)**; zum andern soll sie im Interesse und zur Sicherung des Kredits die liegenschaftsrechtliche Situation dokumentieren: (Potenzielle) Kreditgeber sollen sich einen Überblick darüber verschaffen können, welche Grundstücksrechte ihrem (potenziellen) Kreditnehmer zustehen, um dessen Bonität sachgerecht beurteilen zu können **(Kreditsicherungsfunktion)**. 73

Im vorliegenden Zusammenhang geht es um diesen zweiten Gesichtspunkt. Aber gerade bei Grundschulden kann ein Gläubiger des eingetragenen Grundschuldinhabers sich nicht darauf verlassen, dass diesem das Pfandrecht auch zu vollem Recht zusteht und damit eine taugliche Kreditunterlage darstellt. Denn Grundschulden werden fast ausschließlich zu **Sicherungszwecken** bestellt und sind bei Erlöschen dieses Zweckes freizugeben. Diese Tatsache ist für jedermann geradezu selbstverständlich. Diese Art von **Allgemeinkundigkeit** erübrigt eine zusätzliche Offenlegung der Treuhandsituation im Grundbuch durch eine Vormerkung zugunsten des Treugebers oder durch Eintragung eines Treuhandvermerks. Ob das Treuhandverhältnis gegenüber dem Eigentümer oder gegenüber einem Dritten besteht, sollte dabei keine Rolle spielen. 74

Handelt es sich bei der Sicherheit um eine **Briefgrundschuld,** dann kommt ein ergänzender Gesichtspunkt hinzu. Mit ihr bewegen wir uns in einem Bereich, in dem das Grundbuch die Rechtsverhältnisse an der Grundschuld nicht auszuweisen braucht, da eine Verfügung über das Grundpfandrecht sich nach §§ 1192 Abs. 1, 1154 Abs. 1 außerhalb des Grundbuchs vollziehen kann. Dann aber muss – was *Canaris*[38] für alle Fälle außerhalb des Liegenschaftsrechts selbst vertritt – Offenkundigkeit in beliebiger Weise dargestellt werden können, bei der Grundschuld also auch durch ihre für jedermann offenkundige Sicherungsfunktion. 75

---

[35] *Canaris,* FS Flume, 1978, Bd. I, S. 381, 415.
[36] Siehe auch den aufgehobenen § 93 Abs. 3 Satz 2 VerglO.
[37] Zur vergleichbaren Argumentation hinsichtlich des aufgehobenen § 93 Abs. 3 VerglO siehe *Rimmelspacher,* Kreditsicherungsrecht, 2. Aufl. 1987, Rn. 706.
[38] *Canaris,* FS Flume, 1978, Bd. I, S. 381, 416f.

Teil 4. Immobiliarsicherheiten

II. Folgerungen

76 Das bedeutet konkret: Wird die GKB **insolvent**, dann sind die übrigen Konsortialbanken jedenfalls zur Kündigung des Treuhandvertrages aus wichtigem Grund berechtigt und können danach die Grundschuld in der Höhe aussondern, in der sie zur Deckung ihrer Kredite bestimmt ist, d. h. in Höhe von 4,5 Mio. EUR (abzüglich geleisteter Tilgungsraten, zuzüglich eventuell aufgelaufener Zinsen). Im Übrigen verbleibt die Grundschuld der Insolvenzmasse. Die Aussonderung wird durch (Teil-)Abtretung der Grundschuld gem. §§ 1192 Abs. 1, 1154 Abs. 3, 873 durch den Insolvenzverwalter (§ 80 Abs. 1 InsO) vollzogen.

77 **Vollstreckt ein Gläubiger** der GKB in die Grundschuld, dann ist zu differenzieren. Soweit die Forderung, wegen der vollstreckt wird, den Betrag von 3 Mio. EUR nicht erreicht, ist das Treugut noch nicht tangiert. Erst bei höherer Forderungssumme greift das Interventionsrecht nach § 771 ZPO Platz.

C. Grundpfandrechte bei nichtigem Darlehensvertrag

78 **Fall 2:** E hat dem G zur Sicherung einer Darlehensforderung eine Hypothek (alternativ: eine Grundschuld) an seinem Grundstück bestellt. Als sich nach Auszahlung des Darlehensbetrages die Nichtigkeit des Darlehensvertrages herausstellt, verlangt er von G Einwilligung in die Grundbuchberichtigung (alternativ: Rückübertragung der Grundschuld). Mit Recht?

I. Rechtslage bei der Hypothek

79 Der Anspruch ist nach § 894 begründet, wenn das Grundbuch unrichtig ist. Die zugunsten des G eingetragene Hypothek steht gem. § 1163 Abs. 1 Satz 1 dem E zu, wenn die gesicherte Forderung nicht entstanden ist.

1. Eigentümerhypothek?

80 Man könnte nun meinen, die Hypothek habe der Sicherung der Darlehensforderung dienen sollen; da diese wegen der **Nichtigkeit des Darlehensvertrages** nicht besteht, müsse **§ 1163 Abs. 1 Satz 1** Platz greifen.

81 Dass anstelle der Darlehensforderung ein **Bereicherungsanspruch** (§ 812 Abs. 1 Satz 1 Alt. 1) gegeben ist, erscheint belanglos. In diesem Sinne hat das RG entschieden mit der Begründung, der Kondiktionsanspruch sei „nach Rechtsnatur und Inhalt von der Darlehensforderung wesentlich verschieden".[39] Dem Ergebnis des RG hat die Literatur überwiegend, aber nicht durchweg zugestimmt.[40]

82 Der Gläubiger könnte dem Berichtigungsbegehren danach allenfalls ein **Zurückbehaltungsrecht** (§ 273) entgegensetzen, weil ihm aus demselben Lebenssachverhalt der Bereicherungsanspruch gegen E erwachsen ist. In der **Insolvenz** des E würde ihm dieses freilich nichts nützen, weil hier das bürgerlich-rechtliche Zurückbehaltungsrecht wirkungslos ist (vgl. § 51 Nrn. 2, 3 InsO).[41]

---

[39] RG JW 1911, 653, 654.
[40] Etwa *Reinicke/Tiedtke* Kreditsicherung Rn. 1063; *Jauernig/Berger* § 1113 BGB Rn. 8; *Prütting* Rn. 638; *Vieweg/Werner* § 15 Rn. 27 m.w.N.
[41] A.A. *Marotzke* Rn. 2.48 ff.

Parallelprobleme ergeben sich für die Fälle der **Bürgschaft** und des **Pfandrechts** bei Unwirksamkeit 83
der gesicherten Forderung. Der BGH[42] hat es in diesen Fällen für möglich gehalten, durch (ergänzende) Auslegung des Bürgschafts- oder Pfandbestellungsvertrages zur Sicherung des Kondiktionsanspruchs zu kommen, der an die Stelle des Vertragsanspruchs getreten ist.

2. Bereicherungsanspruch als Bezugspunkt der Hypothek

All diese Entscheidungen beruhen auf dem Gedanken, **Bezugspunkt** der Sicherungsrechte sei (zu- 84
nächst) ein **vertraglicher** Anspruch. Dies geht auf die Vorstellung zurück, ein Anspruch werde durch seine Subjekte, seinen Inhalt und durch den Anspruchsgrund individualisiert. Nun besteht zwar zwischen Vertrags- und Bereicherungsanspruch in unseren Fällen in puncto **Anspruchssubjekte** und **Anspruchsinhalt**[43] kein Unterschied. Ein solcher wird aber beim **Anspruchsgrund** gesehen,[44] weil dieser als **rechtlich qualifizierter** Entstehungsgrund verstanden wird.[45]

Demgegenüber hat *Henckel*[46] darauf hingewiesen, dass die rechtliche Qualifizierung eines An- 85
spruchs nicht Sache der Parteien sei. Ein rechtsgeschäftlicher Erfolg wie die Bestellung einer Sicherheit setze zwar die Einigung über den zu sichernden Anspruch voraus; aber es genüge die Angabe der **Entstehungstatsachen** des Anspruchs. Dann sei der Anspruch in jeder aus diesem **tatsächlichen Anspruchsgrund** erwachsenen Qualifikation gesichert. Mit anderen Worten: Die Hypothek deckt nicht eine Forderung in ihrer Erscheinungsform als „*Vertragsforderung*" oder als „*Bereicherungsanspruch*", sondern in ihrer Bedeutung als **Rechtsposition,** die dem Gläubiger einen bestimmten Wert zuordnet: den Wert des überlassenen Geldbetrags.[47]

Diese Lösung vermeidet eine Schwierigkeit, die sich auf der Grundlage der Judikatur des BGH 86
bei der hypothekarischen Sicherung ergibt. Wenn die Rechtsprechung nämlich annimmt, es sei (vorab) die Sicherung eines vertraglichen Anspruchs vereinbart, an dessen Stelle bei Nichtigkeit kraft Parteiwillens eine Bereicherungsforderung trete, so liegt bei Lichte besehen eine Forderungsauswechselung vor. Sie aber ist formgebunden **(§ 1180 Abs. 1).** Dieser Form genügt die Konstruktion der Rechtsprechung nicht.

3. Fälligkeit und Verzinsung

Probleme ergeben sich bei der Lösung *Henckels* aber u.U. bezüglich der **Fälligkeit** und der **Ver-** 87
zinsung. Da sich in der Regel die Fälligkeit der Hypothek mit der Fälligkeit der gesicherten Forderung deckt, könnte der Gläubiger sich sofort aus der Hypothek befriedigen, weil der Kondiktionsanspruch normalerweise sofort fällig ist. Das würde die Stellung des E verschlechtern, wenn die Vertragsforderung erst zu einem späteren Zeitpunkt fällig geworden wäre. Deshalb wird man im Wege ergänzender Auslegung der Einigung über die Hypothekenbestellung klären müssen, ob die

---

[42] BGH LM Nr. 1 zu § 765 BGB: Bürgschaft für unwirksame Pachtzinsforderung; BGH NJW 1968, 1134: Pfandrecht bei nichtigem Darlehensvertrag; BGH NJW 1982, 2767, 2768: Grundschuld bei nichtigem Darlehensvertrag; BGHZ 114, 57, 70 ff.: Grundschuld bei Wandelung eines Leasingvertrages.
[43] Entgegen RG JW 1911, 653, 654.
[44] RG JW 1911, 653, 654.
[45] Ebenso Soergel/*Konzen* § 1113 BGB Rn. 11; *Baur/Stürner* § 37 Rn. 48; MünchKommBGB/*Eickmann,* 6. Aufl. 2013, § 1113 BGB Rn. 72; anders nun aber MünchKommBGB/*Lieder,* 7. Aufl. 2017, § 1113 BGB Rn. 84.
[46] *Henckel*, Parteilehre und Streitgegenstand im Zivilprozeß, 1961, S. 269.
[47] Dazu ausführlich *Rimmelspacher*, Materiellrechtlicher Anspruch und Streitgegenstandsprobleme im Zivilprozeß, 1970, S. 67 ff., zusammenfassend S. 168 ff.

ursprüngliche Fälligkeitsregelung für die Hypothek auch nach Aufdeckung der Nichtigkeit des vertraglichen Anspruchs fortgelten soll.[48]

88 Entsprechendes gilt, wenn der Zinssatz für die ursprüngliche und die Bereicherungsforderung differiert. In den meisten Fällen ist der gesetzliche Zinssatz niedriger als der vertraglich vereinbarte, sodass keine Schwierigkeiten entstehen.

4. Ergebnis

89 Sichert aber die Hypothek den Rückzahlungsanspruch des G auch in der Form eines Kondiktionsanspruchs, so ist im Ausgangsfall das **Grundbuch richtig** und der **Berichtigungsanspruch** des E **unbegründet**.

90 E kann von G auch nicht **Rückübertragung der Hypothek** verlangen mit der Begründung, der Sicherungsvertrag als causa der Hypothekenbestellung decke nur eine Hypothek zur Sicherung des Vertragsanspruchs, der sich als nichtig erwiesen habe. Die inhaltliche Festlegung dessen, was im Sicherungsvertrag als zu sichernde Forderung anzusehen ist, erfolgt nämlich nach denselben Kriterien wie bei der dinglichen Einigung über die Hypothek.

II. Rechtslage bei der Grundschuld

91 Ist statt einer Hypothek eine **Grundschuld** bestellt, dann steht diese in jedem Fall dem Gläubiger zu. Die Frage ist lediglich, ob der Eigentümer einen Rückübertragungsanspruch hat. Das hängt davon ab, ob die zu sichernde Forderung besteht.

92 Welche Forderung die Grundschuld sichert, ergibt sich hier nicht (insofern anders als bei der Hypothek) aus dem Grundpfandrecht selbst, sondern aus dem **Sicherungsvertrag.** Deshalb verschiebt sich zwar der Sitz des Problems, aber nicht dessen Struktur und dessen Inhalt. Die Lösung *Henckels* passt deshalb auch hier. Ein Anspruch des E auf Rückübertragung der Grundschuld besteht daher nicht. – Zum selben Ergebnis könnte man bei der Grundschuldsicherung auch nach dem Vorschlag des BGH (siehe Rn. 83) mit einer entsprechenden Auslegung des Sicherungsvertrages kommen, da hier die in Rn. 86 beschriebene Schwierigkeit nicht besteht.

---

[48] Von vornherein auf die ursprünglich gewollte Forderung abstellend Soergel/*Konzen* § 1113 BGB Rn. 11.

§ 16. Grundpfandrechte: Übertragung

Literatur: *Bruns,* Die Auswirkungen des Risikobegrenzungsgesetzes auf Sicherungsgrundschuld und Zwangsvollstreckung, in: Bu, Recht und Rechtswirklichkeit in Deutschland und China, 2011, S. 49; *Bülow,* Recht der Kreditsicherheiten, 8. Aufl. 2012, Rn. 273–324a; *Clemente,* Recht der Sicherungsgrundschuld, 4. Aufl. 2008; *Huber,* Die Sicherungsgrundschuld, 1965; *Meyer,* Einwendungen und Einreden des Grundstückeigentümers gegen den Grundschuldgläubiger nach neuem Recht, JURA 2009, 561; *Petri,* Die Grundschuld als Sicherungsmittel für Bankkredite, Diss., 1975.

A. Übertragung einer Sicherungsgrundschuld – Einwendungen des Eigentümers gegen die Grundschuld – gutgläubiger Erwerb der Einredefreiheit – Rückgewähr der Grundschuld

Fall 1: Die gescheiterte Refinanzierung[1]

1

E hatte der N-Bank eine Briefgrundschuld über 60.000 EUR zur Sicherung eines Wechselkredits bestellt.[2] Zwischen den Parteien war die Geltung der Allgemeinen Geschäftsbedingungen der Banken (AGB-Banken) vereinbart. Die N-Bank trat die Grundschuld im Rahmen einer Refinanzierungsmaßnahme an die gleichfalls Bankgeschäfte betreibende Klägerin ab zur Sicherung eines ihr eingeräumten Kredits über 100.000 EUR, der in Höhe von 40.000 EUR anderweitig gesichert war. Im Zeitpunkt der Abtretung hatte E einen Kredit von 20.000 EUR von der N-Bank in Anspruch genommen. Gleichzeitig stand fest, dass dieser sich nicht mehr erhöhen würde.

Der Klägerin war bekannt, dass die Grundschuld der N-Bank zur Sicherung von Wechselkrediten eingeräumt worden war. Inzwischen ist die gesamte Schuld des E gegenüber der N-Bank getilgt worden.

Die Klägerin klagt nunmehr gegen E auf Duldung der Zwangsvollstreckung aus der Grundschuld. E erhebt Widerklage auf Löschung der Grundschuld und Rückgabe des Grundschuldbriefes. Wie ist zu entscheiden?

Probleme:

2

Im Mittelpunkt des Falles steht das Problem des **gutgläubigen einredefreien Erwerbs einer Grundschuld**, genauer die Frage, ob und unter welchen Voraussetzungen der Zessionar der Grundschuld die dem Eigentümer gegen den bisherigen Gläubiger zustehenden Einreden gegen sich gelten lassen muss, wenn er zwar den Sicherungscharakter der Grundschuld, nicht aber die Einreden selbst kennt.

Im zweiten Teil geht es um die Frage, in welcher Weise der Eigentümer gegen den Grundschuldgläubiger vorgehen kann, wenn ihm eine **dauernde Einrede gegen die Grundschuld** zusteht.

Vorüberlegungen zum Aufbau:

3

Teil 1: Zur Klage

I. Einführung (Klageinhalt, Zuständigkeit)

II. Erwerb und Bestand der Grundschuld

---

[1] RGZ 91, 218 und BGHZ 59, 1.
[2] Es ist davon auszugehen, dass Bestellung und Abtretung der Grundschuld nach dem 19.8.2008 erfolgten (vgl. Art. 229 § 18 Abs. 2 EGBGB).

Teil 4. Immobiliarsicherheiten

   1. Erwerbsakt K – N (§§ 1192 Abs. 1, 1154)
   2. Wirksamkeit des Grundschulderwerbs
   (Kernprobleme: Nichtakzessorietät der Grundschuld; Befugnis zur Verwendung der Grundschuld zu Refinanzierungszwecken)
 III. Einwendungen gegen die Grundschuld
   1. Einwendungsarten
   2. Einwendungen gegen den Zessionar
   3. Einrede der (nachträglichen) Tilgung und Gutglaubenserwerb
   4. Einrede der Nichtvalutierung und Gutglaubenserwerb
Teil 2: Zur Widerklage
 I. Löschungsanspruch (§ 1169)
 II. Anspruch auf Herausgabe des Grundschuldbriefes (§§ 1192 Abs. 1, 1144)

Lösung:

Teil 1: Zur Klage

I. Einführung

4   Den Grundschuld- und Hypothekengläubigern haftet das mit einem Grundpfandrecht belastete Grundstück vor den bloß schuldrechtlichen Gläubigern des Eigentümers. Diese **Vorzugshaftung** (siehe § 6 Rn. 1) muss, wie § 1147 es umschreibt, „im Wege der **Zwangsvollstreckung**" durchgesetzt werden. Dazu kommt es freilich erst, wenn der Gläubiger nicht freiwillig befriedigt wird. Ab wann und in welcher Form der Eigentümer den Gläubiger befriedigen kann, ergibt sich aus § 1142.

5   Die Befriedigung „im Wege der Zwangsvollstreckung" regelt sich nach den Vorschriften des 8. Buches der ZPO i.V.m. dem ZVG. Gemäß §§ 866 Abs. 1, 869 ZPO kann der Gläubiger entweder die **Zwangsversteigerung** (§§ 15 ff. ZVG) oder die **Zwangsverwaltung** des Grundstücks (§§ 146 ff. ZVG) betreiben. Das erstere ist die übliche Form, da hierdurch der Grundstückswert realisiert und der Gläubiger für sein Kapital insgesamt befriedigt wird. Die Zwangsverwaltung bietet sich dagegen vor allem an, wenn es um die Befriedigung von Zinsen oder um die Deckung von Tilgungsraten geht.

6   Die Zwangsvollstreckung in das Grundstück setzt einen sog. **Vollstreckungstitel** voraus. Den gesetzlichen „Normaltitel" bildet das Endurteil (§ 704 Abs. 1 ZPO). Eine Reihe weiterer Vollstreckungstitel nennt § 794 ZPO. Bei Grundpfandrechten kommt vor allem die Unterwerfungserklärung der §§ 794 Abs. 1 Nr. 5, 800 ZPO in Betracht. Sie ist heute im organisierten Realkredit so selbstverständlich, dass in diesem Bereich Grundpfandrechte ohne Unterwerfungserklärung kaum mehr vorkommen.[3]

7   Fehlt es an einer solchen Unterwerfungserklärung, so bleibt dem Gläubiger nichts anderes als **Klage** zu erheben mit dem Ziel, den Eigentümer zur Duldung der Zwangsvollstreckung in das Grundstück in Höhe der Grundschuldsumme verurteilen zu lassen.[4] Das trifft auch im vorliegenden Fall zu. Da es sich dabei um eine vermögensrechtliche Streitigkeit handelt, deren Wert 60.000 EUR beträgt

---

[3] Beispiel: § 17 Rn. 1.
[4] Nach § 592 Satz 2 ZPO kann im Urkundenprozess geklagt werden, wenn die klagebegründenden Tatsachen urkundlich nachweisbar sind (was hier zutrifft). Dagegen steht das Mahnverfahren für die Durchsetzung der Haftung nicht zur Verfügung (§ 688 Abs. 1 ZPO: „Zahlung einer bestimmten *Geldsumme*").

§ 16. Grundpfandrechte: Übertragung

(vgl. § 6 ZPO), sind sachlich die Landgerichte zuständig (§ 71 Abs. 1 i. V. m. § 23 GVG). Örtlich zuständig ist ausschließlich das Landgericht, in dessen Bezirk das Grundstück liegt (§ 24 ZPO: „dinglicher Gerichtsstand").

II. Erwerb und Bestand der Grundschuld

Die Klage ist begründet, wenn die Klägerin Inhaberin der Grundschuld ist und ihr keine Einwendungen entgegenstehen. **8**

1. Der Erwerbsakt

Die Klägerin hat die Grundschuld von der N-Bank erworben. Da der Sachverhalt hierzu keine Einzelheiten enthält, ist von der formellen Ordnungsmäßigkeit des Erwerbs auszugehen. **9**

Dieser hat sich nach **§§ 1192 Abs. 1, 1154** in der Weise vollzogen, dass Veräußerer und Erwerber sich über die Übertragung der Grundschuld geeinigt haben und der Zessionarin der Brief übergeben wurde. Dabei muss zumindest die Übertragungserklärung der N-Bank schriftlich erfolgt sein. **10**

Üblich ist die öffentliche Beglaubigung dieser Erklärung. Das hat zwei Vorteile: Zum einen „verlängert" sich dadurch nach § 1155 der öffentliche Glaube des Grundbuchs, zum anderen ebnet sich der Rechtsnachfolger den Weg zur Erteilung der Vollstreckungsklausel (§ 727 Abs. 1 Alt. 2 ZPO) und zur Vollstreckung (§ 750 Abs. 2 ZPO), wenn der Zedent bereits einen Titel zur Hand hatte, insbesondere im Fall der §§ 794 Abs. 1 Nr. 5, 795 Satz 1 ZPO. **11**

Die Übertragung der Grundschuld lässt die Rechtszuständigkeit bei der Forderung unberührt. Darin unterscheiden sich Grundschuld und **Hypothek.** Diese ist mit der Forderung nach § 1153 untrennbar gekoppelt. Objekt der Übertragungserklärung ist hierbei die gesicherte Forderung; deren Abtretung vollzieht sich nach §§ 398, 1154; der übertragenen Forderung folgt dann kraft Gesetzes (§ 1153 Abs. 1) die Hypothek. **12**

2. Wirksamkeit des Grundschulderwerbs

Der Erwerb war freilich nur wirksam, wenn die N-Bank zuvor Inhaberin der Grundschuld war. Im Zeitpunkt der Abtretung bestand nur eine gesicherte Forderung von 20.000 EUR, die Grundschuld war also nur in dieser Höhe valutiert. **13**

Hätte es sich um eine **Hypothek** gehandelt, so wäre diese im Übrigen nach § 1163 Abs. 1 dem Beklagten zugestanden, und zwar nach § 1177 Abs. 1 als sog. Eigentümergrundschuld. Dabei hätte es sich gem. § 1163 Abs. 1 Satz 1 um eine anfängliche Eigentümergrundschuld gehandelt, wenn der Kreditrahmen bislang 20.000 EUR noch nicht, um eine nachträgliche, soweit der Kredit diesen Betrag zwischenzeitlich schon überschritten gehabt hätte. **14**

Anders bei der **Grundschuld.** Diese ist **nicht akzessorisch:** Sie steht – ordnungsgemäß bestellt – dem Gläubiger auch dann zu, wenn die gesicherte Forderung nicht (mehr) oder nicht (mehr) in vollem Umfang besteht. Da aber hier die Grundschuld der N-Bank ordnungsgemäß eingeräumt worden war, konnte diese als Grundschuldgläubigerin das Grundpfandrecht auf die Klägerin übertragen. **15**

Ob die N-Bank zur Abtretung der Grundschuld ohne die gesicherte Forderung schuldrechtlich überhaupt befugt war, kann hier offen bleiben. Maßgeblich hierfür ist der Sicherungsvertrag. Regelmäßig wird hierin – zumindest konkludent – vereinbart, dass eine Weiterübertragung erst bei Fälligkeit der Forderung zulässig ist.[5] In der vor diesem Zeitpunkt vorgenommenen Abtretung liegt **16**

---
[5] BGH NJW-RR 1987, 139, 141; *Baur/Stürner* § 45 Rn. 58 f.; MünchKommBGB/*Lieder* § 1191 BGB Rn. 113.

eine Pflichtverletzung der Bank, die nach § 280 Abs. 1 insoweit zum Schadensersatz verpflichtet, als der Schuldner doppelt in Anspruch genommen worden ist.[6] Regelmäßig wird eine solche Folge jedoch ohnehin durch § 1192 Abs. 1a verhindert (siehe Rn. 28 ff.). Mit dinglicher Wirkung konnte die Verfügungsbefugnis der N-Bank durch etwaige Abreden im Sicherungsvertrag jedenfalls nicht beschränkt werden (§ 137 Satz 1). Ist eine solche Rechtsfolge gewollt, muss sie im Grundbuch eingetragen werden.[7]

17 Eine Zustimmung zur isolierten Abtretung kommt insbesondere vor, wenn die Grundschuld zur **Refinanzierung** eingesetzt werden soll. Dem kann z. B. mit folgender Klausel Rechnung getragen werden: „Die Bank ist berechtigt, die Grundschuld zu Refinanzierungszwecken zu verwenden."[8]

III. Einwendungen gegen die Grundschuld

1. Einwendungsarten

18 Gläubiger der Grundschuld zu sein heißt nicht unbedingt, diese auch durchsetzen zu können. Der Grundschuld können nämlich ähnlich wie einem Anspruch Einwendungen entgegenstehen. Dabei ist zu unterscheiden zwischen Einwendungen, die ihren Ursprung im Grundschuldverhältnis selbst haben, und jenen, deren Quelle der Sicherungsvertrag ist.

19 a) Bei der erstgenannten Gruppe kennen wir zunächst die *rechtshindernden* Einwendungen, die sich schon gegen die Entstehung der Grundschuld richten (z. B.: sie sei nicht eingetragen, § 873 Abs. 1), die *rechtsvernichtenden* Einwendungen, die sich gegen deren Fortbestand wenden (z. B.: die Grundschuld sei aufgehoben, §§ 875, 1192 Abs. 1 i. V. m. § 1183), und die *rechtsverändernden* Einwendungen, die auf eine inhaltliche Änderung hinweisen (z. B.: die Grundschuld sei auf einen anderen übergegangen, § 1192 Abs. 1 i. V. m. §§ 1143, 1150, 1163 Abs. 1 Satz 2 oder 1164). All diese Einwendungen betreffen freilich nicht nur die Durchsetzbarkeit, sondern unmittelbar den Bestand des Pfandrechts in der Hand des Gläubigers. Wir können sie daher als **pfandrechtsbezogene Einwendungen** zusammenfassen.

20 b) Begründen die aus dem Grundschuldverhältnis unmittelbar erwachsenden Einwendungen dagegen bloße *Leistungsverweigerungsrechte,* dann nennen wir sie **pfandrechtsbezogene Einreden.** Zu ihnen gehört beispielsweise das Recht des Eigentümers, der Geltendmachung der Briefgrundschuld nach §§ 1192 Abs. 1, 1160 Abs. 1 zu widersprechen, wenn der Gläubiger nicht den Brief vorlegt.

21 c) Ein Leistungsverweigerungsrecht kann seinen Grund auch in einer schuldrechtlichen Abrede zwischen Eigentümer und Gläubiger haben. Derlei Abreden sind normalerweise Bestandteil des Sicherungsvertrages oder ergänzen ihn. Deshalb sprechen wir hier von **sicherungsvertraglichen Einreden.** Dazu gehört der Einwand, die gesicherte Forderung bestehe nicht oder nicht mehr, daher könne die Grundschuld nicht durchgesetzt werden **(Einrede der fehlenden Valutierung** oder der **Tilgung).** Besteht die gesicherte Forderung zwar, ist sie aber noch nicht fällig, der **Sicherungsfall** also **noch nicht eingetreten,** dann steht dem Eigentümer eine entsprechende **Einrede** zu. Werden die jeweils fälligen Rückzahlungen pünktlich erbracht, begründet dies die **Einrede der ordnungsgemäßen laufenden Erfüllung.** Hierher gehört auch der Fall, dass der Gläubiger dem Eigentümer eine Stundung der Grundschuld zugestanden hat **(Stundungseinrede).**[9]

---

[6] BGH NJW-RR 1987, 139, 141; MünchKommBGB/*Lieder* § 1191 BGB Rn. 110.
[7] MünchKommBGB/*Lieder* § 1191 BGB Rn. 113.
[8] Vgl. OLG Köln OLGZ 1969, 419.
[9] *Baur/Stürner* § 45 Rn. 34, 61. – Abl. *Buchholz* AcP 187 (1987), 107, 128 ff., der nur die exceptio doli zulassen will und sich gegen eine „Verdinglichung" der Sicherungsabrede wendet.

§ 16. Grundpfandrechte: Übertragung

Der Sicherungszweck der Grundschuld gebietet es darüber hinaus, dem Eigentümer in allen Fällen eine Einrede gegen die Grundschuld zu geben, in denen die gesicherte **Forderung** selbst **einredebehaftet** ist. Denn die Grundschuld soll dem Gläubiger nur das Risiko der Vermögenslosigkeit des Schuldners abnehmen, nicht aber ihn vor anderen Unzulänglichkeiten der gesicherten Forderung schützen. Es handelt sich dabei nicht um eine Einrede des persönlichen Schuldners, die geltend zu machen dem Eigentümer zugestanden wäre. Vielmehr liegt auch hier eine Einrede aus dem Sicherungsvertrag vor, die sich wertungsmäßig freilich auf eine Einrede gegen die Forderung gründet. Dem Sicherungszweck der Grundschuld entsprechend bleiben dabei jedoch die Einreden gegen die Forderung außer Betracht, die aus der unzureichenden Vermögenslage des Schuldners resultieren, wie etwa bei der beschränkten Erbenhaftung oder nach der Herabsetzung der Forderung durch Insolvenzplan (§ 254 Abs. 2 InsO). Dem Grundgedanken des § 216 Abs. 1 entsprechend bleibt auch die Forderungsverjährung für die Grundschuld folgenlos. **22**

Die Rechtslage bei der **Hypothek** unterscheidet sich hiervon im Wesentlichen nur konstruktiv, nicht aber sachlich. Auch hier gibt es selbstverständlich Einreden aus dem **Hypothekenrechtsverhältnis** unmittelbar (entsprechend Rn. 19f.). Daneben stehen wie bei der Grundschuld die Einreden aus dem **Sicherungsvertrag** (entsprechend Rn. 21). Freilich ist hier zu beachten: Besteht die zu sichernde Forderung nicht, dann erwächst dem Eigentümer nicht bloß eine Einrede gegen die Hypothek; vielmehr steht diese dem Eigentümer und nicht dem „Gläubiger" zu (§ 1163 Abs. 1). Schließlich gibt § 1137 dem Eigentümer auch die Befugnis, die dem persönlichen Schuldner **gegen die Forderung** sowie die dem Bürgen nach § 770 zustehenden Einreden gegen die Hypothek geltend zu machen. Einer Vermittlung dieser Leistungsverweigerungsrechte über den Sicherungsvertrag bedarf es also (anders als bei der Grundschuld, siehe Rn. 22) bei der Hypothek nicht. Will man diese Einreden als besondere Gruppe hervorheben, so kann man sie als **forderungsbezogene Einreden** bezeichnen. Ausnahmen von der Regel des § 1137 gelten u.a. für die Einrede der Verjährung (§ 216 Abs. 1), der beschränkten Erbenhaftung (§ 1137 Abs. 1 Satz 2) und der Herabsetzung der Forderung durch Insolvenzplan (§ 254 Abs. 2 InsO). **23**

2. Einwendungen gegen den Zessionar

Wird die Grundschuld abgetreten, dann fragt sich, ob der Eigentümer die ihm gegen den bisherigen Gläubiger zustehenden Einwendungen auch dem neuen Gläubiger entgegenhalten kann. **24**

a) Was die **pfandrechtsbezogenen Einwendungen** und **Einreden** betrifft, so setzt das BGB dies als selbstverständlich voraus. Für die **sicherungsvertraglichen Einreden** wird es dagegen in § 1192 Abs. 1 i.V.m. § 1157 Satz 1 eigens angeordnet.[10] Die Vorschrift entspricht § 404 bei der Forderungszession. **25**

§ 1157 Satz 1 kann **abbedungen** werden.[11] Der Eigentümer verzichtet damit – im Voraus – dem Zessionar gegenüber auf Einreden, die ihm gegen den Zedenten zustehen. Praktische Bedeutung erlangt dies mit der Refinanzierungsklausel (siehe Rn. 17). Ist dem (Erst-)Gläubiger damit gestattet, die Grundschuld auch dann an einen Dritten zur Sicherung des von diesem gewährten Kredits abzutreten, wenn der Schuldner seiner Tilgungsverpflichtung regelmäßig nachkommt, dann kann der Eigentümer dem Dritten nicht die Einrede der ordnungsgemäßen Erfüllung (siehe Rn. 21) entgegenhalten, sofern der Sicherungsfall im Verhältnis zwischen Zedent und Zessionar eingetreten **26**

---

[10] Dazu *Lopau* JuS 1972, 502, 503 ff.; *Huber* BB 1970, 1233 ff.; beide gegen OLG Köln OLGZ 1969, 419, 422 ff.; *Rimmelspacher* WM 1986, 811; jeweils m.w.N.
[11] RG HRR 1929, 2000.

ist. Bedeutet die Refinanzierungsklausel darüber hinaus, dass der Gläubiger die Grundschuld auch dann abtreten darf, wenn sie nicht (voll) valutiert ist,[12] so hat damit der Eigentümer gegenüber dem Dritten auf die Einrede der Nichtvalutierung (siehe Rn. 21) verzichtet.

27 Bei der **Hypothek** gilt grundsätzlich dasselbe. Hier ist aber außerdem für die Einreden gegen die persönliche Forderung und die Bürgeneinreden wieder § 1137 zu beachten. Da die gegenüber dem bisherigen Gläubiger begründeten Einreden gegen die Forderung nach § 404 auch dem neuen Gläubiger gegenüber wirken, kann sich der Eigentümer nach § 1137 nunmehr auch gegenüber dem neuen Gläubiger zur Verteidigung gegen die hypothekarische Haftung auf sie berufen.

28 b) Diese für den Eigentümer insgesamt nicht ungünstige Regelung wird im Ausgangspunkt jedoch eingeschränkt durch die Möglichkeit, kraft **gutgläubigen Erwerbs** die Einwendungen und Einreden zu überwinden (man spricht vom „gutgläubigen Wegerwerb"). Für die **pfandrechtsbezogenen Einwendungen** folgt das unmittelbar aus § 892 Abs. 1 Satz 1. Bei den **pfandrechtsbezogenen Einreden** ist ein gutgläubiger Erwerb der Einredefreiheit möglich nach §§ 1192 Abs. 1, 1a Satz 2, 1157 Satz 2.[13]

29 Für die **Einreden aus dem Sicherungsvertrag** folgte das bisher aus §§ 1192 Abs. 1, 1157 Satz 2. Seit dem Inkrafttreten des **Risikobegrenzungsgesetzes am 19.8.2008** bestehen allerdings in Bezug auf die Sicherungsgrundschuld ganz wesentliche Einschränkungen. Nach § 1192 Abs. 1a können „Einreden, die dem Eigentümer auf Grund des Sicherungsvertrages mit dem bisherigen Gläubiger gegen die Grundschuld zustehen oder sich aus dem Sicherungsvertrag ergeben, auch jedem Erwerber der Grundschuld entgegengesetzt werden".[14] Im Unterschied zur Regelung des § 1157, in dessen Rahmen nach Abtretung entstehende Einreden nicht mehr berücksichtigt werden, kommt dem Sicherungsvertrag nun in vollem Umfang Drittwirkung zu: War eine Einrede zum Zeitpunkt der Abtretung bereits im Sicherungsvertrag begründet und hat sich ihr Tatbestand aber erst später verwirklicht, so kann diese dennoch dem Erwerber entgegen gehalten werden.[15] Diese „Verdinglichung" des Sicherungsvertrages, die durch die Rechtsprechung bereits teilweise akzeptiert worden war, ist damit weiter verfestigt worden. Die Position des Darlehensnehmers wird weiterhin dadurch gestärkt, dass die Gutglaubensvorschrift des § 1157 Satz 2 für Sicherungsgrundschulden nach § 1192 Abs. 1a Satz 1 Hs. 2 nicht mehr anwendbar ist: Der gutgläubige „Wegerwerb" von Einreden gegen die Sicherungsgrundschuld bei der Zession ist nicht möglich. Schließlich können **forderungsbezogene Einreden** nicht erhoben werden, da **§ 1137** bei der Grundschuld unanwendbar (§ 1192 Abs. 1) ist.

30 Der gutgläubige Erwerb kann durch Eintragung eines **Widerspruchs** gegen den (einredefreien) Bestand des Grundpfandrechts verhindert werden (§§ 894, 1138, 1157 Satz 2). Auch die Kenntnis einer Einwendung oder Einrede, also die Bösgläubigkeit des Erwerbers, schließt den (einredefreien) Erwerb aus.

31 c) Streitig und auch **für viele Altfälle nach wie vor bedeutsam**[16] ist aber, unter welchen **Voraussetzungen** der Erwerber als **bösgläubig** anzusehen ist. Generell gilt, dass dazu die Kenntnis der Tatsachen, die eine Einwendung oder Einrede begründen, allein nicht ausreicht,[17] dem Erwerber vielmehr auch die sich daraus ergebende Rechtsfolge (also der Bestand von Einwendung oder Einrede)

---

[12] So *Lopau* JuS 1972, 502, 503, 505; zurückhaltender *Huber* BB 1970, 1234.
[13] Ausdrücklich BT-Drs. 16/9821, S. 17; Palandt/*Herrler* § 1192 BGB Rn. 4; *Vieweg/Werner* § 15 Rn. 104.
[14] Die Norm findet nach Art. 229 § 18 Abs. 2 EGBGB Anwendung, sofern der Erwerb der Grundschuld nach dem 19.8.2008 erfolgt ist.
[15] BT-Drs. 16/9821, S. 22; BeckOK BGB/*Rohe* § 1192 BGB Rn. 147. Unklar Palandt/*Herrler* § 1191 BGB Rn. 24 (für nach Abtretung entstehende Einreden gelte weiterhin § 1156 BGB).
[16] Nach BGH NJW 2014, 550 leben Einreden, die vor dem Inkrafttreten des Risikobegrenzungsgesetzes am 19.8.2008 gutgläubig „wegerworben" worden waren, infolge einer erneuten Zession nach diesem Zeitpunkt nicht wieder auf.
[17] So aber § 837 Abs. 2 des I. Entwurfs zum BGB.

§ 16. Grundpfandrechte: Übertragung

bekannt sein muss.[18] Mit anderen Worten: Unterliegt der Erwerber einem **Rechtsirrtum,** weil er die ihm bekannten Tatsachen falsch würdigt, so steht dies einem gutgläubigen Erwerb nicht entgegen.

Eine besondere Spitze erhält das Problem bei der Sicherungsgrundschuld, wenn der **Erwerber** den **Sicherungscharakter kennt.** Muss er sich dann entgegenhalten lassen, die Grundschuld sei schon bei der Abtretung nicht (voll) valutiert gewesen oder nach der Abtretung durch Tilgung der gesicherten Forderung nicht mehr valutiert und deshalb auch nicht mehr durchsetzbar? **32**

3. Einrede der (nachträglichen) Tilgung und Gutglaubenserwerb

Die Problematik illustriert der vorliegende Fall. Wenden wir uns zuerst der Variante zu, bei der eine Einrede auf die (nach Abtretung der Grundschuld erfolgte) Tilgung des gesicherten Anspruchs gestützt wird. **33**

Die Abtretung der Grundschuld berührte die Stellung der N-Bank als Gläubigerin der Wechselforderung von 20.000 EUR nicht. Die Rückzahlung dieses Kredits ließ die Forderung nach § 362 Abs. 1 erlöschen. Ohne die Abtretung der Grundschuld an die Klägerin hätte E deshalb der Bank die Einrede der Tilgung entgegenhalten können (siehe Rn. 21). Steht diese ihm gem. § 1157 Satz 1 auch der neuen Gläubigerin gegenüber zu? **34**

a) Das RG hat diese Frage mit folgender Begründung bejaht (RGZ 91, 218, 224 f.): **35**

> „Nach den Feststellungen des Berufungsrichters hat die Klägerin bei der Abtretung an sie gewußt, daß die Grundschuld zufolge der zwischen den sämtlichen Eigentümern und der N.Bank getroffenen Vereinbarung nur zur Sicherung der Forderungen dienen sollte, welche der N.Bank aus dem Geschäftsverkehre mit der Firma Heinrich R. gegen diese zustehen würden; sie hat sich auch nicht im Irrtum darüber befunden, daß die Bank nach Tilgung dieser Forderungen verpflichtet war, die Grundschuld an die Eigentümer zurückzuübertragen. Daß aber die aus einem solchen fiduziarischen Rechtsverhältnisse zwischen dem Eigentümer und dem bisherigen Gläubiger entspringende Einrede gemäß §§ 1157, 1192 auch einem späteren Gläubiger entgegengesetzt werden kann, welcher bei dem Erwerb der Hypothek oder Grundschuld durch Abtretung von dem Bestehen des fiduziarischen Rechtsverhältnisses Kenntnis gehabt hat, ist von dem erkennenden Senat in mehreren Entscheidungen ausgesprochen und durch Bezugnahme auf die Entstehungsgeschichte des § 1157 eingehend begründet worden (vgl. Recht 1908 Nr. 1984; Rep. V 612/08 vom 27. Oktober 1909). Soweit in dem Urteile vom 21. Februar 1906 (Gruchot Bd. 50 S. 988) eine abweichende Auffassung vertreten worden ist, haben die späteren Urteile aus zutreffenden Gründen nicht daran festgehalten. Daß die Tilgung der Forderungen erst nach der Weiterabtretung der Grundschuld an die Klägerin stattgefunden hat, ist, wie schon in dem Urteile Rep. V 612/08 für den insoweit gleichliegenden dortigen Fall dargelegt wurde, unerheblich. Die Tilgung der Forderungen bildet die Bedingung für die dem Grunde nach schon durch den fiduziarischen Vertrag entstandene Verpflichtung zur Rückübertragung der Grundschuld. Den Eintritt einer solchen Bedingung muß der Zessionar, dem die Einrede aus dem vorher begründeten Vertragsverhältnis entgegengesetzt werden kann, gemäß dem trotz § 1156 auf die Hypothek und die Grundschuld anwendbaren § 404 auch dann gegen sich gelten lassen, wenn er sich erst nach der Abtretung ereignet hat."

b) Das RG geht davon aus, dass sich aus dem Sicherungsvertrag ein Rückübertragungsanspruch des E gegen den Gläubiger ergibt, der durch die Tilgung der Forderung aufschiebend bedingt ist. Entsprechendes gilt für die sich aus diesem Rückübertragungsanspruch ergebende Einrede. Auf diese wendet das RG „trotz § 1156" den § 404 an. Das ist, auch und gerade wenn man den Ausgangspunkt des RG teilt,[19] allerdings schwer nachvollziehbar. **36**

Die „Anwendung" des § 404 kann, wie der vorangestellte Hinweis auf § 1157 zeigt, nur so verstanden werden, dass jene Vorschrift im Rahmen der von § 1157 geregelten Problematik zum Zuge **37**

---

[18] Grundlegend Protokolle bei *Mugdan* III S. 547; später RG GruchB 50, 985, 988; RGZ 117, 180, 187; zum Meinungsstand heute vgl. *Baur/Stürner* § 23 Rn. 30.
[19] Zu anderen Auffassungen vgl. § 17 Rn. 78.

kommen soll. Konkret heißt dies aber, dass § 1157 – lex specialis im Verhältnis zu § 404 – in gleicher Weise wie § 404 auszulegen ist. Gerade dagegen sind jedoch Einwände erhoben worden.[20] Während § 404 alle bei der Abtretung „begründeten" Einwendungen deckt, erfasst § 1157 nämlich diejenigen, die dem Eigentümer bei der Abtretung „zustehen". Man hat daraus den Schluss gezogen, eine aufschiebend bedingte Einrede sei zwar begründet i. S. d. § 404, stehe aber dem Eigentümer noch nicht zu i. S. d. § 1157; trete die Bedingung erst nach der Abtretung ein, greife § 1157 also nicht Platz.

38 Dieser an den unterschiedlichen Wortlaut der §§ 407, 1157 Satz 1 anknüpfende Gedankengang überzeugt jedoch nicht. Die Zweite Kommission, auf die der heutige § 404 zurückgeht, hat nämlich dessen endgültige Formulierung ihrer Redaktionskommission überlassen und dabei als mögliche Fassungen vorgeschlagen, entweder von Einwendungen zu sprechen, die „zur Zeit der Übertragung in dem Schuldverhältnis begründet waren", oder von Einwendungen, die „aufgrund des zur Zeit der Übertragung bestehenden Schuldverhältnisses dem Schuldner zuständen".[21] Wenn aber die Kommission beide Fassungen als gleichwertig angesehen, die eine im Wesentlichen bei § 404, die andere jedoch in ihren Grundzügen in § 1157 Satz 1 wiederkehrt, dann kann schwerlich von einer unterschiedlichen Bedeutung der beiden Formulierungen in den Augen der Gesetzesverfasser ausgegangen werden. Bei systematischer Betrachtung muss zudem die Parallelvorschrift des § 986 Abs. 2 berücksichtigt werden. Sie spricht wie § 1157 Satz 1 von Einwendungen, die dem debitor cessus „zustehen". Dieses „Zustehen" wird aber in gleicher Weise verstanden wie das „Begründetsein" in § 404.[22] Das muss dann auch bei § 1157 gelten, da hier die Interessenlage keine andere als bei §§ 404, 986 Abs. 2 ist. Die vom RG postulierte „Gleichschaltung" der §§ 404, 1157 ist also berechtigt.[23]

39 Nachhaltige Bedenken gegen die Auffassung des RG ergeben sich dagegen aus **§ 1156**. Die Vorschrift schließt bei der Abtretung einer hypothekarisch gesicherten Forderung §§ 406–408 „in Ansehung der Hypothek" aus. Das bedeutet: Zahlt der Schuldner nach Abtretung der Forderung (und damit auch der Hypothek, § 1153) an den bisherigen Gläubiger in Unkenntnis der Abtretung, so erlischt zwar die Forderung nach §§ 407 Abs. 1, 362 Abs. 1; aber die Hypothek geht nicht nach § 1163 Abs. 1 Satz 2 auf den Eigentümer über, weil im Hinblick auf sie die Forderung als fortbestehend behandelt wird. Der Grundgedanke dieser Regelung ist: Zahlung soll nur an den Grundpfandgläubiger erfolgen; nach der Abtretung fehlt dem Altgläubiger die Empfangszuständigkeit; der Eigentümer kann sich durch Einblick ins Grundbuch und durch das Verlangen nach Vorlage des Hypothekenbriefes (§ 1161) über die Gläubigerstellung orientieren.

40 Ordnet das Gesetz dergestalt die Unabhängigkeit der Hypothek vom Schicksal der gesicherten Forderung an, so muss dieselbe Wertung erst recht bei der von Haus aus forderungsunabhängigen Grundschuld gelten: Zahlungen an den Veräußerer tilgen zwar die gesicherte Forderung, lassen aber Fortbestand und Durchsetzbarkeit der Grundschuld unberührt.

41 c) Allerdings gilt dies nur, wenn die Forderung mitabgetreten wurde. Hat der Gläubiger – wie hier die N-Bank – nur die Grundschuld übertragen, dann gewinnt ein vom RG nicht berührter Aspekt Gewicht.

---

[20] BGHZ 85, 388, 390 f. m.w.N.
[21] *Mugdan* II S. 576.
[22] MünchKommBGB/*Baldus* § 986 BGB Rn. 55; der Sache nach ebenso, wenn § 404 im Rahmen des § 986 Abs. 2 entsprechend angewandt wird: BGHZ 64, 122, 125.
[23] Vgl. *Rimmelspacher,* Kreditsicherungsrecht, 2. Aufl. 1987, Rn. 747 Fn. 14.

§ 16. Grundpfandrechte: Übertragung

Dem Beklagten E stand gegen die N-Bank die **Einrede der ordnungsgemäßen laufenden Tilgung** 42 (siehe Rn. 21) zu, solange er seinen Zahlungspflichten pünktlich nachkam. Dass diese Einrede – abstrakt gesehen – gegeben sein konnte, war auch der Klägerin bekannt, da sie ja selbst Bankgeschäfte betreibt. Damit ist jedoch noch nicht entschieden, ob diese beim Erwerb der Grundschuld auch vom tatsächlichen Bestehen der Einrede ausging. Darauf aber kommt es an.

Man hat zwar gemeint, ein Erwerber, der den Sicherungscharakter der Grundschuld kenne, wisse 43 damit auch, dass diese nur bei Eintritt des Sicherungszwecks – also bei Bestehen, Fälligkeit und Nichterfüllung der gesicherten Forderung – in Anspruch genommen werden könne.[24] Diese Kenntnis stehe nämlich einer Eintragung der Einrede der Nichterfüllung des Sicherungszweckes im Grundbuch gleich.[25] Gegen das Grundbuch sei aber ein gutgläubiger Erwerb ausgeschlossen. Dabei helfe dem Erwerber auch die Annahme nichts, die Voraussetzungen für jene Einrede seien weggefallen; denn für diese Annahme fehle es an der „Grundlage im Grundbuch und damit [an] der nötigen objektiven Rechtsscheinsbasis".[26] Nur der wirkliche Eintritt des Sicherungszwecks, nicht der bloße Glaube daran eröffne dem Erwerber die Durchsetzbarkeit des Pfandrechts.[27]

Dieser Gedankengang begegnet jedoch mehreren Bedenken. Das erste ergibt sich aus dem Streit 44 um die Frage, ob eine so globale Einrede wie die der Nichterfüllung überhaupt eintragungsfähig ist. Dagegen spricht immerhin die Tatsache, dass §§ 1191 f. die Grundschuld nicht als Mittel zur Sicherung einer Forderung verstehen. Indes verbieten sie eine solche Zwecksetzung auch nicht. Das mag die Eintragbarkeit einer globalen Sicherungseinrede rechtfertigen (in der Praxis dürfte sich freilich kaum ein Grundschuldgläubiger mit deren Eintragung einverstanden erklären).

Gewichtiger wiegt ein anderes Bedenken. Es stellt sich ein, wenn man die Konsequenzen jenes 45 Gedankenganges weiterverfolgt. Wäre er richtig, müsste er auch für die Hypothek gelten. Da diese von Haus aus Sicherungscharakter trägt, wüsste jeder Erwerber, dass sie nur bei Bestehen, Fälligkeit und Nichterfüllung der gesicherten Forderung verwertet werden kann. Würde nun einem Zessionar – jenem Gedankengang zufolge – der gute Glaube etwa an den Bestand der Forderung nichts nützen, wenn die Forderung tatsächlich nicht besteht, dann wäre jede Hypothek ohne weiteres eine Sicherungshypothek (§§ 1184 f.). Diese mit der Systematik des Hypothekenrechts unvereinbare Folgerung lässt sich nicht mit der Überlegung umgehen, nach §§ 1138, 891 werde der Bestand der Forderung vermutet und damit eine Basis für den gutgläubigen Erwerb der Hypothek geschaffen.[28] Denn wäre die Kenntnis vom Sicherungscharakter des Pfandrechts tatsächlich völlig gleichzusetzen mit der Eintragung der Einrede des Nichteintritts des Sicherungszwecks, so wäre jener Vermutung zugunsten des Forderungsbestands durch die gegenläufige, eintragungsgleiche Kenntnis der Boden entzogen (arg. § 1139) und damit die Unterscheidung von Verkehrs- und Sicherungshypothek außer Kraft gesetzt.

---

[24] *Lopau* NJW 1972, 2253, 2255 f.; *ders.* JuS 1976, 553, 556; mit eingehender Begründung *Wilhelm* JZ 1980, 625, 628 f.
[25] *Wilhelm* JZ 1980, 629 („Kenntnis, die den richtigen Grundbucheintrag ersetzt"). – Ob eine solche Einrede überhaupt eingetragen werden kann, ist str., vgl. *Tiedtke,* Gutgläubiger Erwerb im bürgerlichen Recht, im Handels- und Wertpapierrecht sowie in der Zwangsvollstreckung, 1985, S. 135 m.w.N.; abl. BGH NJW 1986, 53, 54; Erman/*Wenzel* § 1191 BGB Rn. 12; Palandt/*Herrler* § 1191 BGB Rn. 13; *Olbrich* ZfIR 2013, 405, 406; *Preuss,* FS Kanzleiter, 2010, S. 307, 311; MünchKommBGB/*Lieder* § 1191 BGB Rn. 92; a.A. *Wilhelm* Rn. 1779 ff.; MünchKommBGB/*Eickmann,* 6. Aufl. 2013, § 1191 Rn. 83; *Neef,* Zur Eintragungsfähigkeit sicherungsvertraglicher Einreden bei der Grundschuld, 2004, S. 131 ff.; *Nietsch* NJW 2009, 3606 f.; siehe dazu Rn. 44 ff.
[26] *Wilhelm* NJW 1983, 2920.
[27] *Wilhelm* JZ 1980, 629, 631.
[28] In diese Richtung *Wilhelm* JZ 1980, 629, 632; *ders.* NJW 1983, 2920.

46 Das dritte Bedenken richtet sich nun aber direkt gegen jene Gleichsetzung von Kenntnis einer Einrede und deren Eintragung im Grundbuch. Ist eine Einrede eingetragen, so nützt es in der Tat dem Erwerber nichts, wenn er zwar gutgläubig, aber irrig annimmt, die Einrede sei inzwischen entfallen. Anders verhält es sich jedoch bei dem Erwerber, bei dem der gutgläubige Erwerb wegen seiner Einredenkenntnis in Frage steht. Wer solche Kenntnis besitzt, verdient keinen Erwerbsschutz. Solche Kenntnis aber besitzt nur, wer vom Bestand der einredebegründenden Tatsache ausgeht, nicht schon derjenige, der um die abstrakte Möglichkeit der Einrede weiß. Wer diese abstrakte Möglichkeit kennt, sie aber nicht verifiziert, dem mag man leicht- oder grobfahrlässige Unkenntnis vorhalten. Das reicht jedoch im Rahmen des § 892 nicht aus, um gutgläubigen Erwerb zu verneinen.

47 Selbst derjenige, der zunächst vom konkreten Bestand einer Einrede ausgeht, dann aber (zu Unrecht) ihren Wegfall annimmt, kann gutgläubig erwerben. Denn der Vertrauensschutz knüpft an den Kenntnisstand beim Rechtserwerb und nicht an einen früheren an:[29] Wenn schon die Kenntnis einer Einrede mit deren Eintragung im Grundbuch verglichen wird, so muss auch die Annahme, die Einrede sei inzwischen weggefallen, mit der Löschung der Eintragung verglichen werden; wird aber die Eintragung gelöscht, so ist gutgläubiger Erwerb möglich.

48 Es bleibt also dabei, dass nicht bereits die Kenntnis vom Sicherungscharakter der Grundschuld, sondern erst die konkrete Kenntnis der Einredetatsachen den gutgläubigen Erwerb der Einredefreiheit ausschließt.[30] Der BGH begründet dies wie folgt (BGHZ 59, 1, 2f.):[31]

> „Nach der Rechtsprechung des Reichsgerichts (RGZ 91, 218, 224/225), auf die sich die Revision bezieht, reicht es zwar zum Ausschluß des guten Glaubens des Erwerbers einer Grundschuld im Sinne der §§ 1157, 1192 BGB aus, wenn der Erwerber bei dem Erwerb der Grundschuld davon Kenntnis hat, daß die Grundschuld zugunsten seines Rechtsvorgängers nur zur Sicherung bestellt wurde, es sich also um eine fiduziarische Bestellung handelte. Dieser Rechtsprechung steht jedoch die herrschende Meinung entgegen, wonach der Grundstückseigentümer gegen die Inanspruchnahme durch den Zessionar einer Grundschuld den Rückübertragungsanspruch als Einrede nur dann geltend machen kann, wenn der Zessionar den Sicherungscharakter der Grundschuld *und* die Nichtvalutierung der Grundschuld kannte (BGB RGRK 11. Aufl. § 1191 Anm. 5; *Erman* BGB 4. Aufl. § 1192 Anm. 11; *Palandt* BGB 31. Aufl. § 1191 Anm. 3 f aa; *Soergel/Siebert* BGB 10. Aufl. § 1191 Anm. 5; *Wolff/Raiser* Sachenrecht 10. Bearb. § 154 VI 2 S. 642; *Westermann* Sachenrecht 5. Aufl. § 116 III 3 b S. 582). Dieser Ansicht, die der Bundesgerichtshof bereits in seinem Urteil vom 21. Februar 1967 VI ZR 144/65 (WM 1967, 566, 567) beiläufig gebilligt hat, folgt auch der erkennende Senat. Entscheidend gegen die Rechtsprechung des Reichsgerichts, das die nicht akzessorische Sicherungsgrundschuld der streng akzessorischen Sicherungshypothek zu stark annähert, spricht der Vergleich mit § 1156 BGB (*Erman* aaO). Die Rechtsprechung des Reichsgerichts stellt nämlich den Erwerber einer Grundschuld schlechter als den Erwerber einer Hypothek. Diesen sichert der Zwang zur gleichzeitigen Abtretung von Forderung und Hypothek (§ 1153 Abs. 2 BGB) in Verbindung mit § 1156 BGB vor nachträglicher Zahlung an den Zedenten, während die Grundschuld durch die Rechtsprechung des Reichsgerichts mit Rücksicht darauf, daß der Erwerber den Sicherungscharakter oft erkennt, praktisch ihrer Eigenschaft als Verkehrsgegenstand entkleidet wird (*Westermann* aaO S. 583). Es besteht auch kein Grund, die Gefahr treuwidriger Verfügungen des Zedenten einer Grundschuld über die ihm sicherungshalber bestellte oder übertragene Grundschuld im weiteren Umfang auf den Zessionar, also auf einen Dritten, abzuwälzen, da

---

[29] Deshalb bedarf es keines Urteils, das den Wegfall der Einrede feststellt (so aber *Wilhelm* JZ 1980, 629 Fn. 44).

[30] So die heute h.M., vgl. dazu BGHZ 103, 72, 82 = NJW 1988, 1375; BGHZ 185, 133 = NJW 2010, 2041 Rn. 36; BGH NJW 2015, 619 Rn. 13; Staudinger/*Wolfsteiner* (2015) § 1157 BGB Rn. 26; Soergel/*Konzen* § 1191 Rn. 26; *Baur/Stürner* § 45 Rn. 63 ff.; *Schwintowski/Schantz* NJW 2008, 472, 476; a.A. RGZ 91, 218, 224 (siehe oben Rn. 35); *Wilhelm* Rn. 1777; ders. JZ 1980, 625, 628 f.; *Lopau* NJW 1972, 2253, 2255 f.; ders. JuS 1976, 553, 556. Vermittelnd dazu differenziert eine dritte Ansicht zwischen „echten" Einreden (diese entstehen erst durch Geltendmachung der sie auslösenden Tatsachen) und „unechten" Einreden (diese wohnen dem Anspruch als Beschränkung von vornherein inne). Bei Ersteren soll der Zessionar nur bösgläubig sein, wenn er die konkreten Tatsachen kenne, während er bei Letzteren schon dann bösgläubig sein soll, wenn er Kenntnis darüber habe, dass die Einrede bei dem fraglichen Recht regelmäßig bestehe. So MünchKommBGB/*Eickmann*, 6. Aufl. 2013, § 1191 BGB Rn. 92 f.; *Westermann/Gursky/Eickmann* § 115 Rn. 10 f.

[31] Die Entscheidung erging zur Frage des gutgläubigen Wegerwerbs der Einrede der Nichtvalutierung. Nach heutiger Rechtslage stellt sich diese Frage dort allerdings nicht mehr. Siehe dazu Rn. 62.

§ 16. Grundpfandrechte: Übertragung

der Grundstückseigentümer die Möglichkeit hat, sich an seinen vertragsbrüchigen Gläubiger zu wenden (vgl. *Wolff/Raiser* aaO Fußn. 15)."

b) Der BGH stützt sich in seiner Begründung auf zwei Gesichtspunkte. In einer Art Ergebnisabwägung sieht er mit *Wolff/Raiser* die Interessen des Grundstückseigentümers hinreichend gewahrt, da dieser sich – vom Erwerber in Anspruch genommen – beim Veräußerer der Grundschuld notfalls wegen Verletzung der sicherungsvertraglichen Pflichten schadlos halten könne. Indes ist dieser dem Eigentümer in Aussicht gestellte Trost erst dann vonnöten, wenn die gesetzliche Wertung selbst ihn im Verhältnis zum Erwerber zurücktreten lässt. Die Grundlage dieser Wertung sieht der BGH – und darin steckt der zweite Gesichtspunkt – unter Berufung auf *Westermann* in § 1156. Wesentlich hieraus ergebe sich, dass der Erwerber einer Grundschuld nicht schlechter gestellt werden dürfe als der Erwerber einer Hypothek.

49

Westermann selbst hatte in den ersten drei Auflagen seines vom BGH zitierten Lehrbuchs[32] unterschieden zwischen dem Fall, in dem die gesicherte Forderung bereits beim Erwerb der Grundschuld fehlt, und jenem, in dem sie erst später wegfällt. Nur auf diesen zweiten Fall bezog sich ursprünglich der *Westermann*'sche Vergleich zwischen dem Erwerber der Grundschuld und dem Erwerber der Hypothek. Dass für diesen Fall der **nachträglichen Forderungstilgung** § 1156 den Schlüssel zur Lösung enthält, stimmt, hat aber mit der Frage des gutgläubigen Erwerbs nichts zu tun und trägt daher zur Lösung des ersten Problems nichts bei. Auf jenen Schlüssel zurückzukommen ist erst gestattet, wenn das Gesetz für den Fall des **Fehlens der Forderung schon bei der Abtretung** keine Entscheidung bereithält.

50

Dennoch steckt in der von *Westermann* übernommenen „Vergleichsthese" des BGH ein richtiger Kern. Sehen wir uns die Situation zunächst bei der **Hypothek** genauer an. Besteht die Forderung im Zeitpunkt der Abtretung nicht, dann steht die Hypothek als Eigentümergrundschuld dem Grundstückseigentümer zu (§§ 1163 Abs. 1, 1177 Abs. 1 Satz 1). Weisen Grundbuch und Brief (vgl. § 1155) fälschlicherweise den Gläubiger als Inhaber der Hypothek aus und ist dem (Zweit-)Erwerber das Fehlen der Forderung unbekannt, so erlangt er gleichwohl die Hypothek, freilich ohne Forderung. Das ergibt sich aus § 1138 i. V. m § 892 Abs. 1 Satz 1: § 1138 fingiert die Forderung als bestehend, um sie als „Transportmittel" für den Hypothekenerwerb benutzen zu können – gem. §§ 1153, 1154 ist Gegenstand der Abtretung ja die hypothekarisch gesicherte Forderung und nicht das Grundpfandrecht. Ist derart der Übergang der Hypothek ins Werk gesetzt (wobei auch insoweit der gute Glaube an den Bestand der Hypothek selbst nach § 892 geschützt wird), dann hat jene Fiktion ausgedient: Eine Forderung existiert auch fürderhin nicht.

51

Der Sache nach handelt es sich darum, dass dem (in Bezug auf den Bestand von gesicherter Forderung und Grundpfandrecht) gutgläubigen Erwerber das Fehlen der Forderung nicht schaden soll. Und dies gilt, obwohl der Erwerber der Hypothek per definitionem deren Sicherungscharakter kennt. Anders verhält es sich nur bei der Sicherungshypothek, für die § 1185 Abs. 2 u. a. gerade § 1138 ausschließt.

52

Was nun das Gesetz für die an sich forderungsangelehnte Verkehrshypothek vorsieht, muss – dies ist der richtige Kern der BGH-Begründung – auch für die **Grundschuld** gelten.[33] Nur führt der konstruktive Weg statt über § 1138 jetzt über § 1157: Das Nichtbestehen der Forderung begründet den Rückübertragungsanspruch des Eigentümers und als darin enthaltenes Minus dessen Leistungsverweigerungsrecht. Kennt der Erwerber aber nur den Sicherungszweck der Grundschuld, so folgt da-

53

---

[32] *Westermann*, Sachenrecht, 1. Aufl. 1951/2. Aufl. 1953/3. Aufl. 1956, jeweils § 116 III 3 b.
[33] A.A. *Lopau* NJW 1972, 2253, 2255 f.; *ders.* JuS 1976, 553, 558.

raus noch nicht die Kenntnis jener Einrede; denn nicht der Sicherungscharakter, sondern erst jenes Fehlen der Forderung begründet die Einrede. Die Kenntnis bloß des Sicherungszwecks aber darf dem Erwerber der Grundschuld so wenig schaden wie dem Erwerber der Hypothek.[34]

54 c) Das bisher Gesagte gilt aber wieder nur für den Erwerber, dem die Grundschuld mit der Forderung abgetreten wird. Wer sie ohne Forderung – aber unter der Voraussetzung, dass diese besteht – erwirbt, muss dagegen davon ausgehen, dass der Schuldner die Forderung gegenüber dem Gläubiger tilgt und auf die Grundschuld nicht zurückgegriffen werden kann, solange die Tilgung ordnungsgemäß erfolgt.

55 Besser stünde der Zessionar nur dann, wenn er beim Erwerb der Grundschuld der Auffassung wäre, diese sei durchsetzbar, weil der Schuldner mit seinen Zahlungen in Rückstand geraten (oder dem Gläubiger die Abtretung der Grundschuld zu Refinanzierungszwecken erlaubt gewesen)[35] war. Dann hätte er nämlich nach §§ 1157 Satz 2, 892 die Grundschuld einredefrei erworben.

56 Gilt all dies gegenüber einem Grundschulderwerber bei bestehender Schuld, so kann der Zessionar der Grundschuld bei Fehlen der gesicherten Forderung nicht besser behandelt werden. Daraus folgt:

57 aa) War die Klägerin beim Erwerb der Grundschuld der Auffassung, diese sei durchsetzbar, weil E mit seinen Zahlungen in Rückstand geraten war, dann hätte sie nach **§§ 1157 Satz 2, 892** die Grundschuld **einredefrei** erworben und die Duldungsklage wäre aufgrund der bisherigen Überlegungen jedenfalls in Höhe von 20.000 EUR stattzugeben.

58 bb) Ging die Klägerin davon aus, dass E seinen Wechselverbindlichkeiten nachkam, und hat sie die Grundschuld dennoch erworben, dann musste sie damit rechnen, dass nicht sie das Grundschuldkapital, sondern die N-Bank als Gläubigerin der gesicherten Forderung den kreditierten Betrag zurückerhalten werde. Solange E den Kredit pünktlich zurückzahlte, konnte er daher der Zessionarin gem. **§ 1157 Satz 1** die Einrede der ordnungsgemäßen **laufenden** Tilgung entgegenhalten. Ist aber die Schuld vollständig beglichen, dann erscheint es zwingend, dem Beklagten diese Einrede als Einrede der ordnungsgemäß **erfolgten** Tilgung zu erhalten, um so die Durchsetzung der Grundschuld verhindern zu können.[36]

59 Gewiss wird damit der Erwerber einer Sicherungsgrundschuld „schlechter" behandelt als der Erwerber einer Hypothek. Aber diese „Schlechterstellung" ist nur eine scheinbare. Denn sie beschränkt sich auf den Fall, dass der Zessionar sich nur die Grundschuld **ohne** Forderung hat übertragen lassen, eine Situation, die § 1153 Abs. 2 bei der Hypothek gerade ausschließt. Ist schon deshalb ein Vergleich der Position dieses Grundschuldgläubigers mit der des Hypothekars gar nicht möglich, so ist auch für sich gesehen die vorgeschlagene Behandlung des Grundschuldzessionars gerechtfertigt: Wer sich mit dem Erwerb einer Sicherheit begnügt, von der er weiß, dass sie (noch) nicht herangezogen werden darf, weil der gesicherte Kredit ordnungsgemäß bedient wird, muss weiter zuwarten, solange die Bedienung nicht stockt, und er muss die Sicherheit zurückgeben, ohne sie verwerten zu können, wenn der Kredit schließlich vollständig getilgt ist.

---

[34] Eine Einrede der ordnungsgemäßen laufenden Tilgung (siehe Rn. 21) kommt hier nicht in Betracht, da eine solche Tilgung in Bezug auf die weiteren 40.000 EUR nach der Abtretung nicht erfolgte.
[35] Vgl. *Lopau* NJW 1972, 2253, 2257. – Allerdings ist Vorsicht bei der Annahme einer Refinanzierungsklausel geboten, vgl. *Wilhelm* JZ 1980, 631.
[36] In diesem Sinne *Lopau* NJW 1972, 2253, 2255; ähnlich *Petri* S. 209 ff.

§ 16. Grundpfandrechte: Übertragung

d) Das Schicksal der Klage hängt also in Höhe von 20.000 EUR von der Entscheidung der beschriebenen Tatfrage bezüglich der Einrede der ordnungsgemäß laufenden Tilgung ab. Dagegen hat sich die Begründung des RG, die zur sofortigen Klagabweisung geführt hätte, nicht als stichhaltig erwiesen. 60

4. Einrede der Nichtvalutierung und Gutglaubenserwerb

In Höhe der weiteren 40.000 EUR war die Grundschuld im Zeitpunkt der Abtretung an die Klägerin nicht valutiert. Da feststand, dass der Kredit sich nicht mehr über 20.000 EUR hinaus erhöhen würde, besaß E damals bereits einen **Anspruch** gegen die N-Bank **auf Rückübertragung der Grundschuld.** Dieser ergab sich aus dem Sicherungsvertrag: Da die Grundschuld der Sicherung des dem E eingeräumten Kredits dienen sollte und dessen Höchstlimit nunmehr feststand, war die Bank zur Aufgabe der dieses Limit übersteigenden Sicherheit verpflichtet.[37] Aus dem Rückübertragungsanspruch erwuchs dem E gleichzeitig die **Einrede** gegen die eventuelle Geltendmachung der Grundschuld. Nach **§ 1157 Satz 1** kann der Beklagte diese Einrede grundsätzlich auch dem neuen Gläubiger, der Klägerin, entgegenhalten. 61

Da das Leistungsverweigerungsrecht weder im Grundbuch eingetragen war, was nach §§ 1157 Satz 2, 894 möglich gewesen wäre, noch aus dem Brief ersichtlich war, was nach § 1140 die Anwendung der §§ 892 f. ausschließen würde, könnte die Klägerin grundsätzlich nur dann die Grundschuld kraft **guten Glaubens einredefrei** erworben haben, wenn eine pfandrechtsbezogene Einrede vorliegt (siehe Rn. 20) und wenn die Klägerin nicht bösgläubig war, die Einrede also nicht gekannt hätte (§ 892 Abs. 1 Satz 1 a.E.). Ersteres ist jedoch nicht der Fall, sodass ein gutgläubiger einredefreier Erwerb ausscheidet (§ 1192 Abs. 1a). 62

Es kommt hier daher nicht mehr auf die **Bösgläubigkeit** der Klägerin, die gleichwohl sicher vorläge, wenn sie gewusst hätte, dass die Sicherungsgrundschuld nur in Höhe von 20.000 EUR valutiert war und der Kredit sich nicht erhöhen würde. Selbst wenn dies nicht der Fall sein sollte und der Klägerin nur der **Sicherungscharakter** der Grundschuld **bekannt** war, was nach der herrschenden Meinung nicht schon die Kenntnis der Einrede begründet (siehe Rn. 48), hilft das der Klägerin hier nicht weiter. 63

Daher kann der Beklagte ihr die Einrede der Nichtvalutierung entgegensetzen; die Klage muss insoweit (für den Teilbetrag von 40.000 EUR) abgewiesen werden. 64

Teil 2: Zur Widerklage

Stellt sich bei der in Rn. 60 offen gebliebenen Tatfrage heraus, dass die Klägerin beim Erwerb der Grundschuld davon ausgegangen war, dem Beklagten stünde die **Einrede** der ordnungsgemäßen laufenden Tilgung **nicht (mehr) zu,** dann ist ein Anspruch des E gegen die Klägerin auf Löschung der Grundschuld und Briefherausgabe in Höhe des ersten Teilbetrags (20.000 EUR) zu verneinen, in Höhe des zweiten Teilbetrags (40.000 EUR) zu bejahen. Die Widerklage wäre also in Höhe des ersten Teilbetrags abzuweisen, im Übrigen wäre ihr stattzugeben. 65

---

[37] Vgl. dazu Ziff. 16 (2) AGB-Banken: „Falls der realisierbare Wert aller Sicherheiten die Deckungsgrenze nicht nur vorübergehend übersteigt, hat die Bank auf Verlangen des Kunden Sicherheiten nach ihrer Wahl freizugeben, und zwar in Höhe des die Deckungsgrenze übersteigenden Betrages; sie wird bei der Auswahl der freizugebenden Sicherheiten auf die berechtigten Belange des Kunden und eines dritten Sicherungsgebers, der für die Verbindlichkeiten des Kunden Sicherheiten bestellt hat, Rücksicht nehmen." Die Ausübung der Wahl ist gem. § 315 Abs. 1 nach billigem Ermessen zu treffen und unterliegt gerichtlicher Kontrolle nach § 315 Abs. 3; dazu BGH JZ 1981, 26; allg. auch PWW/*Stürner* § 315 BGB Rn. 14 ff.

Teil 4. Immobiliarsicherheiten

I. Löschungsanspruch

66 Ist jene Tatfrage aber anders zu entscheiden, so ist ein Anspruch des Beklagten auf Rückgewähr der Grundschuld in Betracht zu ziehen. Dieser Anspruch würde sich nach Wahl des Eigentümers auf Verzicht (§ 1168), Aufhebung (§§ 1183, 875) oder Rückübertragung der Grundschuld (§ 1154) richten.[38]

67 a) Ein solcher Anspruch ergibt sich einmal aus dem **Sicherungsvertrag** (vgl. Rn. 75).[39] Eben deshalb richtet er sich aber nur gegen den Partner dieses Vertrages, die N-Bank. Dagegen lässt sich ein Anspruch gegen die Klägerin aus dem Sicherungsvertrag nicht herleiten.

68 b) Indes kommt auch **§ 1169** als Anspruchsgrundlage für den geltend gemachten Löschungsanspruch in Betracht. Da E der Grundschuld ein dauerndes Leistungsverweigerungsrecht entgegenzuhalten vermag, kann er von der Klägerin verlangen, auf die Grundschuld zu **verzichten**.[40] Der Verzicht führt jedoch nicht zum Erlöschen des Grundpfandrechts, sondern zu dessen Übergang auf den Grundstückseigentümer (§§ 1192 Abs. 1, 1168 Abs. 1). Die technischen Einzelheiten des Verfahrens ergeben sich aus § 1168 Abs. 2.

69 Statt des Anspruchs auf Verzicht hat die Rechtsprechung[41] dem Eigentümer den Anspruch auf **Einwilligung in die Löschung** der Grundschuld gewährt mit der Begründung, der Gläubiger werde dadurch nicht stärker beschwert. Für dieses Wahlrecht spricht auch die Regelung der §§ 1144 f.: Befriedigt der Eigentümer den Gläubiger (ganz oder teilweise), lässt das Gesetz ihm die Wahl zwischen Löschung und Umschreibung des Grundpfandrechts auf sich. Dieses Wahlrecht soll dem Eigentümer die Möglichkeit geben zu entscheiden, ob er qua Löschung nachrangige Rechte aufrücken lassen oder aber sich selbst den Rang (und damit den Wert) des Grundpfandrechts erhalten will.

70 Handelt es sich bei den nachfolgenden Rechten allerdings wieder um Grundpfandrechte, bleibt dem Eigentümer angesichts des gesetzlichen Löschungsanspruchs **(§ 1179a;** vgl. dazu § 14 Rn. 24) der gleich- und nachrangigen Gläubiger faktisch keine Wahl.

71 In derselben Situation befindet sich der Eigentümer auch bei § 1169. Deshalb sollte ihm auch hier das Wahlrecht zustehen.[42]

72 c) Genau genommen ist die Löschung freilich nur die grundbuchmäßige Tilgung der Grundschuld. Sie allein lässt die Grundschuld jedoch noch nicht untergehen. Hinzukommen muss nach **§ 875 Abs. 1** die **materiell-rechtliche Erklärung** des Grundschuldgläubigers, dass er das Grundpfandrecht aufhebe, sowie die (gleichfalls) **materiell-rechtliche Zustimmung** des Grundstückseigentümers nach **§ 1183**.

73 Von diesen beiden materiell-rechtlichen Willenserklärungen des Gläubigers und des Eigentümers sind die **verfahrensrechtlichen Erklärungen** zu unterscheiden, die dem Grundbuchamt in der Form des § 29 Abs. 1 GBO nachgewiesen werden müssen, damit dieses – veranlasst durch einen **Antrag** des Gläubigers oder des Eigentümers **(§ 13 Abs. 1, Abs. 2 GBO)** – die Löschung im Grundbuch vollzieht. Bei diesen verfahrensrechtlichen Erklärungen handelt es sich um die **Löschungsbewilligung** des Gläubigers **(§ 19 GBO)** sowie um die **Zustimmungserklärung** des Eigentümers nach **§ 27**

---

[38] BGH WM 1967, 566, 568; *Gerhardt* ImmobiliarsachenR § 13, 2 m.w.N.
[39] Zur Parallelfrage bei der Sicherungsübereignung siehe § 9 Rn. 116.
[40] RGZ 91, 218, 225 f.; BGH NJW 1985, 800, 801.
[41] RGZ 91, 218, 226.
[42] Als weitere Alternative kommt auch hier der Anspruch auf Abtretung in Betracht (*Huber* S. 170 f.). Bedeutung gewinnt dieser Anspruch, wenn der Eigentümer Abtretung an einen Dritten statt an sich selbst verlangt.

Satz 1 GBO. In der Praxis geben Gläubiger und Eigentümer freilich jene materiell-rechtlichen und diese verfahrensrechtlichen Erklärungen nicht getrennt ab. Vielmehr werden ausdrücklich nur die grundbuchrechtlichen Bewilligungen erteilt, in denen die materiell-rechtlichen Erklärungen grundsätzlich als enthalten angesehen werden. Das ist möglich, weil das Gesetz für die letzteren keine bestimmte Form vorschreibt.

d) Entsprechend der zuvor skizzierten Differenzierung zwischen materiell- und verfahrensrechtlichen Erklärungen ist die Klägerin zur Abgabe der Erklärung zu verurteilen, sie hebe die Grundschuld auf und bewillige die Löschung im Grundbuch. Das Urteil ersetzt – rechtskräftig geworden – nach § 894 ZPO die Erklärungen der Gläubigerin. 74

II. Anspruch auf Herausgabe des Grundschuldbriefes

Der Eigentümer fordert von der Klägerin außerdem den Grundschuldbrief heraus. Die Grundlage für diesen Anspruch bilden §§ 1192 Abs. 1, 1144. Prozessual liegt eine nach § 260 ZPO zulässige (Wider-)Klagehäufung vor. 75

B. Vertiefung: Vorzüge der Grundschuld gegenüber der Hypothek

Nach der gesetzlichen Regelung dient die Hypothek zur Sicherung einer Geldforderung (§ 1113 Abs. 1). Die **Hypothek** ist also **akzessorisch,** die **Grundschuld** dagegen **nicht** (§ 1191 Abs. 1). Praktisch gibt es jedoch nur Sicherungsgrundschulden, also Grundschulden, die eine Forderung sichern (siehe § 15 Rn. 7). Der Unterschied zwischen den beiden Sicherungsinstituten besteht darin, dass die Verknüpfung zwischen Forderung und Grundpfandrecht bei der **Hypothek institutionell-dinglich** ausgestaltet ist, während sie bei der **Grundschuld** nur **schuldrechtlich** nach Maßgabe des Sicherungsvertrages zustande kommt und wirkt (siehe § 15 Rn. 3, 7). 76

I. Parallelen zwischen Hypothek und Grundschuld

Das Gesetz selbst relativiert diesen Unterschied zum Teil jedoch wieder, indem es die Akzessorietät bei der Hypothek in gewissen Hinsichten lockert und umgekehrt die Verbindung von Forderung und Grundschuld parallel dazu gleichsam „verdinglicht". Diese Annäherung ergibt sich bei der Übertragung und bei der Geltendmachung der Grundpfandrechte. 77

1. Geltendmachung

Bei der Geltendmachung der **Hypothek** hätte der Gläubiger bei strenger Akzessorietät nicht nur die **Entstehungsvoraussetzungen** der Hypothek, sondern auch die der Forderung zu beweisen. Bei der **Sicherungshypothek** trifft dies auch zu (arg. § 1185 Abs. 2); hier enthebt ihn die grundbuchmäßige Verlautbarung nur des Beweises für die Hypothek (§ 891 Abs. 1), nicht dagegen für die Forderung. Anders verhält es sich bei der **Verkehrshypothek:** Hier streitet die Grundbucheintragung sowohl für den Bestand der Hypothek (§ 891 Abs. 1 unmittelbar) wie für den der Forderung „in Ansehung" der Hypothek (§ 1138 i. V. m. § 891 Abs. 1). Damit besteht für die Geltendmachung der Hypothek zugunsten des Gläubigers dieselbe Situation wie bei der **Grundschuld,** für die § 891 Abs. 1 unmittelbar Platz greift. 78

Teil 4. Immobiliarsicherheiten

79 Wurde jedoch das Grundpfandrecht für eine **künftige Forderung** bestellt, so hat der Gläubiger allemal die Entstehung der Forderung nachzuweisen.[43] Was die Verkehrshypothek angeht, ist hier nämlich die Vermutung gem. §§ 1138, 891 Abs. 1 durch die Sicherungsabrede, die sich ja ausdrücklich auf eine erst noch entstehende Forderung bezieht, widerlegt. Und die Grundschuld kann der Gläubiger nur durchsetzen, wenn er die aus dem Text des Sicherungsvertrages begründbare Einrede, die Grundschuld sei noch nicht valutiert (siehe Rn. 22, 80), durch den Beweis entkräftet, die Forderung sei mittlerweile entstanden. In den Fällen der Sicherung einer künftigen Forderung entspricht daher die Beweislastregelung bei Verkehrshypothek und Sicherungsgrundschuld derjenigen bei der Sicherungshypothek.

80 Der **Hypothek** kann der Eigentümer nach § 1137 die **Einreden** des persönlichen Schuldners sowie die sog. Bürgeneinreden des § 770 entgegensetzen. Das ist ein Ausfluss der Akzessorietät der Hypothek. Aber auch bei der **Grundschuld** entgeht der Gläubiger den forderungsbezogenen Einreden in der Regel nicht, weil er nach der Sicherungsabrede die Grundschuld nur verwerten darf, wenn die Forderung einredefrei durchsetzbar ist, aber nicht befriedigt wird (siehe Rn. 22).

2. Übertragung

81 Die Übertragung der **Hypothek** konstruiert das Gesetz als Folge einer Abtretung der Forderung (§§ 1153 f.). Besteht die Forderung aber nicht, so kann der hinsichtlich Forderung und Hypothek gutgläubige Zessionar gleichwohl die Hypothek (nicht jedoch die Forderung) erwerben (§ 1138 Alt. 1 i.V.m. § 892). Ist der Erwerber dagegen in Bezug auf die Forderung bösgläubig, dann erlangt er weder Forderung noch Hypothek.

82 Zwar kann auch die **Grundschuld** über die §§ 1192 Abs. 1, 1154, 892 gutgläubig erworben werden. Ist der Zessionar nämlich bezüglich der Forderung bösgläubig, dann erwirbt er trotzdem die Grundschuld. Indes nützt ihm das nicht viel, da der Eigentümer ihm nach §§ 1192 Abs. 1, 1157 Satz 1 die Einrede der Nichtvalutierung entgegenhalten kann (siehe Rn. 21). Zudem ist seit dem Inkrafttreten des Risikobegrenzungsgesetzes der gutgläubige „Wegerwerb" forderungsbezogener Einreden aus dem Sicherungsvertrag durch die Einführung des § 1192 Abs. 1a, der die Anwendbarkeit der §§ 1157 Satz 2, 892 sperrt, ausgeschlossen (siehe Rn. 29). Folglich kommt es hier auf die etwaige Bösgläubigkeit des Zessionars bezüglich der Forderung nicht an.

83 **Zusammenfassend** lässt sich hier feststellen, dass bis zum Inkrafttreten des Risikobegrenzungsgesetzes die Vorteile der Grundschuld im Vergleich zur Hypothek nicht die Geltendmachung und die Verkehrsfähigkeit betrafen. Hierin bestand zwischen den beiden Grundpfandrechtstypen kein wesentlicher Unterschied.[44]

84 In der Praxis hatte sich die Grundschuld gegenüber der Hypothek auch nicht aus Gründen durchgesetzt, die in diesen Bereichen ihre Ursache haben. Denn auch Grundschulden werden bis auf Ausnahmefälle bei Vor-, Zwischen- und Refinanzierung oder Umschuldung nicht abgetreten. Nunmehr wurde die Grundschuld zum Schuldnerschutz aber an die Hypothek durch die Einführung des § 1192 Abs. 1a faktisch angenähert: Bei der Durchsetzung der Sicherungsgrundschuld besteht nun eine faktische Akzessorietät dahingehend, dass über den Sicherungsvertrag Einreden, die der ge-

---

[43] RGZ 60, 247, 249; BGH NJW 1986, 53, 54; ZIP 1986, 1171, 1172; jeweils bezüglich einer Sicherungsgrundschuld. – A.A. *Huber* S. 130 f. (aber dass die Zuwendung des Grundpfandrechts „abstrakt" ist, besagt nichts; und die übliche Vermutung, dass der Sicherungsnehmer das Pfandrecht „zur Erfüllung einer bestehenden Forderung erhalten hat", ist hier eben durch den Sicherungsvertrag widerlegt); *Serick* Bd. II § 28 II 5.

[44] Vgl. Motive bei *Mugdan* III S. 338 ff., wonach hinsichtlich Geltendmachung und gutgläubigem Erwerb Hypothek und Grundschuld gleich zu bewerten seien.

sicherten Forderung entgegenstehen, auch der Geltendmachung des Sicherungsrechts entgegengehalten werden können. Dadurch ist die Sicherungsgrundschuld nunmehr über den Sicherungsvertrag enger an die gesicherte Forderung gebunden als die akzessorische Verkehrshypothek. Sie ähnelt insoweit sogar eher der streng akzessorischen Sicherungshypothek, bei der ein gutgläubiger Zweiterwerb nach § 1185 Abs. 2 ausgeschlossen ist. Die Umlauffähigkeit der Grundschuld wird aber durch die Reform nicht eingeschränkt. Die Möglichkeit der Forderungsauswechslung, die die Grundschuld für die Darlehenspraxis im Vergleich zur Hypothek attraktiv macht, ist auch in Zukunft gegeben. Verkehrsinteressen sind also allenfalls marginal beeinträchtigt.[45]

II. Die Vorzüge der Grundschuld

Die Vorzüge der Grundschuld liegen darin, dass die Verknüpfung zwischen ihr und der Forderung nicht grundbuchmäßig verlautbart wird.[46] Die formlose und sachlich unbeschränkte Verknüpfbarkeit von Forderung und Grundschuld ermöglicht es daher, diese vielfältiger und unkomplizierter zur Sicherung von Forderungen einzusetzen als die Hypothek. Diese Vorzüge äußern sich in vier Richtungen: bezüglich der gesicherten **Forderung,** des gesicherten **Gläubigers,** des haftenden **Grundstücks** und schließlich im Bereich der **Eigentümergrundschuld.**

1. Sicherung auch bloß bestimmbarer Forderungen

a) Nach § 1113 Abs. 1 kann eine **Hypothek** nur zur Sicherung einer **bestimmten Geldforderung** mit einer **feststehenden Höhe** eingesetzt werden. Diese Regelung schließt eine hypothekarische Sicherung aus, wenn die Höhe der Forderung noch nicht feststeht. Derlei Situationen ergeben sich insbesondere im Rahmen laufender Geschäftsverbindung. Vor allem die von Banken gewährten Kontokorrent- und Wechselkredite, aber auch Lieferantenkredite sind durch eine Verkehrshypothek unmittelbar nicht befriedigend abzudecken. Selbst § 1113 Abs. 2 hilft hier nicht weiter, da auch bei der Sicherung künftiger Forderungen deren Grund und Betrag feststehen muss.

b) Für die **Grundschuld** gilt dies alles nicht. Der gesetzlich nicht präformierte Sicherungsvertrag darf sich deshalb für die Verknüpfung von Forderung und Grundschuld mit der Angabe von Kriterien begnügen, anhand deren die gesicherte Forderung bestimmt werden kann, **ohne sie schon** jetzt **bestimmen zu müssen** (vgl. Rn. 40, 42).

c) Das BGB hatte für die Fälle einer erst noch festzustellenden Forderung die **Höchstbetragshypothek** (§ 1190) konzipiert. Diese hat jedoch gegenüber der Grundschuld gewichtige **Nachteile:** (1.) Ist die zu sichernde Forderung **verzinslich,** müssen die Zinsen in den Höchstbetrag eingerechnet werden (§ 1190 Abs. 2), was zu einer „Aufblähung" des Haftungsbetrages führt. Bei der Grundschuld ist dies (ebenso wenig wie bei der Verkehrshypothek) nötig (§ 1191 Abs. 2). (2.) Für die endgültige Feststellung der gesicherten Forderung bedarf es bei der Höchstbetragshypothek eines **gesonderten Vertrages** zwischen Gläubiger und Grundstückseigentümer, während bei der Grundschuld die gesicherte Forderung und ihre Höhe ohne weiteres Rechtsgeschäft anhand des Sicherungsvertrages ermittelt werden können. (3.) Die Höchstbetragshypothek ist als Sicherungshypothek **streng akzessorisch** (§§ 1190 Abs. 3, 1185 Abs. 2); es besteht also kein Rechtsschein dafür, dass sie valutiert ist. Das wirkt sich bei der Geltendmachung ebenso wie bei ihrer Ab-

---

[45] Mehr dazu sogleich, siehe Rn. 85 ff.
[46] *Heck* SachenR § 82, 7 formuliert pointiert: „Die Hypothek ist das buchmäßig mit einer persönlichen Forderung verbundene, die Grundschuld das buchmäßig alleinstehende Grundpfandrecht." – Zust. *Huber* S. 60.

tretung aus. (4.) Die Rechtsprechung[47] und die ganz überwiegende Auffassung der Literatur[48] halten eine **Unterwerfungserklärung** nach §§ 794 Abs. 1 Nr. 5, 800 ZPO für unzulässig; bei der Grundschuld (und bei der Verkehrshypothek) bestehen in dieser Hinsicht keine Schwierigkeiten.

89 d) Um den mit einer Verkehrshypothek einerseits wie den mit einer Höchstbetragshypothek andererseits verbundenen Nachteilen zu entgehen, bietet sich der Ausweg, den Schuldner ein **abstraktes Schuldversprechen** oder **Schuldanerkenntnis** in Höhe des ihm eingeräumten Kreditvolumens ausstellen zu lassen (§§ 780 f.) und die hieraus entspringende Forderung, nicht die Kreditforderung selbst, nach § 794 Abs. 1 Nr. 5 ZPO vollstreckbar zu stellen und durch eine Verkehrshypothek zu sichern.[49] Damit lässt sich ein Ergebnis erreichen, das der Besicherung durch eine Grundschuld stark angenähert ist, ohne aber dem § 1192 Abs. 1a, der nur bei Sicherungsgrundschulden greift, zu unterliegen. Das wird besonders augenfällig, wenn man bedenkt, dass häufig auch eine Grundschuldsicherheit noch durch ein abstraktes Schuldversprechen (sog. **Haftungszusage**) verstärkt wird (vgl. § 17 Rn. 1, 50 ff.).[50]

2. Änderung der gesicherten Forderung

90 a) Soll die hypothekarisch gesicherte Forderung durch eine **andere ersetzt** werden, muss der förmliche Weg des § 1180 gegangen werden. Selbst wenn die Forderung unverändert bleibt, aber Nebenleistungen zu ändern sind, geht dies nach § 1115 in aller Regel nicht formlos vonstatten. Das bereitet insbesondere bei **variablem Zinssatz** Schwierigkeiten.

91 b) Bei grundschuldmäßiger Sicherung bedarf es zur Forderungsauswechslung nur der formlosen **Änderung des Sicherungsvertrages**.[51] Auch variable Zinssätze bereiten hier kein Kopfzerbrechen: Der „abstrakte" Zinssatz der Grundschuld, der so hoch angesetzt wird, dass er auch in Hochzinsphasen ausreicht (15–20 %), kann im Sicherungsvertrag schuldrechtlich mit dem für die Kreditforderung jeweils geltenden Zinssatz gekoppelt werden.

92 Denkbar ist auch, wenn die Grundschuld wiederum eine Darlehensverbindlichkeit sichern soll, dass sich Grundschuldgläubiger und Schuldner nach Übergabe der vollstreckbaren Ausfertigung der Grundschuldbestellungsurkunde und des Grundschuldbriefs samt Löschungsbewilligung durch den Grundschuldgläubiger an den Schuldner und Tilgung der gesicherten Schuld durch den Schuldner formlos darüber einigen, dass die Vollstreckung aus dem Titel erneut möglich sein soll.[52]

93 c) Auch die hier genannten „Schwachstellen" der Hypothek ließen sich umgehen, wenn man nicht unmittelbar die Kreditforderung, sondern eine dazwischen geschaltete Forderung aus **Schuldversprechen** oder **Schuldanerkenntnis** (§§ 780 f.) zum Bezugspunkt der Hypothek machte. Die Ver-

---

[47] BayObLG NJW 1954, 1808; NJW-RR 1989, 1467; OLG Oldenburg DNotZ 1957, 669, 670; OLG Frankfurt Rpfleger 1977, 220. Eine Unterwerfungserklärung ist allerdings dann zulässig, wenn der Schuldgrund angegeben ist und sie sich nur auf einen bestimmten Teil der Forderung bezieht, so BayObLG NJW-RR 1989, 1467, 1468, dazu auch BGHZ 88, 62 = NJW 1983, 2262; BGH NJW 1990, 258, 259.

[48] *Felgentraeger*, FS Gierke, 1950, S. 156 f.; *Gaul/Schilken/Becker-Eberhard*, Zwangsvollstreckungsrecht, 12. Aufl. 2010, § 13 Rn. 54; *Huber* S. 53 f.; Stein/Jonas/*Münzberg* § 794 ZPO Rn. 115; einschr. *Wolfsteiner*, Die vollstreckbare Urkunde, 1978, S. 177 f.; Palandt/*Herrler* § 1190 BGB Rn. 9; vgl. auch *Hornung* NJW 1991, 1649, 1652 f.; a.A. Staudinger/*Wolfsteiner* (2015) § 1190 BGB Rn. 49 ff. (unter Berufung auf BGHZ 88, 62); *Bühling* DNotZ 1953, 469 ff.

[49] OLG Köln DNotZ 2013, 768; OLG Düsseldorf NJW-RR 1996, 111; OLG Stuttgart NJW 1979, 222, 223; Staudinger/*Wolfsteiner* (2015) § 1113 BGB Rn. 28 ff.

[50] Bedenken in § 17 Rn. 57 ff. gegen die Wirksamkeit des Schuldversprechens.

[51] Palandt/*Herrler* § 1191 BGB Rn. 19; vgl. auch Staudinger/*Wolfsteiner* (2015) § 1191 BGB Rn. 4 und § 1192 BGB Rn. 32.

[52] BGH NJW-RR 2015, 915, 916.

änderungen bei der Kreditforderung selbst würden dann nicht auf die Hypothek durchschlagen, sondern nur schuldrechtlich die abstrakte Forderung beeinflussen.

3. Sicherung mehrerer Gläubiger

a) Sind auf der Gläubigerseite mehrere Personen beteiligt, können sie durch ein und dieselbe **Hypothek** nur gesichert werden, wenn sie untereinander in **Bruchteils-** oder **Gesamthandsgemeinschaft** stehen oder **Gesamtgläubiger** sind;[53] das Beteiligungsverhältnis muss im Grundbuch angegeben werden, § 47 GBO.

94

b) Finanzieren mehrere Gläubiger ein gemeinsames Projekt, dann sind diese Voraussetzungen nicht immer gegeben. Eine solche Situation kann sich beim offenen Konsortialkredit, aber auch bei der sog. unechten „Finanzierung aus einer Hand" ergeben.

95

Beim **offenen Konsortialkredit**[54] bilden die finanzierenden Banken eine BGB-Gesellschaft, jeder Konsorte übernimmt eine bestimmte Quote des Kredits, der Konsortialführer schließt im eigenen und zugleich im Namen der Mitkonsorten Kredit- und Sicherungsvertrag mit dem Kunden. Zur Sicherung des Gesamtkredits wird eine **einzige Grundschuld** für die konsortialführende Bank bestellt. Sie hält die Grundschuld zugleich treuhänderisch für die Mitkonsorten. Diese sind damit ebenso wie jene dinglich gesichert, ohne selbst Grundschuldgläubiger zu sein. Das Innenverhältnis zwischen den Konsorten wird durch den Konsortialvertrag geregelt.

96

Die **unechte Finanzierung aus einer Hand** hat ihren Schwerpunkt vor allem im Bausektor.[55] Die Hausbank des Bauherrn vermittelt diesem die nötigen Kredite. In der Regel schließt sie mit dem Kunden im Namen der beteiligten Kreditinstitute jeweils einen besonderen Kredit- und Sicherungsvertrag. Darin unterscheidet sich dieses Verfahren vom Konsortialkredit. Übereinstimmung besteht jedoch insofern, als auch hier zugunsten eines Gläubigers, der Hausbank, **eine** Grundschuld bestellt wird, die die Ansprüche sämtlicher Kreditgeber sichert.

97

4. Sicherung durch Belastung mehrerer Grundstücke

Sollen mehrere Grundstücke zur Sicherung derselben Forderung hypothekarisch belastet werden, ist dies nur in Form der **Gesamthypothek** (§ 1132) möglich.[56] Nur so kann nämlich die Akzessorietät der Hypothek gewahrt werden. Die Gesamthypothek gibt dem Gläubiger das Recht, jedes der belasteten Grundstücke nach seiner Wahl zur teilweisen oder gesamten Befriedigung seiner Forderung heranzuziehen. Die Gesamthypothek löst jedoch schwierige Folge- und Ausgleichsmechanismen aus (§§ 1172 ff.).

98

Dem können die Beteiligten entgehen, wenn stattdessen eine **Gesamtgrundschuld** oder Grundschulden an den verschiedenen haftenden Grundstücken bestellt werden.[57] Hier können die Ausgleichsfragen (weitgehend) im Sicherungsvertrag geregelt werden.

99

Möglich ist auch, eine bereits hypothekarisch gesicherte Forderung zusätzlich durch eine Grundschuld an einem anderen Grundstück zu sichern.[58]

100

---

[53] *Felgentraeger,* FS Gierke, 1950, S. 156; *Huber* S. 63 f.
[54] Vgl. „Konsortialkredit"-Fall (§ 15 Rn. 29 ff.); näher *Obermüller* DB 1973, 1833 ff.; *Petri* S. 264 ff.
[55] Einzelheiten bei *Petri* S. 273 ff.
[56] RGZ 134, 221, 225.
[57] Vgl. dazu „Konsortialkredit"-Fall (§ 15 Rn. 29 ff.).
[58] RGZ 132, 136, 138.

5. Eigentümergrundschuld als Sicherungsmittel

101 § 1196 gestattet dem Eigentümer, für sich selbst eine Grundschuld zu bestellen. Die Zulassung dieser ursprünglichen (offenen) **Eigentümergrundschuld** hat vor allem den Sinn, dem Eigentümer die Möglichkeit zu eröffnen, sich den Rang vor der Bestellung eines weiteren beschränkten dinglichen Rechts vorzubehalten, ohne auf das Institut des Rangvorbehalts (§ 881) zurückgreifen zu müssen.

102 Die **vorläufige Eigentümergrundschuld** des § 1163 Abs. 1 Satz 1, Abs. 2 ist nur ein Durchgangsstadium bei der Entstehung der Hypothek. Sie kann insbesondere bei der Zwischenfinanzierung eingesetzt werden.[59] Die **nachträgliche Eigentümergrundschuld** des § 1163 Abs. 1 Satz 2 steht dagegen der ursprünglichen grundsätzlich gleich, ist jedoch „löschungsanfälliger" (vgl. §§ 1179a, 1196 Abs. 3).

6. Die Einschränkungen des gutgläubigen Wegerwerbs durch § 1192 Abs. 1a

103 a) Der Ausschluss des gutgläubigen Wegerwerbs von Einreden bezieht sich nach dem klaren Wortlaut des § 1192 Abs. 1a nur auf solche aus dem Sicherungsvertrag, nicht aber etwa auf **pfandrechtsbezogene Einreden** (§§ 1192 Abs. 1a Satz 2, 1157; siehe Rn. 20). Hinsichtlich letzterer bleibt der gutgläubige Erwerb durch einen Dritten daher weiterhin möglich, so etwa in dem Schulfall, dass die Bestellung der Grundschuld wegen unerkannter Geisteskrankheit des Eigentümers scheiterte.

104 Umstritten ist, ob dies auch für die **Bereicherungseinrede aus § 821** gilt. Diese entsteht, wenn der Sicherungsvertrag etwa wegen des Mangels einer vereinbarten Form (§ 154 Abs. 2) oder wegen Geschäftsunfähigkeit (§ 104) nichtig ist, die Grundschuld aber gleichwohl bestellt wurde. Teilweise fasst man auch diese Einrede unter § 1192 Abs. 1a, da sie letztlich ebenfalls aus dem nichtigen Sicherungsvertrag folgt.[60] Auch lassen sich hierfür die vergleichbare Interessenlage und das Schutzbedürfnis des Eigentümers anführen. Indessen spricht der klare Wortlaut des § 1192 Abs. 1a gegen diese Auffassung: Die Bereicherungseinrede steht dem Eigentümer eben nicht „auf Grund des Sicherungsvertrags" zu; ebenso wenig ergibt sie sich auf diesem. Vielmehr handelt es sich dabei um eine gesetzliche Einrede.[61] Eine Analogie muss aber aufgrund der klaren gesetzgeberischen Entscheidung mangels planwidriger Regelungslücke ausscheiden.[62] Hierfür spricht auch der in § 1192 Abs. 1a verwendete terminus technicus des Sicherungsvertrages, während das Gesetzgeber in § 1157 allgemein von „Rechtsverhältnis" spricht.[63]

105 b) Während bei der Verkehrshypothek § 1138 im Interesse der größeren Umlauffähigkeit den gutgläubigen Erwerb (über § 892) „auch in Ansehung der Forderung" zulässt, so gilt dies auch für Einreden gegen die Forderung. Ist also das gesicherte Darlehen nicht ausbezahlt oder bereits getilgt worden, so kann der Zessionar dennoch i. S. d. § 1138 gutgläubig die „forderungsentkleidete" Hypothek erwerben.

---

[59] Dazu näher *Rimmelspacher* JuS 1971, 14.
[60] *Bülow* ZJS 2009, 1, 5; *Nietsch* NJW 2009, 3606, 3607 f.; *Olbrich* ZfIR 2013, 405, 408 m.w.N.; Staudinger/*Wolfsteiner* (2015) § 1192 BGB Rn. 39, 41; *Preuss*, FS Kanzleiter, 2010, S. 307, 311; Palandt/*Herrler* § 1192 BGB Rn. 4; MünchKommBGB/*Lieder* § 1192 BGB Rn. 9, der mittels einer „teleologischen Interpretation" zur Anwendbarkeit des § 1192 Abs. 1a gelangt.
[61] *Baur/Stürner* § 36 Rn. 78a und § 45 Rn. 67g ff.; *Vieweg/Werner* § 15 Rn. 104; *Dieckmann* NZM 2008, 865, 871; *Weller* JuS 2009, 969, 974; *Neumann* ZJS 2012, 683, 685 m.w.N.
[62] Vgl. *Neumann* ZJS 2012, 683, 686, der insoweit von einem mangelhaften Plan des Gesetzgebers spricht.
[63] *Dieckmann* NZM 2008, 865, 871, der indessen schon bezweifelt, ob mangels Sicherungsvertrages überhaupt eine Sicherungsgrundschuld vorliegt, sodass § 1192 Abs. 1a bereits deswegen unanwendbar wäre.

§ 16. Grundpfandrechte: Übertragung

Dagegen ist bei der Sicherungsgrundschuld nunmehr jeglicher Gutglaubensschutz ausgeschlossen. **106** Die Nicht-Valutierung oder die Tilgung etwa können jederzeit einem Zessionar entgegengehalten werden. In diesem Sinne hat sich letztlich die Ansicht durchgesetzt, die schon nach altem Recht eine „Globaleinrede" des Sicherungsvertrages befürwortet hat.[64] Auf den Entstehungszeitpunkt der Einreden aus dem Sicherungsvertrag kommt es dabei nicht an.

Bereits *Philipp Heck* hatte mit seiner Lehre von der Zweckgemeinschaft eine starke Verknüpfung **107** von Forderung und Grundschuld vertreten.[65] Nach *Heck* besteht zwischen (obligatorischer) Schuld und (dinglicher) Haftung eine Verknüpfung, die einer Gesamtschuld ähnlich ist: Denn Grundpfandrecht und Forderung stellen nur zwei verschiedene Haftungsmittel für eine einheitliche Schuld dar. Leistet der Schuldner auf die Forderung, so soll sich dies analog § 426 auch auf die Grundschuld auswirken und umgekehrt – ein Zusammenhang, den *Heck* plastisch als Aufhebungsgemeinschaft bezeichnet.[66] Faktisch wird damit die Grundschuld der Hypothek angenähert, ein Ergebnis, das jedenfalls nach bisherigem Recht in klarem Widerspruch zu § 1192 a. F. stand.[67]

Nach der Regelung des § 1192 Abs. 1a ist die Sicherungsgrundschuld aber über den Sicherungs- **108** vertrag enger an die gesicherte Forderung gebunden als die akzessorische Verkehrshypothek. Sie ähnelt insoweit sogar eher der streng akzessorischen Sicherungshypothek, bei der ein gutgläubiger Zweiterwerb nach § 1185 Abs. 2 ausgeschlossen ist. Der Gesetzgeber hat damit auf der Ebene der Durchsetzbarkeit – und nur hier – ein Element der Akzessorietät in das Recht der Sicherungsgrundschuld eingeführt. Die neue Regelung führt faktisch dazu, dass über den Sicherungsvertrag das Schicksal der Grundschuld mit demjenigen der Forderung untrennbar verknüpft ist, Änderungen im Bestand der Forderung also auch dem gutgläubigen Zessionar nun stets entgegengesetzt werden können. Die Nicht-Akzessorietät ist damit für die Durchsetzung der Grundschuld gelockert. Ein Systembruch liegt darin indessen nicht: Auch im Bereich des Hypothekenrechts hat der Gesetzgeber – wie sich insbesondere am Beispiel des § 1138 zeigt – den Grundsatz der Akzessorietät nicht ausnahmslos aufrechterhalten. Dies zeigt, dass sich die Kategorien akzessorisch/nicht-akzessorisch keineswegs unversöhnlich gegenüberstehen. Die Anreicherung des Rechts der Sicherungsgrundschuld mit einem akzessorischen Element belässt die Grundschuld grundsätzlich nach wie vor in der Kategorie der abstrakten Grundpfandrechte.

Trotz dieses Schuldnerschutzes bleibt die Abtretung der Sicherungsgrundschuld auch nach neuem **109** Recht gefährlich für den Darlehensnehmer. Beispielhaft hierfür steht ein Urteil des OLG München.[68] In dem der Entscheidung zugrunde liegenden Fall hatte ein Finanzinvestor nach Übernahme des Kredits die Zwangsvollstreckung in das sichernde Grundstück eingeleitet, obwohl unklar war, ob der Sicherungsfall eingetreten war. Der Darlehensnehmer hatte den Investor zuvor mehrfach vergeblich zur Rechnungslegung aufgefordert. Solche Missbrauchsfälle sind nach wie vor denkbar. Eine vom Zessionar eingeleitete, unberechtigte Zwangsvollstreckung in das Grundstück kann der Darlehensnehmer wie bisher nur über die Vollstreckungsgegenklage verhindern. Hier sollen zwei prozessuale Neuerungen helfen, die ebenfalls durch das Risikobegrenzungsgesetz eingeführt wurden: Die Möglichkeit der Einstellung der Zwangsvollstreckung ohne Sicherheitsleistung nach § 769 ZPO und die Einführung eines verschuldensunabhängigen Schadensersatzanspruchs gegen den unberechtigt Vollstreckenden in § 799a ZPO.

---

[64] *Wilhelm* JZ 1980, 629; *ders.* NJW 1983, 2917, 2919; *Neef* JR 2006, 353, 354 ff.
[65] *Heck* SachenR § 78 (S. 323 ff.) und § 100 (S. 413).
[66] *Heck* SachenR § 78 (S. 325 ff.).
[67] Vgl. auch die Kritik bei *Huber* S. 32 ff.
[68] OLG München WM 2008, 688.

110 c) Umgekehrt kann der Rechtsgedanke des § 1192 Abs. 1a schon aufgrund der klaren abschließenden gesetzgeberischen Entscheidung mangels planwidriger Regelungslücke nicht auf die Verkehrshypothek übertragen werden. Darüber hinaus würde dies dazu führen, dass der Unterschied zwischen Verkehrshypothek und Sicherungshypothek, der im Ausschluss des § 1138 in § 1185 Abs. 2 besteht, aufgehoben würde.[69] Eine analoge Anwendung des § 1192 Abs. 1a ist daher abzulehnen.[70] Der Verkehrsschutz bleibt damit bei der Verkehrshypothek an erster Stelle.

---

[69] Vgl. *Neumann* ZJS 2012, 683, 687; anders *Redeker* ZIP 2009, 208, 211 f.
[70] So die h.M., vgl. Staudinger/*Wolfsteiner* (2015) § 1113 BGB Rn. 30; Palandt/*Herrler* § 1157 BGB Rn. 1; *Heinze* AcP 211 (2011), 105, 149 f.; *Nietsch* NJW 2009, 3606, 3609; *Olbrich* ZfIR 2013, 405, 408; *Redeker* ZIP 2009, 208, 211 f. (unterstellend, der Gesetzgeber habe das Problem nicht erkannt); *Sokolowski* JR 2009, 309, 312; *Rupp*, Grundpfandrechte zwischen Flexibilität und Schutz, 2015, S. 201.

§ 17. Grundpfandrechte: Rechtsfolgen der Kredittilgung

Literatur: *Bülow*, Recht der Kreditsicherheiten, 8. Aufl. 2012, Rn. 190–272; *Huber*, Die Sicherungsgrundschuld, 1965; *Petri*, Die Grundschuld als Sicherungsmittel für Bankkredite, Diss., 1975; *Wolff/Raiser*, Sachenrecht, 10. Aufl. 1957.

A. Ablösung – Unterwerfungserklärung – Haftungszusage – Vollstreckung in Teileigentümergrundschuld

Fall 1: Die ersehnte Ablösung[1]

Zum Bau eines Wohnhauses auf seinem Grundstück nimmt V ein Darlehen auf, das durch eine Grundschuld gesichert wird. In der zwischen der Bank B und V notariell beurkundeten Vereinbarung heißt es u. a.:

„1. Die Bank gewährt V ein Darlehen von 200.000 EUR zum Zinssatz von 6 % p. a. Das Darlehen ist in monatlichen Raten (Zins und Tilgung) von 2.000 EUR zurückzuzahlen.

2. V bestellt zur Sicherung des Darlehens eine Buchgrundschuld über 200.000 EUR an seinem Grundstück [...]. Die Grundschuld ist nach Maßgabe der gesetzlichen Vorschriften fällig. Die Bank erklärt hiermit die sofortige Kündigung der Grundschuld.

Gleichzeitig unterwirft sich V in Ansehung der Grundschuld nebst Zinsen der sofortigen Zwangsvollstreckung in das mit der Grundschuld belastete Pfandobjekt, und zwar in der Weise, dass die Zwangsvollstreckung aus dieser Urkunde auch gegen den jeweiligen Eigentümer des Pfandobjekts zulässig sein soll. V bewilligt und beantragt auch die Eintragung dieser Unterwerfung unter die sofortige Zwangsvollstreckung in das Grundbuch.

3. Zugleich übernimmt V für den Eingang des Grundschuldbetrages nebst Zinsen die persönliche Haftung. V unterwirft sich auch hinsichtlich dieser Haftung der sofortigen Zwangsvollstreckung in sein gesamtes Vermögen und kann hieraus auch schon vor der Vollstreckung in das Grundstück in Anspruch genommen werden.

4. Zahlungen, die an die Bank geleistet werden, sind nicht auf die Grundschuld anzurechnen."

Die Vereinbarung beruht auf einem Vertragsformular, das die Bank ihren Immobilien-Darlehen regelmäßig zugrunde legt.

Die Grundschuld (einschließlich ihrer Fälligkeit) und die Unterwerfungserklärung hinsichtlich der Grundschuld werden im Grundbuch eingetragen.

V veräußert nach Fertigstellung des Hauses und Auszahlung des Darlehens das Grundstück an K. Dabei wird vereinbart, dass K die Schuld in Anrechnung auf den Kaufpreis übernimmt. Die Bank verweigert jedoch die Genehmigung der Schuldübernahme und verlangt von V Bezahlung der ersten inzwischen fällig gewordenen Zins- und Tilgungsrate. V verweist die Bank an K, da dieser mittlerweile im Grundbuch als neuer Eigentümer eingetragen sei. Darauf von der

---

[1] RGZ 80, 317 und BGH NJW 1969, 2237.

Teil 4. Immobiliarsicherheiten

Bank angesprochen zahlt K. Die Bank verrechnet diese Zahlung auf die Darlehensforderung, teilt dies dem K zunächst jedoch nicht mit. Erst zum Jahresschluss – nach Zahlung der vierten Rate – verständigt die Bank den K von ihrer Verrechnungsweise. K protestiert dagegen, dass die Bank die Tilgungsraten nicht auch auf die Grundschuld bezogen hat, und stellt die weiteren Zahlungen ein. V weigert sich zu zahlen mit der Begründung, K habe ja die Schuld übernommen und die Bank solle sich deshalb an ihn halten; sie habe doch die ersten Raten des K akzeptiert und könne sich deshalb nicht mehr an ihn (den V) halten.

Der Gläubiger G, der gegen K einen Vollstreckungsbescheid über 3.000 EUR erlangt hat, möchte diesen sofort vollstrecken. Er meint, K müsse doch aufgrund der Tatsache, dass er vier Raten an die Bank bezahlt hat, irgendwelche Rechte gegen die Bank oder gegen V haben. Eine Vollstreckung in diese Rechte erscheint G mehr Erfolg zu versprechen als in das Grundstück, das K inzwischen weiter belastet hat.

Welche Rechte stehen der Bank und G zu?

2 Probleme:

Der Fall illustriert Probleme, die sich bei der **Rückzahlung eines Kredits** ergeben, der durch ein Grundpfandrecht gesichert ist. Im Einzelnen geht es um folgende Punkte:

(1.) Die (Rück-)Zahlung an den Gläubiger kann als **Leistung auf die persönliche Forderung** oder aber als **Leistung auf das Grundpfandrecht** verstanden werden. Nach welchen Gesichtspunkten bestimmt sich, ob diese oder jene Fallgestaltung vorliegt?

(2.) **Erfüllt der Schuldner** seine Verpflichtung, so erlischt die Forderung (§ 362 Abs. 1). Die Folge: Eine Hypothek geht grundsätzlich auf den Eigentümer über (§ 1163 Abs. 1 Satz 2; Ausnahme: § 1164), während eine Sicherungsgrundschuld beim Gläubiger verbleibt, von ihm jedoch an den Sicherungsgeber zurückzuübertragen ist. **Leistet der Eigentümer** auf die Hypothek, erwirbt er nach § 1143 Abs. 1 Satz 1 die Forderung und folglich (§ 1153 Abs. 1) die Hypothek. Lag eine Sicherungsgrundschuld vor, dann kann der Eigentümer diese ablösen, d. h. durch Leistung auf die Grundschuld diese auf sich überleiten. Was aber geschieht mit der Forderung?

(3.) Der organisierte Realkredit sichert sich im Zusammenhang mit Grundpfandrechten in aller Regel noch durch sog. **Haftungszusagen.** Welche rechtliche Bedeutung kommt diesen zu?

(4.) Bei teilweiser Ablösung von Grundpfandrechten entstehen **Teileigentümergrundschulden.** Auf sie können Gläubiger des Eigentümers im Wege der Zwangsvollstreckung zugreifen. Auf welche Weise geschieht dies?

3 Vorüberlegungen zum Aufbau:

Teil 1: Rechte der Bank gegen K

I. Schuldrechtliche Ansprüche

(Schuldübernahme, §§ 415 Abs. 1 Satz 1, 416?)

II. Rechte aus der Grundschuld

1. Rechtsgrundlage der Haftung (§§ 1191, 1192 Abs. 1, 1147)

2. Teilablösung; Entstehung einer Eigentümergrundschuld in Höhe der Tilgungsraten

(Kernproblem: Leistungsbestimmung für die Zahlungen)

3. Fälligkeit (§ 1193 Abs. 2)

4. Vollstreckbarkeit (§§ 794 Abs. 1 Nr. 5, 800 Abs. 1 ZPO)

(Kernproblem: Vereinbarkeit mit §§ 305 ff.)

Teil 2: Rechte der Bank gegen V

I. Darlehensanspruch

(§ 488; Teilerfüllung, §§ 362, 267 Abs. 1 Satz 1)

§ 17. Grundpfandrechte: Rechtsfolgen der Kredittilgung

II. Anspruch aus der Haftungszusage

(Kernproblem: Qualifikation der Haftungszusage)

1. Garantievertrag

2. Schuldversprechen, Schuldanerkenntnis (§§ 780, 781)

3. Verstoß gegen §§ 305 ff.

Teil 3: Rechte des G gegen K aus Vollstreckungstitel (§§ 794 Abs. 1 Nr. 4, 688, 699 ZPO)

I. Das Grundstück als Vollstreckungsobjekt (§ 866 Abs. 1 ZPO)

II. Regressansprüche des K gegen V als Vollstreckungsobjekt

III. Pfändung der Teileigentümergrundschuld

(Kernproblem: Vollstreckung gem. § 857 Abs. 6 i.V.m. §§ 829, 830 Abs. 1 Satz 3 ZPO oder § 857 Abs. 2 ZPO)

Lösung:

Teil 1: Rechte der Bank gegen K

I. Schuldrechtliche Ansprüche

Ein Anspruch der B gegen K auf Rückzahlung des Darlehensbetrages, sei es aufgrund des **Darlehensvertrages,** sei es aufgrund der **„Haftungszusage"** in Ziff. 3 der Vereinbarung zwischen B und V (siehe dazu näher Rn. 50 ff.), könnte nur dann bejaht werden, wenn B die zwischen V und K vereinbarte Schuldübernahme nach § 415 Abs. 1 Satz 1 genehmigt hätte. B hat dies jedoch abgelehnt. Auch in der Verrechnung der von K entrichteten Tilgungsraten auf die Darlehensforderung kann eine solche Genehmigung nicht gesehen werden. Sie wäre auch gegenstandslos, da gem. § 415 Abs. 2 Satz 1 die Schuldübernahme infolge der Verweigerung bereits als nicht erfolgt gilt, und die „übrig" bleibende Erfüllungspflicht des K nach § 415 Abs. 3 Satz 2 nur gegenüber V, nicht gegenüber B besteht. 4

Aus **§ 416** ergibt sich nichts anderes. Ob die Vorschrift bei grundschuldmäßig gesicherten Forderungen überhaupt entsprechend gilt, wird von der überwiegenden Ansicht zwar bejaht.[2] Jedenfalls aber ist für sie nach der ausdrücklichen Verweigerung der Genehmigung kein Raum mehr. 5

Schuldrechtliche Ansprüche stehen der Bank gegen K daher nicht zu. 6

II. Rechte aus der Grundschuld

1. Rechtsgrundlage der Haftung

K haftet mit dem von ihm erworbenen Grundstück gem. §§ 1191, 1192 Abs. 1, 1147 in Höhe des Grundschuldbetrages. 7

Die Grundschuld ist als Buchgrundschuld nach §§ 873 Abs. 1, 1192 Abs. 1 i.V.m. §§ 1115 Abs. 1, 1116 Abs. 2 in Höhe von 200.000 EUR wirksam entstanden. Dabei ist die Einigung Teil der formularmäßigen Übereinkunft zwischen V und B. Sie ist als solche inhaltlich mit den §§ 305 ff. vereinbar. Ob andere Teile der Übereinkunft der Inhaltskontrolle standhalten, kann hier offen blei- 8

---

[2] Dafür Erman/*Röthel* § 416 BGB Rn. 3; MünchKommBGB/*P. Bydlinski* § 416 BGB Rn. 4; Palandt/*Grüneberg*, § 416 Rn. 3; OLG Braunschweig MDR 1962, 736; OLG Brandenburg BeckRS 2008, 08128; a.A. Staudinger/*Wolfsteiner* (2015) Vor § 1191 BGB Rn. 263 m.w.N. unter Hinweis auf die mangelnde praktische Bedeutung der Frage, da die Bankenpraxis regelmäßig ein Kündigungsrecht des Gläubigers für den Fall des Eigentumswechsels vorsehe.

ben (siehe dazu Rn. 57 ff.). Denn selbst wenn das zutreffen sollte, hinderte dies gem. § 306 Abs. 1 nicht die Wirksamkeit der Vereinbarung im Übrigen und damit auch der Einigung.

9 Die einmal begründete Grundstückshaftung besteht als dingliche Berechtigung des Grundpfandgläubigers trotz des Eigentümerwechsels fort. Eine rechtsgeschäftliche „Übernahme" der Haftung durch den Grundstückserwerber, vergleichbar etwa der Schuldübernahme (§§ 414 f.), ist nicht erforderlich.

2. Teilablösung

10 Fraglich ist jedoch, ob sich die Grundschuld nicht durch die Zahlungen des K gemindert hat. Diese könnten nämlich in Höhe der Tilgungsraten eine **Eigentümergrundschuld** haben entstehen lassen. Ob dies auf eine entsprechende Anwendung des § 1143,[3] des § 1163 Abs. 1 Satz 2[4] oder der §§ 1168, 1170 f.[5] zurückzuführen ist, kann offen bleiben. Voraussetzung für die Entstehung einer Eigentümergrundschuld ist aber allemal, dass K (auch) auf die Grundschuld (und nicht nur auf die gesicherte Forderung) gezahlt hat (sog. **Ablösung der Grundschuld**).

11 a) Auf welche Schuld oder Haftung eine Leistung anzurechnen ist, bestimmt der **Leistende.** Dies ergibt sich aus dem Rechtsgedanken des **§ 366 Abs. 1.** Die Vorschrift geht zwar davon aus, dass der Schuldner dem Gläubiger aus mehreren Schuldverhältnissen zu gleichartigen Leistungen verpflichtet ist. Aber wenn der Schuldner den Zweck der Leistung bei mehrfacher eigener Schuld festlegen kann, so ist ihm dieselbe Befugnis auch zuzugestehen, wenn neben der allgemeinen Vermögenshaftung (qua Schuld) eine dingliche Vorzugshaftung (qua Grundpfandrecht) besteht. Dieser Gedanke liegt auch folgenden Ausführungen des BGH zugrunde (NJW 1969, 2237, 2238):

> „Ob bei einer Grundschuld, die (wirtschaftlich) zur Sicherung einer persönlichen Forderung dient (sog. Sicherungsgrundschuld), eine im Regelfall vom Grundstückseigentümer und Forderungsschuldner vorgenommene Zahlung an den Gläubiger als Leistung auf die Grundschuld (Befriedigung des Grundschuldgläubigers als solchen, Grundschuldablösung) oder als Leistung auf die persönliche Forderung (Schuldtilgung durch Erfüllung) anzusehen ist, hängt vom erklärten Willen der zahlenden Person ab, der nach den Umständen des einzelnen Falles, insbesondere aus einer etwa vorhandenen Vereinbarung mit dem Grundschuldgläubiger, zu ermitteln ist."[6]

12 Nun ist in unserem Fall der **persönliche Schuldner** allerdings **nicht mit dem Eigentümer** des belasteten Grundstücks **identisch,** nachdem B die Schuldübernahme nicht genehmigt hatte. Aber auch hier steht das Bestimmungsrecht des Leistenden nicht in Frage. Wenn das Gesetz diese Situation nicht eigens regelt, so hat das seinen Grund darin, dass normalerweise die Leistung gerade zur Tilgung der Schuld (oder Haftung) des Leistenden bestimmt ist, ohne dass es hierzu eines begleitenden Kommentars bedarf. Das Bestimmungsrecht des Leistenden gewinnt aber auch in diesen Fällen Bedeutung, wenn neben der eigenen Schuld oder Haftung ein Anspruch gegen einen Dritten als Bezugspunkt der Leistung in Betracht kommt. Diese Konstellation ergibt sich – wie hier – gerade dann, wenn der Leistende zur Tilgung der Schuld des Dritten diesem gegenüber verpflichtet ist. Freilich wird man hier, wenn nicht besondere Anzeichen für eine Leistung auf fremde Schuld sprechen, annehmen müssen, der Leistende habe auf eigene Schuld oder Haftung geleistet.

---

[3] RGZ 78, 60, 68; BGH WM 1970, 1516, 1517; *Baur/Stürner* § 44 Rn. 23; Staudinger/*Wolfsteiner* (2015) § 1192 BGB Rn. 18; Palandt/*Herrler* § 1191 BGB Rn. 36; *Westermann/Gursky/Eickmann* § 116 Rn. 12.
[4] *Küchler*, Die Sicherungsgrundschuld, 1939, S. 37; *Wilhelm* Rn. 1796.
[5] *Wolff/Raiser* § 156 Nr. 11.
[6] Bestätigt von BGH NJW 1976, 2340, 2341 (allerdings differenzierend) und von BGH NJW 1983, 2502; weitere Nachweise bei Staudinger/*Wolfsteiner* (2015) § 1192 BGB Rn. 19. Missverständlich hatte dagegen BGH WM 1969, 208 formuliert, es komme zunächst auf die Parteivereinbarungen, dann auf die Umstände, „schließlich" auf den Willen des Zahlenden an.

b) Eine ausdrückliche Bestimmung bei den Zahlungen selbst hat in unserem Fall K nicht getroffen. **13**
Jedoch liegt eine sog. **Verrechnungsabrede** (vgl. Ziff. 4 der Vereinbarung) zwischen B und V vor.

Ihr **Ziel** ist es, die ratenweise Ablösung der Grundschuld und die damit verbundene „scheibchen- **14**
weise" Entstehung von Eigentümergrundschulden zu verhindern; die Rückübertragung der Grundschuld auf den Sicherungsgeber wird bis zur vollständigen Tilgung des Kredits (oder bei der Sicherung von Forderungen aus laufender Geschäftsverbindung bis zu deren Auflösung) aufgeschoben.

Teilweise wird der Verrechnungsabrede nur schuldrechtliche Wirkung zugeschrieben. Daraus folge, **15**
dass der Schuldner seine Bestimmungserklärung noch bis zur Leistung ändern könnte, sich dadurch aber u. U. vertragswidrig verhalten und ggf. schadensersatzpflichtig würde.[7] Indessen erscheint es vorzugswürdig, mit der Verrechnungsvereinbarung auch das Tilgungsbestimmungsrecht als erloschen anzusehen.[8] § 366 Abs. 1 ist dispositiv; eine abweichende Tilgungsbestimmung des Schuldners stünde damit im Widerspruch zur Verrechnungsabrede und könnte allenfalls als Angebot zu ihrer Abänderung verstanden werden. Indessen lässt sich auch die widerspruchslose Annahme der Zahlung durch die Bank gerade aus objektivem Empfängerhorizont regelmäßig nicht als konkludente Abänderung der Vertragsbestimmungen auffassen.

Indes wirkt die Verrechnungsabrede zwischen B und V als **persönliche** ohnehin nicht zu Lasten **16**
des K.[9]

c) Daher ist aus den **Umständen** zu erschließen, worauf K geleistet hat. Dabei sind ebenso wie bei **17**
einer ausdrücklichen Erklärung nur die Umstände zu berücksichtigen, die bei objektiver Betrachtung aus der Sicht der Empfängerin B erkennbar waren.[10]

Welche Umstände im Einzelnen eine Rolle spielen, hängt wesentlich von der **Interessenlage der** **18**
Beteiligten ab. Dabei kommt es insbesondere auf den mit der Grundschuld verfolgten Zweck und auf die Tilgungsmodalitäten an.[11]

(1.) Sichert die Grundschuld einen **laufenden Kredit** (Kontokorrent, § 355 HGB), dann lassen Zah- **19**
lungen bei fortdauerndem Kreditverhältnis das Pfandrecht grundsätzlich unberührt.[12] Andernfalls müsste bei jeder Wiederaufstockung des Kredits die inzwischen entstandene Eigentümergrundschuld dem Geldgeber rückübertragen werden. Von diesem lästigen Verfahren soll die Grundschuld – anders als die Hypothek – die Parteien gerade befreien. Dies gilt auch, wenn Schuldner und Grundstückseigentümer nicht identisch sind.

(2.) Wird ein **Anlagekredit** in **einer Summe getilgt,** dann liegt es im Interesse des Eigentümers, die **20**
Grundschuld unmittelbar zu erwerben. Hier muss deshalb Zahlung auf die Grundschuld angenommen werden, und zwar ohne Rücksicht darauf, ob der Schuldner mit dem Eigentümer identisch ist. Interessen des Geldgebers stehen dem nicht entgegen.

---

[7] Entgegen § 249 Abs. 1 Satz 1 werde aber allenfalls Geldersatz geschuldet. Siehe BGH NJW 1976, 2132, 2133; *Rimmelspacher,* Kreditsicherungsrecht, 2. Aufl. 1987, Rn. 796; *Gerhardt* ZIP 1980, 166; *Seibert* JuS 1984, 528.
[8] BGH NJW-RR 1995, 1257 unter Verweis auf BGHZ 91, 375, 379; *Baur/Stürner* § 45 Rn. 44; *Westermann/Gursky/Eickmann* § 116 Rn. 14; MünchKommBGB/*Lieder* § 1191 BGB Rn. 128; so bereits früher BGH WM 1964, 677, 678.
[9] Vgl. BGH LM Nr. 7 zu § 1192 BGB = WM 1970, 1516, 1517.
[10] So sinngemäß – von § 812 Abs. 1 ausgehend – BGHZ 72, 246, 248 f. – Dagegen ist der dort ausgesprochene Satz: wer es übernehme, eine fremde Schuld zu tilgen, müsse „unmißverständlich zum Ausdruck bringen", wenn er der Zuwendung eine über die Schuldtilgung hinausgehende Zweckrichtung geben wolle, allenfalls dann zutreffend, wenn der Zahlende nicht zugleich selbst schuldet oder haftet.
[11] Vgl. *Baur/Stürner* § 45 Rn. 47 ff.
[12] Vgl. BGH WM 1960, 1092, 1094; *Baur/Stürner* § 45 Rn. 47; MünchKommBGB/*Lieder* § 1191 BGB Rn. 132 ff.

Teil 4. Immobiliarsicherheiten

21 (3.) Am unsichersten ist die Lage – wie in unserem Fall – bei **Amortisationszahlungen** auf einen **Anlagekredit**. Die Rückzahlungsregelung zeichnet sich bei derlei **Tilgungsdarlehen** dadurch aus, dass der Schuldner gleichbleibende Raten (aufs Jahr bezogen: Annuitäten) zu erbringen hat, die sich aus Zins und Tilgung zusammensetzen. Mit fortschreitender Zeit vermindert sich der in den Raten steckende Zinsbetrag und wächst die Amortisation. Sofern der Kredit durch ein Grundpfandrecht gesichert ist, spricht man daher von einer Amortisations- oder **Tilgungshypothek** (bzw. -grundschuld).

22 Der „Nachteil" der hypothekarischen Sicherung gegenüber einer grundschuldmäßigen besteht dabei darin, dass das Pfandrecht scheibchenweise mit jeder Rückzahlungsrate auf den Grundstückseigentümer übergeht (§ 1163 Abs. 1 Satz 2), bei einem Wechsel des Eigentümers während der Laufzeit verschiedenen Personen zustehende Teil(eigentümer)-Grundschulden entstehen und sich Schwierigkeiten bei der Löschung oder bei der Verwertung des Pfandrechts für einen neuen Kredit ergeben. Um diesen Schwierigkeiten zu entgehen, werden im Rahmen einer sog. **Tilgungsfondshypothek** die Rückzahlungen in einem Tilgungsfonds angesammelt, der erst am Ende der Laufzeit mit der Darlehensforderung verrechnet wird. So entsteht nur eine einzige Eigentümergrundschuld für den letzten Eigentümer. Derselbe Effekt wird bei **grundschuldmäßiger** Sicherung erzielt. Wird vereinbart, dass die Rückzahlungen nur auf das Darlehen, nicht auf die Grundschuld anzurechnen seien, dann lassen die Amortisationen die dingliche Zuordnung des Pfandrechts unberührt; der (Teil-)Rückgewähranspruch, den die (Teil-)Rückzahlung des Kredits an sich auslöst (siehe Rn. 75), kann im Sicherungsvertrag modifiziert und erst nach Rückzahlung des gesamten Kapitals fällig gestellt werden.

23 Manche[13] wollen nun im Zweifel die Teilzahlungen nur auf die Forderung angerechnet wissen, da nur so die Nachteile der Tilgungshypothek zu vermeiden seien, denen die Parteien mit der Wahl der Grundschuld als Sicherungsmittel gerade entgehen wollten. Diese Erwägungen gelten jedoch nicht, wenn **nachträglich Schuldner- und Eigentümerstellung auseinandergefallen** sind. Denn dann kann aus den Intentionen, von denen sich Gläubiger und Alteigentümer bei der Bestellung der Grundschuld haben leiten lassen, nicht auf die Leistungsrichtung des Neueigentümers geschlossen werden.

24 Für diese Lösung lässt sich auch nicht die Wertung des § 366 Abs. 2 ins Feld führen. Zwar mag die Bestimmung auch bei Konkurrenz von Schuld und (dinglicher) Haftung entsprechend anwendbar sein und zur Tilgung der Forderung führen.[14] Aber dies gilt allenfalls, wenn der Schuldner zugleich Eigentümer des haftenden Grundstücks ist, und es gilt obendrein erst, wenn der Leistende keine Leistungsbestimmung getroffen hat.

25 Das letzte ist aber hier gerade das Problem, und das erste trifft in unserem Fall ohnehin nicht zu. Hier hat der Eigentümer ein natürliches Interesse, zuvörderst die Belastung des eigenen Grundstücks zu mindern. Freilich ist in unserem Fall K nach § 415 Abs. 3 Satz 2 gegenüber V gehalten, dessen schuldrechtliche Verpflichtung zur Darlehensrückzahlung gegenüber B zu erfüllen. Das spricht für ein Interesse des K, auf die Schuld des V zu leisten, um dadurch seiner Erfüllungspflicht gegenüber V zu genügen. Auf diesen Gesichtspunkt hat vor allem das RG abgehoben (RGZ 80, 317, 320):

„Liegt aber dem Eigentümer eine solche Verpflichtung [nach § 415 Abs. 3] ob, so ist anzunehmen, daß er zur Erfüllung dieser Verpflichtung und, um die Schuld zu tilgen, also für den persönlichen Schuldner die

---

[13] *Baur/Stürner* § 45 Rn. 49; ebenso OLG Hamm NJW-RR 1990, 272, 273.
[14] Eingehend *Petri* S. 54 ff. – A.A. *Huber* S. 221; *Seibert* JuS 1984, 528.

Zahlung leistet, es sei denn, daß besondere Umstände vorlägen, aus denen zu entnehmen wäre, daß er trotz der ihm gegenüber dem persönlichen Schuldner obliegenden Verpflichtung nur für sich als Eigentümer hat zahlen wollen."

Bei dem vom RG entschiedenen Streit handelte es sich allerdings um einen Hypotheken-Fall. Bei der Hypothek führt die Leistung des Grundstückseigentümers auf die gesicherte Forderung nach §§ 362, 267 zu deren Erlöschen. Damit erwirbt der Eigentümer gem. § 1163 Abs. 1 Satz 2 die Hypothek. Anders bei der Grundschuld. Hier ließe die Erfüllung der persönlichen Schuld die Stellung des Gläubigers als Inhaber der Grundschuld unberührt; es bestünde **lediglich** ein **Rückübertragungsanspruch** (siehe Rn. 75). 26

Die Situation erschiene für K, wenn man allein von einer Leistung auf die Forderung ausginge, auch deshalb als heikel, weil die **Grundschuldhaftung bereits tituliert** ist (§§ 794 Abs. 1 Nr. 5, 800 ZPO; siehe dazu § 16 Rn. 6, § 17 Rn. 35). Neben dem Interesse des Eigentümers, sich von seiner Erfüllungsverpflichtung aus § 415 Abs. 3 Satz 2 zu befreien, spielt bei der titulierten Grundschuld also auch das Bestreben eine Rolle, die Grundstückshaftung (unmittelbar) zu beschränken. Das aber ist nur möglich bei einer Zahlung (auch) auf das Grundpfandrecht. 27

Aus diesen (i. S. d. RG „besonderen") Umständen ist daher der Wille des K abzuleiten, sowohl auf die persönliche Schuld des V wie auf die Grundschuld zu leisten. 28

d) Der Bank waren jene **Umstände** auch **bekannt**. Dass sie dennoch die Leistungen des K (nur) auf die Darlehensforderung verrechnet hat, hinderte als internes Verhalten die Minderung der Grundschuldhaftung nicht. Wenn die Bank am Jahresende ihre Verrechnungsweise dem K kundtat, dann konnte sie dadurch nicht mehr rückwirkend die Entstehung der Eigentümergrundschuld vermeiden. Dazu hätte sie die Zahlung sogleich zurückweisen müssen. 29

Selbst die Annahme der Leistung unter sofortigem Hinweis darauf, die Zahlung werde auf die Darlehensforderung verrechnet, hätte die Haftungstilgung nicht aufgehalten,[15] da nach der Wertung des § 366 Abs. 1[16] eben nicht die Bestimmung des Gläubigers, sondern die des Schuldners maßgebend ist. Ein solcher Hinweis hätte als „venire contra factum proprium" unbeachtet bleiben müssen. 30

e) Danach steht fest, dass das Grundstück des K der Bank aus der Grundschuld zwar haftet, jedoch nicht mehr in ursprünglicher Höhe von 200.000 EUR, sondern vermindert um die vierfache Tilgungsrate. In Höhe der Differenz ist eine **Eigentümergrundschuld** entstanden. 31

3. Fälligkeit

Die **Grundschuld** ist im Übrigen nach Ziff. 2 der Vereinbarung zwischen V und B **fällig.** Allerdings könnte dem § 1193 entgegenstehen. Das Risikobegrenzungsgesetz hat auch diese Vorschrift geändert. Eine Kündigung kann nur unter Einhaltung einer Frist von sechs Monaten erfolgen (§ 1193 Abs. 1 Satz 3). Vertragliche Abweichungen hiervon sind jedenfalls dann unzulässig, wenn die Grundschuld der Sicherung einer Geldforderung dient (§ 1193 Abs. 2 Satz 2).[17] Dieses Erforder- 32

---

[15] Ganz allgemein ist der Widerspruch des Gläubigers jedenfalls dann unerheblich, wenn keine abweichenden vertraglichen Vereinbarungen bestehen: Palandt/*Grüneberg* § 366 BGB Rn. 9; MünchKommBGB/*Fetzer* § 366 BGB Rn. 11, Staudinger/*Olzen* (2016) § 366 BGB Rn. 3; in dieselbe Richtung zielt RGZ 55, 411, 414.
[16] Diese berücksichtigt BGHZ 72, 246, 249f. zu wenig.
[17] Die Regelung des § 1193 Abs. 2 Satz 2 gilt allerdings nur für das Kapital, nicht auch für die Zinsen: In Ansehung der Zinsen kann der Sicherungsnehmer nach wie vor die sofortige Fälligkeit vereinbaren, vgl. *Langenbucher* NJW 2008, 3169, 3172 mit Fn. 31.

nis soll Investoren abschrecken, deren Ziel ausschließlich die schnelle Verwertung der Grundschuld ist.[18] Allerdings hat B hier bereits bei Bestellung der Grundschuld die Kündigung erklärt. Dies wird wegen der Abstraktheit der Grundschuld allgemein für zulässig erachtet[19] und hat wegen der Eintragung auch Wirkung gegenüber K.

33 K könnte der Bank dennoch die Einrede der **ordnungsgemäßen laufenden Erfüllung** entgegenhalten, wenn die Darlehensraten pünktlich zurückgezahlt würden. Dem Sicherungscharakter der Grundschuld ist nämlich zu entnehmen, dass die Bank sie nur verwerten darf, wenn die persönliche Schuld nicht ordnungsgemäß erfüllt wird (dazu näher § 16 Rn. 21).

34 Der Interessenlage entspricht es auch anzunehmen, dass V das ihm zustehende Leistungsverweigerungsrecht mit der Übereignung des Grundstücks an K auf diesen (konkludent) **mitübertragen** hat,[20] da nunmehr dieser, aber nicht mehr er selbst mit der Grundschuld belastet ist. Indes kann sich K auf das Leistungsverweigerungsrecht gegenüber der Grundschuld nicht berufen, weil sich ja V zu zahlen weigert.

4. Vollstreckbarkeit

35 Die Grundschuld ist aufgrund der notariell beurkundeten und im Grundbuch eingetragenen Unterwerfungserklärung nach §§ 794 Abs. 1 Nr. 5, 800 Abs. 1 ZPO auch gegen K **vollstreckbar.**

36 Die Erklärung ist Bestandteil der von der Bank **vorformulierten Vertragsbedingungen** geworden. Ihre Wirksamkeit ist daher an den §§ 305 ff. zu messen, obwohl es sich nicht um eine vertragliche, sondern um eine einseitige prozessrechtliche Erklärung handelt. Dass die AGB-Kontrolle auch einseitige Erklärungen erfasst, zeigt § 309 Nr. 12; und von den Prozesshandlungen sind nach der weitgefassten Definition des § 305 Abs. 1 Satz 1 jedenfalls die außerhalb eines laufenden Verfahrens vorgenommenen eingeschlossen. Schließlich steht auch die notarielle Beurkundung einer Prüfung anhand der §§ 305 ff. nicht entgegen, da die Form der Erklärung nach § 305 Abs. 1 Satz 2 gleichgültig ist.[21]

37 Eine Bestimmung, die eine Unterwerfungserklärung **ausdrücklich** verbietet, enthalten §§ 305 ff. jedoch nicht. Man könnte zwar einen Verstoß gegen **§ 309 Nr. 12** in Betracht ziehen, weil die Unterwerfungserklärung die Parteirollen vertauscht und jetzt dem Eigentümer, der sich gegen die Vollstreckung aus der Grundschuld wehren will, die Position des Klägers zuschiebt, der den Nichtbestand des Grundpfandrechts nachweisen muss. Aber die „formelle" Veränderung der Parteirollen als Folge der Unterwerfungserklärung ist von § 309 Nr. 12 nicht erfasst. Die „materielle" Beweisbelastung des Eigentümers jedoch ergibt sich nicht aus der Unterwerfungserklärung;[22] sie kommt vielmehr ohne Rücksicht auf die Unterwerfungserklärung jedem Grundschuldgläubiger als solchem nach Maßgabe der §§ 891 Abs. 1, 1155 zugute.

---

[18] Bericht des Finanzausschusses, BT-Drs. 16/9821, S. 14.
[19] *Baur/Stürner* § 45 Rn. 48; Palandt/*Herrler* § 1193 BGB Rn. 3; Staudinger/*Wolfsteiner* (2015) § 1193 BGB Rn. 8; a. A. *Derleder* ZIP 2009, 2221, 2225 f. (es handele sich um widersprüchliches Verhalten der Bank; gleichwohl soll eine Kündigung des Grundschuldkapitals nur für den Zeitpunkt des Vertragsabschlusses und der Grundschuldbestellung ausgeschlossen sein).
[20] Die Übertragbarkeit des Leistungsverweigerungsrechts ist unbestritten; vgl. Motive bei *Mugdan* III S. 391; KG JW 1931, 3282, 3284 m. Anm. *Rosenberg*; Erman/*Wenzel* § 1157 BGB Rn. 3, 4; *Gerhardt* ImmobiliarsachenR § 11, 3 m.w.N.
[21] Zum Vorstehenden vgl. BGHZ 83, 56, 57 f.; Palandt/*Grüneberg* § 305 BGB Rn. 17; Staudinger/*Schlosser* (2013) § 305 BGB Rn. 22 m.w.N.
[22] BGHZ 147, 203; so bereits *Wolfsteiner* NJW 1982, 2851 ff. gegen BGH NJW 1981, 2756 f.; siehe weiter BeckOK ZPO/*Hoffmann* § 794 ZPO Rn. 40; MünchKommZPO/*Wolfsteiner* § 794 ZPO Rn. 151; BGH NJW 1985, 2423.

Auch eine **unangemessene Benachteiligung** i. S. d. **§ 307** scheidet aus. Gewiss wird dem Gläubiger mit der Unterwerfungserklärung der „normale" Weg, im Erkenntnisverfahren einen Vollstreckungstitel zu erlangen, erspart. Aber es hieße die ZPO überinterpretieren, wenn man deshalb die Unterwerfungserklärung mit wesentlichen Grundgedanken der ZPO für unvereinbar halten wollte. Denn zu ihren Grundgedanken zählt wohl, dass keine Vollstreckung ohne Titel stattfindet, nicht aber, dass der Titel grundsätzlich ein Urteil sein müsse.[23] 38

Das LG Hamburg[24] hatte noch entschieden, dass die formularmäßige Unterwerfung unter die sofortige Zwangsvollstreckung dann gegen § 307 verstoße, wenn gleichzeitig eine freie Abtretbarkeit von Forderung und Sicherungsgrundschuld möglich ist.[25] Das Gericht reagierte damit auf das „erst in jüngerer Zeit auftretende Phänomen des massenhaften Verkaufs von Krediten durch Banken an Finanzinvestoren", das ein erhebliches Missbrauchspotential berge. Das Risikobegrenzungsgesetz (siehe § 16 Rn. 29) hat diesbezüglich mit der Neufassung des § 309 Nr. 10 nur den vollständigen Verlust des Vertragspartners durch formularmäßige Vereinbarung eingeschränkt.[26] Überdies verschafft § 799a ZPO dem Grundstückseigentümer bei unberechtigter Vollstreckung durch einen anderen als den in der Urkunde bezeichneten Gläubiger einen verschuldensunabhängigen Schadensersatzanspruch. Damit wird die für Urteile geltende Regelung des § 717 Abs. 2 ZPO zum Teil auf vollstreckbare Urkunden ausgedehnt.[27] Es liegt der Rückschluss nahe, dass der Gesetzgeber dieses Schutzniveau für ausreichend erachtet hat, so dass eine unangemessene Benachteiligung nach § 307 nach wie vor nicht in Betracht kommt. 39

Auch unionsrechtlich ist hiergegen nichts zu erinnern. Jedenfalls liegt ein Verstoß gegen das Gebot der effektiven Kontrolle nach Art. 7 Abs. 1 Richtlinie 93/13/EWG des Rates vom 5. April 1993 über mißbräuchliche Klauseln in Verbraucherverträgen nicht darin, dass der Notar bei der Klauselerteilung (§ 797 Abs. 2 Satz 1 ZPO) funktional als Urkundsbeamter der Geschäftsstelle agiert[28] und mithin kein kontradiktorisches Verfahren stattfindet. Denn eine etwaige Missbräuchlichkeit kann in einem nachfolgenden Gerichtsverfahren überprüft werden.[29] 40

Die Bank kann daher aufgrund der Unterwerfungserklärung aus der Grundschuld in Höhe von 200.000 EUR, vermindert um die vier Tilgungsraten, gem. §§ 1192 Abs. 1, 1147 gegen K vollstrecken. 41

Sollte B in der ursprünglichen Höhe von 200.000 EUR vollstrecken wollen, müsste K **Vollstreckungsgegenklage nach § 767 ZPO** erheben mit dem Ziel, die Vollstreckung aus der Urkunde in Höhe der inzwischen erfolgten Tilgung für unzulässig erklären zu lassen. 42

---

[23] BGH NJW 2009, 1887, 1888 für das Klauselerinnerungsverfahren nach § 732 ZPO; MünchKommZPO/*Wolfsteiner* § 794 ZPO Rn. 139.
[24] Als Vorinstanz zu BGH NJW 2009, 1887.
[25] LG Hamburg NJW 2008, 2784 im Anschluss an *Schimansky* WM 2008, 1049; abl. *Habersack* NJW 2008, 3173, 3175.
[26] Durch das Risikobegrenzungsgesetz wurde der Darlehensvertrag in § 309 Nr. 10 aufgenommen: Die formularmäßige Zustimmung zu einer Vertragsübernahme auf Seiten des Darlehensgebers wird damit (wie bisher schon bei Kauf-, Dienst- und Werkverträgen) als unangemessene Benachteiligung angesehen, sofern nicht die Person des Dritten namentlich angegeben oder aber ein Vertragslösungsrecht bei Abtretung gewährt wird.
[27] Nach BGH WM 1977, 656, 657; NJW 1994, 2755, 2756 gilt § 717 Abs. 2 ZPO nicht entsprechend für die rechtswidrige Vollstreckung aus vollstreckbaren Urkunden.
[28] BGH NJW 2009, 1887 Rn. 14; *Piekenbrock* GPR 2016, 137.
[29] So i. Erg. zur vergleichbaren Rechtslage in Ungarn EuGH vom 1.10.2015, Rs. C-32/14 – *ERSTE Bank Hungary*, ECLI:EU:C:2015:637, Rn. 59 ff.

Teil 4. Immobiliarsicherheiten

Teil 2: Rechte der Bank gegen V

I. Darlehensanspruch

1. Anspruchsgrundlage

43 V ist gem. **§ 488 Abs. 1 Satz 2** verpflichtet, das erhaltene Darlehen an die Bank zurückzuzahlen. Diese Verpflichtung wurde nicht ersetzt durch die in der notariellen Vereinbarung unter Ziff. 3 enthaltene Klausel, V übernehme die persönliche Haftung für den Eingang des Schuldbetrages. Was immer darunter zu verstehen ist (siehe dazu Rn. 50 ff.), es kann sich allenfalls um die Begründung eines weiteren Anspruchs handeln, der zu der Darlehensforderung hinzutritt, aber nicht ihre Stelle einnimmt (§ 364 Abs. 2). Von dieser Verpflichtung ist V nicht durch die mit K vereinbarte Schuldübernahme frei geworden, da die Bank als Gläubigerin diese **Schuldübernahme nicht genehmigt** hat.

2. Teilerfüllung

44 Die Schuld des V ist jedoch durch die Zahlungen des K gem. **§§ 362, 267 Abs. 1 Satz 1** in Höhe der vierfachen Tilgungsrate erloschen, da K **auch auf die Darlehensschuld gezahlt** hat (siehe Rn. 28).

45 Hätte K dagegen **nur auf die Grundschuld gezahlt,** dann wäre das Schicksal des Darlehensanspruchs fraglich. Drei Alternativen kämen in Betracht: Die Forderung geht auf den K über, sie verbleibt bei der Bank oder sie erlischt.

46 (1.) Die **erste Lösung** – Übergang der Forderung auf K – könnte sich auf **§ 1143** stützen. Allerdings müsste man dann die Vorschrift dahin verstehen, dass die Forderung des Gläubigers auf den Eigentümer zwar ohne Rücksicht auf dessen Regressbefugnis übergeht, dem Schuldner jedoch eine Einrede entsteht, wenn der Eigentümer ihm gegenüber zur Leistung an den Gläubiger verpflichtet war.[30] Eine Variante dieser Lösung stellt der Vorschlag dar,[31] dem zahlenden Eigentümer gegen den Gläubiger einen Anspruch auf Abtretung der Forderung zu geben. Indes sind beide Varianten wenig sinnvoll, wenn sie in einem Zuge dem Eigentümer ein Recht zusprechen und gleichzeitig dagegen eine Einrede erwachsen lassen.[32] Aus diesem Grund muss selbst § 1143 restriktiv ausgelegt und darf nur auf die (typischen) Fälle angewandt werden, in denen der Eigentümer gegen den letztlich verpflichteten persönlichen Schuldner rückgriffsberechtigt ist.[33]

47 (2.) Die **zweite Alternative** – die Bank bleibt Gläubigerin – muss sich entgegenhalten lassen, die Bank habe in Form des Grundschuldkapitals erhalten, was ihr zusteht. Folglich müsse dem persönlichen Schuldner zumindest ein **Leistungsverweigerungsrecht** erwachsen, und zwar aus dem Sicherungsvertrag. War dieser zwischen Gläubiger und Eigentümer geschlossen, hätte er insoweit den Charakter eines Vertrages zugunsten Dritter (= persönlicher Schuldner).

48 (3.) Konsequent wäre es dann freilich – und damit sind wir bei der **dritten Lösung** – qua Sicherungsvertrag nicht nur eine Einrede entstehen, sondern die Forderung mit der Zahlung auf die Grundschuld **erlöschen** zu lassen: Die Grundschuld – so die zugrunde liegende Vorstellung[34] – wird ähnlich wie die Wechselforderung im Verhältnis zur Kausalforderung erfüllungshalber **(§ 364 Abs. 2)** bestellt; die Leistung auf die Grundschuld tilgt daher gleichzeitig die Forderung **(arg. § 788).**

49 Diese Lösung, die vom Sicherungsvertrag ausgeht, führt auch zu befriedigenden Ergebnissen, wenn der zahlende Eigentümer beim Schuldner Rückgriff nehmen kann. Das RG[35] hat in diesem Fall dem Eigentümer gegen

---

[30] So RGZ 143, 278, 287 ff.; *Wolff/Raiser* § 140 V I im unmittelbaren Anwendungsbereich des § 1143.
[31] *Matschl* NJW 1962, 2132.
[32] So i. Erg. wohl BGHZ 80, 228, 231 f.
[33] Soergel/*Konzen* § 1143 BGB Rn. 3; *Gerhardt* ImmobiliarsachenR § 10, 2 a; siehe auch *Baur/Stürner* § 40 Rn. 17 f.
[34] BGH NJW 1980, 2198 f. (beschränkt auf die Fälle der Identität von Eigentümer und Schuldner; abw. aber BGHZ 105, 154, 157 f. = NJW 1988, 2730 für Leistung des Eigentümers, der nicht zugleich persönlicher Schuldner ist); *Clemente* Rn. 717; *Huber* S. 82 f., 118; Palandt/*Herrler* § 1191 BGB Rn. 35; MünchKommBGB/*Eickmann*, 6. Aufl. 2013, § 1191 BGB Rn. 125; anders MünchKommBGB/*Lieder*, 7. Aufl. 2017, § 1191 BGB Rn. 143 (analoge Anwendung des § 1143).
[35] RGZ 150, 371, 374; zust. BayObLGZ 73, 142, 143; KG NJW 1961, 414, 415; *Baur/Stürner* § 45 Rn. 82 ff.; Soergel/*Konzen* § 1191 BGB Rn. 45; Staudinger/*Wolfsteiner* (2015) § 1143 BGB Rn. 37.

den Gläubiger einen Anspruch auf Abtretung der Forderung gewährt und zur Begründung auf die wirtschaftliche Parallele zwischen Sicherungsgrundschuld und Hypothek verwiesen. Dem ist zuzustimmen. Wenn aber das RG die Anwendung des § 1143 auf die Grundschuld ablehnt, dann bleibt als Basis für jenen Anspruch nur der Sicherungsvertrag. Fehlt darin eine ausdrückliche Regelung, dann ist er in der Regel in diesem Sinne auszulegen.[36] Damit erübrigt sich auch eine Analogie zu § 426 Abs. 2.[37] Ist der Eigentümer nicht Partei des Sicherungsvertrages und sind ihm die Ansprüche daraus auch nicht abgetreten,[38] dann bleiben nur gesetzliche Regressansprüche, insbesondere aus Delikt und ungerechtfertigter Bereicherung.

II. Anspruch aus der Haftungszusage

Eine **Zahlungsverpflichtung** des V ist möglicherweise auch aus der Klausel in der notariellen Vereinbarung entstanden, V übernehme für den Eingang des Grundschuldbetrages die persönliche Haftung. 50

Geht man davon aus, dass B diese Haftungszusage des V akzeptiert hat, dann kann damit ein **Vertrag** zustande gekommen sein, der seinem Inhalt nach ein Garantievertrag oder aber ein abstraktes Schuldanerkenntnis oder Schuldversprechen darstellt. Dagegen scheidet seine Qualifizierung als Bürgschaft oder Schuldübernahme schon deshalb aus, weil nur zwei Personen beteiligt sind. 51

1. Garantievertrag

In einem **Garantievertrag** verpflichtet sich der Schuldner, dem Gläubiger unbedingt für den Eintritt eines bestimmten Erfolgs (oder für die Fortdauer eines bestimmten Zustandes) in der Weise einzustehen, dass er ihm andernfalls Ersatz leistet. Bezweckt ist die Sicherung eines bestimmten Vermögensinteresses des Garantieempfängers, indem primäre Leistungspflichten Dritter oder primäre eigene Lieferungs- oder Leistungspflichten durch sekundäre Zahlungspflichten substituiert werden (siehe § 3 Rn. 1 ff.).[39] 52

Diesem Bild entspricht die Haftungszusage nicht. Ihrem Wortlaut nach bezieht sie sich auf den Eingang des Grundschuldbetrages. Damit hat V jedoch nicht eine Art „Ausbietungsgarantie" übernommen, dass die Grundschuld den Schuldbetrag erbringen werde. Dem widerspricht die Formulierung, V könne aus der Zusage schon vor der Vollstreckung in das Grundstück in Anspruch genommen werden. Die Bezugnahme auf den Betrag der Grundschuld ist nichts weiter als eine technische Vereinfachung, mit der die erneute Zahlenangabe bei der Haftungszusage vermieden wird.[40] Diese bezieht sich daher auf die Kreditforderung. Dagegen wollen die Parteien nicht eine von der Darlehenshingabe völlig unabhängige Vermögenshaftung des V begründen. Ein Garantievertrag liegt deshalb nicht vor. 53

2. Schuldversprechen, Schuldanerkenntnis

Den Parteiinteressen entspricht vielmehr ein abstraktes Schuldversprechen oder -anerkenntnis (§§ 780, 781). 54

---

[36] *Huber* S. 119.
[37] So *Heck* SachenR § 100, 5 b.; abl. dazu BGHZ 105, 154, 157 f. – Zu weit gehen *Reinicke/Tiedtke* NJW 1981, 2150 f., die wohl auch bei gegebener Rückgriffsbefugnis des Eigentümers gegen den Schuldner einen Abtretungsanspruch verneinen und die Forderung des Gläubigers erlöschen lassen.
[38] So in dem von *Benöhr* JuS 1977, 742 erörterten Fall.
[39] Speziell zum vorliegenden Zusammenhang siehe *Petri* S. 78 ff.
[40] Nicht überzeugend OLG Celle WM 1985, 1313, das in der Haftungszusage bloß eine Erleichterung der Rechtsverfolgung aus der Grundschuld sieht.

55 Das **Schuldanerkenntnis** (§ 781) bestärkt eine bereits bestehende Schuld, das **Schuldversprechen** (§ 780) begründet eine neue Forderung neben der bisherigen Schuld. Bestand die ursprüngliche Schuld nicht, können sie – anders als das Garantieversprechen – kondiziert werden (arg. § 812 Abs. 2). Der **Sinn beider Institute** liegt darin, dem Gläubiger den **Beweis** für den Bestand seiner Forderung zu **ersparen**. Weigert sich der Schuldner zu leisten, so hat er seinerseits das Nichtentstehen oder Erlöschen der Urforderung nachzuweisen, um Schuldanerkenntnis oder Schuldversprechen kondizieren zu können. Dabei sind ihm allerdings regelmäßig diejenigen Einwendungen abgeschnitten, die ihm bei Abgabe des Versprechens oder Anerkenntnisses bekannt waren oder mit denen er rechnen musste.[41] Diese Deutung entspricht – wenn nichts Gegenteiliges ersichtlich – üblicherweise dem Willen der Beteiligten, das Schuldverhältnis außer Streit zu stellen, und findet außerdem ihren gesetzlichen Anhaltspunkt in § 814.

56 Hier ging es B darum, neben und zur Sicherung der Darlehensforderung einen zweiten Anspruch zu erlangen, der ohne Prozess und Beweis durchsetzbar war. Dem wird die Deutung der Haftungszusage als **abstraktes Schuldversprechen** gerecht.[42] Hinzu kommt, dass für die hieraus entstandene Forderung die Unterwerfung unter die sofortige Zwangsvollstreckung erklärt worden war. Die notarielle Beurkundung genügte sowohl der Formvorschrift des § 794 Abs. 1 Nr. 5 ZPO wie der des § 780 (§ 126 Abs. 3).

3. Verstoß gegen §§ 305 ff.

57 Da das Schuldversprechen Teil des von der Bank vorformulierten Vertragswerkes geworden ist und damit eine Vertragsbedingung i.S.d. § 305 Abs. 1 Satz 1, unterliegt es der **AGB-Kontrolle.** Die notarielle Beurkundung steht dem nicht entgegen (siehe Rn. 36).

58 Zunächst läge es nahe, von einer überraschenden Klausel auszugehen (§ 305c). Das wurde für den Fall bejaht, dass zur Sicherung eines fremden Darlehens am eigenen Grundstück eine Grundschuld zugunsten des Darlehensgebers zur Sicherung aller bestehenden und künftigen Ansprüche bestellt wurde, da eine solche Ausweitung außerhalb des durch den Anlass des Geschäftes bestimmten Rahmens liege.[43] Der BGH ist dem allerdings vor allem unter Verweis auf die notarielle Belehrungspflicht nicht beigetreten (BGHZ 99, 274, 282 f.):

> „Die Übernahme einer selbständigen, von der zu sichernden Kreditverbindlichkeit gelösten (abstrakten) persönlichen Haftung in Höhe des Grundschuldbetrages soll in Verbindung mit der Unterwerfung unter die sofortige Zwangsvollstreckung die Ansprüche der Klägerin aus der bankmäßigen Geschäftsverbindung mit den Schuldnern sichern, indem sie die Durchsetzung erleichtert. Solche Klauseln sind in Kreditsicherungsverträgen mit Banken seit langem üblich. Sie sind in den hier verwendeten Formularen durch fettgedruckte Überschriften hervorgehoben, so daß sie dem Leser auffallen müssen. Vor allem aber hatten die Urkundsnotare die Schuldner über Inhalt und rechtliche Bedeutung dieser Klauseln zu belehren (§ 17 Abs. 1 BeurkG). Danach kann von einer für die Schuldner überraschenden Klausel nicht ausgegangen werden."

59 Dass die Einbeziehungskontrolle damit passiert wurde, bedeutet indessen nicht, dass die Vereinbarung auch der Inhaltskontrolle standhält. Maßstab der Prüfung ist zunächst **§ 309 Nr. 12.** Die Vorschrift verbietet **Beweislastvereinbarungen** zugunsten des Verwenders. Eine solche Beweislastvereinbarung haben V und B freilich nicht geschlossen. Das Schuldversprechen wirkt sich jedoch beweislastverändernd aus.[44] Ohne das Versprechen hätte die Bank bei Verfolgung der allgemei-

---

[41] BGH WM 1968, 472; 1974, 410, 411; NJW 2008, 3122; Staudinger/*Marburger* (2015) § 781 BGB Rn. 11.
[42] In diesem Sinne auch BGH WM 1958, 1194; NJW 1976, 567 f.
[43] Z.B. OLG Karlsruhe NJW 1986, 136 f.
[44] MünchKommBGB/*Habersack* § 780 BGB Rn. 48 m.w.N. Daneben kann das Schuldanerkenntnis auch verjährungsrechtliche Konsequenzen nach sich ziehen, vgl. OLG Frankfurt NJW 2008, 379, 381.

nen Vermögenshaftung des V zu beweisen, dass die Darlehensforderung entstanden ist. Nach Abgabe des Versprechens obliegt es V darzutun, dass der Darlehensanspruch nicht zustande gekommen ist, will er die Vermögenshaftung abwenden. Es läge daher nahe, einen Verstoß gegen § 309 Nr. 12 anzunehmen, soweit das Schuldversprechen die Beweislast umkehrt.[45] Hiergegen hat sich allerdings der BGH gewandt (BGHZ 99, 274, 284 f.):[46]

> „Daß die Klägerin unabhängig vom Bestand und der Fälligkeit der gesicherten Kreditansprüche jederzeit eine vollstreckbare Ausfertigung der notariellen Urkunden erwirken kann, beruht nach dem Inhalt der hier zu beurteilenden Klauseln nicht auf der Vollstreckungsunterwerfung als solcher, sondern ist die gesetzliche Folge der Vereinbarung eines auf eine jederzeit fällige Zahlung gerichteten abstrakten Schuldversprechens oder Schuldanerkenntnisses. Die Vereinbarung einer abstrakten Zahlungsverpflichtung des Schuldners als Sicherheit für eine Kreditverbindlichkeit fällt nicht unter § 11 Nr. 15 AGBG [entspricht § 309 Nr. 12 BGB], auch wenn für sie eine dem Schuldner ungünstigere Beweislastverteilung gilt als für das zugrundeliegende Kreditverhältnis [...]."

Auf dieser Begründung aufbauend verneint der BGH schließlich auch das Vorliegen einer unangemessenen Benachteiligung (BGHZ 99, 274, 283 f.):[47] **60**

> „Die Schuldner werden dadurch auch nicht entgegen den Geboten von Treu und Glauben unangemessen benachteiligt. Das gilt zunächst entgegen einer im Schrifttum vertretenen Ansicht (vgl. *Stürner*, JZ 1977, 431, 432 und 639 f.; *Baur/Stürner*, Zwangsvollstreckungs-, Konkurs- und Vergleichsrecht, 11. Aufl., Rdn. 233) für die Vollstreckungsunterwerfung als solche. Die ZPO gestattet die Zwangsvollstreckung aus Urteilen (§ 704 Abs. 1 ZPO) und aus vollstreckbaren notariellen Urkunden (§ 794 Abs. 1 Nr. 5 ZPO) gleichermaßen. Sie stellt damit die freiwillige Unterwerfung der Schuldner unter die Zwangsvollstreckung der nach gerichtlicher Prüfung des Anspruchs ergangenen gerichtlichen Entscheidung grundsätzlich gleich. Den Schutz des Schuldners gewährleistet sie bei den vollstreckbaren Urkunden durch das Erfordernis notarieller Beurkundung und die damit verbundenen notariellen Belehrungspflichten sowie durch die gegenüber Urteilen erweiterten Verteidigungsmöglichkeiten des Schuldners (vgl. § 797 Abs. 4 ZPO) in ausgewogener Weise. Der gesetzlichen Regelung kann danach nicht entnommen werden, der „Vollstreckung nach Erkenntnisverfahren" komme gesetzliche Leitbildfunktion in dem Sinne zu, daß eine formularmäßige Vollstreckungsunterwerfung schon an § 9 Abs. 2 AGBG [entspricht § 307 Abs. 2 BGB] scheitern müßte [...]. Darüber hinaus benachteiligt die Unterwerfungsklausel jedenfalls bei dem hier zu beurteilenden Sachverhalt die Schuldner nicht unbillig; ihre Verwendung ist durch schutzwürdige Interessen der Klägerin gerechtfertigt. Die Grundschulden und die persönlichen Verpflichtungserklärungen der Schuldner dienen ganz überwiegend der Sicherung gemeinschaftlicher Kreditverpflichtungen der Schuldner aus der bankmäßigen Geschäftsverbindung mit der Klägerin. Soweit Verbindlichkeiten allein des Vaters der Beklagten gesichert werden, handelt es sich nach dem Parteivortrag jedenfalls um Kredite, die für die gemeinsamen geschäftlichen Zwecke der Schuldner aufgenommen wurden; die Schuldner betrieben nämlich gemeinsam die Errichtung und den Verkauf von Häusern und Eigentumswohnungen. Für eigene Verbindlichkeiten haftet der Schuldner nach dem Gesetz grundsätzlich mit seinem ganzen Vermögen. Von daher ist es nicht zu beanstanden, daß der Klägerin durch die zu ihrer Sicherheit errichteten notariellen Urkunden der Vollstreckungszugriff auf das gesamte Vermögen der Schuldner ermöglicht wird. Der mit der persönlichen Vollstreckungsunterwerfung verfolgte Zweck, die Voraussetzung für einen raschen Gläubigerzugriff auf das Schuldnervermögen zu schaffen, wird überdies durch das Interesse der Klägerin gerechtfertigt, eine ausreichend sichere Vorsorge gegen das Risiko eines Vermögensverfalls der Schuldner zu erreichen. Typischerweise ergeben sich nämlich Störungen bei der Abwicklung des Kreditverhältnisses, die die Bank zur zwangsweisen Durchsetzung ihrer Forderungen veranlassen, aus seiner Vermögensverschlechterung beim Schuldner. Der Schutz des Schuldners gegen eine ungerechtfertigte Inanspruchnahme der Vollstreckungsmöglichkeit wird in ausreichender Weise durch die vollstreckungsrechtlichen Rechtsbehelfe mit ihren vielfältigen Möglichkeiten einer einstweiligen Einstellung der Zwangsvollstreckung und durch die Schadensersatzpflicht der Bank bei mißbräuchlicher Ausnutzung des Vollstreckungstitels gesichert [...]."

---

[45] So *R. Stürner* JZ 1977, 431, 638 (in Bezug auf ein Schuldanerkenntnis); ebenso *Rimmelspacher*, Kreditsicherungsrecht, 2. Aufl. 1987, Rn. 826 ff.
[46] Ebenso etwa BGHZ 114, 9, 12 f.; BGH NJW-RR 2006, 490 m.w.N. unter Verweis auf die jahrzehntelange Praxis der Banken.
[47] Zur früheren Diskussion um die unangemessene Benachteiligung: *R. Stürner* JZ 1977, 432 (bejahend); *Kollhosser* JA 1979, 264 und *Clemente* Rn. 89 ff. (verneinend).

Teil 4. Immobiliarsicherheiten

61 Aus Sicht des BGH muss mithin der Schutz der §§ 767, 769 ZPO verbunden mit den gegen die Bank gerichteten Schadensersatzansprüchen des Schuldners genügen.[48] Das **Schuldversprechen** ist danach **wirksam.**

Teil 3: Rechte des G gegen K

62 G hat gegen K für seinen **Zahlungsanspruch** in Höhe von 3.000 EUR einen Vollstreckungsbescheid erlangt. Mit diesem **Titel** (§§ 794 Abs. 1 Nr. 4, 688, 699 ZPO) kann er in sämtliche Vermögensgegenstände des K vollstrecken.

I. Das Grundstück als Vollstreckungsobjekt

63 Dazu gehört auch das von K erworbene Grundstück (§§ 864 ff. ZPO). Die möglichen Arten der Vollstreckung in ein Grundstück umschreibt § 866 Abs. 1 ZPO. Die Eintragung einer **Sicherungshypothek** empfiehlt sich schon deshalb nicht, weil sie G kein Bargeld verschafft; die **Zwangsversteigerung** zu betreiben ist wenig erfolgversprechend, wenn das Grundstück inzwischen weiter belastet und der Grundstückswert damit ausgeschöpft wurde: Diese Belastungen rangieren nämlich nach der Rangordnung des § 10 ZVG vor dem Befriedigungsrecht des G (§ 10 Abs. 1 Nrn. 4, 5 ZVG). Dasselbe gilt nach § 155 Abs. 2 ZVG grundsätzlich auch für die **Zwangsverwaltung.**

II. Regressansprüche des K gegen V als Vollstreckungsobjekte?

64 Aus der Tatsache, dass K bei seinen Zahlungen an die Bank auch auf die Darlehensschuld des V gezahlt hat, sind ihm **keine Regressansprüche** gegen V erwachsen. Denn zu dieser Zahlung war er nach § 415 Abs. 3 Satz 2 verpflichtet. Deshalb wäre der Versuch des G, derlei Rückgriffsansprüche nach § 829 ZPO zu pfänden, zum Scheitern verurteilt.

III. Pfändung der Teileigentümergrundschuld

1. Rechtsgrundlage

65 In Höhe der vierfachen Tilgungsrate ist eine Eigentümergrundschuld entstanden (siehe Rn. 31). Diese kann von G gepfändet werden.

66 Umstritten ist freilich, ob die Pfändung nach **§ 857 Abs. 6** i. V. m. §§ 829, 830 Abs. 1 Satz 3 ZPO oder nach **§ 857 Abs. 2 ZPO** erfolgt. Auf dem erstgenannten Weg hätte G allerdings formelle Schwierigkeiten zu erwarten. Nach § 830 Abs. 1 Satz 3 ZPO muss die Pfändung der Teileigentümergrundschuld ins Grundbuch eingetragen werden. Dies setzt nach § 39 GBO aber erst die Eintragung des K als Inhaber der Teilgrundschuld voraus. Kümmert sich K um diese Eintragung nicht, muss G notfalls dessen Berichtigungsanspruch (§ 894) gegen die Bank im Wege der Hilfspfändung pfänden und sich zur Einziehung überweisen lassen, um dann von der Bank eine Berichtigungsbewilligung nach § 19 GBO zu erstreiten. Aufgrund dieser Bewilligung könnte dann K als Inhaber der Teileigentümergrundschuld und zugleich deren Pfändung durch G eingetragen werden.[49] Eine einfachere Lösung ergibt sich über § 857 Abs. 2 ZPO. Hier genügt die Zustellung des Pfändungsbeschlusses an den K als Eigentümer.[50]

---

[48] Siehe allerdings die berechtigten Einwände bei *Baur/Stürner* § 40 Rn. 45.
[49] Zu den technischen Einzelheiten siehe Stein/Jonas/*Brehm* § 857 ZPO Rn. 61 ff.
[50] Dazu Stein/Jonas/*Brehm* § 857 ZPO Rn. 62 m. N. zum Meinungsstand.

Indessen ist bei der Entscheidung zwischen den beiden Alternativen weniger der Umstand bedeutsam, dass bei der Eigentümergrundschuld ein Drittschuldner nicht vorhanden ist, als vielmehr die Tatsache, dass Rechte an Grundstücken und an Grundstücksrechten grundsätzlich nur in **sachenrechtlicher Form erworben** werden. So wie eine Eigentümerbuchgrundschuld nur durch Eintragung des Pfandrechts im Grundbuch verpfändet werden kann (§§ 1291, 1274 Abs. 1 Satz 1, 1192 Abs. 1, 1154 Abs. 3, 873 Abs. 1), so sollte auch nur die im Grundbuch verlautbarte Pfändung wirksam werden. Die etwas umständlichere Prozedur muss dabei in Kauf genommen werden. Dass der pfändende Gläubiger bei dieser Lösung gewärtigen muss, von einem Konkurrenten überholt zu werden, dem der Buchgrundschuldgläubiger freiwillig eine Berichtigungsbewilligung erteilt und dem es damit gelingt, „seine" Pfändung früher eintragen zu lassen, ist nicht zu verkennen.[51] Große praktische Bedeutung dürfte diese Gefahr freilich nicht erlangen, weil der Buchgrundschuldgläubiger seinerseits Gefahr läuft, dem Pfändungsgläubiger wegen Verletzung von dessen Pfandrecht am Berichtigungsanspruch analog §§ 1273 Abs. 2 Satz 1, 1227, 990, 989 schadensersatzpflichtig zu werden, wenn er dem Konkurrenten die Berichtigungsbewilligung früher erteilt.[52] 67

Dieselbe Frage und vergleichbare Antworten wie bei der Pfändung der Eigentümerbuchgrundschuld ergeben sich bei der **Eigentümerbriefgrundschuld.** Hier fordern die Rechtsprechung und ein Teil der Literatur neben dem Pfändungsbeschluss, dass der Gläubiger in den Besitz des Briefes gelangt (§§ 857 Abs. 6, 829, 830 Abs. 1 Satz 1 ZPO), während andere die bloße Zustellung des Pfändungsbeschlusses an den Grundschuldinhaber nach § 857 Abs. 2 ZPO genügen lassen.[53] Für die erste Lösung spricht wiederum die Parallele zwischen Pfändung und Verpfändung: diese setzt eben Briefübergabe an den Pfandgläubiger voraus (§§ 1291, 1274 Abs. 1 Satz 1, 1192 Abs. 1, 1154 Abs. 1, Abs. 2). 68

Dagegen hat der vereinzelt vorgeschlagene Ausweg,[54] in Anlehnung an die Verpfändungsregelung der §§ 1274 Abs. 1 Satz 1, 1205 Abs. 2 die Pfändung und Überweisung des Herausgabeanspruchs des Eigentümers und Grundschuldinhabers gegen den Briefbesitzer für § 857 Abs. 2 ZPO als ausreichend anzusehen, keinen Beifall gefunden. Zum Teil hält man nämlich schon im Rahmen des § 830 ZPO die Übergabesurrogate des § 1205 Abs. 2 (und des § 1206) selbst für unzulässig,[55] jedenfalls aber steht die Praxis mit Zustimmung der übrigen Literatur auf dem Standpunkt,[56] dass der von § 830 Abs. 1 Satz 1 ZPO geforderte unmittelbare Besitz am Brief nicht durch die Begründung eines Pfandrechts und einer Einziehungsermächtigung bezüglich des Herausgabeanspruchs gegen den Briefbesitzer ersetzt werden könne. 69

2. Überweisung zur Einziehung

Zusammen mit der Pfändung der Teileigentümergrundschuld sollte sich G diese zur **Einziehung überweisen** lassen (§§ 857 Abs. 1, 835 Abs. 1 Alt. 1 ZPO). Dagegen empfiehlt es sich für ihn nicht, eine Überweisung an Zahlungs Statt zu beantragen (§§ 857 Abs. 1, 835 Abs. 1 Fall 2, Abs. 2 ZPO), weil G damit seine Forderung einbüßen würde und auf sie nicht mehr zurückgreifen könnte, falls er auf die gepfändete Grundschuld keine (volle) Befriedigung erlangt. 70

Mit der Überweisung der Teilgrundschuld zur Einziehung erlangt G auch die Befugnis, von der Unterwerfungserklärung Gebrauch zu machen. Er kann sich daher nach §§ 795, 797 Abs. 2, 727 ZPO eine vollstreckbare Ausfertigung erteilen lassen, die ihn in den Stand setzt, die Zwangsverstei- 71

---

[51] Darauf verweisen *Baur/Stürner*, Zwangsvollstreckungs-, Konkurs- und Vergleichsrecht (Fälle und Lösungen), 6. Aufl. 1989, S. 60.
[52] Vgl. *Emmerich*, Pfandrechtskonkurrenzen, 1909, S. 64 Fn. 197; Stein/Jonas/*Brehm*, § 847 ZPO Rn. 12 f.; beide zum vergleichbaren Fall der Pfändung des Herausgabeanspruchs betr. eine bewegliche Sache.
[53] Während in BGH NJW 1979, 2045 die Frage offen gelassen worden war, hat sich der BGH nun für die Lösung über § 857 Abs. 6 ZPO ausgesprochen: BGH NJW-RR 1989, 636, 637; Beschl. vom 25.9.2014, IX ZR 314/12, BeckRS 2014, 21079.
[54] *Tempel* JuS 1967, 121 f.
[55] Stein/Jonas/*Brehm* § 830 ZPO Rn. 10.
[56] RGZ 63, 214, 217 f.; *Baur/Stürner* § 38 Rn. 20, 126; Stein/Jonas/*Brehm* § 830 ZPO Rn. 17 m.w.N.

gerung (§§ 15 ff. ZVG) oder die Zwangsverwaltung (§§ 146 ff. ZVG) des Grundstücks zu betreiben. Die Vorschrift des § 1197 Abs. 1 steht dem nicht entgegen, weil sie nur den Grundstückseigentümer selbst hindern soll, zu Lasten nachrangig Berechtigter zu vollstrecken.[57]

B. Der Rückgewähranspruch des Eigentümers gegen den Grundschuldgläubiger

72 Der Eigentümer kann vom Gläubiger die Rückgewähr der diesem bestellten Sicherungsgrundschuld verlangen, wenn entweder kein (wirksamer) Sicherungsvertrag besteht oder die zu sichernde Forderung (endgültig) nicht entsteht oder erloschen und der Sicherungszweck entfallen ist.

I. Rechtsgrundlage

1. Fehlender Sicherungsvertrag

73 **Fehlt** es schon am **Sicherungsvertrag,** dann kann der Eigentümer die von ihm bestellte Grundschuld gem. **§ 812 Abs. 1 Satz 1 Alt. 1** kondizieren.[58] In Verbindung damit können als weitere Anspruchsgrundlage **§§ 1192 Abs. 1, 1169** herangezogen werden, da der Bereicherungsanspruch gleichzeitig eine dauernde Einrede (arg. § 821) gegen die Grundschuld begründet.[59]

2. Nicht entstandene Forderung

74 Ist die zu sichernde **Forderung nicht entstanden,** dann hat der Gläubiger die Grundschuld zwar erworben, weil § 1163 Abs. 1 Satz 1 unanwendbar ist, muss sie aber aufgrund des **Sicherungsvertrages** zurückgewähren.[60] Daneben kommen als Anspruchsgrundlage **§§ 1192 Abs. 1, 1169** in Betracht (siehe § 16 Rn. 68). Das ist wichtig, wenn – wie im Refinanzierungsfall (siehe § 16 Rn. 1 ff.) – der Gläubiger nicht Partei des Sicherungsvertrages ist, weil er die Grundschuld erst später erworben hat.[61]

3. Entfallen des Sicherungszwecks

75 **Entfällt** der **Sicherungszweck,** gründet sich der Rückgewähranspruch gleichfalls auf den **Sicherungsvertrag** (siehe auch § 9 Rn. 116, § 16 Rn. 61) und auf **§§ 1192 Abs. 1, 1169**.[62]

76 Hat allerdings der Eigentümer auf die Grundschuld gezahlt, erübrigt sich die Rückgewähr, da das Grundpfandrecht bereits auf den Eigentümer übergegangen ist (siehe Rn. 10), es bleibt nur noch das Grundbuch zu berichtigen (§ 894).

77 Dasselbe gilt bei der **Hypothek,** die der Eigentümer kraft Gesetzes erworben hat (§ 1163 Abs. 1 Satz 2).

---

[57] BGHZ 103, 30, 36; BGH NJW 2016, 3239, 3240 f.; *Baur/Stürner,* Zwangsvollstreckungs-, Konkurs- und Vergleichsrecht (Fälle und Lösungen), 6. Aufl. 1989, S. 56 ff. m.w. N.

[58] *Baur/Stürner* § 45 Rn. 24; *Felgentraeger,* FS Gierke, 1950, S. 146 f.; jeweils m.w. N. – Zur Parallelsituation bei der Sicherungsübereignung siehe § 9 Rn. 111.

[59] Dasselbe würde gelten, wenn der Eigentümer eine Hypothek bestellt hätte, die valutiert wurde.

[60] *Baur/Stürner* § 45 Rn. 26; *Felgentraeger,* FS Gierke, 1950, S. 146 f. Ist der Eigentümer nicht Partei des Sicherungsvertrages (z. B. weil er das Grundstück erst nach der Belastung erworben hat), dann kommt es darauf an, ob ihm der Rückgewähranspruch eigens abgetreten worden ist. Im Regelfall wird man davon ausgehen können. – Siehe auch § 9 Rn. 112 ff.

[61] Anders verhält es sich bei einer Hypothek. Sie steht in diesem Fall dem Eigentümer zu (§ 1163 Abs. 1 Satz 1). Dieser kann vom Gläubiger die Zustimmung zur Berichtigung des Grundbuchs verlangen (§ 894).

[62] Ist der Sicherungszweck nur teilweise entfallen, besteht der Rückübertragungsanspruch bloß für den entsprechenden Teil der Grundschuld (Beispiel: § 16 Rn. 61).

§ 17. Grundpfandrechte: Rechtsfolgen der Kredittilgung

4. Rechtsnatur des vertraglichen Anspruchs

Streitig ist, ob es sich bei dem vertraglichen Anspruch um einen **bedingten**[63] oder um einen **künftigen**[64] Anspruch handelt, dessen Entstehung von dem Erlöschen der gesicherten Forderung abhängt, oder ob er schon mit Abschluss des Sicherungsvertrages entsteht und nur seine **Fälligkeit** bis zur Erfüllbarkeit der gesicherten Forderung hinausgeschoben ist.[65]

78

Soweit der Anspruch auf §§ 1192, 1169 gestützt wird, hat der BGH ihn als einen „künftigen" bezeichnet.[66] Jedenfalls braucht der Eigentümer nur Zug um Zug gegen Rückübertragung der Grundschuld zu leisten;[67] das ergibt sich aus dem auch hier passenden Rechtsgedanken des § 1223 Abs. 2.[68]

79

Der Anspruch ist **übertragbar.** Das gilt auch, soweit er auf §§ 1192, 1169 gestützt wird.[69] Allerdings bleibt insoweit auch der Eigentümer befugt, Erfüllung zugunsten des Zessionars zu verlangen.[70]

80

II. Anspruchsinhalt

1. Grundsatz

Der Eigentümer kann nach seiner Wahl vom Gläubiger **Verzicht** (§ 1168), **Aufhebung** (§§ 875, 1183) oder **Rückübertragung** der Grundschuld (§ 1154) verlangen (siehe § 16 Rn. 66 ff.).

81

War der Anspruch abgetreten worden (siehe Rn. 80), kommt freilich nur die letzte Alternative (Übertragung der Grundschuld auf den Zessionar) in Betracht, da die beiden ersten sich zugunsten des Eigentümers (oder nachrangiger Gläubiger) auswirken würden und dies dem Sinn der Abtretung widerspräche.

82

Eine inhaltliche Änderung der Sicherungsvereinbarung, die den Rückgewähranspruch einschließlich der aufschiebenden Bedingung betrifft, ist dann auch nur noch unter Mitwirkung des Zessionars möglich.[71]

83

2. Rechtsfolgen bei Verletzung

Pflichtverletzungen der aus dem Sicherungsvertrag resultierenden Ansprüche, etwa die schuldhafte Nichterfüllung des auf Rückgewähr einer Sicherungsgrundschuld nach Bedingungseintritt gerichteten Anspruchs, lösen Schadensersatzansprüche nach dem allgemeinen Schuldrecht aus. Im Falle der Abtretung des Rückgewähranspruchs steht der Anspruch auf Schadensersatz dem Zessionar zu.[72]

84

---

[63] RGZ 91, 218, 225; 143, 113, 116; BGH LM Nr. 14 zu § 313 BGB; JZ 1977, 306 = NJW 1977, 247; NJW 2012, 229; BGHZ 197, 155; Jauernig/*Berger* § 1191 BGB Rn. 15; MünchKommBGB/*Westermann* § 161 BGB Rn. 10; MünchKommBGB/*Lieder* § 1191 BGB Rn. 139; Palandt/*Herrler* § 1191 BGB Rn. 26.
[64] *Hoche* DNotZ 1958, 386 f.
[65] *Huber* S. 185.
[66] BGH NJW 1985, 800, 801 f.
[67] BGH NJW 1982, 2768, 2769.
[68] Zu § 1227 Abs. 2 vgl. BGHZ 73, 317, 319 f.
[69] BGH NJW 1985, 800, 801.
[70] *Huber* S. 193.
[71] Vgl. BGHZ 197, 155, 160.
[72] BGHZ 197, 155, 157 f.: Abtretung an einen nachrangigen Grundpfandgläubiger.

Teil 4. Immobiliarsicherheiten

III. Der Rückgewähranspruch in der Insolvenz des Gläubigers

85 Der Anspruch stellt, gleich welche Variante der Eigentümer wählt, einen sog. **Verschaffungsanspruch** dar, weil er darauf abzielt, dem Eigentümer einen Vermögenswert zu verschaffen, der – jedenfalls nach außen – noch dem Grundschuldgläubiger zugeordnet ist.

86 Solche Verschaffungsansprüche sind nach § 38 InsO grundsätzlich bloße **Insolvenzforderungen**. In der Insolvenz des Grundschuldgläubigers werden diese gem. § 45 InsO mit ihrem Geldwert in Ansatz gebracht und – nach den Erfahrungen der letzten Jahrzehnte – in der Insolvenz mit höchstens 5 % bedient: Nach einer Untersuchung des Instituts für Mittelstandsforschung Bonn für den Zeitraum 2002–2007, dem über 15.000 Insolvenzverfahren in Nordrhein-Westfalen zugrunde lagen, waren die verbliebenen Vermögenswerte „in zwei Drittel aller Regelverfahren mit Schlussverteilung so niedrig, dass die an Insolvenzgläubiger verteilbare Masse am Ende bei Null EUR lag; [...] in 37 % der Verfahren reichte die im Rahmen der Schlussverteilung zu verteilende Masse lediglich dazu aus, durchschnittlich 5,4 % der offenen Forderungen der Insolvenzgläubiger zu befriedigen".[73]

87 Wesentlich besser würde der Eigentümer abschneiden, wenn ihn sein Rückgewähranspruch zur **Aussonderung** in der Insolvenz des Grundschuldgläubigers berechtigen würde. Nach § 47 InsO könnte er ihn dann voll durchsetzen.

1. Verzichtsanspruch (§ 1169)

88 Dem Anspruch aus § 1169 wird allgemein **aussondernde Wirkung** zugeschrieben (§ 47 InsO).[74] Das entspricht den Vorstellungen des Gesetzgebers. In der zweiten Kommission war zu § 1169 vorgeschlagen worden,[75] bei Bestehen einer dauernden Einrede die Hypothek ohne weiteres auf den Eigentümer übergehen zu lassen. Dem hielt die Kommissionsmehrheit jedoch ein „systematisches" Bedenken entgegen:[76] Sie wollte an dem bei obligatorischen Rechten zugrunde gelegten „Prinzip", dass die Existenz einer Einrede den Bestand des betroffenen Rechts nicht berühre, auch bei dinglichen Rechten festhalten. Aber diese „prinzipienstrenge" Lösung hinderte die Kommission nicht zu betonen, dass der Konkursverwalter des Gläubigers die Hypothek nicht zur Masse ziehen und – so kann man ergänzen – den Eigentümer mit seinem Anspruch auf eine konkursmäßige Befriedigung verweisen dürfe. Dies gilt sinngemäß auch für die Rückgewähr der **Grundschuld.**

2. Anspruch aus Sicherungsvertrag

89 Wird der Verzichts-, Rückübertragungs- und Löschungsanspruch auf den **Sicherungsvertrag** gestützt, dann kommen die Grundsätze zum Zuge, welche die Rechtsprechung für die Aussonderung im Rahmen von **Treuhandverhältnissen** entwickelt hat.

90 a) Im Verhältnis zwischen dem Sicherungsgeber und dem Gläubiger liegt nämlich eine **Sicherungstreuhand** vor, weil der Gläubiger als nach außen hin Vollberechtigter das ihm übertragene Recht, die Grundschuld, im eigenen Interesse, aber nur nach näherer schuldrechtlicher Vereinbarung der Sicherungsabrede ausüben darf. Entfällt der Sicherungszweck, dann wandelt sich das eigennüt-

---

[73] Siehe http://www.ifm-bonn.org/studien/studie-detail/?tx_ifmstudies_detail%5Bstudy%5D=70&cHash=306f81 3fa5b9df89f2b689fb5b5ea175 [zuletzt abgerufen am 22.3.2017].
[74] Vgl. *Huber* S. 173; Palandt/*Herrler* § 1191 BGB Rn. 41; MünchKommBGB/*Lieder* § 1191 BGB Rn. 184; Staudinger/*Wolfsteiner* (2015) Vor §§ 1191 ff. BGB Rn. 277 m.w.N.
[75] Vgl. Protokolle bei *Mugdan* III S. 842 f.
[76] Vgl. Protokolle bei *Mugdan* III S. 843.

zige in ein uneigennütziges Treuhandverhältnis um, das den Treugeber zur Aussonderung des Sicherungsgutes berechtigt. Dass das Treuhandverhältnis im Grundbuch nicht verlautbart ist, schadet nicht. Denn bei der Sicherungsgrundschuld ist es auch ohne diese Verlautbarung hinreichend offenkundig (siehe dazu näher § 15 Rn. 62 ff.).

Die Grundschuld kann daher als Treugut in der Insolvenz des Sicherungsnehmers aufgrund des Rückgewähranspruchs **ausgesondert** werden, wenn die **gesicherte Forderung erloschen** ist.[77]   91

b) Ist nicht der Eigentümer des belasteten Grundstücks, sondern ein **Dritter Partei des Sicherungsvertrages** und damit Gläubiger des Rückgewähranspruchs, dann ändert sich an der in Rn. 90 f. gefundenen Rechtslage nichts. Dasselbe gilt für einen Rechtsnachfolger und für einen Gläubiger, der den Rückgewähranspruch gepfändet hat. Auch sie können die Grundschuld in der Insolvenz des Treugebers aussondern.   92

Ein gleiches Vorrecht ist aber auch einem **ablösungsberechtigten Dritten** zuzubilligen. Denn den anderen Insolvenzgläubigern des Grundschuldgläubigers darf dadurch kein Vorteil erwachsen, dass nicht der Sicherungsgeber, sondern ein Dritter mit seinem Übertragungsanspruch zum Zuge kommt.   93

3. Anspruch aus Bereicherungsrecht

Könnte der Rückgewähranspruch des Eigentümers nur auf § 812 gestützt werden, läge lediglich eine **Insolvenzforderung** vor, deren Befriedigung sich nach den Regeln der InsO richtet und nur auf die Zubilligung der Insolvenzquote hinausläuft.   94

4. Rechtslage bei Fortbestehen des Sicherungszwecks

Besteht der Sicherungszweck der Grundschuld noch, weil die persönliche Forderung des Grundschuldgläubigers noch nicht fällig ist, dann ist der Anspruch des Eigentümers auf Rückgewähr noch nicht durchsetzbar. Andererseits ist aber auch der Insolvenzverwalter des Gläubigers weder berechtigt, eine vorzeitige Rückzahlung des gesicherten Darlehens zu verlangen, noch die Sicherungsgrundschuld vor Eintritt des Sicherungsfalls zu verwerten; ebenso wenig darf er den Insolvenzgläubigern gegenüber eine Rückübertragung der Grundschuld vor Erfüllung des Sicherungszwecks bewilligen. Da jedoch ein erhebliches Interesse an einer raschen Abwicklung des Insolvenzverfahrens besteht, kann es sich für den Insolvenzverwalter empfehlen zu versuchen, eine vertragliche Absprache mit dem Darlehensnehmer über eine vorzeitige Zahlung zu erreichen.[78]   95

IV. Rückgewähranspruch und Drittwiderspruchsklage

Dem Aussonderungsrecht in der Insolvenz entspricht die Befugnis zur **Drittwiderspruchsklage** in der Einzelzwangsvollstreckung. Der Pfändung der Grundschuld durch einen Gläubiger des Grundschuldinhabers müsste danach der aussonderungsberechtigte Eigentümer als Inhaber des Rückgewähranspruchs durch eine **Klage nach § 771 ZPO** begegnen können.   96

Das trifft jedenfalls in den Fällen zu, in denen der **Rückgewähranspruch bereits vor der Pfändung** der Grundschuld **fällig** war. Denn die hieraus sich gegenüber dem Grundschuldgläubiger ergebende Einrede kann nach §§ 1291, 1275, 1192 Abs. 1, 1157 Satz 1 auch dem Pfändungsgläubi-   97

---

[77] MünchKommBGB/*Lieder* § 1191 BGB Rn. 184; Staudinger/*Wolfsteiner* (2015) Vor §§ 1191 ff. Rn. 277; Gottwald/*Adolphsen*, Insolvenzrechts-Handbuch, 5. Aufl. 2015, § 40 Rn. 53, 57.
[78] So für die Parallelfrage beim Sicherungseigentum *Serick* Bd. III § 35 II 4.

ger entgegengehalten werden.[79] Um nun den Rückgewähranspruch auch verwirklichen zu können, bedarf es zumindest aus grundbuchrechtlichen Gründen (arg. § 19 GBO) der Beseitigung der Pfändung. Da aber die ZPO für diese Beseitigung die Drittwiderspruchsklage vorsieht, sollte sie nicht am Rechtsschutzbedürfnis scheitern. Materiell kann das Begehren auf §§ 804 ZPO, 1291, 1275, 1192 Abs. 1, 1169 (analog) BGB gestützt werden. – Mit der Interventionsklage gegen den Pfändungsgläubiger darf nach § 771 ZPO die **Leistungsklage auf Rückgewähr gegen den Grundschuldgläubiger** verbunden werden.

98 Dieselbe Lösung ergibt sich aber auch in den Fällen, in denen der **Rückgewähranspruch erst nach der Pfändung fällig** wird, wenn und soweit der Eigentümer dem Pfändungsgläubiger mit einer **Einrede nach § 1157 Satz 1** begegnen kann. Das gilt insbesondere für die Einrede der ordnungsgemäßen laufenden (und nach der Pfändung abgeschlossenen) Tilgung (siehe § 16 Rn. 42, 58). Dabei ist zu beachten, dass ein gutgläubiger Erwerb der Einredefreiheit durch den Pfandgläubiger nach § 1157 Satz 2 bei der Pfändung als nichtrechtsgeschäftlichem Akt ausgeschlossen ist. Will der Pfändungsgläubiger sich hier absichern, so muss er neben der Grundschuld auch die gesicherte Forderung (soweit noch nicht getilgt) pfänden und sich zur Einziehung überweisen lassen.

99 Bleiben jene Fälle, in denen eine Grundschuld gepfändet wird, die der **Grundpfandgläubiger selbst bereits verwerten** konnte. Hier ist dann aber auch die Drittwiderspruchsklage des Eigentümers ausgeschlossen.[80]

V. Der Rückübertragungsanspruch bei Zwangsversteigerung des Grundstücks

100 **Fall 2:** E hat G2 eine zweitrangige Grundschuld über 400.000 EUR bestellt. Als das Grundstück auf Antrag der erstrangigen G1 versteigert wird, meldet G2 den vollen Betrag des Grundschuldkapitals an und wird im Teilungsplan (§§ 113 f. ZVG) voll berücksichtigt. Da dem E bislang das gesicherte Darlehen erst in Höhe von 280.000 EUR ausbezahlt wurde, meldet dieser Widerspruch an. Wem steht die Differenz von 120.000 EUR zu?

1. Zulässigkeit des Widerspruchs

101 Der Widerspruch des E ist **verfahrensgemäß** nach §§ 115 ZVG, 876 ff. ZPO zu behandeln. Steht der Differenzbetrag dem E zu, ist der Teilungsplan entsprechend abzuändern (§ 124 Abs. 1 ZVG).

2. Begründetheit des Widerspruchs

102 Die **Begründetheit** des Widerspruchs hängt vom Schicksal des dem E zustehenden Rückgewähranspruchs ab. Mit dem Zuschlag des Grundstücks an den Ersteigerer erlosch das Eigentum des E ebenso wie die Grundschuld (§ 91 Abs. 1 ZVG). An die Stelle des Grundstücks trat als Surrogat der Versteigerungserlös (vgl. § 92 Abs. 1 ZVG). An ihm setzen sich die erloschenen Rechte fort: für E der Anspruch auf den Versteigerungserlös; für G das Recht, sich in Höhe des Grundschuldbetrags aus dem Erlös zu befriedigen. Gleichzeitig wandelte sich der Anspruch des E auf Rückgewähr des nicht valutierten Teils der Grundschuld in einen Anspruch auf den entsprechenden Teil

---

[79] Dazu MünchKommBGB/*Lieder* § 1191 BGB Rn. 187.
[80] Zu weitgehend daher *Huber* S. 150 ff.; *Serick* Bd. III § 34 1 m.w.N., die eine Drittwiderspruchsklage generell ausschließen. – Abl. zur Drittwiderspruchsklage etwa BeckOK ZPO/*Preuß* § 771 ZPO Rn. 23 m.w.N.

des auf G2 entfallenden Erlöses.[81] Der Teilungsplan muss also berichtigt und dem E der Betrag von 120.000 EUR zugeteilt werden.

3. Rechtsfolge einer unrichtigen Auszahlung

Wäre dem G2 die volle Summe von 400.000 EUR bereits **ausbezahlt** worden, stünde dem E gegen G2 ein Bereicherungsanspruch (§§ 812 ff.) in Höhe von 120.000 EUR zu. 103

4. Vereinbarung nach § 91 Abs. 2 ZVG

Hätte G2 mit dem Ersteher vereinbart, seine Grundschuld solle bestehen bleiben **(§ 91 Abs. 2 ZVG)**, so hätte dies gem. § 91 Abs. 3 Satz 2 ZVG wie seine Befriedigung aus dem Grundstück gewirkt. Die Rechtsstellung der übrigen Beteiligten, also auch des E, wäre durch die Vereinbarung jedoch nicht berührt worden. Im Verhältnis zu E müsste G2 sich also so behandeln lassen, als hätte er 400.000 EUR aus dem Versteigerungserlös erhalten.[82] Dann aber könnte E von G2 den Teilbetrag von 120.000 EUR kondizieren. 104

---

[81] BGH BB 1961, 661 = LM Nr. 1 zu § 91 ZVG = BeckRS 1961, 31187296 m.w.N.; BGH NJW 1975, 980; a.A. Staudinger/*Wolfsteiner* (2015) Vor §§ 1191 ff. BGB Rn. 311.
[82] BGH LM Nr. 14 zu § 91 ZVG = WM 1984, 1577, 1579 = ZIP 1984, 1536, 1539.

Anhang zu Teil 4

Übersicht 3 – Umfang der Grundpfandrechtshaftung

Die Regelung des BGB trägt dem Gedanken Rechnung, dass das Grundstück mit Früchten, Zubehör und Versicherungsforderungen eine wirtschaftliche Einheit bildet und diese insgesamt von der dinglichen Haftung erfasst werden soll (Haftungsverband). – Die Haftung ist zunächst nur potenziell und wird erst durch Beschlagnahme realisiert (vgl. Spalte Haftungsrealisierung). Vorher kann der Grundstückseigentümer (E) über einen haftenden Gegenstand verfügen, womit die Haftung unter bestimmten Voraussetzungen endet (vgl. Übersicht 4 [S. 290]).

Haftungsobjekt	Rechtsgrundlage	Erläuterungen	Haftungsrealisierung (§ 1147)
Grundstück	§ 1113 Abs. 1	Hauptobjekt der Haftung	Immobiliarvollstreckung (§§ 864 Abs. 1, 866 Abs. 1 ZPO): Eintragung einer Sicherungshypothek (§ 128 Abs. 1 ZVG), Zwangsversteigerung (§ 20 Abs. 1 ZVG) oder Zwangsverwaltung (§ 146 Abs. 1 ZVG)
abgetrennte Bestandteile[1]	§ 1120 Hs. 1	teilen das rechtliche Schicksal des Hauptobjekts, wenn sie mit der Trennung in das Eigentum des E oder des Eigenbesitzers fallen	Mobiliarvollstreckung (§ 865 Abs. 2 Satz 2 ZPO [nur bis zur Beschlagnahme nach ZVG]) oder Immobiliarvollstreckung (§ 865 Abs. 1 ZPO i.V.m. ZVG [wie bei Grundstücken])
abgetrennte Früchte[2]	§ 1120 Hs. 1	[wie bei abgetrennten Bestandteilen]	Mobiliarvollstreckung (§ 865 Abs. 2 Satz 2 ZPO [nur bis zur Beschlagnahme nach ZVG]) oder Immobiliarvollstreckung (§ 865 Abs. 1 ZPO i.V.m. ZVG [Einschränkung bei Zwangsversteigerung: § 21 Abs. 1, 3 ZVG; bei Zwangsverwaltung: §§ 148 Abs. 1 Satz 1, 21 Abs. 3 ZVG])
Zubehör	§ 1120 Hs. 2	soweit E Eigentümer oder Anwartschaftsberechtigter (siehe § 8 Rn. 60 ff.)	nur Immobiliarvollstreckung (§ 865 Abs. 1 ZPO i.V.m. ZVG [§ 865 Abs. 2 Satz 1 ZPO – wie bei Grundstücken])
Miet- und Pachtzinsforderung	§ 1123	„vertreten" bei verpachtetem Grundstück die nicht haftenden unmittelbaren Sachfrüchte (vgl. § 21 Abs. 3 ZVG)	Mobiliarvollstreckung (§ 865 Abs. 2 Satz 2 ZPO [nur bis zur Beschlagnahme nach ZVG]) oder Immobiliarvollstreckung in Form der Zwangsverwaltung (§§ 865 Abs. 1, 148 Abs. 1 Satz 1 ZPO, § 21 Abs. 2 ZVG)
Ansprüche aus subjektiv-dinglichen Rechen	§ 1126	nur Ansprüche auf wiederkehrende Leistungen, z. B. aus Reallasten nach § 1110	[wie bei Miet- und Pachtzinsforderungen]
Versicherungsforderungen	§§ 1127 ff.	Versicherung für haftende Gegenstände, z. B. Gebäudebrand- oder Diebstahlversicherung; Surrogat für Verlust oder Wertminderung	bei Gebäudeversicherungen: §§ 1128 Abs. 3, 1281 f., bei anderen Versicherungen: [wie bei Früchten]

Anmerkungen zu Übersicht 3

[1] Vor der Trennung Haftung zusammen mit dem Grundstück.

[2] Soweit sie nicht Zubehör geworden sind, z.B. Saatgut (vgl. § 98 Nr. 2). – Vor der Trennung haften die Früchte als wesentliche Bestandteile des Grundstücks (vgl. § 94 Abs. 1) zusammen mit diesem, können nach § 810 ZPO – allerdings begrenzt – auch im Wege der Zwangsvollstreckung in das bewegliche Vermögen gepfändet werden (Verwertung: § 824 ZPO).

Teil 4. Immobiliarsicherheiten

Übersicht 4 – Abwehrrechte des Grundpfandgläubigers gegen rechtliche und tatsächliche Eingriffe in den Haftungsverband seines Grundpfandrechts (vor Fälligkeit)

Gefährdung der Haftung	in rechtlicher Hinsicht	in tatsächlicher Hinsicht
des Grundstücks	**Verfügung des E:** kein Schutz notwendig, da das Grundstück weiter haftet (vgl. auch § 1136) **ZV durch andere Gläubiger:** Vorrang gem. § 10 Nr. 4 ZVG beim geringsten Gebot (§§ 45 Abs. 1, 44 Abs. 1 ZVG)	**eingetretene Verschlechterung:** – *Ansprüche gegen E:* auf Beseitigung (§ 1133);[1] auf Schadensersatz (§ 823 Abs. 1[2] oder § 823 Abs. 2 i.V.m. § 1133 oder § 826 [Wiederherstellung des ursprünglichen Zustands]) – *Ansprüche gegen Dritte:* auf Beseitigung (§ 1004 Abs. 1 Satz 1 analog i.V.m. § 1133); auf Schadensersatz (siehe oben) **drohende Verschlechterung:** – *Ansprüche gegen E:* auf Unterlassung (§ 1134) – *Ansprüche gegen Dritte:* auf Unterlassung (§ 1004 Abs. 1 Satz 2 analog i.V.m. § 1134)
des Zubehörs (§ 1120)	**Veräußerung, Verpfändung:** – *vor Entfernung vom Grundstück:* wenn Aufhebung der Zubehöreigenschaft im Rahmen ordnungsgemäßer Wirtschaft: keine Abwehrrechte (arg. §§ 1122 Abs. 2, 1135); sonst: siehe rechte Spalte[3] – *nach Entfernung vom Grundstück:* keine Abwehrrechte mehr[4,5] **Pfändung:** nicht möglich (vgl. § 865 Abs. 2 Satz 1 ZPO); bei Verstoß hiergegen: § 766 ZPO (wegen funktioneller Unzuständigkeit des GVZ), § 771 ZPO[6]	**eingetretene Verschlechterung:** – *Ansprüche gegen E:* auf Beseitigung (§§ 1135, 1133);[7] auf Schadensersatz (§ 823 Abs. 1 oder § 823 Abs. 2 i.V.m. § 1135 oder § 826) – *Ansprüche gegen Dritte:* auf Beseitigung (§ 1004 Abs. 1 Satz 1 analog i.V.m. § 1135); auf Schadensersatz (siehe oben) **drohende Verschlechterung:** – *Ansprüche gegen E:* auf Unterlassung (§§ 1135, 1134) – *Ansprüche gegen Dritte:* auf Unterlassung (§ 1004 Abs. 1 Satz 2 analog i.V.m. § 1135)
der Erzeugnisse und Bestandteile (§ 1120)	**vor Trennung:** [wie bei Grundstücken]; Ausnahme: § 771 ZPO gegen Pfändung gem. § 810 Abs. 1 ZPO, soweit nicht ein Fall des § 21 Abs. 3 ZVG vorliegt (siehe § 810 Abs. 2 ZPO) **nach Trennung:** – *bei Verfügung des E:* innerhalb der Grenzen der ordnungsgemäßen Wirtschaft: keine Abwehrrechte; bei Überschreiten: siehe rechte Spalte – *bei Pfändung:* str., ob § 805 ZPO oder § 771 ZPO oder wahlweise Geltendmachung beider Rechtsbehelfe	[wie bei Grundstücken]
der Miet- und Pachtzinsen (§ 1123)	keine Abwehrrechte, da Einziehung der Miet- bzw. Pachtzinsen durch den Eigentümer bzw. diejenigen, denen diese Ansprüche abgetreten worden sind, vor Beschlagnahme des Grundstücks als ordnungsgemäß gilt (arg. §§ 1124 Abs. 1, Abs. 3, 1133 f.; Grenzen: § 1124 Abs. 2, 1125)	
der Versicherungsforderungen (§ 1127 Abs. 1)	a) Gebäudeversicherung: §§ 1128 Abs. 1, Abs. 2 (vgl. §§ 94 ff. VVG); §§ 1128 Abs. 3, 1281 b) sonstige Versicherungen: § 1129	

Anmerkungen zu Übersicht 4

[1] Wie die Wertminderung des Grundstücks eingetreten ist, bleibt gleich; auch bei Minderung infolge von Naturereignissen oder Eingriffen Dritter greift die Vorschrift Platz; vgl. statt aller *Baur/Stürner* § 40 Rn. 9 ff.

[2] Das Recht des Gläubigers auf Zusammenhalt des Haftungsverbands stellt ein sonstiges Recht im Sinne des § 823 Abs. 1 dar. – Zu beachten ist, dass der von § 1004 analog und von § 823 Abs. 1 gewährte Schutz nicht weiter geht als der durch die §§ 1133–1135 gewährte.

[3] Sieht man eine Veräußerung als bereits eingetretene Verschlechterung des Grundstückswerts an (so noch Staudinger/*Scherübl*, 12. Aufl. 1981, § 1135 BGB sub 1c), so ist § 1133 anwendbar. Bei Annahme einer bloß drohenden Verschlechterung (Staudinger/*Wolfsteiner* [2015] § 1133 BGB Rn. 10) kann der Hypothekengläubiger nur auf Unterlassung, nicht aber auf Befriedigung aus dem Grundstück klagen.

[4] Bei einer Veräußerung bzw. Verpfändung und anschließender Entfernung des ursprünglichen Zubehörstücks vom Grundstück unterfällt dieses nämlich nicht mehr der Hypothekenhaftung (§ 1121 Abs. 1). Dem Gläubiger kann jedoch

ein Schadensersatzanspruch aus §§ 823 Abs. 1, 823 Abs. 2 i.V.m. § 1135 und ein Bereicherungsanspruch aus § 816 Abs. 1 Satz 1 zustehen; vgl. Jaeger/*Henckel* § 49 InsO Rn. 48.

[5] Die Haftung des Zubehörs endet nicht schon mit dessen Freigabe durch den Gläubiger, da die (bloße) Veräußerung ohne die Entfernung der Sache vom Grundstück die Zubehöreigenschaft nicht aufhebt, vgl. RGZ 125, 362, 364f.; BGH NJW 1979, 2514; HK-ZV/*Noethen* § 865 ZPO Rn. 9.

[6] Teilweise wird vertreten, ein Schutz des Hypothekengläubigers nach § 771 ZPO scheide aus, weil der Zubehörsgegenstand zum Schuldnervermögen gehöre, so Baumbach/Lauterbach/Albers/*Hartmann,* ZPO, 75. Aufl. 2017, § 865 ZPO Rn. 14 und Stein/Jonas/*Münzberg* § 865 ZPO Rn. 36. Andere befürworten eine Widerspruchsklage des Hypothekengläubigers nach § 771 ZPO nach der Beschlagnahme des Grundstücks, so Thomas/Putzo/*Seiler* § 865 ZPO Rn. 7. Richtig dürfte sein, dem Hypothekengläubiger eine Klagemöglichkeit nach § 771 ZPO immer zuzusprechen, da § 865 Abs. 2 Satz 1 ZPO eine Pfändung von einzelnen Zubehörstücken generell ausschließt (so i. Erg. auch RGZ 55, 207, 208, 209; BGH WM 1987, 76; *Hoche* NJW 1952, 961; *Baur/Stürner/Bruns* § 34 III 6 Rn. 585 [S. 444]; Zöller/*Stöber* § 865 ZPO Rn. 12).

[7] Wie die Wertminderung des Grundstücks eingetreten ist, bleibt gleich; auch bei Minderung infolge von Naturereignissen oder Eingriffen Dritter greift die Vorschrift Platz; vgl. statt aller *Baur/Stürner* § 40 Rn. 9 ff.

Teil 4. Immobiliarsicherheiten

Übersicht 5 – Gutgläubiger Erwerb bei der Übertragung von Grundpfandrechten

	Erwerb des Pfandrechts trotz Nichtbestehens		Erwerb der Freiheit von … Einreden		
	des Pfandrechts	der Forderung	pfandrechts-bezogenen	sicherungs-vertraglichen	forderungs-bezogenen
Hypothek	ja: § 892 Abs. 1[1]	ja: §§ 1138, 892[1]	grds. nein[2]	ja: §§ 1157 Satz 2, 892[1]	ja: §§ 1138, 892[1]
Sicherungs-hypothek	ja: § 892 Abs. 1	nein: § 1185 Abs. 2	grds. nein[2]	ja: §§ 1157 Satz 2, 892	nein: § 1185 Abs. 2
Grundschuld	ja: § 892 Abs. 1[1]	nicht akzessorisch[3]	grds. nein[2]	ja: §§ 1192 Abs. 1, 1157 Satz 2, 892[1]	nicht akzessorisch[3]

Anmerkungen zu Übersicht 5

[1] Bei *Briefrechten* ist zusätzlich § 1155 zu beachten.
[2] Vgl. § 16 Rn. 28 ff., dort auch zu Ausnahmen.
[3] Besteht bei der *Sicherungsgrundschuld* (siehe § 15 Rn. 17) die gesicherte Forderung nicht oder nicht einredefrei, dann erlangt der Erwerber zwar die Grundschuld. Die dem Eigentümer gegen den bisherigen Gläubiger zustehenden Einreden der Nichtvalutierung usw. (siehe § 16 Rn. 21 f.) können jedoch nach §§ 1192 Abs. 1, 1157 Satz 1 auch dem Erwerber entgegengehalten werden; ein gutgläubiger einredefreier Erwerb kommt wegen § 1192 Abs. 1a insoweit nicht mehr in Betracht.

Übersicht 6 – Einwendungen und Einreden des Eigentümers gegen das Grundpfandrecht

Im Folgenden bedeuten: ja – Einwendung/Einrede besteht; nein – Einwendung/Einrede besteht nicht.

	Ausgangslage		nach Gläubigerwechsel		nach Eigentümerwechsel	
	Hypothek	Grundschuld	Hypothek	Grundschuld	Hypothek	Grundschuld
forderungsbezogene Einreden (siehe § 16 Rn. 23)	ja: § 1137[1]	nein[2]	ja: § 1137[1,3,4]	nein[2]	ja, § 1137	nein[2]
pfandrechtsbezogene Einwendungen und Einreden (siehe § 16 Rn. 19f.)	ja	ja	ja[5]	ja[5]	ja	ja
sicherungsvertragliche Einreden (siehe § 16 Rn. 21f.)	ja	ja	ja: § 1157 Satz 1[6]	ja: §§ 1192 Abs. 1, 1157 Satz 1[6]	nein (nur nach Abtretung)	nein (nur nach Abtretung)

Anmerkungen zu Übersicht 6

[1] Ausnahmen: u. a. §§ 216, 1137 Abs. 1 Satz 2.
[2] Stattdessen aber sicherungsvertragliche Einreden, siehe § 16 Rn. 22.
[3] Beachte aber §§ 1138, 892 f. – Ausnahme: 1185 Abs. 2.
[4] Weitere Ausnahme: § 1156 Satz 2.
[5] Beachte aber § 892; siehe § 16 Rn. 28.
[6] Beachte aber §§ 1157 Satz 2, 892.

Teil 4. Immobiliarsicherheiten

Übersicht 7 – Folgen der Kredittilgung für Forderung und Grundpfandrecht

Erklärung der Abkürzungen:

D = Dritter

E = Eigentümer des belasteten Grundstücks

GS = Grundschuld

(R)ÜA = (Rück-)Übertragungsanspruch

S = Schuldner der persönlichen Forderung

SiV = Sicherungsvertrag

Die **Verbindungslinien** verweisen auf die Folgen der jeweiligen Tilgung für Forderung und Grundpfandrecht.

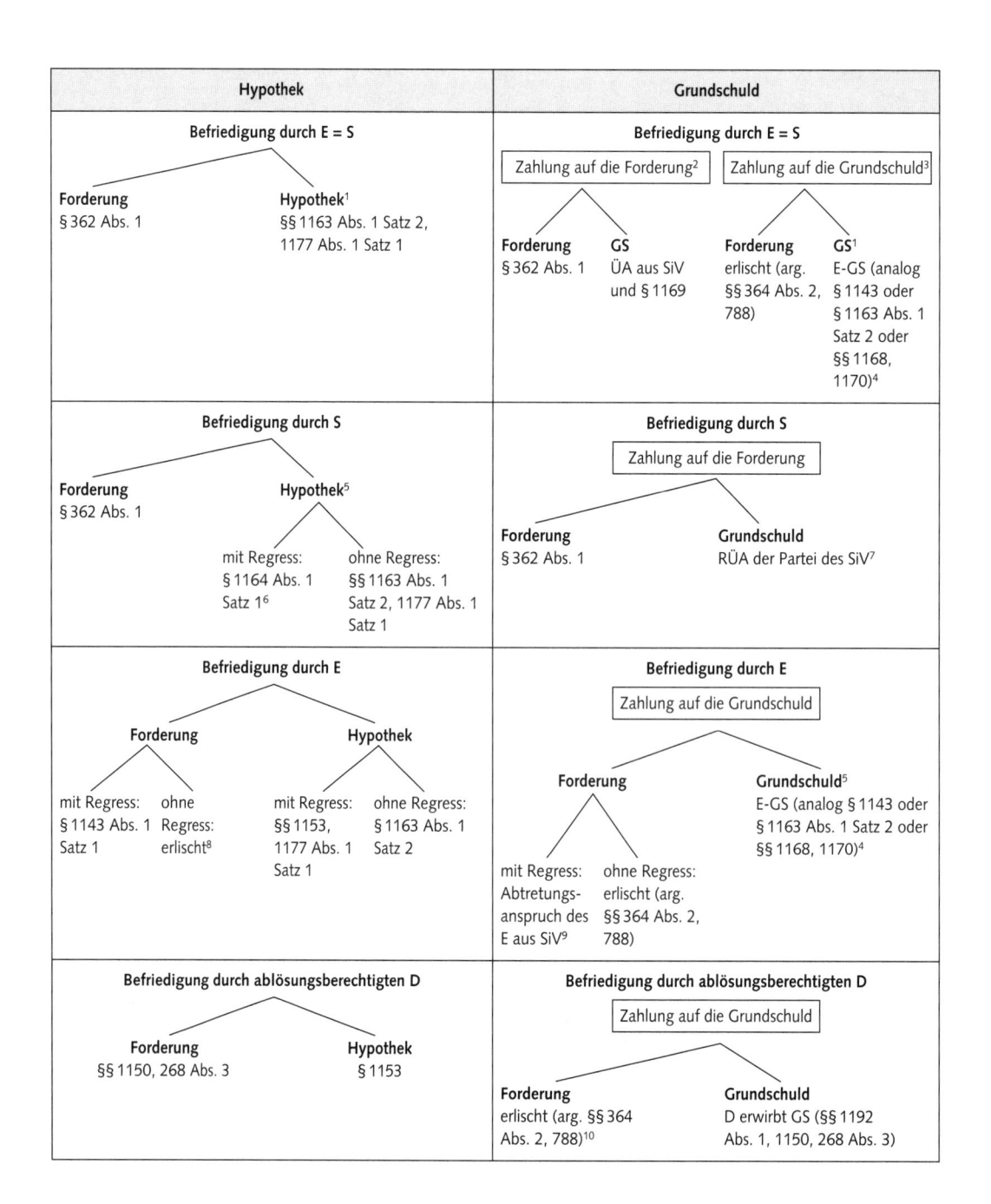

Hypothek	Grundschuld
Befriedigung durch E = S Forderung — Hypothek[1] § 362 Abs. 1 — §§ 1163 Abs. 1 Satz 2, 1177 Abs. 1 Satz 1	**Befriedigung durch E = S** Zahlung auf die Forderung[2] | Zahlung auf die Grundschuld[3] Forderung — GS | Forderung — GS[1] § 362 Abs. 1 — ÜA aus SiV und § 1169 | erlischt (arg. §§ 364 Abs. 2, 788) — E-GS (analog §§ 1143 oder § 1163 Abs. 1 Satz 2 oder §§ 1168, 1170)[4]
Befriedigung durch S Forderung — Hypothek[5] § 362 Abs. 1 mit Regress: § 1164 Abs. 1 Satz 1[6] | ohne Regress: §§ 1163 Abs. 1 Satz 2, 1177 Abs. 1 Satz 1	**Befriedigung durch S** Zahlung auf die Forderung Forderung — Grundschuld § 362 Abs. 1 — RÜA der Partei des SiV[7]
Befriedigung durch E Forderung — Hypothek mit Regress: § 1143 Abs. 1 Satz 1 | ohne Regress: erlischt[8] | mit Regress: §§ 1153, 1177 Abs. 1 Satz 1 | ohne Regress: § 1163 Abs. 1 Satz 2	**Befriedigung durch E** Zahlung auf die Grundschuld Forderung — Grundschuld[5] mit Regress: Abtretungsanspruch des E aus SiV[9] | ohne Regress: erlischt (arg. §§ 364 Abs. 2, 788) — E-GS (analog § 1143 oder § 1163 Abs. 1 Satz 2 oder §§ 1168, 1170)[4]
Befriedigung durch ablösungsberechtigten D Forderung — Hypothek §§ 1150, 268 Abs. 3 — § 1153	**Befriedigung durch ablösungsberechtigten D** Zahlung auf die Grundschuld Forderung — Grundschuld erlischt (arg. §§ 364 Abs. 2, 788)[10] — D erwirbt GS (§§ 1192 Abs. 1, 1150, 268 Abs. 3)

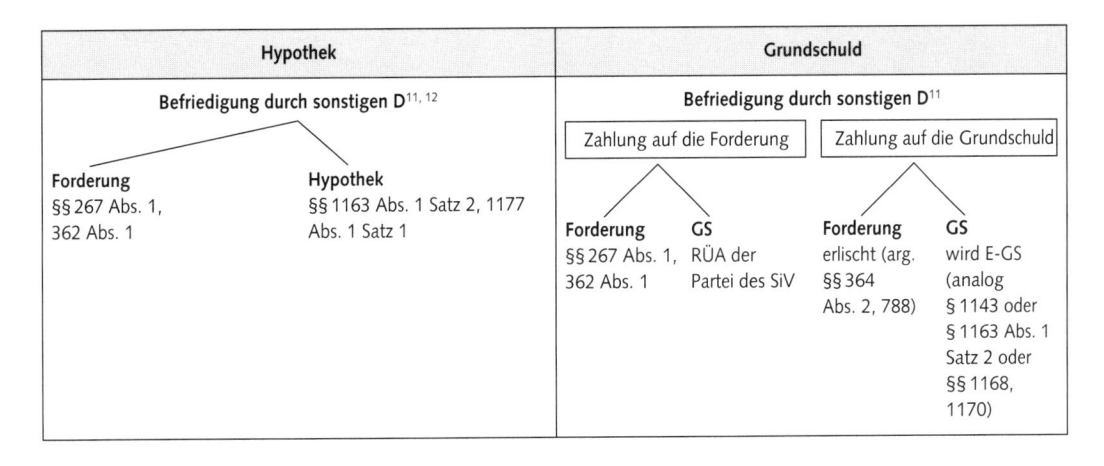

Hypothek	Grundschuld	
Befriedigung durch sonstigen D[11, 12]	Befriedigung durch sonstigen D[11]	
	Zahlung auf die Forderung	Zahlung auf die Grundschuld
Forderung — Hypothek §§ 267 Abs. 1, — §§ 1163 Abs. 1 Satz 2, 1177 362 Abs. 1 — Abs. 1 Satz 1	Forderung — GS §§ 267 Abs. 1, — RÜA der 362 Abs. 1 — Partei des SiV	Forderung — GS erlischt (arg. — wird E-GS §§ 364 — (analog Abs. 2, 788) — § 1143 oder — § 1163 Abs. 1 — Satz 2 oder — §§ 1168, — 1170)

Anmerkungen zu Übersicht 7

[1] Wird der Gläubiger im Wege der Zwangsvollstreckung (§ 1147) aus dem Grundstück oder den mithaftenden Gegenständen befriedigt, so erlöschen Forderung (§ 362 Abs. 1, arg. § 1113 Abs. 1 bei der hypothekarisch, arg. § 364 Abs. 2 bei der durch eine Grundschuld gesicherten Forderung) und Pfandrecht (§ 1181 Abs. 1 und 3). – Am Grundstück selbst und an den mithaftenden Gegenständen erlischt bei der Zwangsversteigerung das Grundpfandrecht zwar schon mit der Erteilung des Zuschlags (§ 91 Abs. 1 ZVG), wenn es dem die Zwangsvollstreckung betreibenden oder einem nachrangigen Gläubiger zusteht (vgl. §§ 44 Abs. 1, 52 Abs. 1, 91 Abs. 1 ZVG); es setzt sich jedoch zunächst am Erlös fort (arg. §§ 37 Nr. 5, 92 Abs. 1 ZVG: Surrogationsprinzip).

[2] Der Schuldner-Eigentümer braucht nur Zug um Zug gegen Rückübertragung der Grundschuld zu leisten, vgl. § 17 Rn. 79.

[3] Überträgt der Gläubiger die Grundschuld zum Zweck der Verwertung (isoliert) auf einen Dritten, so erlischt die Forderung (arg. § 364 Abs. 2), vgl. BGH NJW 1982, 2768, 2769 m.w.N.

[4] Vgl. § 17 Rn. 10.

[5] Das Pfandrecht erlischt jedoch, wenn der Gläubiger sich aus ihm im Wege der Zwangsvollstreckung (§ 1147) befriedigt (§ 1181).

[6] Gesetzlicher Übergang der Hypothek, kombiniert mit gesetzlicher Forderungsauswechslung.

[7] Kann der Schuldner beim Eigentümer Regress nehmen, und ist dieser, nicht jener Partei des Sicherungsvertrages, dann wird man den Rückübertragungsanspruch dem Schuldner zugestehen müssen. *Heck*, Grundriß des Sachenrechts, 1930, § 100 Rn. 5b leitet dieses Ergebnis aus einer Analogie zu § 426 Abs. 2 her. Folgt man dem nicht, bleibt nur, in der den Regressanspruch tragenden Vereinbarung zwischen Schuldner und Eigentümer zugleich die Abtretung des Rückübertragungsanspruchs enthalten zu sehen.

Dagegen ist § 1164 entgegen *Küchler*, Die Sicherungsgrundschuld, 1939, S. 53 ff. nicht (entsprechend) anwendbar: die Vorschrift wandelt die Rechtsfolge des § 1163 ab, indem sie die Hypothek auf den regressberechtigten Schuldner statt auf den Eigentümer übergehen lässt; da aber § 1163 bei der Grundschuld von vornherein ausgeschlossen ist, kann bei ihr auch die § 1163 bloß modifizierende Regel des § 1164 nicht zum Zuge kommen.

[8] Vgl. § 17 Rn. 46.

[9] Vgl. § 17 Rn. 49. – Ist E nicht Partei des Sicherungsvertrages, gilt das in Fn. 7 Bemerkte entsprechend.

[10] Betreibt der Gläubiger gleichzeitig die Zwangsvollstreckung aus der Forderung in das belastete Grundstück, dann wird § 268 Abs. 3 für die Forderung anwendbar.

[11] Regressmöglichkeiten des Dritten: §§ 812, 683; § 1164 Abs. 1 Satz 1 gilt nicht (arg. § 1150).

[12] Für den Fall, dass der Dritte ein Bürge ist, vgl. § 3 Rn. 56.

Sachregister

Fette Zahlen verweisen auf die Paragrafen, magere auf deren Randnummern.

Ablösung 17 1 ff., 10 ff., 44 ff.; **Anh. zu Teil 4** Übersicht 7 (S. 294 f.)
Absonderungsrecht 7 106; **12** 11
– Durchsetzung **12** 15 f.
Abtretungsverbot 7 34 ff.
Akzessorietät
– Bürgschaft **2** 24 ff., 34, 60 ff., 70 ff., 103
– Garantie **3** 6 ff., 23
– Grundschuld **15** 7 f., 21; **16** 15
– Hypothek **15** 3 ff.; **16** 76
– Patronatserklärung **4** 20
– Pfandrecht **6** 6
– Sicherungsübereignung **9** 13 ff.
– Vormerkung **14** 31 f.
Allgemeine Geschäftsbedingungen
– Abtretungsverbot in ~ **7** 41
– Bürgschaft **2** 17, 26 f., 139, 144, 158
– Eigentumsvorbehalt **7** 9 ff.
– Pfandrecht **6** 8
– Sicherungsübereignung **9** 22 ff.
– Verarbeitungsklausel **7** 86
– Verfallklausel **9** 73 f.
– Vorausabtretungsklausel in ~ **7** 41
– widersprechende **7** 12 f.
Anfechtung 12 12 ff.
Anwartschaftsrecht 8 1 ff.
– bei Auflassung **8** 23
– bei Eigentumsvorbehalt **7** 5
– Erlöschen **8** 90 ff., 94 ff.
– gutgläubiger Erwerb **8** 78 ff.
– Herausgabeanspruch aus ~ **9** 82 ff.
– bei Hypothek **15** 16
– nachträgliche Änderung **8** 87 ff.
– Pfandrecht am ~ **8** 60 ff.
– Pfändung des ~ **8** 29 ff.
– Schutz **8** 99
– Sicherungsübereignung **9** 26, 33 f., 49 ff., 63
– Übertragung **8** 16 ff., 24 f.

– Vermieterpfandrecht am ~ **8** 59, 63, 69 ff.
– Verwertung **9** 76 f., 82 f.
Aussonderungsrecht 9 20; **12** 1 ff., 17 ff., 25, 31 f.; **15** 63 ff.; **17** 88 ff.
Avalkredit 1 2; **2** 2
Avalkreditvertrag 2 30

Bassinvertrag 9 96
Besitzkonstitut 7 46; **9** 9, 44 ff.
– antezipiertes **7** 46, 57; **9** 57 ff.; **10** 25
Bestimmtheitsgrundsatz
– bei Globalbürgschaft **2** 17
– im Sachenrecht **9** 27, 35 ff.
– bei Sicherungsübereignung **7** 85; **9** 27, 35 ff., 99
– bei Treuhand **15** 68
– bei Zession **10** 27 ff.
Bürgschaft 2 1 ff.
– und AGB **2** 17, 26 f., 139, 144, 158
– Abgrenzung zum Garantievertrag **2** 98; **3** 24 ff.
– Abgrenzung zum Schuldbeitritt **2** 99
– Akzessorietät **2** 24 ff., 34, 60 ff., 70 ff., 103
– Ausfallbürgschaft **2** 147 f.
– für Bereicherungsanspruch **15** 83 ff.
– Blankettbürgschaft **2** 14
– Einrede der Anfechtbarkeit **2** 90
– Einrede der Aufrechenbarkeit **2** 58 ff., 142, 144
– Einrede der Vorausklage **2** 140 ff.
– Einrede des Zurückbehaltungsrechts **2** 65 ff.
– Einwendungen **2** 70 ff.
– auf erstes Anfordern **2** 143, 158
– Form **2** 10 ff., 102
– Funktion **2** 1 f.
– gesicherte Forderungen **2** 6 f.
– Gläubigerwechsel **2** 19 ff.

Sachregister

- Globalbürgschaft **2** 16f.
- Höchstbetragsbürgschaft **2** 18, 149ff.
- krasse finanzielle Überforderung **2** 131f.
- für künftige Verbindlichkeiten **2** 17
- Mitbürgschaft **2** 146, 150f.
- Nachbürgschaft **2** 152f.
- Nichtigkeit des Bürgschaftsvertrages **2** 127ff.
- Regress gegenüber dem Hauptschuldner **2** 159ff.
- Regress gegenüber dem Mitbürgen **2** 162
- Rückbürgschaft **2** 154ff.
- selbstschuldnerische **2** 143, 146
- Subsidiarität **2** 27, 140ff.
- Teilbürgschaft **2** 150
- bei Unwirksamkeit der gesicherten Forderung **15** 83
- Verbreitung **1** 11
- Vertrag **2** 9, 28ff.
- Widerrufsrecht **2** 106ff.
- wirtschaftliche Bedeutung **2** 3
- Zeitbürgschaft **2** 146

Delkredere 7 48f.; **11** 3ff.
Drittwiderspruchsklage 8 50ff.; **12** 52, 56ff., 64; **15** 32ff., 62ff.; **17** 96ff.

Eigentumsvorbehalt 6 12
- und AGB **7** 9ff.
- einfacher **7** 15ff., 89f.
- Erlöschen durch Aufhebung des Kaufvertrages **8** 90ff.
- Erlöschen durch Kaufpreiszahlung **7** 90
- Globalzession bei Factoring contra verlängerten ~ **11** 12ff., 33ff.
- in der Insolvenz **12** 1ff., 17ff., 27ff., 45ff.
- nachgeschalteter **7** 100
- nachträgliche Erweiterung **8** 87ff.
- Kontokorrentvorbehalt **7** 102ff.
- Konzernvorbehalt **7** 102, 110
- Verbreitung **1** 11
- verlängerter **7** 91ff.
- verlängerter ~ in der Insolvenz **12** 62f., 71
- Kollision mit Sicherungsabtretung beim verlängerten ~ **10** 46ff.
- und Verbraucherschutz **7** 14
- und Verjährung **7** 111ff.
- Verzicht des Verkäufers auf ~ **12** 40ff.
- weitergeleiteter **7** 101
- und Weiterveräußerung **7** 29f.
- wirtschaftliche Bedeutung **7** 1f.
- in der Zwangsvollstreckung **12** 50, 55ff.

Einziehungsbefugnis
- bei der Sicherungsabtretung **10** 5ff.
- beim verlängerten Eigentumsvorbehalt **11** 19, 22ff.

Erbschein 14 36, 53, 64
Ersatzaussonderung 12 62f.

Factoring 11 1ff.
- Delkredere **11** 3ff.
- echtes **11** 4, 8f.
- Globalzession bei echtem ~ **11** 13, 19ff.
- Globalzession bei unechtem ~ **11** 29ff.
- Kollision mit verlängertem Eigentumsvorbehalt **11** 12ff., 29ff., 33ff.
- Kollision von Sicherungsglobalzession mit Factoring-Globalzession **11** 39ff.
- Rechtsnatur **11** 7ff.
- unechtes **11** 4, 10f.
- Vertragscharakteristika **11** 3
- wirtschaftliche Ziele **11** 1f.

Garantie 3 1ff.; **17** 52f.
- (Nicht-)Akzessorietät **3** 6ff., 23
- Abgrenzung zum Schuldversprechen **3** 21f.
- Abgrenzung zur Bürgschaft **3** 24ff.
- Abgrenzung zur Schuldübernahme **3** 17ff.
- Abstraktheit **3** 5
- Arten **3** 1f.
- Einreden **3** 12
- Einwendungen **3** 12
- Form **3** 11, 29ff.
- Funktion **3** 3
- Garantiefall **3** 7f.
- Rechtsgrundlage **3** 11
- Regress gegenüber anderen Nebenschuldnern **3** 52ff.
- Regress gegenüber dem Hauptschuldner **3** 47ff.
- Zahlung auf erstes Anfordern **3** 8
- Zweck **3** 1ff.

Sachregister

Garantievertrag siehe *Garantie*
Gläubigeranfechtung 12 12 ff.
Globalzession 10 1, 9, 11 ff.
- beim Factoring **11** 12 ff.
- Freigabeverpflichtung **10** 44 ff.
- Kollision von Factoring- mit Sicherungsglobalzession **11** 39 ff.
- Übersicherung **10** 40 ff.

Grundbuch 13 12, 22 ff.; **15** 73; **16** 73
Grundbuchverfahren siehe *Grundbuch*
Grundpfandrechte 15 1 ff.; **16** 1 ff.; **17** 1 ff.
Grundschuld 13 7; **15** 1
– Ablösung **17** 1 ff., 10 ff., 44 ff.; **Anh. zu Teil 4** Übersicht 7 (S. 294 f.)
– Briefgrundschuld **15** 10
– Buchgrundschuld **15** 12
– Einredefreiheit, Einschränkungen des gutgläubigen Wegerwerbs von Einreden **16** 103 ff.
– Einredefreiheit, gutgläubiger Erwerb der ~ **16** 28 ff., 33 ff., 61 ff.
– Einwendungen gegen die ~ **16** 18 ff.
– Erwerb **16** 9 ff.
– Fälligkeit **17** 32
– Forderungsauswechslung **16** 91 f.
– Fremdgrundschuld **15** 21, 24
– für Bereicherungsanspruch **15** 91 f.
– Geltendmachung der ~ **16** 78 ff.
– Gesamtgrundschuld **15** 29 ff., 38 ff.; **16** 99
– und Grundstückszubehör **8** 60 ff.
– Haftungsumfang **15** 55 ff.
– (Nicht-)Akzessorietät **15** 7 f., 21; **16** 15
– Pfändung der (Teil-)Eigentümergrundschuld **17** 65 ff.
– Rückübertragung **15** 91 f.; **16** 66 ff.; **17** 72 ff.
– Rückübertragung bei Zwangsversteigerung **17** 100 ff.
– Rückübertragung in der Gläubigerinsolvenz **17** 85 ff.
– Rückübertragung und Drittwiderspruchsklage **17** 96 ff.
– Sicherung mehrerer Gläubiger **16** 94 ff.
– Sicherungsgrundschuld **15** 7; **16** 103 ff.; **17** 11
– (Teil-)Eigentümergrundschuld **15** 18, 21 ff.; **16** 101 f.; **17** 2, 22, 65 ff.
– Teilzahlungen **17** 10 ff., 44 ff.
– Tilgungsgrundschuld **17** 21 f.
– Übertragung **16** 8 ff., 81 ff.
– Verbreitung **1** 11
– Vergleich mit Hypothek **16** 76 ff.
– Verhältnis zur Auflassungsvormerkung **15** 26 ff.
– Verkehrsfähigkeit **15** 10 ff.
– Verrechnungsabrede **17** 1, 13 ff.

Grundstücksrechte, Erwerb von ~ **13** 15 ff.
Grundstückzubehör, Grundpfandrecht am ~ **8** 60 ff.
Gutgläubiger Erwerb
– des Anwartschaftsrechts **8** 78 ff.
– des Eigentums an beweglichen Sachen **7** 30
– der Einredefreiheit **16** 28 ff., 33 ff., 61 ff.
– gesetzlicher Pfandrechte **6** 9, **8** 8, 57
– von Grundpfandrechten **13** 35 ff.; **Anh. zu Teil 4** Übersicht 5 (S. 292)
– der Lastenfreiheit **8** 45 ff., 75 f.
– Nachforschungspflicht **7** 30; **9** 108 ff.
– von Sicherungseigentum **9** 107 ff.
– der Vormerkung **14** 62 ff., 79 ff., 108 ff.
– Zeitpunkt der Gutgläubigkeit **14** 71 ff.

Haftungszusage 16 89; **17** 1 ff., 50 ff.
Herausgabeanspruch des Sicherungseigentümers **7** 76 ff.
Hersteller 7 46, 52 ff., 118 ff.
Hypothek 13 6; **15** 1
– Akzessorietät **15** 3 ff.; **16** 76
– am Anwartschaftsrecht **8** 60 ff.
– für einen Bereicherungsanspruch **15** 79 ff.
– Briefhypothek **15** 10, 17
– Buchhypothek **15** 12, 17
– Eigentümerhypothek **15** 16
– Einredefreiheit, gutgläubiger Erwerb der ~ **16** 28 ff., 33 ff., 61 ff.
– Einwendungen gegen die ~ **16** 23, 27
– Erwerb **16** 9 ff.
– Forderungsauswechslung **16** 90, 93
– Fremdhypothek **15** 16
– Geltendmachung **16** 78 ff.
– Gesamthypothek **16** 98
– und Grundstückszubehör **8** 60 ff.

Sachregister

- Haftungsumfang **Anh. zu Teil 4** Übersicht 3 (S. 289)
- Höchstbetragshypothek **15** 5; **16** 88
- Rückübertragung **15** 90
- Sicherung mehrerer Gläubiger **16** 94 ff.
- Sicherungshypothek **15** 5; **16** 78
- Teilzahlungen **17** 10 ff., 44 ff.
- Tilgungshypothek **17** 21 f.
- Übertragung **16** 8 ff., 81 ff.
- Verbreitung **1** 11
- Vergleich mit der Grundschuld **16** 76 ff.
- Verkehrsfähigkeit **15** 10 ff.
- Verkehrshypothek **16** 78 f., 89, 105 ff.
- Wertpapierhypothek **15** 5
- Zwangshypothek **13** 15; **15** 5

Immobiliarsicherheiten 13 1 ff; **14** 1 ff.; **15** 1 ff.; **16** 1 ff.; **17** 1 ff.
- Arten **13** 6 ff.
- Begriff **1** 7; **13** 1
- Publizität **13** 12, 19 ff.
- Verbreitung **1** 11 f.
- wirtschaftliche Bedeutung **13** 6 ff.

Insolvenz 6 3 f.; **12** 1 ff.; **15** 62 ff.; **17** 85 ff.
- Ablehnungsrecht des Insolvenzverwalters **12** 27 ff., 47, 70
- Absonderungsrecht **7** 106; **12** 11
- Absonderungsrecht, Durchsetzung **12** 15 f.
- Anfechtungsmöglichkeiten des Insolvenzverwalters **12** 12 ff.
- Aussonderungsrecht **9** 20; **12** 1 ff., 17 ff., 25, 31 f.; **15** 63 ff.; **17** 88 ff.
- Ersatzaussonderung **12** 62 f.

Insolvenzanfechtung 12 12 ff.

Konsortialkredit 15 29 ff.; **16** 95 ff.;
siehe auch *Treuhand*

Kontokorrentvorbehalt 7 103 ff.

Konzernvorbehalt 7 110

Kredit 1 1 ff.
- Akzeptkredit **2** 2
- Avalkredit **2** 2
- Haftungskredit **1** 2; **2** 2
- Konsortialkredit **15** 29 ff.; **16** 95 ff.
- Lombardkredit **6** 8
- Personalkredit **1** 9

- Realkredit **1** 9
- Tilgung **17** 1 ff.
- Vergabekriterien **1** 12
- (volks-)wirtschaftliche Bedeutung **1** 3
- Zahlungskredit **1** 1

Kreditauftrag 2 29; **3** 36

Kreditsicherung 1 5 ff.
- Verbreitung der Sicherungsarten **1** 11 f.

Mantelsicherungsübereignung 9 97

Mantelzession 10 10

Mobiliarsicherheiten 6 1 ff.; **7** 1 ff.; **8** 1 ff.; **9** 1 ff.; **10** 1 ff.; **11** 1 ff.; **12** 1 ff.
- Begriff **6** 1 ff.
- Verbreitung **1** 11

Nebenschuld 3 14, 52 ff.

Negativklausel 1 8

Optionsrecht 4 16; **14** 42 ff., 50, 79

Optionsvertrag siehe *Optionsrecht*

Patronatserklärung 4 1 ff.
- Abgrenzung zur Schenkung **4** 8 f.
- Akzessorietät **4** 20
- Arten **4** 1 f.
- Durchsetzung **4** 23 ff.
- Erfüllung **4** 21 f.
- Form **4** 19
- Inhalt **4** 15
- Subsidiarität **4** 20

Personalsicherheiten 2 1 ff.; **3** 1 ff.; **4** 1 ff.; **5** 1 ff.

Pfandrecht 6 1 ff.
- Akzessorietät **6** 6
- am Anwartschaftsrecht **8** 60 ff.
- für einen Bereicherungsanspruch **15** 83
- dogmatische Einordnung **6** 5
- „Flaschenpfand" **6** 10 f.
- an einer Forderung **7** 94
- gesetzliches **6** 5
- Publizität **6** 6
- Vertragspfandrecht **6** 5
- wirtschaftliche Bedeutung **6** 7 ff.

Pfändung 8 2 ff.
- schuldnerfremdes Recht **8** 8, 50
- einer Teileigentümergrundschuld **17** 65 ff.

Pfändungspfandrecht, Theorien **8** 7 ff.
Prioritätsprinzip 6 2, 59; **8** 68; **10** 34, 47 ff.; **11** 39 f.; **13** 29; **15** 55
Publizität 6 6; **9** 10, 61; **13** 11 f., 16

Raumsicherungsvertrag 9 95
Realsicherheit 1 7, 9; **6** 1; **13** 1
Refinanzierungsklausel 16 17, 26
Rentenschuld 13 7; **15** 1
Restkaufpreis 9 76 ff.

Schenkungsversprechen
– Form **3** 35
– und Vormerkung **14** 20 ff.
Schuldanerkenntnis 3 35; **16** 89; **17** 54 f.
Schuldbeitritt 5 1 ff.
– Abgrenzung zu Garantie und Bürgschaft **5** 4 f.
– und Fernabsatzrecht **5** 8
Schuldübernahme 5 1 ff.
– Abgrenzung zur Garantie und zur Bürgschaft **5** 4 f.
– befreiende **2** 17; **5** 1 ff.
– Form **5** 6 f.
– kumulative **2** 18 ff., 99; **5** 1
Schuldversprechen 3 22, 35; **16** 89; **17** 54, 56
Sicherheitenpool 12 65 ff.
Sicherungsabrede siehe *Sicherungsvertrag*
Sicherungsabtretung 6 12; **7** 94, 97; **10** 1 ff.
– Bestimmtheitsgrundsatz **10** 27 ff.
– und Factoring **10** 3; **11** 1 ff.
– Freigabeverpflichtung **10** 44 ff.
– Globalzession **10** 1, 9, 11 ff.
– in der Insolvenz **12** 61 ff.
– Kollision mit Factoring-Zession **11** 39 ff.
– Kollision mit verlängertem Eigentumsvorbehalt **10** 46 ff.
– einer Mehrzahl künftiger Forderungen **10** 32, 38
– stille Zession **10** 5 f.
– Übersicherung **10** 40 ff.
– Verleitung zum Vertragsbruch **10** 48 ff.
– Verzichtsklausel **10** 58 ff.
– Vorausabtretung **10** 16 ff.; **11** 15 ff.
– Zusammentreffen mehrerer ~ **7** 97 ff.
– in der Zwangsvollstreckung **12** 64

Sicherungseigentum
– Absonderungsrecht **12** 11
– Aussonderungsrecht **12** 25
– Begründung **9** 8 ff.
– Erlöschen **9** 55
– Erlöschen des Sicherungszwecks **9** 116
– gutgläubiger Erwerb von ~ **9** 107 ff.
– Inhalt **9** 4 ff.
– in der Insolvenz **12** 11
– Rückübertragung **9** 111 ff.; **12** 23 ff.
– Verfall **9** 67 ff.
– Verwertung **9** 85 ff.
– in der Zwangsvollstreckung **12** 50 ff.
Sicherungsübereignung 6 12; **9** 1 ff.
– Abstraktheit **9** 11 f.
– und AGB **9** 22 ff.
– einer Anwartschaft **9** 26 ff., 63, 103 ff.
– (Nicht-)Akzessorietät **9** 13 ff.
– in der Insolvenz **12** 1 ff.
– eines Warenlagers **9** 27 ff., 95 ff., 98 ff.
– wirtschaftlich-juristischer Zweck **9** 8
– Zusammentreffen mehrerer ~ **7** 81 ff.
Sicherungsvereinbarung siehe *Sicherungsvertrag*
Sicherungsvertrag 9 4 ff., 29 ff.
– als Besitzkonstitut **9** 45
– Form **9** 6
– Nichtigkeit **9** 111
– Verwertungsregelung **9** 86
Sittenwidrigkeit
– des Abtretungsverbots **7** 36 ff.
– des Bürgschaftsvertrages **2** 128 ff.
– der Globalzession beim echten Factoring **11** 19 ff.
– der Globalzession beim unechten Factoring **11** 30 ff.
– des Konzernvorbehalts **7** 110
– der Sicherungsglobalzession **10** 50 ff.
Subsidiarität
– der Bürgschaft **2** 27, 140 ff.
– der Patronatserklärung **4** 20
Surrogation 8 38 f., 67; **9** 65; **14** 107

Teilzahlungsgeschäft 7 8, 116
Treuhand 15 30, 62 ff.
– Aussonderung in der Insolvenz bei ~ **17** 89 ff.

Sachregister

Unterwerfungserklärung 16 6f., 88; **17** 35ff.

Verarbeitungsklausel 7 16, 44ff., 92
- in AGB **7** 86
- Zusammentreffen mehrerer ~ **7** 79ff.

Veräußerungsermächtigung
- beim Eigentumsvorbehalt **7** 16, 29, 61; **11** 19, 22f.
- bei Sicherungseigentum **9** 55

Verfallklausel 9 68ff.
- in AGB **9** 73f.

Verjährung und Eigentumsvorbehalt 7 111ff.

Vermieterpfandrecht 8 55ff.
- am Anwartschaftsrecht **8** 59, 63, 69ff.
- Erlöschen **8** 74ff.

Vermögenshaftung, allgemeine **1** 5; **6** 2; **17** 62f.

Verpflichtungsklausel 10 53f.

Verrechnungsabrede 17 1, 13ff.

Vertragsbruchtheorie 10 48ff., 70ff.

Verzichtsklausel
- dingliche **10** 58ff.
- schuldrechtliche **10** 61ff.

Vorausabtretungsklausel 7 16, 20ff.
- und Abtretungsverbot **7** 34ff.

Vormerkung 13 8; **14** 1ff.
- Akzessorietät **14** 31f.
- Auflassungsvormerkung **14** 9; **15** 26ff.
- Aufhebung **14** 120f.
- bei bedingten Ansprüchen **14** 10, 12, 32
- Durchsetzung **14** 101ff.
- Entstehungsvoraussetzungen **14** 30ff., 56ff.
- Erlöschen **14** 117ff.
- eines Grundstücksvermächtnisses **14** 18ff.
- gutgläubiger Ersterwerb **14** 62ff., 109ff.
- gutgläubiger Zweiterwerb **14** 79ff., 114
- bei künftigen Ansprüchen **14** 10f., 32, 57
- Löschungsvormerkung **14** 9, 24, 29
- bei nichtigem Vertrag **14** 13ff.
- Wirkungen **14** 2ff., 91ff.
- Zwecke **14** 1ff.

Werklieferungsvertrag, Eigentumserwerb **7** 117ff.

Werkvertrag, Eigentumserwerb **7** 117ff.

Zahlstellenklausel 10 70ff.

Zwangsvollstreckung 4 22ff.; **8** 5ff.
- bei Grundpfandrechten **16** 4ff.
- bei Mobiliarsicherheiten **12** 1ff.

Zwischenfinanzierung 16 102